Capital Punishment in East Asia
Itaru Tomiya ed.

Kyoto University Press
2008

はじめに

冨谷　至

　本書は，2002年度から2005年度の4カ年にわたって続いた国際共同研究「東アジアの法と習慣 —— 死刑をめぐる諸問題」の成果を纏めた論集である．執筆者はこの共同研究のメンバーであり，日本，中国，スウェーデン，イギリス，オランダの各研究機関に属し，歴史学，法学，社会学，民族学を研究領域とする研究者である．

　共同研究のテーマに死刑を取り上げ，また本書『東アジアの死刑』をここに出版するのは，次のようないくつかの目的と意義を念頭におくからである．

　まず，第1に本研究は，東アジア世界の刑罰，行刑を研究対象にし，そこから法制度，法思想，法社会学，法と宗教など，総合的な法文化の解明を目指すものである．死刑は，言うまでもなく究極の処刑形態であり，上記の課題は，この究極の形態に焦点をおくことが考究への道を提供してくれるのではないかと考える．

　いますこし具体的に言おう．死刑は刑罰体系のなかで最も重い刑であり，刑罰の構成は，その死刑の下，もしくは死刑を最後の手段として位置づけることで段階，系列化されている．したがって，ある時期，ある地域の刑罰体系はもとより，刑罰の基本原理，行刑の目的は死刑の中に象徴的に表れていると言ってもよかろう．

　いったい，死刑といっても，そこには複数の執行の方法がある．何故そういった殺害手段をとるのか，それは当時の社会，人間が処刑をどのように考えてきたのか，人が，もしくは権力が人を殺すことにどういった理由と意味づけをなしてきたのか，死刑が与えるいかなる効果を期待したのかがそこから知られるであろう．死刑の執行様態は，時代と共に，また地域によって変化する．つまりそれは，死刑の意義，社会の死刑に対する意識が変化したことを物語るが，ではなぜかかる変化をきたすのか．実はそれを考えることが，法制度の分岐，法文化の変遷を考察することにほかならない．

　以上は，法・刑という領域における死刑研究の意義であり，本研究のまず最初

に目指す課題なのだが，本研究は，法という領域をこえて，「死」の観念というべきか，要するに「死」を歴代，また各地域でどのように考えていたのかについて，若干なりとも解答を提示することを第2の課題としている。

　言うまでもないことであるが，死刑の目的，効果，いな存在そのものは，「死」を如何に考えているのかということと密接な関係をもつ。「死」が忌避されるもの，否定される対象であってこそ，刑罰としての生命の剥奪は存在意味をもち，時代による死の忌避の程度が死刑の様態と量刑に影響を与えるといってよい。それは，時代という時間軸のうえだけでなく，地域・国家という地域，空間軸をもふくめた座標平面上で可変性をもつわけだが，死刑の制度上の，また思想面での時代的変遷と地域的多様性は，死の時間的，空間的な多義性の解明に示唆を与えてくれるに違いない。

　死とはすこしく異なるが，死刑は「残酷」とは何かいう事柄とも必然的にかかわる。諸々の行刑の様態は，今日の我々の目から見れば，残酷な執行方法を含む。いな，執行の形態よりも，死刑そのものが残酷との考えも今日ではなされている。しかし，過去の時代，またある地域にあって，残酷のとらえ方は同じだったのかといえばそうではなかろう。ある状況下においては，残酷が神聖な，もしくは有徳な行為の具現となる場合もある。「死」「残酷」の観念は万古不変ではなく，時代と共に変化し，決して絶対的なものではないのだ。かく，相対的なものであることから，死刑も同じく時・空間・人間階層のうえで相対的に考えねばならない。

　相対的死刑，要するに死刑は何時の時代，どの地域，また人間全てにかんして絶対的に同じ認識の下で存在していたのではないということであるが，実はこのことは，本書の次の問題とかかわる。

　第3に挙げる課題とは，今日の死刑廃止問題，とりわけ我が国および東アジア諸国における死刑の存廃である。アムネスティ・インターナショナルの統計では，2007年段階で，死刑存置国は67国（事実上の廃止国130国）にのぼり，死刑を廃止しているヨーロッパの諸国に対して，東アジアの中国・韓国・日本は周知の如く法定正刑としての死刑を維持している。

　日本においても死刑をめぐっては，世相の変化と共に，存続と廃止の間を振り子現象を繰り返しつつ議論されてきたといってよい。しかし，死刑の存廃を考えるに当たり，まず押さえておかねばならないのは，東アジアにおける死刑の歴史，罪と罰の法意識であり，かかる事柄を学術的，実証的に考究してこそ，日本の，

また東アジアの死刑問題がもつ根源があきらかになり，真の死刑存廃の議論ができるのではないだろうか。なぜヨーロッパでは廃止されたのか，なぜアジア諸国では死刑が存続しているのか，なぜ，アジアでもフィリピン，ネパールで死刑が廃止されたのか。そこには東西両世界の法文化，法思想の違いがあり，またアジアの中でも死刑存廃の歴史的，政治的，宗教的背景の違いがあるからに相違ない。死刑存廃の認識の差は，とりもなおさず死刑の相対性に起因するのである。

死刑は残酷な刑罰ともいう。先に述べたように，この残酷とは何かにかんしても，歴史的相対性を有しており，「残酷」の内容というか，人が覚える残酷の意識が変化することをふまえて議論せねばならないこと明らかであろう。ヨーロッパでは廃止されているから日本でもそれを適用すべきだ，また死刑が残酷であるから廃止すべきという主張は，短絡の謗りを免れないと言わねばならぬ。

死刑問題を考えるには，時間的には，古代から現代に至る時間軸と，西洋と東洋の両世界の空間軸のうえに，歴史的，思想的，習慣的方面からの考察が必要であり，かくして初めて死刑廃止という現代社会が直面する問題を正面から議論することができるのではないだろうか。さらに，問題は死刑のみならず，法制度一般にかんしてのアジアと欧米の違い，それが生み出す摩擦の解明にもつながろう。本書は，こういった現代社会がかかえる課題の解明に寄与できれば幸甚である。

ただ，ここで断っておきたいことがある。

本書は，死刑を正面から取り上げるのだが，刑事政策としての死刑の存廃にかんして，一定の方向を目指してものされた書では決してない。本書の中で，現代中国の死刑立法を扱う論考には，たしかに明確に著者の意図が明示されてはいるが，しかしながら全論文がその方向に向かって収斂しているのではない。実証的学術論文集としての本書は，死刑廃止，存続，そのどちらかの立場を主張せんとして編まれたものでは決してなく，今後の東アジアの死刑存廃を考えるうえでの基礎資料になればと願って進められた共同研究であり，その成果にほかならない。

我々の共同研究者であり本書の執筆者には，複数のヨーロッパの研究者が参加している。それは，死刑制度をすでに廃止している非アジア・ヨーロッパ世界の研究者が，死刑が存続している日本中国の研究者とは一種異なった観点と成果が期待できるのではないか，と考えたからである。かかる死刑研究が学界に裨益するところ大と信じる。

2002年から2005年までおこなった「東アジアにおける法と習慣—死刑をめぐ

る諸問題」の成果を発展継承せんとして，我々は新たに国際共同研究「東アジアにおける儀礼と刑罰」を 2006 年から 5 か年計画で進めている．本書はその成果として予定される論文集『東アジアにおける儀礼と刑罰』につながる．なお，海外執筆者の論文の翻訳は，国内研究分担者が共同で下訳から何度かの改正をへて，行った．最終的な責任は編者（冨谷）が負う．

　本書の編集と出版は，京都大学出版会の鈴木哲也氏との共同作業といってよい．鈴木氏の協力に感謝したい．また，本書は 2007 年度科学研究費補助金（研究成果公開促進費）の交付を得ることができた．関係各位に厚くお礼申し上げる．

2008 年　初春

目　次

はじめに　i

I　罪と刑罰

第1章　究極の肉刑から生命刑へ ── 漢〜唐死刑考 ──［冨谷　至］
　はじめに　3
　1◆漢代の死刑 ── その執行様態　5
　　（1）秦漢時代の刑罰　5
　　（2）絞殺と棄市　6
　　（3）斬刑 ── その刑罰上の位置　10
　　（4）2種の死刑　19
　2◆魏晋の刑罰　21
　3◆北朝の死刑 ── 絞殺刑の登場　28
　　（1）北魏の刑罰　28
　　（2）北魏の律令の整備と正刑　30
　4◆北斉・北周から隋へ　35
　5◆宋・齊・梁・陳の死刑　39
　おわりに　秦漢から隋唐へ ── 究極の肉刑から生命刑へ　42

第2章　宋代以降の死刑の諸相と法文化［岩井茂樹］
　はじめに　49
　1◆「五刑」と近世の酷刑　50
　　（1）「正刑」とは何か　50
　　（2）五代・宋以降の「五刑」　57
　　（3）峻法重典と「正刑」　63

2 ◆凌遅処死，その他　71
　　　　(1) 起源と法制化　71
　　　　(2) 元明清の凌遅処死　75
　　　　(3) 酷刑への批判　83
　　　　(4) その他の死刑　85
　　3 ◆死刑の手続きと近世の法文化　88
　　　　(1) 楊継盛の刑死　89
　　　　(2) 嘉靖時代に刑死した文官の事例　97
　　　　(3) 皇帝専制と死刑　99
　　おわりに　107

第3章　千金の子は市に死せず
　　　　── 17・18世紀朝鮮時代における死刑と梟首 ──［アンデシ・カールソン］
　　序　論　109
　　1 ◆朝鮮時代の梟首　112
　　2 ◆17・18世紀の法典における梟首　116
　　3 ◆もめごとの多い北部　120
　　結　論　131
　　附録：梟首・死罪に関する王命法規一覧　131

● article1　有徳の殺人？
　　　　　　── 漢代における国家容認の暴力の歴史 ──［ベント・ペテルソン］　141

II　社会と死刑

　第4章　魏晋時代の皇帝権力と死刑
　　　　── 西晋末における誅殺を例として ──［古勝隆一］
　　はじめに　151
　　1 ◆礼と刑　153
　　2 ◆皇帝による賞罰　156

3◆誅とは何か　158

4◆西晋末における誅の濫用　162

5◆冤魂の系譜　165

6◆誅せられた者の家族　167

7◆名誉回復　173

結　び　178

第5章　朝鮮党争史における官人の処分
── 賜死とその社会的インパクト ──〔矢木　毅〕

はじめに　179

1◆明律の受容　183

2◆刑罰と懲戒　187

3◆党争の展開　189

4◆懲戒の体系　192

5◆拷問の諸相　200

6◆恩寵としての「賜死」　206

7◆「賜死」の思想　207

8◆雪冤と顕彰　214

おわりに　218

第6章　中国の前近代絵入り史話における死刑と暴力の図像〔オリバー・ムーア〕

1◆絵入り史話　222

2◆文章と図像　228

3◆絵入り史話の形式と内容　233

4◆絵入り歴史物語の中の死刑　236

5◆図像の変換力　238

6◆見る者の視覚的能力　240

7◆絵入り史話における図像の使用　244

8◆リズムの標徴としての図像　246

9◆処刑の記述　250

第7章　死刑の社会史 ── 近世・近代日本と欧米 ──［伊藤孝夫］

はじめに　257

1◆儀礼としての死刑　258
　（1）死刑の象徴的次元　258
　（2）死刑という見世物　260
　（3）死刑の等級　263
　（4）刑吏　265

2◆刑死者の社会史 ── 近世日本　269
　（1）死刑執行の総数　269
　（2）「御仕置例類集」の刑死者たち ── 概観　271
　（3）御仕置例類集の刑死者たち ── 犯罪行為　273
　（4）御仕置例類集の刑死者たち ── 社会的背景　283
　（5）刑死者の偶像化　288

3◆文明化と死刑　291
　（1）近代刑事制度改革の波　291
　（2）近代日本における死刑　293

第8章　現代中国の死刑に関する立法およびその整備について［周　東　平］

緒言　299

1◆現代中国の死刑立法の沿革と現状　300
　（1）1979年刑法典の死刑立法　301
　（2）刑法改定前の単行刑法中の死刑立法　302
　（3）現行刑法の死刑立法　304

2◆中国現行刑法における死刑立法の批評分析　307
　（1）現代中国の死刑政策　307
　（2）死刑立法総則性規定の不足およびその完備　316
　（3）死刑罪名設置の欠陥と建議　334

3◆中国における死刑立法の展望　356
　（1）世界各国の死刑存廃情況から見た中国の格差　356
　（2）国際人権規約から見た中国の死刑立法の動向，およびその対応措置　359

結語　382

● article2　東アジアと死刑の風景
　　　　　　—— 死刑のイメージの比較社会学 ——［藤田弘夫］　385
　1◆世界の死刑　385
　　　(1) 社会の中の死刑のイメージ　385
　　　(2) 死刑廃止の流れと罰則の強化の声　387
　2◆社会秩序と安全　389
　　　(1) 社会の安全と死刑　389
　　　(2) 社会秩序と劇場としての都市　390
　3◆現代社会と死刑の系譜　394
　　　(1) 西欧における死刑観の変遷　394
　　　(2) 東アジアにおける死刑観の変遷　400
　4◆東アジアと死刑の未来　406
　　　(1) 世界の死刑観の多様性　406
　　　(2) 中国の産業化・都市化と死刑観の変化　408
　　　(3) 東アジアの法と死刑　409

III　非中国的視座に立って

　第9章　古代インドにおける死刑
　　　　　　—— サンスクリット文献に見える刑罰の分析を通じて ——［赤松明彦］
　はじめに　419
　1◆古代インドでは刑罰をどのように見ていたか　422
　　　(1) 刑罰についての問い　423
　　　(2) 刑罰（ダンダ）は法である　423
　　　(3) 刑罰（ダンダ）の姿形　424
　　　(4) 刑罰（ダンダ）の現れ　424
　　　(5) 刑罰と王権　425
　2◆刑罰の種類と犯罪の分類　426
　3◆体刑と罰金刑　429
　4◆カースト制と刑罰 —— バラモンの特権性　432

5◆量刑の基準 ── 同害刑罰の思想と抑止の思想　434

6◆死刑となる犯罪　437

7◆法と王権 ── 社会的観点から見た刑罰　439

8◆けがれの観念と罪の観念 ── 宗教的観点から見た刑罰　442

9◆「死刑」をめぐって ── 聖的権威と俗的権威のせめぎ合い　445

10◆不殺生（非暴力）の思想と死刑 ── 仏教的原理と社会規範　452

おわりに　456

第10章　ムルキ・アイン（Muluki Ain） ── ネパールの法典と死刑 ──［ホーカン・ヴォルケスト］

序　文　461

1◆死刑制度と人類学の仮説　462

2◆ネパールにおける法の伝統　465

3◆ネパール ── その歴史的背景　466

4◆ネパール王国の伝統的特質　470

5◆民族国家に向けて　472

6◆ヒンドゥーの王権，王国と法　474

7◆法とネパール国家の形成 ── ラナ以前の時代　475

8◆スリ・スレンドラ・ビクラム・シャハのムルキ・アイン1854年　481

第11章　死刑と朝鮮の法的伝統［スタファン・ローゼン］

序◆死刑　487

1◆早期朝鮮の概念　492

2◆早期朝鮮の法的遺産　494

3◆早期朝鮮の法的資料　495

4◆朝鮮と遊牧民の法の遺風　496

5◆朝鮮と律令の伝統　499

6◆新羅の法的伝統における刑罰　501

死刑存廃論議の門口に佇んで ── 総括に代えて ──［冨谷　至］　505

索　引　517

Capital Punishment in East Asia　539

I ── 罪と刑罰

第1章

冨谷　至
Tomiya Itaru

究極の肉刑から生命刑へ
── 漢～唐死刑考 ──

はじめに

　前近代中国の死刑，おそらく専門以外の大方が抱くイメージは，残虐，酷薄，猟奇，非人間的といったものかもしれない。炮烙の刑，皮剥，醢（塩漬け），菹（しおから），剖腹（はらさき），烹（かまゆで）等々の刑罰は，なるほど，かかる想像をかりたてるのに余りある。

　炮烙の刑が，史実であったのか，心臓をえぐり出すといった行為を本当に行ったのか，むしろことさら暴君に仕立て上げるそれは，創作であったのか，今はそのことは，問わない[1]。ただ，私刑や皇帝の特別な処刑ではなく，律に定められた刑罰（これを以下「法定正刑」という語で使っていく），こと法定正刑に限って見れば，中国の刑罰は，統一国家秦以後，最後の中華帝国清に至るまで，極めて単純であり，また想像されるような残虐性には乏しいものであった。

　唐律には，2種類の死刑が名例律に明記されている。絞と斬，絞とは絞殺（縊殺），斬は斬首であり，ともにそれは市における公開処刑であった。唐令「獄官令」には，その規定が見える。

---

1) こういった死刑の種類に関しては，沈家本『歴代刑法考』刑法分考，参照。またそこには，醢などの刑が，宋や元といった近世において執行されたという記事を挙げている。

> 諸決大辟罪，皆於市，五品以上，犯非惡逆以上，聽自盡於家，七品以上及皇族若婦人，犯非斬，皆絞於隱處，

> 死刑を執行するには，すべて市で行う。五品以上で，惡逆以上の罪を犯していないものは，家で自害することを許す。七品以上および皇族，もしくは婦人は，斬罪を犯したものでなければ，皆隱處で絞殺する。

　絞と斬首の2等の死刑は，以後，宋・明と引き継がれていく。もとより，宋では陵遲刑が，明では官吏に対する杖殺が行われたことは周知のことだが，名例律をはじめとする律の条文に挙げられた法定正刑としての死刑は，清に至るまで斬首と絞の2等[2]だったことは変わらない。ただし，その2等の死刑が，秦漢律から変わることなく，絞と斬であったのかといえば，そうではない。

　これは次節で詳しく考証するが，秦漢の法定正刑は，腰斬と棄市の2種であった。いうところの棄市は，斬首，つまり首を切断する刑罰である。しかしながら，結局のところ，秦漢時代から20世紀に至る清まで，中国の法定正刑は，腰斬，斬首，絞首の3種類しかなかったのである。その種類において多様性がなく，執行方法において簡易であり，残虐性の度合いは，他の世界に比して浅薄といえるのではないか。

　ただ，古代中国，帝政中国が残酷とは縁遠い社会だったのか，中国史はその早い段階から残虐性を昇華したのかといえば，それには私は同意できない。あくまで，法定正刑としての死刑は，いうほどの残酷性をなぜか有していなかったのである。それはなぜか。本章は，かかる疑問に留意し，秦漢から唐に至るまでの死刑の歴史を考究していくものである。

---

[2]『清国行政法』第3章　訴訟手続第3節第1款「刑罰の種類」の「正刑」に「正刑とは律に定むる所の刑罰にして，笞・杖・徒・流・死の五種あり」として，死刑は，絞と斬の2種が挙がっているだけである。

1 ◆ 漢代の死刑 ── その執行様態

(1) 秦漢時代の刑罰

　秦漢時代の法定正刑には，梟首，腰斬，棄市があげられる。
　『九朝律考』『歴代刑法考』には，漢代の死刑を次のような名称と種類で列挙しているのである。

　　　梟首・腰斬・棄市　　　　　　　　　　　　　　　　　　『九朝律考』
　　　腰斬・棄市・梟首・磔　　　　　　　　　　　　　　　　『歴代刑法考』

　腰斬と棄市，さらには梟首，磔などが，執行された死刑とその種類なのだが，腰斬とは，文字どおり腰を切断する刑罰，棄市とは，市における公開死刑という意味にほかならない。それは，『禮記』王制「人を刑するに，市においてし，衆と之を棄つ」によるともいえる。ただ，『禮記』王制の成立が漢初，文帝の時期だとすれば[3]，「棄市」という刑名が秦律に規定が見えることから[4]，『禮記』王制のこの句は，すでに執行されていた棄市刑を踏まえて解説したものと，いうべきかもしれない。
　棄市刑は市での公開処刑であることは動かないとしても，その執行方法は，従来，首を切断するとされてきた。沈家本が『刑法分考』4「棄市」の按語において，「漢の棄市とは乃ち斬首の刑」と解説するように，漢代においては，棄市の執行様態は首をはねる斬首と見るのが一般であった。棄市とは首を切断する刑であったというこの考えに対して，最近異論が提出されている。すなわち，棄市と

　3）『經典釋文』禮記王制に，「盧云，漢文帝令博士諸生作此篇」とあり，また武内義雄「『禮記』の研究」（『武内義雄全集』第三巻，角川書店，1979 年）を参照。

　4）睡虎地秦律に見える棄市の条文は，「士五甲母子，其弟子以爲後，與同居，而擅殺之，當棄市。（士伍の甲は，子がなく，弟の子が後嗣となり，同居していた。かれを擅殺した。棄市に当たる）」（法律答問 71）。「同母異父相與奸，可論。棄市。（同母異父が姦通した。論断は何か。棄市）」（法律答問 172）。
　　この 2 条から，棄市刑が適用される犯罪を帰納することは，無理であろう。法律答問は，刑の量定が問題となる案件を取り上げたものである以上，どういった犯罪を犯すと棄市刑になるのか，一般事例を導き出すことができないからである。

は絞殺であり，漢代にすでに絞殺刑が法定正刑として存在していたという説が出されているのである[5]。もし，そうであるならば，古代から近代に至るまで中国の死刑は一貫して斬首と絞殺が行われていたということになろう。しかし，私はその説には同意できない[6]。秦も含めて中国古代の死刑の1つである棄市とは，斬首のことであり，棄市刑の執行形態がある時期に絞首に変わったのだと考えている。絞首刑への変革は後に詳述することにして，まず，漢の棄市刑から考えていこう。

(2) 絞殺と棄市

『史記』『漢書』をはじめ，また出土文字資料をも含めて，「絞」という語がどういう意味で使われているのか，ここで考えてみよう。

まず，「絞」には，糾(あざな)う，糾った索，紐という意味がある。居延漢簡などに記されている数多くの「絞」は，索(なわ)という意味で使われているのがすべてといってよい[7]。

> ……十二条毋組●十一空毋韋絞●毋緕毋四繰　　　　　　　　　14・23
> 令曰入絞廿五丈　　　　　　　　　　　　　　　　　　　　146・92

『説文解字』10篇に「絞，縊なり」と，絞が縊死との意味が解説されている。これは，索で首を締め，その締めは索を交叉することから，「糸」と「交」の偏旁から成る絞が首をしめるということになろう。

索を交叉するということからすれば，絞とは首を絞めて死に至らしめること，strangle であり，首を吊るす hang ではない。吊死，吊殺は「經」といわれ，「自經

---

5) 張建国「秦漢棄市非斬刑辨」(『帝制時代的中国法』，法律出版社，1999年)，水間大輔「張家山漢簡『二年律令』による秦漢刑罰研究の動向」(『中国史学』14，2004年)。
6) 張建国，水間両氏に対する反論，漢の棄市＝絞首が成り立たないことは，冨谷至「生命の剥奪と屍体の処刑」(冨谷至篇『江陵張家山二四七号墓出土漢律令の研究』，朋友書店，2006年) に詳しい。なお，本章の1節の行論は，この拙稿と重なるところが多いが，論を進める上で，やむを得ずこのような仕儀となったこと，お断りしておく。
7) 絞には，靴の中敷きという意味があり(林巳奈夫『漢代の文物』(京都大学人文科学研究所，1976年) 38頁居延漢簡の中の絞もその意味を持つものがある可能性もある。ただ，いずれにしても刑罰名では確認できない。

於溝瀆而莫之知 —— 自ら溝瀆に經し，之を知るものなし」（『論語』憲問），「救經而引其足 —— 經を救わんとして，其の足を引く」（『荀子』強國）などの「經」は，明らかに吊死のことをいったものであり，睡虎地秦簡「封診式」には，「經死」という題を持つ首つり自殺死体の検視調書がある。

かく，「縊死」「絞殺」はstrangle，「經」はhangであったが，やがて両者の区別は稀薄になり，「首を絞めることで死に至る」という意味に収斂していったのだろう。先の『論語』の条文に付された皇侃疏に「自經，自縊也」と注し，また『荀子』の楊倞注も「經，縊也」というのは，かかる変遷を語っている。

経，絞，縊と，確かに意味が接近していくのだが，それらが漢代の史料では，刑罰として執行され，また刑罰名として表記されている例はない。なべて他殺，もしくは自殺における殺害に限られるのである。今，「絞」に限って挙げれば，あらまし次のような記事である。

「絞殺侍婢四十餘人」（『史記』建元以來侯者年表），「縊而殺之」（『史記』呉大伯世家，楚世家），「絞殺從婢三人」（『漢書』景十三王傳），「絞殺胊臑」（『漢書』宣元六王傳），「自絞死」（『漢書』陳萬年傳，趙廣漢傳，王莽傳），「以綬自絞死」（『漢書』武五子廣川王傳，廣陵厲王傳）。

特に，自殺について，「綬を以て自ら絞死」ということに注目すれば，綬とは官吏が身に付けていた2丈弱の長さを持つ印綬・佩玉の綬であり，そこから「絞」と漢代の官吏の自殺が結び付くものとも考えられる。

秦漢時代の資料における「絞」の意味をたどってみると，絞殺が秦漢の死刑の執行の方法ではなかったこと，また棄市の内容が首を絞める殺害方法ではなかったことをまず明らかにした。律に挙がっている棄市が首をはねる斬首刑であることの積極的な証拠を，次に検証してみよう。

① 史書の注釈

まず，最初に挙げたいのが，後漢時代の注釈家がなした棄市の説明であり，一は鄭玄が『周禮』秋官掌戮「掌戮，掌斬殺賊諜，而搏之」にほどこした注釈である。

斬以鈇鉞，若今腰斬，殺以刀刃，若今棄市也，
斬は，鈇鉞を以す。今の腰斬の若し。殺は刀刃を以す。今の棄市の若き也。

張建国氏は，この注釈は，『周禮』掌戮本文に斬と殺の2種の死刑の等級が挙げられていることを念頭におき，漢にも腰斬・棄市という2種の死刑があったことを述べたに過ぎず，刑罰の執行方法とは直接には関係ないという[8]。つまり，「殺とは，刀刃をもってす」は，あくまで『周禮』にいう「殺」という死刑の殺害方法を解説したのであって，刀刃とは棄市は結び付かないと。

　しかし，この解釈は私にはいささか強引だといわざるを得ない。いったい死刑に2種があったということを解説するのに，このように執行方法にも言及するであろうか。鄭玄の注釈は，かの『國語』魯語，『漢書』刑法志序文に見える「大刑用甲兵，其次用斧鉞，其次用鑿鑽，薄刑用鞭朴 ── 大刑は甲兵を用い，其の次は斧鉞を用い，其の次は鑿鑽を用い，薄刑は鞭朴を用う」をある程度踏まえているのだろうが，『國語』の条文が実際にどれほど現実を反映しているのかは別として，処刑の区別は，執行時に用いる用具の違いともなっていることは確かである。かかる背景の中，鄭玄が「刀刃」と「棄市」を全く切りはなして注釈を行ったとは考えられず，また「斬は鉄鉞をもってし，今の腰斬の如し，殺は刀刃をもってし，今の棄市の如し」を普通に読めば，棄市も刀刃を以する刑罰であり，刀刃を用いるのが漢代の棄市に相当するとの解釈が出てこよう。

　また逆に『周禮』という書が，後世，特に秦漢時代の編纂物だとすれば，『周禮』掌戮にいう鉄鉞を用いる「斬」と刀刃を用いる「殺」は，実際に秦漢で執行されていた腰斬と棄市を反映したものといってもよいかもしれぬ。

　さらに同じ後漢の劉熙『釋名』釋喪制には，「市死曰棄市，市衆所聚，言與衆人共棄之也，斫頭曰斬，斬腰曰腰斬，斬暫也，暫加兵即斷也 ── 市に死すを棄市と曰う。市は衆の聚まる所，衆人と共に之を棄つを言う也，頭を斫つを斬と曰い，腰を斬するを腰斬と曰う。斬とは暫(わずか)なり，暫に兵を加えれば即ち斷なり」と見える。

　「頭を斫るを斬といい，腰を斬するを腰斬という」では，「斬」「腰斬」の2種は挙がっているが，やはりここでも斬首の刑の存在をいっている。いわば，後漢人にとって，死刑といえば2等あり，それは腰斬と棄市，もしくは腰斬と斬，用具は鉄鉞と刀刃，斬する身体の部位は腰と首，と認識されていたのである。では，

8）張建国，水間，前掲論文。

なぜ，2種であったのか，張氏もいうように，漢代の刑罰の種類としては，腰斬，棄市そして梟首と3種類あったと指摘されることもある。このことは，今は留意するに止めておき考証は，次節にゆずりたい。

ところで，「刀刃」と「棄市」が結び付くか否かを論ずるのは，鄭玄のこの条文の読みを云々するだけでは，結局は水掛け論となり，決着はつかないのかもしれない。そこで，「刀刃」ということに関して，別の方向から考察してみよう。

② 歐刀

歐刀というのは，『後漢書』列傳48虞詡の李賢注に「歐刀，刑人之刀也」とあるように，処刑のときに用いられる刀である。囚人に犯罪行為を読み聞かせて確認をとり，死刑を執行するときには，歐刀を前に，棺を後ろに置いたともいわれ[9]，また，「伏歐刀」(『後漢書』种暠傳，虞詡傳，陳蕃傳)，「受歐刀之誅」(同，郭陳傳)といった表現が散見する。

これら歐刀による処刑が腰斬刑なのかといえば，そうではない。列伝56の陳蕃傳に見える「伏歐刀」は，次のような展開を持つ。

> 郡太守の劉瓆と成瑨は法を犯した宦官を赦令を無視して處刑した。怒った宦官たちの訴えで，2人は棄市に論断された。陳蕃はそれに抗議していうには，「劉瓆と成瑨，……赦の後，誅殺すべからずと雖も，其の誠心を原ぬれば，悪を去らんとするに在り。……如し刑謫を加うれば，已に過甚と為す。況や乃ち重罰にして，歐刀に伏せしむるをや」

ここには，はっきりと棄市→歐刀の関係が確認されるのである。

青銅器図像(図1-1)や漢代画像石(図1-2)には，斬首を描いたものがあり，特に山東省諸城縣漢墓出土の画像石(図1-3)は，注目に価する。残存する6石の一つは，鞭打ち，髪鉗刑が刻まれているのだが，そこには，斬首とおぼしき図も見える[10](図1-3)。

---

9)『後漢書』袁安傳，「(張)峻假名上書謝曰……，廷尉鞠遣，歐刀在前，棺絮在後」。鷹取祐司「漢代の死刑奏請制度」(『史林』88巻5号，2005年)，116頁。ただし，この『後漢書』の張峻の表現は，死刑が即時執行されることの修辞であり，実際に目の前に歐刀がおかれたのかは，検討の余地があるが，歐刀が刑執行の具であることには間違いない。

10)「山東省諸城漢墓画像石」(『文物』1981-10)。

I　罪と刑罰

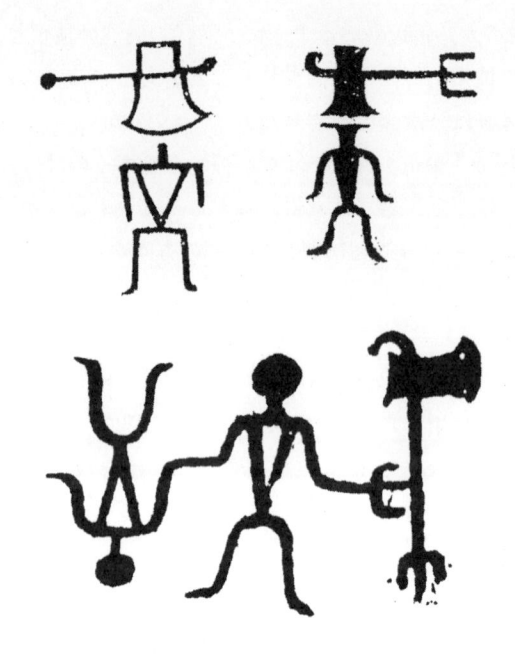

図 1-1　青銅器図像記号

　同じ画像石には，刑罰執行の図のほかに，舞楽，百戯，飲食の場面が描かれているのだが，刑罰と娯楽が同時に存在する空間とは，考えられる有力な可能性は市であろう。この画像が後漢の市の場面を描いているとなれば，市での公開処刑である棄市は，刀刃をもって執行される斬首だということを，画像は語っているといってもよかろう。
　史書の注釈，処刑における歐刀，そして画像石に描かれた刑執行，それらは漢代の棄市の執行様態が斬首であったことを証明する有力な証拠であると，私は考える。
　棄市＝絞刑と見ることは論拠に乏しい上に，漢代の絞・絞殺の実態，そして棄市＝斬首を物語る史料の有効性からして，秦漢の正刑としての棄市の執行様態は，首を切り落とす斬首刑であったと結論付けたい。

(3) 斬刑 ── その刑罰上の位置

　以上，漢代の棄市と称される一般的死刑が斬首であることを考証してきたのだ

図 1-2　山東肥城孝堂山祠　西壁画像

が，それは単なる考証のための考証であり，棄市が絞殺であってもまた斬首であっても，死刑の執行形態の単なる違いでしかなく，それほど執着せねばならないことなのかと問われるかもしれない。

　実は，私がこのことを重要視するのは，死刑を斬首と見るか絞殺と見るかで，中国古代の死刑の原理が全く異なってくると思ったからである。仮に絞殺であるとすれば，なぜ首を絞める処刑方法がとられたのか，それと他の死刑，腰斬，梟首とはどういった有機的関係があるのかが問題となる。それは斬首とて同じ。中国古代の死刑は刑罰体系，刑罰原理の中でどのように位置付けられるのかは，執行の様態の考証なくしては明らかにできないのである。また，斬首から絞殺に変わったこと，それは刑罰の執行原理に変化が起こったと見なければならず，いつ，どういった理由で変化が生じたかを考えねばならぬ。本項では，漢代の死刑を体系的に考察していくことにしたい。漢の法定正刑が腰斬と棄市の2等であったことも，この過程でいっそうはっきりするであろう。

I　罪と刑罰

図1-3　山東諸城画像

磔・梟首・車裂・腰斬・棄市

　秦も含めて，また秦漢の史料に挙げられている様々な死刑 —— 漢律，秦律に規定を持つ法定正刑に限らず —— には，磔・梟首・車裂・腰斬・棄市などがある。ここでは，まずその執行の様態を確認することから始めたい。

【磔】

　『漢書』景帝紀に「中二年，改磔曰棄市，勿復磔 —— 中二年，磔を改めて棄市と曰う。また磔すること勿れ」とあり，また『歴代刑法考』も挙げているように，

「磔」という処刑があり，秦律，漢律（張家山漢墓出土）にも磔刑が規定されている。

　　來誘及爲閒者，磔，亡之　　　　　　　　　　　　　　　　　　　3
　　……やってきて誘おうとする者，およびスパイ行爲を働く者は，磔。……

　　錢財，盜殺傷人，盜發冢，略賣人若已略未賣，橋相以爲吏，自以爲吏以盜，皆磔
　　　　　　　　　　　　　　　　　　　　　　　　　　　　　　　66
　　……錢財，盜もうとして人を殺傷したり，墓を盜掘したり，ひとをさらって賣りとばしたり，もしくはすでにさらったけれども，まだ売りとばしていなかったり，偽って官吏になりすましたり，官吏を自称して盜みをしたならば，いずれも磔。

　　劫人，謀劫人求錢財，雖未得若未劫，皆磔之，　　　　　　　　　68
　　人を誘拐して金錢を求めたり，そうすることを謀ったりすれば，まだ入手していない，もしくは，まだ誘拐していなかったとしても，いずれも磔。

　二年律令の時代が景帝中2年より前に属すことから，ここに「磔」という刑名が確認されることは，問題がない。

　磔に関しては，次のような解説がこれまでなされている。

　　磔，辜也（段玉裁注，凡言磔者，開也，張也，刳其胷腹而張也，令其乾枯不收，）
　　　　　　　　　　　　　　　　　　　　　　　　　　『説文解字』5篇下
　　磔とは，辜なり。（段玉裁注，凡そ磔と言うは，開なり。張るなり。其の胷腹を刳きて，張るなり。其の乾枯して收めざらしむ。）

　　師古曰，磔謂張其尸，　　　　　　　　　　　　　　　『漢書』景帝紀注
　　師古曰く，磔とは，其の尸を張すを曰う。

　　掌斬殺諜而搏之，（鄭玄注，搏当爲膊諸城上之字之誤也，膊去衣磔之，）
　　　　　　　　　　　　　　　　　　　　　　　　　　　『周禮』秋官掌戮
　　諜を斬殺して之を搏すを掌る。（鄭玄注，搏，当に「諸を城の上に膊す」の字の誤と爲すべし，膊とは，衣を去りて之を磔す。）

　　殺王之親者，辜之，（鄭玄注，辜之，言枯也，謂磔之，）　　　　同上
　　王の親を殺せば，之を辜す。（鄭玄注，之を辜すとは，枯を言う也。之を磔すを謂う。）

　「磔」とは，「張げる」「開く」という意味であり，それは具体的にいえば，「尸・遺体を晒す」と見てもよかろう。段玉裁は「胸・腹を刳いて内臓を曝す」という方向に解釈しているが，その根拠はない。長時間晒して，干からびて枯死するこ

とから「辜」「枯」という語と結び付き，また「搏」「膊」は，『説文解字』4篇下「薄脯，脯（薄）之屋上」とあるように，打ちたたき薄くした肉の乾物をいうが，晒され枯死した屍が肉の乾物に似る，もしくは干し肉の如くに屍を晒して枯死させることをいうのだろう。

『春秋左傳』成公2年に「殺而膊諸城上 —— 殺して諸を城の上に膊す」とあるが，この場合も，殺害した遺体を城壁の上に晒しておくことを意味している。いずれにしても，磔刑とは，はりつけ（crucifixion）ではなく，死体を広げて晒す刑（exposal）なのである。

ただ，景帝中2年に「磔を改めて棄市という。復た磔する勿れ」という詔の正確な内容が今ひとつ分からない。考えられる可能性は，とりあえず次の2つであろう。

① これまでの磔刑は，すべて棄市に吸収し，磔をことさら執行してはならない。
② 磔は刑名の上では，棄市との名称に一本化する。

①ならば，棄市刑は公開死刑であり，執行後も一定期間は遺体を放置し晒すことであり，磔刑も執行様態では棄市刑と基本的には変わらないので，磔刑を法定正刑から除くということであり，②と解釈すれば，磔も刑名では棄市刑と呼ぶということになる。つまり，磔刑の廃止に伴う刑の軽減なのか，実態は同じであるが故に法定正刑の名称を一本化することなのか。現段階では明確な解答が出せず，検討課題として残しておきたい。

【梟首】

フクロウ（梟）は，成長して母鳥を食らう不孝の鳥であるが故に，夏至にはフクロウを捕獲して之を晒したり，梟羹なるスープを5月5日に百官に配ってその戒めとした[11]とかいわれている。

> 梟，不孝之鳥也，故日至捕梟磔之，　　　　　　　　　　　　　『説文解字』6篇上

---

11) 孟康曰「梟，鳥名，食母，破鏡，獸名，食父，黃帝欲絶其類，使百吏祠皆用之，破鏡如貙而虎眼，」，如淳曰「漢使東郡送梟，五月五日作梟羹以賜百官，以其惡鳥，故食之也，」

究極の肉刑から生命刑へ　第1章

梟，不孝の鳥也。故に日至に梟を捕らえて之を磔す。

梟首とは，フクロウの首を晒すに擬した所謂「晒し首」「獄門」の刑であり[12]，『史記』『漢書』などの史料には，数多く確認される。

至櫟陽，存問父老，置酒，梟故塞王欣頭櫟陽市，　　　　　　　　『史記』高祖本紀
櫟陽に至り，父老を存問す，酒を置き，故塞王欣の頭を櫟陽の市に梟す

天子曰，李太后有淫行，而梁王襄無良師傅，故陷不義，乃削梁八城，梟任王后首于市，　　　　　　　　　　　　　　　　　　　　　　　　　　　『史記』梁孝王世家
天子曰く。李太后，淫行あり。而して梁王襄は良き師傅なし，故に不義に陥いる。乃ち梁の八城を削りて，任王后の首を市に梟す。

漢召彭越，責以謀反，夷三族，已而梟彭越頭於雒陽下，有敢收視者，輒捕之，
　　　　　　　　　　　　　　　　　　　　　　　　　　　　　　　『史記』欒布傳
漢，彭越を召し，責るに謀反を以てす。三族を夷す。已にして彭越の頭を雒陽の下に梟し，敢て收視する者あらば，輒ち之を捕う。

乙巳，皇后陳氏廢，捕爲巫蠱者，皆梟首，
六月，丞相屈氂下獄要斬，妻梟首，　　　　　　　　　　　　　『漢書』武帝紀
乙巳，皇后陳氏，廢せらる。巫蠱を爲す者を捕らえて，皆梟首す。
六月，丞相屈氂，獄に下りて要斬せらる。妻は梟首。

有司奏請案驗，罪至大逆不道，有詔載屈氂廚車以徇，要斬東市，妻子梟首華陽街，
　　　　　　　　　　　　　　　　　　　　　　　　　　　　　　『漢書』劉屈氂傳
有司奏す請らくは驗を案じ，罪，大逆不道に至る。詔ありて屈氂を廚車に載せて以て徇う。東市に要斬，妻子は華陽街に梟首。

また二年律令の賊律にも，確と梟首刑が規定されている。

子賊殺傷父母，奴婢賊殺傷主，主父母妻子，皆梟其首市，　　　　　　　　　34
子が父母を賊殺・賊傷したとき，奴隷が主人・主人の父母妻子を賊殺・賊傷したとき，いずれも首を市に梟す。

何休は，「無尊上，非聖人，不孝者，斬首梟之――尊上を無みし，聖人を非り，不孝なる者，斬首して之を梟す」というが，確かに賊律の規定からは，かかる解釈も可能かもしれない。ただし，梟首は不敬罪，不孝罪に限って適用されるのか

---
12)『史記』始皇本紀集解に，「縣首於木上曰梟，正義梟，古堯反，懸首於木上曰梟」。

15

といえば，必ずしもそうではない。不孝の象徴として，梟首が設けられているのではなく，刑の特殊性として斬首に加えて梟首が施されたと見る方がよい。さらに梟首に関して，次のことを指摘しておきたい。

賊律には「その首を市にて梟す」，『史記』には「梟任王后首于市 —— 任王后の首を市に梟す」「梟彭越頭於雒陽下 —— 彭越の頭を雒陽の下に梟す」という表現になっている。そこから「梟首」という2字が法定正刑名として定着していたのかどうか疑問が残る。例えば，以下の「當○刑」といった表現を持つ律文に見える量刑規定と比べれば，そこに表現の違いがあるように思えてならない[13]。

> 有罪當黥，故黥者劓之，故劓者斬左趾，斬左趾者斬右趾，斬右趾者腐之，女子當磔若腰斬者，棄市，當斬爲城旦者黥爲舂，當贖斬者贖黥，　　　　　　　　88
> 罪を犯して黥に當るとき，先に黥された者は劓とし，先に劓された者は斬左趾とし，斬左趾にされた者は斬右趾とし，斬右趾の者は腐刑。女子で磔もしくは，腰斬に當る者は，棄市。斬城旦者に當る者は，黥舂。贖斬に當る者は贖黥。

換言すれば，刑罰名称と，準刑名の相違といえるかもしれないが，これは後に総括することにして次に進もう。

【車裂】

車裂というのは，字の如くに車でもって人体を引き裂く刑罰であり，それはまた「轘」ともいう。『説文解字』14篇上に「轘，車裂人也」，『釋名』釋喪制「車裂曰轘，轘，散也，肢体分散也」などと説明されている。

この刑は，戦国期さらには秦では以下に引用する商鞅，蘇秦，嫪毐事件の関係者に適用され，また後の時代，北魏・北周にも執行されたことが史料で確認できるが，漢律では法定正刑としては，存在しなかった。

> 秦發兵攻商君，殺之於鄭黽池，秦惠王車裂商君以徇，曰，莫如商鞅反者，遂滅商君之家，　　　　　　　　　　　　　　　　　　　　　　　『史記』商君列傳
> 秦，兵を發して商君を攻む，之を鄭の黽池に殺す。秦惠王は商君を車裂して以て徇う。曰く，商鞅の如く反すること莫れ。遂に商君の家を滅ぼす。

---

[13]「當某刑」という表現は，法定正刑としての刑罰用語であり，磔刑もここでは，「當磔」と記されている。それが法定正刑の名称からはずれ，つまり量定される刑名とならないことが，「改磔曰棄市，勿復磔」ということなのか。

蘇秦且死, 乃謂齊王曰, 臣卽死, 車裂臣以徇於市,　　　　　　　『史記』蘇秦列傳
蘇秦, 且に死なんとし, 乃ち齊王に謂いて曰く。臣, 卽し死せば, 臣を車裂して以て市に徇せ。

内史肆, 佐弋竭, 中大夫令齊等二十人皆梟首, 車裂以徇, 滅其宗, 及其舍人, 輕者爲鬼薪,　　　　　　　　　　　　　　　　　　　　　　　　　　　　　『史記』秦始皇本紀
内史肆, 佐弋竭, 中大夫令齊等二十人は皆な梟首し, 車裂して以て徇し, 其の宗を滅ぼす。及び其の舍人, 輕き者は鬼薪と爲す。

　車裂に関して, 注記しておきたいことがある。「車もて人を裂く」「肢体の分散」とされる車裂の執行様態であるが, それは生きた人間を車で引き裂くのではなく, 殺害した後, 遺体を車でもって引き裂き, かつそれは市場での公開処刑であったということである。上の商鞅, 蘇秦の例は, それが死後の措置であることを示しており, 「車裂以徇」とは, 「師古曰, 徇, 行示」, 『周禮』地官司徒・鄭玄注「徇, 擧以示其土之衆也」とあるように, 大衆の面前で見せしめにして従わせるという意味である。
　実は, 「磔」とは, 車裂という解釈もある。『荀子』正論「斬斷枯磔」に付された楊倞注に「磔, 車裂也」とあり, また『史記』李斯傳索隱に「磔, 謂裂其肢体而殺之 ── 磔, 其の肢体を裂して之を殺すを謂う」などと説明されているものである。正確には車を用いる車裂と遺体を晒す磔とは異なるが, ともに公開の中で行われ, 斬首された遺体を, 裂傷にしろ枯死にしろ損傷するという共通が, かかる交叉をもたらしたものであろう。
　梟首も首を晒す刑, 磔も一定期間遺体を見せしめとして晒す刑, それが身体の一部（首）か全身かで違いがあるに過ぎない[14]。そして車裂も, 刑の本来の目的は遺体の分解ではなく, 遺体を見せしめにすることにあり, 衆人に一層強い印象を与えるために車が利用されたのではなかろうか。「車裂以徇」と「以て従う」と表現され, 梟首においてもそうである（「梟首, 車裂以徇」（『史記』秦始皇本紀））ことを想起したい。では, その磔, 車裂, 梟首の刑に込められた刑の目的は何か, 「以徇」の意味するところは。このことを考察する前に, 斬首と腰斬に関して刑罰の起源という点で述べておきたいことが残っている。

---

14) 『説文解字』6篇上の「梟, 日至捕梟磔之」と, 「磔」（さらす）という語を使って解説しているもの, 梟も磔の同義性を物語る。

【斬首と腰斬】

　首を切断する斬首という行為は，ひとり法定正刑として執行される刑罰の一様態のみならず，外敵に対する軍事行為，つまり制裁ないしは殺戮として執行されたことは周知のことであり，戦闘行為において「斬首某級」との記述は，それこそ枚挙にいとまがない。

　宮刑に関しても，同じく軍事行為の一環として，敵の捕虜を去勢する ── それが犯行の防止としてか，外敵の族滅かその目的はひとまずおくとして ── ことが行われた。そのほかに，敵の耳を切り取る「馘」という行為もあった[15]。さらに他ならぬ腰斬も斬首と同様に軍事行為の中での処置であった。1978年青海省大通上孫家寨115号漢墓から出土した木簡，それは軍事関係の規定をその内容とするものだが，そこには，捕虜・斬首・腰斬に関する断簡が見える。

　　七十人率斬首捕虜　　　　　　　　　　　　　　　　　　279
　　従軍斬首捕虜爵禪行至右更　　　　　　　　　　　　　　267
　　斬首捕虜者勿賜爵　　　　　　　　　　　　　　　　　　269
　　虜者皆要斬□　　　　　　　　　　　　　　　　　　　　271[16]

　死刑をはじめとする肉刑（身体毀損刑）は，戦争における敵の制裁の様態と共通するところがある。また外的刑罰（族外制裁）が内的刑罰（族内制裁）にも援用されるに至ったとの考えもそこから出てくるかもしれない。

　また別に，滋賀秀三氏[17]が指摘するように，「刑」という文字は原初的に，肉体に特定の「形」「型」を刻み付けることを意味し，それが共同体からの追放の刻

---

15) 馘の同義で聝という制裁もある。『詩経』大雅・皇矣「收聝安安」の毛傳に「聝，角獲也，不服者，殺而獻其左耳」とあり，また『尚書』康誥孔傳に「聝，截耳，刑之軽者」とある。捕虜を殺して耳を切るのか，また首を切断するよりも軽い刑として聝があるのか，今ひとつはっきりしない。また何故に耳を切るのか，それは報償を得るための証拠として首の代わりとなるのか，検討の余地がある。

16) 断片であり内容がよくわからない。腰斬は捕虜に対する措置なのか，捕虜の扱いで何らかの軍律違反をなした兵士に対する処罰として腰斬が設けられたのか，またその他の状況をいったのか。ただ，いずれにしても，ここでは，軍事における処罰として腰斬があり，また敵に対しての制裁として斬首があったということで，いずれも軍事行為の中での措置として腰斬，斬首が存在していたということの史料として位置付けたい。

17) 滋賀秀三「刑罰の歴史」（『中国法制史論集』，創文社，2003年），312頁。

印であるとの考えも成り立つ。

　外敵への制裁の様態をもって，共同体構成員の追放の象徴，刻印とするということが刑罰の原初形態なのかどうかはより詳しい検討を要し，ここではこれ以上深入りしない。しかし，いずれにしろ斬刑（斬首と腰斬）は古代の刑罰の基層を成していたことは確かである。それは滋賀氏がいう「形」を刻み付けることであり，刻み付けるという具体的措置は身体の部位の切断にほかならない。したがって，刻み付ける形を持たない絞殺は，古代の刑罰の中にその存在位置を見つけることは困難だといわねばならないのである。

(4) 2種の死刑

　腰斬，棄市，梟首，磔，そして車裂，刑罰執行の様態と若干の歴史的背景を論じてきた。ここにおいて我々は，死刑の名称と執行様態には，2つの異なった方向性があることに気づくであろう。それは，①殺害の方法を表す名称と，②殺害後の遺体の処理を示すものの2種であり，具体的に次のような区別となる。

① 　殺害の方法　　　　　　腰斬，斬首，棄市
② 　殺害後の死体の処理　　車裂，磔，梟首

　①は，いうまでもなく死刑囚を如何に殺害するのかその方法を表した名称であり，後の時代に加わる絞もこの範疇に属する。もっとも，棄市に関していえば，純粋に殺害の方法をいう「斬」とは命名の原理が違い，場所に重点が置かれた名称ではないかといわれるかもしれない。確かにそういった性格を持ってはいるが，「市にて棄殺する」という死刑執行の様態も意味しており，死体の処理ではもとよりない。また棄市と斬首は漢代の死刑の名称としては同じ意味であり，法定正刑名として斬首を棄市といったものであるが故に，ここに分類した。

　②は殺害の方法ではなく，遺体を衆目一致の中で公開するその方法と様態を意味する名称である。死刑というものが，囚徒の生命を剥奪することを第一義とするものならば，また現代の死刑が殺害した後，さらに囚人の遺体に傷害を加えるといった措置はもとより存在しないということを念頭に置けば，②の存在は，極めて特殊であり，そこに古代から続く中国の死刑の原理と性格が内在していると

いっても過言ではない。①と②がどういった関係になっているのか，なぜ②が加わるのか。まず，①の死刑から見ていこう。

　繰り返しになるが，斬首（棄市）と腰斬は，切断する身体の部位が頭部か胴体部であるかの違いを持つ。そして滋賀氏の説に従えば，「刑という文字が，肉体に特定の『形』『型』を刻み付けることを意味し，それが共同体からの追放の刻印である」ということから，「刑」の一形態である死刑が持つ「刻印」は，単に生命を奪うだけでなく，断絶の具現がなければならない，それが「斬」という執行様態にほかならない。

　さらに，私は，秦漢の死刑は肉刑の一種であったということをここで強調したい。「五刑」という用語が経書にあり，その内訳は，墨・劓・荆（刖）・宮・大辟（『尚書』呂刑，『周禮』秋官・司刑：『周禮』は「荆」を「刖」に作る。どちらも斬趾刑）であり，秦漢時代の法定正刑としての肉刑は，軽い方から黥・劓・斬趾・宮・死と段階づけられ，所謂五刑と相応する。五刑といい，肉刑ともいうこれら刑罰の中に何故死刑が数えられているのか，それはほかでもない死刑も身体毀損刑の一種とされていたからであり，身体の毀損もしくは「刻印」，つまり「斬」は，顔面の刺（黥）→鼻部の削除（劓）→脚部の切断（斬趾）→生殖器の切断（宮）→頭部の切断（斬首）→胴体の切断（腰斬）と，重度な毀損に向かって進んでいき，最終的には致命的傷害が置かれていることを物語っている。

　二年律令に「刑盡」という語が見える。

> 有罪當耐，其法不名耐者，庶人以上耐爲司寇，司寇耐爲隸臣妾，隸臣妾及收人有耐罪，繫城旦舂六歲，繫日未備而復有耐罪，完　　　　　　　　　　　90
> 爲城旦舂。城旦舂有罪耐以上，黥之，其有贖罪以下，及老小不當刑，刑盡者，皆笞百。城旦刑盡而盜贓百一十錢以上，若賊傷人及殺人，而先　　91
> 人，奴婢有刑城旦舂以下至遷・耐罪，黥頯顏頮界主，其有贖罪以下及老小不當刑・刑盡者，皆笞百，刑盡而賊傷人及殺人，先自告也，棄市，有罪　122

この「刑」とは，肉刑の意味であり，黥，劓，斬趾と段階的に設定された肉刑がすべて執行され尽くしたことをいう。

　また，肉刑が重度の方向で段階的に執行されるのは，次の88簡が参考になろう。

> 有罪當黥，故黥者劓之，故劓者斬左趾，斬左止者斬右趾，斬右趾者腐之，女子當磔若腰斬者，棄市，當斬爲城旦者黥爲舂，當贖斬者贖黥，　　　　　88

囚徒の処刑は，段階的に身体の部位を斬していくことで，重度となる。死刑（斬首・腰斬）は，いわばその程度が究極に至った形態であり，漢代の法定正刑である死刑は，いわば究極の肉刑，「刑盡」にほかならないといってもよかろう。

　ただそれは，①に属する処刑であった。死刑の様態としていえば，今ひとつ遺体の毀損を内容とする②が執行された。②は囚徒が殺害された後に，加えられるものであり，これは遺体の処理に属し，殺害の方法に因む名称を持ち，究極の肉刑と性格付けられる①とは，その目的を異にするものである。また①を経た後に②が付加的に執行されるのであり，斬首，腰斬がまず執行され，囚徒を殺害した後に，その遺体を晒す，枯死させる，車で毀損するといった付加的措置と見なされる。

　梟首，磔といった刑は，付加的死刑，もしくは追加的死刑ともいうべき範疇に入るものである。したがって，①の主刑としての死刑と同一線上に置き，その軽重を論ずるのは，短絡に失する。もとより，斬首（棄市）に梟首が付加される以上，梟首は棄市よりも重い死刑となろうが，しかしこれらは，主刑と付加刑の重層的関係の中で考えねばならず，梟首を主刑として棄市と比較するのは誤っているといわねばならない。

　私は，先に「梟首」という2字が法定正刑名として定着していたのかどうか疑問が残り，「當○刑」といった表現を持つ律文に見える量刑規定と比べれば，そこに表現の違いがあるように思えてならないといった。また磔刑と棄市刑の関係，これもすでに述べたように，「磔」は，棄市の中に何らかの意味で吸収されることになる。さらにいえば，漢の死刑の種類を確定するのに，沈家本，程樹徳をはじめとした諸家の説が必ずしも一定せず，それは魏晋以降についても同様の曖昧さを含んでいる。かかる事柄は，2つの範疇に分かれる死刑という観点に立って見れば，理解が容易ではないだろうか。

2 ◆ 魏晋の刑罰

　すでに言及したように，漢と唐においては，ともに2等に分かれている死刑の種類が異なる。すなわち，漢では腰斬・棄市（斬首）であったものが，唐では斬（斬首）と絞に変わるのであるが，変化は，同じ犯罪に対する量刑において，漢で腰

斬となった犯罪が，唐では斬首となっていることに，注目しておかねばならない。

(A) 以城邑亭障反降諸侯，及守乘城亭障，諸侯人來攻盜，不堅守而棄去之若降之，
 及謀反者，皆腰斬，其父母・妻子・同產，無少長皆棄市，其坐謀反者，能偏捕，
 若先告吏，皆除坐者罪，　　　　　　　　　　　　　　　　　　　　　1　2
(a) 諸主將守城，爲賊所攻，不固守而棄去，及守備不設，爲賊所掩覆者，斬，
　　　　　　　　　　　　　　　　　　　　　　　　　　　　　　　唐律　擅興
 諸の将に主たりて城を守り，賊の攻する所と爲り，固守せずして棄てて去る，
 及び守備，設けず，賊の掩覆する所と爲る者，斬。
(B) 僞寫皇帝信璽，皇帝行璽，腰斬以徇　　　　　　　　　　　　　　　　9
 僞寫徹侯印，棄市，小官印，完爲城旦舂　　　　　　　　　　　　　　10
(b) 諸僞造皇帝八寶者，斬，太皇太后，皇太后，皇后，皇太子寶者，絞，
　　　　　　　　　　　　　　　　　　　　　　　　　　　　　　　唐律　詐僞
 諸の皇帝八寶を僞造する者，斬，太皇太后，皇太后，皇后，皇太子の寶は，絞
(C) 矯制，害者，棄市，不害，罰金四兩，　　　　　　　　　　　　　　11
 律，矯詔，大害，腰斬，　　　　　　　　　　　　　　『漢書』功臣表　如淳注
(c) 諸詐爲制書及增減者，　　　　　　　　　　　　　　　　　　　唐律　詐僞
 諸の制書を詐爲する及び增減するのは，絞殺。

(A)と(a)，(B)と(b)，(C)と(c)をそれぞれ比べてみれば瞭然であろう。漢の腰斬が唐では斬首に，斬首が絞にいわば1等軽減されている。否，漢における腰斬と棄市（斬首）の2等の死刑は，唐では斬（斬首）と絞の2等に置き換えられ，腰斬刑に量定される犯罪には斬首が，斬首刑に当たる罪に対しては絞が執行されたのである。

では，晋ではどうであったのか。漢律と晋律の間には，類似の犯罪に関しての処罰規定が確認される。放火に関する条文がそうである。

【漢律・賊律】
　賊燔城，官府及縣官積聚，棄市，賊燔寺舍，民室屋廬舍，積聚，黥爲城旦舂，其失
　火延燔之，罰金四兩，責　　　　　　　　　　　　　　　　　　　　　　　　　4

【晋律】
　賊燔人廬舍積聚盜賊，贓五匹以上，棄市，即燔官府積聚盜，亦當與同，
　　　　　　　　　　　　　　　　　　　　　　　　　　　　　『晉書』刑法志

人の廬舎・積聚をみだりに燃やし，竊盗をおかせば，贓五匹以上ならば棄市，即し燔官府の積聚を燃やし竊盗を働けば，亦た同罪。

官署の積聚に放火した場合には（晋律では竊盗が加わっているが）棄市がともに適用されている。

「棄市」という刑罰名称は，『晉書』等の史料に枚挙に暇無く確認され，しかも「棄市論」「有罪棄市」「當棄市」という表現で見られるのは，それが法定正刑であったこと，疑いない。いまここに原文のみ列挙しよう。

六月，鄴奚官督郭廙上疏陳五事以諫，言甚切直，擢為屯留令，西平人麴路伐登聞鼓，言多祇謗，有司奏棄市，帝曰朕之過也，捨而不問，　　　　　　　　『晉書』世祖紀
冬十一月癸丑，雷，梁州刺史楊思平有罪，棄市，　　　　　　　　　　『晉書』安帝德宗紀
帝怒，收付廷尉，廷尉華恆以嵩大不敬棄市論，疑以扇和減罪除名，時頵方貴重，帝隱忍，久之，補廬陵太守，不之職，更拜御史中丞，　　　　　　　　　　『晉書』周嵩傳
於是送付廷尉，并其六子皆害之，玄又奏，道子酗縱不孝，當棄市，詔徙安成郡，使御史杜竹林防衛，竟承玄旨酖殺之，時年三十九，帝三日哭於西堂，
　　　　　　　　　　　　　　　　　　　　　　　『晉書』會稽文孝王道子子元顯傳

『刑法分考』四「絞」において，沈家本は魏における棄市刑の執行様態が絞殺だという。それは，以下の考察から導き出された結論である。

『晉書』刑法志に見える周顗（東晋：269～328年）の肉刑復活をめぐる議論の中に次のような一文がある。

肉刑平世所應立，非救弊之宜，方今聖化草創，人有餘奸，習惡之徒，爲非未已，截頭絞頸，尚不能禁，而乃更斷足劓鼻，輕其刑罰……
肉刑は平和時に施行するべきもの，混乱に対処するのは適してはいない。今は，教化が緒についたばかりであり，まだ人民には姦悪が残り，悪事に染まっている輩は，非理非道の行いをやめない。頭を斬り首を絞めて殺したとしても，禁止することは，できない。ましてや，足を切り鼻を削ぐことに変更し，その刑を軽くすると，……

また，刑法志に見える晋張裴の上奏文の中に，棄市と斬刑

梟首者惡之長，斬刑者罪之大，棄市者死之下，髡作者刑之威
梟首は凶悪に対する極刑，斬刑は犯罪に対する重罰，棄市は死刑の軽い刑，髡刑，作刑は威嚇を示す刑……

「截頭絞頸」とは，斬首と絞殺を示すもの，また後者の張裴の上奏でいう如く，「斬刑」「棄市」と晋代では２段階の死刑が存在していた。斬刑が斬首であるとすれ

ば，それより軽い「棄市」は，絞殺とせねばならない。晋の刑罰は，曹魏の刑を受け継いできたことから，魏の棄市も絞殺刑であり，すなわち死刑が斬首と絞殺（棄市）となったのは，曹魏からといえる。ただ，「絞」という名称は，北周・北斉になって初めて登場する刑名であり，「絞」は，この段階で初めて正刑の名称となり，それまでは棄市との名称が用いられた。そのことは，『左傳』哀公2年「若其有罪，絞縊以戮」に杜預が注を付けて，「所以縊人物 ―― それでもって，人物を扼殺する」といって，「絞」を殺害の方法ととらずに，紐の類に解釈しているのも「絞」が未だ刑罰名として晋代には定着してはいなかったことの傍証とする。（以上，沈家本説）

かく沈家本は，棄市刑の執行様態が絞殺となったのは，曹魏のときからだと主唱する。『晋書』には，正刑の名称であるかどうかはさておき，「絞」という語が「絞殺」という意味で確かに使われており，杜預にあっても，殺害方法を意味する「絞」を認めてはいる。『左傳』昭公元年の伝文「十一月己酉公子圍至，入問王疾，縊而弒之」に付された杜預注は，「縊，絞也，孫卿曰，以冠纓絞之」と注しているのである[18]。絞とは，「紐で首をしめる，また首をしめる紐」というのが，杜預の理解するところと見て間違いない。

ならば，法定正刑名としての絞は晋にはなかったが，死刑執行の方法として，絞殺は行われていたと見る沈家本の解釈は，正鵠を射たものといえるのだろうか。私は，それには従い難い。少なくともここに挙げた杜預の注釈のみならず，すべての杜注を見ても，そこから当時つまり晋代の死刑の執行方法が絞殺であったと示唆する口吻は窺えない。程樹徳がいうように，首を絞める紐が絞だという杜注は，逆に絞殺が棄市の内容であり，晋の死刑執行方法の一つであったということが杜預の念頭にはなかったことを物語るのではないだろうか[19]。

杜預の注釈だけではない。『晋書』をはじめとする史料の中で，絞殺が晋の法

---

18) 杜預は，『荀子』を引用するが，現行本『荀子』には，この条文はない。楊伯峻が指摘するように，これは『韓非子』姦劫弒臣に「因入問疾，以其冠纓絞王而殺之」とあるのと混同したのではないか。「以其冠纓絞王而殺之 ―― その冠の纓で以て王の首を絞めて殺した」。

19) 『九朝律考』晋律考に，「杜預は晋の時代の人であり，もし，晋がすでに絞殺刑を用いていたならば，ただ人を絞殺するのに使う物といったことだけで解釈をすませるはずがない。つまり，晋には絞殺刑が無かったことは明らかだ」という。

定正刑であったことを証明するものは，唯一刑法志の「截頭絞頸」をおいてほかには見つからないのである。しかも，この句は，当時執行されていた2種の死刑（斬首と絞首）を前提にしたものと，果たしていえるのだろうか。「極悪犯罪人を殺害したとしても」という単なる修辞でしかなく，2種の死刑を具体的に表現したと解釈することは，必ずしも具体的なことをいったのではない修辞をもって厳格な法制の実態を推測するという危険性をはらんでいる。繰り返しいえば，（刑罰としてではなく）首を絞めて殺すことは，何も特別なこと，珍しいことではなく，普通の殺害方法だった。

　今ひとつ，この問題を考える上で無視できないのは，腰斬刑との関係である。漢代には腰斬刑と棄市刑（斬首）が序列等級化されていた。仮に，魏晋の棄市刑が絞殺刑であったとするならば，腰斬刑との関係，死刑の序列はどうなっているのかが問題となる。魏晋時代に腰斬の刑が存在していたのは，間違いない。

> 改漢舊律不行於魏者皆除之，更依古義制爲五刑，其死刑有三，髠刑有四，完刑，作刑各三，贖刑十一，罰金六，雜抵罪七，凡三十七名，以爲律首，又改賊律，但以言語及犯宗廟園陵，謂之大逆無道，要斬，家屬從坐，不及祖父母孫，至於謀反大逆，臨時捕之，或汙瀦，或梟菹，夷三族，不在律令　　　　　　　　　『晉書』刑法志
> 漢舊律の魏に行なわれざるものを改めて，皆な之を除く。更めて古義に依りて制して五刑を爲す。其の死刑は三有り。髠刑は四有り。完刑，作刑は各の三，贖刑は十一，罰金は六，雜抵罪は七，凡そ三十七名なり。以て律の首と爲す。又た賊律を改む。但だ言語を以てす，及び宗廟園陵を犯す，これを大逆無道と謂う。要斬。家屬は從坐するも，祖父母孫に及ばず，謀反大逆に至りては，臨時に之を捕らえ，或いは汙瀦，或いは梟菹，三族を夷するも，律令に在らず。

> 帝召百僚謀其故，僕射陳泰不至，帝遣其舅荀顗輿致之，延於曲室，謂曰玄伯，天下其如我何，泰曰惟腰斬賈充，微以謝天下，帝曰卿更思其次，泰曰但見其上，不見其次，於是歸罪成濟而斬之，　　　　　　　　　　　　　　　　　　　　　　　　　　　　『晉書』文帝紀
> 帝，百僚を召して其の故を謀る。僕射陳泰，至らず。帝，其の舅の荀顗を遣りて輿にて是を致す。曲室に延きて，謂いて曰く。玄伯，天下，其れ我を如何せん。泰，曰く。惟だ賈充を腰斬して，微か以て天下に謝せよ。帝，曰く。卿，更めて其の次を思え。泰，曰く。但だ其の上を見て，其の次を見ず。是に於いて罪を成濟に歸して之を斬す。

> 及趙王倫篡位，齊王冏謀討之，前安西參軍夏侯奭自稱侍御史，在始平合衆，得數千人，以應冏，遣信要顒，顒遣主簿房陽，河間國人張方討擒奭，及其黨十數人，於長

> 安市腰斬之，　　　　　　　　　　　　　　　　　『晉書』河間王顒傳
> 趙王倫，位を纂するに及び，齊王冏，謀りて之を討つ。前安西參軍夏侯奭，自ら侍御史と稱し，始平に在りて衆を合し，數千人を得て，以て冏に應ず。信を遣りて顒を要す。顒は主簿房陽，河間國の人，張方を遣して，討ちて奭を擒にす。及び其の黨十數人，長安の市において之を腰斬す。

　はじめの，『晉書』刑法志は，曹魏の時代，大逆無道罪に関しての科罰規定，あとの２つの引用は，晋文帝期と八王の乱のとき，腰斬刑が執行されたことを示す記事である。ここで，曹魏の時代の大逆無道罪の量刑は漢代のそれと変わらないということに，特に注目したい。漢代には，大逆無道罪は正犯が腰斬，縁坐すべき家族が棄市（斬首）刑に処せられた。先の『晉書』刑法志を見れば，曹魏においてもやはり正犯は腰斬刑であることが検証され，また父母同産妻子という所謂三族家族は斬刑であったことが，次の魏末甘露年間（256～259）の大逆無道に関する司馬文王の上言から確認される。

> 戊申，大將軍文王上言……科律大逆無道，父母妻子同産皆斬，濟凶戾悖逆，干國亂紀，罪不容誅，輒勒侍御史收濟家屬，付廷尉，結正其罪　　『三國志』魏書4 高貴郷公髦
> 戊申，大將軍文王，上言す。……科律，大逆無道，父母妻子同産は皆な斬す。（成）濟は凶戾にして悖逆，國を干して紀を亂すも，罪，誅する容らず。輒ち侍御史に勅して濟の家屬を收し，廷尉に付して，其の罪を結正せん。

　「大逆無道，父母妻子同産皆斬」これは，家族は斬，つまり斬首であり，またそこから棄市刑は斬首であったことを如実に示すものだといって差しつかえない。

　今ひとつ，別の方向から，晋に斬首が行われていたことを示す資料を提示しよう。

　『晉書』刑法志に泰始3（267）年の律令改定の内容に，次のような一文がある。

> 減梟斬族誅從坐之條，除謀反適養母出女嫁皆不復還坐父母棄市，
> 梟斬・族誅・從坐の條を減じ，謀反の適養母の出，女の嫁するを除き，皆な復た還して父母に坐して棄市とせず。

　ここに見える「梟斬」は「梟首」と「腰斬」ではない[20]。『晉書』にはほかに幾つ

20）『訳注中国歴代刑法志』（創文社，2005年）は，「梟首・腰斬・族誅・從坐の条項を減らし……」と訳している。私は「解説・補」を加えているが，そこでは，自説を強引に展開するには，躊躇された故に，この部分には言及してはいない。

か「梟斬」といった語句が見える。

> 俄遷征虜將軍，監關中軍事，領西戎校尉，賜爵通吉亭侯，爲政暴酷，至於治中別駕
> 及州之豪右，言語忤意，即於坐梟斬之，或引弓自射，西土患其凶虐，
> ……桓温遣朱序討勳，勳兵潰，爲序所獲，及息龍子，長史梁憚，司馬金壹等送于溫，
> 並斬之，傳首京師，　　　　　　　　　　　　　　　　　『晉書』濟南惠王遂／曾孫勳
> 俄かに征虜將軍に遷り，關中の軍事を監す。西戎校尉を領し，爵の通吉亭侯を賜わ
> る。政を為すに暴酷にして，治中別駕，及び州の豪右に至りて，言語，意に忤けば，
> 即ち坐に於て之を梟斬す。或いは弓を引きて自ら射る。西土，其の凶虐を患う。
> ……桓温，朱序を遣わして勳を討ち，勳の兵は潰ゆ。序の獲する所となり，及び息
> の龍子，長史の梁憚，司馬の金壹等，溫に送りて，並びに之を斬し，首を京師に傳う。

> 時懷帝惡越專權，乃詔晞曰，朕以不德，戎車屢興，上懼宗廟之累，下愍兆庶之困，
> 當賴方嶽，爲國藩翰，公威震赫然，梟斬藩，桑，走降喬，朗，魏植之徒復以誅除，
> 豈非高識明斷，朕用委成，　　　　　　　　　　　　　　　　　『晉書』苟晞傳
> 時に懷帝は越の權を專にするを惡み，乃ち晞に詔して曰く。朕は不德を以て，戎車，
> 屢ば興る。上は宗廟の累を懼れ，下は兆庶の困しみを愍む。まさに方嶽に頼りて，
> 國の藩翰たるべし。公は威震，赫然として，（公師）藩，（汲）桑を梟斬し，走りて
> （劉）喬，（呂）朗，魏植の徒，復た以て誅除せらる。豈に高識にして明斷に非ずや。
> 朕，用て成を委ねん。

　ここに記されている，「言語に気にくわない所があれば，居ながらにして（公
然と）これを梟斬す」「（公師）藩，（汲）桑を梟斬す」といった「梟斬」は，梟首や
「腰斬」という独立した別個の行為を指すのではなく，首を斬って晒す，さらに
「首を斬る」という意味だと考えねばならない。「於坐梟斬」は少なくとも「坐中
で梟首や腰斬」と解釈することはできないからである。事実，濟南王勳の最期は，
「並斬之，傳首京師」とあることからしても，「斬」とは腰斬ではなく斬首である
こともその傍証となろう。
　以上，魏晉の死刑は，漢のそれと同じく，腰斬と棄市（斬首）が法定正刑であり，
この段階では未だ絞殺刑は死刑の１つとなってはいなかったのである。

3 ◆ 北朝の死刑 —— 絞殺刑の登場

(1) 北魏の刑罰

法定正刑としての絞刑が，はっきりと史料の上で確認されるのは，北魏からである。北魏太武帝神䴥4年 (431) に崔浩に命じて律令を制定したとき，法定正刑の1つとして絞殺刑が登場する。

> 世祖即位，以刑禁重，神䴥中，詔司徒崔浩定律令，除五歲四歲刑，增一年刑，分大辟爲二科，死斬，死入絞，大逆不道腰斬，誅其同籍，年十四已下腐刑，女子沒縣官，害其親者轘之，爲蠱毒者，男女皆斬，而焚其家，巫蠱者，負殺羊抱犬沉諸淵，
> 『魏書』刑罰志

世祖即位[21]，刑禁の重きを以て，神䴥中，司徒崔浩に詔して，律令を定めしむ。五歲四歲刑を除き，一年刑を增し，大辟を分けて二科となす。死と斬。死は絞に入る。大逆不道は腰斬，其の同籍を誅す。年十四已下は腐刑，女子は縣官に没す。其の親を害する者は，之を轘す。蠱毒を爲す者は，男女，皆な斬して，其の家を焚く。巫蠱の者は，殺羊を負わしめ犬を抱かしめて諸れを淵に沈める。

死刑（大辟）は「死」と「斬」であり，この場合の「斬」は斬首であることは，別に大逆不道罪には特別に重い「腰斬」が用意されていたことからも明らかである。なお，『魏書』刑罰志のここに挙げた神䴥4年の律令に，「腐刑」「轘刑」「焚其家」「負殺羊抱犬沉諸淵」といった刑罰が確認されること，留意しておこう。

さて，絞首刑に関していえば，その後，高祖孝文帝の時代，太和元 (477) 年7月庚子に3段階の死刑を制定する。

> 七月庚子，定三等死刑　　　　　　　　　　　　『魏書』高祖紀，『北史』巻3

3等の死刑が何か，そこに太武帝のときに正刑であった絞殺（死）が含まれていることは間違いない。刑罰志には，太和元年の次のような状況を説明している。

> 高祖馭宇，留心刑法，故事，斬者皆裸形伏質，入死者絞，雖有律，未之行也，太和元年，詔曰，刑法所以禁暴息姦，絕其命不在裸形，其參詳舊典，務從寬仁，司徒元丕等奏言聖心垂仁恕之惠，使受戮者免裸骸之恥，普天感德，莫不幸甚，臣等謹議，大逆及

---

21)『魏書』世祖本紀，『北史』魏本紀第2に「神䴥四年，冬十月戊寅，詔司徒崔浩改定律令」とあることから，この正確な年代が神䴥4年 (431) であることが分かる。

究極の肉刑から生命刑へ　第1章

賊，各棄市袒斬，盜及吏受賕各絞刑，踏諸甸師，
又詔曰，民由化穆，非嚴刑所制，防之雖峻，陷者彌甚，今犯法至死，同入斬刑，去衣裸體，男女媟見，豈齊之以法，示之以禮者也，今具爲之制，　　　『魏書』刑罰志

高祖，宇(おさ)を馭めるに，心を刑法に留む。故事，斬は，皆な裸形にして質に伏す。死に入る者，絞は，律に有ると雖も，未だこれを行わざる也。太和元年，詔して曰く。刑法は暴を禁じ姦(とど)を息める所以なり。其の命を斷つに裸形に在らず，其れ舊典を參詳し，務めて寬仁に從え。司徒元丕等，奏言す。聖心は仁恕の惠を垂れ，戮を受ける者をして裸骸の恥を免ぜしむ。普天は德に感じ，幸甚せざるは莫し。臣等，謹しんで議するに，大逆および賊は，各の棄市にして，袒(はだぬぎ)して斬す。盜および吏の賕を受けるは，各の絞刑，諸を甸師に踏(ころ)す。

又詔して曰く。民は化に由りて穆たり，嚴刑の制する所に非ず。之を防ぐに峻なると雖も，陷る者は彌々甚だし。今ま法を犯して死を至すは，同に斬刑に入る。衣を去りて裸體し，男女，媟見す。豈に之を齊うるに法を以し，之に示すに禮を以てする者ならん也。今ま具して之が制を爲せ。

「從来，斬刑はすべて裸體にされ椹質(くびきりだい)に伏した。死刑は絞殺とすることは，律には規定があったが，いまだ行われてはいなかった（故事，斬者皆裸形伏質，入死者絞，雖有律，未之行也）」，そこで，太和元年に詔を出し，裸體にての執行を袒斬に換えるとともに，大逆と賊とは袒斬の棄市刑，窃盗，賄賂罪には絞刑を適用する制度が臣下の建議に基づいて制定された。『魏書』高祖紀，『北史』卷3に記す「定三等死刑」がそのときの死刑の確定であることは，間違いなかろう。

興味ぶかいことは，太武帝神麚4年に制定された絞刑が太和元年の段階で，正刑として規定されてはいたものの，施行されていなかったということである。なぜ執行されていなかったのか，それは，太武帝の新律制定において，異民族の刑罰ではなく，中国の刑罰史の上で初めて絞刑が法定正刑として登場したからではないだろうか。絞刑が制定されても，50年ばかり執行されなかったということ，死刑はなべて斬刑しか執行されなかった（今犯法至死，同入斬刑，去衣裸體，男女媟見，豈齊之以法，示之以禮者也）ということは，死刑といえば腰斬・斬首を含めて「斬刑」しかなかったそれまでの制度から，新しい死刑制度に脱皮することに要した時間だったと考えねばならない。

晉律には正刑としての絞刑が確認されないこと，太武帝神麚4年の新律制定において初めて史書の上で姿を現すこと，しかしながら，その後，定着まで年数がかかったことなどからして，私は，絞殺刑は北魏において初めて正刑となった刑罰だと考えたい。

では，絞刑を含む北魏の3等の死刑の内容は，またそれはどの段階で制定確立したのかを，改めて考えてみよう。

(2) 北魏の律令の整備と正刑

北魏は，太道武帝以降，以下に示すように，7度にわたって法典の編纂を行っている。『魏書』刑罰志の記載をもとにしてそれを示せば，あらまし次の如しである[22]。

① 太祖（道武帝）　天興元年（398）
王徳に命じて過酷な法を除き，科令を約定。

② 世祖（太武帝）神䴥4年（431）
崔浩に命じて律令を制定。

③ 世祖（太武帝）正平元年（451）
游雅，胡方回に命じて，律を改定。391条，門誅4条，大辟145条，徒刑221条。

④ 高宗太安年間（455〜459）
律79章，門房誅13条，大辟35条，徒刑62条を増加。

⑤ 高祖（孝文帝）太和5年（481）
高閭に命じて律令の改修。832章，門誅16，大辟235，徒刑377。

⑥ 高祖（孝文帝）太和元年（492）
太和11年の詔に基づき，量刑の見直し（「不遜父母」の量刑，門房之誅の削除等），4月丁亥の新律を発布。

⑦ 世宗（宣武帝）正始元年（504）
律令を議定，『隋書』経籍志の「後魏律二十巻」の成立。

以上のほかに，律令の細部の改正は行われたことは確かであろうが，ここでは，主要なものとして，7度に渡る立法を確認して，行論を魏の刑罰に戻そう。

7段階に及ぶ法改正と絞殺刑を関連付ければ，先に述べたように，絞刑が正刑として登場するのは，②の段階であり，3等の死刑が確立するのは，⑤の直前，そして②から④にかけての時期は，絞刑は正刑ではあったが，有名無実だったということになろう。

---

22) 滋賀秀三『中国法制史論集』（創文社，2003年）。

ただ，ここで，少しばかり補足説明が必要であろう。

　絞と斬の2等の死刑が正刑として律に明文化されたのは，太武帝神䴥4年であり，それが，絞殺刑が法定正刑となった最初だといったが，これは正確にいえば，拓跋鮮卑が華北を統一し，部族国家から中国風の国家へとなり，国号を魏とした以後（太祖天興元年：398年）のこと，つまり法制史に関していえば，北魏の法制が中国法制史の流れの中に組み込まれた段階のことを意味している。つまり，「中国法制史上において，初めて法定正刑としての絞殺刑が登場した」という意味であり，鮮卑拓跋部にとっては，おそらくは，絞殺刑は部族内の刑罰・処刑として以前から存在していたということは，いい添えておかねばならない。否，むしろ絞殺刑が拓跋部の伝統的刑罰であったからこそ，北魏太武帝が制定した律の中に入れられたと考えるべきであろう。

　拓跋部の刑罰として絞殺刑が存在していた明確な証拠は，道武帝以前の資料が乏しいため，残念ながら見つからない。ただ，次の幾つかの事柄をここで挙げることができる。

　まず第1に注目せねばならないのは，『魏書』刑罰志が記す昭成帝（什翼犍：在位338～376，建国2年：339年）の記載である。

> 昭成建國二年，當死者，聽其家獻金馬以贖，犯大逆者，親族男女無少長皆斬，男女不以禮交皆死，民相殺者，聽與死家馬牛四十九頭，及送葬器物以平之，無繋訊連逮之坐，盜官物，一備五，私則備十，法令明白，百姓晏然
> 昭成建國二年，死罪に該当する者，其の家族が金や馬を献上して以て罪を贖うを聽し，大逆罪を犯すもの，親族の男女，少長となく，皆な斬。男女の禮を以て交わらざるもの，皆な死。民の相い殺する者，死家に馬牛四十九頭を，及び送葬器物を与え，以て之を平するを聽す。繋訊連逮の坐なく，官物を盜むに，一は五に備し，私なれば則ち十に備す。法令，明白にして，百姓は晏然たり

　これは，道武帝以前の拓跋部建国の時期の法令であるが，大逆には斬刑，それより軽いと見てよい「男女不禮交」には「死」という。ここにいう「斬」と「死」は，神䴥4年に規定された「斬」と「死」に相当し，斬首と絞殺と考えてもよいのではなかろうか[23]。つまり，神䴥4年の律制定以前に，拓跋族はその死刑の執行方法として，絞殺刑を行っていたということである。

　第2点は，神䴥4年の律令の制定は，鮮卑族の法制と漢民族の法制，つまり胡漢の法制が結合したといった意味を持つことである。立法の担当者が崔浩であ

り，彼が目指した漢化に向けての胡漢融合の具現といってもよいかもしれない。そしてそれは，刑罰の混合に如実に表れているのである。先に，「腐刑」「轘刑」「焚其家」「負殺羊抱犬沉諸淵」といった刑罰を留意しておくと述べた，これらは，絞殺刑とともに制定された刑罰であるが，そこには晋以前には見られない刑罰が存在していることは，瞭然である。中でも「負殺羊抱犬沉諸淵 ── 黒羊を背負って犬を抱いて沈める」という刑，そのような刑は漢・晋律には全く見えず，異民族の巫術的，宗教的儀式の性格を残す処刑との印象が強い[24]。『魏書』高車伝には匈奴系北方異民族高車の風習として，

> 喜致震霆，毎震則叫呼射天而棄之移去，來歳秋，馬肥，復相率候於震所，埋殺羊，燃火，拔刀，女巫祝說，似如中國祓除，
> 雷を招き寄せることを好み，雷震が興るごとに，大聲で天に向かって矢をはなち，そのままそれを置いて，去っていく。秋になって馬肥えるとき，もう一度，皆でその場所の様子を見に来て，黒羊を埋め，火をたいて，刀を抜いて，巫女が呪文を唱る。それは中國での御祓いに似ている。 『魏書』高車伝，『北史』巻98

また，同じく北方異民族である宕昌羌の風習の中にも，殺羊，羊に関する記載が見える。

> 居有屋宇，其屋，織氂牛尾及殺羊毛覆之，
> 家屋に居住し，屋根は，氂牛の尾と殺羊の毛の織物で覆っている。
>
> 三年一相聚，殺牛，羊以祭天，
> 三年に一度，集まって，牛と羊を殺して，天を祭る。
> 『魏書』宕昌羌傳，『北史』巻96

---

23) 神䴥4年の新律では，本文で挙げたように，「腰斬」「斬」「死」と三種の死刑が挙がっており，このうち，大逆不道罪には腰斬刑が適用されることになっている。建国2年の法令にいう「大逆」と「大逆不道」が同じ罪をいうのかどうか分からないが，少なくとも建国2年の条文の「斬」は「腰斬」ではないだろう。『魏書』が「斬」と記しているものは，なべて「斬首」であり，またこれが仮に「腰斬」とすれば，「死」は斬首となり，刑罰志がこの記事の後にいう神䴥4年の「死」（＝絞首）と用語の上で整合性が認められなくなろう。

24) 沈家本「歴代刑罰考」でも「負殺羊抱犬沉諸淵」には，祓ぎの性格を指摘している。ただ沈家本は，どちらかといえば，沈淵にその性格を認めているのだが，私は，むしろ後文にもいうように，犠牲の動物（羊）に祓除の性格がより強く含まれていると見る。

牛と羊は生活に密着したものであり，そこから祭天の供物ともなり，また殺羊は，とりわけ祓除の役割を担っていたのであろうか。

犬についても，「祭牲用羊，豕，犬各々一」(『魏書』禮志) とあるように，神へ供物，犠牲であった。神䴥4年の新律が「負殺羊抱犬沉諸淵」の刑を呪術的犯罪とも言える巫蠱の罪に対する刑と規定していることからしても，この刑が祓除，もしくは天に対して供物を捧げて罪の浄化を目的とした処罰であったことがわかり，かかる浄化という刑の目的は，それまでの漢民族の刑罰にはなかったものだったのである。

私は，さらに一歩進んで次のような憶測を述べてみたい。

異民族の習性として，動物だけではなく，人間も神への供物，犠牲であった。その昔，匈奴が貳師将軍李広利をシャーマンの犠牲にしたことは有名であるが，北魏においても人間を神への供物とする風習を持っていた[25]。鮮卑族の刑罰の目的の1つにこの神への犠牲，祓除というものがあり，その場合の犠牲の殺害方法が，とりもなおさず絞殺の形をとったのではないだろうか[26]。

神䴥4年制定の刑罰に見られる胡族的要素として，別に指摘できるのが「腐刑」である。腐刑，つまり宮刑はいうまでもなく古くから中国で執行されてきた刑罰

---

25)「高祖初，蠻首桓誕歸款，……淮源舊有祠堂，蠻俗恒用人祭之，珍乃曉告曰，天地明靈，即是民之父母，豈有父母甘子肉味，自今已後，悉宜以酒脯代用，」(『魏書』嵩遵伝)，

「淮源舊有祠堂，蠻俗恒用人祭之，珍乃曉告曰，天地明靈，即人之父母，豈有父母甘子肉味，自今宜悉以酒脯代用，」(『北史』巻958)

「二月丁丑，禁湖北溪洞用人祭鬼及造蠱毒，犯者保甲同坐，」(『宋史』高宗本紀)

26) 残念ながら，東アジア北方異民族の動物殺傷の資料が見つからないので，実証的なことはいえないが，ただ，新約聖書，「使徒行伝」，21 章，25 節には，

「信者になった異邦人については，私たちはすでに，偶像に献げた肉と，血と，絞め殺した動物と，不品行とを避けるべき事を取り決めておくってあります。」(荒井献訳『新約聖書　ルカ文書』，岩波書店，1995 年)

と，動物を絞殺する記事が見える。そのほか，Britannica の 1967 年版に，絞め殺すというのが，古代の屠殺法であったと解説している。

(SLAUGHTERHOUSE：Methods of Slaughter. ― In early times domestic meat animal were slaughtered by strangulation or by piercing the brain through the eye sockets with heated spears. The blood was cured in as an essential part of the meat. The Judaeo-Christian distaste for blood led to development of new practices: animals are dispatched by head blow or by quick severance of the jugular vein, and the carcass was hung head downward to bleed.)

であった。しかしながら、この刑罰は前漢時代の中期から執行されなくなり、後漢、三国、晋の各王朝では宮刑は全く影を潜めてほとんど確認できない[27]。漢代以降、自宮宦官が増え、そのため宮刑にもはや刑罰としての効果を期待できなくなったからにほかならない。隋の開皇律において宮刑は姿を消すことになるが、その間、唯一復活したのが、北魏であり、神䴥4年の新律に明記された宮刑は、その顕著な例である。つまり、北魏においては、動物に処せられる去勢、それを人間に適用する腐刑は、彼ら鮮卑族が従来から執行していた処刑方法であり、それ故、ここに正刑として明記されたのである。つまり神䴥律の腐刑は絞殺と同様に、胡族の刑罰であったといわねばならず、胡漢刑の融合の一環であったのだ。

もっとも、胡族の刑罰が漢族に受け入れられたその背景には、漢族の方にも受容すべき受け皿があったことは、いい添えておかねばならない。腐刑がすでに古代中国から執行されてきたが故に、「新たな胡族の腐刑」にも抵抗はなかった。絞殺も同じい。すでに述べたように、刑罰ではないにしろ、殺害方法としての絞殺は、いうまでもなく漢族の社会には定着していた。しかも、官吏においては名誉刑的な自決の方法として、冠の紐で首を絞めることは、行われていたのであった。そういった社会的土壌の上に、胡族独自の絞殺刑が崔浩のもとでの漢化政策の中で採用、定着していったのである。

以上、私は、神䴥4年の新律制定において定められた正刑は、胡族と漢族の2つの刑罰制度の合流と捉え、胡族の流れを持つ絞殺刑は、この段階で中国の刑罰としての位置を与えられたのだと論述してきたのである。

太武帝期にはいまだ胡族的な死刑を残しつつ、やがて中国的なものとして完成していく、胡族の刑罰であった絞殺が定着するには、年数を要したことは、すでに述べたことであり、北魏の死刑制度の完成が孝文帝太和元年7月に3等の死刑の制定であった。3等の死刑の中の2種は、斬（斬首）と死（絞首）であったことは、すでに引用した『魏書』刑罰志の高祖太和元年の記事によって確かめられる。では、残りの1等は何か。

結論からいえば、それは梟首であったと考えられる。何よりもそのことを明確に示すのが『魏書』刑罰志の次の一条であろう。

---

27) 沈家本『刑法分考』、九「宮」、拙論「性の刑罰」（『性のポリフォニー』、世界思想社、1990年）。

究極の肉刑から生命刑へ　第 1 章

先是以律令不具，姦吏用法，致有輕重，詔中書令高閭集中祕官等修改舊文，隨例增減，又敕羣官，參議厥衷，經御刊定，五年冬訖，凡八百三十二章，門房之誅十有六，大辟之罪二百三十五，刑三百七十七，除羣行剽劫首謀門誅律，重者止梟首，

これより先，律令が完備しなかったことから，姦吏が法を運用するに，罪の輕重を致した。中書令高閭に詔を下して，中書・祕書官等を集めて，これまでの法律を修改して，事例に隨って增減した。又羣官に勅をくだして，公正を得ているかを議論させ，天子の裁定を經て，五年冬に完成した。凡八百三十二章，門房の誅，十六，大辟の罪，二百三十五，徒刑三百七十七，羣行剽劫の首謀は門誅にするという律を除いて，重きもの梟首に止めた。　　　　　　　　　　　　　　　『魏書』刑罰志

　これは，先の北魏の律令制定の⑤，太和 5 年 (481) の立法を述べた箇所だが，ここにはっきりと死刑の中で最も重い刑が梟首であることが明記されている。
　またこれに先だつ太和 4 年に沙門法秀が反逆を謀ったときの侍中，吏部尚書王叡の上奏に次のようにいう。

與其殺不辜，寧赦有罪，宜梟斬首惡，餘從疑赦，不亦善乎，高祖從之，
無罪のものを殺すより，有罪をむしろ許し方がましです。首惡の首を斬って晒し，あとは疑わしい輩も許す，この方がいいのではないでしょうか。高祖はこれに從った。　　　　　　　　　　　　　　　　　　　『魏書』王叡伝，『北史』卷 93

　太和 5 年に先だってすでに梟首刑が採用されていることは，とりもなおさず太和元年に定められた 3 等の死刑（梟首，斬首，絞首）が太和 5 年の新律制定において律文中に法定正刑として組み込まれたことを指しているとみてよかろう。
　梟首はこの後，北魏一代を通じて執行されていたことは，史料の上から確認される[28]。北魏の死刑は胡漢融合の過渡期を經て，孝文帝太和初年に梟首，斬首，絞首の 3 段階の死刑が法定正刑として確立し，それが王朝の末まで續いたのである。

4 ◆ 北斉・北周から隋へ

　北魏は，北斉と北周に分裂するが，両王朝の法律・刑罰は北魏のそれを踏襲したといって，差しつかえない。
　『隋書』刑法志には，北斉武成帝河清 3 年 (564) に斉律 12 編，新令 40 巻[29]を制定し，それらは，魏晋以来の旧制を引き継ぐというが，律と令の篇名と構成，さ

らには罪名とその内容に関しては、漢律・晋律の延長線上にあるが、刑罰の種類、その内容は、晋のそれとは異なり、むしろ北魏から始まる新たな刑罰の流れを踏まえたものであった。

北斉の刑罰は、死刑・流刑・耐刑（労役刑）・鞭刑・杖刑の5種であり、基本的には、北周も同じ。北周の律は、北周武帝保定3年（563）に成立した。大律25編、1537条、そこに定められた正刑は、死刑・流刑・徒刑・鞭刑・杖刑の5種であったこと、『隋書』刑法志、『通典』刑法典の記すところである。

唐律の五刑（笞・杖・徒・流・死）の原形がこの北斉、北周の刑制に確認されること、瞭然であろう。否、それより遡って北魏の刑制に唐の刑罰体系の萌芽があると私は考えるのだが、それはまた別に論ずることとして、ここでは、死刑に限って北魏から北周・北斉への継承を考えることにしよう。

北周、北斉の死刑の内容についても、『隋書』刑法志、『通典』刑法典、『六典』巻6刑部郎中に記され、三者の間には、差異はない。

北斉：轘, 梟首, 斬, 絞[30]
北周：裂, 梟, 斬, 絞, 磬

28）たとえば

「正始二年、王師伐蜀、以祉假節、龍驤將軍、益州刺史、出劍閣而還、又以本將軍爲秦梁二州刺史、加征虜將軍、天性酷忍、又不清潔、坐掠人爲奴婢、爲御史中尉王顯所彈免、高肇南征、祉復被起爲光祿大夫、假平南將軍、持節領步騎三萬先驅趣涪、未至、世宗崩、班師、夜中引軍、山有二徑、軍人迷而失路、祉便斬隊副楊明達、梟首路側、爲中尉元昭所劾、會赦免、後加平北將軍、未拜而卒、贈安東將軍、兗州刺史、」（『魏書』酷吏／羊祉伝）、

「永安二年、元顥乘勝、卒至城下、尒朱世隆狼狽退還、城內空虛、遂爲顥擒、及莊帝還宮、纂謝不守之罪、帝曰於時朕亦北巡、東軍不守、豈卿之過、還鎮虎牢、俄轉中軍將軍、滎陽太守、民有姜洛生、康乞得者、舊是太守鄭仲明左右、豪猾偷竊、境內爲患、纂伺捕擒獲、梟於郡市、百姓忻然、加鎮東將軍、」（『魏書』辛雄伝）

前者は、宣武帝正始2年（505）の記事、後者は北魏末、孝荘帝永安2年（529）の記事である。

29）『通典』巻164 は、「新令30巻」とし、『冊府元龜』611 は、「四十巻」、『六典』巻6 は、「趙郡王叡等撰令五十巻」とする。滋賀秀三『中国法制史論集』、（前掲）67頁参照。

30）『隋書』刑法志には、この4種を解説して次のようにいう。

「其刑名五、一曰死、重者轘之、其次梟首、並陳屍三日、無市者列於郷亭顯處、其次斬刑、殊身首、其次絞刑、死而不殊、凡四等、」

ここで挙がっている「轘」「裂」とは、車裂のことだが、この刑罰はすでに北魏において、太武帝4年の律令にも「害其親者轘之」として登場してきていること、すでに我々は知っており、また東魏天平年間（534～537）にも、車裂は執行されている。

　　天平中，凱遂遣奴害公主，乃轘凱於東市，妻梟首，家遂殄滅．
　　　　　　　　　　　　　　　　　　　　　　　　　　　　　『魏書』蕭寶夤伝
　　天平年間、かくして凱は奴隷を遣わして公主に危害を加え、結果、東市で凱は轘刑に処せられ、妻は梟首、家は滅亡した。

主犯は轘刑、家族（妻）は1等低い刑の梟首、つまり、はや北魏末から東魏の段階で北斉の死刑の序列、体系は形付けられていたといえようか。

ところでこの車裂に関して、ここで是非にいい添えておかねばならないことがある。前節「秦漢時代の刑罰」において、私は、車裂刑を説明しそこで次の様に述べた。

　　——「車もて人を裂く」「肢体の分散」とされる車裂の執行様態であるが、それは生きた人間を車で引き裂くのではなく、殺害した後、遺体を車でもって引き裂き、かつそれは市場での公開処刑であったということである。

漢代の車裂刑は、①殺害の方法　②殺害後の死体の処理と2種に私が分類したうちの②に当たるわけだが、ならば北魏もそうなのか。首を斬った後それを晒す「梟首」はいつの時代でも②に属すことは、当たり前であるが、車裂について言えば生きたまま肢体を引き裂き、それをもって致命とする①に属することも、異質の法文化をもつ胡族国家にあっては可能性として排除できないといわれるかもしれない。しかし、北魏以降の轘刑もしくは裂刑、つまり車裂刑もやはりこの②に当たると考えてよかろう。

その理由は、梟首と車裂が、隋に至るまで対置関係を持って確認されること、つまり、車裂よりも1等低い刑として梟首が置かれていることである。

すでに挙げた東魏の時期の史料、『魏書』蕭寶夤伝に主犯が轘刑、その妻が梟首との量刑が見られた。また『隋書』には、刑法志をはじめ「梟首」と「轘」「裂」が併置の関係をもって記されている。

　　（北齊）一曰死，重者轘之，其次梟首，並陳屍三日
　　　　　　　　　　　　　　　　　　　　　　　　　　　　　　　　　『隋書』刑法志
　　死刑。重度は轘、その次は梟首、ともに屍を晒すこと三日

（開皇律）蠲除前代鞭刑及梟首轘裂之法　　　　　　　　　　『隋書』刑法志
前代の鞭刑，梟首，轘裂（車裂）の法を削除する

（開皇元年詔）夫絞以致斃，斬則殊刑，除惡之體，於斯已極，梟首轘身，義無所取，
不益懲肅之理，徒表安忍之懷　　　　　　　　　　　　　　　『隋書』刑法志
絞刑は生命を絶つものであり，斬刑は身体を切断する刑，悪を排斥する形は，之に
尽きる。首を梟したり，身を轘にするのは，意味がない。懲戒の道理に益無く，
残酷さに平気である気持ちを表すだけだ。

朕今復讎雪恥，梟轘者一人，拯溺救焚，所哀者士庶
　　　　　　　　　　　　　　　　　　　　　　『隋書』煬三子傳，『北史』卷71
朕は今，復讐を行い恥を雪がんとして，1人を梟首・車裂に処したが，水火から人
を救おうとしたのであり，哀れをかけているのは人民なのだ。

　轘刑と梟首がこの様に対になって記されていることは，この2つの刑が同じ性
質を持つもの，つまり処刑後の屍体を損傷する刑罰であり，それは戦国秦漢から
隋に至るまで一貫して変わらなかったことを物語っている。
　以上，北魏から隋に至る刑罰の変遷をたどってきた。

```
                    北斉：轘，梟首，斬，絞
北魏： 梟首・斬・絞                           隋唐：斬・絞
                    北周：裂，梟，斬，絞，磬
```

　かく，変遷する北魏から隋までの死刑の流れにおいて，あるときには存在し，
またあるときにはその名が確認されない梟首と車裂とは異なり，斬と絞は一貫し
て北魏から隋，そして唐へと続く。一見変化に富むかの如く見えるこの流れ，し
かしながらそこには，整然とした原理が読み取れるのではないだろうか。
　ここにきて本章は，もはや漢から唐までの死刑制度の流れを総括するときがき
た。
　ただ，その前に南朝の死刑制度を概観しておこう。

5 ◆ 宋・齊・梁・陳の死刑

『六典』巻6刑部郎中には，「宋および南齊律の篇目，および刑名の制略は晉氏に同じ」という。刑罰体系に限っていえば，死刑・耐刑（髠鉗刑5歳刑〜2歳刑）・贖刑・罰金刑と序列化され，これは漢晉の刑罰体系をそのまま踏襲しており，北朝の刑罰に存する隋唐の五刑の萌芽は南朝には全く認められない。

死刑について見れば，宋においては，梟首と棄市が律に規定されていた。

> 淵之大明中，爲尚書比部郎，時安陸應城縣民張江陵與妻吳共罵母黃令死，黃忿恨自經死，值赦，律文，子賊殺傷毆父母，梟首，罵詈，棄市，謀殺夫之父母，亦棄市，值赦，免刑補冶，江陵罵母，母以之自裁，重於傷毆，若同殺科，則疑重，用毆傷及罵科，則疑輕，制唯有打母遇赦猶梟首，無罵母致死值赦之科，
> 　　　　　　　　　　　　　　『宋書』孔淵之伝（『南史』巻27）

（孔）淵之，大明中，尚書比部郎と爲る。時に安陸應城縣の民，張江陵，妻吳と共に母の黃を罵り，死せしめんとし，黃は忿恨して自ら經死す。赦に値るに，律文，子，父母を賊殺・傷・毆すれば，梟首。罵詈すれば，棄市。夫の父母を謀殺すれば，亦た棄市。赦に値りて，刑を免じて補冶せんとするに，江陵は母を罵り，母は之を以て自裁す。傷・毆より重けれど，若し殺科と同じくせば，則ち重きを疑い，毆傷及び罵科を用れば，則ち軽きを疑う。制は唯だ母を打つは，赦に遇うとも猶お梟首と有るも，母を罵り死に致すに，赦に値るの科無し。

「子が父母を賊殺・賊傷・毆をしたときは，梟首，罵詈したときには棄市」という宋律の規定を引くこの条文から，宋の死刑が晉のそれと同じく，梟首・棄市が設定されていたことが分かる。そればかりではない。同様の条文は漢律（張家山漢墓出土漢律）にも見られる。

> 子賊殺傷父母，奴婢賊殺傷主，主父母妻子，皆梟其首市，　　　　　　34
> 子牧殺父母，毆詈泰父母，父母假大母，主母，後母，及父母告子不孝，皆棄市，其
> 子有罪當城旦舂，鬼薪白粲以上　　　　　　　　　　　　　　　　　35
> 婦賊傷，毆詈夫之泰父母，父母，主母，後母，皆棄市，　　　　　　40

宋の法制，刑罰が漢からの継承であることをこれは，如実に示すものであろう。

以後の斉・梁・陳に関しても，梁天監2年（503）に公布された梁律には，棄市と梟首の2種の死刑が正刑として定められたようである[31]。

> 棄市以上爲死罪，大罪梟其首，其次棄市，　　　　　　　　　『隋書』刑法志

棄市以上を死刑とし，大罪はその首を梟し，その次は棄市とする。

ただ，ここで少し気がかりなことがある。それは，「棄市」の執行様態だが，これが斬首であったのかそれとも絞殺だったのかということである。ここでまず，『隋書』刑法志が記す梁律の規定を述べた次のような一文を挙げよう。

其謀反降叛大逆已上皆斬，父子同産，男無少長，皆棄市

其れ謀反・降叛，大逆已上は皆な斬。父子・同産男の少長無き，皆な棄市。

これは，明らかに漢律の大逆無道罪を踏まえたもので，漢律の規定は次の如きである。

律，大逆不道，父母妻子同産皆棄市　　　　　　　『漢書』景帝紀　如淳注

漢の大逆不道（無道）は主犯が腰斬，縁坐する家族は棄市に処せられる[32]。この場合の棄市とは，斬首を指すこと拙稿で論じてきたところであるが，そうであれば，梁律にいう「大逆已上皆斬」という主犯に適用される「斬」は，どういうことになるのだろうか。これまで南北朝の死刑を検証してきた中での斬は斬首として理解してきた。ならば，この梁律の大逆罪の「斬」も斬首となり，それより1等低いはずの家族に適用される「棄市」は，斬首ではなく，「絞」である蓋然性が極めて高くなるのである。はたして，梁の死刑は絞殺刑がその1つであり，梟首と絞首（棄市）だったのだろうか。

私は，以下の諸点からこの考えには同意できない。
① 南朝の刑罰に関する資料の中で，絞殺が刑罰として行われたことを証明できる記事は，見つからない。
② 仮に，絞殺刑が梁で正刑となったなら，晋の制度を踏襲してきたことからの変更であり，改定を示す史料と，その理由があるはずである。しかし，史料は南朝の刑制は，魏晋の制度を踏襲するといっていても，改変したことには，全く触れていない。
③ 処刑の様態として，斬首が行われたことは，多くの用例を挙げることがで

---

31) 死刑以下の刑罰は，梁も宋に同じく，耐刑（髡鉗5歳刑～2歳刑），贖刑，罰金刑と序列化されており，やはり漢晋の踏襲であった。
32) 拙著『秦漢刑罰制度の研究』（京都大学学術出版会，1998年），261頁。

きる³³⁾。つまり，斬首は正刑として行われていたということがいえる。一方で絞殺も正刑であり，棄市＝絞殺と仮定すれば，梟首＝斬首ということになる。しかし，漢から晋までの刑罰では，梟首と斬首は別の刑罰名称であり，南朝梁に限って梟首と斬は刑名において同じとして資料に書かれ，またそう認識されたのであろうか。

④ 仮に梟首と絞ならば，私がいう致死を目的とする死刑は，首を絞める絞殺だけとなる。梟首の前段階となる首を切断する刑が見えないのも，不自然である。

以上，①から④までを考慮にいれれば，私は，梁を含めた南朝の死刑が梟首と絞の2種類であったことは，認められないのである。やはり棄市の執行様態は斬首と見るのが妥当ではないだろうか。

では，戻って先の梁律にいう大逆不道罪の斬と棄市はどう解釈すべきであろう

---

33) 用例を挙げると，「義陽劫帥張羣亡命積年，鼓行爲賊，義陽，武陵，天門，南平四郡界，被其殘破，沈攸之連討不能禽，乃首用之，攸之起事，羣從下邳，於路先叛，結寨於三溪，依據深險，嶷遣中兵參軍虞欣祖爲義陽太守，使降意誘納之，厚爲禮遺，於坐斬首，其黨數百人皆散，四郡獲安。」(『南齊書』豫章文獻王嶷)

「三月戊辰，大破之，擒敬躬送京師，斬于建康市，是月，於江州新蔡，高塘立頌平屯，墾作蠻田，遣越州刺史陳侯，羅州刺史寧巨，安州刺史李智，愛州刺史阮漢，同征李賁於交州。」(『梁書』卷三武帝紀)

「丙申，徵廣州刺史王琳入援，丁酉，大風，城内火燒居人數千家，以爲失在婦人，斬首尸之，是日，帝猶賦詩無廢，以胡僧祐爲開府儀同三司。」(『南史』卷8)

「元帝又遣領軍王僧辯代鮑泉攻譽，譽將潰圍而出，會其麾下將慕容華引僧辯入城，遂被執，謂守者曰，勿殺我，得一見七官，申此讒賊，死無恨，主者曰，奉令不許，遂斬首，送荊鎮，元帝返其首以葬焉」(『南史』卷53)

「太清二年，侯景圍京城，嵊遣弟伊率郡兵數千人赴援，三年，宮城陷，御史中丞沈浚違難東歸，嵊往見而謂曰，賊臣憑陵，社稷危恥，正是人臣效命之秋，今欲收集兵力，保據貴鄉，若天道無靈，忠節不展，雖復及死，誠亦無恨，浚曰，鄙郡雖小，仗義拒逆，誰敢不從，固勸嵊舉義，於是收集士卒，繕築城壘，時邵陵王東奔至錢唐，聞之，遣板授嵊征東將軍，加秩中二千石，嵊曰，朝廷危迫，天子蒙塵，今日何情，復受榮號，留板而已，賊行臺劉神茂攻破義興，遣使說嵊曰，若早降附，當邑以郡相處，復加爵賞，嵊命斬其使，仍遣軍主王雄等帥兵於鱧瀆逆擊之，破神茂，神茂退走，侯景聞神茂敗，乃遣其中軍侯子鑒帥精兵二萬人，助神茂以擊嵊，嵊遣軍主范朗出郡西拒戰，爲神茂所敗，退歸，賊騎乘勝焚柵，柵内擊軍皆土崩，嵊乃釋戎服，坐於聽事，賊臨之以刃，終不爲屈，乃執嵊以送景，景刑之於都市，子弟同遇害者十餘人，時年六十二，賊平。」(『梁書』卷張嵊傳)

か。1つの解釈は，この斬は斬首ではなく腰斬を意味するとの理解である。「斬」1字で「腰斬」を示すこと，漢の史料では検証できる[34]。南朝の史料ではそれが見当たらないのだが，ここは，漢律を踏まえて腰斬を意味したと考える方がよいのではないだろうか。

また別に次のようにも考えられる，当時腰斬刑はほとんど執行されてはおらず，梁律の立法にあたって，死刑の種別では梟首と棄市（斬首）の2種となったが，律文は漢晋の大逆無道の条文をそのまま援用し，斬と棄市の関係の調整・改正が行われておらず，中途半端な形で残った[35]。

要するに，南朝の死刑は，漢晋の死刑をそのまま踏襲したものであり，そこには北朝のような新しい死刑，つまり絞殺といったこれまでの死刑原理とは異なる性格の死刑は生まれなかったのだ。それ故，南朝の死刑は，隋唐に継承されることはなかったと結論付けたい。

おわりに　秦漢から隋唐へ ── 究極の肉刑から生命刑へ

秦漢：梟首・磔・腰斬・棄市（斬首）
魏晋：梟首・腰斬・棄市（斬首）
北魏：梟首・斬（斬首）・死（絞刑）
北斉：轘，梟首，斬，絞
北周：裂，梟，斬，絞，磬
隋　：斬・絞
唐　：斬・絞

---

34) 拙著『秦漢刑罰制度の研究』（前掲），241頁。
35) 『九朝律考』，梁律考，参照。
　なお，腰斬は南斉，梁に執行されていたことは，確かである。「且邁遠置辭, 無乃侵慢, 民作符檄, 肆言冒辱, 放筆出手, 即就韲粉, 若使桂陽得志, 民若不輾裂軍門, 則應腰斬都市, 嬰孩脯膾, 伊可熟念, 其五可論也,」（『南齊書』文学伝）
　「亶學北人著靴上殿, 無肅恭之禮, 有怪之者, 亶曰吾豈畏劉禪乎, 從景圍巴陵郡, 叫曰荊州那不送降, 及至江陵, 將刑于市, 泣謂石珍曰吾等死亦是罪盈, 石珍與其子昇相抱哭, 亶謂監刑人曰倩語湘東王, 不有廢也, 君何以興, 俱腰斬」（『南史』巻77）

秦漢から隋唐に至るほぼ1000年に渡る中国古代・中世の死刑の変遷，各王朝で執行された法定正刑をまとめると前記の如くである。
　一見，多くの種類の死刑が各王朝ごとに興廃しているかの如くに映るが，実はそうではない。本章で私は，中国の死刑 —— 古代から中世さらには近世に至る —— には，それでもって直接に生命を奪う刑罰と，致死の後，屍体に傷害を加える刑とに分かれると主唱してきた。「生体の処刑」と「屍体の処刑」，漢から始まる法定正刑は，常にこの二重構造を持っていたのである。死刑といえば，今日ではいうまでもなく「生体の処刑」に限ってのことであり，そこに中国を含めた現代世界の死刑と，前近代の中国の死刑の大きな相違を認めることができるのである。
　さて，先に示した秦漢から隋唐までの「生体の処刑」の変遷を追ってみると，腰斬・斬首（棄市）の2等の死刑は，北魏にいたって，斬首・絞首（棄市）に変わり，それが清末まで継続していく。これは「生体の処刑」の観点からすれば，あまり変化のない，否，たった1度の変化しかない流れである。「生体の処刑」に関しての，中国刑罰史上のわずか1度の改定は，見過ごすことができない大きな変化なのだが，このことは後に論ずることとして，今は本節冒頭に挙げた秦漢から隋唐までの刑罰の変遷を確認しておこう。
　秦漢から続く法定正刑には，「生体の処刑」という軸の他に，今ひとつの軸があった。それが「屍体の処刑」であり，梟首，磔，車裂（轘）がそれに属する。これは，「生体の処刑」の後に執行される，もしくは「生体の処刑」に付加される死刑であり，2次的死刑といってもよい。実は，この「屍体の処刑」こそ，前近代の中国の死刑を特徴づける要素といってもよく，先の「生体の処刑」がその変遷において淡泊であることも，この2次的死刑の存在と関係するのである。
　いったい，何故このような付加刑的死刑が存在したのであろうか。それは中国古代，否，帝政中国に共通して認められる中国特有の刑罰の目的と存在意義に関わる。すなわち，刑罰の目的が応報ではなく一般予防にあったということである。「生体の処刑」に分類される死刑，斬首，腰斬は，囚徒の殺害を目的とした処刑であるが，そこにも市場での公開を前提としていた。そして「屍体の処刑」はもはや，囚徒が対象となっているのではなく，囚徒の遺体は手段でしかない。それは一般民衆が死刑に当たる犯罪を犯さないための威嚇の手段である。処刑の後の遺体を何らかの形で見せしめにすることで犯罪の抑止と秩序の維持を目的とす

る。「梟首以徇」「車裂以徇」とされた「以徇」とは,「示を行う」(師古注),「挙げて以てその土の衆に示す」(『周禮』地官司徒・鄭玄注)こと,「示」とは,威嚇にほかならない。16頁で車裂が死後の処刑であることを論証せんとした折に挙げた『史記』商君伝の「商君を車裂し, 以て徇し, 曰く。商鞅の如く反すること莫れ」は, 如実にそれを物語るものであり, また『韓非子』の次の主張は, 死刑執行の意味を直截にいい切る。

> 夫重刑者, 非爲罪人也。明主之法, 揆也, 治賊, 非治所揆也, 治所揆也者, 是治死人也。刑盗, 非治所刑也, 治所刑也者, 是治胥靡也, 故曰重一姦之罪而止境内之邪, 此所以爲治也,　　　　　　　　　　　　　　　　　　　『韓非子』六反
> 重刑は, 罪人の爲に非ざるなり。明主の法は, 揆(はか)なり。賊を治めるは, 揆る所を治めるに非ざるなり。揆る所を治めるは, 是れ死人を治する也。盗を刑するは, 刑する所を治めるに非ずなり。刑する所を治めるは, 是れ胥靡を治める也。故に, 曰く。一姦の罪を重くして, 境内の邪を止める, 此れ治を爲す所以なり。

「揆(はか)る所」「刑する所」とは, 法規が適用され裁かれる者, 処罰の対象となる者, つまり犯罪者を指す。犯罪者に対する措置, それは重要なことではない。対象となるのは犯罪を犯していないものであるのだと。

漢以降, 歴代の死刑のあり方を見れば,「生体の処刑」と「屍体の処刑」という, 2つの軸から形成されている。つまり死刑という処罰は, この2つの要素を持っていたのだが, その比重は「屍体の処刑」に置かれていたといえるのではないだろうか。前者は, もとより社会に害悪を与えた者を抹殺, 追放することであるが, 抹殺の措置は命を絶つこと一点でしかない。執行の方法は, 通じて淡泊, 単調, 短時間であり, それ故, 静態的といってよい。斬首と絞殺に変わった後も, 清律に至るまで斬・絞殺の2種のみが律に規定されている法定正刑として続いていくのも, やはり静態的といってよかろう。

これに対して可変であり, 動態的かつ処刑時間の長さを有するのは「屍体の処刑」である。そして漢代, 否中国の刑罰はこの屍体の処刑にむしろ重点が置かれていたのである。「生体の処刑」が公開処刑の形をとるもの, 威嚇の意味がそこに込められ,「屍体の処刑」の要素が, 生命剥奪を執行するときにすでに含まれていたとも解釈される。ただ, 梟首, 磔をはじめとしたこの見せしめとしての刑罰は, 時として律に規定され, 規定のされ方も決まった形式を持たず, その種類と内容も一定してはいない。それは, この刑罰が, 実際にはそれに重心が置かれ

たのだが，形式的には，主刑ではなく，付加刑ともいえるものであったことにも帰因しよう。あくまで主に対して従という立場を占めることから，可変性を持ち，時代と状況により柔軟に適用され，それ故，現実的でもあった。あるときには正刑として律に規定され，またあるときには「生体の処刑」の中に吸収され，またあるときには皇帝の専決する処刑といった形で続いていく。さらに，見方を変えれば，中国の死刑 ——「生体の処刑」がある意味で残虐性が稀薄なのは，その外側に「屍体の処刑」という準刑罰がそれを補完したからだともいえるかもしれない[36]。

「生体の処刑」は中国刑罰史の上で，たった一度の変化を経験しただけであったと先に述べた。しかし，この変化の持つ意味は誠に重要なものとせねばならない。

秦漢の刑罰に備わっていた原理は，身体を「斬」する肉刑が基本となっている。経書にいう五刑が，墨，劓，刖，宮，死であり，また秦律に見える刑に黥，劓，斬趾，宮刑，死刑があり，漢律にいう「刑盡」なる語が肉刑を段階的に加えていくことであった。重度の度合が増していくその行く先に究極の肉刑として死刑が

---

[36] 私は，ここで西洋と東洋の刑罰の違いを指摘したい。西洋には架刑，磔刑という刑罰があることは，周知のことに属する。それらは，木に吊り下げる，もしくは木にはりつけて死刑を執行する。旧約聖書には，複数の正典に架刑に関する記事が見え，たとえば，『申命記』21章22節-23節には次のようにある。
「ある人に死刑にあたる罪があり，その人が処刑される場合，あなたはその人を木に架けなければならない。あなたはその屍体を木の上にとどめ置いたまま夜を過ごしてはならない。あなたはその日のうちに必ずその屍体を葬らなければならない。木に架けられた者は神に呪われた者だからである。あなたは，あなたの神ヤハウェが嗣業としてあなたに与える土地を，穢してはならない。」（鈴木佳秀訳『申命記』，旧約聖書翻訳委員会，岩波書店）
この架刑はおそらく絞首刑 (hanging) であろうが，そこから示唆を受けるのは，まずメソポタミア，ヘブライ法における刑罰には，絞首刑があるが，その首を晒しておくということは稀で，少なくとも執行後は屍体を放置せずに収容するということである。さらに，屍体は「神に呪われたもの」であり「穢れ」たものという意識があるが，屍体に関する穢れの観念は，中国古代には稀薄である。さらにヘブライの刑罰には，神が介在していることである。中国の刑罰には神はもとより，古代中国から存在する人格神的「天」すらも，秦漢の刑罰には登場しない。

設定されていたのである。

　肉刑は漢文帝期に廃止され，刖鉗刑が黥，劓，斬左趾に変わり，斬右趾が棄市に吸収されるが，死刑が究極の肉刑であるという原理は変わらなかった。否，それを変える要因はなかったのである。したがって，漢，魏，晋における「生体の処刑」に属する法定正刑は，一貫して腰斬，斬首であった。首を絞める絞刑は，「究極の肉刑」という範疇には入らず，それ故，漢から晋に至る古代的死刑には絞殺刑は存在しなかったのである。

　絞殺刑が死刑として採用されたのは，北魏からである。このことは，単に死刑の執行方法が首を切断することから絞殺に変わったという表層的な執行方法の変化だけに止まらない。より内層的な死刑の性格，死刑の法理に変化をきたしたと見るべきであり，ここに中国刑罰制度史の画期を認めねばならない。これまでの究極の肉刑として位置付けられていた死刑は，絞首刑の登場で生命の剥奪という執行理念が変わったのである。そしてこの変遷は，以後の中国法制史に有形無形の影響を与えたといわねばならない。もはや，その影響を詳細に論ずるには，余裕がないが，例えば，以後にもしばしば興る肉刑復活の議論，そこでは，死刑をどのように考えていたのか。すでに究極の肉刑とは考えられていない斬首刑は，復活すべき肉刑とは範疇を異にしたといえよう。またより本質的な問題として，「刑」そのものの解釈にも変化をきたしたといわねばならない。本来，肉刑を中心として体系立てられていた刑罰制度，それは漢文帝以後の死刑・労役刑・贖刑・罰金刑という体系下にあっても基層においては，変らなかった。「刑」の本質は，身体毀損であり，またそれはある意味では追放を基本観念においていた。身体の毀損は，追放を象徴する型であったのだ。そして肉刑廃止の後でも唯一残ったのが究極の肉刑とも言える斬首・腰斬であった。

　しかし，ここに絞殺刑が死刑の1つとして登場した段階では，もはや究極の身体毀損が死刑ではなく，また死刑が生物界からの追放・棄絶ではなく，単なる生命の剥奪でしかなくなったと解釈できる。唐律に定められた刑罰は，死刑・流刑・徒刑・杖刑・笞刑という独立した5種の刑から構成されている。そこには，身体毀損刑，追放刑という古代刑罰の基本理念は認められない。かかる画期は，究極の刑罰である死刑の変化，絞殺刑の登場が将来した中国刑罰制度史における第2の段階だったのである。

　では，この絞殺刑の出現は，何によって将来されたのであろうか。それは，異

民族の中国支配であり，5世紀北魏の成立，および胡漢融合であった。すでに本章で論述してきたように，絞殺という死刑の起源は北方異民族の刑罰であった。世祖太武帝が律を制定したとき，この絞殺刑が初めて中国刑制の中に採用されたのだが，その段階では従来の胡族の死刑も幾つか採用された。それがやがて漢化政策が進む上で，胡族の刑制と漢族の刑制が融合して，死刑・流刑・徒刑・杖刑・笞刑といった唐の五刑につながる体系にまとまっていった。流刑以下の刑に見える胡族的要素に関しては，死刑に焦点を置く本節では扱わず，また別の機会に論ずることにしたいが，死刑は北魏孝文帝期に，斬首と絞首という2等に落ち着く。死刑の胡漢融合がここに生まれた。また胡族がそれまで有していた様々な死刑が捨象され，絞首だけ残ったのは，絞殺という殺害手段そのものは，古代の中国において古くから他殺・自殺の手段として存在しており，胡族の死刑であったとしてもそこに受け入れる土壌が整っていたからであろう。

とまれ，5世紀の北魏による華北支配は中国死刑史の画期となるものであった。これまでとは違った刑罰理念がそれによってもたらされたのであり，秦漢から続く刑罰理念は南朝に継承された後，終焉していく。以後の隋唐から清末に至る死刑，さらには中国刑制は胡漢融合の刑罰と考えるのが妥当であろう。

最後にもう一度次のことに言及することで本章を締めたい。死刑の制度は，漢族的古代の刑制から胡漢融合の刑罰へと変化した。しかし，ここに変化しなかったもの，一時的には胡族の習慣，刑罰思想により揺れはあったにしろ，結局は陋固として維持されたものがあった。それが「生命の処刑」と「屍体に処刑」という死刑の二重構造であり，その原理を支えるものが，中国刑罰に一貫して流れる刑罰の目的，つまり，応報ではなく威嚇と予防を目的とした刑罰存在の理念であった。それは，「究極の肉刑」から「生命の剥奪」に死刑の執行理念がかわろうとも，2000年を通じて維持されていく。たとえ異民族による征服王朝下であっても変わらず，中華帝国の秩序と安定のための装置として存在し，それは今日まで繋がっていくこと，本書第8章の周東平論文が如実に語っている。

［引用簡牘について］
拙文で引用している簡牘の番号については，
張家山247号墓出土漢律は，『張家山漢墓［二四七］号墓』(中華書局，2001年)
睡虎地秦律は，『睡虎地秦墓竹簡』(文物出版社，1990年)

居延漢簡は，『居延漢簡釈文合校』（文物出版社，1987年）と『居延新簡』（文物出版社，1990年）

上孫家寨115号墓木簡は，『散見簡牘合輯』（文物出版社，1990年）

以上，それぞれの書の簡番号に従った。

第2章

岩井茂樹
Iwai Shigeki

宋代以降の死刑の諸相と法文化

はじめに

　前章で論じられたように，中国における刑罰の変遷は，肉刑を廃除し，かつ生命刑を絞と斬の2方法に限る隋唐の律の出現によって，1つの到達点を見たといえよう。本章に与えられた課題は，この隋唐の律を出発点とする近世中国の死刑制度がどのように展開したか，という問題である。生命刑の種類という問題に限れば，結論は極めて単純である。まず，絞と斬の2方法に限定されていた律の法定刑の外に，唐代後半期から元朝期まで「重杖処死」という打ち殺しの刑が敕格による法定刑として存在した。さらに，宋代に法定刑となった「凌遅処死」という酷刑が明清時代には律のなかに組みこまれた。これがポスト唐律時代における法定の死刑制度であった。唐律からの逆流は，その後約1000年を経て，近代的な刑法および刑罰の体系の導入が図られるまで，押し止められることはなかった。

　本章では，7世紀までに肉刑および残虐な処刑方法の廃絶を実現した中国の伝統刑法の歴史の中に，こうした逆流が生起した事情をまず検討する。その際に，死刑を絞と斬の2種に限る唐律の「五刑」が，宋代以降の刑法典の中でどのように継承されたかという問題に注目する。凌遅処死は宋代以降，常に法定の刑罰として刑法典の中に見えていた。実効性を持つ法源からついに唐律を排除した元朝

においては、現実の法令に即して死刑を「斬、凌遅処死」の2等級とする「五刑」の条の改変が行われた。明の建国者洪武帝は、元代の法令を基盤とし、さらに厳格の度を加えた『大明律』を完成した。凌遅処死は法定刑として律の条項に現れるものの、律の冒頭に置かれた名例律の「五刑」の条および「五刑之図」においては、死刑は「絞、斬」の2等級とされ、凌遅処死の存在を無視するのである。この措置は律の内部に論理矛盾をもたらした。明清時代の律学者が矛盾をどのように解釈したか、また矛盾を敢えてした立法者の意図がどこにあったのか。この問題の答えを探ることによって、唐律が代表する寛刑の理念と現実の峻法重典との間の葛藤が、この論理矛盾を生み出していたことを論じる。

次いで凌遅処死の起源、およびそれを適用する犯罪の類型が元代以降の法例の中でいかに規定されていたか、その変遷を探る。また、死刑判決を受ける罪囚が1つの県の範囲の中で数十にのぼり、凌遅処死もまた決して稀な刑罰でなかったことを明らかにする。

死刑の制度は、犯罪者を処罰し、威嚇によって犯罪を抑止するためにのみ存在したのではない。それはしばしば政治の道具として用いられた。皇帝を頂点とする権力者は、死刑および生命を危殆にさらす刑罰の威嚇によって、反対者を沈黙させようとした。「刑は大夫に上さず」(『礼記』曲礼)という身分尊重の礼の理念は、一君万民の支配体制の確立とともに過去のものとなり、明代には朝政に参与する官僚士大夫に対し、刑罰による辱めと法律の適用による生命の剥奪とが加えられた。最後の節では、政治上の死刑の濫用という問題を通じて近世中国の政治文化の特質の一端を論じる。

1 ◆ 「五刑」と近世の酷刑

(1)「正刑」とは何か

法に基づく刑罰としての死刑、およびその執行について、唐王朝は最も穏和かつ消極的な姿勢を示した。腰斬に代表される酷刑や家門の根絶をもたらす族誅、さらには処刑後の死体に加えられる凌辱などは、権力の座を脅かす者に恐怖心を植えつけて予防措置とすることを目的としていた。史書を繙く者に悪心を催すこ

れらの極刑を国法から排除する傾向は，南北朝時代をへて隋唐の律において頂点に達した。笞，杖，徒，流，死の5種20等級に区分される刑罰は絞と斬に極まり，それを超える刑罰は排除された。特に人倫に悖ると目された「悪逆」(名例律中の「十悪」の第四。祖父母，父母，伯叔父母，姑，兄，姉，外祖父母，夫，夫の祖父母と父母を殴る，あるいは殺すこと[1])より重い犯罪，および奴婢・部曲が主人を殺すなどの場合であっても，季節を選ばずに処刑することによって（決不待時），それらが最も憎むべき犯罪であることを示すに過ぎなかった[2]。『唐律』の法定刑からは，梟首すなわち晒し首すら排除されていた。絞と斬については，律の条文に基づく擬罪が行われてから，皇帝に対する覆奏を三たび，ないしは五たび重ねた後に執行されるものとされていた[3]。死刑の執行はかくも慎重に取り扱われ，かつその決定を下せるのは皇帝1人のみであった。

これのみならず，唐代には皇帝の名のもとにおいて完結すべき死刑判決と執行手続きを回避する傾向も現れた。死刑の名目を避けるために，律に基づいて絞刑斬刑を適用すべき犯罪者の多くを「重杖一頓を決して処死し，もって極法に代える」という提案が刑部の侍郎によってなされた[4]。この奏請を受けて徳宗が勅を下したのは建中3年(782)8月27日であり，この勅は宋代刊行の『重詳定刑統（宋刑統）』の名例律の採るところとなった[5]。この勅を援用するならば，絞と斬は「十悪」中の「悪逆」以上の犯罪だけに適用され，他の死刑相当犯罪についてはこの死刑ならざる処死の手段「重杖一頓」が用いられることになった。

処死，つまり殺すのは同じことであるが，皇帝の名のもとにその裁可を得て死刑を執行する手続きを避け，死ぬか，死なないか，杖60回を限度とする「重杖」

---

1) 『唐律疏議』巻1, 名例, 十悪（劉俊文点校本, 中華書局, 1983年), 8頁。
2) 『唐律疏議』巻30, 断獄, 決死罪の条の疏に引く「獄官令」（劉俊文点校本, 571頁）。「決不待時」以外の死刑は, 秋分から立春までの期間にのみ死刑の手続きが執行されたが, この期間中にも皇帝の祭祀, 朔望, 上下弦, 二十四節気, 屠殺を忌むべき日, 官庁の休日には執行してはならず, また雨の日や夜間に執行することも禁止されていた。
3) 同前書, 572頁。覆奏の回数については京師と地方で異なり, また時代により変化した。
4) 『新唐書』巻56, 刑法志, 中華書局本, 1417頁。川村康「唐五代杖殺考」(『東洋文化研究所紀要』117, 1992年)はこの制度についての専論である。
5) 『宋刑統』巻1, 名例律, 五刑（中華書局本, 5頁)。川村康「建中三年重杖処死考」(『中国礼法と日本律令制』, 東方書店, 1992年)を参照のこと。

の執行者の打ち具合に委ねる。死刑の最終決定を下すべき皇帝や審判の主体たる官僚を処死の措置から隔離して汚れ役を刑吏に押しつけ，かつ手続きの簡便によって却って処刑濫用を招きかねない措置であった。この時代，律に基づく絞，斬すら忌避の対象となり，杖殺がそれに代替したのは，寛刑や仁政の名分を追い求めたことの皮肉な結果であったともいえよう[6]。寛刑や仁政の美名の陰に，血なまぐさい打ち殺しという現実があったことになるが，肉刑を排除し，死刑を2種に限定した隋唐の律はこれ以降の時代に法の典範として生き続けた。明の建国に際し，太祖朱元璋が儒臣4人および刑官に命じて進講させたのは唐律であった[7]。19世紀後半に『唐明律合編』を著した薛允升は「斯の道を講求する者は，みな唐律をもって最善とした」と断言した[8]。寛刑の理念は唐律においてきわまったというのが近世儒家者流の評価であった。そしてこの隋唐律の死刑制度は近代になると別の観点から評価を上げることになった。

沈家本は『刑法分考』の中で隋唐以降の死刑について以下のような総括を加えた。

> 按ずるに，隋の文帝開皇年間（581〜600年）に梟と轘（さらしくび くるまざき）の重法を廃除してより，死刑は斬と絞の2等級を存すのみとなった。唐律はこれを承けたのである。これより，歴代踏襲し，死刑はただこの2等級のみとなった。凌遅などの項目はあったが，決して正刑のうちには入らなかった。元代の死刑には斬があって絞がなく，凌遅によって悪逆の極まる者を処したが，正刑には列せられず，死刑はただ1つとなったのだ。これは元朝が歴代と同じからざるところである[9]。

沈家本は治外法権撤廃を目指す条約改正の条件を整えるため，1902年4月か

6）名目上の死刑を忌避する性向は，天宝6年（747），律から死刑を除き去れという玄宗の詔敕すら生みだした。曽我部静雄「唐の玄宗の死刑廃止について」（同『中国律令史の研究』吉川弘文館，1971年）。死刑の決裁者たる皇帝がそれを忌避することは，仏教道教の教説が朝廷および官僚層に流行したことと無関係ではあるまい。

7）『明史』巻93，刑法志一，中華書局本，2280頁。『明太祖実録』巻34，9頁b，洪武元年八月己卯の条。

8）薛允升「唐明律合編序」（『唐明律合編』商務印書館人人文庫本），1頁。

9）沈家本『刑法分考』巻3，斬，132頁。「按，隋開皇中，廃除梟、轘重法，死刑存斬、絞二項，唐律承之，自是歴代相沿，死刑惟此二項，雖有凌遅等項条，并不入正刑之内。元代死刑有斬無絞，而凌遅以処悪逆之極者，蓋亦不列入正刑，其死刑惟一矣。此元之与歴代不同者」。

ら刑法改定作業を推進した[10]。沈家本とならんで修訂法律館（1904年4月設置）に席を得た外交官伍廷芳には英国留学の経験があった。刑法改定作業の顧問を務めたのは日本の法学者岡田朝太郎などであった[11]。西洋近代法と中国伝統法との調停をはかる作業を通じて得られた知識に基づいて，沈家本は「死刑唯一説」なる短い論説を執筆した。そこにいう。西洋諸国には「死刑を廃止するものも多く，たとえ死刑を廃止せずともみな1つの執行方法を採用している」[12]，つまり西洋諸国では死刑は廃絶されたか，もしくは存在するとしても単一の処刑方法があるのみである。来たるべき中国の新刑律でもこの近代的死刑制度を導入すべきことを強く意識していた。死刑廃止まで視野に入れた単一死刑論が20世紀初頭の「文明基準」の方向を示すものであったことは確かであろう。このことを押さえると，上の沈家本の発言の意図とその歴史認識の偏りが見えてくる。元朝時代にすでに「死刑は唯一」だったことがあり ―― この断定に問題があることは後述 ――，元朝を除く宋代以降の各王朝においても，隋唐の律を継承して死刑は絞と斬の2等級であった。すると，中国は早くから「文明基準」に接近しており，あとは2が1になるだけだ。沈家本の歴史的総括がこのような願望に導かれた主張であることは確かである。

　しかし，この主張にとって不都合な事実があった。それは，『大明律』および『大清律例』にはいずれも「凌遅処死」という酷刑中の酷刑を科す条文が少なからず存在したことである。また，斬首の後に「梟示」すなわち晒し首を規定する条文もあった[13]。沈家本の生きた清末においても，その執行は途絶えていなかった。そこで，沈家本は凌遅処死などを「正刑」にあらざる特殊なものであったと論じることによって，中国の伝統刑法典のために辯明しているわけである。

---

10) 清末の法制改革についてはすでに厚い研究蓄積がある。研究史については，最近の田辺章秀「『大清刑律』から『暫定新刑律』へ ―― 中国における近代的刑法の制定過程について ―― 」（『東洋史研究』65-2，2006年）を参照されたい。黄源盛『法律継受与近代中国法』（元照出版公司，2007年）は法思想の観点から近代法受容の過程を論じている。沈家本の経歴および修訂法律館の活動については張国華・李貴連編『沈家本年譜初編』（北京大学出版社，1989年）に詳しい。
11) 招聘された日本人法学者とその活動については，島田正郎『清末における近代的法典の編纂』（創文社，1980年）などに詳しい。
12) 沈家本「死刑唯一説」『寄簃文存』巻3，説，1頁。
13) 明代では「梟示」は問刑条例など追加条文にのみ現れ，律の本文中には見えない。

凌遅処死が「正刑」でないという場合の「正刑」とは何をいうのであろうか。「正刑」は古くから用いられた語であり，その含意は広い。字義どおり「正しい刑罰」を指すのであるが，では何を根拠として「正しい」というのかが問題となろう。沈家本が「正しい」と意識していたのは何であるか。この問いに答えるには，唐代の律令格式という法律の四形式を最も簡潔に定義した『大唐六典』刑部の一文をまず引用すべきであろう。

> 凡そ律はもって刑を正し罪を定む。令はもって範を設け制を立つ。格はもって違うを禁じ邪を正す。式はもって物を軌め事を程る[14]。

「罪を定め」つまり犯罪として処罰の対象となる行為を明確にし，「刑を正しくする」のは「律」である。古代以来の中国では，こうした罪刑法定主義への指向が法制度の発展を導いてきた。律の条文を根拠として適正な刑罰を定め，かつ執行されるのが正しい刑罰「正刑」だということになる。しかし，次節で論じるように『大明律』にも『大清律例』にも，凌遅処死の量刑を明記する条文が少なくない。凌遅処死も律の条文の定める法定刑である点において絞斬との区別はないはずだ。ここにだけ目を注ぐならば，凌遅処死を「正刑」から排除するという沈家本の議論は成り立ち難い。

しかし，明清時代に法典の編纂や刊行，その注解と運用に携わった人々において，現行の法定刑罰の一種であった凌遅処死をあくまでも「正刑」たる「五刑」の体系から排除するという認識は広く見られた。沈家本はこれを一種の常識として陳述したに過ぎない。そうであるならば，こうした認識は，『唐律』の「五刑」の制度こそが刑罰体系の典範，すなわち「正刑」であるとする理念から導かれたと考えざるを得ない。『大明律』や『大清律例』には絞と斬を超えた凌遅処死の酷刑や梟首の適用を定める条文がある。しかし，それは隋唐の律に淵源する「五刑」に含まれていない以上，「正刑」ではない。現実にはすでに唐代後半期以降，法定の死刑を絞と斬の2等級に限る「五刑」の制度は崩れていたのであるが，典範としての「五刑」は20世紀初頭の清末期まで生き延びていた。

明清時代の基本法典たる律は唐律にならい，その冒頭に総則として名例律を置いた。名例律は「五刑」の条をもって始まる。さらに『大明律』『大清律例』の巻

---

14)『大唐六典』刑部，中華書局本，185頁。『旧唐書』巻43，職官志，刑部にも『六典』を踏襲した同文が見える。

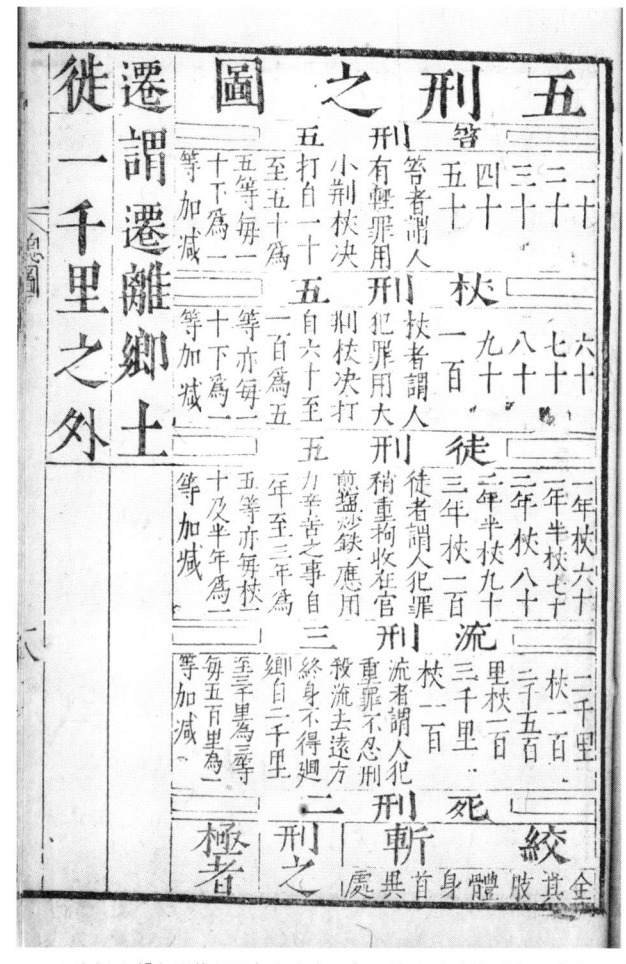

図 2-1 五刑之図（『大明律例附解』隆慶 2 年　池陽秋浦杜氏象山書舎　重刊本より）

首には、「五刑」の規定を表形式で明示する「五刑之図」まで置いたのである[15]。律の坊刻本や注解つき刊本の多くも、官版の律にならい巻首に「五刑之図」を載せた。名例律の「五刑」の条およびこうした「五刑之図」において、死刑は絞と斬

---

15)『大明律』の巻首に「五刑之図」をはじめとする表や図版を掲載することは、洪武 22 年律から始まるという。佐藤邦憲「明律・明令と大誥および問刑条例」(滋賀秀三編『中国法制史-基本資料の研究』、東京大学出版会、1993 年)、442 頁。

の2等級のみである（図2-1参照）。凌遅処死や梟示は律の本文には現れるものの，「五刑」の条からも「五刑之図」からも排除されていた。明代の律学諸家はこうした律の条項と「五刑」規定との齟齬を次のように解釈した。

> 凌遅処死，充軍，遷徙のごときは，さらに五刑の外なる者である。
> 　　　　　　　　　　　　　　　　　　　　　　　　応檟『大明律釈義』[16)]

> 謀反，大逆，採生殺人（殺人祭祀）は悪の大なるものであるので，特に重条を立てて凌遅処死を適用した。これは唐律の五刑の及ばざるところであり，現今の律は補ってこれを益したのである。　　　　　　　　　　　　　　　　　張楷『律条疏議』[17)]

> またこれより上の等級には，梟斬，凌遅，戮屍があった。これは死刑中の閏律である。凌遅は刑外の刑である。梟斬はその首を斬ってその罪を暴し，その名を著してこれを竿上に標示する。その地において首を懸け，これによって警を衆に示すのである。刑事訴訟の定例には，もし犯罪者が死亡すればすでに天刑に服したものとして審理を停止するとある。しかし，その大罪の悪を極め，死するもなお恕し難き者については，天刑に服したといえども法には容さず，尽くさざるところがあるので，なおその屍を戮み，よって国典を彰らかにするのである。　　王肯堂『王肯堂箋釈』[18)]

上引諸家と基本的な観点を共有しながらもやや口吻を異にするのが19世紀末，律学の再興を担った1人，薛允升である。

> 唐律には凌遅および刺字の法はなかったが故に（唐律では）五刑律中には載せない。明律のうちには凌遅と刺字をいうものが数えきれない。しかるに（明律の）名例律

---

16) 応檟『大明律釈義』（嘉靖28年（1549）重刊本）巻1，名例，2頁a。「若凌遅処死、充軍、遷徙、又五刑之外者」。

17) 張楷『律条疏議』（嘉靖23年（1544）重刊本）巻1，名例律，五刑，死刑，3頁b。「謀反、大逆、採生殺人、是悪之大者、則特立重条、而凌遅処死、凡此皆唐律五刑之弗迨。今則補而益之」。

18) 王肯堂『王肯堂箋釈』（康熙28年（1689）序刊本），図釈，五刑図，9頁ab。「又有等而上之、曰梟斬、曰凌遅、曰戮屍。此又死刑中之閏律也。凌遅者刑外之刑。梟斬者斬其首、暴其罪、著其名、標之以竿。即其地而懸之、用以示警乎衆也。讞獄定例、如罪犯身死、則曰已服天刑、不復更為推訊。其於罪大悪極、死猶難恕者、雖服天刑而法有不容不尽、則仍即其屍而戮之以彰国典也」。

19) 薛允升『唐明律合編』巻1，商務印書館人人文庫本，5頁。「唐律無凌遅及刺字之法、故不載於五刑律中。明律内言凌遅、刺字者指不勝屈、而名例律並未言及、未知其故。刺字之法、即肉刑之墨刑、尚書之所謂黥刑也。肉刑不用而独用此、且有用枷号者、亦未知其故。今則又有閹割之法矣。是皆在名例五刑之外者」。

ではこれらに全く言及しないのは、その故が分からない。刺字の法は肉刑の墨刑であり、『書経』にいう所の黥刑である。肉刑を廃止したというのにこれを用い、さらに枷号の刑罰まであるのは、これまたその故が分からない。今ではさらに閹割(きょせい)の法もある。これはすべて名例の五刑の外にあるものである[19]。

薛允升は唐律を最善のものと表彰し、明律、そして同時代の清律の批判者であった。清律を直截に批判することが憚られたために、唐律と対比することによって清律の藍本たる明律を批判したのである。明律、清律に頻出する凌遅処死や刺字の刑罰が名例の「五刑」に見えないことを「未知其故」という発言には、皮肉の意を聴きとることができよう。

国家の根本的な法典たる律に存在する論理的な内部矛盾、これは批判者からするとまことに訳が分からない事態である。しかし、熟慮に熟慮を重ねて制定された『大明律』が、粗漏によって唐律の「五刑」の規定をそのまま載せてしまったということはあり得ない[20]。律文中の刑罰と「五刑」規定の背離は、明初の律制定者によって意図的に選択されたことは間違いない。薛允升のように「未知其故」としてこれを突き放してしまえば、批判的精神もそこで思考を停止するであろう。私は、この背離の中に唐律完成以後の時代における「寛刑」と「重典」とのせめぎ合いの一端を見ることができると考える。以下、いささか繁瑣に渡るが、五代・宋以降の「五刑」の取り扱いを探ってみよう。

(2) 五代・宋以降の「五刑」

五代および宋代には、基本法典として『刑統』(後周958年制定の『大周刑統』21巻、宋代963年制定の『重詳定刑統(宋刑統)』30巻[21])が編纂され、敕令に基づく

---

20) 太祖朱元璋自身は、「五刑之図」「獄具之図」の意図を皇太孫 ── 後の建文帝 ── にこう説明した。「顧愚民無知、若於本条下即注寛恤之令、必易而犯法、故以広大好生之意、総列名例律中。善用法者、会其意可也」(孫承沢『春明夢餘録』巻44、刑部一、建文、37頁a)。同文は『明史』巻93、刑法志一および『欽定続文献通考』巻136、刑考、刑制にも引かれている。この記事は朱鷺『建文書法儗』前編、太祖高皇帝本紀、3頁aに見える律改訂の記述から採られたようである。

21) これらは唐代853年に制定された『大中刑法統類』12巻に基づく。岡野誠「宋刑統」(滋賀秀三編前掲、『中国法制史 ── 基本資料の研究』)、および薛梅卿点校『重詳定刑統』(法律出版社、1999年)の「説明」を参照のこと。

単行法令を編纂した「編敕」などの法典とともに用いられていた。法源としては「格」や直近の敕（後敕）が優先されたが，『刑統』内にほぼそのまま組みこまれていた唐律は，あくまでも現行の法令であった。律の上に格，式，敕などを積み上げたわけである。宋代には，擬罪に際し，犯罪行為にぴたりと該当する条文をまず直近の敕（後敕）に求め，そこになければ格に求め，なければ律文に求めるという原則があった。該当条文がない場合には，「比附」にふさわしい条文を見出して援用することになるが，この場合でも条文検索は，後敕，格，律の順に行うよう定められていた。この原則は，五代の後唐時代，長興2年（931）8月11日の敕を受け継ぎ，その有効性を確認することによって法令の一部となった[22]。法の体系は重層的かつ複雑であったが，律（唐律）は1つのまとまりを保ったまま法体系の中に位置を占めていた[23]。

ジュシェン族の建国した金朝もこうした法体系を踏襲し，1202年の制定にかかる『泰和律令敕条格式』は，『律令』20巻，『新定敕条』3巻，『六部格式』30巻から成っていた。『泰和律義』30巻は『唐律疏議』にいささかの変更を加えたものであり，「実は唐律である」といわれた[24]。金朝の法典は現存しないが，そこにおける「五刑」の条を示す資料が存在する。姚大力・郭暁航が明らかにしたところによると，元泰定年間（1324〜1327年）刊刻『唐律疏議』巻6に，王元亮撰「金五刑図説」が附されているという。この「金五刑図説」の五刑は唐律の五刑をそのまま踏襲し，そこに贖銅の斤数や徒刑の各等級を杖刑によって代替する際の杖数などを附加したものである[25]。唐律を基底とする法の重層という点で共通の性格を持つ五代および宋代の「五刑」の条も，これと大同小異であったと思われる[26]。

このように唐律が法体系に組みこまれていた時代には，「五刑」の規定が唐律

---

22) 『宋刑統』巻30，断獄律，「断罪引律令格式」に引く長興2年8月11日敕節文（中華書局本，486頁）。

23) 唐代以降の律令格式および敕からなる法の体系について洞察を加えた業績として，梅原郁「唐宋時代の法典編纂 —— 律令格式と敕令格式」（『宋代司法制度研究』創文社，2006年），戴建国「唐宋時期法律形式的伝承与演変」（『法制史研究』第7期，2005年），滋賀秀三「法典編纂の歴史」（『中国法制史論集 —— 法典と刑罰』，創文社，2003年）などがある。

24) これら金朝の法典はすべて現存しない。詳しくは曽代偉『金律研究』（五南図書出版，1995年）を参照のこと。

の「五刑」そのままであっても何ら不都合は生じなかった。格や敕に基づく凌遅処死や重杖処死など『刑統』『律』には見えない刑罰が法定刑となっていたにもかかわらず、「五刑」は律の「五刑」であらねばならなかった。法体系の全体からすると、ほぼ旧来のまま固定されていた律の条文すべてが、いわば限定的な性格のものであったが故に、こうした事態が生じたことになる。格や敕は律文に拘束されることなく、格や敕の刑罰が律の範囲を超えることも当然であった。逆からいえば、『刑統』『律』の「五刑」の規定が格や敕の刑罰によって影響されることもあり得なかった。『刑統』『律』の「五刑」が当時の刑罰体系の全体を覆う必要もなかった。この時代の法律に関わる議論がほとんど「五刑」を顧みることがないのも不思議ではない。

ところが、元朝時代になると事情は変わってくる。初期には上に言及した金の『泰和律』が援用されたが、至元8年（1271）、世祖クビライの聖旨によってその使用は停止された[27]。元朝はその後に独自の『律』を定めて基本刑法典とすることはなかった[28]。しかし、「即今、律令はないけれども、条格は古えを酌んで今に准し、また累朝行われてきた断例がある」[29]というように、皇帝の聖旨あるい

---

25) 姚大力・郭暁航「金泰和律徒刑附加決杖考 —— 附論元初的刑制」（『復旦学報』社会科学版1999年第4期、55頁）。徒刑の各等級に附加刑としての杖数が加えられていることは注目に値する。また、徒刑は7等級に増えている。ちなみに、遼（契丹）の法典は現存せず、そこに「五刑」の規定があったか否か、定かでない。西夏については、西夏文字で書かれた『天盛改旧新定律令』20巻が現存するが、そこには「五刑」の規定は含まれない。同書の漢訳本が、「中華伝世法典」の一種として刊行されている（法律出版社、2000年）。また、杜建録『《天盛律令》与西夏法制研究』（寧夏人民出版社、2005年）を参照のこと。

26) 『宋刑統』巻1、名例律、五刑の条は、上に言及した金朝の五刑の条とほぼ同じである。宋代の法典に、これとは異なった内容の刑罰総則が置かれていた可能性も否定できないが、既知の資料による限り、『刑統』の五刑の条が唯一の条項である。

27) 『大元聖政国朝典章』巻18、戸部、官民婚、「牧民官娶部民」所引の聖旨（元刻本、15頁 b）。

28) 元代の法典については、植松正「元典章・通制条格 —— 附 遼・金・西夏法」（滋賀秀三編前掲『中国法制史 —— 基本資料の研究』所収）に詳しい。

29) 沈仲緯『刑統賦疏』（枕碧楼叢書本）第6韻、「五服定罪有親同於疏」の「通例」所引延祐6年6月22日御史台呈文、96頁b。なお、黄時鑑輯校『元代法律資料輯存』（浙江古籍出版社、1988年）所収「刑統賦疏通例編年」はこの一文を「即今雖無律令条格、酌古准今、亦有累朝行過断例」と断句するが、これは誤りである。

は中書省の箚付などによって決定された個別事案のうち通則とされた「条格」と「断例」を法規として用いた。条格はおおむね旧来の「令」「式」の範囲を覆い，断例はおおむね旧来の「律」「敕」に相当する。「律令はない」，すなわち唐の律令を完全に排除したが故に，前例主義に基づく法の体系を根本から再構築する必要が生じたことになる。「元律」は編纂されることはなかったが，「条格」と「断例」を中核とする実質的な元律令が行われていたと見ることができよう。

元代の法典において，唐律であれば刑法総則たる「名例律」において規定される条項は「断例」の中に置かれたようである。「憲綱」「条格」「断例」「別類（令類）」の4部から構成されていた『大元通制』(1316年完成) は今日「条格」の残本 (『通制条格』残22巻) を存するのみである。ただし，失われた「断例」に含まれていたと推測される「五刑」の規定は，至順刻本『新編纂図増類羣書類要事林広記 (事林広記)』戊集中の『大元通制』の逸文中に見える。そこには以下のようにある[30]。

笞刑	一十下，七下。	二十至三十，一十七下。	四十至五十，二十七下。
杖刑	六十至七十，三十七下。	八十至九十，四十七下。	一百，五十七下。
徒刑	一年一年半，六十七下。	二年二年半，七十七下。	三年，八十七下。
	四年，九十七下。	五年，一百七下。	
流刑	二千里。	二千五百里。	三千里。
死刑	絞刑。	斬刑。	

笞刑，杖刑，徒刑については，まず唐律の刑の等級を記した上で，それを杖刑に換算した折杖の回数を明記している。流刑，死刑については唐律をそのまま踏襲している。1320年代に刊行された『大元聖政国朝典章 (元典章)』巻39，刑部，刑法，「五刑訓義」にも「五刑」の規定が見える。上との相違点は，『元典章』では刑名のそれぞれに『唐律疏議』の疏を附加する点と，流刑について「二千里比徒四年。二千五百里比徒四年半。二千里比徒五年」と各等級を徒刑に換算する際の年数を附記する点のみである。『元典章』同巻冒頭には，この「五刑」を内容とする表格が置かれている。表格中の死刑の欄は空白である。実用を旨とする『元典

---

30) この資料はすでに広く知られている。黄時鑑「『大元通制』考辨」(前掲『元代法律資料輯存』, 267頁), 植松正前掲「元典章・通制条格 ── 附 遼・金・西夏法」など。

章』の編者は，「絞，斬」が当時の死刑制度に合致しないことを意職して，空白のまま残したのであろう。

沈仲緯『刑統賦疏』が「通制」として引く記事の中にも「五刑」の規定が見える。

笞刑六等　　七下，一十七下，二十七下，三十七下，四十七下，五十七下。
杖刑五等　　六十七下，七十七下，八十七下，九十七下，一百七下。
徒刑五等　　徒一年，一年半，二年，二年半，三年。
流刑三等　　流二千里，比移郷接連。二千五百里，遷徙屯糧。三千里，流遠出軍。
死刑二等　　絞，斬。

同書中，沈仲緯が引用する「通制」は世祖クビライの至元 3 年（1266）[31]から順帝トゴンテムルの後至元元年（1335）[32]に及ぶ。当時通用の『大元通制』中の「条格」と「断例」に編纂された法例，および同書編纂後に特定の事案に基づいて通達された単行法例など —— 官府に案牘として蓄積されていたはずである —— を区別せずに「通制」として引用している[33]。この「五刑」の規定を沈仲緯がどこに取材したか確定することはできない。しかし，「五刑」の規定が単行法例として，『大元通制』刊行後に通達されたとは考えにくい。上の至順刊本『事林広記』所引『大元通制』と相違するのは以下の 2 点である。笞杖刑について，折杖法による打撃数をもとにして，本来の「笞」と「杖」に属した等級をすべて「笞」に繰りこみ，本来の「徒」に属した等級を「杖」に繰りこんだ（その一方で「徒」は折杖しない年限付き労役刑として残されている）こと。流刑の各等級について現行の「移郷」

---

31) 枕碧楼叢書本『刑統賦疏』第 2 韻，31 頁 b。
32) 枕碧楼叢書本『刑統賦疏』第 5 韻，69 頁 ab。
33)「編纂された法令」の大部分を占めるのは，特定の事案についての決定のうち通行さるべきものとして下達された例案であった。抽象化された条文の体裁をなすのではなく，決定に至った事案の概要や決定の手続きを年月日付きで明示する点に特徴がある。『大元通制』は条格，断例に制詔，別類（令類）を加えた四綱から成っていたとされる。『元典章』も，『至元新格』など先行する法令集に加えて，通行事例として下達された官府の案牘を主たる材料として編纂されたと推定される。こうした元朝時代の法令の性格とその編纂過程については安部健夫「大元通制解説 —— 新刊本「通制条格」の紹介に代えて」（『元代史の研究』創文社，1972 年，原載『東方学報』京都 1 冊，1931 年），方齢貴「前言」『通制条格校注』（中華書局，2001 年）などを参照。

「遷徙」「出軍」との対応関係を注記すること。以上からすると，沈仲緯『刑統賦疏』中の「五刑」は『大元通制』の五刑の条をもとにして，現行の刑罰の体系を部分的に反映させたと考えるべきであろう。しかし，死刑のみは，『事林広記』所引『大元通制』の五刑の条と同じく絞と斬の 2 等級とされており，ここは現実と乖離している。

以上 3 書の「五刑」の内容と異なるのは，『元史』刑法志に見える「五刑」の条である。

笞刑　　七下，十七，二十七，三十七，四十七，五十七。
杖刑　　六十七，七十七，八十七，九十七，一百七。
徒刑　　一年，杖六十七。一年半，杖七十七。二年，杖八十七。
　　　　二年半，杖九十七。三年，杖一百七。
流刑　　遼陽，湖広，迤北。
死刑　　斬，陵遅処死。

『元史』刑法志の記述は，至順 2 年 (1331) に完成した『経世大典』憲典に基づくと推定されている[34]。憲典の総序および各篇の序は『国朝文類』巻 42 に見え，「名例篇」中の「五刑」「五服」「十悪」「八議」各条の注解もそこに見える。これに先だつ『大元通制』（至順刻本『事林広記』）および『大元聖政国朝典章』の「五刑」の記述と『元史』刑法志の「五刑」の記述とは大きく異なる。前二者が唐律以来の「五刑」の定義を根幹とし，個々の等級を折杖法によって読み替えるという理念的な刑罰体系を提示するのに対し，後者は同時代に現実に行われていた刑罰に即して「五刑」を再編したかの如くである[35]。これは，徒刑の各等級に附加刑としての杖

---

34) 安部健夫「元史刑法志と『元律』との関係に就いて」（『元代史の研究』創文社，1972 年，原載『東方学報』京都 2 冊，1931 年），小竹文夫岡本敬二編著『元史刑法志の研究 訳註』（教育書籍，1962 年）ほか。

35) 明初洪武年間に『元史』を編纂したさいに「五刑」の記述に手を加えた可能性もある。しかし，元代の掌故をひろく採録した陶宗儀『南村輟耕録』に見える「五刑」の記述は『元史』刑法志のそれとほぼ一致する（中華書局本，巻 2，25 頁）。両者は，ともに『経世大典』の「五刑」の条に取材したと見なしてよい。両者の相違点は，陶宗儀『南村輟耕録』が流刑について「南之遷者之北，北之遷者之南」とする所にあるが，これは『経世大典』憲典，名例篇，『五刑』条に附された注解の文言（『国朝文類』巻 42，3 頁 a) に一致する。

数が加えられている点，流刑が唐律以来の里程数ではなく，「遼陽，湖広，逈北」[36]という具体的な流配先によって等級を示している点，および死刑が「斬，陵遅処死」とやはり現実に即した等級に改められている点において顕著である。

このように元朝時代には同時代の現実の法定刑に即して「五刑」の内容と等級を再編する潮流があった。凌遅処死も元代にはいわば「五刑の正」の地位を獲得していたことになろう。

ところが，先に示したように明代になると名例律の「五刑」の規定は唐律のそれに回帰してしまい，その結果，律文には「充軍」や「凌遅処死」が頻出するにもかかわらず，「五刑」の規定にはそれらがないという矛盾を来すこととなった。そこで，当時の律学諸家はこの矛盾を取り除くために「充軍」や「凌遅処死」が「五刑の外なる者」「死刑中の閏律」「正刑ではない」という論理を動員せざるを得なくなった。清代乾隆年間に完成した『明史』刑法志が明代の「五刑図」を解釈して，「二死の外に凌遅があって，大逆および不道の諸罪の者を処断する。充軍および凌遅は，五刑の正なるものではないので図に載せないのである」[37]と説明を加えたのも同様である。

(3) 峻法重典と「正刑」

明の太祖朱元璋は前後30年をかけて『大明律』の条文を確定させた。その過程

---

36) 流刑者の配置先として遼陽，湖広を区分するのは，犯罪受刑を四たび重ねた賊について，「漢児人」（ほぼ旧金治下の住民）と「蛮子人」（旧南宋治下の住民）であれば遼陽行省に送って軍戸に編入し，「色目」と「高麗」であれば湖広行省に送って軍戸に編入するという大徳8年8月12日に大ダルガチが奏して裁可された法例である（『元典章』巻22, 戸部, 塩課,「塩法通例」および, 同書巻49, 刑部, 強窃盗,「流遠出軍地面」）。延祐7年3月には，遼陽行省に流される罪人のうち，重罪の者は奴児干地方に送り，軽罪の者は肇州の屯田に住まわせることになった（『元典章』新集刑部, 刑制, 刑法,「発付流囚軽重地面」「奴児干出軍」「肇州屯種」）。逈北に配置するのは，「各処豪覇凶徒が非理に民を害い官府を凌犯する」者が再犯した場合に「逈北地面に遷徙して屯種させる」という大徳7年（1303）の法例である（『通制条格』巻28, 雑令,「豪覇遷徙」,『元典章』巻57, 刑部, 禁豪覇,「豪覇紅粉壁，逈北屯種」）。「逈北地面」とはひろく北方の辺外を指すのであろう。なお，この問題については, 梅原郁編『訳注中国近世刑法志』下（創文社, 2003年），9頁を参照されたい。

37) 『明史』巻93, 刑法志1,「二死之外有凌遅，以処大逆不道諸罪者。充軍、凌遅，非五刑之正，故図不列」（中華書局本，2282頁）。

において[38]，名例律中の「五刑」の規定を律条文中の各種刑罰に即した内容にすることは当然に選択肢の1つだったはずである。すでに元朝の政書たる『経世大典』憲典がその「五刑」の規定を現行の刑罰体系に一致させるという現実主義を採用していたことも理解されていた。『元史』刑法志が引用したのは，まさしくこの現実主義の「五刑」の規定だったからである。

　太祖は律の制定をことのほか重視し，刑部が草案一篇を上奏するたびにそれを壁に掲げさせ，自ら裁酌を加えたという[39]。洪武元年（1368）に頒行された初纂『大明律』では，吏，戸，礼，兵，刑，工の六部の目に従って律文を配列していたが，洪武7年（1343）2月に増補が完了した律では，篇目を唐律の12篇（名例，衛禁，職制，戸婚，厩庫，擅興，賊盗，闘訟，詐偽，雑犯，捕亡，断獄）に一致させた。しかし，洪武22年（1389）に三たび増補した律では，再び，吏，戸，礼，兵，刑，工の六部の目に戻し，さらに旧律では末尾に附されていた名例律を冒頭に置くことにした[40]。洪武元年の『大明令』は同じく六部の目に基づいて篇を分かっており，名例の諸規定は「刑令」に含まれていたが，洪武22年律では名例を刑律に含めるのではなく，特に分離して巻頭に置いたわけである[41]。最終的な版である洪武30年律も，また清代の律例もこの体例を襲った。

　このように，『大明律』は唐律を意識しながらも，内容は一新され，その体例においても新機軸を打ち出した[42]。また，条文において採用した文体が俗語を交えた明解を旨としたものになったことはもとより，適用される刑罰はむしろ元代のそれを継承し，唐律との距離は広がった。唐律の「寛刑」の精神は五代，宋，遼，金，元をへて大きく後退した。沈家本らの計数によると，北魏時代に死刑は230条あったが，隋はそこから81条を死刑から外し，唐はさらに93条を外した。ところが，明律を承けた清の律例では死刑の条文は840条に達するという[43]。明律は近世の「重典」に浸潤され，重きに重きをかさねた点も少なくなかった。薛允升はこれを明示する意図を持って『唐明律合編』を編纂したし，楊一凡の労作『明初重典考』もこの事実を鮮やかに示している[44]。

　総則たる名例律中の「五刑」と律中の法定刑の類別・等級との矛盾について，

---

38) 佐藤邦憲前掲「明律・明令と大誥および問刑条例」が明代の律例の編纂を論じている。また楊一凡『洪武法律典籍考証』（法律出版社，1992年）も編纂過程について詳しい。

39) 『明史』巻93，刑法志1，2281頁。

律中には何の説明もない。説明し難い矛盾を敢えてした，その意図を無言によっ

---

40)『明史』刑法志が洪武七年律において名例律が末尾に置かれていたとするのは，解釈の誤りだとする説もある。王偉凱『《明史・刑法志》考注』（天津古籍出版社，2005年）はこの立場である（同書，7頁）。洪武30年律に載せる洪武7年の「進大明律表」がその篇目を羅列するに際し名例律を冒頭に置くからである。ただし，次注に挙げる内藤乾吉氏の論文が指摘するように，実録の洪武22年明律更訂の記事に「旧律名例附於断獄下，至是特載之篇首」とあることからすると『明史』刑法志の説には根拠があると考えてよいだろう。楊一凡氏は，現在台北の国家図書館に蔵する何広『律解辯疑』所引律文が洪武18・19年の時点のものであり，この『律解辯疑』においてすでに名例律が巻一に置かれていることを根拠として，『明史』刑法志の著者が誤ったのだと結論している（『洪武法律典籍考証』法律出版社，1992年，9-10頁）。しかし，最近，宮澤知之氏は現存何広『律解辯疑』の刊刻時期が洪武年間より下るものであり，かつ何広の注と参照された律の本文とは同時期のものではないことを明らかにした（宮澤「何広『律解辯疑』と明初の贖罪」，森田憲司編『13，14世紀東アジア諸言語史料の総合的研究 —— 元朝史料学の構築のために』平成16年度～平成18年度科学研究費補助金研究成果報告書所収）。そもそも，現存の何広『律解辯疑』は洪武22年律および洪武30年律と同じく，名例と吏，戸，礼，兵，刑，工を目として編成されており，そこにおいて名例律がすでに冒頭に置かれていることを根拠として，唐律12篇の篇目を採用していた洪武7年律でも名例律がすでに冒頭にあったはずだとする楊一凡氏の結論はなお検討の餘地があろう。ただし，実録の記事の言う所の「旧律」が，洪武7年律ではなく，洪武元年の初纂『大明律』，あるいは前代の律，すなわち元朝の『大元通制』などを意識していた可能性もある。滋賀秀三氏は洪武22年律は最初に名例律を置いた点で「元年律と異なる」という（同氏『中国法制史論集 —— 法典と刑罰』創文社，2003年，213頁）。『大元通制』の「断例」は唐律の篇目を採用していたが，「名例」は独立しておらず，「断獄」（獄官）に含まれていたらしいことが，沈仲緯『刑統賦疏』第一韻に引く「通制」中の「断例」篇目と注記から窺える。「旧律」が洪武元年律，ないしは前代の律を指すと解釈すれば，「進大明律表」と実録の記事との矛盾は解消することになる。
41)『大明令』の制定，および『大明律』との関係については，内藤乾吉「大明令解説」（『大明令』東洋史研究会叢刊第2，1937年）に詳しい。洪武七年律は『大明令』から36箇条を抜いて律に含めた。
42) 薛允升にいわせると，「迨二十二年，改為三十門，分為吏，戸，礼，兵，刑，工，大非唐律之本来面目矣」である（『唐明律合編』序，商務印書館人人文庫本，1頁）。唐律を最善とする立場からすると，本来の面目を失ったのは改悪である。
43)「虚擬罪改為流徒摺」（光緒32年4月2日）『寄簃文存』巻1，奏議，6頁b。なお死刑の条項数の増大については，後に再論する。
44) 楊一凡『明初重典考』（湖南人民出版社，1984年）は，明律と唐律，および元代法令との比較を通じてこの問題を具体的に論じている。

て示したともいえよう。これは一種の「微言大義」であり，春秋経文の「大義」の闡明が後代の伝の作者に委ねられたのと同様，明清の律学諸家がその解釈を示すことになった。

明代の律学諸家の解釈はすでに紹介した。清代康熙年間に刑部の員外郎に任じた律学家，王明徳は王肯堂の説を敷衍した上で，凌遅処死などが「五刑の正」から排除されている理由について解釈を加えている。

> （絞斬の二死は）五刑の正であるが，二死の外より等級を下す者としては雑犯斬と雑犯絞という刑があり，等級を上す者としては梟斬および凌遅がある。さらに凌遅より上に梟示および戮尸があって，その骨を剉砕するのである。思うにこれはいわゆる刑中の閏にして又閏なるものである。（中略）五者の外にさらに凌遅，梟示，戮尸らの類があると云うけれども，もとより国の常刑ではない。要するにみな時宜に応じて一時的に用いられたものであり，終に五刑の正名にあずかることがなかった。故にただ律例の各条中に散見するか，あるいは律例各条の外に附されたに過ぎず，卒に五刑の正目と同じ儔として併列することができなかったのだ。
>
> 王明徳『読律佩觿』死刑二[45]

明の太祖洪武帝は後の子孫が「我が已成の法を乱す」ことを禁じ，「一字も改易してはならぬ」と訓令した[46]。実際に明代において，最終版の洪武30年の律文は恒久のものとされ，一字も変更されなかった。『大清律例』（順治4年に刊行）は康熙雍正年間に文字の校正と，例や注のわずかな改訂を行ったに過ぎなかった[47]。律文の硬直を条例の柔軟が補うしくみは用意されたものの，明清時代を通じて律文は恒久であることを旨とし，一時的な法例をそこに加えるような性質のものではなかった。律中の「二死」を超えた酷刑を定めた条だけが「時宜に応じて一時的に用いられた」ものであり，恒久的な法規でなかったとする論理は破綻

---

45) 王明徳『読律佩觿』巻4下，死刑2，北京法律出版社排印本，135頁。「是皆五刑之正。然二死之外，有等而下之曰雑犯斬、雑犯絞者，有等而上之者曰梟斬、曰凌遅，更有従凌遅而上曰梟示。曰戮尸以剉砕其骨者。是愚所謂刑中之閏而又閏也。（中略）雖云五者之外，仍有凌遅，梟示，戮尸等類，初非国之常刑，要皆因時或為一用者，終不可以五刑之正名。故止散見於律例各条中，或備著乎律例各条外，卒不得与五刑正目同儔而併列」。
46) 『皇明祖訓』序，1頁b。『皇明祖訓』に先だって作られた『祖訓録』の洪武6年（1373）序にも同文が見える。
47) 清律例の諸本については，沈家本「順治律跋」「雍正律刻本跋」「雍正三年修律黄冊跋」「雍正七年続纂条例黄冊跋」（いずれも『寄簃文存』巻8，跋）に詳しい。また，谷井俊仁「清律」（滋賀秀三編前掲『中国法制史――基本資料の研究』所収）を参照のこと。

している。また，凌遅処死や梟首が律の正文に基づく常刑であったという明清時代の事実とも齟齬する。

　論理を尊ぶ律学の専門家が，自らの解釈の非論理に気づかぬはずはない。凌遅処死などが「時宜に応じて一時的に用いられた」ものだという言説は，実はそうあって欲しい，あるべきだという願望を婉曲に述べたものにほかならない。刑部など中央の法司の官と地方官は刑罰執行の責任を負った。その立場にある官僚にとって，正視に堪えぬほどの酷刑が行われるという現実をそのまま肯定できたであろうか。少なくとも王明徳にはそれができなかった。後述するように王明徳は凌遅処死の方法を解説するに際し，故意におどろおどろしく，その非道を読者に伝えるような筆致を用いた。これが批難でなくて何であろうか。しかも，この酷刑は戦乱の中での非常措置や，皇帝の一時の怒りに任せて発せられたのではなく，また，「時宜に応じて一時的に用いられた」ものでもなく，国家の常典たる律に基づくものであった。直截的な批判の声を上げることのできない者にとって，法定の刑罰である凌遅処死などが名例律の中で「五刑の正」「正刑」から敢えて外されているという仕組みは，そのような願望をすくい取る投網となったといえよう。

　私は，宋代以降の立法者が自らの嗜虐趣味を満たすため，これらの非道な刑罰を法定刑の地位に引き上げたとは思わない。中国では，「刑は刑なきに期す」（『書経』大禹謨にみえる舜王の言），すなわち人倫の周りに刑罰の網を張りめぐらせ，そこから溢出する行為を防ぐものであるとされた。刑罰は屋外白日のもと公衆の面前で執行されて威嚇の効果を発揮するとともに，天と地の間に公道の行われることを宣示する手段であった。『礼記』王制には，「人を爵するには必ず朝廷で行う。衆とこれをともにするのである。人を刑するには必ず市で行う。衆とこれを棄てるのである（爵人必於朝，与衆共之也。刑人必於市，与衆棄之也）」とある。市場は大勢が集う公共の場であるとともに，人々が評価を作り上げる場であった。市で行使される刑の「冤」なるや「中(あた)」れるやは天下の公論による再審を受けることになった。「獄清ければ則ち人心服して天道順なり。一夫の冤を含み，和気を致傷せば，災沴免れず」[48]とは明の孝宗弘治帝の言であるが，刑罰の濫用と不当はしばしば天災の原因であると解釈された。

48）孫承沢『春明夢餘録』巻44，刑部1，弘治，48頁b。「二年敕法司言，朕惟刑者民命所関，刑獄清則人心服，而天道順。一夫含冤，致傷和気，災沴不免焉」。

中国の法はこうした「慎刑」の思想に支えられる一方，刑罰の威嚇効果は統治に必須の手段であった。唐律において極刑であった絞と斬が，死をも恐れない頑強の賊を威嚇し，社会を犯罪から遠ざけるにはたして十分であるか，執法者は現実の社会状況の中にその判断の根拠を求めることになる。多発する賊を絞と斬によって抑止することは難しいのだ，より大きな威嚇効果を発揮する酷刑が必要なのだという判断を導き出すような社会の現実と価値観とがなければ，凌遅処死が宋代以降1000年に亘って法定刑として存続した理由を説明することはできない。重典への傾斜も各時代の法制定時点における法学的思辯の結果であった。唐律の五刑だけでは不十分である，この結論は宋代から清代まで各王朝の皇帝と刑官とが共有するものであった。

　明初の時期に法定であるか法定外であるかを問わず，様々な酷刑が動員されたことはよく知られている。『明史』刑法志はその事情を「太祖は元代の放縦弛緩の後を懲らしめるべく刑罰は重典を用いた」と説明する[49]。洪武帝は，自らが容赦のない酷刑によって不法貪汚の官吏などを処罰した事案多数を『御製大誥』に記載し，この書が家々に備えられることを期待した[50]。明代の裁判文書の中で律例に基づく議罪がなされるとき，死刑の場合を除き，「『大誥』を所持するので，罪一等を減じて某々の刑を科す」という文言が必ず加えられた[51]。この減刑措置は，洪武帝自らの詔敕に基づいて行われ，実際に『大誥』を所持するか否かにかかわらず，このように書かれるのが明代を通じて慣例となっていた[52]。『大誥』を特徴づける過剰なまでの厳酷は，「乱世」に対する司法政策の宣示であると同時に，

---

49)『明史』巻93，刑法志1，2279頁。

50)『御製大誥』頒行大誥第74に「一切官民諸色人等，戸戸有此一本。若犯笞杖徒流罪名，毎減一等。無者毎加一等」(『皇明制書』巻2, 55頁b) とある。同書は洪武18年 (1835) 年10月に頒行された。

51) この措置の根拠は上注に見える。徽州文書中の明代裁判資料によって，律に基づく議罪の箇所に大誥減等の文言が添えられたことを確かめることができる。

52) 明中期以後，『大誥』の有無にかかわらず，減等することが慣例になっていた。弘治18年 (1505) 4月の吏部主事楊子器の上奏中に「一，遵行大誥。今内外問刑衙門，宜追審犯人果有無大誥，有者始許減等論罪。不可仍前概擬為有大誥虛減其等」(『明孝宗実録』巻223, 3頁b, 同月甲子の条) と見えている。15世紀後半の官僚陸容は，当時すでに民間で『大誥』を見かけることがなかったという。『菽園雑記』巻10, 中華書局元明史料筆記叢刊本，1985年，123頁。

教育上の効果を狙ったものであった[53]。

　峻法重典による威嚇が犯罪抑止にいかほど有効か，これは今日においても問われ続けている問題であろう。先秦の儒家は孔子の口を通して「民を道びくのに法制禁令をもってし，民を一律に従わせるのに刑罰をもってすれば，民はかりそめに罪を免れても恥らうことがない。民を道びくのに徳をもってし，民を一律に従わせるのに礼をもってすれば，民は恥を知りかつ善に格(いた)る。(道之以政，斉之以刑，民免而無恥。道之以徳，斉之以礼，有恥且格)」(『論語』為政)という主張を掲げた。後世の儒家も法と刑罰の必要は承認したが，刑罰の威力に依存する統治には批判的であった。宋代1002年，通判の官にあった銭易は真宗に対し凌遅など「非法之刑」を除くことを求め，「もしも厳刑によって民を誡めることができるのであれば，秦の天下には一人の黔首(たみくさ)も盗賊にならなかったでありましょう」[54]と問いかけた。しかし，社会の現実が厳しければ厳しいほど峻法重典の効果への期待は高まり，恐れを克服して厳罰依存から脱却することはいよいよ難しくなる。明の太祖洪武帝は，皇太孫，すなわち後の建文帝に対し，このようにいった。

　　吾れは乱世にあたり刑は重からざるを得なかった。汝は平世に当り刑は軽からざるを得ないであろう。いわゆる刑罰は世ごとに軽く世ごとに重いのだ[55]。

　ところが，平世に向けて確定された洪武30年律においても凌遅処死や刺字をはじめとする酷刑は除かれなかった。警察の充実による予防的監視，学校における全民的な教化，社会政策による困窮者の救済，宗教による魂の訓練など補助的な手段が得られなければ，刑罰による威嚇への依存は深まらざるを得なかった。中国では宋代以降，王朝交替のたびごとに法と刑罰の体系を一新する機会があったにもかかわらず，凌遅処死，梟示，立枷などの酷刑，顔面への刺字などの肉刑

---

53) 計4種の『大誥』を法として適用することは，洪武31年(1398)の建文帝即位を契機として停止され，以後は法典でなくなったと考えられている。『大誥』所持による減刑措置は，これが教育的読み物として永く普及することを狙ったものであった。『大誥』の法律としての効力とその停止については，楊一凡『洪武法律典籍考証』(法律出版社，1992年)，115-133頁が詳細に論じている。
54) 銭易「上真宗乞除非法之刑」(咸平5年)『宋名臣言行録』巻99，刑賞門，恤刑，3頁b。
55) 孫承沢『春明夢餘録』巻44，刑部1，建文，37頁b。「吾当乱世，刑不得不重。汝当平世，刑不得不軽。所謂刑罰世軽世重也」。ほぼ同文が，『明史』巻93，刑法志1，中華書局本，2283頁にも見える。この文言も朱鷺『建文書法儗』前編に見える。注(20)参照。

はついに取り除かれることなく，20世紀を迎えることになった。それは，唐律の笞，杖，徒，流，死の五刑制度がかかげた高い理想が，厳しい現実の前に節節と後退を続ける過程でもあった。

実定法としての唐律から自由になった元朝時代には，五刑の規定を現実の刑罰の体系に合致させ，絞を外して凌遅処死を五刑に含めるという革新が起こった。「胡虜を駆逐して中華を恢復した」[56]洪武帝は，中国史上稀に見る峻法と重典を駆使することになったが，それと裏腹に名例律の五刑だけは唐律のそれに回帰させ，現行の法定刑の体系と明らかに離齬する「五刑之図」を律に冠せさせた。それは近世中国の刑罰の体系が，峻法重典という法の現実と唐律の五刑に集約される寛刑の理念との間で引き裂かれてきたことの象徴であろう。

法家者流の現実主義の攻勢の中で，儒家の理想主義がいまだ死に絶えていないことを黙示するのが『大明律』『大清律例』の「五刑之図」ではなかったか。制定者は無言のうちにこれを巻首に掲げ，その意味はこれを運用する者の解釈に委ねられた。明清の律学家は「五刑の正」という概念を発明するとともに，先人が7世紀においてすでに法典から除き去った非道な刑罰が続々と復活し，ついに律の正文に明記されるという事態を「時宜に応じた一時的な」ものだと断じた。死滅しなかった唐律の理想主義は後の時代における法と刑罰への批判精神を産み出したことによって，とりあえずその責務を果たしたといえるであろう。そして隋唐時代以来，中国の死刑は一貫して絞と斬の2種であり，単一死刑という近代的制度に早くも接近していたのだという沈家本の発見も，またここに足がかりを得た。この思考を導いたのは「五刑の正」という概念であった。

名実そぐわぬ「五刑之図」を律の冠とした14世紀の立法者は「広大好生の意をもって，総じて名例律中に列したのである。善く法を用いるもの，その意を会すれば可ろしい」[57]と暗示をかけ，その谺の響きは明清時代の律学諸家の解釈の中に伝わった。明清の律を飾る「五刑之図」は唐律の燼餘であったが，峻法重典を否定する理想主義の火種を励ますことになった。

---

56) 『明太祖実録』巻26，呉元年（1367）10月丙寅に華北の人民に向けて発せられた檄諭にこの語が見える。

57) 注（20）参照。

2 ◆ 凌遅処死, その他

　明清時代の法典には, 絞と斬を超える法定刑として凌遅処死のほか梟示や戮尸などが見える。梟示や戮尸は死体の損壊を通じて見せしめの効果を期待するものであり, 処死の方法そのものではない。近世中国の非道な生命刑の方法を代表するのは凌遅処死である。この節では凌遅処死の歴史を通じて, 近世中国の刑罰体系における酷刑の復活と持続, そして同時代の論者がこの事態をどう見たかという問題を考えてみよう。

(1) 起源と法制化

　凌遅処死は「陵遅処死」と書かれることもある。また, 「凌遅」と略されることもある。ただし, 唐代までの文献に現れる「陵遅」「凌遅」は, 「ゆっくりと, 次第に」という意味であり, 漸進的な衰弱や衰亡を指す用例が多い。これが, 死刑執行の手法を表す語として用いられるのは宋・金代以降のことであった。

　宋代以前にも凌遅処死に類する方法で処刑が行われることがあった。「臠(らん)」「臠(らん)割(かつ)」「剮(か)」「副(か)」「支解」などの語は, 解体する, ないしは肉を細切れにするというのがその義である。対象は生体であると死体であるとを問わない。処死の手段として用いられれば, 凌遅処死と同様の殺害方法となり, 死体に対して用いられれば「戮屍(りくし)」「磔裂(たくれつ)」と同義となる[58]。

　後周建国 (951年) 初期に隰州刺史であった許遷は,

> 盗賊を取り締まることに熱心で, 悪を嫉むことがあまりに過ぎ, あるとき, 賊を釘ではりつけにし, 部下に臠割させた[59]。

と記録されている。また, 五代後漢の高祖の従弟劉信は酷法を行うことを好み, 禁軍の長であったときに臠割の酷刑を行っていた。

> 部下に罪を犯す者があれば, その妻子を呼びだし, その目の前で臠割し, その肉を

---

58) なお, 沈家本は「宋遼元三史の本紀には, 「磔」刑の記事が見え, それは「凌遅」の別名であって, 漢代の「磔」ではないだろうが, 明文をもって証明することはできない」といっている。『刑法分考』巻3, 114頁。

食らわせた。あるときには足から支解(ばら)して首(かしら)におよび，血の海を目の前にして音楽を演奏させ酒を酌み交わさせた[60]。

これらの措置は確かに犯罪者に対する刑罰ではあるが，法を執行したという性質のものではなく，生殺与奪の権を握った官僚・軍人の恣意が法を超えた刑罰を生み出したと見るべきであろう。戦争など非常時や司法制度が未確立の状況のもとでは，恐怖による秩序がしばしば選択された。

南宋時代の文人官僚として名高い陸游は，「五代末には世情が不安定であり，常法によって対処することはできないとして法の外に特に凌遅の一条を置いたのである」と論じた[61]。「凌遅一条」とあることに注目すれば，すでに五代において凌遅処死に相当する刑罰を明記した条文ないしは敕が制定されていたとするのが陸游の認識であったと見ることもできよう。しかし，それが「法外特置」のものであったということからすれば，「凌遅一条」は法として確立したものではなく，あくまでも特別の場合の非常措置であったと見ることもできる。遺憾なことに五代の法令集は現存せず，『宋刑統』が引くこの時代の敕も多くない[62]。凌遅処死ないしはそれに類する刑罰を明記するこの時代の条文や敕の痕跡を見出すことはできない。同時代人による酷刑への言及を見ても，それが法令に基づくものであったことの証左は得られない。『旧五代史』刑法志によると，後晋の開運3年（944），左拾遺竇儼晋が酷刑の濫用を阻止すべきことを上奏した。

---

59)『旧五代史』周書，巻129，列伝9，許遷伝。「太祖降詔撫諭，正授隰州刺史。遷切於除盗，嫉悪過当，或釘磔賊人，令部下轢割」（中華書局本，1703頁）。ここにも「磔」字が見えるが，轢割によって殺したのか，死体を轢割したのか判然としない。次注の例も同様であるが，注63に引く刑法志の記述は生きている人間を磔にして轢割する酷刑が行われていたとする。

60)『旧五代史』漢書，巻105，宗室列伝2，蔡王信伝。「信性昏懦，黷貨無厭，喜行酷法。掌禁軍時，左右有犯ière者，召其妻子，対之轢割，令自食其肉。或従足支解至首，血流盈前，而命楽対酒，無仁愍之色」（中華書局本，1386頁）。

61) 陸游「条対状」『渭南文集』巻5，状，5頁b。「五季多故，以常法為不足。於是始於法外特置凌遅一条」。

62)『宋刑統』は，『唐律』502条の本文・疏に，唐代後半期から五代にかけての令格式敕から選ばれた177条を加え，さらに「臣等参照」の書き出しで始まる宋代の追加細則たる「起請条」32条を含める。そこには「二死」を超える凌遅処死などの刑罰はいっさい見えない。劉承幹校勘本『重詳定刑統』（1921年刊）に附された「校勘記」を参照のこと（『宋刑統』中華書局，1984年，513頁）。

濫刑の創始には，聞くところによると様々な事情があるが，外地では通規を守らず，情性に肆率せ，長い釘で人の手足を貫いたり，短刀で人の肌と膚を鸞割したりする。こうして何日間も半生半死となり，怨嗟の声が天にとどき，和気が傷つけられている[63]。

この竇儼晋の奏言には，「鸞割」の酷刑は「通規」すなわち通行の法規に違背するとの認識が示されている。凌遅処死に相当する刑罰が五代に顕著となったのは，軍人による地方支配が優勢であったことを一因とするであろう。しかし，この酷刑が法制化されていたことを示す資料はない。それが法定刑となったのは宋代のことであったとするのが妥当である。

なお沈家本は凌遅処死の名称の初見は『遼史』刑法志であり，遼代には「惨毒の刑罰が多く，重刑として車轘（車裂），礮擲（投げ殺し）などの名称が見え，凌遅は正刑のうちに列せられていた」とする[64]。元朝が『遼史』を編纂した際に，遼代の法典を参照した可能性は高い。また，凌遅に相当する酷刑が行われていたことも確かであろう[65]。しかし，「凌遅」の刑名は『遼史』編纂に際して遡及的に命名された可能性もある。「凌遅」が遼代の法定刑として同時代の法典に明記されていたか否か，判断の材料は得られない。

宋代の凌遅処死についてはすでに海老名俊樹氏の詳細な研究があるので本章では簡単に述べるに止める[66]。宋代には，各路に置かれた提点刑獄司が管下で死刑判決を受けた人数を刑部に報告する制度があった。その際に用いられた「断過大辟人数」の書式が『慶元条法事類』に見えている[67]。

---

63)『旧五代史』巻147，刑法志。「濫刑所興，近聞数等，蓋縁外地不守通規，肆率情性，或以長釘貫簽人手足，或以短刀鸞割人肌膚，乃至累朝半生半死，俾冤声而上達，致和気以有傷」（中華書局本，1971頁）。

64)「刪除律例内重法摺」『寄簃文存』巻1，奏議，2頁ab。これは『遼史』巻61，刑法志上に「制刑之凡有四，曰死，曰流，曰徒，曰杖。死刑有絞，斬，凌遅之属」（中華書局本，936頁）とあるのに依拠したのであろう。

65)『遼史』には反乱者などの殺害について「陵遅而死」「陵遅殺之」とする例が散見する。これらは宋朝の凌遅処死と同様の処刑方法であったと考えられる。

66) 海老名俊樹「宋代の凌遅処死について」『宋代の社会と宗教』（宋代史研究会研究報告二，汲古書院，1985年）。また，仁井田陞「凌遅処死について」『中国刑法志研究　刑法』（東京大学東洋文化研究所，1959年）は凌遅処死についての資料の博捜という点で群を抜いている。具体的な執行方法などについて興味のある向きには一読をお勧めする。

某路提点刑獄司
　　今具本路州軍某年断過大辟数目下項目
　　　奏断若干
　　　　死罪若干
　　　　　凌遅若干
　　　　　処斬若干
　　　　　処死若干
　　　　貸命若干
　　　本処処断若干
　　　於法不至死時処死若干
　　　　奏断若干
　　　　本処若干
　　右件状如前，謹具申
　　尚書刑部。謹状。
　　　　年　月　日依常式。

　この公文書の書式から窺い知られることは，凌遅処死が「処斬」「処死」より等級が上であり，かつそれらと同様に法定の死刑として取り扱われていたことである。この式にいう「処死」はもっぱら重杖処死を指したようである[68]。また，「奏断」とあるのは皇帝への上奏を経て決定された死刑の意である。すると，「本処処断」は上奏せずに路で決定し執行された死刑だったということになる。この点で唐代の斬絞が三たびないしは五たびの覆奏を必要としたのに比べ，宋代の死刑の手続きは簡便であった[69]。

　宋朝は前代までおおむね「臠割」と呼ばれていた酷刑を継承し，これを法定の刑罰とした。「臠」「割」「剮」「剭」などの文字は「切り刻む」という行為と強く結びついている。肉刑を排除した文明の時代において，法令とはいえ不祥の文字を刑罰名に用いることは憚られたのであろう。「陵遅」「凌遅」の語は古典的な語彙であり，その本来の意味は人の死とは関係がなかった。「処死」の語を後置する

---

67)『慶元条法事類』巻73，刑獄門3，決遣，式，断獄式，影印本501頁。
68) 注4，5に掲げた川村康氏の論考に詳しい論証がある。元代の死刑は凌遅と斬とされるが，同時代の法例に頻出する「処死」も，多くは重杖処死を指したと考えられる。元代の法典には「敲」で示される死刑が見える。これは「打ち殺す」の意であり，重杖処死を口語で表現したものである。これについては後述する。
69) 宋代の死刑判決および執行の過程については，上海社会科学院政治法律研究所編『宋史刑法志注釈』（群衆出版社，1979年）の「前言」，14-15頁を見よ。

ことでそれが死刑の名称であることは標示されるが，「臠」「割」「呙」「剮」を隠したために，凌遲処死の文字を見ただけでは，どのような処刑方法であるか推測することもできない。身の毛もよだつような現実を文飾して法令にふさわしい名辞を創出したのが誰であったか，いつであったか，確定する由はないが，宋人の所為であった可能性が高い。

(2) 元明清の凌遲処死

　元朝時代の法典は不完全にしか伝存しないが，国政備覧として編纂された『経世大典』(1333年頃完成)は，その時点までの「条格」や「断例」を整理し，刑法の全体像を提示する作業を行った。『経世大典』それ自体は法典ではない。これに先だつ『大元通制』(1316年)および10年ほど遅れる『至正条格』(1345年)が法典であるのに対し，『経世大典』は『会要』や『会典』と性格を同じくした。この書は『宋会要』などと同様，『永楽大典』の中に組みこまれた。『経世大典』の原刊本は失われ，今日では『永楽大典』もわずかの残巻を存すに過ぎないが，幸いなことに洪武年間に完成した『元史』刑法志は『経世大典』の「憲典」に依拠して書かれた[70]。『元史』刑法志は「諸」字で始まる条文を千餘条載せている。一例を挙げると次のような形式になっている。

　　諸婦人為首，与衆姦夫同謀親殺其夫者，凌遲処死。姦夫同謀者，如常法[71]。

『永楽大典』中の逸文から判断するに，『経世大典』「憲典」ではこうした律の条文に擬した記載に続いて，その根拠となった断例などが引かれていた。『元史』刑法志は断例の部分を略したのであるが，各条と結びつけられていたであろう断例を『元典章』などから拾える場合もある[72]。『元史』刑法志は二次的な資料ではあるが，『経世大典』が再構築した法例備覧の内容を伝える点で貴重な情報源である。今，『元史』刑法志から凌遲処死の刑を定める条項を列挙する[73]。原文および典拠は後掲の「元明清の凌遲処死条」(表2-1)を参照されたい。

---

70) 注34を参照のこと。
71) 『元史』巻104，刑法志3，姦非(中華書局本，2656頁)。この条文は，婦人が首謀者となり，姦通の相手とともに計画的に夫を殺したものは凌遲処死とし，姦通相手で共犯者となったものは常法，すなわち通常の謀殺の条項を適用する，という意味である。

表 2-1　元明清の凌遅処死条

	清			明			元	
1	賊盗 254	謀反大逆、逆但共謀者	1	賊盗Ⅵ：1	謀反大逆、但共謀者、不分首従	1	大悪 487	諸謀反已有反状、為首及同情者
2	人命 284	謀殺祖父母、父母及期親尊長、外祖父母、夫、夫之祖父母、父母、已殺者	2	人命Ⅵ：31	謀殺祖父母、父母及期親尊長、外祖父母、夫、夫之祖父母、父母、已殺者	2	大悪 497	諸子孫弑其祖父母父母者
3	人命 284	奴婢、雇工人謀殺家長及家長之期親、外祖父母、已殺者	3	人命Ⅵ：31	奴婢及雇工人謀殺家長及家長之期親、外祖父母、罪与子孫同	3	大悪 525	諸奴故殺殺主者、与謀殺夫同謀親殺其夫者
4	人命 285	妻妾因姦同謀殺死親夫者	4	人命Ⅵ：32	妻妾因姦同謀殺死親夫者	4	大悪 585	諸婦人為首、与姦夫同謀親殺其夫者
5	人命 286	妻謀殺故夫之祖父母、父母、已殺者	5	人命Ⅵ：33	妻謀殺故夫之祖父母、父母、已殺者	5	大悪 509	諸因姦殴死其夫及其男始姦者
6	人命 287	殺一家非死罪三人、及支解人者	6	人命Ⅵ：34	殺一家死罪三人、及支解人者	6	盗賊 624*	諸図財謀殺殺人多者
7	人命 288	採生折割人為首者	7	人命Ⅵ：35	採生折割人者	7	大悪 534	諸採生人支解、以祭鬼者
8	闘殴 314	奴婢殴殺家長者、皆斬、若故殺奴婢者、若奴婢殴家長之期親及外祖父母、故殺者、皆凌遅処死	8	闘殴Ⅵ：61	奴婢殴殺家長者、若故殺奴婢及家長之期親及外祖父母者			
9	闘殴 314	雇工人殴家長之期親若外祖父母、…故殺者、凌遅処死	9	闘殴Ⅵ：61	雇工人故殺家長及家長之期親、若外祖父母者			
10	闘殴 315	妻殴夫者、…故殺夫者、又加一等（…故殺夫者、仍与妻殴夫罪同）	10	闘殴Ⅵ：62	妻妾故殴夫者、凌遅処死			
11	闘殴 318	姑姪外孫殺伯叔父母、故殺者、…若兹殺伯叔父母、姑姪及外孫系故殺外祖父母、凌遅処死	11	闘殴Ⅵ：65	弟妹殴殺兄姉、若故殺叔父母、姑姪及外孫故殺外祖父母者			
12	闘殴 319	子孫殴祖父母、父母、…殺者、皆凌遅処死				8	大悪 511	諸父子同謀殺其兄、欲図其財而収其嫂者、父子並
13	闘殴 322	妻夫亡改嫁、殴故夫之祖父母、父母殴男始翁罪同				9	大悪 528	諸以姦尽殺其母黨一家者

76

第2章　宋代以降の死刑の諸相と法文化

		清条例中の凌遅処死条	明問刑条例中の関連条項	
1a	条例822	科挙行劫在獄罪囚、如有持械拒殺官弁者、将為首及為従殺官之犯、比照謀反大逆律凌遅処死。		
4a	条例1048	因姦同謀殺死親夫、除本夫不知姦情、反雖知姦情而迫於姦夫之強悍、不能報復、並非有心縦容者、姦婦仍照律凌遅処死外、……。	調姦 VI：66：3	(義子を養育期間によって雇工人律を適用するか、子孫律を適用するかについての条件規定)
4b	条例1049	妾因姦、商同姦夫謀殺正妻、比照奴僕殺家長律凌遅処死。	調姦 VI：61：2	(雇工人と凡人、奴婢の区分についての条件規定)
4c	人命 殺夫＊	聘定未婚妻、因姦起意殺死親夫律凌遅処死(童養未婚妻も同じ)。		
7a	姦夫＊	本欲支解其人、行凶時勢力不逮、乃先殺訖随又支解者。		
7b	条例1070	本宗及外姻尊長、殺大功、小功、緦麻卑幼一家三人者。		
7c	条例1076	発遣当差為奴之犯、殺死伊管主一家三人、并三人以上者。		
14	条例1079	強姦本宗緦麻以上親、及強姦総麻以上親、擬以凌遅斬決、仍禁示。		
15	条例1158	上親之妻未成、将未婚殺死者、分別服制。		
	条例963	凡子孫発掘父母墳塚者、均不分首従、……。開棺見屍並殺累屍骸者、將凌遅処死。		

番号は、上海大学法学法学院等点校『大清律例』(天津古籍出版社 1995年)による。

＊同条例は光緒『大清会典事例』巻 801 から補った。

番号は黄彰健輯『明代律例彙編』(中央研究院歴史語言研究所 1979年)による。

番号は梅原郁郎編『訳注中国近世刑法志』下 (創文社 2003年)による。
＊巻105 殺傷944 に同文

- 諸て，謀反をはかりすでに行動を起こせば，首謀者および謀議に与った者は凌遅処死。
- 諸て，子や孫がその祖父母や父母を弑すれば，凌遅処死。風狂による犯行であれば処死。
- 諸て，姦通を原因としてその夫および舅姑(しゅうとしゅうとめ)を殴り死せば，凌遅処死。
- 諸て，父と子が共謀してその兄を殺してその財産と嫂(あによめ)を手に入れようとすれば，父と子はともに凌遅処死。
- 諸て，奴が故意に主人を殺せば，凌遅処死。
- 諸て，姦通を原因としてその母の一家を皆殺しにすれば，凌遅処死。
- 諸て，活きた人を殺して支解し，それによって鬼を祭れば，凌遅処死。
- 諸て，婦人が首謀し，衆姦夫と共謀して自ら夫を殺せば，凌遅処死。姦夫で共謀したものは，常法のとおり（処死）。
- 諸て，財産目的で人を謀殺ないし故殺すること多数であれば，凌遅処死。なお各賊が殺した人数を験して（犯人の）家属から均しく焼埋銀を徴収する。

最後の条が「盗賊」類と「殺傷」類に重見するのを除くと，凌遅処死を定めるのは計9条である。人倫に悖ることが酷刑適用理由であったと推定できるものが6条，ほかは大量殺人や祭祀のための生け贄など極悪犯罪である。

洪武30年『大明律』および弘治年間の「問刑条例」の条文中，凌遅処死の対象となる犯罪は下記のとおりである[74]。

- 謀反（国家転覆）および大逆（宗廟，山陵，宮殿の破壊），すべて謀議に参与したものは主従をわかたず。
- 祖父母，父母および期親の尊長，外祖父母，夫，夫の祖父母，父母を謀殺し，すでに殺した者。
- 奴婢および雇工人が家長および家長の期親，外祖父母を謀殺し，すでに殺

---

72) 梅原郁編前掲『中国近世刑法志』は『元史』刑法志中の各条について，関係する断例などを注記する。
73) 『元史』巻104，刑法志1，同書巻105，刑法志2による。
74) 正徳『大明会典』巻144。万暦『大明会典』は同文。

す者は子孫と同一に処断。
- 妻妾が姦通により，（姦夫と）共謀して夫を殺す者。
- 妻妾が故夫の祖父母，父母を謀殺し，すでに殺す者。
- 一家の死罪に該当しない3人を殺す者，および人を支解する者。
- 人を捕捉して解剖し（生け贄とする）者。
- 妻妾が夫を故殺す者。
- 弟妹が兄姉を故殺する，もしくは姪が伯叔父母，姑を故殺する，および外孫が外祖父母を故殺する者。
- 奴婢が家長を殴殺する者，もしくは家長の期親および外祖父母を故殺する者。
- 雇工人が家長および家長の期親，もしくは外祖父母を故殺する者。

計11条の範囲は，元代の凌遅処死の場合とほぼ同じであるが，妻妾が夫の祖父母，父母に対する殺人に問われる場合，元代では「因姦」という限定条件があったのに対し，明代では動機を問わず「謀殺（計画的殺人）」であれば凌遅処死となり，妻妾の夫に対する「故殺（殺害の意図が認められる殺人）」も明代では動機の如何を問わず凌遅処死となった。また，一家の死罪にあたらぬ人間3人を殺すというケースも，元代では強盗殺人という限定条件があったが，明代では動機は問わない。奴婢および雇工人の主家に対する殺人については，明代では対象が広げられた[75]。このように凌遅処死が適用される犯罪の範囲は広げられたものの，明代の凌遅処死は基本的に元代のそれを継承したものであった。

清代の律における凌遅処死は下のとおりである。

- 謀反（国家転覆）および大逆（宗廟，山陵，宮殿の破壊），すべて謀議に参与したもの。

---

75) 明代には奴婢を所有するのは「功臣の家」に限定された。ところが実際には民間でも奴婢の所有や売買が盛んであった。雇工人は被雇傭の家内労働従事者を指すのであるが，ここに引く条文が示すように本来は非法な奴婢を民間が所有するばあいに，法的にはこれを雇工人として奴婢に準じて取り扱うことになった。この問題については高橋芳郎『宋─清身分法の研究』（北海道大学図書刊行会，2001年）などを参照されたい。

- 祖父母，父母および期親の尊長，外祖父母，夫，夫の祖父母，父母を謀殺し，すでに殺した者。
- 奴婢および雇工人が家長および家長の期親，外祖父母を謀殺し，すでに殺す者。
- 妻妾が姦通により，（姦夫と）共謀して夫を殺す者。
- 妻妾が故夫の祖父母，父母を謀殺し，すでに殺す者。
- 一家の死罪に該当しない3人を殺す者，および人を支解する者。
- 人を捕捉して解剖し（生け贄とする）者の主犯。
- 奴婢が家長を殴る者は皆な斬，殺す者は皆な凌遅処死。もし奴婢が家長の期親および外祖父母を殴り，故殺する者は皆凌遅処死。
- もし雇工人が家長および家長の期親，もしくは外祖父母を殴り故殺す者。
- 妻が夫を殴る者，……故殺する者は凌遅処死。もし妾が夫および正妻を殴る者はさらに罪一等を加える（……故殺する者は，なお妻が夫を殴る罪と同じくす）。
- 弟妹が兄姉を殴り……もしくは姪が伯叔父母，姑を殴り，および外孫が外祖父母を殴り，故殺する者は，皆な凌遅処死。
- 子孫が祖父母，父母を殴り，および妻妾が夫の祖父母，父母を殴り，……殺す者は，皆な凌遅処死。
- 妻妾が夫が亡くなって再婚し，故夫の祖父母，父母を殴って殺す者。

清代の条例中にも凌遅処死を適用する条項が見える。これらは，情状がやや複雑であるため，単純に律の本条を適用できないと判断された具体的な事案に基づいて立てられたものである。

- 多勢で獄囚を強奪せんとし，武器を用いて官兵を殺せば，殺人の主犯および従犯は「謀反」「大逆」律に比照して凌遅処死。
- 姦通に因って（姦夫と）共謀して親夫を殺した場合，本夫が姦情を知らず，および姦情を知りながら姦夫の強悍に迫られてどうすることもできず，決して故意に姦通させていたのではない場合，姦婦はなお律に照らして凌遅処死するのを除き，……。
- 妾が姦通に因って，姦夫と相談の上正妻を殺せば，奴僕が家長を殺す律に

比照して凌遅処死。
- 婚約した妻が姦通を動機として（婚約した）夫を殺せば，妻妾が姦通によって夫を謀殺するのに照らして凌遅処死。
- もともと人を支解しようとし，犯行時に抵抗されたため，まず殺してから後に支解した者。
- 本宗および外姻の尊長が，大功，小功，緦麻の卑属の一家3人を殺す者。
- 発遣され奴として使役されている囚人が，その管主の一家3人を殺す者，および3人以上を殺す者。
- 緦麻以上の親族を強姦し，および緦麻以上の親族の妻を強姦して未遂で，相手を殺した者は，服制に応じて凌遅処死，斬とし，梟首す。
- およそ子孫が祖父母と父母の墓を発掘し……棺を開いて遺体を見たもの，ならびに屍骸を遺棄したものは，首従とも凌遅処死。

清代の凌遅処死の条は明律のそれをすべて継承するとともに，「妾が正妻を故殺」「未亡人となって再婚した元妻が亡夫の祖父母，父母を殴殺」を加え，祖父母，父母を子孫が殺した場合「謀殺」以外も凌遅処死とし，夫の祖父母，父母を妻妾が殺した場合「謀殺」以外に「殴殺」も凌遅処死とするという具合に，適用の対象を拡大した。また，9つの条例が適用の対象を限定あるいは拡大するために加えられた。

このように，元代，明代，清代と時代を降るごとに凌遅処死の適用範囲は拡大し，条文は精緻になった。これは凌遅処死だけの傾向ではない。清末の修訂法律館が指摘する所によると，死刑の条項の推移は以下のようであった。

> 国朝の律は前明の律を踏襲し，順治時代の律例では真正の死罪239箇条に加え，雑犯の斬絞が36箇条あった。その後，雑犯の斬を真犯に改めたほか，随時に増加したため，現行の律例内の死罪は840条あまりにのぼる。これを順治年間に比べると7～8割がた増えている。外国人にとって驚くべきことであるのみならず，中国数千年来，かくも繁にしてかつ重いことはなかった[76]。

清代における死刑の適用条項の増加は，刑罰の峻厳化のみならず，条例の細密化によってもたらされた面が大きい。中国伝統法はその徹底した罪刑法定主義指

---

76)「虚擬死罪改為流徒摺」（光緒32年4月）『寄簃文存』巻1，奏議，6頁b。

向によって，常に「有限の律によって，天下無窮の情を律しようとしても，これは難しいのである」[77]という矛盾を抱えることになった。事実を認定し，情状を斟酌して適正な量刑を定めることが裁判の目的である。情状酌量に際しては，被害者と加害者の関係，犯行の動機や手段などを評価することになるが，これら事件発生の状況は千差万別であり，評価された具体的事実＝「情」は「無窮」たらざるを得ない。

　現在多くの国の刑事裁判では，有罪の場合，該当する法の条文に一定の幅を持って定められた法定刑の範囲内で，具体的な刑罰の等級（種類および服役年限）が選択される。どの辺りが情状に対して適当か，その酌量は過去の判例と裁判所の判断に委ねられている。ところが，伝統中国法では官僚が量刑を上下するのを防ぐため，条項ごとに固定した刑罰と結びつけることを原則とした。すると情状を細かく類型化して刑罰の等差に対応づける必要が生じる。裁判の過程において，現行律例中の当該条項が事件の情状の差異を分別するのに不十分であれば，裁量権を持つ唯一者たる皇帝にお伺いをたてることになる。案件は刑部で審議され，その情状にふさわしい刑罰が皇帝により裁可される。さらに，その事案が以後の基準となるべきだと判断されると，それは例案（事例）として用いられる。こうして，律の本条は固定的であるが，「天下無窮の情」に対応するために法例はしだいに増大し，法の網は全体としてどんどん細かくなる。

　死刑の条項が清末に840条あまりに達したというのは，死刑の範囲を拡大して厳罰化が進行したというよりは，おおむね上のような事情によって法例の細密化が深まった結果である。清代では，法定刑である凌遅処死についてもこの傾向が現れた。

　近世中国において，犯罪のうち凌遅処死に該当するものは，①国家転覆（反逆，大逆），②尊属殺人（夫殺しを含む），③奴僕・雇工人による家長殺人，④殺人祭祀，生体解剖などに限定されていた。近世における道学の興隆は，綱常に反する②③への凌遅処死適用と密接に関係するだろう。乱世や「多故」に対処するための酷刑から，綱常を維持するための酷刑へと変化したと言ってもよい。犯罪統計が得られないため，こうした犯罪の廉で凌遅処死の判決が下される事案がどれほどの

---

77) 沈仲緯『刑統賦疏』巻首の楊維楨序に「欲以有限之律，律天下無窮之情，亦不難哉」とある。枕碧楼叢書本『刑統賦疏』序，1a–2a頁。

頻度で発生していたか知ることはできない。筆者が寓目した1つの資料を紹介しておこう。明代の文人として名高い帰有光は、嘉靖44年(1565)に進士となり、浙江省湖州府長興県に知県として赴任した[78]。獄に冤罪の可能性のある囚人が多数繋がれているのを見て心を痛めた帰有光は、「罪の疑わしきは軽くす」という原則に基づいて再審がなされるべきことを上司に訴えた。その上申の文書中に次のような一段がある。

> 本県が上呈する囚帳によると、充軍と徒罪を除き、凌遅処死が3名、斬罪が51名、絞罪が25名であります。およそ凌遅・斬・絞が合計79名となります。古えにおいては天下が治まれば、断獄は前代の10分の2ほどになったといいます。唐の開元の盛世、天下の死罪は僅かに24人でした。現今、区区200里の県において、死罪の多きことかくの如くであります[79]。

1つの県で獄中に判決あるいは刑の執行を待つ死刑相当の囚人が計79名ということがまず驚きである。凌遅処死が全死刑囚のほぼ3.8パーセントを占めていたことからすると、近世中国では毎年少なからざる凌遅処死の執行例があったと推定される。酷刑による犯罪抑止が、期待されるほどの効果を持たなかったことは明らかであろう。

(3) 酷刑への批判

凌遅処死の刑罰については、先に紹介した南宋時代の陸游による批判が有名である。

> 伏して律文を観ますと、罪のはなはだ重いものも、処斬を超えることはありません。つまり、身と首が処を異にするだけでも自ずと極刑だからです。悪を懲しめる方法

---

78) 『明史』巻287、文苑、帰有光伝、中華書局本、7383頁。
79) 帰有光「送恤刑会審獄囚文冊掲帖」『震川別集』巻9、公移、8b-9a頁。「該本県具上囚帳、除軍徒外、凌遅処死三名口、斬罪五十一名、絞罪二十五名、凡凌遅斬絞共七十有九名。古者天下治平、断獄居前代十二。唐開元之盛、通天下死罪僅二十四人、今以区区二百里之県、死罪之多至于如此。職毎当臨省見獄犴充盈、拳梏蓬垢、投地鳴号、未嘗不為之惻然痛心也。使此輩果当其罪、猶若在所哀矜、而多有無辜枉濫者、寧可不為之申理、不自揣量、毎与院道争之。去歳察院会審、頗蒙採納、所全活者数人」。なお、帰有光は「毎聴訟、引婦女児童案前、刺刺作呉語、断訖遣去、不具獄。大吏令不便、輒寝閣不行。有所擊断、直行己意。大吏多悪之」ということになり、左遷の憂き目を見た。

として，これに加えるべきものはありません。五代末には世情が不安定であり，常法によって対処することはできないとして法の外に特に凌遅の1条を置きました。肌肉がすでに尽きているのに，気息は絶えず，肝心には血脈が通い，感覚も残っております。天地の至和を感傷し，仁政を虧損するものであり，まことに聖世の遵守すべきところではありません。議者はこれに見慣れて当然だと考え，他人を支解する者は凌遅でなければその罪に報いることができないなどと謂います。臣はそうではないと考えます。もし他人を支解した者が必ず凌遅によって報われねばならないとすると，盗賊には他人の家族を殺滅する者がありましょうし，他人の丘墓を発く者もありましょうが，これに対してはその家族を殺滅し，その丘墓を発くことによってこれに報いることになるのでしょうか。朝廷の法が盗賊の残忍に称おうとする必要があるでしょうか。もし，斬首が姦邪を禁ずるに足らないというのであれば，臣はこれを反駁しましょう。昔は三代以来肉刑を用い，隋唐の法は背を杖しておりました。当時，肉刑や杖背でなければ姦邪を禁じるに不足すると考えてのことでした。漢の文帝，唐の太宗がこれを廃絶しましたが，法を犯す者はかえって益ます稀少となりました。刑を致して仁を措くことの効用は，かくも昭らかでありました。聖慈をもって特に有司に命じ，凌遅の刑を廃除し，陛下の至仁の心を明らかにし，朝廷の太平の福を増していただくことを望みます。臣は切にこれを願います[80]」。

陸游が斬を超える極刑はあるべきでないとするのは『唐律』の精神に基づく。また，治外法権の撤廃という外的な要因からようやく刑法改訂に着手した清末の人々の批判とも一致する。

康熙年間の律学者，王明徳は『読律佩觽』の中で凌遅処死の執行方法を次のように解説する。

> その法は寸ごとに磔んでいき，体に臠がなくなってから，その勢を割りおとし，女はその閉を幽し，その腹を剖いて臓腑を取りだして絶命させる。さらに肢体を分解し，その骨を菹にして終わりとなる[81]。

---

80) 陸游「条対状」『渭南文集』巻5，状，5b-6b頁。「伏覩律文，罪雖甚重，不過処斬。蓋以身首異処，自是極刑，懲悪之方，何以加此。五季多故，以常法為不足，於是始於法外特置凌遅一条。肌肉已尽，而気息未絶，肝心觿絡，而視聴猶存，感傷至和，虧損仁政，実非聖世所宜遵也。議者習熟見聞，以為当然，乃謂如支解人者，非凌遅無以報之。臣謂不然。若支解人者，必報以凌遅，則盗賊蓋有滅人之族者矣，蓋有発人之丘墓者矣，則亦将滅其族，発其丘墓，以報之乎。国家之法，奈何必欲称盗賊之残忍哉。若謂斬首不足禁姦，則臣亦有以折之。昔三代以来用肉刑，而隋唐之法杖背，当時必以謂非肉刑杖背不足禁姦矣。及漢文帝，唐太宗一日除之，而犯法者乃益稀少，幾致刑措仁之為効，如此其昭昭也。欲望聖慈，特命有司，除凌遅之刑，以明陛下至仁之心，以増国家太平之福。臣不勝至願。」

「勢」「閉」はそれぞれ生殖器のこと。はなはだ過激な描写 —— 事実や見聞に基づくというよりは古代以来の酷刑を凌遅処死の中にすべて盛りこむ意図のもとに書かれた —— をした後に，王明徳はこの酷刑が，商（殷）の王が妊婦を剖（さ）り，賢人を剖（さ）き，伯邑考を醢（しおづけ）にしたことに端を発し，戦国時代に韓が法家の申韓を登用し，秦が商鞅を登用するに至り，ついに鑿顛，抽肋，鑊亨，族誅の法が現れ，車裂もまた凌遅の一種であったとし，漢代の三族誅滅の刑に際し「まず黥劓し，左右の趾を斬り，その勢を割し，笞殺し，その首を梟し，その骨肉を菹にして，これを五刑具備と謂った」のと，「律のいわゆる凌遅はほとんど根源を同じくするだろう」と論じている。現行の法定刑たる凌遅処死が，古代の史書に見える非道な刑罰のもろもろと同じだと断ずることによって，告発の意をこめたわけである。

宋代には律（唐律）に依拠して，敕に基づく非道な刑罰を正面から批判し，その撤廃を求めることができた。ところが，明清時代には祖宗の定めた律の正文そのものに凌遅処死という非道な刑罰が明記された。こうなると，これを直截に批判することもできなくなったわけである。明の太祖洪武帝の造孽は深かったというべきであろう。

(4) その他の死刑

元代の死刑が，『経世大典』において「斬，凌遅処死」の2等級とされていたことはすでに紹介した。しかし，『元典章』中にはこれとは異なった死刑の名が見える。モンゴル語直訳体の聖旨文書などに見える「敲」という文字がそれである。今その数例を挙げる。

> 知道売私塩的人毎根底，拏去時分，拏去的人毎根底，相迎着廝殺的根底，敲了。
> やみ塩の売人らを逮捕するのを察知して，逮捕に来た人らを迎え撃って殺したものは，敲き殺せ。（典章22，戸部，塩課，「立都提挙司辦塩課」至元29年）

> 「（前略）為頭児走的，殺了，為従走的，断一百七下打了，交出軍，怎生」麼道，奏将来有。俺官人毎商量時得他的言語，「是底一般有」麼道，奏呵，「是也，那般敲了者」麼道，聖旨了也。欽此。
> 「（チャムパ遠征軍からの逃亡者について）逃げた首謀者は殺し，随従者は杖107を

---

81) 王明徳『読律佩觽』巻4下，凌遅，136頁。「其法乃寸而磔之，必至体無餘臠，然後為之割其勢，女則幽其閉，剖其腹，出其臓腑以畢其命。仍為支分節解，菹其骨而後已」。

打ち,軍戸に編入すれば如何か」と上奏してきた。我らノヤンがその言葉について協議して,「よろしいでしょう」と上奏すると「よろしい。そのように敲き殺せ」との聖旨があった。欽此。(典章 34, 兵部, 逃亡,「処断逃軍等例 又」至元 21 年)

「依体例,這胡参政,張八弟兄両箇,合死」麽道,奏呵,「敲了者」麽道,聖旨了也。又王庭,羅鉄三名字的両箇人,胡参政根底要了錢,下手,用刀仗,将胡総管殺了。「這両箇也合死」麽道,奏呵,「那般者。敲了者」麽道,聖旨了也。

「おきてに依ると,この胡参政と張八の弟兄 2 人は死刑にすべきです」と上奏すると,「敲き殺せ」との聖旨であった。また,王庭と羅鉄三という名前の 2 人は,胡参政に金銭をもらって,下手人となり武器を使って胡総管を殺した。「この 2 人も死刑にすべきです」と上奏すると,「そのようにせよ。敲き殺せ」との聖旨であった。(典章 41, 刑部, 不睦,「胡参政殺弟」大徳 5 年 3 月)

一,強盗 (中略) 二十貫,為首的,敲。為従的,一百七,交出軍。(中略) 一,因盗而奸,同強盗傷人,敲,餘人,依例断罪。一,両遍作賊的,敲。

一,強盗で得た財が 20 貫以上であれば,主犯は敲き殺す。従犯は杖 107 の上軍戸に編入。一,盗みに入って強姦をした者は強盗傷害と同じく敲き殺す。(強姦に及ばない) それ以外は例によって処罰する。一,二度盗みを重ねた者は敲き殺す。(新集至治条例,諸盗,総例,「盗賊通例」延祐 6 年 3 月)

　第 1 例から第 3 例まではモンゴル語によって発せられた皇帝聖旨の訳文中に「敲了」「敲了者」という命令形として現れている。第 4 例では,「盗賊通例」という法例の条文中に現れている。第 4 例の条文は『元史』刑法志 (『経世大典』憲典に由来) では,「至 20 貫,為首者死,餘人流遠。……若因盗而奸,同傷人之坐,其同行人止依本法」と完璧な文語に改められている[82]。

　「敲」は打擲の意味であり,これらの例では死罪相当の犯罪者に対し下されるのであるから,「打ち殺す」という意味であることはほぼ間違いない。「敲」が死刑の名目として取り扱われていたことは,『元典章』新集至治条例の刑部に附された「延祐新定例」図からも明らかである (図 2-2 参照)。「敲」刑が実際に打ち殺しという手段で処刑されたか否か,明示する資料は見出せない。上に述べたように「為首的,敲」を「為首者死」と伝統的な法令の文体に改めた際には,処刑の手段に関わる意味の層は落とされている。「断例」に「敲」とあるものが,実際には「斬」によって処理されていたとは考えにくい。「敲」刑が斬首とは区別され,文字どおり「打ち殺し」によって執行されていたのであれば,元代の死刑は,「敲,斬,

---

82)『元史』巻 104,刑法志 3,盗賊,中華書局本,2657 頁。

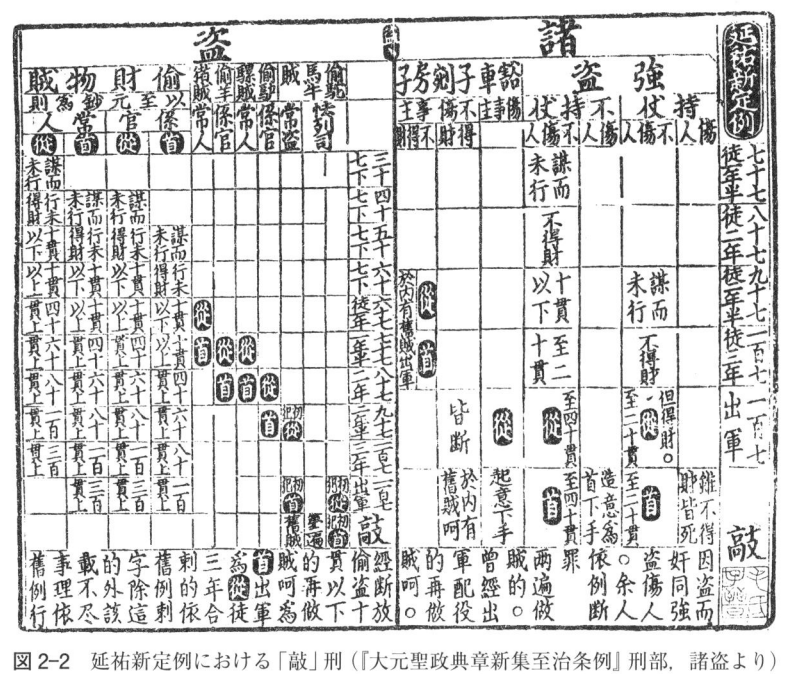

図 2-2　延祐新定例における「敲」刑（『大元聖政典章新集至治条例』刑部，諸盗より）

「凌遅処死」の 3 等級であったということになろう。

　唐律以来，死刑には「不待時」「立決」のものと，立秋過ぎまで待って執行される「監候」のものが区別されていた。明清時代の律例では，この区分とは別に「真犯」と「雑犯」の死罪が分けられている。『明太祖実録』洪武 5 年（1372）9 月戊子の条に，「上以時営中都，恐力役妨農。詔自今雑犯死罪可矜者，免死発臨濠輸作」と見え[83]，また洪武 8 年（1375）2 月甲午の条には「敕刑官，自今凡雑犯死罪者，免死輸作終身」とある[84]。当初から「雑犯死罪」という呼称があったとは考えにくく，処刑を免じて労役刑を科すという措置の対象となったものが，「雑犯死罪」という概念で括られるようになったのであろう。上の洪武 5 年 9 月の記事が示すように，死刑囚を労働力として利用しようという発想から，「雑犯」「真犯」の区別が生まれたことは注目に値する。さらに，贖罪の制度が整備されてくると，「雑犯死罪」の判決を受けても，経済力のある者（有力）は米穀などの物資の納入

83）『明太祖実録』巻 76，洪武 5 年 9 月戊子，3 頁 a。
84）『明太祖実録』巻 97，洪武 8 年月甲午，1 頁 b。

によって服役に代替することが許された。宣徳年間以降は「無力」のものについても終身の労役を課すのではなく，5年の年限つきとなり[85]，これが「雑犯死罪，準徒五年」の措置として定着した。贖罪の制度が整備されてくると，「雑犯死罪」の判決を受けても，経済力のある者（有力）はこの「徒五年」を物資の納入によって服役に代替することが許された。

　このような経緯により，明清時代の律例では，死刑は「真犯死罪」として「立斬」「立絞」「斬（監候）」「絞（監候）」の4等級，「雑犯死罪」として「雑犯斬（準徒5年）」「雑犯絞（準徒5年）」の2等級があり，さらに凌遅処死，梟示，戮屍があるという複雑なものになっていた。また，非常時には「即行正法」「就地正法」と呼ばれる事後報告だけで済む即決処刑も行われた[86]。

3 ◆ 死刑の手続きと近世の法文化

　本節の目的は，明代の一官僚の刑死の事例を通じて，その時代の死刑手続きの具体像を提示するとともに，法文化の特質の一端を探ることにある。素材として楊継盛『自著年譜』を取り上げる[87]。同書は処刑された本人が獄中で記した自伝であり，下獄の経緯，および獄中での生活，法的措置，刑罰執行の状況などについて詳細に記す。刑死者自らによる記録である点において希有な資料である[88]。
　唐代会昌元年 (841)，刑部の奏請に基づき，不正行為の廉で死刑の判決を受けた

---

85) 『明宣宗実録』巻 68，宣徳 5 年 7 月戊辰，12 頁 a，「請令雑犯死罪准雑工五年，徒流罪各依年限准工，杖罪准工十月，笞罪准工五月。満日各還職役寧家。従之」。

86) 「就地正法」の制度については，鈴木秀光「清末就地正法考」（『東洋文化研究所紀要』145，2004 年），同「恭請王命考 ── 清代死刑裁判における「権宜」と「定例」」（『法制史研究』53，2004 年），邱遠猷「太平天国与晩清 "就地正法之制"」（『近代史研究』1998 年第 2 期）などを参照のこと。

87) 楊継盛の詩文集は，処刑の 13 年後に実現した名誉回復を機として刊行されたようである。現存する最も早い刊本の 1 つが恽応明の校刻した『楊忠愍公集』6 巻である。刊年についての情報は得られないが，隆慶 3 年 (1569) 林潤の序を冠す。北京の故宮博物院に伝わる刊本が，2000 年に故宮珍本叢刊（海南出版社）の第 527 冊として影印出版された。同書の巻四「自著年譜」は，名誉回復の翌年，つまり隆慶 3 年，息子応尾が王世貞に行状の執筆を依頼したさい，資料として渡した原本と来源を同じくするものであろう。

官僚のうち五品以上のものについては自宅での自尽を賜うという敕が下された。この敕は『宋刑統』にも載録されている[89]。皇帝の特旨があれば話は別であるが，宋代でも法令に基づいて高官は処刑による辱めを免れ，この敕に基づいて自裁することになっていたはずである。ところが，明清の律例はこの法令を継承しなかった。大臣も庶民と同じく獄に囚禁され，「朝審」「秋審」の手続きを経て処刑された。楊継盛が記録した死刑囚としての獄中生活は特殊なものではなかった。

明代には，楊継盛のように皇帝や権臣の意志によって官僚が刑死することが多発した。楊継盛のほかに幾つかの代表的な事例を検討した後に，『明史』刑法志の初稿を執筆した姜宸英の議論を導きの糸として，こうした状況を生みだした明代の法文化の特質の一端を論じる。

(1) 楊継盛の刑死

馬市反対論と左遷

楊継盛は，嘉靖26年(1547)に進士となり，南京吏部主事を経て兵部車駕司員外郎に陞った[90]。嘉靖30年(1551)，朝廷がアルタンの馬市開設要求に応じることを決定するや，楊継盛は激烈な反対論を上疏した。これによって，楊継盛は辺疆の県の典史に左遷された。

世宗嘉靖帝は，楊継盛の馬市開設反対論について，「楊継盛の見解は正しい。（楊の上奏文を）内閣大学士に下して票擬させよ」との意見であった。しかし，筆頭大学士の厳嵩をはじめとする重臣は，「天下のことに真剣に取り組む心のない者」であり，目前の危機たるモンゴルの侵攻を回避することだけを求めた。国子監で学んでいたときからの楊継盛の恩師であり，また厳嵩の政敵であった徐階も「恐れるところがあって，あえて異論をはさまなかった」という。このため，楊継盛を錦衣衛の獄に下し，「拶指（縄で綴られた木片によって指を締め付ける），棒叩き

---

88) ここでは取り上げないが，少年期から青年期にかけての生活や勉学についての記述も，個人史として興味深い。

89) 『宋刑統』巻30，断獄律，決死罪（中華書局本，494頁）。また，『唐律疏議』巻30，断獄，「断罪応絞而斬」の条の疏議には，この規定を「獄官令」から引いている。

90) 以下，楊継盛の事跡については，別に注しない限り楊継盛『自著年譜』の記述に基づく。

一百回，夾棍（3本の木棍によって足を挟んで苦痛を与える）の拷問を行え」との命が下った[91]。

北京兵部への復帰

楊継盛は左遷された陝西省臨洮府狄道県から1年ほどで兵部の官に復帰した。馬市推進政策の中心であった仇鸞がモンゴルと内通していたことがその死後に明らかとなるという事件があり，嘉靖帝は馬市許可をいうものは斬るという主張を復活させた。そこで激烈な馬市反対論によって処分された楊継盛を北京に復帰させたわけである。また，厳嵩がこの人事を通じて楊継盛を取りこもうとしたのだという見方もあった[92]。楊継盛を呼び寄せて北京の官界に復帰させる人事は，いささか異例であった。わずか8カ月ほどの間に，山東省の知県（正七品），南京戸部主事（正六品），北京兵部員外郎（従五品）の任命を立て続けに拝命した。これは，左遷以前の員外郎の地位に復帰させるためであったと思われるが，この異例の人事による抜擢が厳嵩の弾劾へと楊継盛を走らせることになった。

- 嘉靖31年（1552）4月，山東省諸城知県に昇任させるとの通知。（5月11日に文書がとどき，狄道県典史を離任）。
- 7月12日，諸城県に着任。
- 8月1日，南京戸部雲南司主事に昇任させるとの通知。（10月6日，離任。20日，南京に到着）
- 10月22日，南京戸部に着任。すぐさま北京刑部湖広司員外郎に昇任させるとの通知。（11月8日，離京）
- 11月16日，淮安で兵部武選清吏司員外郎に異動させるとの通知。
- 12月16日，北京到着。18日，着任。

この異例の人事が，楊継盛が反厳嵩の政治行動をとることに大きく影響した。楊継盛自身によれば，南京から北上する際に，「1年間に四たび陞任させられる

---

91) このとき，実際には下獄しなかった可能性がある。それは，この処分に触れた部分につづき，「命が下った後，私を陝西省臨洮府狄道県典史に転出させた」とあるからである。
92)『明史』巻209，楊継盛伝，5538頁。

という朝廷の恩顧に対し，何をもって応えようか。そこで朝廷に報いる方策を思案した」。大運河沿線に位置する北直隷容城県の故郷で歳を越すという計画を変更して北京に直行した楊継盛は，兵部に着任するやあわただしく弾劾文の草案を練った。

楊継盛が厳嵩を弾劾したことに組織的な背景はなかったらしい。ただ，楊継盛自身は，兵部の同僚中，汪宗伊と弾劾について協議し，厳嵩の孫が軍功を偽って錦衣衛千戸の職を与えられた件を指摘したのは，汪宗伊の意見に従ったものだと書き記している。また，周冕は弾劾の上奏文は見ていないが，その計画については知っていたという。また，肝胆あい照らす同志であった王遴は，楊継盛が重大な決意を持って事に臨もうとしていることは知っていたが，具体的に何をする計画であったか知らなかったと記している。

厳嵩弾劾と下獄

元旦の日食に合わせて，弾劾上奏文を清書し，正月2日に上奏を行うため端門に出向いたが，急遽中止した。3日間の斎戒沐浴を経て，正月18日に上奏文を提出した。明代の慣例では，正月の望日を中心とする灯節，すなわち元宵節には，11日から20日まで官僚に休暇を与えることとなっていた[93]。この上奏を理由として楊継盛を逮捕し，錦衣衛の鎮撫司の獄に下すことが命じられたのは，休暇明けの20日であった。弾劾の上奏中に「願うらくは陛下が私の言を聴き入れて厳嵩の姦邪を見抜かれますように。また，裕王，景王（いずれも嘉靖帝の皇子）にお訊ねになるか，大学士たちに質問なさってもよいでしょう」とあったのを厳嵩が利用したのである。

世宗嘉靖帝の立太子をめぐっては，後の神宗万暦帝時代の「国本」問題と同様に，皇帝が意図的に皇太子の冊立を引き延ばしたため，すみやかな立太子を求める輿論と摩擦が生じていた。嘉靖帝は，嘉靖17年（1538）に2歳で冊立した皇太子（第二子）が嘉靖28年（1549）に早世すると，それに代わるべき皇太子を立てなかった。2人の皇子，裕王と景王は生まれがひと月違うだけであった。輿論は，

---

93) 正徳『大明会典』巻79，礼部38，2頁b「節仮」に，「凡毎歳正旦節，自初一日為始，文武百官放仮五日。冬至節，本日為始，放仮三日。永楽七年，令元宵節，自正月十一日為始，賜百官節仮十日」とある。万暦『大明会典』巻80，礼部38に同文。

年長の裕王を皇太子に冊立すべきだとしたが，嘉靖帝は寵愛する靖妃盧氏の産んだ景王の冊立を願っていたらしい。厳嵩は皇帝の意に阿って景王を支持したという説もある。裕王は，父嘉靖帝に面会することも年数回しかなく，冷遇されていたようだ。結局，景王が湖広の徳安府に就藩し，嘉靖44年 (1565) に死去した後も，嘉靖帝は裕王の皇太子冊立の儀式を行わないまま殁することになる。このように，嘉靖帝にとって2人の皇子との関係は微妙な問題を含んでいた。厳嵩は楊継盛が2人の皇子に言及したことについて，嘉靖帝の憤激を惹起するような「解説」を行ったわけである。『明史』巻209，楊継盛伝は，これによって嘉靖帝は大いに怒り，楊継盛を錦衣衛の獄に下して，ことさらに2人の皇子に言及した動機を詰問させたと述べている。

鎮撫司の獄では拷問を伴った取り調べが行われた。その要点は以下のとおりである。

- 誰の指示を受けて厳嵩を弾劾したか。
- 2人の皇子に言及した意図は何か。

22日晩に「奉旨」。内容は「錦衣衛が一百棍を打ち，4度打つごとに棍を交換せよ。刑部に送って重罪に問議せよ」，つまり廷杖の命が下ったわけである[94]。

廷杖

楊継盛の記述からも窺えるように，廷杖は刑部などの司法機関での裁判の結果として科せられる刑罰ではなく，皇帝が官僚に対して行う見せしめのための私刑であった。犯罪者と同じように臀部を露出させて地面にうつぶせにした上で，竹製の杖で打った。廷杖は衆人環視のもと午門の南で行われることが多く，その執行を監督したのは，宦官の機構の頂点に立つ司礼監と，近衛部隊兼特務機関としての錦衣衛であった。司法機関は廷杖には介入できなかったが，廷杖が犯罪事実

---

94) 廷杖については，『古今図書集成』経済彙編，祥刑典，巻148, 11b-12a頁，および『欽定日下旧聞考』巻33宮室　明1, 509-513頁に詳しい。両書はこの記述を『明史刑法志』からのものとするが，通行の『明史稿』刑法志および『明史』刑法志の本文には見えない。おそらく姜宸英が執筆した刑法志の初稿から引用したものと考えられるが，他書には見えない貴重な情報を提供する。

の認定や律例の適用なしに，皇帝の特命によってのみ行われる私刑であったことからすると，これは自然なことであった。

廷杖は最高で100回であったが，皇帝や権臣の意をくんで，打たれる官僚の生死を左右するような打ち方が選択された。打つたびに，整列した錦衣衛の軍人らが声を出す。3回おきに「著実打」というかけ声がかけられる。このかけ声が「用心打」であれば，生目はなかったといわれている。刑部などによる法的手続きなしに，皇帝が官僚を殺す手段として使われることもあったわけである。全くの恐怖政治であるが，明代の官僚の中には，このような酷刑を受けることを覚悟の上で，皇帝に対して正論を張る人物が絶えることなかった。廷杖を受けることによって官界における評価が高まり，歴史に名を残すことになったのであるから，皇帝による報復や見せしめという意図は，逆の効果を生んでいたと見るべきかもしれない。

刑部の獄へ移送

官僚が廷杖を受けた後は，左遷や免職によって放逐されるのが一般的であったが，嘉靖期には，さらに刑部が犯罪行為を確定して擬罪を行い，皇帝がそれを承認するという裁判の手続きによって，犯罪者として処罰することがしばしば行われた。嘉靖帝の命令により，楊継盛もこのような二重の処分を受けることになった。

移送に際しては，廷杖によって歩行困難となっていた楊継盛を戸板に乗せて搬出した。刑部の門まできたところで警備担当の官僚によって戸板および薬物などをすべて没収された。腿の筋肉の一部は打撃によって壊死していたが，鬱血によって腫れ上がった足で歩かされるという虐待を受けた。

刑部では，郎中，侍郎，尚書が擬罪を行った。尚書何鰲は厳嵩の門生であり，侍郎王学益は厳世蕃（厳嵩の息子）の娘の嫁ぎ先であった。擬罪は厳嵩の意図したとおり，死刑に処すという目的を果すため「詐伝親王令旨」律を適用する方針が固められた。「詐伝親王令旨」律は，『大明律』刑律七，詐偽に見える。「凡そ皇帝の詔旨を偽って伝えるものは，斬。皇后の命令，皇太子の命令，親王の命令を偽るものは，絞。」という条文であった[95]。

刑部の獄では官僚身分を持つ者は本来「官監」に入れるのが慣例となっていたが，楊継盛は「民監」に入れられた。これは提牢の職についていた厳嵩派の官僚

の指図であったという。薬の差し入れを防げられたため，陶磁の破片を竹箸の先端に挟みこんだメスを造り，瘡傷を受けた筋肉から放血する措置を行った。監獄内で黄蝋と香油を入手し，自製の膏薬を作って塗布した。当初は，外部との連絡や面会もゆるされず，家族は，楊継盛がすでに死んだと考えていたらしい。

刑部での擬罪

正確な日時は書かれていないが，正月27日の記事に続いているので，正月末頃であると思われるが，刑部において正式の擬罪の手続きが行われた。当時刑部の山東司郎中であった史朝賓は福建人，楊継盛と同年の進士であった。史朝賓は軽罪の適用を主張し，このために左遷された。上で述べたように「詐伝親王令旨」律を適用して死刑の擬罪を行うことが決定されると，刑部の帖文[96]を受けた司獄司（刑部の監獄の監督官）は，楊継盛を「老監」と呼ばれる監獄に移送し，身体の自由を奪う「籠梏」に入れた。「老監」では一般の囚人（多くは死刑囚であろう）の中に置かれたばかりか，獄死したまま放置してある死体が側にあるという劣悪な環境に苦しめられた。ひと月ほどたって，提牢官となった丘秉文のはからいによって「老監」から監獄の東にある「獄卒の小房」（獄卒の詰め所のような場所であろう）に移され，「籠梏」も外されることになった。

9月，朝審

毎年9月に，刑部の獄につながれている死刑囚のすべてについて「朝審」と呼ばれる一斉再審理が行われた。洪武帝時代にすでにこの制度の原型があったが，9月の「降霜」後に刑部，大理寺，都察院だけでなく他の六部および通政使司，五軍都督府，錦衣衛の堂上官，さらに公，侯，伯の爵位保持者などが立ち会って大規模な再審をすることが定例となったのは天順3年（1459）以降のことである。隆慶年間以降，内閣大学士も参与するようになった[97]。朝審の制度は清朝にも引き継がれた[98]。各省の獄に繋がれている死刑囚についても，5年に1度，同様の手続きが行われた。清代になると「朝審」と同じく毎年行われるようになり，「秋審」の名をもって呼ばれた[99]。

---

95)『明代律例彙編』VI：103条。
96) 死罪相当であることを刑部の堂上官が獄の監督官に通知する公文書であろう。

明代では、朝審は承天門（清代以降の天安門）で行われたので、刑部の監獄から手かせと足鎖を附けたまま道行きをすることになる。当時、北京では楊継盛の事件が話題になっており、見物人が道に溢れて進めないという状況であった。宮中の宦官たちも楊継盛に声援を送り、厳嵩を罵る者が大勢あったという。

朝審には、事実認定に疑わしい点のある囚人、情状に酌むべき点のある囚人などの死刑執行を先延ばしにするという機能があり、各死刑囚は「情真」（事実認定に誤りはなく刑執行が適当）のほか「緩決」（執行引き延ばしが適当）、「可矜」（減刑が適当）に区分された[100]。楊継盛について、朝審に参与した諸官は「情真」という判断を上呈した。本来、朝審により「情真」と判定された者は処刑されるのが原則であるが、最終決定はなお皇帝に委ねられた。皇帝がリスト上の姓名に朱筆によって勾印（かぎじるし）を付けた者だけが執行された。これを「勾決」といった。楊継盛は「情真」であったが、嘉靖帝が下した決定は「これまでどおり監禁して執行をまて」というものであった。つまり、直ちに処刑することを回避したわけである。

獄中 2 年目

嘉靖 33 年（1554）4 月から 5 月にかけて獄内で疫病が発生した。5 月 26 日、提牢官の応明徳が上司の許可を得て、楊継盛を「老監」から「外庫」に移した。この「外庫」の所在地は未詳。待遇は大いに改善された。9 月には 2 度目の朝審が行われた。2 年目の朝審も、前回と同様に「情真」の上申が行われたが、嘉靖帝の下した決定は、収監を継続して処刑を待つことであった。皇帝は朝審の手続きに際し、自らの意志によって生殺与奪の権力を行使することができたわけである。

97）『明史』巻 94、刑法志 2、中華書局本、2307-2311 頁。明代の朝審については、陶安あんど「明代の審録 —— 罪名例の伝統に見る朝審と秋審制度」（『法制史研究』50、2001 年）などを参照されたい。

98）清代では朝審に参与したのは六部、都察院、大理寺、通政使司の堂上官（いわゆる九卿）、および詹事、六科給事中、監察御史であった。

99）「朝審」「秋審」を含む清代の必要的覆審制度についてについては、滋賀秀三『清代中国の法と裁判』（創文社、1984 年）24-25 頁に簡にして要を得た解説がある。本章は清代の死刑制度について詳しく述べないが、高遠拓児「清代秋審制度と秋審条款 —— 特に乾隆・嘉慶年間を中心として」（『東洋学報』81-82、1999 年）、伊藤洋「清代における秋審の実態」（『中央大学アジア史研究』11、1987 年）などに詳しい。

100）注 97 を参照。

官界では，あからさまに厳嵩に盾をつく動きはないものの，楊継盛に対する同情論が広がったようであり，保定巡撫艾希淳，北直隷巡按御史徐紳，知府趙忻らが200両を拠出して，楊継盛の家人を援助した。

獄中 3 年目

嘉靖 34 年（1555）9 月に 3 度目の朝審が行われた。3 年目の朝審も「情真」との上申が行われた。しかし，楊継盛の名は，倭寇対策の失敗の責任を負わされた張経と同じリストに記載された。これは厳嵩の企みであったという。嘉靖帝は，張経の名を見て直ちに「律に基づいて処決せよ」という指示を下した。この指示は張経だけでなく，同じリストに名を連ねていた楊継盛にも適用されることになった[101]。

死刑執行の帝命が下ったことが伝わると，友人たちが楊継盛救援のために奔走した。同年の進士王世貞は自分の門生である王材という人物を厳嵩のもとに送って説得しようとしたが，厳世蕃とその子どもたちが楊継盛の抹殺をつよく求めたため，厳嵩も救援の措置をとらないことを決意した。

刑の執行

この歳，刑部の獄に死刑囚は 100 人あまりいたが，朝審を経て刑の執行が行われたのは 9 人に止まった。その 9 人の中に，厳嵩あるいはその配下に敵対した官僚 3 人が含まれていた。『明世宗実録』嘉靖 34 年（1555）10 月庚寅の条は，この処刑によって，嘉靖帝の寵愛を傘にして擅権をふるった厳嵩やその腹心張文華に対する社会一般の嫌悪がたかまったことを記す[102]。

名誉回復

処刑を命じた世宗嘉靖帝の歿後，隆慶 2 年（1568）に楊継盛に対する名誉回復が行われた。刑死後，すでに 13 年を経ていた。故人に太常寺少卿を追贈し，隆

---

101) 楊継盛は張経の巻き添えになったという説明であるが，これは信じ難い。「勾決」の手続きは人ごとに行われるはずだからである。嘉靖帝に忠臣の処刑決定者の責を負わせないための曲筆であろう。

102) 『明史』巻 18，世宗本紀二および同書巻 209，楊継盛伝は，ともに 10 月朔日に執行されたとする。しかしこれは誤りである。10 月庚寅は朔日ではなく，晦日である。

慶帝から「賜祭」の祭文が下賜された。また、遺児の1人、楊応尾を国子監の学生にするという措置が取られた。次いで「忠愍」という諡が与えられ、故人を祀る祠堂に、「旌忠」という扁額が下賜された。遺児の応尾と応箕は、故人の獄中遺筆である『自著年譜』を刻した。また、その版本あるいは写本に基づいて、友人である王世貞による「行状」と大学士徐階による「墓誌銘」が撰述された。逆からいえば、処刑が行われた嘉靖34年から隆慶2年の名誉の回復までの間、罪人たる楊継盛の碑伝を書くことすら憚られたということになる。

(2) 嘉靖時代に刑死した文官の事例

明代、政治的な冤罪によって官僚を処刑することは、もちろん楊継盛の事例に止まらない。そのすべてを取り上げることはできないので、ここでは、嘉靖年間（1522〜1566年）における事例において、どのような律文の適用がなされたかを概述する。

a．総督、巡撫、兵備道などは軍隊を統率するもののあくまで文官であった。旧来は、こうした文官が軍事的失敗をおかしても、せいぜい充軍（辺境の軍隊への編入）の刑罰が科せられるのみであった。嘉靖期より、「主将不固守」律（「凡そ辺境を守備する将帥が外敵の包囲攻撃を受けて城塞を固守せずに放棄して撤退したり、外敵の襲撃を受けて城塞を陥落させられたりした者は、斬首[103]」）が文官にも適用されるようになった。

b．官僚の上奏に律例の条項を適用しようとすれば、「対制上書詐不以実」（「凡そ対制および奏事上書に偽って不実の内容をいい立てる者は、杖一百、徒三年」[104]）や、「誣告の中の風憲官挟私弾事」（「もし、各衙門の官が緘封をした文書を上呈して他人を誣告した場合、および監察官が私怨によって弾劾し、それに虚偽が含まれていた場合、誣告の罪にあてる」[105]）の条項があったが、後には廷杖を科すことや、さらには「子

103）兵律二軍政。『明代律例彙編』Ⅵ：25条。
104）『明代律例彙編』Ⅵ：104条。

が父を罵れば，死罪」(「凡そ祖父母や父母を罵るもの，および妻妾が夫の祖父母や父母を罵るものは，すべて絞首刑」[106])を適用されることが起こった。君主と臣下の関係はしばしば父子にも喩えられる。しかし，臣下に求められたのは君主に対する「忠」であって，親に対する「孝」とは根本的に異なっていた。君臣関係はいわば公的な領域のものであり，父子関係は私的な領域のものである。君臣関係は「義合」すなわち一種の双務的な関係である。一方，「天合」に基づく父子関係は絶対的な性格のものであって「義絶」ということもあり得ない。「忠義」に基づく君主への諫言が，しばしば過激な言辞を伴って君主を憤激させるのは珍しいことではない。しかし，その行為に対し律の「子が父を罵れば，死罪」の条を適用したことは，他の時代には類を見ない特異な事態であった。

　君臣関係に父子関係と同じ絶対性をみとめるという主張の根拠は，儒家の倫理から導きだすことができない。もちろん，臣下に対し「子が父を罵れば，死罪」律を適用するのは「比附」，すなわちぴたりと当てはまる条項がない場合に，別条を敷衍して適用するという裁判上の手続きである。したがって，このような比附がなされたからといって，君臣関係を父子関係と同等のものと見なしたということはできない。しかし，この律を臣下に適用することによって，君臣関係が絶対的なものであるという皇帝の側からの主張を宣示する効果を持ったことも間違いない。「忠義」から出た厳しい諫言について，それを受け入れるか否かは別として，その行為自体を「子が父を罵る」行為と同等に死罪相当の犯罪であると認定するならば，それは君臣の関係が双務的であるという大原則を否定し，そこに絶対的な服従を求めることに繋がるからである。世宗嘉靖帝は，儒学の倫理における名分の境界を踏み越えて，君権の絶対性を主張したと見ることができよう。

c. 嘉靖11年 (1532)，馮恩が大学士張孚敬，方献夫，右都御史汪鋐を弾劾して下獄した際に，嘉靖帝は「大臣徳政律」(「凡そ諸衙門の官吏および士人庶民らが，もし宰相や大臣の美政才徳を上言することがあれば，それは姦党である。尋問してどのような背景で上言したのか追及せねばならない。犯人は斬首に処し，妻子は奴婢にし，財産は没収する。もし宰相や大臣が承知の上でやらせたのであれば同罪にし，事情を知ら

---

105)『明代律例彙編』Ⅵ：83条。
106)『明代律例彙編』Ⅵ：76条。

なかった場合は無罪とする」[107])によって馮恩を死罪にしようとした。13 年（1534），刑部に対し再審議が命じられた際，刑部尚書聶賢，都御史王廷相は，「奏事不実律」[108]によって「輸贖還職」，すなわち罰金刑だけを科して元の官職に復帰させるよう議覆した。しかし，嘉靖帝はこれを許さず，結局，馮恩の犯罪は「犯罪事実は重大であるが，律の量刑は軽い」として辺境への謫戍が相当であるとの上申が行われ，皇帝はこれを裁可した[109]。

d．曾銑が，モンゴルに支配されていたオルドス地方の回復を建議し，大学士夏言がこれに呼応したことで処断された際には，刑部では律に適用すべき条項がないため，「交結近侍官員」律（「凡そ諸衙門の官吏が，もしも宦官および近侍の人員と互いに交結して情報を漏洩したり，人的関係によって不正を行ったり，示し合わせて上奏をしたりすれば，すべて斬首」[110]）を適用して処刑した。

この後も，楊継盛のように「詐伝親王令旨」律を適用される事例，「造妖書妖言」律を適用される事例など，明らかな冤罪でありながら，刑部など司法当局が重刑を求める皇帝に押し切られることが常態であった。以上の諸事実については，王樵「西曹記」が有用な情報を提供する[111]。

(3) 皇帝専制と死刑

洪武 13 年（1380），明の太祖朱元璋は元代から引き継いだ中書省および宰相の制度を廃し，皇帝へ権力を集中した。もっとも，宰相の率いる中書省が存在し，行政の中枢として機能していた時期においても，それは皇帝の権力行使を牽制する目的を持って設置された機構ではなかった。元朝時代には，中書省はしばしば「都堂の鈞旨」や「省判」によって下属の行政機関たる六部を指揮したが，既存の法例や過去の事例をそのまま適用することが困難な事案について，最終的な決定

107）『明代律例彙編』II：15 条。
108）『明代律例彙編』VI：104 条。
109）『明史』巻 209，馮恩伝，5518-5521 頁。
110）『明代律例彙編』II：14 条。
111）『方麓集』巻 6，記，28a-36a 頁。

を行うのは皇帝であった。そのような事案処理の根拠は，あくまでも皇帝の「聖旨」であって，中書省は皇帝の判断を仰ぐまでの手続きを総括し，「聖旨」による決定を行政部局に下達する役割を果たしていたに過ぎない。皇帝の「聖旨」による決定をさらに審議し，時にはこれを封駁するような制度は，もはや存在しなかった。中書省が設置されていようが，設置されていまいが，皇帝が独裁者であることに変わりはなかったし，これは明初においても同じであった。

　しかし，宰相府を廃し，六部などの行政機関を皇帝が直接に指揮する体制と，皇帝の指示や決定が宰相府を経由して伝達され，行政機関が宰相府によって統轄される体制とで，皇帝の権力行使に全く差異が生じなかったと考えることはできない。もちろん，万機を総覧する皇帝の個性や態度によって，皇帝と官僚の間の関係，ひいては権力行使の具体的なあり方が左右されるのは，君主独裁制度の常である。ただ，こうした君主の個性が，具体的な皇帝の政治行動の中に発現する過程において，宰相府の有無という制度的な要因が，これを制約し，あるいは方向づけを与えるものとして働いたわけであり，すべてを個性の問題として説明することは妥当ではない。

　ここで論じるのは明代の官僚の処罰，とりわけその政治的な言動に対して死刑が適用された事件の手続きとその実態である。明代では徒流および死刑が適用される重大事件については，刑部が事件を審理して適用すべき律例を決定する「問擬」の手続きを行った。また，刑部の決定について，大理寺が覆審を行う「審録」という手続きもあった。死刑の場合には，死刑を執行すべきか，あるいは暫時執行を停止してさらに審理を尽くすべきか，多数の官僚が合同で判断し，その結果を皇帝に上奏して最終的な判断を仰ぐことによって慎重を期した。これが先に言及した「朝審」などの制度であった。このような死刑制度は，生命を奪うという極刑の行使に際し冤罪の餘地を残してはならないという慎重な態度と，不当な刑死が天地の調和を傷付けるという畏れの観念によって支えられていたといえよう。

　制度上では慎重に慎重をかさねた死刑制度が作られていたにもかかわらず，明代においては，皇帝が恐怖政治の手段として官僚を死刑に処すことも珍しくなかった。平時において，官僚の政治的な言動が律や例に定めた死刑相当の犯罪に該当することはほとんどあり得ない。では，官僚の死刑はどのようにして実現されたのか。まずその実態を明らかにする必要があろう。前節で世宗嘉靖帝時代の

事例を通じて，刑死した官僚に対して適用された条文，処刑までの手続き，さらには処刑の政治的な背景を考察した。ここでは，さらにこうした実態を生み出した制度上の要因について考察を加えてみたい。

『明史』刑法志の執筆者である姜宸英は，明代の法と政治の関係について，以下のように考察した[112]。明の太祖朱元璋は，「宋代を通じて，一定の律というものはなかった。金代，元代まで，おおむね事に因って法を立てたが，久しくしてそれが積み重なると秩序の原則（「綱維」）は蕩然となった」[113]ことに鑑み，唐律を基礎とし，3度に渡る改訂を経て洪武30年（1397），「画一之制」として『大明律』を制定した。律の公布に際しては，「いささかなりともその変更を提議する者があれば，祖制を変乱した廉によって断罪する」[114]という方針を示した。明代に律文を重視したことは，「特に「律令の講読」という一条を設け，内外の監察官が，律を講読してそれに通暁していない官僚たちに対して考課を行い，程度に応じて処罰や降級の処分を定める」ばかりか，統治の対象たる庶民についても「律を熟読しその講釈ができる者があれば，1度に限り罪を赦免する」[115]という制度を設けたことにも表れていた。さらに，基本法典たる律を重視する方針を司法機関の中に徹底する努力もなされた。例えば，「弘治年間（1488～1505年）に，馬文升が吏部尚書に任じると，法司の堂上官が下属の官僚を督励し，地方の布政使，按察使，指揮使が断事理問の官および各府の推官を督励し，各官が律を所持して朝夕に講読させ，不定期にその勤惰を考核して処分を行うようにすれば，法律に精通して冤罪をなくすことができよう，と上言した」[116]。つまり，法律に基づいて裁判を行い，適正な刑罰を執行させるために，断獄に従事する中央および地方の官僚が基本法典たる律に通暁するような監督制度を作ろうという提案である。律に基づく適正な法運用の精神を官僚たちに植えつけねばならぬという要請が，明代にもあったわけである。

あらゆる統治において，法秩序の維持は普遍的な重要性を持つであろう。中国

---

112) 以下に参照する姜宸英の議論は，すべて「明史刑法志総論」『湛園集』巻4に基づく。
113) 姜宸英「明史刑法志総論」『湛園集』巻4。「終宋之世，無一定之律也。金元以来，類因事立法，及其積久而綱維蕩然」。
114) 同前，「羣臣有稍議更革，即坐以変乱祖制之罪」。
115) 同前，「特設講読律令一条，使内外風憲官，考校有司之不能講解通暁者，以差罰笞降級。百工技藝諸色人等，有能熟読講解者，得免罪一次」。

でもそうであった。しかし，儒学では人倫の規範として「先王」が定めた「礼」があり，刑罰による威嚇を伴う「法」による秩序維持は補助的な手段に過ぎなかった。「礼」が不磨の聖典たる経書に基づくものであるのに対し，「法」には「礼」が持つような聖性は付与されなかった。そもそも「法」という語には広狭の両義がある。狭くはいわゆる法令の意味である。一方，「祖法」「新法」「変法」という語が示すように，統治の具体的な枠組みとしての制度をひろく「法」と称する。つまり広義において「法」は「制」に重なるわけである。経書が伝えるのは「先王の制」であるが，聖人が作った経書の本文は書き換えることができず，したがって，「先王の制」もまた恒久不変である。ところが，歴史上のそれぞれの王朝が定めたところの制度＝「法」は，その時々に作られ，時宜に応じて調整を加えるべきものであった。『通典』や『文献通考』など政書に分類される典籍は，「今王の制」としての制度の歴史的な変遷を記述する。法の根幹をなす「律」も統治者が時宜に応じて制作したものであり，決して変更を許さないという性質のものではなかったはずである。ところが，明の太祖朱元璋は30年を費やして完成した律を，一条一句たりともその変更を許さないと宣言した。ここにおいて，律は不磨の聖典に等しい地位にまで引き上げられたと見ることもできよう。

　律に通暁した人間に刑の減免を認めたり，律の習熟を官僚に義務づけたりする制度は，律が経書と同じく疑問を差し挟む餘地のない不磨の大典としての性格を持つことを強調し，ひいてはそれを制作した天子の聖性をさらに高めるためのものではなかったか。こうして見ると，明代の朝廷が律を尊重し，裁判や刑罰が法に基づくことを求めたことも，法治主義への傾斜を示すものだと単純に評価できない。いささか意地悪く解釈すれば，この時代の法治主義は表層に現れたものであって，一皮むけば皇帝による統治の絶対性を極度に高めた専制的な支配の骨組みが露わになっていたのだとすることもできよう。太祖朱元璋は，宰相府たる中書省を廃することによって，皇帝が万機を総攬し独裁するという統治の理想を求める一方で，律を不変不滅のものと宣言し，それを制作し，それによって統治す

---

116) 同前，「弘治間，馬文升為吏部，亦上言請勅法司堂上官，督令所属官，外三司督令断事理問并各府推官，人置律一巻，朝夕講読，不時按治考校。庶使人精法律，獄無冤気」。この提案は上論によって実施が命じられたが，励行されず，「具文」に止まった。しかし，馬文升の主張を導きだすような法制のあり方についての認識があったことは重視されるべきであろう。

る皇帝が聖なる者としての権威を帯びることを闡明した。

　法治と専制とは本来相互に牽制するものであろう。ところが，法治主義の皮を被った皇帝専制主義においては，法治が全く専制に従属するという現象が普通に見られることになる。姜宸英は明代に律が尊重され重視されたことを論じた直後に，次のようにいう。「奸吏が法を猒（もてあそ）げ，妄りに人を罪にあてるのは，あるいは上官の意指に沿うことを希（もと）め，あるいは人主の喜怒を伺うことによった。意のままに「比附」による律文の適用を行い，法を鍛錬（こね）あげて人を罪にあてた」[117]。こうした恣意的な法の適用は，律の尊重という統治の原則からの逸脱現象に見えるかもしれない。しかし，この時代の法治主義が専制と表裏一体であったと考えるならば，上位者の意に添う恣意的な法の適用は，逸脱現象などではなく，当然の帰結であることが見えてくる。政治的な冤罪疑獄事件において，このことは鮮明に見て取れる。姜宸英は以下のような明代の事件に言及する。

　「即ち天順年間に，于謙と王文が外藩を迎立した罪をでっち上げようとしたが，それに無理があるとなると，「その意図があった」ことを根拠にして，于謙と王文之は処刑された」[118]。事件の経緯については解説が必要であろう[119]。明の6代皇帝英宗が土木の変（正統14年：1449年）に際してオイラトのエセンによって捕らわれの身となると，兵部侍郎であった于謙らは南遷の主張を排して，北京の防衛に尽力し，それによって明朝は亡国の危機を免れた。混乱の中で英宗の異母弟（景泰帝）を帝位に就けて人心の安定を成し遂げたことも于謙らの功績であった。翌年，エセンが英宗を帰還させると，英宗は上皇として南宮に隠居することを餘儀なくされた。その8年後，景泰帝が病に臥している隙をついて，英宗一派が宮廷クーデター「奪門の変」を起こし，英宗皇帝の復辟に成功した。そうして，兵部尚書于謙と大学士王文を排除し，かつクーデターに正当性を与えるためのでっち上げ事件が作り出されたのである。于謙と王文の2人が，景泰帝の危篤に際し「外藩」すなわち親王の1人である襄王を擁立しようと謀っており，その企みを阻止するために上皇英宗の復辟が行われたのだという筋書きが用意された。于謙と王文に着せられた「謀逆」が冤誣であることは誰の目にも明らかであったが，

---

117) 同前，「奸吏宄法，妄治人罪，或希上官意指，或伺人主喜怒，随意比附，鍛錬周内」。
118) 同前，「如天順間，欲誣于謙、王文之迎立外藩。不得則曰有其意而已。而于、王棄市矣」。
119) 以下，英宗の復辟と于謙らの刑死については，『明史』巻170，于謙伝，同書巻119，襄献王伝，谷応泰『明史紀事本末』巻35，「南宮復辟」などを参照。

廷臣らは英宗の復辟を正当化するため，怪しげな証拠と供述を盾にとり，律に基づいた処刑を是認したのであった。

「弘治年間には，妖言の廉で劉概に斬首の判決を下した」[120]。この事件は，孝宗の弘治元 (1488) 年に起こった「吉人の獄」を利用し，当時，大臣らを厳しく攻撃していた湯鼐という御史を陥れようとする陰謀に関わっている[121]。湯鼐の朋党の一員であるとされた壽州知州劉概が，王朝が傾こうとしているのを支えているのが湯鼐であることを暗示する夢を見て，その夢の内容を記した書簡を湯鼐に送ったとして摘発された。これは，時政批判のやり玉になっていた大学士劉吉が，2 人を死地に追いやるために仕組んだ事件であったらしい。皇帝の特命に基づく「詔獄」で取り調べが行われ，夢を記した書簡が律の禁じる「妖言」であり，劉概は斬首相当であるとの擬罪が行われた。刑部の尚書や侍郎，また官界の輿論もこぞって劉概に対する判決の不当を訴えた。しかし，「妖言」律を適用するという原判決は覆らず，ただ皇帝の命によって死罪を免じて流配先で軍隊に編入するという措置がとられたのみであった。結局，劉概は罪人として流配地で死ぬことになった。

姜宸英が次に取り上げるのは，「嘉靖年間 (1522 〜 1566)，「親王の令旨を詐伝した」という律条に基づいて楊継盛を殺した」[122]事件である。これの事件については，すでに詳しく紹介した。

同じ嘉靖年間には「「大臣の徳政を上言した」という律条によって馮恩に死罪の判決を下す」[123]事件が起こった。この件についても，前節の c に略述した。

また，「『子が父を罵った』という律によって海瑞に死罪の判決を下した」[124]。一介の戸部主事であった海瑞は世宗の晩年にその道教狂いを厳しく諫める上奏を行い，詔獄に下され，杖一百の酷刑を受けた上に，死罪相当の罪にあてられそうになった。ところが，世宗の死没によって，死を覚悟していた海瑞は釈放され，応天巡撫として数々の善政を行うことになる[125]。『明史』本伝その他の記載には，このとき，海瑞に対し「子が父を罵った」という律文が適用されたことは見えな

---

120) 同注 113,「弘治間，以妖言坐斬劉概矣」。
121) 以下の「吉人の獄」の顛末は，『明史』巻 180，湯鼐伝に基づく。
122) 同注 (113),「嘉靖間，以詐伝親王令旨殺楊継盛矣」。
123) 同前,「以言大臣徳政坐馮恩」。
124) 同前,「以子罵父律坐海瑞矣」。

い。しかし，嘉靖年間には，吏部尚書李黙や光禄寺少卿馬従謙など，皇帝に対し諫言したことをもって「子罵父」律を適用された官僚がいたことは確かである[126]。海瑞に対しても同様の擬罪が準備されていたのであろう。

　姜宸英がこうした事例を列挙するのは，前代の政治と法のあり方に対する批判的な立場に立つからである。その批判の矛先は，まず，明代皇帝や，皇帝に阿る権臣らの資質に向けられているように読める。宮廷クーデタたる「奪門の変」において，冤罪を着せられた于謙や王文が刑死した事件などは，どの地域や時代にあっても起こり得る性格のものであろう。権力闘争の場で手段を選ばず勝者となろうとするのは，普遍的な現象である。しかし，こうした権力欲や生存欲に促された人間が具体的な局面でどのような手段を選びとるかということについて，その時代の権力構造や法制度が関係者の行動に方向付けと枠を与えたのは当然である。

　再び，姜宸英の発言に耳を傾けよう。「祖宗の三尺の法，天子自らがこれを廃するに非らざるか」という悲憤に続けて，「法なるものは刑罰の軽重を定める所以のものであり，人なるものは法を用いる所以のものである。人に君たるものは，人を用いてもってともに祖宗の法を守る所以のものである。しからば，法がはたしてひとりその任にあたることができようか」[127]と問いかける。この姜宸英の問いかけの中には，「人に君たる者」に決定権を集中し，「絶対」的な権力を天子が握るという体制の危険性に向けられた批判の精神を見ることができよう。

　姜宸英は，明律に特有の条文を具体的に指摘することによって，こうした官僚の冤罪死を繰り返し作り出した明代の法文化の性質に議論を進める。『大明律』は，「『大臣の徳政を上言する』，および姦黨が「暗に人心を邀（もと）める」「近侍に交結する」という死刑の条項を創設した。それは，君主を尊び臣下を卑しめることで患を未然に防ごうとしたのである」[128]。皇帝の権力を至高のものとし，それによって官僚の専権を防止する意図のもとに，こうした明代に特有の律条が創られたのであった。こうして「臣」の立場が「卑」しめられた結果，「士大夫は朝（あ）けがたに華麗な衣冠をととのえて参内し，暮れがたに囚人として獄に繋がれることがあっ

---

125)　『明史』巻226，海瑞伝。
126)　『明史』巻202，李黙伝，『明史』巻209，馬従謙伝。
127)　同注113，「祖宗三尺法，非天子自廃之乎。蓋法者所以制刑之軽重者也。人者所以用法者也。而君人者尤所以用人以共守祖宗之法者也。然而法果可以独任哉」。

た。官僚が建言によって皇帝の逆鱗に触れることがあれば，たちどころに廷杖が加えられたが，刑部の官が判決文を書かず，大理寺の官が再審するいとまもなく，御史臺が弾劾上奏をするまもなしに拷打が加えられ，血肉が糜爛することになった」[129]。つまり「三法司」と総称された政府の司法機関を飛び越えて，至尊の皇帝が官僚に対し酷刑を加える制度まで用意されることになったのである。

　皇帝の詔によって罪人の取り調べを行う場合には，錦衣衛に属する鎮撫司が管轄する獄に身柄が移された。明代ではこれを鎮撫司の「詔獄」と称したが，鎮撫司の官は錦衣衛の下属でありながらも，指揮使など長官を飛び越して，直接に皇帝の指示を受けることがあったといわれる。皇帝の命によって，官僚を地べたに這いつくばらせ，むき出しになった臀部と上腿を竹の棒で60回から100回も拷打する「廷杖」は，衆人環視のもと午門南側の広場で行われたり，錦衣衛の衙門内で行われたりした。打ち加減によっては生命を奪うこともできたが，このように司法機関による法的な手続きを経ずに廷杖によって官僚を殺してしまえば，「お上は諫言をした臣下を殺したという悪名を避けることができた」[130]のである。さらに杖下に生き延びた官僚に対しては，身柄を刑部に移し，正規の裁判手続きが行われることがあった。ここで処刑に値する罪を練り上げるために用いられたのが，姜宸英が列挙する明律中の「上言大臣德政」「暗邀人心」「交結近侍」などの諸条であった。天子による恐怖政治であったというほかはない。

　恐怖が支配の手段となるとき，廉恥や道徳は危殆に瀕する。「堂廉すなわち朝廷や官府にあるべき秩序が失われ，士気は立たず，廉恥は道ばたに喪（うしな）われる。こうした事態はそのきっかけがあってのことである」[131]。このような政治文化と支配の構造に順応しなければ，官僚として生きていくことが難しいという状況が出現したわけである。17世紀の前半，明朝は東北に勃興した満洲の圧力と，心腹を脅かす流賊の横行の中に滅亡したが，姜宸英は破局の原因を外部に求めず，こうした明朝の政治文化の中に見出す。「賢明な君主も，これを変えることを知る

128）同前，「創設「上言大臣德政」，及姦黨「暗邀人心」，「交結近侍」諸条，盖所以尊君卑臣，而防患於未然」。
129）同前，「士大夫朝簪紱而暮縲囚者有之。他或建言触迕，立時与杖，司寇不具爰書，廷評不暇讞駁，御史臺不及弾奏。拷掠所加，血肉糜爛」。
130）同前，「上避殺諫之名，下有屠身之惨」。
131）同前，「至於堂廉亡等，士気不立，而廉恥道喪。其所由来者有漸」。

ことなく，なす術なく亡国に至ったのである」[132]。

姜宸英は，明代に創設され，恐怖政治の道具となった「廷杖」「東廠」「西廠」「錦衣衛」「鎮撫司獄」を，「法に麗けられざる」，つまり法外の存在であると非難する。『明史』刑法志は，これら恐怖政治の道具の沿革やそれに関わった人物について詳細に記述している。同郷の先人たる姜宸英のために墓表を書いた全祖望は，姜宸英の筆になる刑法志が「明中葉の廠衛の害を極言すること，淋漓痛切であり，もって後王の殷鑒と為す」[133]であると述べている。「廷杖」や「衛廠」の記述に傾注した姜宸英の意図が，「君を尊くして臣を卑しくする」皇帝専制の体制を批判することにあったことは間違いあるまい。

明朝滅亡後，祁彪佳は南明政権に出仕した。錦衣衛や東廠という秘密警察が密告や誣告，そして拷問による冤罪をはびこらせた結果として，「苞苴を絶滅しようとして，苞苴は彌いよ盛行し，奸宄を粛清しようと欲して，奸宄が益ます多くなる」という状況が現れたことを祁彪佳は批判した。また，天子によるリンチとして衆人環視の場で官僚を打ちすえる廷杖が，「朝廷が愎諫であるという評判を作り，天下はかえって（廷杖を受けた官僚に）忠直の誉を帰すことになる」という逆説を指摘した[134]。明代の皇帝は法律尊重の制度を作り上げながら，法のさらにその上に立ち，恐怖によって自らの尊厳を主張しようとした。しかし天子も，結局は祁彪佳がいう恐怖政治の逆説に陥ったわけである。

おわりに

明代の朝廷における政争は，しばしば流血の惨事を伴った。楊継盛のように「錦衣衛打一百棍，四棍一換」の酷刑を受けた上に，犯罪人として棄市された者が，皇帝の歿後にそろって名誉を回復され，その気概と文章によって永く歴史に名を留める。そして，多くの忠臣を血の海の中に沈めて皇帝の尊厳を主張した世宗嘉

---

132) 同前，「雖有哲后，曾莫知変。馴至亡国」。
133) 全祖望「翰林院編修湛園姜先生墓表」，『鮚埼亭集』巻16。「極言明中葉廠衛之害，淋漓痛切，以為後王殷鑒」。
134) 『明史』巻275，祁彪佳伝，7053頁。「欲絶苞苴，而苞苴彌盛。欲清奸宄，而奸宄益多。……朝廷受愎諫之名，天下反帰忠直之誉」。

靖帝は，そのことによって記憶される。また，天子の喜怒を伺うことによって権力を振るった人々は「奸臣伝」に名を連ねることになった。確かに，こうした歴史的な過程によって，正義と名誉とは回復されたのであろう。しかし，権力を持つ者が集団として法律を蹂躙し，最上位者が法から超越するという構造それ自体の問題は，根本的な解決を先送りされたように思われる。大一統と尊君の政治文化が，その妨げになったと考えることができよう。

第3章

アンデシ・カールソン
Anders Karlsson

千金の子は市に死せず
── 17・18世紀朝鮮時代における死刑と梟首 ──

序 論

　朝鮮王朝の刑罰制度は『大明律』に依拠していた。国家に対する叛逆や尊属殺人などの極悪非道な犯罪は「陵遅処斬」に処せられたが，その他の場合，法定刑として最も厳しい刑罰は「斬首」であった[1]。陵遅処斬の場合，首級は処刑の後に，切り刻まれた他の部位とともにさらされたが，同じように，斬首が適用される犯罪の中でも最も罪の重いものに対しては，その首は「梟首」または「梟示」といって公衆にさらしものになった。梟首は抑止と辱めの両方の効果をねらって行われたが，その首は犯行現場や軍門にさらされ，また最も一般的には，一番多く人の目に触れる市においてさらされていた。後述するように，朝鮮後期においてはこの種の刑罰はしばしば国境の犯越者に対して科せられていたが，その場合，首は国境においてさらしものになった。

　首は3日間さらされた後，家族に引き渡されたが，国中に広く知れ渡った犯罪者の場合は当局がその首を回収し，他の部位とともにさらに全国にさらして回った[2]。朝鮮時代，首級を吊るすには2つの方法があったが，それは竿の上に吊る

---

1) 明律に基づいて「陵遅処斬」が適用された犯罪の一覧については，『増補文献備考』（1908年刊，1957年，ソウル，東国文化社影印，中巻），607頁を参照のこと。

I　罪と刑罰

図 3-1

すか（図 3-1），あるいは三脚様の木組みに吊るすかであった[3]。多数の犯罪者が同時に処刑された場合 —— 例えば 1812 年，平安道において洪景来の乱が鎮圧され，2000 人近い人々が同日に斬首されたような場合，また 1894 ～ 1895 年の東学の乱の鎮圧の場合 —— には，数個の首が 1 つの木組みに吊るされることもあった（図 3-2）。

17 世紀初頭以来，この種の刑罰は，増大化し多様化し続ける民衆を統制しようと努める国家によって，いっそう多くの種類の犯罪に対して適用されるようになっていった。それは以前は主として大規模な反乱の首魁や悪名高き逆賊に対して用いられていたが，新たな法令では次第に一般の民衆に対しても適用されるようになり，ついには 1746 年の『続大典』において，初めて「大典」に記載される。

2）例えば『端宗実録』元年 10 月 19 日条，同 28 日条を参照のこと。しかし場合によっては，首は七日間さらされた。『睿宗実録』即位年 10 月 27 日条，『成宗実録』元年 2 月 9 日条。

3）大抵，どのようにしてさらされたのかは記録に残っていない。しかし人々が首を蹴ったり，ぶったりしている記述はしばしば見られるから，背の低い三脚様の木組みを使ってさらす場合がより一般的であったようだ。首を竿にさらすようにはっきりと命じている事例は，『燕山君日記』10 年 8 月 23 日条，および『中宗実録』20 年 5 月 10 日条に見える。

図 3-2

しかし両班貴族の場合には，公開の場で処刑されるのではなく，多くの場合，自宅において服毒自殺するという特典を選ぶことができたのだから，朝鮮後期の人々が「千金の子は市に死せず」[4]という中国のことわざに言及することは驚くにはあたらない。

本章では梟首が適用される犯罪の諸類型 ―― ただし，実際の判決においてではなく，法典において規定されている犯罪の諸類型 ―― を分析する。この分析を通して我々は，朝鮮王朝が国家運営のどの側面を保守すべく重視したのか，またどのような種類の犯罪が国家の権威に対する最も重大な脅威として見なされていたのか，さらには国家が一般民衆によるどのような脅威に直面し，一般民衆が国家にいかにして挑戦していたのかについても1つの全体像を描き出すことができるだろう。本章では朝鮮時代の法典における梟首について，17世紀中葉から18世紀中葉の100年間に焦点を絞って分析する。

4）「千金之子，不死於市」〔『史記』巻 41，越王句踐世家。訳者（矢木毅）補〕。朝鮮での用例は，例えば『粛宗実録』29 年 8 月 6 日条を参照のこと。

1 ◆ 朝鮮時代の梟首

　朝鮮前期，この慣例は主として大規模な反乱の首魁や著名な国賊に対して適用された。したがって，それは陵遅処斬に伴う処分として，また財産の没収や家族の連坐などの処分の一環として行われた[5]。朝鮮時代，陵遅処斬の1つの執行形態は「八つ裂き」であり，最初は頭部，それから四肢が切断された。中国から輸入されたこの刑罰のもう1つの執行形態は「車裂」(または「轘裂」)であるが，そこでは四肢が別々の車に縛り付けられ，肉体がばらばらに引き裂かれた[6]。燕山君(1494～1506)は陵遅処斬を好んだ王であるが，彼はしばしばその執行を命じている。時に，それでも不十分であると思われると，彼は手足の骨を砕き，胴体を切り裂く「剮剔の刑」を命じている[7]。

　朝鮮前期，このようにして処刑された人々の多くは著名で影響力の強いエリート官僚たちであった。それはとりわけ燕山君の治世においていえることである。というのも，燕山君は官僚・学者たちとしばしば対立し，陵遅処斬のみならず梟首をも好んで行った王だからである。官僚や学者を処刑し，彼らの首をさらす際に，彼は首都に住むその仲間たちに処刑の場に列席し，梟首に立ち会うこと(序立梟首)を命令し，それに従わないものは処罰した[8]。抑止の効果をより確かなものにするために，彼は罪名を書いた札を首級に着けるように命じている[9]。また時として彼は，非道にも埋葬された人々の死体を掘り起こして同じように斬首してその首をさらし(剖棺斬屍)，あるいは処刑前に自殺した罪人を斬首してその首をさらしている[10]。

　この種の処刑にある種の象徴的な意義を認めるとすれば，それは当然，「国家」

---

5)『端宗実録』元年10月14日条。
6) 国賊が車裂によって処刑された事例については，例えば『端宗実録』元年正月28日条，および『世祖実録』2年6月7日条を参照のこと。
7)『燕山君日記』10年12月30日条，11年10月3日条。
8)『燕山君日記』10年閏4月22日条，10年5月13日条，10年6月15日条，10年9月24日条，10年10月4日条。
9) 例えば『燕山君日記』10年閏4月23日条，10年5月11日条，10年5月20日条を参照のこと。
10)『燕山君日記』10年閏4月29日条，11年正月2日条，12年5月8日条。

の権威に対する反抗としても用いられる。例えば，世祖の治世中（1455～1468），1467年に咸鏡道で起こった李施愛の乱においては，反乱軍は地方守令や将校の首を斬り，その首をさらして国家の権威に対する反抗を示した[11]。もちろん結局のところは，悪名高き李施愛本人の首が市にさらされて，杖で打たれ，石を投げ付けられ，小便をひっかけられたのであるが[12]。

　しかし17世紀初頭以降，この種の刑罰の性格は一変した。それは必ずしも注目度の高い犯罪や罪人に対してだけ適用されるものではなくなったし，また陵遅処斬の結果としてだけ適用されるものでもなくなった。より多くの場合，それは一般民衆を威嚇して国家の命令や権威に従わせるために適用され，国家の独占権を侵害させないために適用され，国家に対する義務の履行をなおざりにさせないために適用され，さらには斬首の結果としても適用されるようになった。このように，より多くの民衆の，より広範な犯罪に対して梟首を適用しようとすることは，それ以前にも例がなかったわけではない。例えば『朝鮮王朝実録』に見える最初の事例は1394年のものであるが，それは新首都漢城の羅城の建設に関するものであった。あるとき，外出した太祖（在位1392～1398）は，建設されたばかりの小西門の一部が今にも崩れそうなことを発見した。工事の監督官は追放され，僧侶の石工は斬首されて，その首は再度建築された門の上に，他の工匠たちが仕事を怠らぬための戒めとしてさらされた[13]。

　実際，つとに1523年において，中宗（1506～1544）は強盗に対しても梟首を適用すべきであると示唆している。彼自身認めているように，強盗に対して梟首を適用することはそれまでになかった法規であるが，彼はそれが中国では行われている慣例であると主張している。しかし，これは大臣たちの抗議によって実際には施行されなかった。大臣たちは梟首が中国で行われているとはいえ，朝鮮ではかつて行われたことがないと主張し，また彼らは上典を殺した奴婢すら梟首されない以上，強盗を梟首するのはあまりにも苛酷であると考えたのである[14]。

　梟首をある程度まで，より広範な犯罪に対して適用しようとする意思が高まったのは，16世紀末の倭乱に促されてのことであろう。朝鮮の軍隊は無能であり，

---

11)『世祖実録』13年5月21日条。
12)『世祖実録』13年8月18日条。
13)『太祖実録』3年2月12日条。同15日条。
14)『中宗実録』18年4月1日条。同24日条。

腐敗していたから，逃亡や投降，また兵士・将校・官吏の怠慢などが，今やしばしば梟首によって処罰されることになった[15]。さらには，戦争による混乱の中で，倭人に扮して村々を襲撃する強盗の集団も存在したが，そのような盗賊の首魁もまた，他のものが同じ罪を犯さないための戒めとして梟首された[16]。さらに悪いことに，当局に倭人の首を差し出した人々はその報酬を与えられたので，あるものは代わりに仲間の朝鮮人の首を差し出して当局から報酬をせしめようとしたというが，そのような人々はこの最も苛酷な方法によって処罰されるべきであるという議論もあった[17]。

ほかならぬこの 16 世紀末において，軍務の怠慢に対するこうしたよりいっそう厳しい規律は，北方辺境を守備する将校たちに対しても同様に適用され[18]，さらには上述のとおり，17 世紀初頭以降は，梟首が適用される犯罪の種類が本格的に増え始める。例えば 1603 年には，悪意あるうわさを流布して人々を扇動したものは梟首と定められたし，1606 年以降はそれが王宮に不法に侵入した兵士にも適用された[19]。1618 年，ますます増大する満州軍の侵攻の脅威の中で，多くの人々は首都から逃亡を開始し，「日夜相継ぎ」「道路に絡繹」したが，これを阻止するために光海君（在位 1608～1623）は，逃亡者を梟首に処するように命令した[20]。次の年，平安道において全村を挙げて担税農民が逃亡した事件について，国王はその張本である首謀者に梟首を命じているし，同じ年には官吏の家に放火した奴隷も梟首されている[21]。こうした傾向が続いて 18 世紀前半にまで至ると，かつては北方辺境地域への家族全員の強制移住（全家徙辺）によって処罰されていた犯罪 ── 例えば燕行使節と結託した密貿易や，東莱の倭館における密貿易など ── に対しても，今や梟首という，より苛酷な刑罰が適用されるようになっ

---

15) 『宣祖実録』26 年 2 月 8 日条, 26 年 6 月 26 日条, 30 年 8 月 27 日条, 30 年 9 月 5 日条。
16) 『宣祖実録』26 年 7 月 28 日条。
17) 『宣祖実録』27 年 3 月 9 日条。
18) 『宣祖実録』32 年 5 月 7 日条。
19) 『宣祖実録』36 年正月 23 日条, 39 年 5 月 21 日条。光海君もまた，1609 年に国家の安寧に関する虚偽のうわさを流布したものを，また 1618 年には新宮殿の建設に反対して人々を扇動するために虚偽のうわさを流布したものを，それぞれ梟首に処するように命じている。『光海君日記』元年 3 月 4 日条, 10 年 4 月 8 日条。
20) 『光海君日記』10 年 6 月 9 日条, 10 年 8 月 7 日条。
21) 『光海君日記』11 年 4 月 29 日条, 11 年 5 月 4 日条。

図 3-3

た[22]。

19 世紀，梟首は今ひとつの新たな様相を呈するようになる。それは 1812 年の洪景来の乱や 1894〜1895 年の東学の乱のような大規模な反乱を鎮圧するためだけではなく，朝鮮において勢力を伸張したカトリック教会に対しても用いられるようになったのである。ちなみに，朝鮮で陵遅処斬に処せられた史上最後の人物は，1884 年の甲申事変の主導者，金玉均であるが，彼は 1884 年に日本に亡命した後，1894 年に上海で朝鮮人の諜報員に暗殺され，その遺体は朝鮮に送還された。彼は死後に「謀反大逆不道律」によって有罪を宣告され，法の規定どおりに陵遅処斬に処せられたのである[23]（図 3-3）。

---

22)『英祖実録』20 年 7 月 7 日条。
23)『承政院日記』高宗 31 年 3 月 9 日条。

2 ◆ 17・18世紀の法典における梟首

17世紀中葉から18世紀中葉にかけて国王が行った梟首に関する裁定は，後に一般化されて王命法規集に収録された。それが『受教輯録』(1543年から1698年の間に発せられた王命を収録)，および『新補受教輯録』(1698年から1743年の間に発せられた王命を収録)である[24]。これによって，梟首は確固たる法的基盤を得たが，この慣例の法典における位置付けはやや複雑であった。もともとそれは軍律の一部と見なされていたから，主として大規模な反乱の首魁や国賊，逃亡兵に対して適用される限りにおいては，それが立法者にとって問題となることもなかった。とりわけこれらの犯罪が，ともかくも死罪(一罪)に相当すると見なされ，それに対する梟首が，法律に明記される必要なしに執行される一種の「つけたり」と見なされていた限りにおいては，問題はなかったのである[25]。しかしながら，民衆を統制するために政府がいっそうの努力を傾ける中で，梟首がよりいっそう広範な犯罪に対して適用されるようになり，梟首がそれ自体，以前は死罪と見なされていなかった諸犯罪に対する刑罰の一形態として執行されるようになった朝鮮後期においては，国王と政治家たちはそれを法典においていかに取り扱うかを議論しなければならなくなった[26]。

そこで18世紀中葉に，15世紀成立の『経国大典』以来，最初の国家法典の改訂である『続大典』の編纂準備に取りかかったとき，国王英祖は16世紀初頭以来発布されてきた梟首を命じるすべての王命を，いかに取り扱うべきかという問題に取り組まなければならなかった。梟首は軍律の一部と見なされていたので，それは「五刑」の体系内に組み込むにはふさわしくなかったし，そのような法規は『大典』の中の「刑典」に収録することもできなかった[27]。結局，1744年には9種

---

[24] 本章では次の版本を用いた。『新補受教輯録』韓国歴史研究会編訳(ソウル，青年社，2000年)，『受教輯録』韓国歴史研究会編訳(ソウル，青年社，2001年)。

[25] このことは，次のような王命が発せられていることからも確認できる。すなわち，官穀40貫以上を横領した書記の罪は，ともかくも死罪(一罪)とされているから，それらを特に区別して梟首とする必要はない ── と述べる王命である。『新補受教輯録』806条「偸食官糶色吏・庫子等，計贓過四十貫，則皆当為一罪，不必別為梟示。依例考覆親問，結案取招，以啓［康熙甲子承伝］」。

[26] 『英祖実録』20年7月8日条。

表 3-1　梟首が適用される犯罪の類別

叛逆行為　9条（内，市民によるもの2条。兵士・官吏によるもの7条）
強盗　4条
贓盗　8条
経済的侵犯　4条
偽造・詐欺　5条
放火・国有財の破壊または不正使用　6条
職務回避・怠慢　6条
死体の冒涜　6条
殺人　1条
北方辺境に関するもの　19条（内，不法移住2条，不法移動1条，犯越5条，密貿易7条，清人との不法接触4条）
燕行使節　11条（内，密貿易6条，贓盗2条，その他3条）
倭館　9条（内，贓盗3条，不法接触3条，密貿易3条）
日本通信使　1条

（典拠：『続大典』『受教輯録』『新補受教輯録』）

の犯罪に対して梟首の適用が廃止された[28]。その後，1746年に『続大典』の編纂が完成すると，かつて梟首を適用されていたこれらの犯罪のうち，その幾つかは死罪に繰り上げられたが，その一方で他のものは死罪より繰り下げられ，法典において規定される処罰は斬首だけになった。しかしながら幾つかの犯罪については，王の顧問官たちは依然として梟首を適用し続けるべきであると望んでいた。例えば，燕行使節と結託して密貿易を行い，また東莱の倭館において密貿易を行ったもの，税穀に水を注いで升量を増やしたもの，などがそれにあたる。この問題は，これらの規定を『大典』の中の「刑典」には収録せず，それぞれ「兵典」（密貿易は辺境問題であるから），および「戸典」に収録することによって解決された[29]。結局このような次第で，『続大典』には梟首を適用すべき12種の犯罪が収録されることになった[30]。

18世紀は，単に法律における刑罰の適用範囲が拡大した時代というだけではない。その後は依然として行われていたにしても，拷問や非人道的な刑罰を廃止

---

27)『英祖実録』20年7月8日条。五刑とは笞・杖・徒・流・死（絞・斬）をいう。『大明律直解』（ソウル大学校奎章閣影印本，2001年），11-12頁，参照。
28)『増補文献備考』，614頁。
29)『英祖実録』20年7月8日条。
30) これらの一覧については『増補文献備考』，602頁を参照のこと。

すべく，国王の意思に基づいて改革が行われた時代でもある。例えば，1725年には圧膝による拷問（圧膝刑），1732年には両足を縛って間に2本の棒を挿し込み，はさみのように広げて骨を捻じ曲げる拷問（剪刀周牢），1733年には烙刑（その惨酷性については，国王は「お灸」の治療を受けて認識した），1740年には刺字刑について，英祖はそれらを廃止すべく命令を下している[31]。梟首に関する幾つかの法規の廃止もまた，こうした文脈において理解されなければならない。

したがって，もし我々が朝鮮後期における梟首の適用の全体像を画こうとするならば，単に『大典』の規定を見るだけでは十分ではない。我々は王命法規集の王命をも分析しなければならないのである。王命法規集に記載された犯罪を，『続大典』に記載された犯罪ともども，その犯罪の性格によって類別すると，その結果は次のようになる。

犯罪の種別は全部で85条であるが，その主たる関心は外国人との無許可の接触・貿易にあったことが分かる（85条の犯罪の一覧については，「附録」を参照のこと）。この内，40条の犯罪（47パーセント）は清人および日本人との接触に関するもので，中でも北方辺境に関する犯罪が19条にも及んでいる。国家の権威に直接関係しない犯罪は，殺人1条と強盗2条のわずか3条に過ぎない。

唯一，殺人に関する事例は，それ自体，当時における儒教的な規範を明らかに反映している点において，大変に興味深いものである。

> 第43条　継母の，その夫を嗾して子女を故殺せしむる者は，一律を以て論ず。

おそらく，このような犯罪は統治理念を傷つけるものであるので，死罪（一律）に分類されることになったのであろう。強盗に関する条文もまた印象的であるが，そのうちの2条は国家の権威とは関係のない，婦女暴行と殺人に関わるものである。

> 第10条　場市の物貨を掠奪し，白昼に劫奸する者は，首倡は梟示し，従たるは全家徙辺す。
> 第11条　明火賊の，人命を殺越し，罪状既に已に承服すれば，例に依りて梟示す。

その他の2条は悪名高き白昼強盗（明火賊）が監獄を破り，看守がそれを幇助した場合に関するものである。中央政府がその社会的統制力を地方レベルにまで

---

31)『英祖実録』9年8月22日条。『続大典』（ソウル，法制処編訳，1965年），272頁。

浸透させ，下級の書記や将校を統制することがいかに困難であったかを，これらの条文は示している。

第12条　明火賊と符同せる獄卒は，取服の後，一体に梟示す。
第13条　明火賊，外より獄門を打破する者の外，内より枷杻を脱し，獄門を破りて逃躱する者は，刑鎖（刑獄鎖匠）等は，討捕使をして治盗の例に依りて取服して啓聞し，梟示す。

叛逆に関する条文もまた同様の傾向を示す。一般民による叛逆行為に関わるものは次の2条だけである。

第1条　邑民の，官長に向かいて放砲する者は，首謀者および放砲人は作変処に梟示し，脅従人は減死して遠配す。
第2条　結党して庫門を破砕し，還穀を偸去し，監色を殴打してその文書を奪いて分食する者は，並びに境上に梟示す。ただ官吏を殴打してその文書を奪い，私に開いて奸を用いる者は，並びに徙辺の律を施す。

その他の7条は，地方の書記や将校の行為に関わるものである。

第3条　鎮卒・屯卒の，将領を怨望し，結党して放砲する者は，いまだ殺害せずといえども，首犯は梟示し，従たるは刑推して定配す。
第4条　屯卒の，その別将踏験するに，所耕の結負を多括するを以て，結倘して放炮・叱辱すれば，已に行いていまだ殺さずといえども，強盗と異なるなし。屯将は，守令と間あり。放炮人等は作変処に梟示し，他人を懲戒す。
第5条　吏卒の，帥臣を謀殺する者は，首謀は梟示す。従たるは並びに絶島に定配す。官属の防禦せざる者は，極辺に定配す。
第6条　吏卒の，兵使を謀殺し，刃刺するに至るものは，謀首は則ち直ちに梟示し，之次の罪人等は，並びに絶島に定配す。通引・及唱・門卒は，極辺に定配す[32]。
第7条　外邑の下吏等の，互相に符同して罪囚を放釈し，諸邑の官人を脅迫して一時に逃避する者は，首倡は梟示し，之次の罪人は厳刑して定配す。
第8条　軍布を偸食せる下吏の，主倅を詬辱し，闕門に掛書する者は，境上に梟示す。
第9条　鎮卒の，夜に乗じて放砲し，減税を為さんと欲する者は，首倡は梟示し，

---

32) この王命は咸鏡南道のある事件をきっかけに発布された。軍司令官（兵使）の李義豊は兵営のある将校を些細な罪で杖殺した。未亡人は復讐を企て，兵営の奴隷に賄賂を送って犯行を共謀した。親族や将校の友人とともに，彼らは刀・斧・棍棒を持って兵営を襲撃したが，司令官は臀部に深手を負っただけで逃亡することができた。結局，未亡人は他の五人とともに梟首に処せられた。『英祖実録』10年7月18日条。

随従は2次に刑推して後，島配す。権管は論罪を為す勿れ。

　死体の冒瀆に関する次の2つの条文もまた，国家が求めていたことが犯罪者の死体に対する国家の権威の保護 ―― すなわち，犯罪者の命を奪うだけでなく，その死体を毀傷し，辱めることに対しても国家が排他的に権利を持つことの保護 ―― であったことを明らかに示している。

　　第44条　逆家の奴婢の，称するに報仇を以てして，屍体を残戮する者の首唱。
　　第45条　正刑の屍に行淫せる罪人は，時を待たず，梟示す。伴を作して約誓し，以て行兇を致すの人は，全家徙辺す。

　第44条は処刑された上典の死体を陵辱した奴婢の取り扱いに関するものであるから，我々はそこに位階的社会秩序の反映を認めることができる。その他の場合，斬刑に処せられた国賊のさらし首が，怒り狂った群集によってさんざんに蹴り付けられたり[33]，あるいは上述の李施愛の場合のように，棒で打たれ，石を投げ付けられ，小便をかけられたりするさまが，『実録』においてはむしろ満足げに報告されているのを見出すことができる。

3 ◆ もめごとの多い北部

　すでに見たとおり，梟首に関わる犯罪のうち，最も多い部類は外国人との不法な接触 ―― 分けても北辺および燕行時における中国人との接触 ―― に関わる犯罪であった。この北部辺境地域は，朝鮮王朝国家において極めて特異な性格を持っていた。旧満州および朝鮮半島北部は，長い間，その地域を核とするいかなる国家も形成されず，むしろ遊牧民の居住する辺遠として位置付けられていた。朝鮮の諸王朝と，旧満州を支配する諸王朝との中間に位置するこの辺境地域は，大陸の政治的動乱に伴い常に変動する傾向にあった。元朝（1271～1368）の時代，朝鮮半島の北部は元の支配下にあった。明朝（1368～1644）が大陸を支配すると，朝鮮の国境は北上して鴨緑江および豆満江のラインに押し上げられたが，咸鏡道の大部分には依然として女真族が居住していた。朝鮮政府は強制移住を通して北

---

[33] 例えば『太祖実録』元年10月10日条を参照のこと。

部への植民を試みたが，依然，その地域に対する主要な関心は軍事的なもので，民衆の存在感は微弱であった[34]。

　女真族によって形成された満州王朝が明朝を打倒し，清朝を創建すると，満州は中国の版図において特別な役割を与えられることになった。清と朝鮮の国境は丁卯（1627年）および丙子（1636年）の胡乱を経て条約によって承認された。満州は満州族および満州族が当該地域に持つ経済的利益を保護するための「封禁」の地であると宣言された。しばらくの間，満州政府は当該地域を開墾し，その経済を活性化するために漢人による遼東地域への入植を奨励した。しかし，そのことが当該地域の旗人との緊張をかもし出すと，1668年にはその政策を廃止した。そうして1677年には，康熙帝（在位1661〜1722）が白頭山を清朝発祥の「霊山」と名付け，白頭山と鴨緑江・豆満江より以北，千里あまりの地域は「龍興の地」に指定され，厳しく封鎖された。このような措置が取られたもう1つの理由は，白頭山周辺地域における人参，真珠，希少動物などの特産物を保護することにあった。

　しかし，もちろんのこと，清朝がこの資源に富んだ広大で人口希薄な地域（19世紀中葉でも，満州の人口密度は依然1平方キロメートルあたり2人に止まっていた[35]）を封禁し続けることは困難であった。ますます多くの人々が，主として人参を採取するためにこの地域に踏み込んでいったからである。1726年には瀋陽から1万人，鳳凰城から3000人もの人々が，人参採取のためにこの地域に足を踏み入れたという。さらに多くの人々が，この地域に移住し，恒常的に住居を構えていた[36]。その上中朝双方の地元住民たちは，国境の尊厳に対する中央政府の見方を政府とは共有していなかったようである。そこで中朝双方において，しばしば国境の侵犯（犯越）が行われた。このことはそれ自体，関心に値する問題であったが，しかも時として，これらの不法な国境侵犯は，両国民の遭遇による暴力事件をも惹き起こした。そこで現地調査の後，1712年に白頭山に定界碑が建てられたが，これは少なくとも両政府の側の意図としては，人々に国境の重要性をいっそう強

---

34) 15世紀における北部への強制移住に関する詳細については，이상협『朝鮮前期北方徙民研究』（ソウル，景仁文化社，2001年）を参照のこと。

35) Susan Naquin and Evelyn S. Rawski, *Chinese Society in the Eighteenth Century,* New Haven: Yale University Press, 1987, p. 213.

36)『備辺司謄録』英祖2年5月19日条。

く意識させるための信号であった。朝鮮王朝の第一の関心は，国境地域への人々の移動を統制することにあったのである。

　第46条　人物を招引する者は，口数の多少に論なく，一併に境上に梟示す。

　辺境地域，とりわけ平安道の沿辺七邑においては不法な奴隷貿易が広く行われていた。平安道では奴隷が高く売れたという。そこで人々は南部から連れ込まれて偽造した文書によって放売されていた。おそらく奴隷に対する需要は，この人口希薄な地域に人々が流入し，開墾地が拡大したことによってもたらされたものであろう[37]。このこともまた，国家が食い止めようとした事柄の1つであった。

　第47条　北路人の，京奴婢を招引する者は，時を待たず，境上に梟示す。

　1699年に起こった次の興味深い事例が示すとおり，時としてこの奴隷貿易は国境を越え，旧満州にまで展開したと思われる。咸鏡道鍾城の3人の奴隷，厳貴賢とその妻玉只，隣人の命福は「飢餓に駆られ」，家を出て山菜を摘みに出かけた。一行は金莫男という駅奴に出会ったが，彼は，もし自分について国境を越えれば衣食には困らないぞと語る。

　一行は喜んで彼に付き従い，河を渡ったが，2日ほどで，とある満州の部落に着き，金莫男はその部落に入って一行を置き去りにした。突然，4人の満州人が一行に近づき，その中で片言の朝鮮語を話すものが，ここに留まるなら命は保障するが，さもなければ殺すと語った。その間，金莫男は部落から出てこなかったので，一行は彼が自分たちを奴隷として売り飛ばすためにそこに連れてきたのだと悟る。一行は拒否した。しかし満州人たちは殺すという脅しは実行せず，その代わりに一行を清朝当局に引き渡す。おそらく彼らは朝鮮人犯越者を捕らえた者への褒賞金を稼ごうとしたのであろう[38]。

　上記の事例からも分かるように，地方民は国境の存在にさほど意を払っているようには思われない。中央政府にとって，地図上の河川は自然の国境を成していたが，地方民にとってはむしろ，河川は移動の手段であった。そのような犯越行為に対する中央政府の姿勢は明白である。

---

37) 『備辺司謄録』英祖10年7月9日条。
38) 『備辺司謄録』粛宗25年12月10日条，同22日条，同26日条。

第49条　犯越は，首たる者は，境上に梟示す。之次は，本道に定配せしむ。

1672年に起きたある事件にこの法規が適用されている。平安道の監司は首謀者を梟首し，その他の従犯を定配すべく求刑した。しかし当時の宰相は，1人を処刑しただけでは人々への戒めにはならない，とはいえ56人もの人々を梟首したのでは残酷過ぎると考えた。結局，国王顕宗は首謀者のみを梟首としたが，他の従犯者も厳しく処罰するように裁定を下している[39]。その後，1681年に咸鏡道で起きた事件では，国家はより厳格であった。このときは金天鶴という人物を含む18人の人々が梟首に処せられ，事情を知りながら告発しなかった4人の人々は定配に処せられている[40]。

犯越の問題はますます深刻化していった。1694年，国王粛宗は諸大臣とこの問題につき討議している。領議政・南九万は国王に対し，犯越者を赦免すべきではないと主張し，次に礼曹参判・李秀彦その他は，犯越を2度，3度と繰り返すものもいるから，彼らを国境の河のほとりに梟首すべきであると主張した。国王はこれらの助言に従い，金仁白その他，罪を自白した5人の人物を梟首に処するよう命じている[41]。

朝鮮人を引き付けたものは，もちろん，満州の豊富な資源だった。分けても多くの人々が，人参を探して国境を渡った。人参は燕行使節の旅行資金としても用いられたので，その需要は平安道においては莫大であった。朝鮮における人参貿易の利益のために，多くの朝鮮人は清朝の領域に入って貴重な人参の根を採取して回った。この件に関する最初の王命は，1670年に発布されている。

第51条　犯禁越採の人は，首従に論なく，再犯する者は，梟示す。

しかし，この種の活動は続いた。例えば1694年の事件では，咸鏡道出身の姜金丁，朴之亨，金明仁の3人が，人参採取のために国境を犯越して梟首に処せられている[42]。朝鮮にとっていっそう厄介であったのは，朝鮮人が国境の向こう側で罪を犯した場合であった。例えば1690年，咸鏡道出身の10人の一行が中国の領域に入り，清人の一行を殺害し，彼らの人参を奪った。1704年にも同じよう

---

39)『顕宗実録』3年正月12日条。
40)『粛宗実録』7年11月24日条。
41)『粛宗実録』20年6月3日条。
42)『粛宗実録』20年12月1日条。

な事件が起こっている。その後もう一度，朝鮮人が清の領域に入って人々を殺害し，人参を奪う事件が起こると，清朝は朝鮮に使節を遣わし，事件を共同で調査することを要求した。1つにはこのことの結果として，1712年に白頭山定界碑が建てられたのである。しかし，この種の事件はその後も絶えなかった。1734年には28人の人々が国境を渡り，清人の一行9人を殺害して人参を奪っているし，同様の事件は1750年にも，1756年にも繰り返し起こっている[43]。

梟首に関する王命の多くから，我々は朝鮮後期において木材が高価な資源であったことを窺うことができる。おそらく北方沿辺の人々は，木材資源を探す目的でも国境を渡ったことであろう。1712年，清朝の官吏，穆克登が国境画定のために白頭山地域を探査したとき，彼は多くの木材が切り倒されているのを発見したといわれている。このことで罪を問われたのは咸鏡道茂山出身の韓廷弼という人物であった。彼は一群の人々を率いて国境を渡り，木材を伐採したとして告発され，これによって彼は有罪の宣告を受けて梟首に処せられた。当局がいっそう問題視したのは，彼が以前守令として勤務したこともある人物で，したがって禁令にも十分熟知していたに違いないということであった。ところが実際には，木材伐採の命令を出したのは咸鏡道の軍司令官（兵使）であり，事が発覚したとき，彼はその罪を韓廷弼に擦り付けたのであるといわれている[44]。

1686年には，政府は次のように犯越の規制を強化していた。にもかかわらず，これらの事件はすべてそれより以後に起こっているのである。

> 第52条　西北沿辺より，彼の辺に犯越する者は，採蔘，佃猟と他事と，首倡と随従と，彼の中に事を生ずると否とに論なく，一併に境上に梟示す[45]。

時として当局は寛容な姿勢を示す。1712年，茂山の蔡震亀という人物が，墓相のよい土地を探しに風水師（地師）を連れて国境の向こう側に渡るという事件があった。しかし彼はその土地を使用しなかったので，結局，彼は処刑を免れている。刑曹判書の金鎮圭はこの裁定に抗議し，犯越者はすべて処刑するのが一般

---

[43] 김춘선「朝鮮後期韓人の満州への犯越と定着過程」（『白山学報』51輯，1998年），178-181頁。

[44] 『粛宗実録』38年7月20日条，『景宗実録』3年4月17日条。

[45] この王命は「南北蔘商沿辺犯越禁断事目」から抜粋した。『備辺司謄録』粛宗12年正月6日条，参照。

原則であると主張したが，国王は裁定を変えなかった[46]。おそらく国王は，祖先のための墓相のよい土地を探しに，そのように遠い所にまで遥遥と出かけた人物を処罰するのは公正ではないと考えたのであろう。

最後に，木材伐採に関する次の王命が1732年に出ている。

　　第53条　犯越して斫木すれば，梟示す。

もう1つの問題は，清人が朝鮮の領域に渡ってくることである。例えば1711年，清人の一行約10人が平安道甲山に入ってきた。これらの侵入者は，記録によれば，以前によく見られたような食物を求めて流れ込む飢餓者の類ではなかった。彼らは馬と家畜を連れて来て朝鮮の領域内に幕舎を張り，土地の人々と交際して，民家に長く泊り込むことすらあったというが，このことは彼らがある種の交流，おそらくは貿易を行っていたことを示唆している[47]。これらの北方からの犯越者は，もとより清朝によって処罰されることになっていたが，朝鮮の関心事は彼らと接触した朝鮮人の方にあった。

　　第61条　清人の賂物を，その家に受置し，交通して和売する者は，梟示す。

朝鮮と清との間で唯一公認されている貿易は，燕行使節に随伴して行われる貿易だけであった。しかし地方の住民たちは，清の領域に入るか，朝鮮に不法入国した清人と接触するかして，しばしば不法な国境貿易に従事していた。ここでも，朝鮮王朝の姿勢は明確である。

　　第64条　清人と通交し，贓物を和売する者は，一律を以て論ず。
　　第54条　潜商は，梟示す。

1718年に起こった1つの興味深い事例では，義州の人，金得達と金玄叔の2人が，国境を跨ぐ密貿易によって梟首に処せられている。これはもちろん，人々が同種の罪を犯さないための戒めであったが，事は国境の両側の人々に関わるものであったから，当局は彼らの首を国境の向こう側の人々にもさらして見せつけるべきであると主張した[48]。しばしば取引されていたのは人参である。

---

46)『粛宗実録』38年7月20日条，同25日条。
47)『備辺司謄録』粛宗37年9月3日条，同8日条。
48)『粛宗実録』44年正月1日条。

第55条　蔘商の現捉する者は，境上に梟示す。

人参貿易は利益の多い貿易であったから，国境に駐屯する守備兵たちが，貿易商人と示し合わせて密貿易に加担していないとは信じることはできなかった。彼らがその義務を適正に果たすことを確実にするために，次の王命が発布された。

第56条　潜商の現捉する者は，把守卒と犯人と，一体に梟示す。

当局が誰も信頼していなかったことは，当該地域における訳官の必要性に関する議論からも窺われる。清人が朝鮮に捉えられたとき，取り調べは言葉の壁のせいで効率的に行うことができなかった。中央では，ちょうど義州に訳官が駐在するように，満州語の知識を持つ人を国境沿の各邑に駐在させるべきだという議論もあったが，これに反対する人々は，義州は本来両国人の接触する場所であるから訳官を置く必要があるが，他の邑ではいかなる類の接触も禁じられているから，言語に通じた人を置くと，かえって通交や密貿易の危険が増すばかりだといって反駁した[49]。

その効果に中央政府が疑問を抱いていたにもかかわらず，国境守備兵が存在することは，確かに不法な国境貿易を困難にしていた。このため密貿易の多くは，むしろ海中の孤島において行われた。中でも有名なのが，平安道龍川の沖合いにある薪島である。この島は朝鮮時代を通して中央政府の関心事であった。この島は中国国境の近くに位置するため，多くの中国人が不法に上陸する。1528年，48人の中国人の村がその島の西部で発見され，1578年には政府は遼東から漁撈の目的でやってきた中国人たちを追い出している[50]。沿岸に位置する彌串鎮から派遣された部隊が，月に3度，その島を巡回していたが，効果はなかった[51]。1701年，17人の清人が3隻の船に乗ってその島に上陸し，小屋を建てて定住した。同じ年，8人の人々が2隻の船に乗って薪島と西馬鞍島に上陸し，1714年には6人の人々が1隻の船に乗って薪島に上陸した[52]。

清人が薪島に引き付けられたのは，単にそこが格好の漁場であったからというだけではなく，そこでは貿易が可能であったからであると思われる。1733年，

---

49)『備辺司謄録』英祖9年7月25日条。
50)『中宗実録』23年8月24日条，『宣祖修正実録』11年2月1日条。
51)『備辺司謄録』正祖10年3月13日条。
52)『備辺司謄録』正祖10年3月16日条。

この島は中国に近い無人島であるから，もし放置すれば，密貿易がはびこるとの議論が行われている。また少し後のことになるが，1805年にその地域を暗行御史として訪ねた李元八は次のように発言している。

> 龍川薪島は，即ち彌串鎮の前洋三十里の地，而して漁採の利，西海に甲たり。故に彼の人〔清人。訳者註〕の捉魚する者，常となく来留す。我が国の漁民もまた多く出没来往し，互相に貿遷し[53]。

李元八は監司がこの貿易を取り締まるための措置を取るべきであると進言したが，密貿易は依然として行われていたようである。1807年，またしてもその島を舞台に密貿易事件が発生した。平安道を通過して大同江に投錨した船が，多くの唐銭，正銀，丹木（蘇芳），白礬，錚盤などの商品を運んでいるのが発見された。調査の結果，彼らは薪島で清人と貿易していたことが明らかになった[54]。

しかし，この島は朝鮮の島である。たとえそこでの貿易が重大な関心事であるとしても，それは国境を越えた密貿易であるとは見なし得ない。国家にとってのいっそうの関心事は，朝鮮では「海狼島」として知られる，本来中国に帰属する島に朝鮮の人々が入植し，ないしは渡航することであった。

この問題が最初に注意を引いたのは，つとに1492年のことであった。訊問を受けたある渡航者は次のように供述している。

> 臣，本年五月，船に乗りて麻浦を発し，平安道宣川の西に至り，獐鹿等の島を過ぎり，三四日にして海狼島に泊す。島中に五家あり。その人は言語は漢人に類し，鹿皮を衣し，火田して耕し，漁猟を以て業と為す。済州の民二十余口，新たに往きてこれに居る。島に六船あり，その一船は，常に海中に在りて，候望を以て事と為す[55]。

朝鮮の人々は海狼島の豊かな資源を求めてその島に渡航していたのであろう。記録によれば，ある渡航者は2070片の水牛のほし肉（脯）と101張の水牛の皮，80碩の穀物を持ち帰ったという[56]。1493年には，この島に往来するものは「沿辺の関塞を越度し，因りて外境に出ずる者は絞」という明律の規定に依拠して絞罪に処することが定められた[57]。しかし，人々はこの島に渡航し続けたし，政府

---

53)『日省録』純祖5年10月24日条。
54)『備辺司謄録』純祖7年8月18日条。
55)『成宗実録』23年8月4日条。
56)『成宗実録』25年10月17日条。

も手荒な措置は取らなかった。国王の顧問官たちがいっているように,「海中の滄波は,画して此の疆,彼の界と為す」ことはできない。彼らは無知の小民がそれと知らずに国境を越えたからといって,それを死刑に処するのはあまりにも苛酷だと考えていたのである[58]。海浪島に渡航し,もしくは移住する人々のことは16世紀を通し,また17世紀に入ってもしばしば問題として取り上げられたが,その後,『続大典』ではこの島に往来する者は梟首と定められている。

　　第50条　海浪島に往来する者は,……並びに一律を以て論ず。

　先に言及したとおり,清との間に唯一公認されている貿易は,燕行使節に随伴して行われる貿易であった。もちろん,これらの使節の目的は外交であって貿易ではないが,使節には官商たちが同伴したし,訳官もまたその私的な出費の財源として貿易に従事することが許されていた。官商たちは政府機関によって指名されたが,その内,あるものは政府機関に常時奉仕する官商であり,また他のものは燕行使節に加わる資格を金で買ったり,わいろで手に入れたりして一時的に奉仕する官商であった。

　したがって,公貿易には私貿易が伴っており,密貿易もまた大々的に行われていた。実際,15世紀末から16世紀初頭には私貿易はすでに公貿易を上回っていた。官商・訳官たちもまた同じように私貿易を行っており,私商人は主として平安道から徴発される馬丁として燕行使節に加わることができた[59]。中国への関門である義州は多くの私商人にとっての貿易基地であり,その地は燕行使節に随行しようとする人々で満たされていた[60]。人々が燕行使節に請託することを禁じるために,次の王命が発布された。

　　第74条　客行時,通事に教嘱して徴索して厭うなきものは,境上に梟示す。
　　　　〔この条文は,燕行使節が訳官を通して中国の人々に接待や賄賂を強要する
　　　　ことを禁じる法令であると思われる。訳者(矢木毅)註〕

　燕行使節の一行には,一定量の銀または人参を携行し,それを清で貿易するこ

---

57)『成宗実録』24年正月29日条。
58)『成宗実録』25年10月17日条,同11日条。
59) 이철성『朝鮮後期対清貿易史研究』(ソウル,国学資料院,2000年),33頁。
60) 유승주「朝鮮後期朝清貿易初考」(『国史館論叢』30,1991年),222-226頁,232頁,
　　김태길『朝鮮後期場市研究』(ソウル,国学資料院,1997年),35頁。

とのみが許されていたが，義州の国境における統制は厳格であった。

> 第70条　北京使臣の渡江のとき，書状官・義州府尹・平安都事は，眼同して捜検す。蔘貨を挟持する者は，啓聞して囚禁し，境上に梟示す。入去せる後に現発する者は，回還のとき，一体に梟示す。
>
> 第66条　八包より加数して帯去する者は，論ずるに潜商の律を以てす［境上に梟示す］。

　燕行使節に馬丁として同行する商人たちの貿易は，大抵，「柵門」において行われた。清朝が中朝国境の北部を封禁の地に指定すると，彼らは漢人が流入することを禁じるために長大な柵を立てた。この柵は鴨緑江から120里の地にあったが，鳳凰城の近くには朝鮮からの使節や朝鮮への使節が通過するための門があった[61]。官商および馬丁の員数はもちろん限られていたから，私的な商利を追求するものは他の手段を見つけなければならなかった。そこで，柵門における貿易が重要視されたのである。燕行使節が清の領域に向かうとき，義州からは朝貢品を運ぶ馬が病気になったり怪我をしたりした場合に備えて10頭以上もの換え馬を送らなければならなかった。柵門に到着すると，使われなかった馬は送り返されるが，これが追加的な貿易の格好の機会となったのである。もう1つ，同様の機会は燕行使節が帰国する際にも与えられた。燕行使節が帰国の途次，柵門に到着すると，今度は義州が空馬を送って余分の荷物をすべて運ぶ。このように余分の荷馬を用意しなければならないのは，燕行使節の荷物が柵門から北京まで，また北京から柵門に戻るまで，すべて清人によって運送されていたからであった[62]。こうした状況を契機に，次の王命が生み出された。

> 第67条　潜商の現捉する者は，開市と使行とに論なく，400両以上は則ち並びに江上に梟示す。
>
> 第68条　刷馬駆人の輩の，銀貨を私持する者は，作門内に現捉すれば，則ち100両以上は，梟示す。
>
> 第69条　訳官・馬主の輩，および商賈の輩の，清人の物貨を多出する者は，重ければ則ち梟示す。

　公的な「柵門開市」には，後に合法化されることになる闇市場が伴っていたが，この柵門で落ち合う両国の商人たちは大変に親しい間柄であった。やや長文に渡

---

61) 김성균「柵門雑考」(『白山学報』12輯，1972年)。
62) 朴趾源『熱河日記』巻一(ソウル，民族文化推進会，1968年)，522頁。

るが、1780年に燕行した朴趾源の注意深い観察を借りて、柵門における商人たちの活動の様を窺ってみることにしよう。もっとも、燕行使節の一員である彼は、柵門における闇市場については言及していないが。

> 柵門から離れること数十歩の所に三使の幕次を設営し、少し休憩していると、方物（朝貢品）がすべて到着して柵門の外に積み上げられた。見物する群胡たちが柵門の内に並んで立っている。……訳官および馬頭の輩が争うように柵門の外に立ち、互いに握手して慇懃に労いの挨拶を交わしている。群胡が尋ねるには「王京からはいつ発ったのか。道中雨に遭わなかったか。ご家族はみな変わりないか。包銀はたっぷり用意してきたか」。人々は同じようなことをいって互いに挨拶を交わしている。そうして争うように、「韓宰相、安宰相はやってきたか」と尋ねてくる。これらはみな義州の人で、毎歳、燕行貿易をしている狡猾な大商人であり、燕中のことを熟知している。いわゆる宰相（相公）というのは、商人たちが互いに敬って呼び合う呼称である[63]。

清の商人と朝鮮の商人とはこのように親しい間柄であったから、朝鮮の商人が先物商品の代価を受け取って、その債務を履行できなくなる場合がしばしばあった。人々がこのようにして清人に「負債」することを禁じるために、次のような王命が発布された。

> 第63条　清人の処に負債する者は、並びに一律を以て論ず。
> 第73条　刷馬駆人の輩、清人に出債する者は、潜商論罪の例に依り、多少に論なく、一併に梟示す。

最後に、燕行使節に加わって清に入国し、そのまま帰国しない人々の問題について触れておこう。

> 第75条　彼の地に留落し、中間に逃躱する者は、境上に梟示す。

この法規は1710年に燕行使節に加わって清に入国した義州出身の河莫龍という人物の事件をきっかけに定められたようだ。使節が帰国したとき、彼は「彼の中」にそのまま留まった。そうしてさらに悪いことには、彼はいったん逃亡してしばらく潜伏し、その後捕縛されて朝鮮に送還された。国王は彼を斬首し、その首を境上にさらすよう命じている[64]。

---

63) 『熱河日記』、521頁（巻一渡江録、6月27日甲戌条）
64) 『粛宗実録』36年5月6日条。

結　論

　以上の検証を通して，筆者は次のことを示そうとした。すなわち，人口の増加と多様化につれて，国家の権威や独占にますます反抗的になっていく民衆に対し，朝鮮後期の国家が「梟首」の慣例を用いてこれをいかに統制していこうとしたのかを示そうとしたのである。国家にとって特に関心事であったのは外国人との不法な接触と貿易である。そこで本章では北方辺境地域および燕行使節に関する王命・法規に特に注意を払った。人参を採取し，木材を伐採し，狩猟を行い，清人と貿易を行うために，人々はしばしば国境を犯越したが，その国境を封鎖し続けるために国家がどのような問題に直面したのかを，これらの王命・法規は明らかにしている。とりわけ，17世紀中葉から18世紀中葉にかけての時期は，『続大典』の編纂過程における諸改革に先だち，数多くの法規が立てられた時代である。願わくは，本章の成果が激動する朝鮮後期の社会・経済的な変化と制度的発達とにいっそうの光を投げかけんことを。

附録：梟首・死罪に関する王命法規一覧

【叛逆行為】
・一般民によるもの
第1条　邑民向官長放砲者，首謀人及放砲人梟示於作変処，脅従人減死遠配［康熙戊戌承伝］（『新補受教輯録』刑典，推断，819条，1718年発布）
第2条　結党破砕庫門，偸去還穀，殴打監色，奪其文書分食者，並境上梟示。只殴打官吏，奪其文書，私開用奸者，並施徒辺之律［康熙辛丑承伝］（『新補受教輯録』刑典，推断，871条，1721年発布。ただし，『増補文献備考』巻139，刑考13，附，廃律，梟示条によれば，この王命は1691年に発布され，1744年に廃止されている）
・兵士・官吏によるもの
第3条　鎮卒・屯卒，怨望将領，結党放砲者，雖未殺害，首犯梟示，為従刑推定配（『続大典』刑典，推断条，註）
第4条　屯卒，以其別将踏験，所畊結負多括，結倘放炮叱辱，雖已行未殺，与強盗無異。屯将，与守令有間。放炮人等，梟示於作変処，懲戒他人［康熙丙寅承伝］（『受教輯録』刑典，推断，613条，1686年発布）
第5条　吏・卒謀殺帥臣者，首謀梟示。為従並絶島定配。官属不防禦者，極辺定配（『続大典』刑典，推断条，註）

第 6 条　吏卒謀殺兵使至於刃刺者，謀首則直為梟示，之次罪人等並絶島定配。通引・及唱・門卒，極辺定配［雍正甲寅承伝］（『新補受教輯録』刑典，推断，870 条，1734 年発布，1744 年廃止）

〔第 5 条と第 6 条は同源の法規と思われる。訳者（矢木）註〕

第 7 条　外邑下吏等，互相符同，放釈罪囚，脅迫諸邑官人，一時逃避者，首倡梟示，之次罪人厳刑定配［康熙甲子承伝］（『新補受教輯録』刑典，推断，868 条，1684 年発布，1744 年廃止）

第 8 条　軍布偸食下吏，詬辱主倅，掛書於闕門者，境上梟示［乾隆丁巳承伝］（『新補受教輯録』刑典，推断，843 条，1737 年発布，1744 年廃止）

第 9 条　鎮卒乗夜放砲，欲為減税者，首倡梟示，随従二次刑推後島配，権管勿為論罪［乾隆丙辰承伝］（『新補受教輯録』刑典，推断，820 条，1736 年発布）

〔第 3 条と第 9 条は同源の法規と思われる。訳者（矢木）註〕

【賊盗】

第 10 条　掠奪場市物貨，白昼劫奸者，首倡梟示，為従全家徙辺。拠康熙甲子九月日，改以為従者限已身没為他道官奴［順治辛卯承伝］（『受教輯録』刑典，賊盗，773 条，1651 年発布。ただし，この条文が『続大典』に収録されたとき，それは「梟示」ではなく，「斬」と規定された）

〔『続大典』刑典，臟盗条，白昼場市掠奪物貨者，劫姦女人者，並首倡斬，為従限已身島配。訳者（矢木）補〕

第 11 条　明火賊殺越人命，罪状既已承服，依例梟示［順治丁酉承伝］（『受教輯録』776 条，1657 年発布）

第 12 条　明火賊符同獄卒，取服後，一体梟示［康熙乙亥講捕節目］（『新補受教輯録』刑典，臟盗，944 条，1695 年発布）

第 13 条　明火賊，自外打破獄門者外，自内脱枷杻破獄門逃躱者，刑鎖等，使討捕使，依治盗之例，取服啓聞，梟示。当該守令，営門決杖。而決杖守令之托病図逭者，監司不得啓罷［康熙己卯承伝］（『新補受教輯録』刑典，臟盗，948 条，1699 年発布）

〔『続大典』刑典，逃亡条，註。刑獄鎖匠，符同見囚賊人，脱枷杻，破獄門逃躱者，査得其事状，依治盗例，訊問取服啓聞，斬。当該守令，営門決杖。未決杖前，観察使，勿得罷黜。訳者（矢木）補〕

【臟盗】

第 14 条　偸取十石以上者，梟示（『続大典』戸典，漕転条）

第 15 条　国穀無面偸食船人［粛廟戊寅始用，英廟甲子廃］（この王命はどの王命集成書にも見あたらない。しかし『増補文献備考』（巻 139，刑考 13，附，廃律，梟示条）には記載されており，それによれば 1698 年に発布され，その後 1744 年に廃止されている）[65]

第 16 条　故敗者，監色・船主・沙工，並梟示（『続大典』戸典，漕転条）

第 17 条　和水者，梟示［和水現発，則首倡者梟示，一船人並厳刑］（『続大典』戸典，漕転

第18条　漕船上京回還時, 仮称致敗, 出立旨, 任自売者, 船隻生徴, 以一罪論 (『続大典』戸典, 漕転条, 註)
第19条　凡虚張名目, 蕩減国穀者, 守令依贓律論, 自首免罪。已遞之官, 減等論。色吏梟示。監官他道極辺定配 (『続大典』戸典, 倉庫条, 註)
第20条　軍器偸取者, 本曹啓稟, 梟示 (『続大典』兵典, 軍器条)
第21条　偸食官糴色吏・庫子等, 計贓過四十貫, 則皆当為一罪, 不必別為梟示, 依例考覆親問, 結案取招, 以啓 [康熙甲子承伝] (『新補受教輯録』806条, 1684年発布)
〔『続大典』刑典, 推断条, 註, 国穀偸窃者, 計贓論。若論至一罪, 則依例考覆, 親問以啓。訳者 (矢木) 補〕

【経済的侵害行為】
第22条　京江富漢, 称以都沙工, 徒手下去三南, 図嘱各邑, 先受税米, 以其船価, 買船雇人, 其余換銭, 由陸上来者, 随其現発, 都沙工梟示江辺, 其守令, 従重論罪 (『続大典』戸典, 漕転条, 註)
第23条　封山大松犯斫, 若十株以上, 則梟示。十株以下, 減死定配 [康熙丁酉承伝] (『新補受教輯録』1008条, 1717年発布。この条文は後に『続大典』に収録され, 「一律」にあてられた)
〔『続大典』刑典, 禁制条, 註, 大松犯斫十株以上, 以一律論。九株以下, 減死定配。訳者 (矢木) 補〕
第24条　封山大松已尽, 中松為今日船材。中松十株斫伐者, 与大松犯斫者一体梟示 [雍正己酉承伝] (『新補受教輯録』刑典, 禁制, 1009条, 1727年発布)
第25条　坡州旧陵火巣内樹木斫伐者, 松桧則十株以上梟示。五株以上則刑推定配。一株以上刑推一次。雑木則十株以上刑推定配, 十株以下分軽重決棍 [雍正辛亥承伝] (『新補受教輯録』刑典, 禁制, 1017条, 1731年発布)

【偽造, 詐欺】
第26条　私鋳銭文者, 匠人及助役人, 並不待時斬 [主接者・同謀分利者, 亦以一罪論。設爐未行者, 以次律論]。捕告人依捕強盗例論賞 (『続大典』刑典, 偽造条)
第27条　偽造印信刻造者, 模画篆文者, 並以一罪論 [戸長印偽造者, 絶島為奴, 勿揀赦前] (『続大典』刑典, 偽造条)[67]

---

65) 該当する事例として, 1669年の『実録』には, 玄風の田税米を偸食した船人のうち, 首倡者2名を梟首した記事が見える。『顕宗実録』10年5月13日条。
66) 1727年の『実録』の記事に, この件に関する言及が見える。南陽と利川の漕船の乗組員が, 税穀に和水して升かさを増やした罪で捕らえられた。原則どおり処罰するより原則を修正することに固執した国王英祖は, 彼らを処刑しなかったが, 将来, 同様の犯罪が起こった場合は, 犯人を梟首すると命じ, そのことを広く国中に布告するようにと命じている。『英祖実録』3年閏3月10日条。

第28条　偽造号牌者，以印信偽造律論（『続大典』刑典，偽造条）
第29条　祭享所用中脯，私造及貿納者，並以一律論（『続大典』刑典，偽造条）
第30条　大小科，潜擦他人已入格之秘封，換書己名，以窃科者，以一律論［符同指使者，同］（『続大典』礼典，諸科条）

【放火，国有財の破壊・不正使用】
第31条　松田放火者，以一律論（『続大典』刑典，禁制条）
第32条　嶺阨禁養処，定標内［以山腰為限］，冒耕放火者，依松田冒耕放火例論［監官・色吏・山直，亦与松田監色山直同律］（『続大典』刑典，禁制条）
第33条　潜放戦船漂失者，以一律論（『続大典』兵典，兵船条，註）
第34条　私自調発束伍軍兵者，只犯者，梟示（『続大典』兵典，用刑条，註）
第35条　巡察使・兵使・営将習操時，色吏侵漁軍兵者，用一律。巡・兵使，罷職。該営将，拿問定罪（『続大典』兵典，教閲条，註）
第36条　偽挙烽火者，勿論烟台与他処，並用一律（『続大典』兵典，烽燧条，註）[68]

【職務の回避・怠慢】
第37条　軍兵逃亡，初犯決棍五十，再犯八十，三犯梟示（『続大典』兵典，用刑条，註）
第38条　捜討船，初不出洋，沙格等処受賂留行，又似渰死様瞞告官家者，首倡梟示，随従以次律論断［杖一百・流三千里］。○康熙辛巳承伝）（『新補受教輯録』刑典，推断，813条。1701年発布，1744年廃止）
第39条　郡邑作変潰散下人，首倡者，梟示警衆。之次罪人，厳刑定配［崇徳癸未承伝］（『受教輯録』刑典，推断，609条，1643年発布。『続大典』刑典，推断条にはより詳細な規定が収録されているが，そこでは「軍服騎馬して官門に作変する者は，時を待たず，斬。妻子は奴と為す」とあり，同条の註に「郡邑下人，符同作変，一斉潰散者，首倡以一律論，為従減等，杖一百・流三千里，勿揀赦前」とある）
第40条　推刷後，落漏者現出，則当身梟示。三口以上，守令永不叙用。監・色・頭目・一族刑推。五口以上，守令拿推，監・色・頭目・一族全家徙辺。七口以上，監・色・

67）1624年の事件では，文化の人・張後翼が，扈衛大将の印信を偽造した罪で梟首に処せられている。『仁祖実録』2年正月5日条。

68）この法規は1701年に起こった徐日立と崔余尚という2人の地方兵に関わるある出来事をきっかけにして定められたようだ。最初，国王は彼らを梟首に処するように命令した。しかし事の真相は，彼らは病気で飢えており，軍布税を支払うことができなかったので，繰り返し免税を願い出たが，結局，拒否されたので，不満と怒りに駆られて烽火に火を点したというに過ぎない。国王は彼らを哀れみ，このようなものを梟首に処することは，とりわけ事の結果がこのようなことになると彼らが意識していなかった以上，不公正であるといった。その代わりに国王は彼らを遠島に定配し，今後，偽って烽火を点したものは梟首に処する旨を明確に法規化するように命じている。『粛宗実録』27年3月26日条。

頭目・一族，梟示。有父母・同生生存者，勿以逃亡懸録（『受教輯録』刑典，公賤，862条，発布年未詳）

〔『受教輯録』858条から866条は一連の条文であり，866条の末尾には〔順治乙未推刷事目〕とあるから，これらは1655年の発布と思われる。訳者（矢木）註〕

第41条　陳告之人，六口給一口，五口以下賞布，十口以上免賤。知情容隠者，勿論口数多少，許接・當身，並為梟示。現出後還為隠匿者，陳告之人，三口賞一口，二口給綿布五十疋，一口給綿布三十疋，五口以上陞堂上。賤人，賞布之外，從願別施重賞（『受教輯録』刑典，公賤，861条，発布年未詳）

〔前条と同じく1655年の発布と思われる。訳者（矢木）註〕

第42条　撥卒棄置有旨者，以一律論。当該守令，拿処（『続大典』刑典，推断条）

【殺獄】

第43条　継母嗾其夫故殺子女者，以一律論（『続大典』刑典，殺獄条）

【死体の冒涜】

第44条　逆家奴婢，称以報仇，残戮屍体者，首唱〔粛廟庚辰始用，英廟甲子廃〕（この王命はどの王命集成書にも見あたらない。しかし，『増補文献備考』（巻139，刑考13，廃律，梟条）には記載されており，それによれば1700年に発布され，その後1744年に廃止されている）

第45条　行淫於正刑之屍罪人，不待時梟示。作伴約誓，以致行兇人，全家徙辺〔康熙癸卯承伝〕（『受教輯録』刑典，推断，593条，1663年発布）

〔『朝鮮王朝実録』顕宗改修，4年（1663）8月戊申条に次のように見える。上御熙政堂，引見大臣・備局諸宰。……刑曹判書許積曰，「頃日，弑夫女行刑之後，有行淫其屍者。刑訊取服。人皆曰可殺，而法無此律。何以処之。」上曰，「世豈有如此匈惨者乎。」太和及三司，皆請梟示。上令梟示，仍録於受教中，使為定律。訳者（矢木）補〕

【不法移住】

第46条　招引人物者，勿論口数多少，一併境上梟示（『受教輯録』刑典，禁制，731条。発布年未詳。この条文は後に『続大典』に収録されたが，そこでは「一律」と規定された）

〔『続大典』刑典，禁制条，招引人物，入去両界者〔勿論人口多少〕，並以一律論。訳者（矢木）補〕

第47条　北路人招引京奴婢者，不待時，境上梟示。……〔雍正庚戌承伝〕（『新補受教輯録』刑典，私賤，1296条，1730年発布）

【不法移動】

第48条　自北路往来西関，無行状者……並以一律論（『続大典』刑典，禁制条）

I　罪と刑罰

【犯越】

第49条　犯越，為首人，境上梟示。之次，令本道定配。又其次，分軽重決放。領去人，刑推定配［順治戊子承伝］（『新補受教輯録』刑典，犯越，1222条，1648年発布）

第50条　海浪島往来者［依越度関塞因而出外境律］，……並以一律論（『続大典』刑典，禁制条）

第51条　犯禁越採之人，勿論首従，再犯者，梟示［康熙庚戌承伝］（『受教輯録』刑典，禁制，751条，1670年発布）

第52条　西北沿辺犯越彼辺者，勿論採蔘・佃猟与他事，首倡与随従，生事於彼中与否，一併梟示境上（『受教輯録』刑典，禁制，754条，発布年未詳。ただし，『続大典』に収録された際には，梟首ではなく，「斬」と規定された）

〔『続大典』刑典，禁制条，西北沿辺犯越採蔘佃狩者，首従皆境上斬。訳者（矢木）補〕
〔『受教輯録』752条から758条は一連の条文であり，758条の末尾には［康熙丙寅禁蔘事目］とあるから，これらは1686年の発布と思われる。訳者（矢木）註〕

第53条　犯越斫木，梟示，既与登時捕捉者有異，依例結案，取招正法（『新補受教輯録』刑典，犯越，1228条，1732年発布。ただし，『続大典』に収録された際には，梟首ではなく，「斬」と規定された）

〔『続大典』刑典，禁制条，註。犯越斫木者，依採蔘律論。訳者（矢木）補〕

【密貿易】

第54条　潜商，梟示。諸鎮将，拿問処之。把守将卒，厳刑懲励［雍正壬子承伝］（『新補受教輯録』刑典，禁制，1167条，1732年発布）

第55条　蔘商現捉者，境上梟示。訳官等，降等科罪［杖一百・流三千里］。（『新補受教輯録』刑典，禁制，1136条，発布年未詳）

〔『新補受教輯録』1135条から1145条は一連の条文であり，1145条の末尾には［以上，康熙丁亥備局節目］とあるから，これらは1707年の発布と思われる。訳者（矢木）註〕

第56条　潜商現捉者，把守卒与犯人，一体梟示。告者論賞（『新補受教輯録』刑典，禁制，1140条，発布年未詳）

〔前条と同じく，1707年の発布と思われる。訳者（矢木）註〕

第57条　江界潜商罪人，為首梟示。為従減死。捕告人依事目論賞［康熙丁亥承伝］（『新補受教輯録』刑典，禁制，1151条，1707年発布）

第58条　蔘商下去江界時，本曹給黄帖，収税［……無帖文入往者，以潜商律論。元卜駄，属公］（『続大典』戸典，雑税条）

第59条　関西監営及熙川・雲山・神光等鎮，嶺底要路，考験帖文後，許入。雖一角蔘，無帖文而私貿者，与受倶以潜商論（『続大典』戸典，雑税条，註）

第60条　平安道江辺七邑［義州・江界・理山・昌城・朔州・渭原・碧潼］用銭者，以一律論［……咸鏡道端川以北，同］（『続大典』刑典，禁制条）

【清人との不法な接触】

第61条　清人賂物，受置其家，交通和売者，梟示。把守将吏等，令兵営拿問，従重決棍［雍

正庚戌承伝]（『新補受教輯録』刑典，禁制，1180条，1730年発布，1744年廃止）
第62条　彼人処，路程記書給者，梟示（『新補受教輯録』刑典，禁制，1189条，1699年発布。これは後に『続大典』に収録され，「一律」と定められた）
〔『続大典』刑典，禁制条，他国人処，路程記書給者，……並以一律論。訳者（矢木）補〕
第63条　……清人処負債者，並以一律論（『続大典』刑典，禁制条）
第64条　交通清人，和売賊物者，以一律論［把守将吏，従重決棍］（『続大典』刑典，禁制条）
〔第61条と第64条は同源の法規と思われる。訳者（矢木）註〕

【燕行使節】
・密貿易
第65条　使行方物白綿紙一隻偸取，私売於清人者，勿論首従，並只梟示境上。団錬・監色・領将等，厳刑定配［康熙壬午承伝］（『新補受教輯録』刑典，賊盗，965条，1702年発布）
第66条　八包加数帯去者，論以潜商之律［梟示境上］。潜持人参現発，則当施此律。欲免聚斂，減数入録者，属公，論以徒配［康熙己丑承伝］（『新補受教輯録』刑典，禁制，1158条，1709年発布。これは『続大典』に収録され，「一律」に定められた）
〔『続大典』刑典，禁制条，八包定数外銀貨齎去者，以一律論。訳者（矢木）補〕
第67条　潜商現捉者，毋論開市与使行，四百両以上則並於江上梟示，三百両以下則厳刑三次後，全家徙辺，勿揀赦前。捕納者，勿論多少，並折半題給。過千金者，並施加資之典。同事中発告者，亦依此例［雍正己酉承伝］（『新補受教輯録』1162条，1729年発布。『英祖実録』5年閏7月10日条，参照）
第68条　刷馬駆人輩，私持銀貨者，作門内現捉，則一百両以上，梟示。一百両以下，則厳刑三次，全家徙辺。作門外現捉，則一百両以上，厳刑三次，全家徙辺。一百両以下，厳刑一次，定配［雍正庚戌承伝］（『新補受教輯録』刑典，禁制，1163条，1730年発布）
第69条　訳官・馬主輩及商賈輩，多出清人物貨者，重則梟示，軽則刑推定配［康熙戊寅承伝］（『新補受教輯録』刑典，禁制，1165条，1698年発布）
第70条　北京使臣渡江時，書状官・義州府尹・平安都事，眼同捜検，挟持参貨者，啓聞囚禁，梟示境上。入去後現発者，回還時，一体梟示。捜検官及行首訳官，並拿問。商賈・領将，囚禁科罪。首訳・領将，如有知情，則与犯人同罪。……［康熙丙寅禁参事目］（『受教輯録』刑典，禁制，752条，1670年発布。ただし，『続大典』に収録された際には「梟示」ではなく「斬」と規定された）
〔『続大典』刑典，禁制条，赴燕人［使臣渡江時，書状官・地方官・本道都事，眼同捜検一行卜物］，挟持参貨者，境上斬［入去後現発者，回還時用律。捜検官，並拿問。首訳・領将，囚禁科罪。而首訳・領将知情，則与犯人同律］。訳者（矢木）補〕

・賊盗
第71条　刷馬駆人輩，偸窃方物，現発無疑，則啓聞梟示。領去別将，不能検察，見偸後，不能現捉，則決棍三十度，辺遠充軍［康熙癸巳承伝］（『新補受教輯録』刑典，賊盗，966条，1713年発布）
第72条　偸取使行方物，潜売清人者，首従皆以一律論。領将，決杖定配（『続大典』刑典，賊盗条）

I　罪と刑罰

・その他

第73条　刷馬駆人輩,出債於清人者,依潜商論罪之例,勿論多少,一併梟示［康熙庚辰承伝］(『新補受教輯録』刑典,禁制,1166条,1700年発布)

第74条　客行時,教嘱通事,徴索無厭者,梟示境上。通官求請,差備訳官例為勾管,則三等雖与通官有異,令堂下差備訳官兼摂［康熙癸未承伝］(『新補受教輯録』刑典,禁制,1186条,1703年発布)

　　　〔通官とは中国側の朝鮮語通事。これに対して朝鮮側の中国語通事は訳官という。また三等とは中国側の使節の一等・二等・三等の頭目のこと。『仁祖実録』24年正月戊午条,参照。訳者(矢木)註〕

第75条　留落彼地,中間逃躱者,境上梟示［康熙庚寅承伝］(『新補受教輯録』刑典,犯越,1223条,1710年発布。ただし,『続大典』に収録された際には「梟示」ではなく「斬」と規定された)

〔『続大典』刑典,禁制条,註,刷馬駆人……中間逃躱,流落彼地者,境上斬。訳者(矢木)補〕

【倭館】

・賊盗

第76条　偸取倭物罪状,不可以常時窃盗之律処之,即於倭館近処梟示［順治辛丑承伝］(『受教輯録』刑典,賊盗,772条,1661年発布。ただし,『続大典』に収録された際には「梟示」ではなく「斬」と規定された)

〔『続大典』刑典,禁制条。倭物偸取者,並館前斬。訳者(矢木)補〕

第77条　倭供米,手標受出,而穀物不尽入送者,監色及同参犯人等,館門梟示(『続大典』戸典,雑令条,註)

第78条　倭供米入給之際,手標則分明受出,穀物不尽入送,而彼此掩護,査得実難。如有数未準而手標先出者,監色及同参犯人等,倭館門梟示［康熙癸巳承伝］(『新補受教輯録』刑典,禁制,1203条,1713年発布)

〔第77条と第78条は同源の法規と思われる。訳者(矢木)註〕

・不法な接触

第79条　倭館闌入者,以一律論［官吏出入而不能禁断,則訓別重治］(『続大典』刑典,禁制条)

第80条　倭館負債,重於潜商,梟示倭館近処,以為彼此警飭之地。随従者,摘発啓聞,処置［順治丁亥承伝］(『受教輯録』刑典,禁制,743条,1658年発布)[69]

〔『続大典』刑典,禁制条。倭人処負債者,倭物偸取者,並館前斬。訳者(矢木)補〕

第81条　辺境奸細之民,暗受倭人之所嘱,誑誘過去女人入館中,使倭行奸者,及貪其数両之銀,以其花妻授諸狡倭者,並館門外梟示［康熙丁酉承伝］(『新補受教輯録』刑典,

---

69) 1672年,東萊の住民が倭館の日本人から麻布を借りた事件がある。彼はそれを返さなかった。そうして倭館の日本人が返済を要求しにやってくると,彼はその日本人を殺害した。この男を梟首に処するように命令する一方で,国王はこの事件をはじめ,日本人との不法な接触が招くその他の不幸な結果をも歎いている。『顕宗実録』13年4月4日条。

禁制，1202 条，1717 年発布。ただし，『続大典』に収録された際には「梟示」ではなく「斬」と規定された。また，女人は「杖一百・徒配」と規定された）

〔『続大典』刑典，禁制条。受略倭人，誘引女子，潜入行姦者［其女人則杖一百・徒配］，……並館前斬。訳者（矢木）補〕

・密貿易
第82条　釜山商賈，出入倭館，潜相買売之外，漏通事情，仮貸物貨者，梟示於館前，以為彼此警惕懲戢之地。随従者，摘発啓聞，処置［順治丁亥承伝］（『受教輯録』刑典，禁制，742 条，1647 年発布）
第83条　潜入倭館，偸取雑物者，及私相買売者，館門外梟示［雍正丁未承伝］（『新補受教輯録』刑典，禁制，1198 条，1727 年発布）
第84条　倭館朝市，只許升斗米買売，而其余各営・各邑及私商輩船運之米，切勿許入買売。莱府収税之規，永為革罷。若有犯者，随其多寡，当有其律［依大明律詐欺官私取財条，准窃盗論，次次加等，罪止杖一百・流三千里］。重者，私商，館門外梟示，訓商以下，論以重律［依大明律制違，杖一百］。○兵・水営之因循冒禁者，及莱府不能照管禁断之罪，亦并従重勘処［康熙壬午承伝○依大明律不応為，杖八十］（『新補受教輯録刑典，禁制，1205 条，1702 年発布）[70]

【日本通信使】
第85条　通信使所帯人，到日本，偸取供帳雑物者，依律処断。在我境索賂作挈者，同罪（『続大典』刑典，贓盗条，註）

〔引用史料中，「一律」「一罪」とは死刑（死罪）のこと。具体的には斬刑または絞刑を指す。したがって，これらは必ずしも「梟首」を意味するわけではない。この点について，本章の行論には若干の混乱が認められるが，しばらく原文のままに訳出した。訳者（矢木）註。〕

---

[70] 1623 年，東莱の富裕な商人，林素に関わる事件が起こった。彼は七万両もの富を所有していたとされるが，密貿易の罪で捕らえられ，斬首に処せられた。彼は自分の富を使って自由を買い取ろうとしたが，そのことが当局をいっそう激怒させ，結局，彼は河のほとりの市において梟首された。『仁祖実録』元年 7 月 4 日条。また，1681 年には趙必万という東莱の商人が，米と大豆を不法に売り渡した罪で倭館の門前で梟首された。『粛宗実録』7 年 7 月 19 日条。

● article 1

有徳の殺人？
―― 漢代における国家容認の暴力の歴史 ――

ベント・ペテルソン（Bengt Pettersson）

　ある国家における刑罰の役割を十全に理解するには，国家により行われた法的処罰だけでなく，国家が容認した個人の応報的暴力をも考えねばならない。

　正史において，個人の極端な暴力行為は，王朝史において肯定的な観点に反映されているように思われる。そうした行動は通例，正当な殺害行為の一環であり，それが包含する暴力は，殺された人物の悪性，もしくは殺害者の善性と呼応し相対化されているのである。有徳者が，例えば彼の父親を殺した者に対して敵討ちをするとすれば，彼が仇の身体をより傷つければそれだけいっそう，誠実であると司法当局から認められるのである。

　本論で明らかにしたい主要な論点は，いかにして暴力が道徳性の指標になったかということである。

　各王朝史に見える食人肉に関する論文に取り組む中で，私は，冒瀆を加えるための食人肉，つまり敵の神聖を汚すために相手を食うことの，最初の事例としての記録は，紀元前23年の王莽を陵辱する行為であったが，それが本格的に出現するようになるのは，紀元前4世紀であることが分かった[1]。以下の史料が，正

---

1) Bengt Pettersson, "Cannibalism in the Dynastic Histories", *Bulletin of the Museum of Far Eastern Antiquties*, 71 (1999), pp. 73-189.

史に現れる第1,第2の事例となるであろう。

【AD23年】

傳莽首詣更始，懸宛市，百姓共提撃之，或切食其舌。
莽の首は更始帝に送られ，宛の市場に懸けてさらされた。民衆はその首めがけてものを投げ，打ち付けた。彼の舌を切り取り，食べる者もいた。　　『漢書』王莽傳

【317年】

訪欲生致武昌，而朱軌息昌，趙誘息胤皆乞曾以復冤，於是斬曾，而昌，胤醢其肉而口噉之。
（周）訪は彼を生きたまま武昌へ送ろうとした。しかし，朱軌の息子の昌と趙誘の息子の胤は，曾を求めて復讐することを乞うた。そこで曾は斬首され，その肉は切り刻まれて昌と胤に食われた。　　『晋書』巻70杜曾傳

317年以降，それはより普遍的なものとなる[2]。とりわけ4世紀から10世紀の間においてそうであった。王莽の悲惨な運命は，「誰とも分からないものに」肉を食べられた点，さらにそれが舌だけだったという点で異例といってよい。彼の頭部がかく陵辱される前に，彼の胴体は兵士によって切り刻まれている。

より典型的ともいえる第2の例では，人肉を食した者は，その名前が記され特定され，「人肉」を彼らは食しているのである。これら2つの事例は，悪徳漢が道徳的に優れたものたちに食されることであり，そこから東漢時代はかかる過酷ともいうべき復讐法の形成期ではないだろうか。

そこで，まず第1段階として，食人肉にはあたらないが，同じような究極の暴力が存在するかどうかを見るために，第1の例と第2の例の間の期間をほぼ包括する『後漢書』から陵辱の事例を摘出することから始めてみよう。

『後漢書』には陵辱の2つの形式が存在している。

2）おそらく「普遍的」は正確な語ではないであろう。それは約60回，正史に記述があるが，飢餓が関係した人肉食や，孝子が両親を養うために行う「割股」という大腿部の切削に関する記述に比べると，「普遍的」といえる多さではなかろう。

『後漢書』に見える晒すことによる陵辱の例

【27年】

不得斷人支骸，裸人形骸，放咽淫婦女。俊軍兵士猶發冢陳尸，略奪百姓。
「……人の四肢を斷つこと，骸をむき出しにすること，あるいは婦女を犯すことをしてはならない」としたが，それでも俊の兵士らは墓を暴き，死體を並べて，民衆から掠奪した。　　　　　　　　　　　　　　　　　　　『後漢書』列傳19 郅惲傳

【130年】

乙亥，定遠侯班始坐殺其妻陰城公主，腰斬，同産皆棄市。
乙亥の日，定遠侯班始は，その妻陰城公主を殺した廉により腰斬，彼の兄弟姉妹は皆，棄市となった。　　　　　　　　　　　　　　　　　　　『後漢書』卷6 順帝紀

【172年】

且馮貴人冢墓被發，骸骨暴露，與賊併尸，魂靈汚染。
馮貴婦人の墓が暴かれ，彼女の骸骨はさらされて（彼女の死体は）賊徒の死体とともに横たえられた。彼女の靈魂は汚された。　　　　　　　　　『後漢書』列傳46 陳球傳

【147年】

與李固俱暴尸於城北，家屬故人莫敢視者。
彼の死体は李固のものとともに，北の城壁にさらされた。彼の一家一門や友人であえて彼を見ようとする者はいなかった。　　　　　　　　　　　『後漢書』列傳53 杜喬傳

『後漢書』に見える遺体損傷による陵辱の例

【22年】

皆焚屍宛市
〔……〕すべての死体は宛の市場で焼かれた。　　　　　　『後漢書』列傳1 李通傳

【150年】

嵩又因刑其屍，以報昔怨。
（李）嵩はそれから，昔の怨みに報いるため彼の死体に損傷を与えた。
　　　　　　　　　　　　　　　　　　　　　　　　　　　『後漢書』列傳21 蘇章傳

掘其父皐冢斷取皐頭，以祭父墳，又標之於市曰李君遷父頭。
彼は嵩の父である皐の墓を掘り起こし，皐の首を切り取って運び去り，それを彼の父の墓にささげて祭った。彼はそのとき，市場でそれに「李君遷の父の頭」と記した。

同上

【182 年】

角先已病死，乃剖棺戮屍，傳首京師。
（張）角はすでに病死していたので，彼の棺は破砕され死体は切断されて，首が都に送られた。

『後漢書』列傳 71 皇甫嵩

【192 年】

乃尸卓於市。天時始熱，卓素充肥，脂流於地。守尸吏然火置卓臍中，光明達曙，如是積日。諸袁門生又聚董氏之尸，焚灰揚之於路。
そこで（董）卓の死体は市場に据えられた。暑くなろうとしており，卓は肥ってもいたので，体脂が地に流れた。死体の番人が火をつけ，それを彼の臍に置いたところ，夜明けまで明々と輝いた。これは何日かにわたって行われた。袁の門下生すべてが董一族の死体を集めて灰になるまで焼き，その灰を街路にまいた。

『後漢書』列傳 62 董卓傳

　さらしものにする事例は，以下の点で後世の人肉食の例と合致しないと私は考える。それはすなわち，犠牲となる者を辱めることは，故意的でない（墓をあばくことによる曝露），もしくは，激しい遺恨の感情からではなく，加害者に代わって無頓着に引き起こされたに過ぎない。

　これに対して，遺体毀傷の事例についていえば，これは後の歴史で人肉食に繋がる事象との類似を示しているのである。それ故，人間の体の毀傷と陵辱は 4 世紀において初めて登場する特徴ではなく，また王莽の末路が示すとおり，死体を徹底して毀傷することでもって与える陵辱行為は，醢という事例を有する古代の風習と人肉食に帰結する後世の事例とを結び付けるものであるといってもよい。しかし，王莽の事例から，我々は漢王朝が，かかる極端に至っている暴力の実例に新たな要素を付け加えていることが分かるのである。

　伝統的に洗練された文化の精髄が見られる漢王朝において，食人肉といった復讐を促進する，引き起こす，もしくはそれを導き出したものは何だったのであろうか。

　漢王朝は人の寿命より長く続いた最初の帝国であった。前王朝の秦がその短い統治期間に軍法制度を行使することができたのに対し，漢は約 60 年の期間をおいた後，統治を引き継ぎ正当化するために，改めて出直して別の制度を採

り入れなければならなかったのである。筆者の同僚のオーイ・キーベング（Ooi Keebeng）は，この事に関して『道徳經』の冒頭の句にある「常道」というあまり使われなかった用語を用いて系統的に説明している。

常道とは統一と平和を創造し，統治機構が絶えず軍事力を誇示しなくても安寧を保つことができる不変の原理であり，「信」の表現ないし体系なのである[3]。不変の正道は，我々が今日呼ぶところの儒教であった。儒教は紀元前136年に国家哲学となった。これが意味したことは，天が統治機構に対し同意か不同意かの徴を持って規則的に接触するようになったのは，やっとこの年以降だということである。軍事力への依拠から天の同意へという，まさにこの漢王朝が行った体制にとっての正当性の転換は，中国学者の間ではっきり理解されていた。それに比べて理解されていないのは，転換は，あらゆる王朝で実に長い期間にわたって，何某か起こってきたという事実である。以後の王朝において，天の声はそれほど頻繁に聞かれることはなかったのである。

儒教は採用されることで，進展し，その徳目の重要度にいささかの入れ替えがあった。「仁」と「義」は，ここに初めて後退せざるを得なくなり，かわって地位を得た徳目が「孝」であった。古代において，孝とは単に祖先に敬意を払うことだけを意味したのか，あるいは今日と同様，現存する父母に敬意を払うことを意味するのかは，いささか議論のあるところである[4]。例えばドナルド・ホルツマン（Donald Holzman）は，より近代的な孝の意味がすでに『尚書』の最も古い篇章の中に現れており，またこのことは歴史をたどっていくにつれて明白になっていくと考えている。彼は次のように記述する。

……4世紀中葉までには，おそらく『左傳』は書かれていたであろうし ── そうでないにしても，8世紀ぐらいには，これらの出来事がすでに起こっていたと推定され，孝は他者に対する意識のうちで最も優越するすぐれて特別な徳目となっていたのである[5]。

3）Ooi Kee Beng, *The State and its Changdao*, doctoral dissertation, Chinese Culture Series no. 1, Stockholm University 2001.

4）孝についての早期の論及は，李裕民「殷周金文中的孝和孔丘孝道的反動本質」（『考古學報』1974：2），19-28頁．

中国哲学の黄金時代を通じて、多数の国家の存在が多数の哲学を将来したといえる。しかしながら、より早い時期には、善や義という枢要な徳目とは肩を並べる地位にはなかった孝が、漢王朝を迎えたとき、国家の他に抜きんでた卓越した徳としての絶対至上の力を奪取したのだとホルツマンは記している。

　先に少し触れたが、漢王朝は自ら一新するために「常道」を必要とし、儒教の規範が採用された。その中で、暴力以外のものによった階層的社会構造を作り上げるのに資する孝という概念が認められるのである。

　どこかこの辺りで、『孝經』が新たな古典的権威書として登場する。この中で我々は孝がいかに国家に役立つか、そして孝がどれほど「徳之本」すなわちすべての徳目の根源であるかを、読み取ることができる。この著作の起源はあまり判然としない。例によって、原作者は孔子に帰せられるともいわれてはいるが、それを資料から実証することは非常に難しく、せいぜい前漢中期の他の文献の中からその来歴を検証するしかできないであろう。ホルツマンは、それが皇帝の命令で作られたものだということは、疑いの余地がないと信じている。その中に庶人から天に至る羈絆が描かれており、忠と孝とは同じもの、父親に仕えることは支配者に仕えることと同じということを知るに至る。忠と孝という2つの徳目は、おそらくここで初めて対峙することになったのであろう。『後漢書』は、孝行な人物に傳を割いた最初の正史である。後に他の過激な行為の中から割股を見出すのは、ほかならぬこの傳においてである。したがって我々は、これらの傳を通じて、孝を証明する過激な行為は、前漢ではおそらく場あたり的に、後漢にあってはより体系的に、推し進められていたことが分かるのである。

　紀元前134年、孝行・清廉をいう孝廉科が創設され、その行動が孝であることが証明された者は、他の通常の官吏登用を経なくてもよいと認められたのである[6]。わずか6年後、官吏は、孝が認められた人物を推奨しなかった場合、罰せられるという上奏がなされる[7]。換言すれば、篤行者とその推薦者に対する報奨

5）Donald Holzman, "The place of filial piety in ancient China" *Journal of the American Oriental Society* 118: 2 (1998), p. 188.
6）『漢書』武帝紀。
7）『漢書』武帝紀。

は，大きなものでだったのである。

　マイケル・ナイラン（Michael Nylan）は，次のように記している。「『孝經』のおかげをもって，孝行はすべての徳目の基礎という地位をはるかに超越するものとなった。……それらは政治的忠誠の尺度となったといってよい」[8]。さらに，「1つ1つの孝行が，序列と権威の網状組織(ネットワーク)を支える礼体系全体を強化したのだ」と[9]。彼女はまた後漢期に到達した過激主義にも注目する。「東漢中葉までに，文化程度は，単なる常軌の逸脱を無比の崇高と取り違えるほどにまで変貌していた」[10]。

　漢の思想家は両親への忠誠を国家に対するそれに結び付けることを成し遂げたのだが，後漢末期にはその思想体系が手に余るものになっていたのではないだろうか。これを示す用語が「過礼」すなわち度を越えた礼儀であった。

　服喪規定によれば高位の官吏や皇帝でさえも，3年の間重要な決定ができないようになったが，それは国家にとって有害となっていた。孝行によって官職を得ることは理に適わないといった主張も出てくる[11]。身体を損なうことなく保つ「保全」という考えは，有徳の人を危険な兵役から遠ざける口実を与えた。損傷となれば，それは孝行でないからにほかならない。しかしながら，保全思想が死後の遺体毀傷に結び付くだろうと考えることも，さほどこじ付けとはいえないかもしれない。

　以上総括すると，次のような事項が得られる。これは結論めいたものでなく，国家によって大目に見られた「有徳な殺人」を考究する上での必要条件を羅列したものに過ぎない。

・国家に奨励された孝がある
・極度の孝には具体的な報償がある
・「父の敵は共に天を戴かず」という礼の文言がある

---

8) Michael Nylan, "Confucian piety and individualism in Han China", *Journal of the American Oriental Society*, 116: 1 (1996), p. 4.
9) Nylan, p. 5.
10) Nylan, p. 22.
11) それは，孝廉の志願者に筆記試験を受けさせる132年以降の規則に反映されると見てよい。Franklin W. Houn「漢王朝における文官採用制度」（『清華學報』1956, 1: 1) 142頁参照。

・王莽の治政と後漢の終末時に，暴力的な政治状況が見出される
・身体を傷付けないでおくことが強調され，したがってそれを損なうことは象徴的価値を増大させる

　本論で，筆者は以下の点で貢献することを願っている。すなわち，陵辱を加えるための食人肉の起源，および孝と暴力との関連を明らかにするだけでなく，不法であるにもかかわらず国家に宥される，あるいは報奨を受けさえした殺人を，死刑研究プロジェクトに付加することを。

II ── 社会と死刑

第4章

古勝隆一
Kogachi Ryuichi

魏晋時代の皇帝権力と死刑
—— 西晋末における誅殺を例として ——

はじめに

　人が善悪を決する際，法律はもちろん重要な根拠とされる。しかし，それは唯一の根拠ではない。近代的な法治国家においても，人々は法律と並んで道徳（宗教上の道徳をも含む）をも考慮に入れて善悪を決めたであろう。では伝統的な中国においては，人が善悪を判断する基準は如何なるものであったのか。この問題の枠組みを，古代・中古時期の知識人がどのように善悪を判断したのかにつき，考えてみたい。

　戦国時代末，秦は法律を全面的に整備し，紀元前221年，最終的に中国全土を統一した。統一秦は，法律を全国に施行することにより，帝国支配を行った。そして秦の滅亡を受け，漢はその法律制度を受け継いで帝国の支配を保った。その後，法律制度は中国史においてますます整備され，法律は一貫して中国社会の根幹を支えた。一方，中国には極めて強い道徳が存在した。それがすなわち儒教道徳であったというと語弊があるが，それでもなお儒教道徳が中国の知識人の思考に与えた影響は決して無視できない。中国においても，善悪は道徳と法律の2つに基づいて判断されたというべきである。

　しかしながら，ここで伝統的中国における法律を，近代法治国家の法律と同等視することは不適切であろう。つまり，伝統的中国において，法律はより限定さ

れた効力しか有しておらず，道徳に従って是非を決することがより多かったと見るべきである。そして国家がある人物に賞罰を与える際にも，決して法律のみに基づいて判断が為されたわけではない。

この法律と道徳との対立が以上のように存在するならば，それは古代漢語でどのようにいい表されるのか。それらはそれぞれ「刑」（あるいは「法」）と「礼」と呼ばれる。法律と道徳とが，常に同じ答えに人を導くとは限らない。中国において，「礼」と「刑」との対立はしばしば起こった。伝統中国における法律を論じようとするならば，必ず法律と道徳との関係を考究する必要があろう。なお，漢語の「礼」は単に道徳上のアスペクトを持つのみならず，様々な秩序体系を表すものとして極めて多義に用いられ，本章でもそのような広い意味でこの語を用いたい。また，一般に道徳を表す漢語は「道徳」であるが，中国において「刑」と対立するものは「礼」と考えられた証拠がはるかに多いので，本章では「刑」と「礼」との対立を中心に考えたい。

一方，また中国において，皇帝が臣下・人民に適正な賞罰を与えることは，極めて切実に皇帝に期待された行為である。皇帝による賞罰は，善良で功績のある者に賞を与え，不正な者に罰を与えることを基本としている。賞罰は皇帝が臣民に対して賜るものとされたが，同時に皇帝が履行すべき義務であるともされた。つまり賞罰を適正に行使しない皇帝は，その時代および後世の批判を受けかねないということである。賞罰が全くあたらない桀王や紂王などは「下愚」とまで評されている。

傳曰，譬如堯・舜・禹，稷……與之爲善則行，……讙兜欲與爲惡則誅。可與爲善，不可與爲惡，是謂上智。桀・紂，龍逢・比干欲與爲善則誅，于莘・崇侯與之爲惡則行。可與爲惡，不可與爲善，是謂下愚。齊桓公，管仲相之則霸，豎貂輔之則亂。可與爲善，可與爲惡，是謂中人。　　　　　　　　　『漢書』卷20，古今人表
傳に曰く，譬えば堯・舜・禹の如きは，稷……之と與に善を爲さば則ち行い，……讙兜　與に惡を爲さんと欲せば則ち誅す。與に善を爲すべきも，與に惡を爲すべからず，是れを上智と謂う。桀・紂のごときは，龍逢・比干　之と與に善を爲さんと欲せば則ち誅し，于莘・崇侯　之と與に惡を爲さば則ち行いる。與に惡を爲すべきも，與に善を爲すべからず，是れを下愚と謂う。齊の桓公のごときは，管仲　之に相たるに則ち霸たり，豎貂　之を輔するに則ち亂る。與に善を爲すべく，與に惡を爲すべし，是れを中人と謂う。

そのような賞罰の思想が，法律・道徳とどのように関係しているのかというこ

とは，興味深い問いであろう。

本章では，道徳と法律との対立を考察し，さらに皇帝独自の権力による賞罰が人々の善悪判断とどのように関わっているのか，この問いを皇帝による誅殺をめぐって考察する。魏晋時代における「誅」の実態については第5節以下に述べることとして，まずは第1節にて，皇帝権力の行使がどのような論理に支えられているのかを論じたい。

1 ◆ 礼と刑

礼と刑との対立は，中国では古くから問題とされており，『論語』為政篇に孔子の言葉として「之を道(みちび)くに政を以てし，之を齊うるに刑を以てせば，民は免れて恥無し。之を道くに徳を以てし，之を齊うるに禮を以てせば，恥有り且つ格(ただ)し」というのは，その極めて直截的な表現である。儒家においては，政治・法律による支配を拒否し，道徳・礼による教導を行うという宣言である。

漢語の「礼」は多義である。それは典礼であり，儀式であり，式典である。またそれは，礼儀作法であり，礼節であり，礼儀正しさ，丁寧さでもある。しかし礼の意味するものはそれだけに止まらない。礼は，身分関係に基礎を置く秩序そのものを意味し，小は家庭内の秩序から，大は社会の秩序までを意味しうる。礼秩序に基づいて設計された制度, 礼制も礼の重要なアスペクトである。さらには，「礼俗」と呼ばれる礼の日常的・習慣的な実践をも示す。

礼は，孔子以前の中国社会にすでに存在していたものであるらしいが，孔子が儒家道徳の基礎として全面的に導入したものである。儒家が戦国時代に勢力を広げるとともに，儒家的な価値として一般に認められるにいたり，最終的に前漢時代において儒家の権威が確立することによって，その後の中国人の思考にも決定的な影響を与えることになった。

前述の如く，礼は父と子の上下関係を基調とする家庭内道徳をも意味するが，それが次第により大きな共同体の秩序として確立していったものであろう。もとは，子の父に対する敬意に基づくものであったのが，母，親族，共同体の年長者，共同体の主導者，王などに対して拡張され，さらには下から上へと向かう関係のみならず，上から下へと向かう関係をも張りめぐらせ，共同体秩序そのものを意

味し得るまでに至ったものであると考えられる。

　紀元前221年，法家思想を吸収し法律を整備した秦が中国を統一した。ここに至り，社会秩序を維持する装置としての法律が大々的に歴史の舞台に登場し，さらに次代の漢もその法律を継承したわけであるが，それでも法律のみが秩序を維持する唯一の方法と考えられたわけではない。「礼」は漢代以降，常に重んじられた。前漢末の人，劉向（前77〜76）は「礼」と「刑罰」とを対照させて，「礼による教化は治世の根本であり，刑罰は治世を助ける道具である。根本を捨てて補助の道具のみを重んずるのは，平和を達成するよい方法ではない」と主張する。これは「礼」重視に傾いたものではあるが，必ずしも刑罰を排せよということであるよりは，むしろ「礼」を中心として「刑罰」により補えという思想とも解される。

>　禮以養人為本，如有過差，是過而養人也。刑罰之過，或至死傷。今之刑，非皋陶之法也，而有司請定法，削則削，筆則筆，救時務也。至於禮樂，則曰不敢，是敢於殺人不敢於養人也。……。夫教化之比於刑法，刑法輕，是舍所重而急所輕也。且教化所恃以爲治也，刑法所以助治也。今廢所恃而獨立其所助，非所以致太平也。
>
>　　　　　　　　　　　　　　　　　　　　　　　　　　　　　『漢書』巻22，禮樂志
>
>　禮は人を養うを以て本と為す，如し過差有らば，是れ過ちて人を養うなり。刑罰の過は，或いは死傷に至る。今の刑は，皋陶の法にはあらざるなり，而して有司は請いて法を定む，削るは則ち削り，筆くは則ち筆き，時務を救うなり。禮樂に至りては，則ち曰く敢えてせずと，是れ殺人を敢てし，人を養うを敢てせざるなり。……。夫れ教化の刑法に比するや，刑法は輕し，是れ重んずる所を舎て輕んずる所を急とするなり。且つ教化の恃つ所は以て治と爲すなり，刑法は治を助くる所以なり。今ま恃つ所を廢して獨り其の助くる所のみを立つるは，太平を致す所以にはあらざるなり。

これは，「刑法」以上に礼が必要であることを説いたものである。

　一方，漢末の曹操も「治世のための教化は，礼を最重要とする。混乱を収束させるための政治は，刑罰を優先する」といい，「礼」と「刑」という2つの基準が，互いに補い合うものであることを示す。

>　夫治定之化，以禮爲首。撥亂之政，以刑爲先。是以舜流四凶族，皋陶作士。漢祖除秦苛法，蕭何定律。
>
>　　　　　　　　　　　　　　　　　　　　　『三國志』巻24，魏書，高柔傳
>
>　夫れ治定の化は，禮を以て首と爲す。撥亂の政は，刑を以て先と爲す。是を以て舜は四つの凶族を流し，皋陶は士と作る。漢祖は秦の苛法を除き，蕭何は律を定む。

「治定の化」「撥亂の政」の両者を実現するため，「礼」と「刑」とを併せ用いるというのである。

唐代の法律の注釈書である『唐律疏議』は劉向と曹操の見方を調和させる。「礼は政治の本体であり，刑罰は政治の運用である。昼夜や春秋が互いに他を必要として完成するようなものである」と。

> 皇帝彝憲在懷，納隍興軫。德禮爲政敎之本，刑罰爲政敎之用，猶昏曉陽秋相須而成者也。是以降綸言於台鉉，揮折簡於髦彥，爰造律疏，大明典式。
> 『唐律疏議』巻1，名例律
> 皇帝は彝憲　懷に在り，隍に納るがごとく軫みを興す。德禮は政敎の本爲り，刑罰は政敎の用爲り，猶お昏と曉と，陽と秋と，相い須ちて成る者のごときなり。是を以て綸言を台鉉に降し，折簡を髦彥に揮い，爰に律疏を造り，大いに典式を明かす。

つまり，根本は礼であるが，礼と刑罰はそれぞれ単体では存在し得ない，相互補完的なものであるというのである。優れた法律の伝統を持つ中国ではあったが，その中において礼が法律とともに十分に重んじられてきたことが知られるのである。

以上，道徳と法律との関係について主に述べた。これは，中国の知識人が如何なる基準に基づき善悪を判断したかを検討したものである。一方，韓非子の主張する「二柄」説なるものがある。それは，君主は臣下を刑罰（「刑」）と道徳（「德」）とによって制御するという考え方である。

> 明主之所導制其臣者，二柄而已矣。二柄者，刑・德也。何謂刑德。曰殺戮之謂刑，慶賞之謂德。爲人臣者畏誅罰而利慶賞，故人主自用其刑德，則群臣畏其威而歸其利矣。
> 『韓非子』二柄
> 明主の其の臣を導制する所の者は，二柄のみ。二柄とは，刑と德なり。何をか刑と德と謂う。曰く，殺戮これを刑と謂い，慶賞これを德と謂う。人臣爲る者は，誅罰を畏れ慶賞を利とす，故に人主は自ら其の刑德を用いれば，則ち群臣は其の威を畏れ其の利に歸せん。

「刑」とは死刑のことで，「德」とは賞与のことであると韓非子はいう。この「二柄」説は，上述した道徳と法律との関係と酷似した対であるが，その内実は異なる。韓非子の説くのは，君主が刑罰と賞与とを与えるという特権的な力を発揮することにより，人心を掌握する術なのである。「刑德」の実質は，刑罰と賞与なのである。

これは，単に道徳と刑罰との対立を越えて，君主・皇帝の関与という重要な問題が存在することを明示するものである。知識人が道徳と法律とに基づいて善悪を決したとしても，それとは隔絶して，君主・皇帝による賞罰が与えられることがあるのである。次節にてこれを論じてみたい。

2 ◆ 皇帝による賞罰

知識人が物事の善悪を判断し，行為する際，道徳と法律とが参照されたことは，前述のとおりである。しかし賞罰という形をとって現れる，皇帝による直接的な判断は，人々にどのように理解されたのか。

中国において，皇帝が臣下・人民に適正な賞罰を与えることは，極めて切実に皇帝に期待された行為である。賞罰は皇帝が上から下に与える恩寵であるとされた。この点は，近代的な権利の観念とは異質のものである。皇帝の判断は重く，それは受け入れざるを得ないものであり，臣下・人民にはそれに対する不服申し立ての権利はないのである。

適正な賞罰の行使は，皇帝の特権であると同時に，正しく履行すべき義務であるともされた。例えば，『墨子』では次のようにいう。

> 上之爲政也，不得下之情，則是不明於民之善非也。若苟不明於民之善非，則是不得善人而賞之，不得暴人而罰之。善人不賞而暴人不罰，爲政若此，國衆必亂。
>
> 　　　　　　　　　　　　　　　　　　『墨子』尚同下，引墨子言
>
> 上の政を爲すや，下の情を得ずんば，則ち是れ民の善非に明らかならざるなり。若し苟くも民の善非に明らかならずんば，則ち是れ人を善みして之を賞むるを得ず，人を暴きて之を罰するを得ず。善人，賞められず，暴人，罰せられず，政を爲すこと此の若きは，國衆　必ず亂れん。

つまり皇帝の賞罰が正しくない場合，賞罰を下された当人に不服申し立ての権利はなくとも，不適正な賞罰が批判を浴びる可能性は，実は残されており，それに対し皇帝が無頓着であったとはいえない。しかし皇帝による賞罰は，特権的な力の行使であり，それは道徳や法律を時として踏み越えるものであったと理解しておきたい。

魏晋時代の皇帝権力と死刑　第4章

　皇帝に対して士大夫層が批判を行う精神はどのように育まれたのであろうか。その一つの典型を，儒家経典の『春秋』に窺うことができる。中国では歴代，孔子が編纂したという歴史書『春秋』から，孔子の歴史に対する毀誉褒貶を読み取ろうとする学問，春秋学が存在した。

　『春秋』僖公 28 年に次のような一文がある。

　　六月，衛侯鄭自楚復歸于衛。
　　六月，衛侯の鄭，楚自り衛に復歸す。

　これは，紀元前 632 年 6 月，衛の成公（名は鄭）が亡命先の楚から帰国したという記事である。何休（129 〜 182）は次のように解釈する。

　　言復歸者，天子有命歸之。名者，刺天子歸有罪也。言「自楚」者，爲天子諱也。天子所以陵遲者，爲善不賞，爲惡不誅。
　　「復歸」と言う者は，天子，命有りて之を歸す。名する者は，天子，罪有るを歸すを刺（そし）るなり。「楚自り」と言う者は，天子の爲に諱むなり。天子陵遲なる所以の者は，善を爲して賞せず，惡を爲して誅せざるなり。

　衛の成公を衛に帰国させたのは，当時の周の天子，襄王である。しかし，成公には罪があった。その罪ある成公を帰国させた天子の行為が，不当であることをそしるために，わざわざ成公の名（鄭）を孔子は『春秋』に書き，天子を誚ったのである。その理由とは，善を為しても賞が与えられず，悪を為しても罰が与えられなかったからである，と。

　これは，『春秋』という書物を通して，孔子が天子に対して批判を加えたとされてきた例である。天子に対して直接に発せられた政治上の発言ではないが，孔子が自己の立場に基づき，歴史を批判的に総括したことを尊崇する伝統が中国に根付いていたことは確実である。

　漢代初期，賈誼（紀元前 200 〜 168 年）は秦の二世皇帝，胡亥（？〜紀元前 207）を批判した文章を著し，「賞罰が不適切である」と述べた。

　　二世不行此術，而重之以無道，壞宗廟與民，更始作阿房宮，繁刑嚴誅，吏治刻深，賞罰不當，賦斂無度，天下多事，吏弗能紀，百姓困窮而主弗收恤。然後姦偽並起，而上下相遁，蒙罪者衆，刑戮相望於道，而天下苦之。　　『史記』巻 6，秦始皇本紀
　　二世は此の術を行わずして，之に重ぬるに無道を以てし，宗廟と民とを壊ち，更に始めて阿房宮を作り，刑を繁くして誅を嚴しくし，吏の治は刻深にして，賞罰は當

157

らず，賦斂は度無く，天下は多事，吏は能く紀さず，百姓は困窮して主は收恤せず。然る後に姦偽並び起ち，上下は相い遁がれ，罪を蒙る者は衆く，刑戮は道に相い望み，天下は之を苦とす。

また，呉の陸凱が末帝の孫晧（242〜283年）に対して直接の批判を述べた際にも，同じく「賞罰が不適切である」と述べた。

> 夫賞以勸功，罰以禁邪。賞罰不中，則士民散失。　　『三國志』卷61，呉書，陸凱傳
> 夫れ賞は以て功を勸め，罰は以て邪を禁ず。賞罰中（あた）らずんば，則ち士民は散失せん。

時代を下り，唐の柳澤が睿宗，李旦（662〜716年）に対して奉った上疏にも同様の内容が含まれる。

> 儻陛下忘精一之德，開恩倖之門，爵賞有差，刑罰不當，則忠臣正士，亦不復談矣。
> 　　　　　　　　　　　　　　　　　　　　　　　『舊唐書』卷77，柳澤傳
> 儻（も）し陛下　精一の德を忘れ，恩倖の門を開き，爵賞に有差り，刑罰當らずんば，則ち忠臣正士は，亦た復た談ぜざらん。

もちろん，法律の運用結果と皇帝の判断とが一致することは多かったであろう。しかし，もし厳正な法律に基づいて，廷尉を頂点とする法官がすべての賞罰を決するというのなら，皇帝が直接に賞罰を与えるということは，実質的には極めて限定されたものとならざるを得まい。皇帝が法律の内容を定め，適任の法官を選び，法官の判決に形式的な裁可を与えること以外には。しかし中国中古についていえば，皇帝による賞罰は絶えず注目されていたのであった。つまり，皇帝による賞罰と，法律・道徳との緊張関係は意識されていたといえる。

皇帝による直接の賞罰は，詔勅を要するものである。そして皇帝の与えた賞罰のうち，罰の最大のものたる誅殺には，詔勅が用いられたのであった。皇帝が詔勅を発して行使する誅殺は，通常の法律の規定と如何なる関係にあるのであろうか。「誅」とは何か，以下論じたい。

3 ◆ 誅とは何か

中国の正史に見える「誅」という行為は，要約していうと，皇帝による直接的な正義の行使としての死刑である。その「誅」は，律令の中で「大逆不道」と呼ば

れる罪による処刑であろうかとも考えられるが[1]、法律の規定のみならず、上記の皇帝権力の行使としての側面を考察する必要がある。

後漢の許慎『説文解字』では、「誅」を次のように説明する。

誅、討也。从言朱聲。　　　　　　　　　　　　　　　『説文解字』巻3上
誅は、討つなり。言に從い朱の聲。

ここでは、「誅」が「討」と訓じられている。では、「討」とは何か。孟子に「天子には討という行為はあるが、伐という行為はない」という有名な言葉がある。

天子討而不伐、諸侯伐而不討。　　　　　　　　　　　『孟子』告子下
天子は討ちて伐せず、諸侯は伐して討たず。

これに対し、後漢の趙岐は次のように注解する。

討者、上討下也。伐者、敵國相征伐也。
討とは、上の下を討つなり。伐とは、敵國、相い征伐するなり。

趙岐が「討とは、上の者が下の者を討伐することである。伐とは対等な国が互いに戦争することである」というのによると、「誅」「討」という2つの漢字は、両方とも「上の者が、下の者を懲らしめる」という意味になる。

ただ、ここで併せて考慮すべきは、『説文解字』注釈者の段玉裁（1735〜1815年）が『説文』の「誅は、討つなり」を解釈して、「殺すことと責任を問うことの両方の意味がある」とすることである。

凡殺戮・糾責皆是。　　　　　　　　　　　　　　　　『説文解字注』巻3上
凡そ殺戮・糾責、皆な是れなり。

一方は死刑と関わり、一方は死刑と関わらないが、しかし、「誅」という字が「上の者が下の者に対して」行う行為である点に強い共通性がある。

例えば、『荀子』には次のような孔子の逸話が見える。孔子が少正卯を誅殺した際、孔子は「君子の誅」を正当化し、歴史上の湯・文王・周公・太公・管仲・子産の7人が不正な者を誅殺した例を挙げたという。

1）たとえば、第6節にて述べる魏の毌丘儉が「誅」せられたときのこととして、『晋書』巻30、刑法志は「犯大逆者、誅及已出之女」という。

> 孔子爲魯攝相，朝七日而誅少正卯。……。孔子曰……。是以湯誅尹諧，文王誅潘止，周公誅管叔，太公誅華仕，管仲誅付里乙，子產誅鄧析・史付。此七子者，皆異世同心，不可不誅也。　　　　　　　　　　　　　　　　　　　『荀子』宥坐篇
> 孔子　魯の攝相爲りしとき，朝すること七日にして少正卯を誅す。……。孔子曰く「……。是を以て湯は尹諧を誅し，文王は潘止を誅し，周公は管叔を誅し，太公は華仕を誅し，管仲は付里乙を誅し，子產は鄧析・史付を誅す。此の七子は，皆な世を異にして心を同じくし，誅せざるべからざるなり」と。

　この 7 人のうちに王以外の者が含まれていることからも分かるように，必ずしも王の位が「誅」を実行するための条件ではなく，「君子」すなわち道徳の保持者であることが条件とされている。道徳上の観点から，圧倒的に上位の者が，下位の者を誅殺したと理解できる。道徳上の上下関係が極めて強く意識されている。
　しかし後に「誅」は，主に皇帝が詔勅をもって臣下・人民を誅殺することを意味するようになった。史書に見えるのは，多く，その意味における用例である。ここにおいて，「誅」が皇帝の権力による死刑を表す言葉となったのであろう。

　皇帝による正当な賞罰が強く求められたことは，すでに述べたが，これは非常に古い伝統を持つ。聖王の舜が 4 人の罪人を罰したことにより，天下を治めたという『尚書』の故事は特に有名である。

> 流共工于幽州，放驩兜于崇山，竄三苗于三危，殛鯀于羽山。四罪而天下咸服。
> 　　　　　　　　　　　　　　　　　　　　　　　　　　　　　　『尚書』舜典
> 共工を幽州に流し，驩兜を崇山に放ち，三苗を三危に竄ぞけ，鯀を羽山に殛す。四罪して天下は咸な服す。

　そこには「誅」の語は用いられていないけれども，王が悪人を罰することを正当なものとする思考は，中国に根強く存在したのであった。

　中国において，天子は正当な賞罰を与えるべきであるとする観念は，もともとバランス感覚に由来したのであろう。そして，その観念が発生した当初，賞罰が法律や儒教道徳の規制を受けるべきものとは考えられてはいなかったであろう。それは，孔子よりも前からあったものであるかもしれない。天子の判断がバランスを失っていないものである限り，人々はそれを支持した。
　一方，孔子の学団は道徳を洗練し，それを政治の方法として提案した。そして長い目で見ると，中国史上，儒教道徳は政治家・知識階級に深く受け止められた。

また他方では、戦国時代の各国における法律の整備が進み、特に秦国のそれは極めて完備したものとなり、紀元前221年の中国統一以後、それは人々の善悪の基準として浸透していった。これら、道徳と法律の二者は、それぞれ確乎とした基準へと成長していった。ここに、皇帝権力、道徳、法律の拮抗関係が生まれたと考えられる。

皇帝の判断を仰ぐまでもないような小さな問題は、むろん道徳と法律とにより解決されたことであろう。死刑にあたるような罪でも、必ずしも皇帝の詔勅を必要とせず、裁判上の手続きのみで刑が執行される死刑もむろん多数あった。

しかしそれとは異なり、皇帝権力の直接の発動である誅殺は、法律の規制を受けるものではない。皇帝による罰の最大のものは、いつの時代においても誅殺であった。これを制限するものは、人々の評判以外にはない。誅殺は、律令の中で「大逆不道」と呼ばれる罪に対する罰であると考えられるが、とはいえ律文が誅殺を制約するわけではないのである。誅殺は、明白な皇帝権力の行使である。

問われることがあるとすれば、それが本当に皇帝が発したものであるか否かという点である。韓非子は賞罰が臣下によって左右されることを恐れた。

> 今人主非使賞罰之威利出於己也、聽其臣而行其賞罰、則一國之人皆畏其臣而易其君、歸其臣而去其君矣、此人主失刑德之患也。　　　　　　　　『韓非子』二柄
> 今　人主、賞罰の威利をして己れから出でしめずして、其の臣に聽して其の賞罰を行わしめば、則ち一國の人、皆な其の臣を畏れて其の君を易とし、其の臣に歸して其の君を去らん、此れ人主　刑德を失うの患なり。

後世、韓非子の憂慮は不幸にして当たり、ことに皇帝自身の権力掌握が十分でなかった時代においては、皇帝の周囲のあらゆる人々が自分たちの勝手な都合によって、他人を誅殺するための詔勅を発した。誅殺という行為がそもそも法律を越えたものであったため、皇帝に直接由来しない誅殺が、歴史上、法律問題として取り扱われなかったことも、当然のことであった。

「誅」とは、人の責任を問うことであり、人を罰することである。後漢時代の代表的な注釈家である鄭玄は次のようにいう。

> 誅、責讓也。　　　　　　　　　　　　　　『周禮』天官、太宰、鄭注
> 誅は、責讓するなり。

II　社会と死刑

> 誅，罰也。　　　　　　　　　　　　　　　　　　　『禮記』曲禮上，鄭注
> 誅は，罰するなり。

　転じて人を殺すことを意味するが，その場合でも一定の論理によって人に死を与えることを意味し，不当な殺人である「害」とは区別される。「王誅」という言葉は，帝王による死刑が正当な根拠を持つことを示唆するものである。なお誅とは律令中の法律用語ではないようであるが，誅として史料に現れるものは，親族が連座させられている点から考えて，律令の中で「大逆不道」と呼ばれる罪による処刑であると考えられる。

　この王者による誅殺は，例えば皇帝の把握力が弱い場合，臣下などがその判断に影響を与え得ることがある。前漢の谷永の上書には「王誅」を後宮の勢力が勝手にゆるめたという[2]。

> 廢先帝法度，聽用其言，官秩不當，縱釋王誅，驕其親屬，假之威權，從橫亂政，刺
> 舉之吏，莫敢奉憲。　　　　　　　　　　　　　　　　『漢書』卷85，谷永傳
> 先帝の法度を廢し，其の言（後宮の言い分）を聽用し，官秩は當らず，王誅を縱釋し，其の親屬を驕らしめ，之に威權を假し，從橫に政を亂し，刺舉の吏も，敢えて憲を奉ずる莫し。

　しかし，臣下が王誅を代行する際，それが正しく皇帝の意を反映したものなのか，それとも臣下による恣意的なものなのか，問われることにならざるを得ない。

　誅殺が行われる際には詔が発せられたらしいが，権力を持っている者が王誅を称して死刑を濫発し，それが「矯詔」，すなわち偽りの詔勅といわれて非難される事態をしばしば招いた。帝王の意でない死刑は，「誅」ではなく「害」であると考えられた。

4 ◆ 西晋末における誅の濫用

　混乱期においては，法律が必ずしも安定的に運用されるとは限らない。2世紀後半，後漢帝国は傾斜をはじめ，ここから中国は不安定な時代に入ったが，その混乱は3世紀末から4世紀初にかけての「八王の乱」において極まり，この前後

---

[2]「王誅を縱釋す」。顏師古注に「縱は，放なり。釋は，解なり」という。

の政治的な闘争の中で死刑を受けた人々が多数あった。彼らは「誅」されて死んだと史書は伝えるが，彼らが如何なる罪状を得て死に赴き，その後，どのような議論および名誉回復が行われたかを，以下，論じたい。名誉回復については，死者の祭祀の問題も存在するので，それにも言及する。

西晋末にはまことに多くの人物が死刑に処せられたが，ここでは西晋末から東晋初にかけて，誅の正当性が疑われた例を２つ挙げる。

西晋の重臣であった張華（232～300）と賈謐（～300）とが，永康元年（300）に殺された一件について，『晋書』閻纘傳では「張華は害に遇い，賈謐は誅せらる」と記し，閻纘が張華の遺体を撫でて慟哭する一方で，反対に賈謐の遺体を叱り付けたと伝えている。

> 及張華遇害，賈謐被誅，朝野震悚，纘獨撫華尸慟哭曰早語君遜位而不肯，今果不免，命也夫。過叱賈謐尸曰小兒亂國之由，誅其晩矣。　　　　　『晋書』巻48，閻纘傳
> 張華　害に遇い，賈謐　誅せらるるに及び，朝野　震悚するに，纘は獨り（張）華の尸を撫でて慟哭して曰く「早くに君に位を遜れと語ぐるも肯んぜず，今果して免れず，命なるかな」と。過ぎて賈謐の尸を叱りて曰く「小兒は亂國の由たり，誅せらるること其れ晩し」と。

張華の死去は害であるが，一方，賈謐の死は，正当な誅殺によるものであったと考えた閻纘の見方が，『晋書』の「誅」と「害」との２文字に反映しているのである。ただし，この一件につき，張華が誅せられて賈謐が害せられたとする記事もあり，当事者の間の錯綜した心理をこれらの史料から見ることができる。なお，張華の死後の評価については，第７節にてあらためて述べたい。

劉琨（270～317）は西晋末の混乱期を生き残り，元帝が江南で即位した後も，并州にあって段匹磾とともに晋の勢力回復に努めていたが，江南の王敦の密使が段匹磾に命じて「詔有り」と称して，太興元年（318）５月，劉琨を殺害した。それに対し，（太興）３年（320），劉琨の故吏であった盧諶・崔悅等が劉琨を擁護する上表を奉った。

> 匹磾之害琨，稱陛下密詔。琨信有罪，陛下加誅，自當肆諸市朝，與衆棄之，不令殊俗之豎戮台輔之臣，亦已明矣。然則擅詔有罪，雖小必誅，矯制有功，雖大不論，正以興替之根咸在於此，開塞之由不可不閉故也。而匹磾無所顧忌，怙亂專殺，虛假王命，虐害鼎臣，辱諸夏之望，敗王室之法，是可忍也，孰不可忍。……。伏惟陛下叡聖之隆，中興之緒，方將平章典刑，以經序萬國。而琨受害非所，冤痛已甚，未聞朝

廷有以甄論。……。臣等祖考以來，世受殊遇，入侍翠幄，出簪彤管，弗克負荷，播越遐荒，與琨周旋，接事終始，是以仰慕三臣在昔之義，謹陳本末，冒以上聞，仰希聖朝曲賜哀察。　　　　　　　　　　『晉書』巻 62，劉琨傳

(段) 匹磾の琨を害するや，陛下の密詔を稱す。琨　信に罪有らば，陛下　誅を加え，自ら當に諸を市朝に肆し，衆と與に之を棄つべし，殊俗の豎をして台輔の臣を戮せしむべからざること，亦た已に明たり。然らば則ち有罪を擅誅するは，小なりと雖も必ず誅し，有功を矯制するは，大なりと雖も論ぜざるは，正に興替の根は咸な此に在り，開塞の由は閉じざるべからざるを以ての故なり。而るに匹磾は顧忌する所無く，恣亂專殺し，王命を虛假し，鼎臣を虐害し，諸夏の望を辱しめ，王室の法を敗り，是れ忍ぶべくんば，孰れをか忍ぶべからずや。……。伏して惟んみるに陛下は叡聖の隆にして，中興の緒なり，方に將に典刑を平章し，以て萬國を經序せんとす。而るに琨の所にあらざるに害を受け，冤痛は已に甚しきも，未だ朝廷に以て甄論する有るを聞かず。……。臣等は祖考以來，世よ殊遇を受け，入りては翠幄に侍し，出でては彤管を簪するも，克く荷を負わず，遐荒に播越し，琨と周旋し，事を接すること終始，是を以て三臣在昔の義を仰慕し，謹んで本末を陳べ，冒して以て上聞し，聖朝の曲げて哀察を賜らんことを仰ぎ希う。

さらに太子中庶子の溫嶠からも同樣の上表があり，結局，次のような詔が下された。

故太尉，廣武侯劉琨忠亮開濟，乃誠王家，不幸遭難，志節不遂，朕甚悼之。往以戎事，未加弔祭。其下幽州，便依舊弔祭。贈侍中，太尉，諡曰愍。　　　　同上
故の太尉・廣武侯の劉琨は，忠亮開濟たり，乃ち王家に誠あるも，不幸にして難に遭い，志節　遂げず，朕　甚だ之を悼む。往に戎事を以て，未だ弔祭を加えず。其れ幽州に下し，便ち舊に依りて弔祭せよ。侍中・太尉を贈り，諡して愍と曰う。

劉琨の死が，「誅」であるのか，「害」であるのかが，殘された人々の議論となったのである。劉琨が死んだ際に問題となったのは，王誅が正しく執行されたか否かであった。最終的に劉琨の場合に關しては，「誅」ではないと皇帝が認定し，身分が回復され，「弔祭」という儀禮が加えられ諡号が贈られたのであった。

このように，いったん誅殺が執行された後でも，その是非を問うことがしばしば行われた。誅が必ずしも皇帝の考えを實現したものではないと考えられたからである。

5 ◆ 冤魂の系譜

　古く中国において，怨みを抱いて死んだ者は，「神」となってこの世に祟りをなすものと信ぜられていた。正当に誅せられたか，不当に害せられたかにより，生者の死者に対する処遇は異なっていた。

　戦国時代，呉王の僚は配下の伍子胥を自死に追いやり，さらに伍子胥の死体を革袋に入れて長江に流した。そのとき，呉の人々は伍子胥を憐れみ，長江のほとりに祠を建てて祀ったという。

　　乃使使賜伍子胥屬鏤之劍，曰「子以此死」。伍子胥仰天歎曰「嗟乎！讒臣嚭為亂矣，王乃反誅我。……。然今若聽諛臣言以殺長者」。乃告其舍人曰「必樹吾墓上以梓，令可以爲器。而抉吾眼縣呉東門之上，以觀越寇之入滅呉也」。乃自剄死。呉王聞之大怒，乃取子胥尸盛以鴟夷革，浮之江中。呉人憐之，爲立祠於江上，因命曰胥山。
　　　　　　　　　　　　　　　　　『史記』巻 66，伍子胥列傳

　（呉王は）乃ち使を使わして伍子胥に屬鏤の劍を賜りて，曰く「子は此を以て死せよ」と。伍子胥は天を仰ぎて歎じて曰く「嗟乎，讒臣の（太宰）嚭亂を爲すに，王は乃ち反って我を誅せり。……。然るに今若 諛臣の言を聽きて以て長者を殺す」と。乃ち其の舍人に告げて曰く「必ず吾が墓上に樹うるに梓を以てし，以て器と爲すべからしめよ。而して吾が眼を抉りて呉の東門の上に縣け，以て越寇の入りて呉を滅するを觀しめよ」と。乃ち自ら剄ねて死す。呉王 之を聞きて大いに怒り，乃ち子胥の尸を取りて盛るに鴟夷の革を以てし，之を江中に浮かぶ。呉人 之を憐れみ，爲に江上に祠を立て，因りて命じて胥山と曰う。

　不本意な死に方をした英雄を祀るという習慣が，古くから中国の民衆の間に存在していたことが知られる。

　また前漢の劉去は愛欲を極めた生活を送り，多くの寵姫がその愛憎の中で死に追いやられたというが，陶望卿という女性も劉去に愛され，そしてあきられて死に追いやられた女性であった。陶望卿は井戸に身を投げて自殺するが，井戸から取り出された死体はさらに残酷な凌辱を受けた。劉去をそそのかした陽成昭信という女性は，陶望卿が「神」となることを恐れ，死体を切り刻み，大鍋に入れ，桃の灰で作った毒薬で煮たという。

　　去即與昭信從諸姬至望卿所，臝其身，更擊之。令諸姬各持燒鐵共灼望卿。望卿走，自投井死。昭信出之，椓杙其陰中，割其鼻脣，斷其舌。謂去曰「前殺昭平，反來畏我。

今欲靡爛望卿，使不能神」。與去共支解，置大鑊中，取桃灰毒藥并煮之，召諸姬皆臨觀，連日夜靡盡。

『漢書』卷53，景十三王傳，廣川惠王劉越傳

(劉)去は即ち(陽成)昭信と與に諸姫を従えて(陶)望卿の所に至り，其の身を臝し，更に之を擊つ。諸姫をして各おの燒鐵を持ちて共に望卿を灼かしむ。望卿は走り，自ら井に投じて死す。昭信 之を出だし，其の陰中に椓杙し，其の鼻脣を割き，其の舌を斷つ。去に謂いて曰く「前に昭平を殺すに，反って來たりて我を畏す。今ま望卿を靡爛し，神たること能わざらしめんと欲す」と。去と與に共に支解し，大鑊の中に置き，桃灰の毒藥を取りて并びに之を煮て，諸姫を召して皆な臨觀せしめ，日夜を連ねて盡くる靡し。

前漢の人々も，怨みを抱いて死んだ者が祟りをなすことを恐れていたことが分かる。

このように，不本意な死を迎えた魂を「冤魂」といい，それを「神」として祀る風習，および死體を「神」にさせないための技術が古代中国においては存在していた。もしも，そのような死者を適切に弔うことがなされない場合は，この世の生者に様々な祟りをなすと信ぜられていた。

後漢末の靈帝は宋皇后と勃海王悝とを誅したが，その後，先代の桓帝が靈帝の夢枕に現れ，この誅殺を咎めた。これに驚いた靈帝が許永なる人物に相談すると，許永は，宋皇后と勃海王悝とが冤罪であることをいい，「天道は明らかに察す，鬼神は誣き難し。宜しく并びに改葬，以て冤魂を安んずべし。宋后の徙家を反し，勃海の先封を復し，以て厥の咎を消さん」とこたえた。

帝後夢見桓帝怒曰「宋皇后有何罪過，而聽用邪孽，使絕其命。勃海王悝既已自貶，又受誅斃。今宋氏及悝自訴於天，上帝震怒，罪在難救」。夢殊明察。帝既覺而恐，以事問於羽林左監許永曰「此何祥？其可攘乎？」永對曰「宋皇后親與陛下共承宗廟，母臨萬國，歷年已久，海內蒙化，過惡無聞。而虛聽讒妬之說，以致無辜之罪，身嬰極誅，禍及家族，天下臣妾，咸爲怨痛。勃海王悝，桓帝母弟也。處國奉藩，未嘗有過。陛下曾不證審，遂伏其辜。昔晉侯失刑，亦夢大厲被髮屬地。天道明察，鬼神難誣。宜并改葬，以安冤魂。反宋后之徙家，復勃海之先封，以消厥咎」。帝弗能用，尋亦崩焉。

『後漢書』本紀第10下，靈帝宋皇后本紀

帝は後に夢に桓帝の怒りて「宋皇后に何の罪過有らん，而るを邪孽を聽用して，其の命を絕つ。勃海王の悝，既に已に自ら貶しむるに，又た誅を受け斃る。今宋氏及び悝，自ら天に訴え，上帝は震怒す，罪は救い難きに在り」と曰うを見る。夢は殊に明察たり。帝は既に覺めて恐れ，事を以て羽林左監の許永に問いて曰く「此れ何の祥ぞや。其れ攘(はら)うべきか」と。永 對えて曰く「宋皇后は親しく陛下と共に宗廟を承け，萬國に母臨すること，歷年已に久しく，海內は蒙化し，過惡は聞く無し。

而るに虚しく讒妬の説を聽き，以て無辜の罪を致し，身は極誅に嬰い，禍は家族に及び，天下の臣妾，咸な爲に怨痛す。勃海王の悝，桓帝の母弟なり。國に處りて藩を奉じ，未だ嘗て過有らず。陛下　曾て證審せず，遂に其の辜に伏す。昔し晉侯刑を失し，亦た夢に大厲の被髮にて地の屬るを見る。天道は明察たり，鬼神は誣き難し。宜しく並びに改葬し，以て冤魂を安んぜしめよ。宋后の徙家を反し，勃海の先封を復し，以て厥の咎を消せ」と。帝　用いること能わず，尋いで亦た崩ぜり。

いったん「鬼神」となった浮かばれぬ霊魂は，祟りをなすものとして畏怖され，その解消法は，死者の名誉回復とそれに付随する様々な処置であると見なされたと考えられる。

公正であるべき王者による誅殺が誤ったものであるとき，生き残った人はともかく，「鬼神」は王者を許すことがないと信ぜられていたことを，この後漢靈帝の記事は証しているといえよう。このような「冤魂」観が，後の時代においても続いていたことは，下文中にて述べる。

6 ◆ 誅せられた者の家族

誅殺を受けた者の遺族は，連座させられた。『晉書』に「夷三族」「誅三族」として見えるものがそれである。連座の範囲は，漢代では父母・妻子・兄弟であったが，晉代においては厳密には不明である。しかし魏晉時代においてもなお父母・妻子・兄弟が遺族の中心であり，それ故に連座の対象となっていたであろうことは想像できる。

三国魏末のこと，特に中国東北部の平定に勲功があり，丸都にその碑までが建てられた毌丘儉は，正元2年（255）正月，当時実権を掌握していた司馬一族を除くことを唱えて挙兵した。この一件は，『三国志』魏書の三少帝紀に次のように記される。

二年春正月乙丑，鎮東將軍毌丘儉・揚州刺史文欽反。戊寅，大將軍司馬景王征之。……。閏月己亥，破欽于樂嘉。欽遁走，遂奔呉。甲辰，安風津都尉斬儉，傳首京都。壬子，復特赦淮南士民諸爲儉・欽所註誤者。

　　　　　　　　　　　　　　　　『三国志』巻4，魏書，三少帝紀，高貴郷公紀

（正元）二年春正月乙丑，鎮東將軍の毌丘儉・揚州刺史の文欽，反す。戊寅，大將軍の司馬景王，之を征す。……。閏月己亥，欽を樂嘉に破る。欽は遁走し，遂に呉に奔る。甲辰，安風津都尉，儉を斬り，首を京都に傳う。壬子，復た特に淮南士民

II 社会と死刑

図 4-1 毌丘儉丸都山紀功碑

の諸そ儉・欽の爲に詿誤せらるる所の者を赦す。

毌丘儉の誅せられた後，その孫女の毌丘芝を誅すべきか否かが論ぜられたという。

> 及景帝輔政，是時魏法，犯大逆者誅及已出之女。毌丘儉之誅，其子甸妻荀氏應坐死，其族兄顗與景帝姻，通表魏帝，以匄其命。詔聽離婚。荀氏所生女芝，爲潁川太守劉子元妻，亦坐死，以懷妊繫獄。荀氏辭詣司隷校尉何曾乞恩，求没爲官婢，以贖芝命。
>
> 『晉書』巻 30，刑法志

景帝　政を輔くるに及び，是の時の魏法，大逆を犯す者は，誅，已に出ぐの女に及ぶ。毌丘儉の誅せらるるや，其の子の甸の妻の荀氏は應に坐死すべきも，其の族兄の顗，景帝と姻たり，通じて魏帝に表して，以て其の命を匄う。詔して離婚を聽す。荀氏の生む所の女，芝，潁川太守の劉子元の妻爲り，亦た坐死すべく，懷妊を以て獄に繫がる。荀氏は辭して司隷校尉の何曾に詣りて恩を乞い，没して官婢と爲し，以て芝の命を贖なわんことを求む。

妊娠中の孫女が連座することを哀れんだ何曾は，主簿の程咸に次の議を奏上させた。

> 夫司寇作典，建三等之制，甫侯修刑，通輕重之法。叔世多變，秦立重辟，漢又修之。

魏晋時代の皇帝権力と死刑　第4章

大魏承秦漢之弊，未及革制，所以追戮已出之女，誠欲殄醜類之族也。然則法貴得中，刑慎過制。臣以爲女人有三從之義，無自專之道，出適他族，還喪父母，降其服紀，所以明外成之節，異在室之恩。而父母有罪，追刑已出之女。夫黨見誅，又有隨姓之戮。一人之身，内外受辟。今女既嫁，則爲異姓之妻。如或産育，則爲他族之母，此爲元惡之所忽，戮無辜之所重。於防則不足懲姦亂之源，於情則傷孝子之心。男不得罪於他族，而女獨嬰戮於二門，非所以哀矜女弱，蠲明法制之本分也。臣以爲在室之女，從父母之誅，既醮之婦，從夫家之罰。宜改舊科，以爲永制。　　　　　同上

夫れ司寇　典を作り，三等の制を建て，甫侯　刑を修め，輕重の法を通ず。叔世に變多く，秦は重辟を立て，漢又た之を修む。大魏は秦漢の弊を承け，未だ制を革むるに及ばず，所以に已に出ぐの女を追戮するは，誠に醜類の族を殄せんと欲するなり。然らば則ち法は中を得るを貴び，刑は制に過ぐるを慎しむ。臣　以爲えらく，女人に三從の義有り，自ら專らにするの道無し，出ぎて他族に適き，還りて父母を喪らうも，其の服紀を降すは，外成の節を明かし，在室の恩を異にする所以なり。而して父母に罪有るに，已に出ぐの女を追刑す。夫黨の誅せらるるや，又た隨姓の戮有り。一人の身にして，内に外に辟を受く。今ま女は既に嫁ぎ，則ち異姓の妻爲り。或いは産育するが如きは，則ち他族の母爲り，此れ元惡を爲すの忽せにする所にして，無辜を戮するの重しとする所なり。防ぐに於ては則ち姦亂の源を懲しむるに足らず，情に於ては則ち孝子の心を傷付く。男は罪を他族に得ず，而るに女は獨り二門に嬰戮せらるは，女弱を哀矜し，法制の本分を蠲明する所以にあらざるなり。臣　以爲えらく，在室の女は，父母の誅に從い，既醮の婦は，夫家の罰に從うべし。宜しく舊科を改め，以て永制と爲すべし。

それ以来，すでに嫁いだ女子は，実家の事件に連座せずにすむように律令が改定されたという[3]。

なお，この毌丘儉の反乱につき一言したいことがある。それは習鑿歯『漢晋春秋』が毌丘儉を「忠臣」と評して擁護していることである。

毌丘儉感明帝之顧命，故爲此役。君子謂毌丘儉事雖不成，可謂忠臣矣。夫竭節而赴義者我也，成之與敗者時也，我苟無時，成何可必乎。忘我而不自必，乃所以爲忠也。古人有言「死者復生，生者不愧」。若毌丘儉可謂不愧也。
　　　　　　　　　　　　『三國志』卷28，魏書，毌丘儉傳，裴松之注引

毌丘儉は明帝の顧命に感じ，故に此の役を爲す。君子謂わく，毌丘儉　事は成らずと雖も，忠臣と謂うべきなり。夫れ節を竭して義に赴く者は我なり，成の敗とは時なり，我は苟しくも時無くんば，成は何ぞ必たるべけんや。我を忘れて自ら必とせず，乃ち忠爲る所以なり。古人に言有り「死者　復た生くとも，生者は愧じず」と（『春

3）この話題は，『三國志』卷12，魏書，何曾傳の裴松之注に引く干寶『晉紀』，『晉書』卷33，何曾傳などにも見えるが，『晉書』刑法志に最も詳しい。

169

```
        毌丘儉
         │
    宗 ─ 甸 ─ 荀
    氏         氏
         │
    劉   毌
    子   丘
    元   芝
```

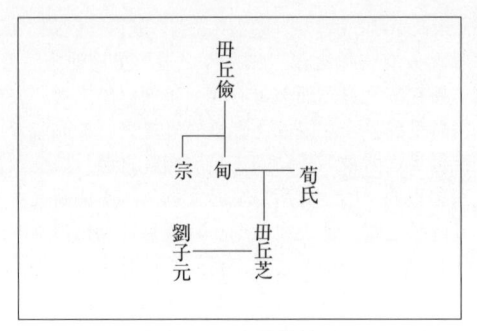

図4-2　毌丘儉略系図

秋公羊傳』僖公十年)。毌丘儉の若きは愧じずと謂うべきなり。

　つまり，毌丘儉は魏王朝に忠誠を尽くし，専権甚だしかった司馬一族を打倒する目的で挙兵したとするのである。しかし，この習鑿齒『漢晉春秋』を引用した裴松之は，『三國志』同巻に収める王淩傳に注した際にも習鑿齒を引くが，そこでも王淩を擁護する習鑿齒を批判して「臣松之　以爲えらく，此の如き言の類は，皆な前史に載せざる所にして，而して猶お習氏に出ずるがごとし」といって習鑿齒がことさらに司馬一族を批判しているのではないかという疑問を呈している。誅殺をめぐる後の世代からの言説として，習鑿齒・裴松之の見解ともに興味深いものがある。

　家族の連座については，それがどれほど厳密に行われたかについては疑問が残る。魏末のこととして，許允が誅せられたとき，子が凡庸であったために連座を逃れたと『世説新語』は伝えている。

　　許允爲晉景王所誅，門生走入告其婦。婦正在機中，神色不變，曰蚤知爾耳。門人欲藏其兒，婦曰無豫諸兒事。後徙居墓所，景王遣鍾會看之，若才流及父，當收。兒以咨母。母曰汝等雖佳，才具不多，率胸懷與語，便無所憂。不須極哀，會止便止。又可少問朝事。兒從之。會反以状對，卒免。　　　　　　　　『世説新語』賢媛
　　許允　晉景王の誅する所と爲りて，門生　走り入りて其の婦に告ぐ。婦は正に機中に在り，神色　變わらず，曰く「蚤に爾るを知るのみ」と。門人　其の兒を藏さんと欲するも，婦曰く「諸兒の事に豫かる無し」と。後に居を墓所に徙し，景王は鍾會を遣りて之を看しめ，若し才流　父に及ばば，當に收うべしと。兒は以て母に咨る。母曰く「汝等　佳なりと雖も，才は具に多からず，胸懷に率いて與に語れ，便ち憂うる所無し。極めて哀たることを須いず，(鍾) 會　止めば便ち止めよ。又た少しく朝事を問うべし」と。兒　之に從う。會　反りて以て状對するに，卒に免ぜらる。

これによると，連座が必ず執行されたとは限らないと考える。

ただし連座を免れた場合であっても，誅を受けた者の遺族は「受誅之家」「受誅之門」として，後漢時代以来，朝廷から冷遇されたらしい。

> 及郭后薨，有上書者，以爲蕭等受誅之家，容因事生亂[4]，慮致貫高・任章之變。帝怒，乃下郡縣收捕諸王賓客，更相牽引，死者以千數。　　『後漢書』列傳 14，馬援傳
> 郭后の薨ずるに及びて，上書する者有り，以爲らく（王）蕭等は受誅の家にして，容いは事に因りて亂を生じ，貫高・任章の變を致さんと慮る，と。帝　怒り，乃ち郡縣に下して諸王の賓客を收捕し，更に相い牽引して，死者は千を以て數う。
> （建初）二年，拜陳留太守。嚴當之職，乃言於帝曰昔顯親侯竇固誤先帝出兵西域，置伊吾盧屯，煩費無益。又竇勳受誅，其家不宜親近京師。　　『後漢書』列傳 14，馬嚴傳
> （建初）二年（76），（馬嚴）陳留太守を拜す。嚴　職に之くに當りて，乃ち帝に言いて曰く「昔し顯親侯の竇固，先帝を誤らせて西域に出兵し，伊吾盧の屯を置き，費を煩わせて益無し。又た竇勳　誅を受けて，其の家，宜しく京師に親近せしむべからず」と。

魏晋時代にあっても，先ほど『世説新語』を挙げて紹介した許允の子の許奇などは，成人して仕官した後，「受害の門なり，左右に接近せしむるを欲せず」という朝議の指摘を受けた。

> 高陽許允既爲文帝所殺，允子奇爲太常丞。帝將有事於太廟，朝議以奇受害之門，不欲接近左右，請出爲長史。帝乃追述允夙望，稱奇之才，擢爲祠部郎，時論稱其夷曠。
> 　　『晉書』卷 3，武帝本紀
> 高陽の許允，既に文帝の殺す所と爲り，允の子の奇，太常丞爲り。帝　將に太廟に事有らんとするに，朝議以えらく，奇は受害の門なり，左右に接近せしむるを欲せず，請うらくは出だして長史と爲さんと。帝は乃ち允の夙望を追述し，奇の才を稱え，擢きて祠部郎と爲す，時論　其の夷曠なるを稱す。

誅を受けた一族は，具体的には，子孫が仕官の道を制限されたものと考えられる。なお，これらの不利益は，死者の名誉回復によって解消することができた。

さらに親族以外に，誅殺による影響を受けた人々がいた。それは後漢および魏晋時代に特徴的なことであるが，生前にその人物から恩を被った門生故吏とか弟子とか呼ばれた人々である。後漢の時代，誅死した李固（94～147）の遺体を李固の弟子であった郭亮なる人物が引き取って葬ったという。

4）「容因事生亂」，『後漢書』諸本は「客」字に作るが，劉攽によって改める。

露固尸於四衢，令有敢臨者加其罪。固弟子汝南郭亮，年始成童，遊學洛陽，乃左提章鉞，右秉鈇鑕，詣闕上書，乞收固屍，不許，因往臨哭，陳辭於前，遂守喪不去。夏門亭長呵之曰李・杜二公為大臣，不能安上納忠，而興造無端。卿曹何等腐生，公犯詔書，干試有司乎。亮曰亮含陰陽以生，戴乾履坤。義之所動，豈知性命，何爲以死相懼。亭長歎曰居非命之世，天高不敢不跼，地厚不敢不蹐。耳目適宜視聽，口不可以妄言也。太后聞而不誅。南陽人董班亦往哭固，而殉尸不肯去。太后憐之，乃聽得襚斂歸葬。　　　　　　　『後漢書』列傳 53，李固傳

（梁冀は李）固の尸を四衢に露（さら）し，敢えて臨む者有らば其の罪を加うと令す。固の弟子の汝南の郭亮，年は始めて成童にして，洛陽に遊學し，乃ち左に章鉞を提げ，右に鈇鑕を秉り，闕に詣りて上書して，固の屍を收めんを乞うも，許されず，因りて往きて臨哭し，辭を前に陳べ，遂に喪を守りて去らず。夏門の亭長，之を呵して曰く「李・杜の二公は大臣の為も，上を安んじ忠を納るること能わずして，無端を興造す。卿曹　何等の腐生にして，公けに詔書を犯し，有司を干試せるか」と。亮曰く「亮は陰陽を含みて以て生れ，乾を戴き坤を履む。義の動く所，豈に性命を知らん，何爲れぞ死を以て相い懼れんや」と。亭長　歎じて曰く「非命の世に居り，天は高きとも敢えて跼せずんばあらず，地は厚きとも敢えて蹐せずんばあらず。耳目は適たま視聽に宜しきも，口は以て妄言すべからざるなり」と。太后　聞きて誅せず。南陽の人，董班も亦た往きて固に哭し，尸に殉じて去るを肯んぜず。太后之を憐れみ，乃ち聽（ゆる）して襚斂して歸葬するを得しむ。

　誅せられた遺体を葬ることは法律により禁止されたと考えられるが，それを犯してまで主の恩に報いたというこれと同様の話は，魏晋時代にも美談とされた。

　門生故吏や弟子にまで直接に連座が及ぶことは稀であったと思われるが，仕官の上では，確実に不利となった。また，一連の騒動に巻き込まれて結局誅せらることもしばしばあった。董卓（？〜192）が誅せられた後，蔡邕（132〜192）はある席でそれに触れてため息をついただけで，結局，獄死することになったことはよく知られる。

及卓被誅，邕在司徒王允坐，殊不意言之而歎，有動於色。允勃然叱之曰董卓國之大賊，幾傾漢室。君爲王臣，所宜同忿，而懷其私遇，以忘大節。今天誅有罪，而反相傷痛，豈不共爲逆哉。即收付廷尉治罪。邕陳辭謝，乞黥首刖足，繼成漢史。……。邕遂死獄中。允悔，欲止而不及。時年六十一。
　　　　　　　　　　　　　　　　　『後漢書』列傳 50 下，蔡邕傳

（董）卓　誅せらるるに及び，（蔡）邕，司徒の王允の坐に在りて，殊に意わず之を言いて歎き，色の動く有り。允，勃然として之を叱りて曰く「董卓は國の大賊にして，幾んど漢室を傾く。君は王臣爲り，宜しく同じく忿るべき所なるも，其の私遇を懷い，以て大節を忘る。今ま罪有るを天誅するに，反って相い傷痛す，豈に共に逆を為すにあらずや」と。即ち廷尉に收付して罪を治せしむ。邕，辭を陳べて謝し，

首に黥し足を削りて，漢史を繼成せんを乞う。……。邕は遂に獄中に死す。允は悔い，止めんと欲せども及ばず。時年六十一。

蔡邕は，董卓に辟召されて働いたことがあったのである。

また，上述の毌丘儉の乱に際しても，「首事十人」が誅せられたというが，これは大反乱の事後処理としては寛大なものと考えられたらしい[5]。

このように，誅による影響は遺族および門生故吏に及んだが，彼らこそ死者の名誉回復を最も願った人々であった。特に門生故吏が誅殺の是非をしばしば論じたことについては，以下に述べることにする。

7 ◆ 名誉回復

魏の頃，鄧艾（197～264）は蜀の征伐に功績を挙げた武将であったが，功を誇りすぎたため衛瓘の意によって処刑された。朝代が魏から晉へと改まった泰始元年（265），鄧艾の罪は死に値いするものに違いはないが，大赦して子孫に家督を継がせ，祭祀を続けさせよとの詔が発せられた。

> 昔太尉王淩謀廢齊王，而王竟不足以守位。征西將軍鄧艾，矜功失節，實應大辟。然被書之日，罷遣人衆，束手受罪，比于求生遂爲惡者，誠復不同。今大赦得還，若無子孫者聽使立後，令祭祀不絶。　　　　　　『三國志』卷28，魏書，鄧艾傳
> 昔し太尉の王淩は齊王を廢するを謀り，而して王は竟に以て位を守るに足らず。征西將軍の鄧艾，功を矜りて節を失し，實に應に大辟すべし。然れども書を被るの日，人衆を罷遣せしめ，束手して罪を受く，生きんを求めて遂に惡を爲す者に比するに，誠に復た同じからず。今ま大赦して還るを得しめ，若し子孫無くんば後を立たしむるを聽し，祭祀をして絶えざらしめよ。

それに対し，泰始3年（267），鄧艾の故吏であった段灼が上疏して，鄧艾はそもそも無実であり，子孫を官に任用すべきこと，不明になっている遺体を探して実家に返すべきこと，おくりなを賜うべきことを述べた[6]。

5）『三國志』卷28，魏書，毌丘儉傳の裴松之注に引く『世語』に「毌丘儉の誅せらるるや，黨與の七百餘人，侍御史の杜友に傳えて獄を治めしめ，惟だ首事の十人のみを舉げ，餘は皆奏して散ぜしむ」という。

艾心懷至忠而荷反逆之名，平定巴蜀而受夷滅之誅，臣竊悼之。惜哉，言艾之反也。……。艾誠恃養育之恩，心不自疑，矯命承制，權安社稷。雖違常科，有合古義，原心定罪，本在可論。鍾會忌艾威名，搆成其事。忠而受誅，信而見疑，頭縣馬市，諸子并斬，見之者垂泣，聞之者歎息。陛下龍興，闡弘大度，釋諸嫌忌，受誅之家，不拘敘用。昔秦民憐白起之無罪，吳人傷子胥之冤酷，皆爲立祠。今天下民人爲艾悼心痛恨，亦猶是也。臣以爲艾身首分離，捐棄草土，宜收尸喪，還其田宅。以平蜀之功，紹封其孫，使闔棺定諡，死無餘恨。赦冤魂于黃泉，收信義于後世，葬一人而天下慕其行，埋一魂而天下歸其義，所爲者寡而悅者衆矣。　　　　　　　　　　同上
艾は心に至忠を懷くも反逆の名を荷い，巴蜀を平定するも夷滅の誅を受く，臣竊かに之を悼む。惜しいかな，艾を言うことの反なるや。……。艾は誠に養育の恩を恃み，心に自ら疑わず，命を矯えて制を承し，權に社稷を安んぜんとす。常科に違うと雖も，古義に合する有り，心を原ねて罪を定め，本より論ずべきに在り。鍾會艾の威名を忌み，其の事を搆成す。忠にして誅を受け，信にして疑われ，頭は馬市に縣かり，諸子は并びに斬られ，之を見る者は垂泣し，之を聞く者は歎息す。陛下龍興し，大度を闡き弘め，諸もろの嫌忌を釋き，受誅の家も，敘用するを拘わらず。昔し秦民　白起の無罪を憐れみ，吳人　子胥の冤酷を傷み，皆な爲に祠を立つ。今ま天下の民人，艾の爲に悼心痛恨するも，亦た猶を是れなり。臣以爲えらく，艾は身と首と分離し，草土に捐棄せらる，宜しく尸を收めて喪し，其の田宅に還さん。平蜀の功を以て，紹ぎて其の孫を封じ，棺を闔じて諡を定め，死して餘恨無からしめよ。冤魂を黃泉に赦し，信義を後世に收め，一人を葬りて天下　其の行を慕い，一魂を埋めて天下　其の義に歸せん，爲す所の者は寡なくして悅ぶ者は衆からん。

『三國志』に見える故吏の段灼の嘆願は，名譽回復の要点を明確に列挙している。無實の確認，適切な葬儀，子孫の任用，そしておくりなを求めることである。また，その中で鄧艾の霊を「冤魂」と位置付けている点にも注目される。しかし，段灼の嘆願は十分には受け入れられず，泰始9年（273）になってようやく嫡孫を任用する詔が發せられたに止まった。

話を西晉末に戻すと，張華（232〜300）が趙王の倫（〜301）によって殺された後，さらに趙王倫が死ぬと，摯虞が齊王の冏（〜302）にその非を訴え，齊王冏がそれを受けて張華の冤罪を主張した。

臣聞興微繼絕，聖王之高政，貶惡嘉善，春秋之美義。是以武王封比干之墓，表商容之閭，誠幽明之故有以相通也。孫秀逆亂，滅佐命之國，誅骨鯁之臣，以駬喪王室。肆其虐戾，功臣之後，多見泯滅。張華・裴頠各以見憚取誅於時，解系・解結同以羔羊並被其害，歐陽建等無罪而死，百姓憐之。今陛下更日月之光，布維新之命，然此等諸族

6)『晉書』巻48，段灼傳にも段灼のこの上疏を載せる。

未だ恩理を蒙らず。昔欒郤は降りて皁隷に在り，而して春秋傳は其の違いを。幽王は功臣の後を絶ちし後，賢者の子孫を棄て，而して詩人は以て刺と爲す。臣備わりに職に忝なり，思わくは愚誠を納れんと。若し聖意に合せば，群官をして通議せしむべし。

『晉書』卷36，張華傳

臣聞く，微を興し絶を繼ぐは，聖王の高政にして，惡を貶しめ善を嘉みするは，『春秋』の美義なり，と。是を以て武王は比干の墓を封じ，商容の閭を表し，誠に幽明の故より以て相い通ずる有るなり。孫秀は逆亂し，佐命の國を滅ぼし，骨鯁の臣を誅し，以て王室を弊喪す。其の虐戻を肆(ほしいまま)にし，功臣の後は，多く泯滅せらる。張華・裴頠は各おの憚からるるを以て誅を時に取り，解系・解結は同じく羔羊を以て並びに其の害を被り，歐陽建等は罪無くして死し，百姓之を憐れむ。今ま陛下日月の光を更め，維新の命を布く，然れども此れ等の諸族は未だ恩理を蒙らず。昔欒郤は降りて皁隷に在り，而して『春秋』は其の違なるを傳う。幽王は功臣の後を絶ち，賢者の子孫を棄て，而して詩人は以て刺を爲す。臣備わりて職に在るを忝くし，思わくは愚誠を納れんと。若し聖意に合せば，群官をして通議せしむべし。

　この齊王冏の上奏に対し，「議者は各おの執る所有り，而して多くは其の冤なるを稱す」という有様であったが[7]，大安2年（303），詔が發せられ，張華は誅せられたのではなく，悪人によって害せられたことが認められ，生前の身分と職階，没収された財物などがすべて回復され，さらに朝廷の使者が弔祭するという決定が下された。

故司空，壯武公華，竭其忠貞，思翼朝政，謀謨之勳，每事賴之。前以華弼濟之功，宜同封建，而華固讓至于八九，深陳大制不可得爾，終有顛敗危辱之慮，辭義懇誠，足勸遠近。華之至心，誓於神明。華以伐吳之勳，受爵於先帝。後封既非國體，又不宜以小功踰前大賞。華之見害，俱以姦逆圖亂，濫被枉賊。其復華侍中・中書監・司空・公・廣武侯及所沒財物與印綬符策，遣使弔祭之。　　　　　　同上

故の司空の壯武公華，其の忠貞を竭くし，思いて朝政を翼け，謀謨の勳は，每事之に賴る。前に華の弼濟の功を以て，宜しく同じく封建すべきも，華は固讓すること八九に至り，深く大制を陳べて爾るを得べからず，終いに顛敗危辱の慮有り，辭義は懇誠にして，遠近に勸むるに足る。華の至心は，神明に誓う。華は呉を伐つの勳を以て，爵を先帝に受く。後に封ずるは既に國體にあらず，又た宜しく小功を以て前の大賞を踰ゆべからず。華の害せらるるや，俱に姦逆の亂を圖るを以て，濫り

---

7)『晉書』卷44，温羨傳に「張華被誅，冏建議欲復其官爵。論者或以爲非，羨駁之曰「自天子已下，爭臣各有差，不得歸罪於一人也。……。式乾之會，張華獨諫。上宰不和，不能承風贊善，望其指麾從命，不亦難乎！況今皇后譖害其子，內難不預，禮非所在。且后體齊於帝，尊同皇極，罪在枉子，事不爲逆，義非所討。今以華不能廢枉子之后，與趙盾不討殺君之賊同，而貶責之，於義不經通也」。華竟得追復爵位」とあり，議論の一端を知ることができる。

に枉賊を被るのみ。其れ華の侍中・中書監・司空・公・廣武侯，及び没する所の財物と印綬符策とを復し，使を遣わして之を弔祭せしめよ。

このように張華の身分は，その死後3年にして復された。

齊王冏が同時に言及した，解系（〜300）・解結（〜300）の兄弟についても名誉回復がなされ，永寧2年（302），官位を追贈され改葬され，弔祭が加えられた。

> 後齊王冏起義時，以裴・解爲冤首。倫・秀既誅，冏乃奏曰臣聞興微繼絶，聖主之高政。……。八坐議以系等清公正直，爲姦邪所疾，無罪橫戮，冤痛已甚。如大司馬所啓，彰明枉直，顯宣當否，使冤魂無愧無恨，爲恩大矣。永寧二年，追贈光祿大夫，改葬，加弔祭焉。　　　　　　　　　　　　　　　　　　『晉書』巻60，解系傳
> 後ち齊王冏の起義の時，裴・解を以て冤首と爲す。倫・秀　既に誅せられ，冏　乃ち奏して曰く「臣　聞く微を興し絶を繼ぐは，聖王の高政なり。……」。八坐　議して以て「系等は清公正直にして，姦邪の疾む所と爲り，罪無くして橫戮せられ，冤痛は已に甚し。大司馬の啓する所の如きは，枉直を彰明し，當否を顯宣し，冤魂をして愧無く恨無からしめ，恩を爲すこと大ならん」とす。永寧二年（302），光祿大夫を追贈し，改葬し，弔祭を焉に加う。

さらには，その齊王冏も誅せられて死んだのであるが，その死後，永康初（304）年頃，詔が發せられ，量刑が重過ぎたことおよび功績のあったことが確認され，幽閉されていた子どもが解放され，長男を王として封じて冏の跡継ぎとした。さらに光熙初年（306）には，冏の本格的な名譽回復がなされ，墓所において正式な祭祀が擧行された。

> 永興初，詔以「冏輕陷重刑，前勳不宜埋没，乃赦其三子超・冰・英還第」，封超爲縣王，以繼冏祀，歷員外散騎常侍。光熙初，追冊冏曰「咨故大司馬，齊王冏，王昔以宗藩穆胤紹世，緒于東國，作翰許京，允鎭靜我王室。……。今復王本封，命嗣子還紹厥緒，禮秩典度，一如舊制。使使持節・大鴻臚卽墓賜策，祠以太牢。魂而有靈，祗服朕命，肆寧爾心，嘉茲寵榮」。子超嗣爵。　　　　『晉書』巻59，齊王冏傳
> 永興の初，詔して以て「冏は輕くして陷り重く刑せらるるも，前勳は宜しく埋没すべからず，乃ち其の三子の超・冰・英を赦して第に還らしめよ」と，超を封じて縣王と爲し，以て冏の祀を繼がしめ，員外散騎常侍を歷る。光熙の初，冏に追冊して曰く「咨あ故の大司馬の齊王冏よ，王は昔し宗藩を以て穆胤紹世し，東國に緒し，許京に翰と作り，允に我が王室を鎭靜す。……。今ま王の本封を復し，嗣子に命じて還りて厥の緒を紹がしめよ，禮秩典度は，一えに舊制の如くせよ。使持節・大鴻臚をして墓に卽きて策を賜い，祠るに太牢を以てせよ。魂にして靈有らば，祗みて朕が命に服し，爾が心を肆寧し，茲の寵榮を嘉みせよ」と。子の超　爵を嗣ぐ。

また、上述の劉琨についても、故吏の上疏が功を奏し、誅せられたのでなく害せられたと認められ、弔祭が行われ、官位が追贈され、さらにおくりなが与えられた。

以上は国家による正式な名誉回復であるが、それ以外にも、伍子胥の場合のように、私的に死者を祀ることがあった。後漢時代には、誅せられた王吉のために祠堂が立てられたという例が知られる。

> 典字公雅，……，舉孝廉爲郎。居無幾，會國相王吉以罪被誅，故人親戚莫敢至者。典獨棄官收斂歸葬，服喪三年，負土成墳，爲立祠堂，盡禮而去。
> 『後漢書』列傳 27、桓典傳

（桓）典、字は公雅、……、孝廉に舉げられて郎爲り。居ること幾ばくも無く、會たま國相の王吉、罪を以て誅せられ、故人親戚、敢えて至る者莫し。典　獨り官を棄てて收斂して歸して葬り、服喪すること三年、土を負いて墳を成し、爲に祠堂を立て、禮を盡して去る。

また漢末に刑死した巴肅のためにも石碑が立てられた。

> 巴肅字恭祖，勃海高城人也。……。辟公府，稍遷拜議郎。與竇武・陳蕃等謀誅閹官，武等遇害，肅亦坐黨禁錮。中常侍曹節後聞其謀，收之。肅自載詣縣，縣令見肅，入閤解印綬與俱去。肅曰爲人臣者，有謀不敢隱，有罪不逃刑。既不隱其謀矣，又敢逃其刑乎。遂被害。刺史賈琮刊石立銘以記之。
> 『後漢書』列傳 57、黨錮列傳、巴肅傳

巴肅、字は恭祖、勃海高城の人なり。……。公府に辟せられ、稍や遷りて議郎を拜す。竇武・陳蕃等と與に閹官を誅せんと謀るも、武等　害に遇い、肅も亦た黨禁錮に坐す。中常侍の曹節、後に其の謀を聞きて、之を收う。肅　自ら載りて縣に詣り、縣令は肅を見て、閤に入りて印綬を解きて俱に去らんとす。肅曰く「人臣爲る者、謀有らば敢えて隱さず、罪有らば刑を逃れず。既に其の謀を隱さず、又敢えて其の刑を逃れんや」と。遂に害せらる。刺史の賈琮、石を刊して銘を立てて以て之を記す。

晋においては、楚王の瑋が誅殺された後、民衆は彼のために祠を立てたという。

> 瑋性開濟好施，能得衆心，及此莫不隕涙，百姓爲之立祠。
> 『晉書』卷 59、楚王瑋傳

瑋は性　開濟にして施を好み、能く衆心を得、此に及びて涙を隕さざるは莫く、百姓は之が爲に祠を立つ。

結　び

『晋書』は八王の乱前後を評して「誤った者に権力が与えられ，適任でない者が任用され，政令は定まらず，賞罰が乱れた。才能があっても任ぜられず，罪がなくても誅殺された」といった。

> 有晉思改覆車，復隆盤石，或出擁旄節，莅嶽牧之榮，入踐台階，居端揆之重。然而付託失所，授任乖方，政令不恒，賞罰斯濫。或有材而不任，或無罪而見誅，朝爲伊周，夕爲莽卓。機權失於上，禍亂作於下。　　　　　　　　　　　『晉書』巻59
>
> 有晉は覆車を改めんを思い，復た盤石を隆くし，或いは出でて旄節を擁し，嶽牧の榮に莅み，入りては台階を踐み，端揆の重きに居る。然れども付託は所を失い，授任は方に乖い，政令は恒ならず，賞罰は斯れ濫る。或いは材有れども任ぜず，或いは罪無くして誅せられ，朝に伊(尹)・周(公)爲りて，夕には(王)莽・(董)卓と爲る。機權は上に失われ，禍亂は下に作る。

このような乱世にあって，時の権勢を持つ者が詔を濫用して死刑を行った。歴史書に「誅」として見えるのは，その多くが大逆不道の罪に問われて死刑に処された例であると思われるが，この罪は構成要件が不明確であるが故に濫用されやすく，しかも親族の連座をも伴うため，厳しい政争の中でしばしばその道具とされたのである。

不当な誅殺は，その後に反駁されることがあった。そこでは死者の無実が述べられ，その名誉回復が求められた。適切な葬儀と後嗣を置くこと，子孫の任用，おくりなを与えることが死者の名誉回復の具体的内容であった。

しかしその根底に，不本意な死に方をした死者は現世に怨みを遺すが故に，その祭祀が必要であると考えた，中国人の「冤魂」観をも考慮に入れる必要がある。無実のまま処刑された霊魂の祭祀は，漢代以来，魏晋時代にも切実な問題として考えられていたのである。

第5章

矢木　毅
Yagi Takeshi

朝鮮党争史における官人の処分
—— 賜死とその社会的インパクト ——

はじめに

　1度死刑になったものは2度と生き返ることができない。この単純にして厳粛な事実に直面した為政者たちは，古来，様々な形で刑罰の執行に慎重を期する制度 —— いわゆる「恤刑」[1]の制度 —— を組み立ててきた。
　近世朝鮮時代における死刑執行の手続きについて，一番分かりやすい殺人事件（殺獄）を例にとって略述すると，まず死体の発見に伴って検屍が行われ，詳細な検屍調書（屍帳，検案）が作成される。同時に近隣の証人調べが行われるが，このとき被疑者のみならず，事件の関係者はすべて獄に勾留され，各人について証言調書の作成（取招）が行われる。この検屍調書と証言調書の内容に基づいて，地方行政官（守令）が最初の調査報告書（査案）を取りまとめ，これを道の長官（監司）に報告するが，報告書の内容に疑念のある場合，監司はさらに近隣の別の守令に再調査を命令し，再び検屍調書と証言調書の作成が行われる。再調査（覆査）の内容が最初の調査（初査）と食い違っている場合は，さらに最初の調査を行った守令（初査官）と再調査を行った守令（覆査官）が会同して再調査（会査）を行う。これらの調査報告書（査案）に対しては，監司がその一々に裁決（題）[2]を下し，

1）『尚書』舜典。欽哉欽哉，惟刑之恤哉。

調査の方針を指示していく[3]。

このやり取りを通して関係者の処分は一応確定し、多少とも道義的責任を持つものは、それぞれ応分の処罰を受けて獄より釈放されるが、犯人および重要な証人はそのまま獄に勾留され、道の長官である監司が各邑を巡回する際に、監司の直接の審問を受けなければならない[4]。死刑案件の場合、監司による審問の内容はさらに中央の刑曹に報告され、刑曹は議政府とともに案件の再調査（詳覆）を行う[5]。調書の内容に疑念のある場合、刑曹は監司に再調査を命じ、監司は近隣の別の守令に再調査を命じる。かくして刑曹・議政府による詳覆を終えた殺人案件は、ここでようやく国王に上啓され、国王による最終判決（判付）[6]を受けることになるが、この詳覆の手続きは、初覆・再覆・三覆と3度行われてその都度国王に上啓され、国王による3度目の判決（判付）によって、ようやく刑が確定することになるのである[7]。

ただし、国王による最終判決が下っても、春分以降、秋分以前には死刑は執行しないことになっているので、死刑囚は未決のまま獄に収監される[8]。その間、何らかの形で恩赦が行われれば、死刑囚は「減死」の恩典によって死罪を免じら

---

2) 中国では普通これを「判」という。しかし朝鮮では国王の裁決のことを「判付」というので、中央の法司や地方守令の裁決はこれと区別して「題」と呼ばれている。○丁若鏞『欽欽新書』巻一、批詳雋抄。批者、上司之批判也。詳者、下県之申詳也。申詳、吾東謂之牒報。批判、吾東謂之題詞也。

3) 徐有榘『完営日録』（影印本、ソウル、成均館大学校大東文化研究院、2002年）には、彼が全羅道の監司として1833～1834年に取り扱った殺獄案件に関する地方守令の査案の要旨や、その査案に対する彼の裁決文（題詞）が多数収録されている。これによると、当時は初査・覆査の2回の調査、ないし会査を含めた3回の調査を行うことが一般的であったことが分かる。

4) 『完営日録』では、徐有榘は1833年8月16～25日に各邑を巡回し、各邑の罪人の審問（推閲）を行っている。

5) 『経国大典』刑典推断条。京・外死罪、本曹報議政府詳覆。

6) 『文宗実録』元年九月壬子条、註。凡讞上裁決而下、謂之判付。

7) 『経国大典』刑典、推断条。死罪、三覆啓。外則観察使定差使員、同其邑守令推問、又定差員二員考覆、又親問、乃啓。

8) 『明律』刑律、断獄、死囚覆奏待報条。若立春以後、秋分以前、決死刑者、杖八十。『続大典』刑典、推断条。凡死罪啓覆、秋分後、承政院即為啓稟、以九月・十月内、択日挙行。而罪人行刑則必待季冬［啓覆後、立春前、如有追発罪囚、則稟旨追覆］。○ただし、十悪および強盗については例外である。

れ，流刑（定配）に減刑されることも少なくない。いよいよ死刑の執行となると，軍門においては劊子手と呼ばれる専門の刑吏，地方では屠殺業者（屠牛坦）がこれを担当するが，京中の典獄署においては専門の刑吏を置かず，死囚中の1人に死を免じて死刑を執行させていた。俗にこれを「莫蘭希光」と称したという[9]。死刑には絞・斬・陵遅処死の3等級があるが，このうち最も重い陵遅処死は，朝鮮では車裂き（轘）によって執行されていた[10]。車裂きというのは四肢を馬車や牛車に結び付け，別々の方向に走らせて引き裂く古代の極刑であるが，実際にはまず斬首して息の根を止め，その上で臂・脚を斬って肢体をばらばらにしていたらしい[11]。

『朝鮮王朝実録』には，国王の下した死刑の判決の事例が，原則としてすべて記載されている。たとえそれが地方末端の事件であっても，およそ死刑の案件については必ず国王がそれを審議し，国王のみが死刑の判決を下すことになっていた。ことほどさように，死刑の執行には慎重を期する制度になっていたのである。このため死刑案件は，その判決および執行までに極めて長い期日を要し，この間，罪のない証人たちまでもが巻き添えを食って獄に長期勾留されるなど，様々な弊害が生じる原因にもなっていたのであるが，ともあれ，上述のような死刑案件の取り扱いには，その根底において人命に対する尊重の意識——いわゆる「恤刑」

---

9)「二旬録」上（『稗林』所収本）。凡刑人之法，軍門則有劊子手，外方則有屠牛坦。而京獄，以死囚中一人，免死，刑人時，随去行之，即復還在獄中，只貸其命而已，更不敢出獄門一歩地。俗称屠人者為『莫蘭希光』。此非任号也。是前後其人之名也。古無其料。李完寧以為，無論大小，見役於国者，皆有料。独刑人者無食，可矜。始給月料，仍作例規矣。及完寧就禍，刑人以刃汚，洗釼加盤，又細斂其毛髪，俾免傷汚，跪告于公曰，「如我可哀之人，其誰憐之，而大監独憐之，使食月料。其恩莫報」。因涕泣加刃。即復収尸，痛哭而去。可謂樹徳於不報之地也。

10)『太宗実録』7年11月戊寅条。轘連山婦人内隠加伊于市。……上曰，「妻妾殺夫，未有如此之甚也」。問黄喜曰，「如此女所犯，外方守令，何以刑之」。喜対曰，「直斬之耳」。上曰，「律無凌遅之法歟」。対曰，「前此，以車裂代陵遅」。上曰，「若殺之一郡，其誰知之。可逮至京師，立市暁衆，然後分示諸道」。

11)「公私見聞録」下（鄭載崙撰，『稗林』所収本）。仁祖甲申年，原任左議政沈器遠，謀反伏誅。金自点，時居相位，召監刑都事，語之曰，「逆賊之伏刑者，先斬頭，後斬臂脚，例也。而此賊不可処以例刑。先斬臂，次及脚，以至於頭」。延陽李公（李時白），語人曰，「逆賊行刑次第，自有祖宗朝旧法。創新為此者，其得令終乎」。其後辛卯，自点果如此凶死。自点之子，為延陽女壻，而李公之言，如此。［自点子錬，為延陽壻，辛卯伏誅］。

の思想 —— が貫かれていたことは間違いない。

　ところがである。地方末端の民衆を死刑に処するかどうかでこれほどまでに慎重な法的手続きを積み重ねている国王が，その一方では中央政府の堂々たる高官たちを，何らの裁判をも行うことなく，直ちに「賜死」という形で事実上の死刑に処することがたびたびあった。

　賜死とは自殺の強制によって当該人を事実上の死刑に処することであるが，これは中国では古代から近世に至るまで，しばしば王族・貴族の犯罪に対して適用されてきた処分である。これについて漢人の賈誼は，

> 廉恥節礼もて以て君子を治す。故に賜死ありて戮辱なし。ここを以て黥劓の辜は大夫に及ばず。その主上を離るること遠からざるを以てなり[12]。

といって賜死の慣例を支持している。同じ死刑にしても，黥（いれずみ），劓（はなそぎ）などの「肉刑」によって官人に辱めを与えるのではなく，「廉恥節礼」を保った自殺という形で当該人の名誉を保護するところに「賜死」の恩典としての性格があった。この点については，鎌田重雄の論文「漢代官僚の自殺」[13] において，すでに明快に論じられているとおりである。

　近世朝鮮時代における賜死もまた，基本的には賈誼が論じ，鎌田重雄が説いた文脈において理解することができるであろう。朝鮮では世祖 7 年（1461）に頒行された『経国大典・刑典』（辛巳刑典）[14] の「犯罪人員推劾条」に，

> 堂上以上の，死罪を犯す者は，十悪の外は，みな死を賜る[15]。

との規定があった。ただし，この条文は成宗 16 年（1485）に頒行された現行の『経国大典』（乙巳大典）には収録されていない。朝鮮では堂上以上（二品以上）の最上

---

12)『漢書』巻 48，賈誼伝。廉恥節礼，以治君子。故有賜死而亡戮辱。是以黥劓之辜，不及大夫。以其離主上不遠也。

13) 鎌田重雄「漢代官僚の自殺」（『秦漢政治制度の研究』所収，日本学術振興会，1962 年）。

14)『世祖実録』7 年 7 月丁未条，癸丑条，参照。

15)『世祖実録』8 年 2 月壬午条。義禁府提調金淳・李克培等啓，「『刑典』犯罪人員推劾条，『堂上以上，犯死罪者，十悪外，皆賜死』。今，金継孫・張孟昌，雖犯死罪，不干十悪，何以処之」。伝曰，「義禁府奉旨推劾，而継孫帰咎義禁府堂上，語渉不敬，不可謂不干十悪。孟昌亦依軍律，処斬」。○『世祖実録』9 年 5 月戊申条。義禁府啓，「賊殺虜人畜，許亨孫・呉湘等，不力戦，奔潰，律応斬。『大典』内，『堂上官以上，犯死罪者，賜死』。亨孫宜賜死」。命各減一等，充平安道昌城郡軍。

級の官人が死罪を犯した場合，国王は死刑の代替として「賜死」を命じる慣例になっていたが，同時に国王はその大権として「減死」を命じることもできたのである。したがって，あたかも国王が必ず「賜死」を命じなければならないかのような誤解を生じかねない「辛巳刑典」の条文は現行の『経国大典』（乙巳大典）では削除されたが，「賜死」の慣例そのものは，『大典』の規定の有無にかかわらず，国王の裁量によってその後も引き続き行われていたのである。

しかしながら，朝鮮時代にたびたび繰り返された官人の賜死については，その背景となった朝鮮党争史の固有の性格を反映して，ある独特の思想的な意義付けがなされていたように考えられる。賜死は官人の名誉を保護するために国王が与える恩典であるが，もし当該の官人がその名誉に値しないとすれば，国王は律の規定するとおりに当該の官人を死刑に処さなければならない。逆に当該の官人が無実の罪で賜死の処分を賜ったとすれば，国王は当該の官人の名誉を回復し，その子孫を録用して当該官人の霊を慰めなければならない。党争期の朝鮮においては，官人に対する賜死の処分をめぐって，その処分の是非の問題が，当該官人の生前において，またその死後においても，長く論争の種として知識人社会を揺るがし続けていたのである。

1人の人間の「死」は，それがどのような死に様であれ，深く人々の心の中に刻み込まれていく。ましてやそれが冤罪による「死」であるとすれば，死者の名誉を回復しようとするのは人間としての当然の営みであろう。しかし，党争期において問われた「罪」の性格というのは，例えば君主を軽侮していたかどうかというような，個人の心の内奥にのみ秘められた極めて曖昧模糊とした心情的な問題であった。しかもこの曖昧模糊とした心情的な問題こそが，いわゆる「君子」と「小人」との分かれ目として，朝鮮党争史における最大の論点の1つとなっていくのである。

1 ◆ 明律の受容

朝鮮時代における刑罰制度の概要については，筆者はすでに「朝鮮初期の笞杖刑について」および「朝鮮初期の徒流刑について」という2編の論文を発表しているが[16]，これらは概して党争が発生する以前の朝鮮初期における官人の処分を

論じたものである。これに対し，党争期における官人の処分を主題とするこの論文では，まず旧稿で論じた朝鮮初期の刑罰制度の概要をまとめながら，併せて旧稿では説き得なかった幾つかの論点についても補足し，その上で党争期における官人の処分がどのようにして展開していったのかを論述することにしよう。

朝鮮時代，犯罪に対する刑の量定は「明律」に基づいて行われ，明律に規定する罪を犯したものには「笞・杖・徒・流・死」の五種類の刑罰（五刑）が，それぞれ犯した罪の軽重に応じて科せられることになっていた。いわゆる「罪刑法定主義」の原則が，朝鮮時代には明律を基礎として一応は確立していたわけである。

しかし明律の規定のみによっては必ずしも朝鮮社会の現実に対応しきれない部分もある。そこで明律とは別に，朝鮮独自の法典である『経国大典』および『続大典』に規定する事由については，明律の効力をいったん停止し，『経国大典』および『続大典』の規定を優先することになっていた[17]。また歴代の国王がその時々に裁可した有司の上啓文（受教）も，法源として明律に優先する効力を持っていたが，だからといって明律の規定は，これらの追加法の存在によって空文化したというわけではない。

ここでまず確認しておかなければならないのは，朝鮮において明律を受容したことの意義，しかも明朝が滅び去った清代においても，一貫して明律を施行し続けたことの意義についてであろう。

そもそも，中国においては「律」と「礼」とは一対の概念であり，人として踏み行うべき道を示した「礼」に対し，その道を踏み外したものに対する刑罰を規定するものが「律」であると考えられてきた[18]。したがって，人間社会の正しいあり方を示す「律」と「礼」とを制定することは，王朝国家がその正統性と道徳性とを誇示するための必須の条件として位置付けられる。モンゴル族の元朝を駆逐して漢人王朝を復興した明朝が，唐の律令にならって「大明律」「大明令」を制定し，

---

16) 拙稿「朝鮮初期の笞杖刑について」（『史林』第82巻第2号，史学研究会，1999年3月），同「朝鮮初期の徒流刑について」（『前近代中国の刑罰』梅原郁編，1996年12月，京都大学人文科学研究所）。

17) 『続大典』刑典，用律条。依『大典』用『大明律』。而『大典』『続大典』有当律者，従二典。

18) 宮崎市定「宋元時代の法制と裁判機構―元典章成立の時代的・社会的背景」（『宮崎市定全集』第11巻所収，岩波書店，1992年）。「但し律には一貫した精神がある。それは律は儒教の礼と不可分離の関係にあるという事実である」。

また唐の開元礼にならって「洪武礼制」を制定したのは，このためにほかならない。

一方，朝鮮が明律を受容したのは，単に朝鮮が明朝の冊封を受け，明朝に服属したからという，いわば外面的な強制によってのものではない。朝鮮もまた中国本土と同様に中華の文明の光被する世界であり，三綱五常の礼法を遵守する「礼儀之邦」である。だからこそ，中華の普遍的な価値観に裏付けられた「律」と「礼」とを受容することは，朝鮮王朝の正統性と道徳性とを誇示するための，いわば内面的な原理としても要求されていたのである。

このように考えた場合，たとえ明朝が滅んだとしても，中華の普遍的な価値観に裏付けられた「律」と「礼」それ自体の存在意義は，何ら減少するものではない。むしろ，満州族によって中国本土が占拠され，中国本土の文明が「淪没」した時代にあっては，明朝の「律」と「礼」とを遵守する朝鮮こそが，唯一「中華」の文明を保持する歴史的な使命を担っているのだという，いわゆる「朝鮮中華思想」[19]が形成され，明律の受容はその思想の1つの具体的な根拠として位置付けられていく。

この場合，明律の規定は中華世界の普遍的な世界観・価値観に裏付けられているのであるから，たとえ『大典』その他の追加法の規定が部分的に優先されるとしても，それは朝鮮の風俗を矯正するための一時的かつ便宜的な措置に過ぎない。

例えば窃盗罪は，明律では3度犯せば死刑（絞）となるが[20]，朝鮮初期には「弭盗無方」── 盗賊をやめさせるには手段を択ばない ── という考えから，一時，窃盗罪も再犯で死刑（絞）とされたことがあった[21]。これは後に明律の規定に復しているが，朝鮮後期の『続大典』では，窃盗の再犯は贓物の多少にかかわらず，「杖一百，絶島残邑為奴」とされているから[22]，これは窃盗の再犯を贓物の多少

---

19) 鄭玉子『朝鮮後期歴史の理解』（ソウル，一志社，1993年），その他。
20) 『明律』刑律，賊盗，窃盗条。凡窃盗，……三犯者，絞。以曽経刺字為坐。
21) 『世祖実録』4年3月癸丑条。上謂申叔舟曰，「傷和気，召水旱，実由刑戮。近者，弭盗無方，特令窃盗初再犯十貫以上，並処絞。然律外之典，行之未安。自今，並依旧律」。○同月乙卯条。伝旨刑曹曰，「弭盗無方，故窃盗一貫以上，黥面，初犯十貫以上，再犯，処絞。牛馬賊，初犯，処絞。姑従権典，律外施行。然律外之典，行之未安。自今並依律文施行」。○『燕山君日記』8年12月戊午条。承旨李坫等啓，「窃盗三犯者，斬。著在『大明律』。成宗朝，悪其多盗，再犯者斬。其後還依律。

によって量刑する明律本来の規定に比べると，明らかに量刑が重くなっているといわなければならない。

『経国大典』および『続大典』は，朝鮮の歴代の国王が，その時々の必要に応じて立法した王命法規（受教）のうち，恒久性の高いものを選んで編纂した一種の判例集で，その規定が明律の規定に優先することは先にも述べたとおりであるが，それは概して明律本来の規定よりも重い刑罰の施行を命じるものであった。「乱国を刑するには重典を用いる」[23]というが，そのような重い刑罰によって治安を維持しようとすることは，儒教的な徳治主義を建前とする朝鮮においては，むしろ国王の「不徳」を自ら告白するものといわなければならない[24]。

なるほど『大典』の規定には一定の恒久性が与えられているし，だからこそ，それらも広い意味では「律」と呼ばれていたが，それらは元をただせば国王の一時的な立法（受教）によって定められたに過ぎないのであって，必ずしも「礼」によって裏付けられた恒久的な規定とはいえない。したがって，朝鮮の風俗が中華の「礼」によって矯正された暁には，それらは必ずや「万世通行の法」[25]である明律の規定に復さなければならない。その意味で，中華の「礼」に裏付けられた明律の規定は，たとえその効力が一時的に「停止」されても，「廃止」されることは決してなかったのである。

22)『続大典』刑典，賊盗条。窃盗初犯，成群作賊，三人以上，贓満一貫以上者，二人贓満二貫以上者，及再犯者，勿論贓多少，並勿分首従，杖一百，絶島残邑為奴。

23)『周礼』秋官，大司寇。大司寇之職，掌建邦之三典，以佐王刑邦国，詰四方。一曰，刑新国用軽典。二曰，刑平国用中典。三曰，刑乱国用重典。

24)『世宗実録』26年10月甲寅条。視事。上謂左右曰，「今盗賊興行，是予不能制民之産，使之失所故也。予甚愧焉。往日，卿等議弭盗之方云，『三犯窃盗，勿論赦前，置於法』。予観隋史，有二人共盗一瓜，置之於死。且古者刑乱国，用重典。其於盗賊，固当用重典矣。然『大明律』，乃高皇帝参酌古制，以為万世通行之法。且『唐律疏議』，盛唐之制，而極為詳明。観此二律，未有勿論赦前之文。豈可軽改律文而殺人乎。……」。

25) 上掲『世宗実録』26年10月甲寅条。また『光海君日記』4年7月戊午条。ただし『明律』だけではなく，『経国大典』の規定もまた「万世経常之法」「万世通行之法」などと呼ばれていた（『成宗実録』16年6月癸巳条，『中宗実録』4年5月戊申条，同10年6月庚辰条等，参照）。

2 ◆ 刑罰と懲戒

　明律に基づく刑の量定（照律）が終わると，基本的にはこの照律に即して国王の判決（判付）が下され，有罪であれば笞・杖・徒・流・死のいずれかの刑が執行される。このとき特に問題となるのは，徒流に伴う労役刑（居作）の実際の執行形態であるが，これについて明律では，徒刑は官に拘収して「煎塩・炒鉄」などの労役を課し，流刑は「荒蕪および瀕海」の地に「安置」して労役は課さないことになっている。しかし社会的条件の異なる朝鮮では，刑徒の労役のあり方も中国とは異なっており，徒流人は主として駅站の「日守」として配役することになっていた[26]。

　また徒流の罪を犯した軍官・軍人は，明律では徒流を免じて「充軍」，つまり平の軍人として遠方の衛所に配役することになっていたが，この点は朝鮮でも同じく，軍官・軍人は徒流を免じて「充軍」とすることになっていた。もっとも，朝鮮で「軍官」に相当するのは内禁衛・別侍衛・甲士などの禁軍兵で，これらが徒流の罪を犯した場合には，侍衛牌・営鎮属・船軍などの州県軍に平の軍人として編入されることになっていたのである[27]。

　このほか，徒流の罪を犯したものに対しては，特に「充軍」「辺遠充軍」「為奴」「全家徙辺」「属残駅吏」などの特別の刑罰が科せられる場合があったが，このうち「充軍」は「徒三年」の刑に相当し，「辺遠充軍」「為奴」「全家徙辺」「属残駅吏」は「流三千里」の刑に相当するものと規定されている[28]。したがって，これらの特殊な刑罰も，広い意味では明律における「五刑」の体系の中に包摂されていたということができるであろう。

　これに対し，官人（特に文官）の犯罪については，五刑とは別に，一種の懲戒処分を施行することになっていた。

　まず，官人の笞杖罪については，職務遂行上の過失（公罪）であれば収贖を許し，私的な利益を図った不正行為（私罪）であれば，収贖を許した上で告身の一部，または全部を回収する。一方，徒流以上の罪であれば，徒流刑に附随する杖刑は

---

26) 拙稿「朝鮮初期の徒流刑について」。
27) 同上。
28) 『経国大典』刑典，罪犯准計条。

収贖を許さず,杖刑を的決する[29]。その上で徒流刑に伴う労役(居作)については収贖を許し,告身のすべてを回収することになっていた[30]。もっともこの規定とは逆に,成宗朝以降の例では徒流刑に伴う杖刑の方を収贖し,徒流刑については実際に配所に送ることの方が多くなっている[31]。こうした処分の慣例は,やがて杖の収贖をも免除した形で,後述する党争期の「定配」として定着していくのであろう。

収贖が許されなかった場合,官人といえども徒流刑に伴う労役(居作)には服さなければならなかったが,その場合でも官人は平民のように駅站の「日守」として酷使されることはなく,「庭燎干」や「烽卒」などの,比較的軽い労役に割り当てられることになっていた[32]。

---

29)『経国大典』刑典,推断条,註。文武官及内侍府・有蔭子孫・生員・進士,犯十悪奸盗,非法殺人,枉法受贓外,笞杖並収贖。公罪徒,私罪杖一百以上,決杖。

30)『世宗実録』9年6月戊寅条。……杖稷山県監李韻・木川県監尹煥,各一百,贖徒三年。杖大興県監盧皓九十,贖徒二年半。

『世宗実録』22年12月己丑条。議禁府啓,「黄保身,盗用雑物,計贓三十三貫,請依律杖一百・流三千里・刺字。閏伊,当推問之時,乃曰,『保身所盗之物,当推鞫保身,可也。不宜鞫妾』。請依妻妾告夫律,杖一百・徒三年」。上以保身,乃喜之子,特加優容,只杖一百,免刺,贖流三千里。閏伊,只杖一百,属為咸吉道慶源官婢。

31)『成宗実録』9年5月丁卯条。御昼講。右副承旨李瓊仝,将義禁府照律,以啓曰,「柳子光・任士洪・朴孝元・金彦辛,交結朋党,紊乱朝政罪,斬待時。妻子為奴,家産籍没。表沿沫・金塊・金孟性,(待)〔対〕制上書,詐不以実罪,杖一百・徒三年・告身尽行追奪。孫比長,応奏不奏罪,杖八十・贖,追奪告身三等」。上曰,「此人等,罪犯深重,然不宜至死。其減死,迸逐遠方,終身不叙。……且古之帝王,優待功臣,雖大罪,有賜死而無戮辱。今子光,翊戴功大。決杖,似不可。并議啓」。

『成宗実録』9年5月己巳条。御昼講。左副承旨金升卿,啓曰,「臣於今日,更看金孟性・金塊・表沿沫・孫比長照律,孟性・金塊・比長,其始也,同一諫官,知孝元陰聴士洪請嗾,謀欲攻孝元,而拘於同官,優游不断,竟未上達。至於親問,孟性・金塊,亦不以実聞。故論孟性・金塊以対制上書,詐不以実律,杖一百・徒三年。比長,応奏不奏律,杖八十,奪告身三等。且沿沫,曾知其情,不啓於上,而反説於深源,此固不直。与孟性同罪,恐未当也。且士洪・子光,本死罪,而特減死・贖杖,是減二等。孟性・金塊,只贖杖,是減一等。是恩沢不均矣。孟性・金塊,減徒年,何如。如是則恩沢均,而与沿沫殊科矣」。……○流任士洪于義州,柳子光于東莱,朴孝元于富寧,金彦辛于江界。徒金孟性于高霊,金塊于唐津。孝元・彦辛,決杖。余皆贖。

『燕山君日記』10年4月庚戌条。義禁府啓,「河継曾・柳継宗,罪当斬待時」。伝曰,「人臣事君以礼,而背坐御前。其減死,贖杖,流三千里」。

なお,「八議」のもの —— 功臣・議親,および二品以上の最上級の官人等 —— が,笞杖の軽罪を犯した場合には,笞杖刑を免除することの引き換えとして,「罷職」「収告身」などの懲戒処分を単独で適用することがあった[33]。また,彼らが杖罪・徒罪などの中程度の罪を犯した場合には,杖刑・徒刑を免除することの引き換えとして,当人の所有する荘園(農荘)に追放する「付処」の処分が加重されることもあった[34]。さらに,八議身分のものが流罪・死罪などの重罪を犯した場合には,国王は流刑・死刑を免除する引き換えとして,当該の官人に「安置」の処分を命じる場合があったが,これは一種の軟禁処分であり,一連の懲戒処分の中では最も重い処分ということができる[35]。

このように,「罷職」「収告身」などの懲戒処分は,官人身分,特に文官身分の犯罪に対して刑事罰(五刑)に追加して適用され,また八議身分の犯罪の場合には,「罷職」「収告身」「付処」「安置」などの懲戒処分が刑事罰(五刑)を免除することの引き換えに単独の処分として適用されていた。

しかし成宗朝以降,王朝国家における朋党の争いが本格的に展開していくと,そこではますます多くの官人・儒生たちが,党争に関わる言論活動の罪によって,刑事罰の代替としての懲戒処分を受けるようになっていった。このため懲戒処分の種類とその適用の範囲とは拡大し,八議身分のもの以外に対しても各種の懲戒処分が単独に適用されるようになっていく。

かくして官人・儒生に対する懲戒の処分は,明律に依拠する刑事罰(五刑)の体系とも緩やかに対応しながら,「明律」以外の広い意味での「律」として,一個の独立した体系を形成するようになるのである。

3 ◆ 党争の展開

朝鮮王朝(1392〜1910年)の成立は,新儒教(朱子学)の理念によって支えられ

---

32) 拙稿「朝鮮初期の徒流刑について」。
33) 拙稿「朝鮮初期の笞杖刑について」。
34) 拙稿「朝鮮初期の徒流刑について」。
35) 拙稿「朝鮮初期の徒流刑について」。

たといわれている。なるほど、高麗王朝（918〜1392年）を支えた旧勢力（門閥貴族や仏教寺院勢力）との闘争においては、いわゆる新興士大夫層の支持のもとに、新儒教による改革の理念が唱道され、官制・軍制や土地制度の改革が強力に推進されたことは事実であろう。しかし、朝鮮の官人社会における新儒教の影響力は、当初は多分に皮相的なものに過ぎなかった。

例えば鄭夢周（1337〜1392年）や吉再（1353〜1419年）など、朱子学が重んじる「君臣」の大義に殉じ、ないしは新王朝への出仕を拒否した「忠臣」の例は幾つかある。しかし、彼らは後代の知識人たちによって理想化されたほどには新儒教の哲理や礼制には精通してはいなかったであろう。これらの「忠臣」を排して新王朝を支持した改革派の官僚たちは、新儒教の理念を旗印に「詞章」から「経術」への転換を唱えて科挙制度・学校制度の改革を推進した[36]、さらには人々の生活様式そのものをも旧来の仏教式習俗から新儒学（朱子家礼）の規定する儒教式習俗に改変しようとした。しかし、科挙制度・学校制度の改革は次第に空洞化し、高麗以来の伝統的な「詞章」の学問は、世宗朝から世祖朝にかけて、いわゆる「勲旧派」を中心とする王朝支配体制の安定とともに力強く復興していった。知識人たちの関心は依然として「経術」よりも「詞章」にあり、その生活様式も高麗以来の仏教式の習俗によって依然として強く支配されていたのである。

状況の変化は、第7代・成宗（在位1469〜94年）の治世に始まる。世祖以来の勲旧大臣らの後見のもとに幼年に即位した成宗は、親政を開始すると同時に自己に忠実な側近勢力の形成に意図的に取り組むようになったが、最初に彼が抜擢し、寵用したのは自らの姻戚にあたる任士洪（？〜1506年）とその息子、任光載・任崇載らの勢力であった。ところが任士洪による専権を嫌った「士林派」の知識人たちは、任士洪が「朋党」を形成していると批判し、これを失脚に追い込む。任士洪は「朋党を交結し、朝政を紊乱」[37]した罪で、「斬・待時」の量刑を受けるが、成宗は任士洪を庇護して「減死」の恩典を下し、「杖一百・流三千里」に減刑した上で、「杖一百」については「贖」を許して彼を義州に流配した[38]。

成宗が次に寵用したのは、いわゆる「士林派」の祖の金宗直（1431〜1492年）

---

36)　拙稿「朝鮮における進士概念の変遷」第4節（『東洋史研究』第54巻第3号、東洋史研究会、1995年）。

37)　『明律』刑律、姦党条。

38)　『成宗実録』9年5月丁卯条、および己巳条。本章注31、参照。

である。彼は声望ある儒学者として経筵に招かれ，成宗の信任を得て重用された。金宗直は後世，士林派の祖として絶対的な尊崇を受けるが，彼は必ずしも後世の「山林」のような経学者ではなく，むしろ「詞章」に秀でた文人肌の学者である。ただし，彼は「古礼」の復興につとめ，地方社会において門弟の教育に力を注いだところが旧来の「勲旧派」の知識人とは異なっていた。おそらく成宗は金宗直門下の「士林派」の知識人たちを登用することによって，自己を擁立した「勲旧派」の勢力を抑制し，この両勢力のバランスの上に，自己の絶対的な権力を確立することを意図したのであろう。

それぞれに性格を異にするこれらの官僚群——いわゆる「勲旧派」と「士林派」——は，成宗の2人の息子である燕山君，および中宗の治世を通して，戊午士禍（1498年），甲子士禍（1504年），および己卯士禍（1519年）と呼ばれる一連の政争を繰り広げたが，金宗直の学統に連なる士林派の知識人たちは，その度ごとに任士洪や柳子光（？～1512年）など，「尊君」を掲げて君主の専制権力に迎合する官僚たちと対立し，「勲旧派」と結んだこれらの「小人」によって，激しい弾圧を受けなければならなかった[39]。

こうした一連の「士禍」を経験する以前，朝鮮の知識人たちは，いわゆる新儒教を単なる政治道徳として学んでいたに過ぎなかった。あるいは李滉（李退渓）の言葉を借りていえば，それは「節義・章句・文詞」のいずれかを重んじる表層的な学問に過ぎず，「己の為」にする「真実実践」の学問ではなかった[40]。何よりそれは，新儒教の1つの本質である「古礼」の復興と実践への意思を伴うものではなかったのである。しかし，一連の政争の犠牲となって地方社会に隠遁（落郷）した士林派の知識人たちは，「勲旧派」の支配する腐敗した中央政界の士風を新儒教の理念によって刷新し，古代の理想的な政治——いわゆる「堯・舜の治」——を実現させなければならない，それ以外に自分たちを「士禍」から守る方途はないという確信を抱くようになる。そのための第一歩として，例えば「小学」の普及や「郷約」の実践を通し，彼らは古代の学問と儀礼の復興を図ろうとしたのである。

---

39) Edward Willett Wagner, *The Literati Purges: Political Conflict in Early Yi Korea*, Harvard University Press, 1974.

40) 李滉「静庵趙先生行状」。蓋我東国先正之於道学，雖有不待文王而興者，然其帰終在於節義・章句・文詞之間。求其専事為己，真実践履為学者，惟寒暄（金宏弼）為然。

この一種のルネサンスの運動は，勲旧派・士林派を問わず，当時の知識人たちの幅広い共感を呼んだ。そして知識人たちの郷村社会における影響力の高まりとともに，新儒教（朱子家礼）の規定する礼制や生活規範は，朝鮮社会の一般的な習俗として地方士族や庶民層にまで深く浸透する。そうした社会的な変化の中で，中宗朝の「己卯士禍」によって一敗地に塗れた「士林派」の勢力も，明宗・宣祖の治世を通して次第に勢力を回復し，「士禍」の犠牲となった「名賢」たちに対する名誉回復や，その子孫の録用の気運も次第に高まりを示していった。

　しかし新儒教（朱子学）の理念を信奉し，古代の理想政治（尭・舜の治）の実現を目指した士林派の知識人たちは，彼らがようやく政界の中枢へと進出していったまさしくその瞬間において，いわゆる「西人」と「東人」の2つの党派に分裂する。この同じく「士林派」に起源を持つ東西2つの党派によって，以後，本格的な「党争」が展開していくことになるのである。

4 ◆ 懲戒の体系

　いわゆる東西分党は，既成士林に声望のあった外戚出身の沈義謙を，新進士林の金孝元が「小人」として排撃したことに端を発している[41]。宮中勢力と結んだ外戚によって，それまでたびたび「士禍」を仕組まれてきた士林派の知識人たち —— とりわけ政治の内幕を知らない新進士林にとっては，沈義謙が国王の外戚であるという，ただそのことだけで，彼を「小人」と見なすには十分であった。その種の「小人」が「尊君」を掲げて君主に迎合し，君主の専制権力を利用して自己の敵対勢力を弾圧するところに，歴代の「士禍」が繰り返されてきたのである。しかし政治の内幕に通じた既成士林は，沈義謙もまた一廉の「君子」であり，決して外戚というだけで彼を排撃することはできないとして，かえって沈義謙を排撃する新進士林を抑圧した。ここには党争期における知識人社会の対立の基本構図 —— 君主権に接近する既成士林と，それに反発する新進士林との対立 —— が認められる。

　既成士林を排撃する新進士林の言論活動は，党争の展開とともにますますその

---

41) 李建昌『党議通略』，幣原坦『韓国政争志』，その他。

激しさを増していった。新進士林が既成士林を打倒して政権を獲得すると，今度は彼らが既成士林となって新進士林の排撃を受けなければならない。この時期に既成士林に対する政治批判の言論活動を行った官人・儒生たちは，その多くが君主に対する「不敬」の罪，もしくは「朋党」形成の罪に問われて懲戒処分を受けたが，これらは本来，明律の規定によれば間違いなく死刑（斬）に該当する重罪であった。

　　凡そ姦邪にして讒言を進め，左使して人を殺す者は，斬。
　　若し在朝の官員の，朋党を交結し，朝政を紊乱する者は，皆斬[42]。

　上の明律の規定 ―― いわゆる「姦党律」 ―― によれば，君主に垂直的に臣属すべき朝臣たちが，相互に水平的な連携を結び，その「朋党」の力によって君主に制約を加えたり，君主を操ろうとしたりするものは，すべて死刑（斬）に擬せられることになっている。しかし，党争期における知識人たちの集団的な言論活動が，すべて党派心によるものか，それとも「愛君の情」に基づく諫言であるのか，その判断の基準は極めて曖昧かつ主観的なものとならざるを得ない。

　このため，官人・儒生らの言論活動に「姦党律」を適用するかどうかは，ひとえに国王の政治的判断に委ねられていたが，もしこの姦党律を安易に適用すれば，それはもう一方において「言路」を開くという君主の美徳 ―― 広く言論を受け入れること ―― を著しく毀傷することにもなりかねない。そこで官人・儒生らの言論活動に対しては，『経国大典』に定められた囚禁・推鞫・照律という一連の手続きを経て「姦党律」を適用するのではなく，直ちに国王の裁量による懲戒処分を行うことで，最悪，死刑（斬）に至る刑事的な処分（刑罰）の適用は免除することが慣例となっていった。

42）『明律』吏律・職制・姦党条。凡姦邪進讒言，左使殺人者，斬。○若犯罪律該処死，其大臣小官，巧言諫免，暗邀人心者，亦斬。○若在朝官員，交結朋党，紊乱朝政者，皆斬。妻子為奴。財産入官。○若刑部及大小各衙門官吏，不執法律，聴従上司主使，出入人罪者，罪亦如之。若有不避権勢，明具実跡，親赴御前，執法陳訴者，罪坐姦臣。言告之人，与免本罪，仍将犯人財産，均給充賞。有官者，陞二等。無官者，量与一官，或賞二千両。
　　『明律』刑律・雑犯・不応為。凡不応得為而為之者，笞四十（謂律令無条，理不可為者）。事理重者，杖八十。

表 5-1　刑罰対称表

【刑】明律による処分（刑事罰）	【罰】律外の処分（懲戒処分）
笞（笞一十〜笞五十）	推考，従重推考
杖（杖六十〜杖一百）	罷職，収告身
徒（杖六十・徒一年〜杖一百・徒三年）	削去仕版，削黜，付処
流（杖一百・流二千里〜杖一百・流三千里）	定配（遠竄，絶塞，絶島），安置
死（絞，斬，陵遅処死）	賜死

＊「刑」と「罰」とは緩やかに対応するが，それは大まかな対応であって必ずしも 1 対 1 の対応ではない．

およそ罪を論断する際には必ず律令を引用する．違反した場合は笞三十．……その特旨によって断罪し，臨時に処罰して定律としないものは，引用して律とすることはできない[43]．

上の明律の規定に見られるとおり，およそ刑罰を行う際には必ず明律の条文を引用しなければならない．党争に際して引用すべき条文とは，もちろん「姦党律」以外にはないのであるが，いったん，「姦党律」を引用するとなると，その量刑は必ず死刑（斬）となってしまう．だからこそ，国王はあえて囚禁・推鞫・照律という正規の手続きを踏まず，「臨時に処罰して定律としない」懲戒処分によってこれを処罰していたのである．

党争期における官人の処分は，おおむね「推考」「罷職」「収告身」「削去仕版」「削黜」「付処」「定配」「安置」「賜死」などに類別される．それらは明律に基づく「五刑」の体系とも緩やかに対応しながら，その時々の政治状況に応じて段階的に加重されていくのである（表 5-1 参照）．

このうち，「推考」というのは囚禁を伴わない任意の取り調べで，特に六品以上の官人の場合は直接法司に出頭することは免除され，「公緘推問」といって書面（公緘）による取り調べを受けるだけでよいことになっている[44]．もちろん，それで有罪の確証が得られれば，さらに囚禁・推鞫・照律という一連の手続きが

---

43)『明律』巻 28, 刑律, 断獄, 断罪引律令条．凡断罪, 皆須具引律令．違者笞三十．若数事共条, 止引所犯罪者, 聴．○其特旨断罪, 臨時処治, 不為定律者, 不得引比為律．若輒引比, 致罪有出入者, 以故失論．

44)『経国大典』刑典, 囚禁条．杖以上, 囚禁．文武官及内侍府・士族婦女・僧人, 啓聞囚禁．［○凡不囚者, 公緘推問．七品以下官及僧人, 直推］．

とられることになるが，ほとんどの場合,「推考」はそれ自体で処分として完結し，それ以上に法的な手続きが進行するわけではない。したがって，これは今日風にいえば,「始末書」程度の最も軽微な懲戒処分に該当する[45]。

次に,「罷職」というのは現職官人に対してその現任の官職（職事官）を罷免すること，また「収告身」というのは官人としての身分（位階）を示す告身の一部，ないしはすべてを回収し，官人としての身分を（一時的に）停止することを意味している。これらは「杖」以上の「私罪」を犯した官人に対する懲戒処分として，刑事罰としての杖刑に付加して施行されていたが，それとは別に，八議身分のもの（功臣・議臣および二品以上の最上級の官人）に対しては，刑事罰の免除と引き換えに，単独の懲戒処分として施行されることも少なくない[46]。

ところが党争期に入ると，この罷職・収告身よりもさらに重い処分として，党争に関わった官人には「削去仕版」や「削黜」——正確には「削奪官爵，門外黜送」——などの懲戒処分が適用されるようになっていった。このうち「削去仕版」というのは官員の名簿からその名を削除すること，具体的には官職の任命を行わないことを意味している。この場合，当該の官人が保持している告身は，必ずしも削奪されることはないのであろう。これに対し,「削黜」の場合には「削奪官爵」，つまりその告身をすべて削奪され,「門外黜送」，つまりソウルの都城の門外に追放されることになっている。この場合，当該の処分を受けた官人は，当然，自己の生活基盤である「本郷」または「農荘」に帰って謹慎生活を送らなければならなくなるが，これは杖刑または徒刑の代替として行われる「付処」（中道付処）の処分よりは，1等級軽い処分として位置付けられていた[47]。両者はいずれもソウルからの追放を意味する処分であり，またその追放先も自己の「本郷」または「農荘」である点において共通しているが,「付処」の場合はその配所を法司によって指定され，移動の自由の制限を受けるのに対し,「削黜」の場合は配所の指定がなく，移動の自由の制限を受けることもない。その意味で「削黜」は「付処」より

---

45) 推考にも単なる「推考」と「従重推考」との区別があるが，両者の具体的な相違点については不明である。

46) 拙稿「朝鮮初期の笞杖刑について」。

47) 『両銓便攷』巻1，東銓，歳抄条に,「凡収告身，及罷職者，毎冬夏季月初一日，具罪名，啓聞」とあり，その註に,「付処減等，則削黜施行」とあるから,「付処」より「削黜」の方が1等級軽い処分であることが分かる。

も1等級軽い処分として位置付けられていたのである。

　これに対し，党争に関わった官人・儒生らの罪が，明らかに「姦党律」に触れると判断された場合には，「定配」という，事実上の流刑の処分が適用される。それは実質的にも五刑の中の流刑に近いが，しかし厳密にいえば刑事罰としての流刑とは区別しなければならない。

　およそ「定配」の処分を受けたものは，その文字どおり，ある特定の配所に「定配」されるが，この「定配」には律に基づく刑事罰としての「定配」と，君主の裁量による懲戒処分としての「定配」との2種類があった。このうち，刑事罰としての「定配」とは，律に規定する徒流刑（徒一年，徒一年半，徒二年，徒二年半，徒三年，流一千里，流二千里，流三千里）のそれぞれについて，「収贖」を許さず，実際に配所を定めて労役（居作）に配することを謂うのであって，徒流に準じる充軍・為奴なども，広い意味ではこの「定配」の中に含まれている。つまりは徒流刑のうち，「収贖」を許されたもの以外で実際に配所に送られるもののことを「定配」というのである。例えば徐有榘『完営日録』の記事によると，定配罪人のリストである「配案」には，「徒年秩」「不限年秩」「充軍秩」「流配秩」「為奴婢秩」「減死秩」などの細目が挙げられているが[48]，これらはすべて，五刑の体系内における刑事罰としての「定配」に該当する。

　これに対し，官人・儒生らの言論活動に対しては，『経国大典』に規定する囚禁・推鞫・照律という一連の手続きを経ることなく，直ちに君主の裁量による懲戒処分としての「定配」が行われていた。この場合，官人・儒生らは推鞫を受けて自らの「罪」を自白しているわけではないし，その自白（遅晩）に基づいて「照律」が行われているわけでもないから，これらを五刑の体系内における刑事罰としての流刑（流三千里・定配）と見ることはできない。官人・儒生らの「罪」は，照律以前の未定の「罪」であるから，彼らに対する懲戒処分としての「定配」には，徒流刑に付随する「杖刑」が科せられることはなかったし，また徒流刑に伴う労役（居作）が課せられることもなかったのである。

　いわゆる「朋党」と目された官人・儒生らに対し，「姦党律」による刑事訴追の手続きを取るか，それとも懲戒処分としての「定配」で済ませるかは，ひとえに君主の裁量にかかっていた。

---

[48] 『完営日録』巻6，甲午年7月初7日条，状啓。

王「儒生の上疏は，用いるなら用いる，用いないなら用いないだけのことだ。どうして逮捕・推鞠する必要があろうか。」
許積「私も同感です。自ずと懲戒の方法もございます。どうして推鞠する必要がありましょうか。……」
王「それならその儒生に懲戒処分を行えばよかろう。」
許積「仰せをいただき，まことに幸いでございます。一体，どのような処分を与えましょうか。「儒罰」であれば「停挙」が相当ですし，もし「奸人」として処罰するのであれば「定配」が相当です。しかし，文科殿試の受験資格停止は，儒生にとっては大変重い処分です。」
金錫冑「朝廷の処罰は，儒罰とは異なります。当然，朝廷の処罰（定配）を行うべきです[49]。」

　上は粛宗即位年（1674年）の「甲寅礼訟」── 孝宗の礼制上の取り扱いを「長子」とするか「庶子」（衆子）とするかを争った「己亥礼訟」（1659年）の再燃 ── を記録した「甲寅録」という野史資料の一節であるが，事の発端は，孝宗の扱いを「庶子」と定めた西人派の領袖・宋時烈（1607〜1689年）に対し，晋州の儒生朴世楫が，その「貶君」の罪を鳴らした弾劾の上疏を行ったことにあった。孝宗は仁祖の王統を継いで即位したが，彼は仁祖の嫡長子ではなく「庶子」（衆子）であるから，その喪制も「庶子」の礼に従わなければならない。言い換えれば，専制君主もまた儒教的な人倫の秩序には従わなければならないとするのが西人の主張であるが，これに対して南人（東人の一分派）は「尊君」の論理を掲げ，西人の主張を「貶君」の論理として批判した[50]。当時，「己亥礼訟」の問題を蒸し返すことは禁じられていたから，当然，朴世楫に対して何らかの処分を行うことは避けられなかったが，宋時烈と対立する南人の許積（1610〜1680年）は，当然，朴世楫に対してやや同情的であり，彼の言論活動に対して囚禁・推鞠を行うこと ── 彼を「朋党」と見なして，その背後で彼を操るものの存在を糾弾すること ── には反対した。わざわざ囚禁・推鞠・照律という刑事的な手続きを取らなくても，君主の裁量として懲戒処分を行えばそれで十分である ── それが許積の考えで

---

49)「甲寅録」（『稗林』所収本）9月27日条，上曰，「儒疏，用則用，不用則不用而已。何可拿鞠」。積曰，「臣既仰達矣。自有施罰之道，何可鞠問。……」。上良久曰，「然則罪其儒，可也」。積曰，「聖教如此，極幸矣。当以何罪罪之乎。儒罰則停挙，是也。若以奸人之罰罰之，則定配，是也。而御前停挙，乃儒生大罰也」。錫冑曰，「朝家之典，与儒罰有異。此当施朝家之罰矣」。

50)「我我録」上（『稗林』所収本），龍湖問答，参照。

あり，また国王粛宗の考えでもあった。

　この場合，該当する処分は，彼に「朋党」の疑いがあるとして，「奸人の罰」としての「定配」を行うことであるが，南人派の許積はこれを「儒罰」としての「停挙」で済ませようとし，西人派の金錫冑（1634～1684年）は「朝廷の処罰」（朝家之罰）としての「定配」を要求する。「定配」と「停挙」とでは処分の軽重に随分と開きがあるが，そもそも懲戒処分は君主の裁量に委ねられているので，その決定は自ずと恣意的にならざるを得ない。

　こうして朴世樞に対する処分の問題が紛糾する中で，西人派の京畿儒生，李必益が朴世樞を「朋党」として弾劾する言論活動を展開すると，従来から南人派に傾いていた国王は，今度は李必益に対して「定配」の処分を下し，はっきりと南人を支持する方向に転回する。

> 王「重ね重ね警告しておいたのに，またまたこのような上疏を行った以上，どうして処罰せずに済もうか。」
> 許積「今後さらにこのような上疏があれば，「定配」の処分を行うことも，もとより当然ですが，今すぐ「定配」の処分を行うことは，行き過ぎです。」
> （結局，結論が出ないままに王前を下がる。……）
> 刑曹「筆頭上疏人李必益は，慶興府に定配」と上啓。
> 王の伝旨「配所に至るまでの路程を計算しておき，配所に到着したらその日付をすぐに啓聞せよ。」51)

　南人の許積は西人儒生の李必益に対し，党派心を離れてなるべく穏健な処分を下すように要求しているが，国王は西人派の言論活動に対してはっきりと不快感を示し，李必益に対して直ちに「定配」の処分を決定した。路程を計算して到着の日付を報告せよ，というのは，もし一刻でも遅れたら追加の処分を行うという威嚇である。このとき「慶興府定配」と定めたのは刑曹であるが，それは配所を定めただけであって，「定配」の処分そのものは国王が自らの裁量事項として独断で決定していることに注意しなければならない。

　なお，「定配」に際してその配所は「遠竄」「絶塞」「絶島」などにおおまかに分類されていたが，このうち「絶塞」の場合は北辺の六鎮または鴨緑江辺に定配し，

---

51)「甲寅録」（『稗林』所収本）10月28日条，上曰，「今既申飭，而有此疏。安得不罰」。積曰，「今後又有之，則罰之以定配，固宜。而即今施此罰，為過重矣」。遂罷出。○刑曹，疏頭李必益，慶興府定配，啓。伝曰，「計其配所程道，到配日字，使之即即啓聞」。

「絶島」の場合は南辺の済州島・珍島・南海島・巨済島などに定配し，単に「遠竄」という場合には南北を問わず，絶塞・絶島よりは近地の霊巌郡などの辺遠の地に定配することになっていた[52]。また「定配」よりさらに処分が加重されると，当該の官人には「安置」(囲籬安置)が命じられるが[53]，これは配所における一種の軟禁処分であって，原則としてはいっさいの社会的な交際が禁じられる。もっとも，実際には監禁する屋舎に「後門」を設け，多少の人の出入りは黙認することが慣例になっていたが，それも結局はその時々の政治状況に左右される[54]。いずれにせよ，それは「社会」からの隔絶を意味するから，一連の懲戒処分の中では「賜死」に次いで最も重い処分に当たる。

しかし，「定配」にしろ「安置」にしろ，彼らは本来なら「奸人」として囚禁され，推鞫・照律の上で「姦党律」によって死刑(斬)に処せられるべき存在であった。もしくは「減死」の恩典を受けて，「杖一百・流三千里・定配」の刑罰を受けなければならない存在であった。にもかかわらず，彼らはそれらの刑罰をすべて免除されているのであるから，反対党派の立場から見れば，このような処分は「討逆」の精神に背いた，甚だ手緩いものといわざるを得ない。

反対党派の立場からいえば，この種の罪人には囚禁・推鞫を行って自らの「奸人」としての罪を自白させること —— それがたとえ拷問による自白であるとしても，はっきりと「奸人」としての罪を認めさせること —— が肝要なのであって，そうでなければ党争の是非を明らかにし，世人に自派の正当性を示すことができない。そうしてその自白によって，これらの「奸人」を裏で操る党派の領袖を裁

---

52) 『光海君日記』(鼎足山本) 4年9月甲午条。……禁府啓曰，「常時本府規例，凡定配人，以『絶塞』啓下，則六鎮及江辺定配。以『絶島』啓下，則済州・珍島・南海・巨済等地定配。只以「遠竄」啓下，則勿論南北，遠處定配。戊申年(光海元年，1608)罪人洪滉，以遠竄之罪，謫死於康津。而康津，即霊巌之隣邑也。郭再祐，亦嘗流竄霊巌矣。此外前例，無文籍可考。以表表人所共知者言之，盧守慎，遠竄于順天，厥後加罪，始送珍島。順天，即光陽隣邑也。許潜之兄許汴，亦嘗遠竄于光陽云。祖宗朝，遠竄霊巌等邑者，亦有之。此則久遠之事，不敢一一尽達」。

53) 「囲籬安置」が「定配」の一種である「遠竄」より一等級重い処分であることは，例えば『仁祖実録』6年2月丙午条の記事で，「遠竄罪人」の処分を加重して「囲籬安置」を命じていることによって確認できる。

54) 『宋子大全』附録巻7，年譜，48年乙卯(粛宗元年)6月丁卯条。囲籬安置于長鬐。[……金吾郎沈良弼，又駆迫困辱，而処之夷然。既到配，良弼又親董椊棘。子弟援例，請設後門，而竟不許之]。

きの場に引きずり出し，「奸党」を根こそぎ排除して，初めて朝廷の秩序を回復することができるのである[55]。

だからこそ，君主がいったん「削黜」「定配」「安置」などの懲戒処分を行った場合においても，反対党派の官人たちは，いわゆる「奸人」に対する「依律」の処分，すなわち律の規定どおりに囚禁・推鞫・照律し，「姦党律」に依拠して死刑（斬）に処することを執拗に要求して止まなかった。

もちろん，それを受け入れるかどうかは君主の裁量にかかっている。しかし，もし君主が一方の党派の主張に沿って，反対党派の官人・儒生らに対する囚禁・推鞫の命令を下したとすれば，その後に待っているものは残酷極まりのない恐るべき拷問である。我々は覚悟してその惨状に目を向けなければならない。

5 ◆ 拷問の諸相

拷問とは被疑者が有罪であることを前提として行われる刑罰の先取りである。

　なん人も，裁判官の判決があるまでは，有罪と見なされることはできない[56]。

このベッカリーアの言葉は近代刑法における根本原則の1つとされているが，逆に前近代の法制においては，被疑者は事実上「有罪」として取り扱われることが一般的であり，このため判決以前における刑罰の先取りとしての拷問が，法司による取り調べの段階において極めて安易に行われる傾向があった。

『経国大典』の規定によると，取り調べ（推鞫）の段階では1度に30回までの杖刑（訊杖）を行うことが認められているが，官人身分のものに対しては，必ず国王の裁可を待って訊杖を行い，膝より下，アキレス腱より上の脛の側面を殴打することになっている[57]。（杖刑というと一般には刑板にうつ伏せにし，その臀部を露

---

55)「随開録」中（『稗林』所収本），国有大逆，則設鞫刑訊，期於得情者，有国治獄之常法也。大臣・諸臣，非不知之矣。且況二宮人，二宦官，罪悪必非渠輩之独辦也。明有指嗾者。拿鞫厳問，採得根引，断不可已也。

56) ベッカリーア『犯罪と刑罰』（風早八十二・五十嵐二葉訳，岩波文庫），60頁。

57) この規定の元となった『世宗実録』21年10月壬辰条の記事によると，訊杖では被疑者を側臥させて，脛の側面を打つことになっていたようである。

出させて叩くイメージを持つが[58]、それは庶民に対する場合であって、士大夫に対しては比較的軽微な形で訊杖が行われていたのである[59])。また、一度訊杖による取り調べ（拷訊）を行ってから3日間は、再び訊杖を加えてはならないことにもなっている[60]。このように、訊杖による取り調べには一定の制限が加えられ、あまりに苛酷な拷問が行われることのないように一応の配慮はなされていた。しかし、訊杖による取り調べが一般に「刑推」と呼ばれていることからも明らかなとおり、それは歴然とした「刑罰」の先取りにほかならない。

　朝鮮後期（18世紀）の地方社会における裁判や刑罰の実態を詳しく記録している徐有榘の『完営日録』を通覧すると、殺人事件に関連した証人たち ── 彼らは殺人に至る諍いの直接・間接の当事者として、大なり小なりの道義的・法的な責任を問われている ── は、多くの場合、取り調べの過程で「厳刑一次、放送」の処分を受けている。これは取り調べにおける1セット30回の訊杖の後、身柄を釈放することを意味するが、このことは取り調べ段階における「訊杖」が、それ自体、1個の完結した「刑罰」として位置付けられていたことを示している。さらに極端な例になると、放火犯などは、「杖数に限なく、当下に物故せしめよ」[61])（数限りなく訊杖を加えて、直ちに殺してしまえ）との監司の裁決（題）を受けて、取り調べの過程で事実上の「死刑」に処せられている場合すら存在する。

　このように訊杖の制度は、律の規定する「罪刑法定主義」をあざ笑うかのように、裁判官の主観に基づく恣意的な刑罰として、とりわけ庶民層に対して濫用されていた。しかしこの訊杖によっても自白が得られない場合、強盗・十悪などの

---

58)「公私見聞録」下（鄭載崙撰、『稗林』所収本）。金判書時譲、奉命、巡嶺南、有一邑稽誤失期、拏致郷所、縛於刑板、露臀、将杖之、忽自外突出者、以身加於郷所臀上、乃判書女壻李道長、而所縛之人、即李之叔父也。……

59) 同上。宣廟朝、鄭西川崑寿、為判義禁、余曽祖水竹公、為同義禁、而与他類同監武人之犯贓者。有一僚員、駭其杖之不猛下、語之曰、「王府之杖、固如是乎」。鄭公曰、「年少僚宰之言、固是矣。而王府乃士大夫就理之所也。重杖貪贓武夫、快則快矣。一成規例、則豈無吾輩亦不免之悔也」。其人深服之。

60)『経国大典』刑典、推断条。三日内、毋得再行拷訊。拷訊十日後、決罰。［移置保管庁、待期。○笞刑、計拷訊之数、准減］。

61)『完営日録』巻5、甲午5月初1日条。……強盗衝火、勿分首従、並係一律、載在法典乙仍于、茲以発関為去乎、同朴申伊、待其押到、以此罪目、各別厳棍為乎矣、勿限杖数、当下物故状、即為報来向事。

重罪犯や，謀反・大逆などの国事犯に対しては，「圧膝」「烙刑」などのさらに残酷な拷問が待っていたのである。

圧膝というのは重い板を両膝の上に置き，これを踏み付けて行う拷問のことである[62]。『太宗実録』の記事によると，圧膝は1回目は2人，2回目は4人，3回目は6人で，それぞれ膝の上に置いた板を踏み付けて行うが，本来，十悪・強盗・殺人などの重罪以外にはこれを適用しないことになっていた[63]。しかし党争期に入ると，官人・儒生らの言論活動に対しても，君主に対する「不敬」の罪，もしくは「朋党」形成の罪を名目として，しばしばこの「圧膝」の刑が科せられるようになっていく。

例えば，朴泰輔（1654〜1689）という少論系（少論は西人の一分派）の知識人に対して加えられた「圧膝」の拷問について，「己巳録」という野史資料はそれを次のように生々しく描いている。

> 取り急ぎ「圧膝」を行う，と王が命じると，圧膝の刑具が設置された。板の上に，砕いた陶磁器（沙器）の，刀のようにとがったものを置いて，訊問を受けるものを股ぐらからその上に座らせ，また砕いた陶片2石で左右を埋め，肛門と両脚の間は，杖で衝いて隙間を埋め，さらに上から板をかぶせて上下の板をきつく縛り，これを刑吏（羅将）の健壮なるもの6人で一斉に踏み付けさせる。1セットごとに，13度ずつ蹴り付けさせる[64]。

粛宗15年己巳（1689年），この年，29歳の粛宗には待望の王子（後の景宗）が誕生したが，その生母は南人家門出身の側室張氏であった。粛宗はこの王子を早速「元子」に立てるとともに，西人家門出身の正室閔氏を退けて張氏を「中宮」に昇そうとしたが，これに反対した朴泰輔その他の西人系の官人たちは，党派心から君主の命令を批判した「背君」「誣上」の罪に問われ，粛宗が自ら宮中で行った取り調べ（親鞠）において，上記のような苛酷な拷問を受けることになった。ここ

---

62)『大典会通』朝鮮総督府本の頭注に「刑問ノ法ニシテ律文所載ノ刑ニ非ズ，重キ板ヲ罪人ノ両膝ノ上ニ置キ重圧スル刑」とある。

63)『太宗実録』17年5月丙申。命六曹，議定訊杖之数。……。一，圧膝，一次二人，二次四人，三次六人，其犯十悪・強盗・殺人外，毋得用此。

64)「己巳録」（『稗林』所収本）下，己巳4月24日条。上曰，「急令圧膝」。……即設圧膝之具。板上砕布沙器，尖如刀者，而坐其被刑之股于其上，又将沙器末二石，填于左右。其黄門及両脚間，即以杖蹴之，填之，復蓋板于上，而堅縛其板，使羅将健壮者六人，斉声蹴踏。毎一次，蓋蹴之者十三度也。如是者二次，而泰輔終無疾痛之色。

で描かれているのは「圧膝」の中でも特に残酷な「圧沙」，もしくは「沙刑」と呼ばれる拷問の様子である[65]。

また同じ史料には，朴泰輔が受けた「烙刑」（火あぶり）の有様も描かれているが，こちらの方はさらに生々しい。

> 国王は怒鳴り付けた。「この野郎，この野郎，ますますつけあがりやがって。取り急ぎ火刑を行え」。そこですぐに石炭を用意したが，扇が間に合わないので，衣で煽って火を起こした。左右のものも暑くてたまらないほどである。掌2つ分ほどの鉄片を2つ持ってきて火の中に投じた。……「忌々しいやつ。急いで火刑を行え。木に逆さ吊りにし，両膝から始めてその全身を炙れ」と王が命じると，さっそく大木が立てられ，細いひもで足の指を繋いで木に吊り下げた。頭髪がザンバラになって下に円を描き，地面から高さ5、6寸ほどに吊り下げられた。……ついに刑吏（羅将）に命じて「袴を脱がせて膚を炙れ」といった。王はますます怒り狂い，臣下はみな震え上がっている。袴も脱がせ終わらぬうちにそれを引き裂いて火鉄を掲げ，顔を薫してから，肛門より下，両膝以上の股の部分をすべて炙る。火焔の触れる所，すべて肉のただれる生臭い臭いがする。みな一斉に鼻を蔽い，正視するに堪えない。鉄が冷えるともう1つの鉄を持って来て，2セット連続して炙る。各部位を一巡して炙ること13回で1セットである。腰より下は焼け爛れて，すべて完膚なき有様となった[66]。

65）「圧沙」「沙刑」の「沙」は沙器（陶磁器）の意。『星湖僿説』巻9，人事門，圧沙・烙刑の項に，「国朝峻刑，有圧沙・火刑・周紐之名。圧沙者，砕破磁器布地，然後跪人於其上，以物圧而踏之」とある。『韓国漢字語辞典』（改訂版，ソウル，檀国大学東洋学研究所，2002年）の圧沙の項を参照のこと。なお，『韓国古典用語辞典』（ソウル，世宗大王記念事業会，2001年）の「圧沙」の項には，「刑罰の一種で砂に埋めて拷問すること」とあるが，これは望文生義の誤りであろう。

66）「己巳録」（『稗林』所収本）下，己巳4月24日条。……上怒曰，「此漢此漢，去去肆悪。急行火刑」。乃即具二石炭，而未及持扇来，以衣煽之。火焔漲満，左右侍衛之臣，尚不堪薫炙之苦矣。持片鉄如二掌付者二片，投炙火中。上曰，「汝今而後，亦不為遅晩乎」。泰輔改坐其圧膝之股，而跪曰，「臣既無一毫不道事。寧死，以何罪遅晩乎」。上大怒，左右奮臂，乍坐乍立，而疾声曰，「毒且毒矣。急行火刑。而倒懸于木，自両膝炙其身」。乃立大木，以細索繋足指，懸于木，散頭髪，環于下。其去地五六寸許，誠若他人，則気急難語，而精神自持，言語従容曰，「臣聞，圧膝・火刑，治逆之刑也。未知臣有何一罪，而用此逆律乎」。上曰，「汝罪甚於逆矣」。遂命于羅将曰，「脱其袴，炙其膚」。天怒震霆，衆皆戦慄。未及脱袴，而裂破之，挙火鉄，薫其面。黄門以下，両膝以上，亦皆炙之。火焔触処，必起腥臭。一時擁鼻，人皆惨而不能正視矣。火鉄冷，則取他鉄，連二次炙之。一巡十三，乃一次。腰下爛熳，已無余地，精神如常，顔色不変。……

粛宗はなおも全身を炙ろうとしたが，右議政の金徳遠（『実録』では領議政の権大運）が反対したため，全身を炙ることは取りやめとし，さらに「火刑」の規定に準じて拷問を続行する。「火刑」の通常のやり方については，「己巳録」には次のように説明されている。

　　蓋し「火刑」というのは大逆犯に対する拷問であるが，この「火刑」の規定では，まずその足の裏を炙り，白状しなければ，その両脚の間の内股を炙るのが限度で，全身を炙るのは，嘗てないやり方である。そこで，今度は大逆犯の取り調べ規定に従ってこれを炙った。まず，その足の踝および左右を炙り，また両脚の十指の間を炙った。足の裏がすべて焼け焦げ，足の筋もズタズタになった[67]。

　朴泰輔はこのような拷問を受けても凛として節を曲げず，「背君」「誣上」の罪を認めなかった。「圧膝」「烙刑」にも屈しなかった被疑者には，実はもう1つ，取って置きの拷問が控えていた。

　　周紐というのは，盗賊を取り調べる際の残酷な拷問である。大木を両脚の間に建て，脚の上下を紐で縛り，左右から紐を締め付けると，脚が曲がって環のようになり，〔骨の軋る痛さに耐えかねて，〕盗賊も自白しないものがいない[68]。

　ただ，この周紐による拷問は盗賊に対してのみ適用され，国事犯には適用されない決まりであったから，朴泰輔は幸いにもこの周紐による拷問は免れることができたのである。

---

67) 同上。又令炙其満身。右相金徳遠，猶知其惨酷，而嚅嚅良久而進曰，「火刑素有用処。今若遍炙，則臣恐別為後世之法也」。上曰，「然則依例炙之」。蓋治逆也，火刑之規，炙其足，不服，則炙其両脚間而已。遍炙満身，則古未有之規也。乃以治逆之規炙之。而炙其足外踝及左右，又炙其両足十指間。足掌皆焦，筋絡倶絶，而泰輔精神凛凛，言語有倫。○『粛宗実録』15年4月辛卯条，参照。なお実録では金徳遠ではなく領議政の権大運が諫言したことになっている。

68)「公私見聞録」下（『稗林』所収本），今上己未（粛宗5年，1679），有江都築城之役，有匿名投書于監築者，邀与同逆。監築者上其書。朝家広加購捕。久而始得，設鞠治之。時宰欲加以周紐之刑，以期得情。周紐者，乃治盗之酷法，建大木于両脚之間，以索縛（一本作絞）脚上下，左右引索，則脚曲如環，盗無不服。李及第元禎，時在宰列，大言于朝曰，「鞫逆（一本作庭）自有祖宗朝定制，而韓上党明澮，創設烙刑，至今流毒。今何可又創新法乎。況為法自弊，古語亦可戒也」。周紐之刑，〔以此〕頼以不行（一本，以作而）。至己巳（粛宗15年，1689），朴学士泰輔，諫廃妃，備受烙刑・訊刑・圧刑，而辞愈直。有金吾老卒，流涕語人曰，「己未若創周紐之刑，朴学士亦将不免也」。李及第，曾経一品判書，而収職牒，故不書其官。

結局，朴泰輔の「遅晩」（罪を認める自白）を得られなかった粛宗は，以後，同様の上疏を行ったものは，すべて「逆律」に当てること，つまり『明律』の「謀反大逆」条に基づいて「陵遅処死」に処することを宣言したが，朴泰輔の事例は「令前」であるのでこれを適用することはできない。結局，照律を行うことはできないので，粛宗は取り調べをやめて「減死，絶島囲籬安置」という懲戒処分を決定した。しかしその配所（珍島）に向かう道中において，朴泰輔は拷問の傷が悪化して死亡してしまうのである[69]。

　先にも述べたとおり，「圧膝」や「烙刑」は，本来，十悪・強盗・殺人などの重罪犯や，謀反・大逆などの国事犯に対してのみ適用されることになっていた。例えば，「世祖簒位」に反対してクーデターを企てた有名な「死六臣」に対し，世祖が「烙刑」を用いて拷問しているのは比較的早い時期の事例に属する[70]。しかし党争期に入ると，このような律外の拷問はますます濫用され，例えば朴泰輔のように，単に君主に諫言を呈しただけの官人・儒生に対してまで，「圧膝」「烙刑」のような残酷な拷問が適用されるようになってしまう。

　党争期という苛酷な政治風土の中では，いったん「奸人」と目された人物は，対立党派による執拗な言論圧力の下，君主の裁量次第でいつ，如何なる懲戒処分を受けるともしれなかったが，仮にそのような処分を受けても対立党派による言論圧力が止まない場合 ── そうして君主が暗にそれを支持している場合 ── 当該の人物は改めて律の規定により，囚禁・推鞫・照律という一連の刑事訴追の手続きを経なければならなかった。しかも，その取り調べに当るものが被疑者の「有罪」を確信し，訊杖・圧膝・烙刑などのあらゆる拷問を駆使して罪の自白（遅晩）を強要しようとする以上，「奸人」の罪に問われた官人・儒生らが「姦党律」の適用を受けて死刑（斬）の量刑を受けることは，ほとんど必至であったといっても過言ではない。

　だからこそ，二品以上の最上級の官人に対しては，君主は囚禁・推鞫・照律の手続きを踏むことなく，直ちに「賜死」の命令を下すことになっていたのである。

---

69)『粛宗実録』15 年 4 月壬辰条，5 月己亥条，参照。
70) 南孝温「六臣伝」（『秋江集』続録，所収）。前掲注 68 の「公私見聞録」によると，烙刑を創始したのは世祖朝の宰臣，韓明澮であるという。

6 ◆ 恩寵としての「賜死」

　君命による「賜死」は，たとえそれが毒薬（砒素）による自殺の強制であったとしても，当該の官人に対する君主の恩寵の表れと見なされていた。なぜといって，党争期において「奸人」として獄に投ぜられたものは，訊杖・圧膝・烙刑などの，あらゆる拷問を受けて罪の自白（遅晩）を強要されることになっていたし，しかもその自白は当該の官人のみならず，家族や師弟などの関係者にまで被害の拡大をもたらすことになったからである。

　それとは逆に，もし当該の官人が囚禁・推鞫・照律の手続きを経ることなく，もしくは囚禁されても明白な罪の自白なしに死んでいった場合には，彼の家産の没収，および家族の縁坐（死刑もしくは官奴化）などは免除された。

　そもそも，死刑案件においては当人の「自白」（遅晩）が最も重んじられ，「自白」なしに「死刑」を適用することは原則として禁止されている[71]。ところが「賜死」の命令を受けた官人は，囚禁・推鞫・照律という一連の刑事訴追の手続きを経ることなく自殺してしまうのであるから，当然，彼が「自白」を残すことはない。したがって，彼が律において「死罪」に相当するかどうかは結局は未確定と見なされ，「死罪」の確定に伴う一連の処分はすべて免除されることになっていたのである[72]。

　このことは，遅くとも高麗末にはすでに慣例として確立している。例えば，『高麗史』巻131洪倫伝によると，恭愍王を宮中で弑殺したとして囚禁・推鞫された韓安・盧瑄は，自らの罪を認めないままに訊問中に杖殺されたため，その家産・家族は籍没されることがなかった。もっとも，政堂文学の李茂芳が首相の慶復興に強く迫ったために，慶復興はやむを得ず，両人の父の家産・家族を籍没したが，それは当時としても，すでに慣例に背く処分と見なされていた[73]。

　また，同様の慣行が朝鮮時代においても引き続き行われていたことは，『続燃藜室記述』巻6に引く「明谷（崔錫鼎）行状」に，

---

71)「己巳録」（『稗林』所収）下，甲戌録，4月初9日条，政院啓。……王者所刑之道，雖謀叛大逆，必待其承款後処断。蓋以常憲不可不守，而後弊不可不慮故也。

72) この点は漢代の賜死においても同様であって，死を賜ったものの家族は籍没・縁坐を免除されていた。冨谷至『秦漢刑罰制度の研究』（同朋舎，1998年），278-279頁。

罪人は，たとえ叛逆罪で誅殺されても，自らの罪を承服していなければ，その妻子は法制上，縁坐の対象とはならない[74]。

と記されていることによって明らかである。ちなみに，罪人が自らの罪を認めた場合，官人であればその証言調書には官人自らが署押を行った。『百憲摠要』にはその自白証書の書式（遲晩式）[75]が見えているが，このこともまた高麗末にはすでに確立していた慣例であった。

『高麗史』巻131 洪倫伝によると，恭愍王を宮中で弑殺した事件に関与したとして囚禁・推鞫された洪烈という人物は，「当時，私はたったの9歳であったのに，どうして事件に関与することができただろうか」といって自白調書（刑書）に署名しようとしなかったが，その後，「それでは（死ねという）王命に背くことになる」といって，ついに（署名して）死刑を受け入れたというエピソードを残している[76]。

洪烈は「王命に背くわけにはいかない」という理由で自らの不条理な「死」をも受容した。このことは，当時，高麗の知識人社会に普及し始めていた朱子学的な君臣観の一端を示すものとして，特に注目しておかなければならないであろう。

7 ◆ 「賜死」の思想

君命による「賜死」は，少なくとも当該官人の家族や関係者たちにとっては十分に「恩寵」というに値する処分なのであった。しかし，死んでいく当人にとってはどうであろうか。いわゆる新儒教（朱子学）の理念は，ここでも当該の官人

---

73) 『高麗史』巻131 洪倫伝。辛禑2年（1376），政堂文学李茂芳，詣復興第曰，「何不籍韓方信・盧禛家」。復興曰，「以韓安・盧瑄，不伏罪而死也」。茂芳曰，「二賊自知大悪，至死不伏。然情状著見，論以弑逆，則其父豈免連坐」。復興作色不応。茂芳言愈切。復興不獲已，並籍方信・禛家。

74) 『続燃藜室記述』巻6所引，明谷（崔錫鼎）行状。罪人雖逆誅，非承款，則其妻子，法不随坐。

75) 『百憲摠要』遲晩式。上状［外面］。消息節伝旨内，辞縁如此。惶恐遲晩教事。年号月日。某職姓名。着銜。

76) 『高麗史』巻131 洪倫伝。……烈曰，「吾於甲寅之変（恭愍王23年，1374），年方九歳。豈得与聞」。不肯署名刑書。既而曰，「若是則違王命也」。遂就死。

が君主の命令に絶対的に服従することを要求する。

> 君を愛すること，父を愛するがごとし。天日，丹衷を照らす（愛君如愛父，天日照丹衷）[77]。

己卯士禍（1519年）の代表的な犠牲者である趙光祖（1482〜1519年）は，賜死に際して右のような辞世の詩を残したが，ここで暗示されているのは，君主への「愛」と父親への「愛」との関係という，儒教思想においては古くから問い続けられてきた命題である。

> ──「忠」というのは自分の心に忠実である，ということですから，人間の社会生活全般において，すべて「忠」を用いるべきであるのに，どうしてことさら君主に仕えることについて「忠」を強調するのですか。
> 「父子・兄弟・夫婦の関係は，すべて天理の与えた自然の関係であるから，誰しも愛し敬う気持ちを知らないものはない。君臣もまた天理の関係であるとはいえ，（天下・人民を統治するという）大義によって結びついた関係であるから，（時宜に合わなければ離れることもできると思って）世人はどうしてもこの関係をなおざりにしやすい。だからこそ君主への「忠」を強調するのだが，これは世人の足りないところを強調していっているのだ。もし『荘子』（人間世篇）にいうように，「天命と君臣の大義とは，（避けようとしても避けることのできない，最も慎むべき）天下の大戒である」と，このように考えたならば，君臣は（避けようとしても避けられずに）仕方なく結び付く，ということになる（が，そうではない。天理の関係として，自然に結び付くものなのだ。)[78]」

> ──君臣・父子の関係は，ともに天与の間柄であるのに，愛君の心が，結局のところ父を愛する心に及ばないのはどうしてでしょうか。
> 「（君主から）離畔するというのは，ただ庶民についての話で，賢人・君子の場合はそうではない。韓愈の作品（拘幽操）にある文王の言葉に，『臣の罪は，誅殺にあたります。（私に死を命じる）天王（殷の紂王）は聖明です』とあるが，この言葉を程子はどうして「いい言葉だ」といっているのだろうか。文王ともあろうひとが，ど

---

77) 『静庵集』附録巻6，行状（李滉撰）。『退渓先生文集』巻48，静庵趙先生行状。なお，李滉撰行状の底本である洪仁裕撰行状では，この詩句は「愛君如愛父，憂国若憂家」および「白日臨下土，昭昭照丹衷」となっている。

78) 『朱子語類』巻13，学七，力行。
用之問，「忠，只是実心，人倫日用，皆当用之。何独只於事君上説『忠』字」。曰，「父子兄弟夫婦，皆是天理自然，人皆莫不自知愛敬。君臣雖亦是天理，然是義合。世之人便自易得苟且，故須於此説『忠』，却是就不足処説。如荘子説，『命也，義也，天下之大戒』。看這説，君臣自有不得已意思」（賀孫）。

うして紂の無道を知らずにこのようにいったということがあろうか。(とはいえ)これは人々を騙していっているのではない。本当にそういっているのだが，(このままでは分かりにくいので)，少しいい方を換えて，初めて文王の本当の気持ちをいい表すことができる。そもそも，臣子の立場で「君父が誤っている」という道理はない。(君父の悪を表わさないという)この点にこそ，君臣の正しい関係を見ることができるのだ。『荘子』(人間世篇)に，『天下の大戒は2つある。命と義だ。父と子の関係では，どこまでいっても命が付いて回る。君と臣との関係は，どこまでいっても義が付いて回る。天地の間にその関係から逃れられる場所はない。だからこそ，この2つは(最も慎むべき)大戒である』とあるが，私(朱子)はかつて，ある題跋にこの語を引いて次のように述べた。『荘子のこの説は，楊氏の説く君主をなみする説である。荘子のいうようであれば，どうにも避けられなくなって，初めてこの君臣の義が成立するということになるが，そのように説くのは，君臣の関係が天理に基づく自然の関係であるという道理を知らないからである』と[79]。」

　上の問答は，いずれも新儒教を集大成した朱子の語録からの引用であるが，それはそのまま，「君を愛すること，父を愛するがごとし」といい残した趙光祖の詩の解題ともなるであろう。

　なるほど君臣の関係は，国家・人民の統治という「大義」によって結ばれた，一種の条件付きの結合(義合)に過ぎない。したがって，もし条件が合わなければ，臣下は君主から離れて出仕しないという道を選択することも可能である。それに対し，父親と息子との結合は，無条件かつ絶対の，天与の結合(天合)であるから，その父親の恩義に対しては，息子は無条件に，かつ絶対的に服従することが要求される。一般に，君主への愛が父親への愛に及ばないといわれているのはこのためである。

---

79) 同上。問，「君臣父子，同是天倫，愛君之心，終不如愛父，何也」。曰，「離畔也只是庶民。賢人君子，便不如此。韓退之云，『臣罪當誅兮，天王聖明』。此語，何故程子道是好。文王豈不知紂之無道，却如此説。是非詐誑衆人，眞是有説。須是有転語，方説得文王心出。看来，臣子無説君父不是底道理，此便見得是君臣之義処。
　荘子云，「『天下之大戒二，命也，義也。子之於父，無適而非命也。臣之於君，無適而非義也。無所逃於天地之間』。旧嘗題跋一文字，曾引此語，以為，『荘子此説，乃楊氏無君之説。似他這意思，便是没奈何了，方恁地有義，却不知此是自然有底道理』」。又曰，「『臣之視君如寇讎』。孟子説得来怪差，却是那時説得。如云『三月無君則弔』等語，似是逐旋去尋箇君，与今世不同。而今却是只有進退，無有去之理。只得退去。又有一種退不得底人，如貴戚之卿，是也。賈生弔屈原文云，『歷九州而相其君兮，何必懷此都也』。又為懷王傅，王墜馬死，誼自傷傅王無状，悲泣而死。張文潛有詩譏之。当時誼何不去。直是去不得。看得，誼当初年少，也只是胡説」(賜)。

しかし新儒教の理念を体得した「儒賢」においては，君主への愛も父親への愛も，その本質においてはなんの差別もない。「君を愛すること父を愛するが如し」——なぜならそれは，いずれも「天理」の顕現としての「自然」の関係にほかならないからである[80]。

したがって，ひとたび出仕した官人にとっては，君主の命令は絶対のものであり，父親の命令が絶対のものであることと同様に，それには無条件に服従しなければならない。

「賜死」の君命を受け取った趙光祖は，まず国王の安否を尋ね，次に三公六卿の姓名を尋ねると，沐浴して新衣に着替えたが，その所作は実に従容としていた。担当の官吏（都事）が早く毒杯を仰ぐように催促すると，趙光祖はその不人情を少し歎きながらも「愛君」の情を吐露する詩を賦して毒杯を仰ぎ，布団を被って「死」を待っていた。ところが一向に毒が回らないため，結局，刑吏がこれを縊り殺したという[81]。

趙光祖はこのように従容として「賜死」の君命を受容したが，それは「天理」を体得した「儒賢」にして初めて成し得る大業であった。そうして趙光祖は自らの「死」によって，まさしく彼がそのような「儒賢」の 1 人であったことを証明した。

だからこそ，趙光祖に対するその後の名誉回復は，まさしくこの「愛君」の情を認定するところから始まっていくのである。

しかしながら，もう 1 人の「儒賢」である宋時烈（1607 ～ 1689）の「死」に関しては，事柄はいっそう複雑である。

80）島田虔次「宋学の展開」の第 2 節「宋学のいわゆる大議名分論」（『中国思想史の研究』所収，京都大学学術出版会，2002 年）において，島田氏はいわゆる「君臣大義」を「義合」の側面から，一種の契約的関係として捉えようとしている。しかしそのような捉え方は，少なくとも朝鮮朱子学における君臣観には妥当しない。

81）李廷馨「東閣雑記」3。趙静庵，謫綾城，未幾，命賜死。公出跪庭中，聴伝旨，問上体若何，次問三公六卿姓名，沐浴改著新衣，殊従容。都事柳渰，有迫促之意。公歔欷曰，「古人有抱詔書，伏哭伝舎者。何其異也」。又曰，「愛君如愛父，天日照丹衷」。遂仰薬覆衾而臥，未絶，乃縊之。○「抱詔書，伏哭伝舎」とは，『後漢書』巻 67，党錮列傳，范滂傳にみえる督郵呉導の故事。一説によると，趙光祖は，彼を縊り殺そうとした獄卒に対し，「聖上，微臣の首領を保たんと欲するに，汝なんぞ敢えてかくのごときや」といって叱責し，さらに毒杯を追加して死んだことになっている（『静庵集』附録，巻五，年譜）。しかしこれは，彼の死を悼んだ後世の人々による潤色であろう。

図 5-1　宋時烈像

　君命を受け入れないということは，すなわち天命を受け入れないということだ。どうしてそれでよいといえるだろうか[82]

　上は宋時烈の語録の一節であるが，彼もまたいわゆる「己巳士禍」の犠牲者として，「君命」によって「賜死」を命じられた知識人の1人となった。
　この年(粛宗15年己巳:1689年)，粛宗に待望の王子(後の景宗)が誕生したことはすでに述べたが，この王子を国王が「元子」，つまり「世子」に冊立する予定者として指名しようとすると，西人の領袖である宋時烈は，これを時期尚早と考えて反対した。王子はあくまでも側室の子どもであり，この先，正室の閔氏に男子が誕生すれば，その子どもこそが世子に立てられなければならないからである。しかし，粛宗はこれを党派心から君命に異議を唱えるものと見なして直ちに「削黜」の処分を下し，さらに「囲籬安置」(栫棘)の処分を加重した[83]。これによって宋時烈は済州島の配所に流されたが，この間にも西人家門出身の中宮閔氏の廃

---

82) 金鎮玉編「宋門記述」下，崔慎。
　先生曰，「朱子嘗以，陳忠粛公(陳瓘)繋麻鞋，着布衣，赴旬呈，極当理也。以其欲免旬呈者，為不受君命云」，而乃曰，「不受君命，即不受天命也。可乎」。
83)「己巳録」(『稗林』所収本)粛宗15年2月初2日条。

位が表明され，これに反対した少論派の朴泰輔が，猛烈な拷問の末に獄死したことはすでに述べたとおりである。

　中宮閔氏の廃位に反対する西人派の言論活動は，西人派の領袖・宋時烈に対する南人派の攻撃をいっそう加速させ，同年4月にはついに「拿鞠伝旨」，つまり宋時烈の囚禁・推鞠を命じる王命が伝達される。それは「庚子礼議」をはじめとして，「庚申礼議」「孝廟世室」「太祖徽号」など，宋時烈が主唱して定めた礼制度をすべて「貶君」の礼として排撃し，その「極罪」に対して「大辟」（死刑）を加えようとする南人派の主張に沿って発せられた王命である。したがって，いったん「拿鞠」された宋時烈に如何なる拷問が加えられ，如何なる罪の自白を強要されるかは，誰の目にもほとんど自明の事柄であった。

　「君命，延滞すべからず」── 宋時烈は直ちに済州島の配所を発ってソウルに向かうが，この年83歳で，しかも病身の宋時烈は，すでに食べ物も咽を通らず，気息奄々たる有様であった。このまま宋時烈が道中で病死してしまっては，宋時烈の「罪」を明らかにすることができない ── このように考えた国王，および南人派の官僚たちは，「拿鞠」の方針を撤回し，推鞠を待つことなく，直ちに「賜死」の命令を下すことを決定した[84]。

　全羅道の井邑においてこの「後命」を受け取った宋時烈は，病身にもかかわらず，なお能く「俯伏して聴命」[85]し，従容として自らの「死」を受け入れたという。

> 吾が命，将に絶えんとす。今一息なお存するを趁いて，命を受けて死するも，亦た宜しからずや[86]。

　このように君命，すなわち天命を受容して従容として死んでいった宋時烈に対し，いわゆる「老論」に属する彼の門弟たちは，彼がその「死」によって平素培ってきた「徳」の内実を証明してみせたと力説した。しかし，西人派内部の彼の対立党派 ── 暗に南人に通じていたとされる，いわゆる「少論」に属する人々 ──

---

84)『宋子大全』附録，巻11，年譜。

85) 閔鎮遠「丹岩漫録」上。時烈，初請拿鞠厳問，数月而允之，又以別無可鞠之事，直請賜死。時烈被拿上来，到井邑，受命。時烈時年八十三，而精神不久衰。聞寿恒前一月已死，在途能製寿恒墓碣，文辞奇偉，無減於少時。臨命時，得病，気息奄奄，而猶能俯伏聴命而死。門人数百，護喪治喪，挟襯而帰，連亘数十里云。

86)『宋子大全』附録，巻11，年譜。

は，彼の最期を全く別のものとして伝えている。

> 都事の権処経の前に跪くと，「これは両殿（粛宗の祖父の孝宗，および実母の顕宗妃金氏）の御札でございます。ここに敢えて進呈いたします」といった。しかし権処経は，「私は賜薬の命を受けただけで，御札を受け取る命令は受けていない。どうして国王に上呈することができようか」というと，書吏にいい付けて御札を子孫に返却させたので，とうとう打つ手もなくなってしまった。それでもなお，脚を伸ばして仰向けに寝転び，いまにも死に絶えそうな振りをして引き伸ばしを図る。義禁府の都事が毒杯を仰ぐように催促しても，最後まで飲もうとしない。そこで毒薬係（薬漢）が手でもって口をこじ開け，毒薬を流し込むと，半分も流し込まないうちに死んでしまったのである。……かねがね歴史書を見ると，死に際して節を貫き通したものは，その気像は卓卓凛凛として，犯し難い風格がある。ところがこの男は，死に臨んで万一の赦免を期待し，生きるか死ぬかには何の関係もない両殿の御札を何度も呈出しようとして，いいかげんなこと甚だしい。これではたして節を貫き通したと飾り立てることができるだろうか。……このことは後世に戒めとして示しておかなければならない。だからこれを詳しく記録しておくのである[87]。

上は宋時烈の批判にその生涯を賭した少論派の知識人，羅良佐（1638〜1710）の言葉である。彼の記述は宋時烈が無徳の「小人」であったことを強調しようとするあまり，いささか事実を誇張しているようにも思われるが，ともあれ，ここで彼が注目しているのは，宋時烈が「賜死」の君命に心から服従したのかどうかという問題である。

もし彼が君主の命令に無条件に服従したのであるとすれば，それは天命への絶対的服従を意味するから，そのこと自体によって彼が有徳者であること——決して「奸人」ではないということ——は，自ずから証明されたことになるであろう。なぜといって，それは真の「儒賢」にして初めて実践できる大業であったからである。もし彼が本当にそのような意味での「儒賢」であったとすれば，彼に対してはその名誉を回復し，官爵を追贈してその霊を慰めなければならない。しかし，もし彼が「にせもの」であれば，そのような措置を取る必要は全くないと

---

87) 羅良佐「明村雑録」（『稗林』所収）。厥後，行到井邑，賜薬。死之日，又跪于都事権処経曰，「此是両殿御札。茲敢仰呈」。処経曰，「吾受賜薬之命，不受奉書之命。何可捧也」。分付書吏，奪給其子孫。則計窮，仍即伸脚仰臥，以示垂死之状。都事促饋薬，終不捧飲。薬漢以手開口傾薬，不過一器之半而死云。従前毎見史記，則立節者，其気像卓卓凛凛，有不可犯之気。此人則臨死倖望免死，以御札之不干死生而前後欲呈，苟且甚焉。則果可綉節耶。……此事可以徴諸後，故詳記之。

いうことになるであろう。

　さらに，もし彼が本当の意味での「儒賢」であったとすれば，その彼を死に追いやったものたちは，

　　凡そ姦邪にして讒言を進め，左使して人を殺す者は，斬[88]。

という明律の規定に基づいて，「姦党」として処断しなければならない。「左使殺人」とは臣下の身で君主に指図し，君命を以て無実のものを殺すことをいうのであるが，もしそうなれば，「老論」の「儒賢」を死に追い遣った「南人」，および「南人」と暗に通じていた「少論」の知識人たちは，すべて「姦党」として死刑（斬）を宣告されることになるであろう。

　羅良佐は宋時烈のことを無徳の小人であると口を極めて罵倒し，宋時烈によって貶められた自らの師，尹宣挙（1610～1669）の名誉を守ろうとした。かくして犠牲者の名誉の問題が，一連の党争にまた1つ，新しい火種をもたらすことになるのである。

8 ◆ 雪冤と顕彰

　己卯士禍の犠牲となった趙光祖に対する名誉回復の運動は，いわゆる士林派の政界進出と並行して展開した。まず仁宗元年（1545）3月には太学生朴謹らの上疏があり，これをきっかけとして6月には仁宗が臨終間際の恩赦によって趙光祖の官爵を復する。次いで弟の明宗が即位すると，文定王后尹氏の垂簾聴政下に「乙巳士禍」（1545）が起こって士林派の政界進出はいったん頓挫したが，次に明宗の甥の宣祖が即位すると，宣祖は政界刷新のために士林派を大挙登用するとともに，その象徴としての趙光祖には「領議政」の官職を追贈し，「文正」の諡を与えてその名誉を回復した。また趙光祖の終焉の地である全羅道の綾州には彼を追悼する「竹樹書院」が設立され，曾遊の地である京畿・楊州の道嶺山・寧国寺の旧址には「道峯書院」が設立された。そうして光海君2年（1610）には，趙光祖はついに文廟（孔子廟）に従祀されるが，それはつまり，士林派の象徴としての趙光祖が，

---

88)『明律』吏律，職制，姦党条。本章注42参照。

「儒賢」として国家の最高の尊崇を受けるに至ったことを意味している[89]。

この名誉回復の過程においては，彼の「愛君」「忠節」の情と，その学問の淵源の正しさとを強調するために，彼がその学問を金宗直の弟子の金宏弼から受け継いだこと，またその金宗直の学問の淵源は，金宗直の父の金淑滋が師事した吉再に由来し，その吉再の学問は「東方理学の祖」と謳われた高麗の忠臣，鄭夢周に由来することが強調された[90]。かくして鄭夢周，吉再，金淑滋，金宗直，金宏弼，趙光祖と続く学問の系譜が，いわゆる士林派の政界進出に伴って「加上」され，朝鮮朱子学の「道統」が創出されることになるのである。

一方，宋時烈の場合は，彼の「愛君」「忠節」に対して根本的な疑義を唱える学派が存在した以上，「儒賢」としての道程には様々な紆余曲折が伴わなければならなかった。

宋時烈の死後，粛宗20年（1694）の「甲戌更化」によって南人派が失権すると，同年四月丁丑には宋時烈の名誉回復が許されて復官致祭の礼典を受け，5月には早速，梅谷書院，考巌書院，楼巌書院など，宋時烈の曾遊の地に彼を追悼する書院が建立される。翌粛宗21年（1695），宋時烈は趙光祖と同じ「文正」という諡を追贈され，それを期に龍津書院，華陽書院などが新たに建立された。さらに翌粛宗22年（1696），宋時烈は道峯書院において趙光祖と並享の礼を受けるに至るが，これは東人・西人を問わず，士林に広く尊崇されている趙光祖に対して宋時烈がその「儒賢」としての徳を斉しくすることの，老論派による宣言にほかならない。

これに対し，宋時烈の「徳」を認めない少論派の知識人たちは，老論が敵視する側室張氏が生んだ世子（後の景宗）の保護を名目として，南人と結んで老論の勢力と対抗しようとしたが，この両勢力の間に板ばさみとなった国王の粛宗もまた，老論の勢力に圧倒されることを嫌って，終始，少論の勢力には同情的であった。例えば粛宗は，ほぼ20年にわたって少論派の南九万（1659～1711），およびその門弟の崔錫鼎（1646～1715）を重用し続けているし，また粛宗36年（1710）の「庚寅換局」で崔錫鼎が失脚し，老論の勢力が伸張した際にも，老論が主張する宋時烈の孝宗廟庭への配享を認めなかった[91]。

---

89)『静庵集』附録，巻5，年譜。
90) 趙光祖の学問の淵源を「鄭夢周，吉再，金淑滋，金宗直，金宏弼，趙光祖」という「道統」に結び付ける言説は，例えば仁宗元年（1545）3月の太学生朴謹らの上言に見える。『仁宗実録』元年3月乙亥条，参照。

さらに粛宗は，少論の領袖である尹拯（1629～1714）に対しても，終始，同情的であった。尹拯はその父，尹宣挙の名誉を守るために師の宋時烈に背いた男である。「君・父・師」に対しては，死ぬまで服勤して事えなければならない[92]。三者に対する礼は一体のものであるが，とはいえ「父」は「師」よりも重い。さらにいえば，「君」もまた「師」よりも重い存在でなければならない──というのが粛宗の偽らざる気持ちであったに違いない。ややもすれば，師（宋時烈）の存在感に圧倒されがちであった粛宗は，宋時烈に背いた尹拯を儒賢として尊崇し，少論の勢力を併用することによって，朝野に圧倒的な声望を持つ老論を牽制し，両者のバランスの上に自己の絶対的な権力基盤を確立しようとしたのであろう。

しかし，もともと病弱な粛宗の健康はしだいに悪化していった。頼みとする世子（景宗）はすでに精神に変調を来たしている。粛宗には老論と妥協し，王位継承者の選択を老論に託す以外に方法はなかった。折りしも老論系の知識人の間では，『家礼源流』の「著作権」[93]をめぐって再び尹拯への言論攻撃が高まっていたが，終始尹拯に同情的であった粛宗は，ここにきて遂に老論の議論に屈し，尹拯の父，尹宣挙の文集の版木の焼却を命じている。

粛宗42年（1716）の，このいわゆる「斯文処分（丙申処分）」によって，本来なら老論・少論の党争には決着がついていたはずであった。しかし，精神疾患を患う景宗に対し，王世弟（英祖）が王位を窺っているという疑惑が取り沙汰される中で，あくまでも景宗の保全を主張する少論派が一時的に勢力を伸張すると，いわゆる「辛壬士禍」（1721，1722）によって老論派は最後の大打撃を受け，老論派の象徴である宋時烈もまた，景宗3年（1723）には趙光祖を祀る道峯書院から黜享されるに至っている[94]。

その後，景宗に代わって王世弟の英祖が即位すると，今度は少論が失脚し，いよいよ老論が政権を独占すべき順番となったのであるが，英祖は老論による権力の壟断を嫌い，「蕩平」の名分を掲げて老論の勢力を牽制した。これは老論・少

---

91) 『宋子大全』附録，巻12，年譜，（崇禎）年83庚寅（粛宗36年，1710）条。
92) 『国語』晋語，民生於三，事之如一。韋昭註，三，君・父・師也。如一，服勤至死也。
93) この書物は兪棨が尹宣挙と協力して編纂したが，未定稿のままその潤色を尹拯に依頼した。ところが尹拯はこれを父尹宣挙の単独の著述としたため，老論系の知識人の指弾を受けたのである。「丹岩漫録」下（『稗林』所収本），丙申春条，参照。
94) 『宋子大全』附録，巻12，年譜，（崇禎）96年癸卯（景宗3年，1723）条。

論・南人・北人の四色をそれぞれ平等に登用しようとする政策であるが，実際のところはすこぶる士人の評判が悪い。

　蕩平政策においては党派を問わずに人材を登用する建前になっていたが，実際にはポストの配分や，科挙の合格枠までもが党派ごとに細かく割り振られてしまい，結果として人材登用の道はどの党派にとっても狭められてしまった。また党派ごとに配分するという人事方針が，かえって党派に属さない人材の登用の道を閉ざし，党派の固定化をますます促進することにもなってしまった[95]。

　こうした「蕩平」の時代において，士人がその家系にかつて「士禍」の犠牲となった先祖を持っているということは，老少南北のいずれにとっても，自らが「士流」に属することの格好の証明となった。党争によって歪められた「科挙」による儒教的教養の証明よりは，むしろ「士禍」の犠牲者の後孫であると主張することの方が，士人としての社会的地位を保全するための近道となる。いわゆる「両班」の社会は，かくして世襲的・固定的な性格をいっそう強めていったが，それと並行して「士禍」の犠牲者たちに対する雪冤と顕彰の行為も，形式だけはいっそう華々しく行われ，各地に書院や祠堂が濫建されるようになっていく。

　景宗3年（1723）に道峯書院から黜享された宋時烈は，英祖元年（1725）に道峯書院に復享され，英祖32年（1756）には宋浚吉（1606〜1672）と同時に文廟に従享されて，議政府領議政という最高位の官職を追贈される[96]。

　さらに正祖即位年（1776）には孝宗の廟庭に配享され，彼が決して「孝宗」に対して「貶君」の心を抱く小人ではなかったこと —— それがそもそも「礼訟」における宋時烈の罪名とされていたのである —— が宣言された[97]。ここに「礼訟」の冤を完全に雪いだ宋時烈は，宋浚吉とともに「両宋儒賢」として国家の最高の尊崇を受け，長く老論派の守護神として君臨することになるのである。

---

95)『英祖実録』24年10月癸巳条。副修撰李世師上疏，略曰，「蕩平美名，而考其效，反不及於一進一退之時。廉隅既壊，名節掃地。……」。○『正祖実録』14年2月甲子条。掌令崔景岳，上疏曰，「……為家宰者，国之公器，視若私貨，大勢所圧，莫敢違払。至情所在，必欲甄抜。又以色目分排，便同抽黄対白。登瀛選者，只観地閥之高下，不問文学之有無，参以四色，苟然充数。……」。○「三官記」上（『稗林』所収本），己丑，大提学姜銀，承命，抄選湖堂，以襄陽府使李海朝，応教李肇，北評事李縡，校理林象徳，修撰任守幹，司書洪万遇，応選。全以色目対待充数。識者譏之。

96)『宋子大全』附録，巻12，年譜，（崇禎）129年丙子（英祖32年，1756）条。

おわりに

　近世朝鮮時代は，中世・貴族政治の旧套を脱して君主の権力が絶対化した時代である。この時代，絶対的な権力を握った君主は一部の側近勢力を基盤にその権力を濫用し，また側近勢力は君主の絶対的な尊厳を盾に自己の勢力の伸張を図ったため，これに反対する声を上げた知識人たちは，しばしば苛酷な弾圧（士禍）の犠牲とならなければならなかった。

　知識人社会が度重なる士禍から身を守っていくためには，絶対化した君主権力に「輿論」の力によって対抗し，君主の恣意的な権力行使を新儒教（朱子学）の理念によって規制することが必要であった。しかしその新儒教の理念は，同時に君主への絶対的かつ無条件の服従をも要求していたのである。

　そこには１つの絶対的な矛盾がある。この矛盾を解決するためには，「この君をして堯舜の君たらしめ，この民をして堯舜の民たらしめ」[98]ること，つまりは君主を新儒教の理念と完全に一体化した理想の君主に仕立て上げること以外にはなかったが，現実にはそれは不可能に近いあまりにも遠大な理想であった。

　したがって，より現実的な方策としては，政権を掌握した党派は王室との通婚（国婚）を通して宮中勢力とできるだけ緊密な関係を構築し，宮中勢力を通して君主に対する直接的・間接的な影響力を保持するとともに，声望ある在野の儒学者（山林）を招致して自らの政権の正統性を誇示し，王権との「癒着」に対する知識人社会からの批判をもかわそうと努めていた[99]。なにより宮中勢力との提携を保持し続けることこそが，知識人社会を「士禍」の脅威から保護するための，最も確実な方法と考えられていたからである。

　朝鮮末期における「勢道政治」の出現は，ある意味では知識人社会が理想とし

---

97) 『宋子大全』附録，巻12，年譜，（崇禎）149年丙申（正祖即位年，1776）。宋時烈の孝宗廟への配享は，いわゆる「北伐論」との関係で清朝の禁忌に触れる虞があった。歴代の国王が宋時烈の配享に難色を示した理由の１つはこの点にあるが，本章ではこの問題については省略する。

98) 『孟子』萬章上。与我処畎畝之中，由是以楽堯舜之道，吾豈若使是君為堯舜之君哉。吾豈若使是民為堯舜之民哉。吾豈若於吾身親見之哉。

99) 李建昌『党議通略』仁祖朝。世伝，反正初，勲臣会盟，有密約二事。曰，無失国婚。曰，崇用山林。所以固形勢而収名実也。

て掲げてきた儒教倫理による専制王権の規制 ―― それが最も安定的な形で実現した時代であったということもできるであろう。この時代，宋時烈は海東の「朱子」として絶対的な権威を与えられ，彼の党派（老論）は婚姻を通して宮中勢力をも完全に掌握した。しかし，このような王権との結合ないし癒着は，それ自体，新儒教の持つ本質的な批判精神を喪失することなしには，ほとんど達成することはできなかったのである。

第6章

オリバー・ムーア
Oliver Moove

中国の前近代絵入り史話における死刑と暴力の図像

　中国の出版文化史において，おそらくは他の時代に比して，暴力を描く挿図がより広汎な社会的立場から理解された時期，元代に本章は焦点を当てる。

　絵入り本に価値を見出すか，もしくはそれらをひどく侮蔑するか，中国ではモンゴル支配下の元王朝以後の知的生活にあって，人々はそのどちらかの態度をはっきりと持っていた。遅くとも元代，おそらくはそれ以前から，絵入り本は出版の経済性，および書物と読書に関する言説の両面から，ともに存在感を増していった。非常に古く漢代において，書物 ── それは竹簡か巻子本であった ── が社会にわずかしか流通していなかった頃，公的・私的な蒐書において，絵入り本もそうでない本も別個に分類されてはいなかった。およそ1000年の後，それに変化が生じた。元朝での目録作成事業においては，ある本が絵入りであるか否かを，物質的にも存在論的にも明確に分類することが当然になったのである。書物とはなにかという問題につき，それまでとは異なり，知識を得たのが絵入り本からか，絵のない版本からかを識別し始めたのである。本章において，筆者は絵入り本の役割を探究することとする。

　本章で考察の対象となる書物は，通常，建陽本と呼ばれる印刷物である。福建省北部一帯には幾つかの出版の中心地があったが，そのうちの建陽という街にちなんでそう呼ぶのである。建陽本のうち，現存するのはほんの一握りに過ぎないが，それら数少ない伝本の中で際立って特徴的なのは，懲罰と暴力の生々しい図像描写である。

本章では，まず文章と絵入り本の両方の媒体が，全く異なった仕方でありつつも，同じ意味内容を伝える得ることを前提としたい。まず文章と挿絵に関してそれがどのような役割を持つのかを論じ，そこから暴力描写との関連に踏み込んでいく。

暴力がいかに描かれてきたのかを示すに際して，本章ではひとまず中国の絵入り本の歴史を振り返ることとする。文章と図像を同じページに載せるという発展段階が，比較的短命の現象だったことを示すためである。文章と図像の相互依存が，しばしば考えられるほどに安定的だったのかというと，それも疑わしい。文章を用いて叙述することと，その文章を挿絵で描くこととは，極度に異なる目的を持つ作業であり，それは文章と図像が別個に使用されてきたというのみならず，文章を伴う図像という別の連続性のない歴史にも依っている。第2に，元代とその直後の時代に書物の形式上の特性が変化したが，やがて出版の中で，新しい書物の流行を追う後世の購読者にとって陳腐になった暴力描写の方式は，放棄される結果となった。第3に，むろん以上と関係のないことではないが，読書と心象形成の習慣が変化したのである。

絵入り本に対して元代の読者がどのような意識を持っていたのか，我々が知るところは限られているため，拙稿が述べんとすることの多くは試案の域を出るものではない。いずれの文化の内部においても，読むことの歴史はほとんど書かれたことがなかった（例外として，ジョナサン・ローズ（Jonathan Rose）, *The Intellectual Life of the British Working Classes*. New Haven & London, 2001 を見よ）。しかしながら，元代の書物においては豊富な史料が遺されており，そこから文章と挿絵の形式の特性が，暴力を伴った懲罰への基本的な関心について，読みかつ見る者が抱いた見解をいかに実体化したかについて，結論を引き出すことができる。文章と図像とが，どのようにしてその書物の呼び物となった暴力シーンを読者に知らせたのかを理解することは，懲罰的制裁という最も厳重な行為の文化的背景を理解するための鍵となり得るであろう。

1 ◆ 絵入り史話

本章で論じた書物は，中国 ── より厳密にいえば，中国が対立する国々に分

かれ，その各々が覇権を唱えた時代の中国の歴史である。それらは1320年代，元王朝（1279〜1368）の只中に出版され，福建の虞氏という印刷者・出版者が出版した製品であるという共通の歴史を備えている。それらの書物は文章と図像との配列において，形式上の特徴をも共有した。つまり通俗的で当世風のセンスを持った本であり，各巻がそれぞれ装釘され —— 中国の通常の方法で綴じられて —— 読者はページを繰って読み進めるのである。各ページの下部に文章を，上部に図像をそれぞれともに載せた（「上図下文」。図6-1〜6-5）。歴史的に見て，言語による叙述と鮮やかな挿絵を結び付けることにより，おそらく空前の規模で商業的に収益を上げ得たことを，これらの本は立証している。

これらの版本は「平易な話」（「平話」）として出版され，全部で5つの標題により名付けられたその実物が，1320年代以来現存している。その各々に「建安の虞氏〔から〕新たに出版された，挿絵が満載された平易な話（「建安虞氏新刊全相平話」）」という題がついている。筆者はそれらの話を様式の如何にかかわらず，通常いわれる「作り話」という呼び方を避けて「絵入り史話」と呼びたい。その記述は部分的に，あるいは直接的に，入手可能であった史料を引いており，作り事の部分は少ないように思われる。それらはむろん，慎重によく参照された歴史的な評価というよりは，むしろ通俗な語り物である。しかし実のところ，それらは蘇軾（1036〜1101）のような偉人の引用を含め多量の詩や歌を呼び物にしていることからすれば，それ以上のものだったといってよい。後漢の最後の皇帝，献帝が山陽公として封じられた遺跡がどこにあったのかを読者に知らせたように，それらは観光案内でさえあった。

しかしながら，それ以上に重要なことに，その人気は，作者の想像力からというより，過去のことを行動と会話の事実として訴えかけたことによってである。その「平話」という名前は，それ以前には —— そして同時代的に —— 口頭で語られていたことを文章化したということを示唆している。それらは魅力的な文学作品のようではあるが，幾分かは最小限の文学手法によって素材が洗練され変容されたと認めても，14世紀の口述の物語の化石であり，これらの物語の受容に関してはほとんど知られていないものの，少なくともそれらが製作されたということは，歴史知識の口述および文章の広範に利用可能な遺産の内部で文化的活力が渦巻いていた証拠となるのである。

Ⅱ　社会と死刑

図 6-1　鄒堅が斉の宣王の首をはねる（『全相平話楽毅図斉 ── 七国春秋後集』,『全相平話五種』, 北京, 文学古籍刊行社, 1956 年より）

図 6-2　桃園の誓い（『新全相三国志平話』,『全相平話五種』, 北京, 文学古籍刊行社, 1956 年より）

中国の前近代絵入り史話における死刑と暴力の図像　第6章

II 社会と死刑

図 6-3 楽毅が斉王を裁く（『全相平話楽毅図斉 ── 七国春秋後集』，『全相平話五種』，北京，文学古籍刊行社，1956 年より）

図 6-4 呂后が韓信の斬首を命じる（『全相続前漢書後集平話 ── 呂后斬韓信』，『全相平話五種』，北京，文学古籍刊行社，1956 年より）

中国の前近代絵入り史話における死刑と暴力の図像　第6章

II　社会と死刑

図 6-5　関羽が龐徳の首をはねる（『新全相三国志平話』、『全相平話五種』、北京、文学古籍刊行社、1956 年より）

2 ◆ 文章と図像

　これらの絵入り史話における暴力の概念を考察する前に、文章と図像の叙述機能についていささか語っておくのも有益かもしれない。

　中国の正史の父も、絵が歴史を語り得ると認めていた。司馬遷（紀元前 145 頃〜86 年）はある列伝の結末で、読者に対して次のように説いている。初期中華帝国の最初の軍事的英雄の 1 人、張良は信頼できる人物だったといわれ、またなるほどそのように自分も思う。それはかつて、彼の肖像を見たことがあり、彌増しにそう思ったからだと（『史記』巻 55, 2049）。

　司馬遷が一体どのような種類の図像について語っているのかは分からないし、将来にわたって考古学がこれを解明することもあるまい。しかしながらこの場合、分からないからといってその図像が示し得るものが遮断されるわけではない。あらゆる種類の図像は、先に言及した肖像画を含めて、それらを見る者に対してうったえるものがあるに相違ない。図像は、その独自性が他の人物や事物、他の事件や行動、人々の身の上話などによって輪郭が明確にされる人物、事物、事件を指し示すものであり、少なくともそれらを見る側は、最低限、物語として再構

◆ 228

成せねばならない。こうした大まかな性格付けのもと、すべての文化における過去の多くの図像は、物語の機能を果たすのである。

　視覚的叙述は、もとの行動とその転換を物語の主要な修辞対象として強調する文学の定義を基礎とした、ありきたりの仮定よりもずっと広範に、長い間存在してきたのである。視覚的叙述について、より広い概念をもてば、絵入り史話の視覚的内容と形式の問題について、より深く考究できるであろう。本章で主として強調したいのは印刷された本の中の図像の配列と形式上の特性についてであるが、視覚的叙述はそのような出版という範囲を超え、いってみれば司馬遷の時代にまで遡る歴史を持っていると認識することが重要なのである。

　視覚芸術において「叙述的」という語を用いることは、西欧の批評の用語か、さもなければ中国語の「叙事」（ものごとを叙述する）の語を用いて語ることであり、「叙事」という語を現代において用いることも、その言葉が中国において文章に関する論議の中で長い間存在してきたことによって正当化されるであろう。今日の多くの文学批評と美術史は、「叙述的図像」「叙述的挿絵」「視覚的叙述作品」について、順序（sequence）・一連（series）・連続（continuity）・構成（framing）といった形式上の特性を表示する図像に関するものとして、より狭く限定している。例えば次のようなものである。中国の印刷本、日本の「絵解き」、エジプトのファ

ラオの墓にある装飾帯，イギリスの風刺漫画，マンテーニャの「カエサルの勝利」，トラヤヌスの円柱等々，挙げればきりがない。これでも例が多過ぎるかもしれないが，ジェリコーの「メデューズ号の筏」や商喜の「関羽，敵将を捕らえる」（図6-6）のような対象を含むとするならばもっと多くなるであろう。この2つの大作絵画は，いずれもおそらく叙述的な（物語的な）図像であるが，どちらも先ほど言及したような形式の上の規範的範疇にうまく当てはまらないから，必ずしもそのようなものとして分類されてこなかった。

　叙述に関するこのような広い概念に対しては，おそらく意見を異にする研究者もいることであろう。ジュリア・マレー（Julia Murray, 1998）は，この問題をめぐる中国関連の記述として最良のものであるが，叙述的な挿絵を構成するものについて限定的な見方をとることに賛成の立場に立ちつつ，ここで提唱されたそのような多様性をまさに最小に限る分析法を示唆する。彼女の著作が数多くの視覚的叙述の類型を示す点には賛成であるが，筆者はむしろより制御不可能な要素として図像を語りたいのである。中でも連続した，あるいは継続的な視覚の枠組みを超えて，叙述的である可能性を秘めたものとして論ずるときに，そうしたい。元代の絵入り史話の中の図像は，研究者が言語的・文章的な叙述の脇役を勤める規範として認識するものを一部認めたとしても，それらはまたほかの役割を演ずる叙述効果をも内に含むのである。

　一方で，図像を見る者にはガイドが必要である。図像には，製作者と見る者とが同じ水準で照らし合わせることを期待し難いような効果が含まれている。すべて見る者は，その図像に随伴する陳述 ── 話されたものであれ書かれたものであれ ── を媒介として，それにふさわしい解釈に到達するのであろう。一見しても誰も理解できないような視覚的内容物の場合，「叙述的図像」の中の物語は結局のところ，どこで始まりどこで終わるのだろうか。少なくとも図像の構成要素のうちの1つ ── 例えば石 ── が見る者を刺激して，そこに描かれた，例えば聖ステパノ（エルサレムの外に引きずり出され，石を投げ付けられて殺された殉教者）のような人物を思い起こさない限り，その図像は見る複数の者が意見をともにし得る内容を物語ることはできないであろう。いかにも，その最も効果的な力だけが，何者あるいは何物かを認知させ，見る者にある物語を思い起こさせるのである。まさにローレンス・ドゥガン（Lawrence Duggan）が主張したように，絵画は「他のより所を参照することによって，人がすでに知っていることの引喩に

中国の前近代絵入り史話における死刑と暴力の図像　第6章

図 6-6　「関羽擒将図」（商喜，15 世紀初頭，200×237cm。北京故宮博物院蔵。楊涵主編『中国美術全集』絵画編 6，北京，文物出版社，1989 年，99 頁より）

よって，そして個々の絵画について分かりやすく実り多い論議に導く言葉が使われることによってのみ，確かなものとなり得る。絵画が明確に『話す』ことはできないのである。それができるのは言葉だけである」[1]。

　これに反して，図像そのものの内在性については，それが手引きとなり得るか否かはとるに足らないことであり，おそらく手引きを構成することは不可能なのであろう。ある図像が文章の枠組み抜きに製作され公開された場合，文化的理解に考えられる限りの多様な幅がある観衆に対し，またその理解そのものも人によって極度に異なる素養に依存することになるが，いかにして画像が主張を伝達する機能を果たすのか，という永遠に興味深い問題に焦点を当ててきた歴史家もいる。例えば，リチャード・ブリリアント（Richard Brilliant）が行ったエトルリアおよびローマ美術の視覚的叙述作品に関する研究は「それが従うべき文章が何もない」ところの「真に視覚的な叙述」に向けられている[2]。彼は古典的な古代地中海において，教育を受けた人々にとって，図像が文字や修辞学の学習に次ぐ重要な意義を持っていたことをはっきりと提示したのである。そして，疑いもなく何世紀もの長い間，文字革命を見ることなく生きた人々，もしくはそれを目のあたりにしたものの，参加することのなかった人々にとって，記号は同じように重要であり続けた。純粋に視覚に頼る叙述媒体の研究は，極めて有用な洞察を与えてくれるのだが，――そのうちのあるものを筆者は後文に適用するが，しかし当該研究の主要な目的は，上述のような視覚性ではない。目的は，同じ平面に置かれた文章と図像の明示という事象の解明である。写本・印刷本を問わず，それは決して中国だけに存在した組み合わせではないが，中国では実に効果的かつ長期に渡って実行されてきたものなのである。

　中国の視覚的叙述に関するいろいろなものの歴史は，部分的にしか分かっておらず，綴じられた装釘の印刷本，および印刷以前に存在した絵入り本の歴史において，証拠を隈無く列挙することは難しい。最後に，書物はこの考察の具体的な対象であるけれども，強調しておきたいのは，研究の目的は文章と図像とがいか

---

1) Lawrence Duggan, "Was art really the 'book of the illiterate'？", *Word & Image*, 5: 3 (1989): 227-51, p. 251.

2) Richard Brilliant, Visual Narratives: *Storytelling in Etruscan and Roman Art*. Ithaca and London, 1984, p. 251.

にして互いに作用し合うかを探究することであり，必ずしも前者だけが後者に活性を与えて意味を持たせる過程なのではない，ということである。図像が，もし記号または記号の要素と考えられるとするならば，それはロバート・ゴールドウォーター（Robert Goldwater）のいう「第一義の記録」であり，クリフォード・ギアツ（Clifford Geertz）がさらに踏み込んで提唱するように「すでに効力を発揮している概念の挿絵ではなく，他の記録の蓄えの中に意味のある場所を探す —— あるいはそれを求めて人々が探す —— 概念それ自体なのであり，どちらも等しく第一義的なのである」[3]。暴力の図像も，またどのように同じく第一義的なのかを以下に示したい。

3 ◆ 絵入り史話の形式と内容

　平話の文章は，1人の人物の著作でなく，史書を典拠として利用した作品であることが分かる。製作においては，しばしば正史から切り貼りされ，付加的な物語が必要とされるところに付け加えるという代物である。かくして，それらは，過去に関する歴史記述，中でも帝国の覇者を目指して争うといった類の記述に関して，社会の要請に対し（印刷者／発行者・著者・画工・版工によって）適確な商業的反応がなされたことを反映している。この覇権争いのテーマは，当時の読者がよく知っていた，宋と元との交替を語るものとしても有効であったろう，ただそれは時代を無視して商王朝の滅亡の最終局面として描かれたのであったが。

　元代にあって —— 南宋末期とまではゆかないが —— 建陽地域の複数の業者がこれらの絵入り史話を印刷した。結局のところ，同時期にずっと北方の出版者らによって印刷された，より豪華な版本が時流に敏感で裕福な愛書家らにとっては最も愛好されるものではあったものの，いわゆる建陽本は，明一代を通して流行した書物を製造し続けたのである。建陽本は当初から学者や収集家から嘲笑を受けたが，建陽出版物が衰退したのは明代の末期になってからである。例えば，16世紀の愛書家であり通俗的な歴史とフィクションにことのほか関心を持った人物

---

3) Clifford Geertz, "*Art as a Cultural System*", in Idem, ed., Local Knowledge: *Further Essays in Interpretive Anthropology*. New York, 1983: 84–120, pp. 99–100.

である胡応麟(1551〜1601)は,福建版を最悪とし,蘇州はもちろん,常州・南京・杭州・湖州・歙県,そして四川の幾つかの出版拠点にも劣る,程度としては最低の製品と考えていた[4]。エリートの目からすれば,建陽の出版業者たちは出版の際に儲けに走り過ぎた。より安価な材料(例えば木材)を使い,長さを減らすように章句を編集し,余白と本文の大きさを最小限にしたのである。まさしくこれらの特徴が,建陽本がその読者層に売れた理由であった。その印刷部数と読者層ははっきりとしないものの,挿絵に描かれた事柄が,彼らを商業的に成功させ,製品の評判を良くしたのである。明代の批評家や歴史家がこの種の出版に浴びせかけた侮蔑によって,その需要が地理的に広く需要が広がり(福建を越え,遥か杭州や南京,蘇州のような文化の中心地にまで及んだのは確かである),また必ずしも識字層の中の名目上定義された低級な人々だけが購買したのではないことが分かる。

建陽版の絵入り史話(「平話」)のうち,5種類が残存している。これら5つの作品の書名は,さらに多くの書名を含んだより大きな企画のうち,現在にまで伝わったものであることは疑いがないが,それらすべてに共通の,暴力と権力といったような主題が示されている。それらは以下のとおりである。

『全相武王伐紂平話―呂王興周』(全面絵入り,武王が紂に懲罰を加える話―呂王が周を建国する)
『全相平話楽毅図斉―七国春秋後集』(全面絵入り,楽毅の斉に対するたくらみ:七国春秋の後編)
『全相平話秦併六国平話―秦始皇伝』(全面絵入り,秦が六国を統一する話―秦の始皇帝の伝記)
『全相続前漢書後集平話―呂后斬韓信』(全面絵入り,『前漢書』の後編より:呂后が韓信を斬る)
『新全相三国志平話―至治新刊』(新しい全面絵入り,『三国志』より―至治年間〔1321-1323〕の新刊)

この一群の物語は,何度も新装版で再版され,このジャンルの文学のうち,現存最古のまとまった出版物としてしばしば論じられてきた(『全相平話五種』(北京,1956)。同じ5作品のリストは注[5])。これらの作品のすべては初期の王朝の歴

---

4) Michela Bussotti, Gravures de Hui: Etude du livre illustre chinois de la fin du XVIe siecle a la premiere moitie du XVIIe siecle. Paris, 2001, p. 35.

史叙述に題材を得ている。「七国春秋」「前漢書」「三国志」などと掲げている標題は，これらの物語の編集者らが，古い時代の2つの正史を含む正典から直接に取材したことを最も明瞭に示している。一覧表のうちの最後の作品は年代が1320年代初めになっているが，標題からしてその材料の幾つかを挿絵がこの種の出版物の新装版か，あるいはおそらくすでに流通していた全面挿絵入り物語の重版かのどちらかであることが明らかである。ただ「新」という語ははっきりしない。残る4つの書名にこの語が付けられていないことから，それらが先だって製作されたのでないだけでなく，『三国志』が絵入りの版本として最長の歴史 —— 建陽の出版業者が登場する以前からであることは十分考えられるが —— を保っていたことも明らかになる。

　建陽版の絵入り本は長い中国の出版史の中で注目に値するが，それは，例えば『史記』やその他の典籍に基づく，死刑の視覚的説明を示す最初のものであるからである。元代に製作されたものではあるが，過去を再構想するために描かれた人物は，宋代の衣服を着け，宋代の小道具や服飾品を持って姿を現す。それ故，彼らは遠い昔の青銅器時代といった古代を再現する一方で，身近な人物として同時代的で新しい背景の下に描かれたのである。

　これらの歴史物語の筋書は，いずれも法を犯した者，権力の濫用者，道徳的堕落といった罪人を懲らしめるという使命により動機付けられている。物語の中の悪役は，自ら法を超越した存在と見なしており，それは主人公もそうなのであるが，最後には主人公が悪人を法に照らして処罰する。実際，主人公はつかみどころのない登場人物であり，その戦術の蓄積には，しばしばインチキやごまかしが含まれる。支配者・大臣・兵士・庶民といったすべての登場人物は，政治的および個人的忠誠の立場から報復行為を実行し，あるいは阻止しようとして，苦闘するのである。死により罪人を懲罰するのに先だち，法律の裁きというよりはむしろ道義的価値観が，引き合いに出されるのが常である。いかにして逆境に打ち勝つかという通俗観念は，巧妙な知恵が優勢な力に打ち勝ち，正義が邪悪を打ち負かすという物語に作り上げられる。それでもなお，これらの物語の多くの背景は帝室の最上層部であり，目に見える結末は，神聖な王権，王室の調度，宮殿の庭園の真っただ中で繰り広げられる悪辣な権力闘争であるという，奇妙ではあるが

5）Robert Hegel, *Reading Illustrated Fiction in Late Imperial China*. Stanford, 1998, pp. 23-24.

大いに愉快な混淆である。それと同時に，通常の政治は，様々な指導者たちが道徳秩序を覆したり回復しようと苦闘する，その秩序を映し出している。死刑の場面はしばしばこうした苦闘の直接的な表現であり，そしていつも政治の再生，あるいは均衡状態の再編で終わる。事態は，法典による矯正とか，経験豊富な司法官による慎重な判断といった類のものではほとんどない。その一方で，物語とその挿絵はしばしば，治安判事裁判所 —— それ自体が皇帝の謁見の間の縮図である —— の場と効果に委ねることによって，正義が行われたことを巧みに暗示している。多くの読者にとって —— それは時には風聞によるものに過ぎないにしても —— 法廷は混沌を秩序に転換する広い観念の持つ最も身近な同時代の表象だったのである。

4 ◆ 絵入り歴史物語の中の死刑

　絵の中の暴力は，確かに14世紀になって初めて現れたものではない。それは殷王朝文化で製造され続けた青銅の銘にも見ることができる。そこには，これ以上生々しい死刑の象徴はほとんどないほどの，首なしの死体と斧の形のものも含まれている。これらの陰惨な素描が何を描いているかは明白であり，その中ではっきりと，むしろ写真よりも鮮明に何の紛らわしさもなく，暴力行為を語っている。しかしその絵が何を意味したかについては，あまりよく分からない。はたして斬首が裁判に伴う刑罰だったのか，戦場で行き当たりばったりで行われた暴力か，あるいはかかる幾つかに舞台を設けて仕立てられた生け贄に対する暴力なのか，それを知ることは不可能である。これらの数少ない解釈でさえ，図像をその本来の文脈で解釈しようとする共通の試みの中においては，過度の単純化志向であるといえよう。この種の図像が，いったい社会的行為を反映したものであるのかどうかも，我々には分からない。これらは全くといっていいほどものを語ることのない標徴なのである。

　それに対して，書物の挿絵は死刑を正確に社会的行為の広い文脈の内に位置付け，それを人間の営為を制御する手段として示す。建陽版の歴史物語に刑罰の光景が頻繁に見られるのは，単に読者の流血好みに応えることを目論んだだけでなく，暴力が過去そして同時代の政治文化において，規範的な要素として共通認識

されていることを反映するからにほかならない。暴力は長い間，中国の史書の中に現れ，社会分析のための格好の素材を提供している。ハナ・アーレント（Hannah Arendt）は次のように述べている。「歴史や政治の考察に携わる者は，暴力が人事においてそれまで果たしてきた役割の途方もない大きさに気がつかないではいられないものだが，逆に暴力が特別な考察の対象としてほとんど取り上げられてこなかったことは，一見すると驚くべきことである」[6]。アーレントがその事実に関して論評して以来，いうところの等閑視のうち，あるものは是正された。マーク・ルイス（Mark Lewis）は，暴力を中国の古代の記録の中で歴史上の変化を示す指標であると見ており，古代中国文化の形成期における主たる幾つかの重要な特徴を考察した。ルイスは暴力を中国の社会生活における主たる強制力 —— 元代の絵入り史話でもそうであることはすぐ後に示すが —— であり，集団を規定するものであると論じる。彼はまた，支配者と大臣の間の力関係の起源を，夫の妻に対する関係とある意味では類似した，増大する力の表れと関連付ける。戦国時代の社会が初めて王の絶対権力を強調した重要なやり方であった。これに付随して，戦国の諸国家は新たな形の軍事指導者の勃興を目のあたりにする。彼らは軍事技術に熟達していること，その職を占める専門家であり，かくして戦闘は「指揮官の知力と机上の作戦の熟達」が覇権を保証する「知的訓練」となった。こうした新しい関係のもとで，戦闘は第1に刑罰の1つの要素となっていったのである。Lewis が述べるように，戦国時代の推移は「人間社会の総合的な再形成を必然的に伴った」といっても過言でない[7]。これらの評語は，死刑がいかに社会に浸透していったか，また創造的な力としての働きを理解する上で，この上なく興味深い。死刑は暴力が指し示す別の状況を明らかにするし，それらは他の歴史時代を探究するための方向付けをも示唆するのである。いかにも，戦国時代と元代という異なった時代において，思想と社会を特徴付ける類似点を白日の下に照らすことは大いに実り豊かなことであろう。しかしながら，次節では，視覚画像がいかにして暴力を包摂していったのか，そしてそれらの画像を見た人が，処刑の光景を見ることによって，それをどのように自身が読んでいる文章と照らし合わせたのかを検討したい。

---

6) Hannah Arendt, "*On Violence*", Crises of the Republic. New York, 1972, p. 110.
7) Mark Lewis, *Sanctioned Violence in Early China*. New York, 1990, pp. 10-13.

5 ◆ 図像の変換力

　建安の虞氏のような出版者は，文章が与える意味や，また文章と図像の組み合わせを通じて読者が内容をくみ取れるように，絵入り史話の内容を配列した。これらの本を開く人々は２つの行為を実行したのである。読むこと，見ることという２つを。図像は —— 前に述べたギアツの言葉を用いれば —— 文章と同じくらい第一義的であった。図像の機能は，文章がいうことを視覚的に表現することであるが，図像と文章がきっかり同じだけのことを表現できるのかといえば，それは無理であろう。さらにいかなる挿絵であっても，見る者の前にある光景を示し，それが文章のいわんとすることと完全に同じことを語るように，誘導することもできない。その代わりに，読者は文章を読み，同時に図像を吸収して，そのことによって彼らは読んだことと理解したことを照らし合わせるといった方法を想起する。図像を見ることは，文章の内容を読むことと同時であるが，しかし見ることによって，理解の格別な広がりを必然的に伴ってくる。これは，読むことから多角的に分離した数多くの過程において派生するのである。

　図像は変化という特別な能力を持っているので，有効な伝達手段であると一般に考えられている。宗教の研究は，暴力にいっそう多くの注意を払ってきたが，暴力の描写がどのように厄除けの機能を担ってきたかに特に注目している。アンナ・ザイデル (Anna Seidel) は，脅威となるものを鎮めるために，何であれ脅威となるものを絵に描くという発想は昔からある考え方で，少なくともその原初形態は『春秋左伝』の時代に遡ることができると指摘している[8]。これに従えば，建陽版の絵入り史話のうち，幾つかの処刑の光景に付きまとう陰惨さの理由の説明がつく (図6-1，6-5)。図像の変化という能力についての理論付けは，識字革命より遥か以前の時代にあって，図像がいかにして決定的な機能を果たすのに役立ったかを考察する際にも有効である。純粋に絵を媒介として物語を話すということは，世界中で見られてきたことであり，例えば日本では「絵の説明 (絵解き)」

---

8) Anna Seidel, "Imperial Treasures and Taoist Sacraments ? Taoist Roots in the Apocrypha", in Michel Strickmann, ed., *Tantric and Taoist Studies in Honour of R. A. Stein*, vol II, *Melanges Chinoises et bouddhiques*, XXI (1983): 291-371, p. 320.

の伝統が芸術的製作活動の元となり，一部の図像は今では国宝として（そして海外でも）重く見られている。状況に応じて宗教的想像を訴えるこのような語り物の起源は，極めて大きな意義を有する。残存する早期の民衆の物語 —— その内容はほとんど全く信仰上のものばかりだが —— に関するヴィクター・メイアー（Victor Mair）の研究は，創造性に対する仏教的な考え方が，堅持されてきた「変化」という概念を体系化する際に，いかに重要なものであったかを示している。

> 「変化」は，ここでは場面あるいは神に生命を（すなわち，目を欺く現実＝幻影を，サンスクリット語のmāyā）生じさせる，あるいは生命をもたらすという意味を包含する。……。高度に熟練した語り部や俳優もまた —— 視覚的な補助用具，身振り，音楽の助けを借りて —— 創造の変化の動きを再現することができると考えられていた[9]。

語り物において絵を使うことと，文章と絵を一体化することとは性質を異にするとしても，前者を実践する際に用いる視覚的な内容と形が，後者を製作するためのある種の変化の能力に通底するものであった可能性はある。疑いもなく，世俗的文献にせよ，宗教的文献にせよ，あらゆる領域を通じて，挿絵が変化作用を保持するという考え方が，書物における挿絵の挿入を魅力的なものとしたのである。

メイアーは，また口頭で語られた「平話」は，「変化する文章」（「変文」）から直接推移してきた絵入りの語り物であったことを示唆する。これを証明するにはもっと多くの論証が必要であるが，彼が引用する，明代初期の人がインドネシアの口承物語を目撃した記録は，平話の口承における視覚的内容に関して非常に興味深い。それによると，インドネシアのワヤンベベル（mwayang bèbèr，絵巻またはカードに描かれた一連の独立した場面を特色とした口承物語）の実演は中国の「平話」さながらであったという[10]。このことが示唆するのは，中国においても，物語の演者は，語りのテクニックのすべての範囲の中において，絵をこの上なく影響力のある伝達手段であると認識していたのである。図像の力をそのまま維持しておくために，演者はイメージに訴える助けを借りて，時に応じて語りの実演を加減し，聴衆やその他の代理業者がそれを書き取ったのである。挿絵入り本は，

---

9) Victor Mair, *Tun-huang Popular Narratives*. Cambridge, 1983, p. 3.
10) Victor Mair, *Tun-huang Popular Narratives*. Cambridge, 1983, p. 5.

物語の筋を完成された文章として印刷に付されたが，その結果，この利点が殺がれてしまった。文章を固定化せずにおけば語り手が巧妙に加減をすることができ，強力な変化力として機能したかもしれないが，それは出版の営利性，固定した判型，程度の差こそあれ識字層による黙読の習慣の普及などの要素によって押さえ込まれたのである。史料に基づき，建陽版の絵入り史話は語り物から印刷本への変容の結果であると主張することは，たとえそれがもっともなことだとしても，それはこの本章の力の及ぶところではない。しかし後世の版本のデザインと割付から見ると，建陽版の絵入り史話のあるものは，語り物から印刷された物語の文章へと徐々に移行した際，もともと予定されていた挿絵が減らされたのではないかとも考えられる。『楽毅図斉』と『三国志』については，最終的な版本で結局載せたものよりも多い挿絵を編集者が掲載しようとしていたことが分かる。最終的な版本に載らなかったこれらの絵の標題は，文章と関係のない場所において，黒地に白くハイライトで示されている。このように，これらの物語のより早い版本——そして印刷にまで至らなかった同時代の版本——はより多くの図像をちりばめていたのである。これは，建陽版の絵入り本を，絵入り本の歴史における過渡的な産物として性格付ける幾つかの様相のうちの1つである。同時にまた，木版印刷というそれまでと異なる形式をとることになったため，図像の変化能力は少なくとも量的にはやむなく縮小されたのである。文章と挿絵のよりこわばった結果は，「新しい」——これは虞氏の好んだ言葉である——ものであった。図像を機能面で有意義なものにするとともに，印刷されたページ上に割り付けて変化能力を与えるためには，新たな創造的努力を必要としたのであった。図像はそのとき，先ほど論議した絵画の宗教的利用に近い種類の変化能力を獲得するために，それらの意味を拡大し内面化させる手段を見る者に提供しなければならなかった。そしてそれらは，見る者の視覚的受容能力の内部で説得力を持つように映る必要があったのである。

6 ◆ 見る者の視覚的能力

　ここでもう一度，図像がいかに文章と異なる機能を果たしたのかを考察せねばならない。文章と併用された場合にも，図像は文章が容易に対抗し得ない並外れ

た力を保持し続ける。ブリリアントは，これを独特の流暢さでこう要約する。

> 物語が，絵画や彫刻のように固定した視覚イメージで提示された場合，形に表わされたイメージは，音楽と違って物質的実体からなるので，姿を消すことはない。言葉 —— それが，書かれた文章に固定されたものであっても，その言葉とも違って —— 視覚図像は言語的な伸張に向けたほとんど無限の能力を持つ。見る者は，その図像をある種の内面化された言語表現に変化させながら，それら自体の叙述者とならざるを得ないからである[11]。

図像がどのように作用するかについてのこの描写は，建陽版の絵入り史話に当てはめたとき，読者がこうした文章とその挿絵に接した場合に，2つの独立した別個の対応をいかに行ったのか，実に見事に示唆する。それはまた，ブリリアントが図像の言語的伸張 —— 読みかつ見る者だけが実行し得る行為 —— への能力と呼んだものの重要性をも思い起こさせる。暴力と処刑の図像は，必ずしもそれ自体でそのような内容を持つ強力な図像であるわけではなく，むしろ強力な手段となるのは，見る者が図像の示すものを叙述しよう自ら努力するのを媒介として，それらを意味深くするからなのである。文章はもちろんそのような努力を必要としないが，従ってそれはまた別の対応を必要とする。そうであるから，絵入り史話が処刑の場面を数多く登場させることに（例えば図 6-1，6-3，6-4，6-5），注目せねばならない。その機能は，処刑が大きな役割を果たしている世界の構成要素を，読者が自らに示したくなるようなそういった手段として，理解されるからである。

図像の力は，製作者と見る者とが，どれだけ共通の経験を認識するための視覚的能力を持つかによるところが大きい。イタリア絵画をめぐり，マイケル・バクサンドール（Michael Baxandall）は次のように書いている。

> 見る者は絵画の上に，彼が持つ視覚的技能を使わねばならぬが，それらのうち，通常，絵画に特有の技術は非常に僅かであり，また彼は社会が高く評価する類の技能を使おうとするものである。画家はこれに感応し，大衆の視覚的能力こそをその媒介とする。彼自身の専門化された職業的な技能がいかほどであろうとも，画家も彼自身がそのために働く社会の一員であり，その視覚的経験や習慣を分かち合うのである[12)13)]。

---

11) Richard Brilliant, *Visual Narratives: Storytelling in Etruscan and Roman Art*. Ithaca and London, 1984, p. 16.

バクサンドールの15世紀絵画に対する洞察力は、彼が自ら書いているように絵画だけに限ったものではない。それは元代中国の史話にもこれは当てはめられるであろう。虞氏が出版した5種の物語に見える幾つかの挿絵の配置は、その作品の出版者と画工が、大衆の視覚的能力をどのように意識したのかを示唆する。これらの史話の各場面が人間の活動を示しており、また建築物が背景にあったり、庭園などの景観に囲まれたりする中に置かれている。これらの物語は、まさに元代の社会生活が発展する都市構造のただ中に据えられた —— そこには確かに庭園も含まれた —— ということであろう。立派な建造物や広大な土地は、これらの図像を見る多くの人たちにとって現実には垂涎の的でしかなかったにせよ。そしてこうした背景の中に、処刑の場面も挿入されたわけである。

版画製作者とその作品を見る者の共通の期待を充足した他の特徴には、様式と内容が含まれていた。ロバート・ヘーゲル（Robert Hegel）はまた、景観を特徴付ける様式と、図像のその他の要素との間に明瞭な断絶があると指摘している[14]。景観の形態学的細目 —— 印刷され、あるいは描かれた景観 —— が書物のページ上に視覚化され、それは元代の美術界において主流であった景観描写と一致するものであると、見る者は改めて確認させられたことであろう。実際、絵入り史話の中で絵筆により描かれた絵画に最も近付けるために削り落とされたのは、景観の細部であった。絵入り史話における木の幹・枝・葉、そして様々な質感の岩石などの描写は、後になって印刷された絵画の手引書に見える手本としばしば近似している。そのような手引書は、それが出版されるずっと以前から長い間を通じて用いられてきた手本を含んでいたと仮定してもよかろう。もしそうであるなら、このことは絵入り史話の図像と元代の絵画との間には密接な対応関係があったとする、リチャード・バーンハルト（Richard Barnhart）の見方とも一致する[15]。

暴力の描写についていうと、見る者が図像の様式の構成要素を熟知していることは直接に関係しなかった —— ヒントになるモデルは、もしあったとしても少

---

12) Michael Baxandall, *Painting and Experience in Fifteenth Century Italy*. London, 1972, p. 40.
13) Clifford Geertz, "Art as a Cultural System", in Idem, ed., *Local Knowledge: Further Essays in Interpretive Anthropology*. New York, 1983: 84–120, p. 103.
14) Robert Hegel, *Reading Illustrated Fiction in Late Imperial China*. Stanford, 1998, pp. 268–269.
15) Richard M. Barnhart, *Painters of the Great Ming: The Imperial Court and the Zhe School*. Dallas, 1993, p. 39.

数であった —— が，それらは暴力を扱う内容にいっそう順応する共通の視覚体験の中で，印刷者と見る者の共有した知覚を確たるものにするに非常に重要であった。図6-1と図6-5は，斬首刑がそれぞれ別々の建築物を思わせる背景と景観の中で行われた様子を示す。これらの背景を矛盾があるなどといって批判するならば，なぜそのように描かれたのかという要点を見逃してしまうであろう。見る者たちの視覚的能力は，外部現象をそのまま視覚的に照合したのではなく，芸術的視覚化の最も普通の経験を繰り返し重ねることにより発揮されたのである。

　視覚的能力をめぐるかかる理論が，暴力的処刑に関係してさえ重要であったということは，絵画においてもまた検証される。例えば，本プロジェクトのために以前書いた拙稿（*Covenants with Sowords Inside the Covers of a Book*『東アジアにおける法と習慣』，2003）の中で，15世紀初頭の画家，商喜が描いた大判の関羽の絵における死刑について論じたことがある。将軍でありかつ神ともみなされた関羽が高位の戦争捕虜，おそらくは敗将の龐徳に対する制裁として死刑の宣告する絵である（図B）。絹に描かれたこの絵は，宮廷の儀礼において宣告された暴力の脅威が漲る，皇帝権力の視覚化である。登場人物の位置は，絵入り史話に繰り返し見える対峙の構図と共通しており（図6-3，図6-4），死刑を宣告する人々を前にした囚人を儀式ばって披露するために，同様の劇的な空間配列がなされる。

　結局，これらの絵入り史話の中の図像の体裁は，視覚的なものに対する共通体験を増大する役割を担ってきたといってよかろう。絵入り史話の図像に見られる構図は，早い時期に巻子本から借用したものである。巻子本は元代にあっても画像を伝達するために続けて用いられていた媒体であったが，それ以前には広く絵を見るための最良のものとされ，しばしば物語を叙述する際にも使用されていた。長年に互って使用された形式を模倣するという点からいうと，欧州でも，同じように最初の印刷本は写本の外観の特色を取り入れたものであった[16]。もちろん，元代あるいはそれ以前の巻き物を想起させるような，2葉またはそれ以上にまたがる絵画のデザインは，元代の絵入り史話において継承されていないが，広げていくという意匠が巻き物を見る努力と楽しみを含んでいたことはいうまでもない。版元である虞氏は，彼の2冊の本の前表紙において，それらは新製品であ

---

16) Robert S. Nelson, "*The Map of Art History*", The Art Bulletin, vol. 79: 1, p. 33.

ると主張しているが，版本として別の形式をとることもできたにもかかわらず，彼は挿絵の「巻き物状でない」視覚的配列に固執した。ただそれは，出版物の新しい形態の登場ではあるが，何も違うことはないと読者に安心させるものであったろう。

7 ◆ 絵入り史話における図像の使用

　文章とともに使われたときでも，図像は数多くの独立した利点を与える。ロバート・ヘーゲルは，彼の権威ある絵入り小説の研究において，17世紀初頭以後に活躍した方汝浩の見解を引用している。

> 歴史の多様な重要事項がすべて言葉で描写されているのであるから，挿絵は子どもじみたものと感じられるかもしれない。しかし，言葉で伝えられないものが絵で描写されることがあるかもしれない。「彼の詩の中には絵がある」と〔唐の詩人，王維について〕いわれてきた。「絵の中には詩がある」とも，私はいえると思う[17]。

　方汝浩による視覚と言語の同一視，つまり言語はいったん抒情詩として分離されるということは，中国の画家や作家によってしばしば言明される，ありふれた，有名な連想である。そのようにいうことで，彼は木版画の価値を絵画と同一水準に置く主張を展開するが，一般に，絵画の地位は（木版画などよりも）より高いとされる ── 王維（701～761）が権威として引き合いに出された以上，なおさらそうなる。そしてそれは方汝浩がいかに忌憚なく絵入りの文章を評価したかをも示すのである。同時に，挿絵を「子どもじみたもの」という方汝浩の言葉は，芸術において感情豊かなものを写実的な観念の上に置こうとする，しばしば主張される学者らしい優劣付けを，また視覚的作品においてもむしろ類推性より直示性を強調したものをよしとする順序付けを思わせる。逆説的に，また紛れもなく皮肉なのであるが，方汝浩は「子どもじみた」作品 ── まさしく豊かな感情表現を最小に限った画像を意味している ── こそ，学者が視覚表現に最も親しく抱いてきた理想に匹敵する芸術であると強調しているのである。これ自体には何も問題なく，それは挿絵が歴史を物語る際の正統な補助者であったという繰り返し述べ

---

[17] Robert Hegel, *Reading Illustrated Fiction in Late Imperial China*. Stanford, 1998, p. 164.

てきた観点をさらに証拠立てるものである。

　容易に理解し難いのは「言葉で伝えられないことが，絵で描写されることがある」という観念である。絵は言葉のように意図を伝えることができるのか。本章に付した図像は，説明文・表示・叙述文なしに話の筋を伝達できるのか。とりわけ同一作品の中で2つまたはそれ以上の挿絵がしばしば特徴として一般的同一性を持っている場合，それはなかなか難しいであろう。方汝浩が図像を眺めるだけの観念上の文盲を想定していたはずもあるまいが，しかし彼の評言は，意味の伝達手段としての図像に対して，西欧文化が長い間持ち続けた1つの方法論的関心と実によく呼応する。その先がけとなった格言は大教皇グレゴリオによるもので，彼は600年頃に，「すべて書いてあるもの (scriptura) は，読み書きのできる者のためにあり，絵は読み書きできない者が見るためにある」と公言しているのである。多くの学者は，誰もがグレゴリオがいったことの意味するところは，おそらく見かけよりももっと深いと認めている。ローレンス・ドゥガンは次のように提唱する。

　　言葉は完全ではないし，決して完全たり得ない。しかし言葉はたとえ欠陥があるにしても，常に我々の最も正確な情報伝達の方法である。それに比べると，絵は人工物であると解釈でき，「資料」として，また新たな洞察を促すものとしても大変有用である。しかし，その解釈は，他の資料を参照することによって，すでに知っていることへの引喩によって，また個々の絵の意味に関する知性的で実り豊かな議論に導くため，言葉を使用することによってのみ，裏付けられるのだ。絵は明晰に「話す」ことができない，それができるのは言葉だけである[18]。

　元代の中国と教皇の欧州の事情を比較しようというのではない。ただ理論的に考えて，欧州の読書の歴史，とりわけグレゴリオ的な図像の機能観を研究することにより，中国の絵入り史話における図像の使用についてより深く理解できるはずである。ドゥガンの研究成果は，1つの文化のテキストは目で読まれるとともに耳で聞かれもすることを，ちょうど思い起こさせてくれる。「読むこと」は，したがって，視覚的であることに加えて聴覚的である。欧州と同様，中国にもまた文字を知る者と知らない者，その両者に共通する知識の蓄えがあったのであるから，知識層と大衆という両極に社会を分割すること —— 読める者と文盲とに

---

18) Lawrence Duggan, "Was art really the 'book of the illiterate'？", *Word & Image,* 5: 3 (1989): 227–51, p. 251.

分けるのは —— は誤りである。

　元代の絵入り史話は語りものとして幾つかの起源を持っていたから，それらの文章が耳で聞かれる歴史を持っていたと想定することは適切であろう。ちなみに，時に語りをも伴った挿絵は，読む力は十分でないが，それまでの上演を通じてかなり多くの話を吸収していたそういった聴衆に対して，視覚的な手がかりとして記憶を喚起させる働きをした。これらの物語の聴衆が社会的に種々雑多であったことも想像できる。したがって，図像は単に字の読めない者を書物へと導くだけでなく，文章の内容に対する手がかりという，より古くからの機能を保持していたからこそ，絵入り史話の中で重要な役割を果したのである。字の読めない者だけでなく字の読める者も，このようにして機能する図像を楽しむことができた。実際のところ，後者の集団がこれらの本の最大の利用者であったらしく思われる。

　本の挿絵 —— 語り手が示していた絵が好意的にある程度継承されたもの —— は，単に「絵の中の」筋を語るために機能したのではなかった。文字を読めない者は，彼らが読みたいと願ったと考えられる限りにおいて，読める者たちと比べて不利であったことになる。しかし彼らがそう願っていたという十分な証拠はない。したがって文字を読めない者のために，誰もが知っている話の筋を絵にしたということには必ずしもならない。では，挿絵はいかに機能したのであろうか。挿絵は絵入り史話の連続的な筋を構成したわけではなかった。また各種の挿絵は文章の中で叙述されるあらゆる出来事を視覚化したわけでもなかった。そうではなく，挿絵とは，処刑と暴力とを主要な枠組みとし，それと対になる秩序と統治，敢えていうならば権力の関与，その両者を交互に登場させて叙述のリズムを提供したものと私は考える。

8 ◆ リズムの標徴としての図像

　世界で最も早く印刷された挿絵入りの「本」—— それは巻子本であるが ——に，語り物としてのリズム感が見られることには注目すべきである。現代風のかなり表示的なブッダの図像の印刷物とは異なり，英国図書館の『金剛経』は，豊かな細部描写の内に動きと交流を暗示する1つの図像から始まっている。その場面（身振り，体の位置，人物の注意がそれとなく配置された方向）から推測できるも

のは，本来的に叙述的に語り物的である。さらに重要なことに，その場面は文章とリズミカルに関連している。そこには，読者がまさにこれから読もうとする本文冒頭の瞬間を描写しており，相互の対話という本文の内容と完全に対応した人物の集まりが描かれている。これが，『金剛経』の版本にみえる単一の図像を根拠とした牽強付会と思われるなら，この本にさらにもう2つの挿絵があると，1つはその中間に，もう1つは終わりにあったと想像してほしい。これら2つの視覚的な挿図も，この経典の内容のある一瞬を特に図示するのであるから，これらの図像の画家は，開始の挿絵の位置と，それの指示する内容の両方に関連した作業を，リズミカルに実行していたことがはっきりする。この仮説が不十分であるとするならば，図6-7の図像と文章における語りのリズムには何らかの意味があることを説明することもできないといわねばならない。

　建陽版絵入り本の視覚的内容全体は，あるリズムに従って順に並んでいる。それは暴力的行動を，盟約の締結と秩序の回復を目的とする会見や会合と，交互に登場させるリズムである。『三国志』の絵入り物語を構成する3巻のそれぞれが，謁見の場面の説明図で始まっているのは，意味深いとせねばならない。

　絵入り史話の開幕と終幕の合間にリズムの標徴を注入することへの関心は，広く一般に，それが口頭の語り物と演劇に起源することを意味するかもしれない。例えば『三国志』が，現存最古の数少ない絵入り史話の1つであり，また建安虞氏に従えば1320年代に再版されたわずか2つの絵入り史話のうちの1つであり，そして挿絵が描き直された唯一のものであることは，非常に重要である。これらの物語は，芝居やありとあらゆる視覚的な媒体に取り入れられたのである。例えば宋代には，物語は影絵芝居の実演で語られた。『三国志』の場面や登場人物は，それ以降，絵の中や，また家具調度の題材として描かれた。より早く唐代においても，操り人形やからくり人形の創作が大衆的な武勇譚を実演するために工夫されたが，『三国志』の生き生きとしたエピソードにもそれはむろん利用されたのであった。『三国志』はあらゆる種類の視覚化の技術にぴったりの題材にほかならなかった。

　本の中でリズムをはっきりと示すのに最も適した視覚的配列は，ページの水平分割（「上図下文」）であった。その方式は唐代以前から存在し，唐代にとりわけ仏典が製作され流通するにつれて増え，普遍化していった。宋代までにその配列が非宗教的な版本にも広く採用され，元代の通俗史話はこの「上図下文」の形式の

Ⅱ　社会と死刑

図 6-7　947 年に奉納された書物に木版印刷された観世音菩薩像（敦煌発見，英国博物館蔵。ウラジミール・ツヴァルフ編『仏教—美と信仰』ロンドン，英国博物館，1985 年より）

　出版としては遅い例に属する。その後間もなく，文章の上に図像を置く配列は，だんだん蔑視されるようになった。この種の絵入り本は，物理的に姿を消したためだけでなく，読書習慣が変化したために，過渡的な伝達媒体となってしまった。
　読者は建陽版の絵入り史話を片手で持って読むことができた。片手に持てるような体裁で製作された版本が，黙読以外の読み方を前提としたとはまず考えられない。上述の論証から明らかなように，少なくとも読者は，読むべき文章として

のみならず,見るべき図像としての性質を持つこれらの史話に関わったのである。読む者,そして見る者としての関与の二重性から見ると,明代にそれにかわって出現する版本が,文章と図像とを別個のページに分離配列するといった体裁をとるようになったという意味で,これらの史話は過渡的なものとして捉えられる。読者は,もはやテキストの ── おそらくそれ以前には語り手の ── 叙述リズムに沿う視覚的な手掛かりを必要としなくなり,自分のペースで本のページを繰ることを選択したといってもよい。根本的な違いは,どれだけの時間を読者が書物に向き合うために割くかの選択によるものであった。元代の絵入り史話は部分的には語り物に由来するが,それは語り手が語りの速さを決め,史話もそれに近い性質を持っていた。しかし明代の出版は,書物の1節,1冊の書物,あるいは数冊の書物にどれだけの時間を割くかを読者が自由に決めるその要求に,だんだんと多く応えるようになった。かかる移行は,数多くの読書の歴史の形式的な展開において共通したものであり,書物が読者の時間を支配することから,段階的に解放されることになっていったのである。

　人はこのようにして距離を取り,同時に読みかつ書き,自分の歩調でページからページへ,本から本へと移り歩くのである[19]。

　結局,士大夫の読書の趣味は明代の最新の流儀を支持し,文章と図像とを同じページに載せる福建の版本を軽視した。さらなる重要な展開は,1冊の本の挿絵を本のここかしこに配置するのでなく,すべての挿絵を巻頭の分離した箇所に据えることであった。読者がもしそうと決めたなら,読書は純粋な読書になる。かつてリズムとしての役割を担った図像は,もはや読者と文章との関わりに影響を及ぼす力ではなくなり,文章を読むことと図像を見ることとは不連続な行為になった。もちろん,これが明代のすべての読者にとって確かな事実であったというわけではない。絵入りの本は作られ,生き残った ── そして今も生き残っている。しかしながら,建陽版の絵入り本で興味をそそられることは,それらが明らかに,極めて多様な顧客の要求を満たしたことである。それらの文章の多岐に渡る内容は,歴史・神話・経書からの引用・詩・旅行案内,そしていうまでもなく様々な言語使用をも呼び物としていた。これらの本は,如何なる階層の男女も

---

19) Roger Chartier, Forms and Meanings: *Texts, Performances, and Audiences from Codex to Computer.* Philadelphia, 1995, pp. 19-20.

容易には無視し難いものとして，社会の広範な領域に対して，暴力と処刑の描写をリズミカルな構造物として提示したのであった。

9 ◆ 処刑の記述

　暴力はなぜ，それらの物語の中でかくも強烈に姿を現さなければならなかったのか。福建版のこれらの平話は，そのうち数種類の版本が，日本に残っているに過ぎない。しかし，かつて大いに成功した出版戦略の結果として，それらがより広範囲に流通したことは明かである。人々が読みたいと願い，喜んでそれに代価を払ったものなのである。そして暴力描写はこの商業的成功を妨げなかった。それどころか暴力は成功を促進したかもしれないのである，それはリズムの首尾一貫性と弁舌巧みな争論を，物語の筋そのものに加えさえしたのであった。

　ほかの理由もある。第1に，これらの平話の主題は権力および，正統性をめぐる抗争である。暴力はもちろん権力を仲介する強制力であり，権力そのものではない。これらの歴史物語の中でいかに多くの謁見の場面が描かれてきたかを考えれば，元代の画工と見る者たちにとって，権力と暴力の弁別が極めて現実味を帯びた問題であったことは明らかである。明代の画工たちが『三国志』の英雄譚においていっそう多くの謁見の場面を用いたことも，一言しておく価値があろう。

　第2に，暴力は娯楽の一形態であった。これらの平話は，凄惨な行為と誅殺による制圧を描いた光景を内容としていたからこそよく売れた。その魅力は今でも暴力というジャンルの作品製作，それは主に様々に生々しい暴力的内容を描くことで名高いわけであるが，そういう作品を通じて繁栄している現代の映画のものとあまり異ならない。挿絵画家たちは暴力を面白いものとして，また自分たちの画像が形式的因襲にならぬように，極めて当意即妙に工夫して製作していたに違いない。例えば，ある1つの図像の中で，切断された犠牲者の首がどのように胴体から落ちて次のページまで転がっていっているかに注目されたい（図6-1）。同様に，放蕩な暴力と復讐について全く典拠の怪しい話を内容とする物語においては，道徳的憤激を呼び起こすことこそが疑いもなく新たな種類の娯楽であった。それがまた本の売り上げ増に結び付く確実な方法であったことは間違いない。平話の挿絵の中で一番身の毛のよだつ所業は『続前漢書 呂后斬韓信』に見え，そこ

には妊娠した女たちの腹を切り開く場面が含まれている。それらは明らかに暴力的であるけれども，いかにも非道な悪名高き呂后のおぞましい悪行の目を覆うばかりの非理非情の典型を現している。確かに，これは絵入り史話が暴力をある種の統制力を持つものとしていかに描くかといった本章の一般的趣旨とは一致していないが，著しく血なまぐさい物語における，もう1つの異常に暴力的な対峙を紹介したい。それはどのようにしてその暴力が規範的な強制力としての暴力から離れていくのかを指摘するためである。

　第3に，暴力とはマーク・ルイスが示唆したように，ある種の梃入れ装置なのである。殺すことは，言葉や意図を「実体化し」あるいは「生命を吹き込む」[20]。この意義が物語の内容や筋書きのせいで打ち消されるということはほとんどない。関羽・張飛・劉備が桃園に会して行った有名な誓いの挿図において，実体化という概念がいかにして明白なものになされているかも考えてみるべきである（図6-2）。これは極めて示唆に富む挿図である，暴力が執念深い悪党（正義により打ち破られる者ども）だけでなく，犠牲の殺害により意味をなす盟約で互いの忠誠を誓い合う物語の英雄たち ―― またしても正義の人 ―― によっても用いられることを示唆しているからである。

　最後に，死という結果を生じる暴力は，死刑であれ戦死であれ，兄弟愛の観念と密接に結びついている。兄弟愛は，不道徳や権力の抑圧的な濫用に対する正義の抵抗の物語においてしばしば重要な役割を演じるのである。その最たるものは関羽・張飛・劉備が典型的に示した兄弟愛であるが，それは他の多くの物語でも繰り返し再現される。死は軍事的，政治的あるいは生物的な闘争の最終結果である。死という結果に関して，ハナ・アーレントが「戦場での兄弟愛」へのアンチテーゼとしての死，また兄弟愛の延長として，そして永遠の王国へ入る象徴としての死，という2つの死について書いたことは重要である。

　　すべての平等化要因の中で，死は最も強力なものに見える。少なくとも，死が政治的な役割を演ずることが認められるごく少数の異常な状況ではそうである。死は，実際に死に直面する場合であれ，自分が死すべきものであることを自覚する場合であれ，おそらく最も反政治的な経験であろう。死は，我々が現れの世界から姿を消し，同胞たちの集まりから去っていくことを意味するが，この現れの世界や同胞たちの集まりこそがあらゆる政治の条件なのである。人間の経験として考える限り，

---

20) Mark Lewis, *Sanctioned Violence in Early China*. New York, 1990, p. 3.

死は見捨てられていて無力であることの極致を示すものである。しかし、集団をなし、行為の場面では、死はその相貌を変える。そうなると、死の近さほど我々の生命力を強化するものはないようにみえる。我々がふだん意識しないこと、すなわち、自分自身の死は、我々が所属する集団の潜在的な不死性を伴っていること、そして、つまるところ我々の種の潜在的な不死性を伴っていること、これが我々の経験の中心に移動してくる。それはあたかも、生命そのもの、その個々の構成員の間断なき死によって養われる種の不死なる生命が「沸き上がり」、暴力の実践において現実化されているようなものである[21]（＝訳文は同前 p. 155）。

戦場というアーレントの概念は、非常に多くの戦闘と死刑の場面を描いた元代の史話を読むことと、感情の次元で大いに関連性を持っている。それでもなお、この考察が明確にしきれていないものは、兄弟愛は戦場を越えて広がり、兄弟愛の構成員の個人生活のあらゆる領域にまで入り込んでしまうという認識である。関羽・張飛・劉備は誓いを立てたとき、この強烈な心理的支配力を見越していた。彼らの残りの人生を通じて、個人の行動はあたかも集団のもののように強く思われた。英雄たちは —— 文学的表現をあえて用いれば —— ネットワークの構成員であるからこそ、厭うことなく死や処刑に立ち向かう存在である。登場人物たちは、多数の挿絵の場面の中で処刑に遭遇する。邪悪な者を含め、王侯でさえ、やはりネットワークの構成員なのである。「王は、ひとりぼっちの一個人に過ぎない。そして他のどのような支配の形よりも、社会による全般的な支えをずっと多く必要とするものである」[22]。いったん王が審判者 —— 彼を退位させた勝利者 —— の前に膝を屈すれば、ネットワークは明らかに機能を停止するのである（図6-3）。

人がまばらなその場面が表現しようとしているのは、それ故に、誰かの処刑というクライマックスが一方の勢力の優位を確信させる前段階として、相争う2つの勢力集団（それは個人を超えたものであるが、個人において体現されている）が向き合う姿である。もちろんそのクライマックスが差し迫っていれば劇的であり、それ故に画工たちにとってこの上なく魅力的である。しかしそれらは主題として、過去を解釈するためにも、同時代の統治における権力と暴力の現実を認識するためにも、ともに重要である。これらの終局の謁見の過度に濃縮された局面と、断

---

21) Bertrand de Jouvenel, *Power: the Natural History of its Growth*. First published 1945. London, 1952, pp. 164-165.

22) Bertrand de Jouvenel, *Power: the Natural History of its Growth*. First published 1945. London, 1952, p. 98.

続的に繰り返し描かれたいささか芝居がかった宋王朝の崩壊を思わせる道具立ては，不自然に見えるかもしれない。それにもかかわらず，これらの図像がどれほど集団における —— 兄弟愛における —— 個人の正当性を喚起したか。それによってそれらの図像は社会と最も深い関連を持つことになったのである（挿絵入り史話の相当の実物が清朝の統治下に禁止されたのは驚くべきことでない）。アーレントが指摘するように，暴力が命を奪わんと脅かすとき，生命そのものが実に「ほとばしり上がる」のである。そして挿絵入り物語が示そうとしたのは，元代の読者がまさにかくあるべしと強く願った事柄であったのであろう。

　非常に魅惑的な裁きの場面は，歴史上で最も誹謗された皇后，呂后（彼女はその話の中で，後に不面目な天罰を受けることになる）の前にいる韓信のものである。場面は戦争後の，取り立てていうところのない，ありふれた謁見のようにみえる。捕虜は，裁く側の前に跪いている（図6-4）。通常と異なるのは裁く人物が女性であることであるが，物語に見えるように，彼女が韓信に対して加え得る最も執念深い侮辱は，彼を皇帝（このときは不在である）の命令でというより，自分の命令で処罰することであると，彼女は狡猾にも気づいている。この挿絵の趣意は難解ではあるが，分からぬわけではない。それは勝者が敗者に対して行うあらゆる裁きと同様，権力の不均衡を示している。宮廷の（司法の場の）配置は，まさに登場人物の置かれた位置が示すように，ありふれたものである。しかし，男の役割を女に代理させることは，罰すべき犠牲者にとって差し迫った死よりもいっそう苦痛を与える心理的な冒瀆である。そこに加えられた女の役割もまた，ルイスがいみじくも伝統社会における政治の「性別化」と呼んだものを悪用したにほかならない。

　これらの物語の中の暴力は，歴史上様々に形成された権力闘争の基礎となるものであった。とはいえ史話に見える暴力は，戦国時代に中国の政治・軍事思想が初めて本格的にテクスト化された段階に窺われる，規範的な暴力と関連があるのである。戦国時代と元代の世界が社会的に同一であったというのではない。しかし，それは確かに以下のことを示唆している。元代の絵入り史話は，復讐，軍事的懲罰，暴力的制裁といった持続的な観念を保持していた。それらの観念は，古い歴史書が1000年以上も前の出来事に付随したものを，元代の絵入り史話の作者が継承したのと関連しているのである。

　マーク・ルイスの労作を引用するに際して，幾つかの点につき注意を喚起した

い。

　第 1 に，暴力というものは，強制的な，かつ容認された力であり，社会集団を規定するものと考えられる。確かにこれは元朝の絵入り史話において疑いもなく明らかである。

　第 2 に，ルイスがつきとめた君臣関係と夫婦関係における力の顕示の相関関係を，元代の図像は見事に支持しており，これは特筆に価する。それはルイスが指摘するように，戦国時代の社会が初めて諸侯の絶対権力を強調した際の重要な方法であった。戦国時代と元代との間に，何も変化がなかったと提唱するために，筆者はかく類推しているのではない。むしろ我々が推論できるのは，戦国時代に生まれた権力の概念は，権力とその行使に関する中国人の思考の形式的要素となったということである。そして，それらは潜在的概念となって保持されたので，芸術家は暴力を支配のための強制力として視覚化して描くことができたのであり，それは —— 別の方法で示すと —— 放縦な女性によって展開された場合には権力の濫用として暴力が描かれ，それもその延長線上にある。おそらくまた元代の社会は，十分な支配力を得て，驚くほど新しい方法で権力を行使する女性の図像を売り買いするまでになっていたのである。遠い戦国時代と同様，元代も自分たちの社会的「娯楽」の一部分として，こういった種類や他の様々な変化を経験していたのである。形を変えて古代史を語り直す元代の出版業者の努力が，こうした古く重い暴力という概念（そしておそらくは当時の最新の変化）を，絵入り史話において最も強力に視覚化したのである。戦国時代は自分たちの経験しているのと酷似した重大な転機であると，元代の社会が認識していたこと，それも全くあり得ないことでもない。それにぴったりの現代の名言が，戦争を「国家の本質に付随する営為の 1 つ」[23]と定義したような経験である。

　元代の史話における図像は，歴史上の出来事のみならず，統制のとれた世，統制のない世，そして乱世など様々な状態における人間の行動を，理解する手段をも示している。つまり，他人や政府の状態に対する多様な道徳的義務に応じて —— あるいは逆らって —— 人々は何をしたか，そして彼らは権力を仲介する処刑という暴力行為をいかに経験し実行したかを知る手がかりなのである。視覚に

---

23) Bertrand de Jouvenel, *Power: the Natural History of its Growth*. First published 1945. London, 1952, p. 122.

訴える挿絵は，文章による指示がなければ表現されることはなかったが，そこに想像の深遠さを加え得たのである，少なくとも歴史は，フィクションではなく神話さながらに「生きた現実であり，かつて起こったと信じられた」[24]ものであるから。建陽の出版のかかる実例は，図像と言葉の結合があまりに深く絡み合っているために互いを容易に分離できないことを示している。実に，両者の相互依存は暴力と権力の関係と似ていなくもない。

---

24) Bronislaw Malinowski, "Myth in Primitive Psychology", in Idem, Magic, *Science and Religion and Other Essays*. New York, 1954, pp. 100-101.

第7章

伊藤孝夫
Ito Takao

死刑の社会史
―― 近世・近代日本と欧米 ――

はじめに

　死刑という制度の存在は，古代から現代に至るまで，世界のあらゆる地域で法的・倫理的・社会的関心の集中する重大な争点であり続けてきた。その考察は，人間社会そのものの洞察と同じ広がりと深さを持つが，ただし以下では，死刑をめぐる社会史の検討を，近世・近代移行期（17〜19世紀）に焦点を当て，かつ，筆者が現在用い得る素材の制約から，この時期の欧米と日本との比較対照を中心としながら，試みることとしたい。なお近世日本の死刑制度は，相対的に独自な特徴も示すものの，もちろん東アジアの法伝統の下に属するものであって，中国・朝鮮等との比較の観点も等閑に付すべきではないであろう。しかしこの点については差し当たり，本書収録の他の論説を併せ見ることにより，読者それぞれの読解に委ねることにしたい[1]。

　欧米の歴史学界では，犯罪社会史ないし歴史犯罪学の研究が活発化して久しい。この活況はもとより，欧米でも元来は法制史研究者の独壇場であった〈法とその侵犯〉の社会的局面の検討に，一般の歴史研究者が大挙して参入してきたことによって出現した事態である。一方，日本の近世・近代を対象とする犯罪社会史は，研究のための十分な素材を有しつつ，まだその全面的な開花を見せるに至っていないように筆者には思われる。本章のまことにささやかな叙述に，日本における

「死刑の社会史」の題名を冠することは僭称の嫌いもなしとはいえまいが，筆者としてはまず，この研究の沃野への関心喚起の呼び水となることこそを本章の課題として，取り組んでいきたい[2]。

1 ◆ 儀礼としての死刑

(1) 死刑の象徴的次元

死刑はほぼどの社会においても，その執行に一定の儀礼的次元が存在している。ただしその儀式の性格，とりわけ宗教的性格については一様ではない。欧米の死刑執行が，多彩な宗教的象徴に取り巻かれているのに比して，東アジア社会では概してこの色彩は乏しく，とりわけ近世日本のそれは，基本的には世俗的＝非宗教的性格を持っていた，といえる。

1）古代の中国法継受の影響はもちろんのこととして，近世初期の日本における行刑は，戦国期の遺風をつぐ独自色を強く示すものであったが，中期以降の「文治化」の下で刑法思想は直接・間接に再び中国法の影響を受ける。1754年に熊本藩で編纂された「御刑法草書」のように，明・清律に範を求めた諸藩による法典編纂がなされた場合もあり，この中国法の影響は明治維新後にもしばらく持続する。なお，琉球王国が1786年に公布した「科律」18巻も，清律の影響下に作成された，東アジア法文化の見落とすことのできない遺産の1つである。

2）欧米では「死刑の社会史」の名に値する重厚な著作がすでに幾つも公刊されている。以下でも参照する主要な文献としては次のようなものがある。イギリスについて，Peter Linebaugh, *The London Hanged: Crime and Civil Society in the Eighteenth-Century*, second edition, Verso, 2003, V. A. C. Gatrell, *The Hanging Tree: Execution and the English People 1770–1868*. Oxford U. P. 1994．ドイツについて，Richard J. Evans, *Rituals of Retribution: Capital Punishment in Germany 1600–1987*. Oxford U. P. 1996，オランダについて，Pieter Spierenburg, *The Spectacle of Suffering*, Cambridge U. P. 1984．フランスに関しては，周知のようにミシェル・フーコーのインパクトの下に多くの業績が登場したが，ここでは一例として，Gordon Wright, *Between the guillotine and liberty: two centuries of the crime problem in France*, Oxford University Press. 1983．アメリカ合衆国について，Louis P. Masur, *Rites of Execution: Capital Punishment and the Transformation of American Culture 1776–1865*, Oxford U. P. 1989, Stuart Banner, *The Death Penalty: An American History*, Harvard U. P. 2002．

一般に死刑執行は，その〈一般予防〉＝〈見せしめ〉の効果を強調するため，執行前に受刑者を都市内で巡回させたり，その罪科を掲示して周知させる，などの措置が行われる。近世日本ではそれぞれ「引廻」と科書の「捨札」がこれにあたる。しかし欧米で，死刑儀礼のほぼ不可欠の要素として置かれている刑場における執行直前の，宗教家による説教などのパフォーマンスは，近世日本においては見られない特徴である。なお後述のように近世日本では，観衆の前で執行される公開処刑は，実は非常に少数であった。

　ただし死刑儀礼の全体に潜在化された宗教的次元，あるいは象徴的次元を見出すことは可能であろう。例えば死刑囚の巡回パレードには，しばしば生から死への通過儀礼の要素が埋め込まれている。死刑囚に不名誉の屈辱を与え，観衆を威嚇するためのこの巡回の機会が，死刑囚にこの儀礼の主役としての，意味の転倒した晴れ舞台を提供することになる場合もあった。近世日本の処刑でも，役人は引廻の際，死刑囚の身なり・衣服をわざわざ整えてやっていた。天保3年（1832）8月19日に処刑（獄門）された鼠小僧次郎吉の場合，締めていた立派な帯と，口紅までさし薄化粧された顔が見物人の注意を惹いた（丹野顯『江戸の盗賊』青春出版社，2005年）。また嘉永3年（1850）12月，上州大戸村での磔刑執行のため江戸から護送された国定忠治一行も，白無垢の衣裳で紅色の座布団をひいた唐丸籠に乗る忠治を，200人もの警固者が取り囲む一大パレードの観を呈した（高橋敏『国定忠治』岩波書店，2000年，177頁以下）。彼らの場合は近世日本を代表する著名な犯罪者だが，執行直前の死刑囚を民衆が〈聖化〉された存在と見なしていたであろうことは，特定の宗教的文脈を前提とせずとも理解できる事柄である。

　なお死刑の象徴的意味をめぐっては，20世紀前半のドイツ法史学が個性的な研究動向を示した[3]。もともとヤーコプ・グリムの影響下に，民俗学との接合はドイツ法史学の有力な潮流であり，これが一連の「法象徴」研究の隆盛をもたらしたのだが，ただしこの動向は後に第三帝国の民族主義との直接・間接の結び付きを示したことによって戦後は活力を失っている。しかし前キリスト教時代のゲルマンの死刑の本質を「供犠祭祀」と位置付けたカール・フォン・アミラ

3）ドイツ法史学と民俗学との関係については，井上琢也「「生ける死体」（Lebender Leichnam）と「ペルヒト」（Percht）の思想史」（『國學院法學』29巻3号・30巻2号・31巻4号・32巻4号）が詳しい。なお，アミラ以下の死刑論について日本では，阿部謹也『刑吏の社会史』（中公新書，1978年）によって簡単な紹介がなされている。

(Karl von Amira, 1848～1930) の『ゲルマンの死刑』(*Die germanischen Todesstrafen*, 1922) は，その後に多大な影響を及ぼし続けた。ハンス・フォン・ヘンティヒ (Hans von Hentig, 1887～1974) やベルンハルト・レーフェルト (Bernhard Rehfeldt, 1902 ～1968) ら，アミラの議論の直接ないし批判的な継承者を介して，この議論は戦後ドイツにも及んでいる。しかしこれらの議論は，そのイデオロギー的傾向は措くとしても[4]，直観的推論に負うところがあまりに多く，一定の妥当性を認め得るとしても，歴史研究としては証拠の不在という決定的な障壁に直面する。今ここでの議論でも，死刑には人間の深層心理や集団的無意識というべきものに通底する，象徴的次元が伴っていることは承認しつつ，しかしその個々の象徴の意味を特定し詮索しようとする種類の議論に立ち入ることは避けることとしておきたい。

(2) 死刑という見世物

儀礼としての死刑のクライマックスは，もちろん処刑そのものの瞬間にある。一般に前近代の死刑は公開処刑であり，多くの見物人を予定して執行される。とりわけ，前近代ヨーロッパにおける公開処刑の〈カーニバル〉的性格に注目する議論は多いが，一方ではこれに懐疑的な見解もある[5]。

---

4) ナチス期のドイツ法史学の動向については差し当たり，Joachim Rückert, Dietmar Willoweit (Hg.), *Die Deutsche Rechtsgeschichte in der NS-Zeit*, J. C. B. Mohr (Paul Siebeck) 1995 を参照。アミラの死刑論の民族主義的側面はとりわけ K. A. エックハルトによってナチス刑事政策との接合が果たされている（なおエックハルトについては，平田公夫「ナチズムと法史学 ── Karl August Eckhardt (1901-79) の場合 ── 」岡山大学教育学部研究集録 106 号を参照）。一方，レーフェルトの 1942 年の著作 (*Todesstrafe und Bekehrungsgeschichte*) は，アミラ以来のテーゼにむしろ合理的な懐疑を示すものである。また死刑廃止論者であり，1935 年以後はアメリカに亡命していたヘンティヒにナチス関与の経歴はない（むしろ彼は，社会主義者ではないが，ミュンヘン・レーテ政府への参加および，1920 年代の一時的なソヴィエト・ロシアへの亡命経験も持つ）。

5) T. W. Laqueur, "Crowds, carnivals and the English State in English executions, 1604-1868", in A. L. Beier et al. (eds.), *The first modern society*, Cambridge, 1989，また，ピーター・バーク（中村謙二郎・谷泰訳）『ヨーロッパの民衆文化』（人文書院，1988 年）(P. Burke, *Popular culture in early modern Europe*, 1978) も参照。これらに懐疑的な見解としては，Gatrell (1994), p. 90 以下を参照。

確かに比較史の観点に視野を広げれば、この点でのバリエーションは明らかである。植民地期および独立後のアメリカでの状況を例にとると、死刑執行の現場に多数の見物人が存在すること自体はヨーロッパと同様であったが、しかしその現場では、厳粛な宗教儀礼としてのタテマエが守られて、一般的には猥雑さの空気は遠い。死刑儀礼は、人間の堕落への戒めとして、受刑者の哀れな末路を見届けることに教育的効果が求められ、子どもにも参加が推奨されるべきもの、と認識されていた。もちろん見物人にとって参加への動機が、多くの場合単なる好奇心の満足であることもまた自明なことであり、殺到する見物人の喧騒が混乱をもたらした事例もアメリカで事欠かない。しかしこれらの出来事の背後に〈価値の転倒による解放〉のような象徴人類学的意義を見出そうとする試みは必ずしも成功しない[6]。

近世日本ではどうか。実は徳川幕府は、大部分の死刑執行、すなわち斬首刑の執行を公開していなかった。これに対し磔刑と火刑は公開刑だが、その数は後述のように絶対的に少数である。近世日本において大多数の死刑が、閉ざされた刑場の塀の中で行われていたことは、欧米における公開処刑の伝統の強固さに比べると特徴的な事実である。その理由についてD. V. ボツマンの研究は、ヨーロッパでは実際にしばしば見られた、処刑現場での民衆暴動を警戒したからではないかと推測している（Daniel V. Botsman, *Punishment and Power in the Making of Modern Japan*, Princeton U. P. 2005, pp. 18-19）。これは十分首肯できる議論であるが、史料として、その理由を示す確実なものは存在していないのが現状である。

一方で幕府は、死刑の可視化によって生ずる抑止効果を考慮していなかったわけではない。確かに磔刑と火刑はそのような処刑ページェントの舞台ではあるが、むしろその目的は、死刑執行後の死体の展示によって達せられていた。これも欧米の死刑執行で普遍的に見られる慣行である。展示する場所は、人家からは少し離れていて顕在的な場所、典型的には都市郊外の街道の要所が選ばれる。ちなみに12世紀頃から18世紀にまで及ぶ、ロンドンの著名な絞首台所在地タイバーン（Tyburn）も、元来は市街地から一歩外へと出た街道の交差点であったが、そ

---

[6] アメリカの事例については、Masur (1989)、Banner (2002) を参照。ただしアメリカにおける私刑の存在は、タールと羽毛という古代スカンディナビアの処刑の要素が残存していることの民俗学的興味も含め、公的な死刑執行の〈行儀の良さ〉を補う社会的現実であると指摘することはできよう。

の後の都市域の拡大で市街中心部に取り込まれてしまったものである。刑場と死体の展示場所が兼ねられる場合のほか，都市中心部の広場で処刑された死体の全部または一部が都市郊外の展示場所に運搬される場合もあり，いずれにしても展示された死体はその場で，そのまま自然の風化に委ねられるのである。

　処刑・晒しの場は，当然に象徴的次元での周縁性・境界性を帯びている。日本での処刑・梟首の場所も，例えば中世以来の都市京都では，六条河原のような周縁的性格を帯びる地点が選好されていた。懲戒主義的性格を強めた織豊政権下ではこの伝統が崩されかけるが，近世には再び，これ見よがしの威嚇効果は回避されて伝統に復帰する，と指摘されている（清水克行「織豊政権の成立と処刑・梟首観の変容」，同『室町社会の騒擾と秩序』吉川弘文館，2004年，所収）。

　江戸において，小伝馬町牢内で斬首された首が「獄門」として展示される場所は，17世紀終わりには東海道入口の鈴が森，水戸街道入口の小塚原の2か所に定まった（磔刑・火刑もこれらの場所で執行）。京都では粟田口，すなわち三条大橋を出て東へ向かう直近の一角が刑場および梟首場であった[7]。近世の東海道の両端は，こうして公権力による刑罰権の誇示によって飾られていたわけである。ケンペルは1691年の旅では，江戸への入口である鈴が森で，切断された人間の首や胴体が横たわり，それらに野良犬が食らい付く光景を目撃し，翌92年の旅では京都の粟田口で磔にかけられた男女の死体を目撃している[8]。

　ここで刑死者の死体の展示という，この慣行自体を奇異とする視点が，17世紀のドイツ人の記述の中に現れてこないことは全く怪しむに足りない。絞首台や架刑台は同時代のヨーロッパでごく見慣れた風景であった。―― もっとも「見慣

---

7) 日本における刑場等の場所の考証については，重松一義『日本刑罰史蹟考』（成文堂，1985年）を参照。なお，刑場・晒場に関し江戸幕府法で「勢州山田於　御神領は磔，火罪，獄門等之死骸を晒候御仕置無之事」（公事方御定書下巻103）と定められていること（死骸の「晒し」を行わないのであって，死刑執行自体は宇治山田でも行われる）は，もちろん死刑にまつわる不浄観を端的に示す事実である。

8) ケンペル『江戸参府旅行日記』（平凡社東洋文庫，1977年），171頁，270頁，301頁。またケンペルは抜荷を行った2人の日本人が出島内で斬首される光景も目撃している（252頁）。1857年，江戸登城を果たしたタウンゼント・ハリスは，品川を通過する際，ケンペルの記述を想起して刑場の存在に注意を向けているが，このときには，おそらく意図的に死骸は取り片付けられていた（ハリス『日本滞在記』下巻，岩波文庫，1954年，36頁）。

れた」というのは一種の形容矛盾である。それを行う公権力の意図は，この光景の持つ威嚇力を絶えず更新することにあり，実際に，古今の数多の芸術作品にそれらの象徴が頻出することが示すとおり，この光景は常に人々の想像力に強く作用し続けた。しかしその想像力が作用する感受性の水準には個人差が大きいことも自明で，例えば幕末期の人々の回顧談の1つでは，「一杯機嫌」で獄門の首を「見物」に出かけた，などという[9]。ロンドンのマダム・タッソー（Madame Tussaud, 1761〜1850）の博物館の商業的成功は，当初から処刑者のデスマスクや処刑に関わる物品の展示を呼び物の1つとしたことに大きく負っている。エリート文化がこうした，人々が潜在的に持つ嗜好に抑圧を加えるようになるのが，近代社会の感性に刻印される重大な変化だが，この点は後述する。

(3) 死刑の等級

　死刑には〈等級〉があるのが普通であった。つまり前近代社会の多くでは，死刑が適用される犯罪の範囲が極めて広汎であることと対応して，犯罪行為の悪性の程度に応じて死刑にさらに等級を付け，細分化して執行するのが一般であった。具体的な区分方法としては，処刑方法の選別と，処刑への特別な懲罰要素の付加，特に死体のさらなる損壊，という方法が広く見られる。

　前者は処刑手段の類別を構成し，一般にはその残虐性，与える苦痛の大きさによって定義される。後者は刑死者への不名誉の加重である。そしてこの点で江戸幕府法では，戦国期の処刑方法が一定程度すでに〈人道化〉され，寛刑化が進められた上で存在しているので，その体系は意外に簡明である。「公事方御定書」の定める死刑執行方法はまず，鋸挽，磔，獄門，火罪，死罪，下手人の6種だが，処刑手段としては実際には，磔，火罪，斬首しかない。次にこれに付加する要素として，斬首した死体に「様斬（ためしぎり）」を加えて損壊すること，および首を晒すこと，が加えられる。斬首刑はこれらによって，最も単純な「下手人」，様斬（および家屋敷・家財の没収）を付加した「死罪」，晒し首を付加した「獄

---

9) 篠田鉱造『幕末百話』に採録された聞き取りの1つには，「……安政2年の夏の事だ。朋輩3人と打揃い，屋敷を出て，下谷広小路雁鍋に登り，一杯傾けたが，傍にいた客が小塚原に獄門の首があるという話から一杯機嫌に乗じ，『サア見物に往こう』と，……」という語りが見られる。篠田鉱造『増補　幕末百話』（岩波文庫，1996年），21頁。

門」の3種に分類される。なお，死罪・獄門のうち悪性の顕著なものには「引廻」が付加されるが，これは独立の刑罰区分を構成していない。「鋸挽」はよく知られるように，首を鋸で挽き切るという処刑が実際には擬制となり，磔の執行前に行う演出と化していたから，磔刑に処刑前の晒しという不名誉を付加した刑罰である。なお武士身分に対しては，斬首刑としての「斬罪」および周知の「切腹」が特別の処刑方法であった。

　以上のような江戸期の死刑カタログは，同時代欧米のそれ —— 試みに，ヨーロッパで17, 18世紀に存在が確認できる刑種を挙げれば，斬首刑・絞首刑・火刑・車刑（車裂き刑）・四つ裂き刑など —— と比べて，取り立てて〈個性的〉とはいえないであろう。つまり〈残虐さの程度〉において質的な相違があるとは思われない。江戸幕府法が斬首刑よりも重い執行方法と見なしているもののうち，まず火罪（火焙り）はヨーロッパでも見られ，一般に苦痛が長びくために限定された犯罪にのみ適用される。江戸幕府法の火罪は放火犯（火付）にのみ適用された。磔はその形状から，同時代のヨーロッパの観察者に容易に十字架刑を連想させたが，処刑柱上での衰弱死を待つのではなく槍で絶命させる点でいえば，架刑よりも車刑や四つ裂き刑など，身体の苛烈な損壊による致死とその顕示を目的とする刑罰類型と通底するものと見ることができよう。

　ここで，解剖と死刑との関係に言及しておきたい。これは特に，イギリス・アメリカで特徴的なトピックである[10]。英米では死体解剖が，凶悪犯に特に加えられる不名誉とされる伝統があり，しかもこれは当然ながら，医学研究・教育に必要とされる外科解剖の実践と密接な関連を持つ。18世紀のロンドンでは，外科医のギルドが処刑に際し死体を解剖用検体として利用する権限を与えられていたが，これは死刑囚にとって死刑の執行そのもの以上に耐え難い恐怖の対象であったらしい。そこで死刑囚は死後に自分の死体が解剖されないよう親族や知友に依頼し，これらの者と外科医ギルドの下僕との間で，小競り合いが演ぜられる場合すらあった。この恐怖感の根拠は，キリスト教の教義と民間信仰との結合した一定の観念にあって，死体が解体されてしまっていた場合，最後の審判の日の復活

---

10) P. Linebaugh, "The Tyburn riot against the surgeons" in D. Hay et al (eds.), *Albion's fatal tree* (1975), R. Richardson, *Death, dissection, and the destitute*, Routledge & Kegan Paul, 1987, またアメリカについては，Banner (2002) pp. 76-80, 等を参照。

に支障を来たすと信じられていたことであった。

　ちなみに近世日本においても処刑と解剖実践との関連が見られることは周知のとおりである。宝暦4年（1754），山脇東洋らが立ち会い京都の六角獄舎で行われた刑死人の「腑分け」が日本における解剖の嚆矢として知られ，さらに明和8年（1771），杉田玄白・前野良沢・中川淳庵らの著名な解剖体験が続く。幕末・明治期になって本格的な西欧医学の研究が開始されたときも，解剖用検体の不足は深刻な問題であり，石黒忠悳（1845～1941）の回想ではその入手の苦労が何度も語られる。慶応年間，医学所で勉学中の回想では，人体解剖の機会が滅多に得られず，もっぱら犬や猫の解剖で間に合わせていたが，せめて人骨標本が欲しいと思い，小塚原の刑死人が埋葬される回向院分院に掛け合ったが断られ，やむを得ず同志と夜間に骨を掘り出しに行ったという。また明治3，4年，大学東校の教官当時にも解剖材料の確保は困難で，自ら司法当局と交渉して刑死人の死体を回してもらうよう取り決めが成立し，最初に迎えた6体の死体の1つが雲井龍雄のものであった，という（石黒忠悳『懐旧九十年』岩波文庫，1983年，140-143頁，183頁）。

　解剖と死刑にまつわるこれらのトピックをさらに読み解くためには，フィリップ・アリエスの提起するような〈死〉そのものに対する心性の歴史という，より大きな枠組みの下での検討を要するであろう。ただし今ここでは，その本格的な議論の展開への準備はない。

(4) 刑吏

　職業的刑吏に対する卑賤視と差別は多くの前近代社会で観察される。ヨーロッパでの事例について，日本の読書界ではすでに阿部謹也『刑吏の社会史』（1978年）によって紹介されて久しいが，要するに中世以来，17，18世紀においても，ヨーロッパの刑吏たちは一般住民から日常的な接触も忌避される〈アウトカースト〉にほかならなかった。その帰結として刑吏は，同職業の家同士で婚姻を繰り返して世襲されるしかなく，各地でいわば特定の〈家系〉を形成したことが知られている。17世紀後半以来，パリの死刑執行人となったサンソン家（Sanson）はその代表である[11]。なおこれに対しアメリカでは，植民地期も独立後も，職業的刑吏は発生しなかったため社会的差別の問題は生じていない。アメリカでの死刑執行は，自ら直接手を下すか否かはともかく，その時々のコミュニティの法執行者の

責務であった。こうした事情 —— 死刑執行の責任がいわば〈アマチュア〉の人々に〈民主的〉に分散されていること —— の下で，社会的差別視の発生が阻害されるケースもあり得ることには注意を向けておきたい。

　これらの差別観の根源を探ることは，再び人間社会の最深部に至る洞察を要するが，ここで付加しておくべき事実は，ヨーロッパの民衆が，差別視と表裏の関係をもって，刑吏が有すると信じられていた特別の能力への賛嘆の念を抱いていたことで，その代表が刑吏の医術能力に対する民間信仰である。歴代のサンソン家当主も医業を副職としたが，これには刑吏として蓄積されたであろう人体の生理機能についての実践的知識もさることながら，民衆的想像力の中で死刑をめぐって構築されていた超自然的・呪術的信仰 ——「マンドラゴラ」はその印象的なシンボルの1つだが —— の要素が果たす役割が大きい。処刑者の身体と呪術的治療効果を連接する思考はヨーロッパに古くから存在し，切り取られた身体の一部が医療用と，文字どおりの呪術用（魔よけ・幸運のお守り）とに需要があった。とりわけ癲癇の治療のために，処刑者の血をその場で飲む行為は長い伝統があり，1802年にマインツで行われた著名な盗賊・シンダーハンネス（Schinderhannes）のギロチン刑の場においても，まさしくそのような光景があったことが記録されている[12]。刑死者の衣服・所持品や処刑に使用した道具の一部も呪術用に需要があり，これらや，刑死者から切り取った身体部位の販売が刑吏に利益を与えたと考えられている。

　もっとも，刑吏に対する民衆的イメージは畏怖ないしその偶像化の方向にばかり作用していくわけではない。イギリスの伝説的刑吏ジャック・ケッチは，近代移行期以降，邪悪な抑圧者イメージの記号となり，19世紀の「パンチとジュデイ」劇の悪役として登場するに至る。いずれにせよ，このような民衆的想像力の

---

11) サンソン家については，安達正勝『死刑執行人サンソン』（集英社，2003年）を参照。このほか，16世紀後半から17世紀にかけてのニュルンベルクの刑吏フランツ親方の日記，フランツ・シュミット（藤代幸一訳）『ある首斬り役人の記録』（白水社，1987年）は，その解説とともに有益である。

12) Evans (1996) pp. 90-93。処刑の際の「血飲み」が記録されている最後の例は1865年，マールブルクでのケースだという。このほかGatrell (1994) は，18世紀末あるいは19世紀初めのイギリスでも，腫瘍の治癒目的で患者を刑死者の手に触れさせることが行われていたことを紹介している (pp. 80, 81)。

中での刑吏像の振幅は，死刑の心性史の重要なトピックを形作ることはいうまでもない。

近世日本の刑吏に関する状況は，やや慎重な読み解きが必要である。まず処刑に関わる多くの場面，例えば受刑者の護送や死体の片付け，さらに磔・火罪そのものの執行が，賤民身分としての「非人」に担わされていたのは周知の事実である。塚田孝は，刑吏は賤民身分にとって「密接にして本源的な役であった」と指摘し，個々の処刑の際に，どのようにして非人らが動員されるか，を史料に即して詳しく分析している（塚田孝「近世の刑罰」『日本の社会史』第5巻，岩波書店，1987年，所収）。他方で注意を要するのは，近世の死刑の大部分である斬首刑の執行は，名誉ある武士の職分とするタテマエであったことである。

解読の必要は，何より武士の性格付けにある。刑吏の賤視は，日本思想史の文脈でいわゆる「穢れ」の問題に関わってくる。実際，歴史的事実の内実はともかくとして，9世紀から12世紀までの日本の王朝国家では，国家による死刑執行が回避されていた，というよく知られた言説は，その背景として，王朝貴族間に死穢への忌避観が存在したことにおそらく最大の連関を有する[13]。

そしてまさしくこの点で，中世以後の歴史の主役である武士はその職分上，死穢の忌避に拘束されないという本来的属性を持つ。戦士集団が死刑執行を忌避する理由はないのである。まずこの点が，日本における死刑の文化的脈絡の一面である。ただし近世社会においても，少なくとも元禄期以降，治者たる武士はその〈暴力的〉性格に依拠して統治に臨もうとはしていない。「仁政」の実現を標榜する近世の統治者は，峻厳な刑罰権の発動よりも，その適用の緩和や，あるいは刑を赦免するための裁量権の行使に好ましい自己イメージを見出すであろう。これは一般に近世ヨーロッパの君主らが取っていた戦略である。峻厳な法を施行させておく一方，刑を宥免する裁量権を君主が専権として行使することによって，法による威嚇と仁慈ある君主への信頼を同時に確保することができるからである。近世日本の領主にとっても，死刑執行がその支配の〈表の顔〉とはなり得ないとすれば，直接〈手を汚さない〉ためにこの仕事を誰かに〈請け負わせる〉ことが得

[13) この問題については，利光三津夫「嵯峨朝における死刑停止について」（同『律の研究』明治書院，1961年）所収，および同「平安時代における死刑停止」（同『律令制とその周辺』，慶應大学法学研究会，1967年）所収，を参照。

策となる。

　斬首刑の執行が，武士の名誉ある職分とされることに変化はなかったが，江戸幕府によるそれはやがて 18 世紀以降，周知のようにもっぱら山田浅右衛門家の世襲するところとなった[14]。山田家の職分は正確には斬首の執行ではなく，刀剣鑑定，とりわけ将軍家所持の刀の品質を確認するために試し切りを行う「御様御用（おためしごよう）」である。幕臣ではないが特権と権威を認められた存在として山田家は，ヨーロッパの刑吏たちのようには決して差別の対象にはならない。〈武士の魂〉たる刀剣の専門家として，山田家は大名・旗本とも交際する名士であった。

　死刑の不浄視が近世日本に存在しなかったわけではない。繰り返すと，その執行の大部分には非人が関与させられていた。さらに，卑賤視されていたわけではないにせよ，山田浅右衛門家の人々は，少なくとも民衆的想像力の中では，畏怖の念を伴う独特な存在であった。そしてこの想像力を手がかりとして山田家の経済的利権の重要な一部となっていたのが，処刑者の胆嚢から作成する「人丹」の販売事業であった。同時代のヨーロッパで同種の慣行が存在していたことは先に見たとおりであり，この事実も決して驚くにはあたらない。

　試し切りと，刑死者から切り取った身体部位の売買は明治維新後に禁止される。すなわち，明治政府は明治 3 年（1870）4 月，「従前刑余ノ骸ヲ以テ刀剣ノ利鈍ヲ試来候，右ハ残酷ノ事ニ候間厳禁取締可致，其他人胆或ハ霊天蓋陰茎等密売致ス哉ニ候処，其功験無之事ニ付，是又厳禁取締可致候事」を達した（明治 3 年 4 月 15 日弁官達）。山田浅右衛門家の人々は，これにより御様御用としての職業上の名目と，人丹販売の経済的利権の双方を失うことになったのだが，引き続き，明治維新後も東京府囚獄掛で斬首刑の執行役として勤務し続けた。「最後の浅右衛門」として知られる山田吉亮（1854 ～ 1911）は，明治 15 年（1882），すなわち斬首刑を廃止した刑法（旧刑法）施行後に職務を退いた。

　フランスでは 1847 年に，アンリ・クレマン・サンソン（Henri-Clement Sanson, 1799 ～ 1889）が死刑執行人の職務から離れ，サンソン家の歴史を辿る回想録を残

---

14) 以下，代々の山田浅右衛門について，また「人丹」販売についても，氏家幹人『大江戸死体考』（平凡社，1999 年）の記述が ── このような主題を扱うための，意図的な韜晦に満ちたスタイルにかかわらず ── 極めて詳細で信頼に足る。

したのだが，山田浅右衛門家の人々もすこし遅れて歴史の舞台から退いたわけである。

　死刑執行者をめぐって，異なる文化的背景の下で，しかし偶然とはいえない並行現象を感知し得るのは，死刑という制度が置かれる，人類史的に普遍的な地平の存在を推知させずにはおかない。

2 ◆ 刑死者の社会史 ── 近世日本

（1）死刑執行の総数

　これまでの叙述で扱ってきた時代，17，18世紀から19世紀初めには，近代的統計が作成されていないため，世界のどこの地域でも，死刑執行の全貌を数量的に把握することは極めて困難である。ある特定の地域・時期について詳細な記録が見出されている場合もあるが，全国的統計などはいずれの国でも望むべくもない[15]。近世日本についても事情は同様で，平松義郎『近世刑事訴訟法の研究』（1960年）の第8章で試みられている史料探索が，幕府の行刑につき，今日までこの種の試みで成果の得られたほとんど唯一のものである。そのうち，幕末期の江戸小伝馬町入牢者の処分結果に関する史料から，庶民の死刑者数を示すデータは，諸書に引用されることも極めて多いものである[16]。これによると，幕末・江戸市中での死刑執行数は，文久2年（1861）に139人，同3年（1862）に92人，元治元年（1864）に87人，また慶応元年（1865）の5月から12月までに109人，とおよそ年間100人前後と見積もられることになる。ただし，幕末期には犯罪処理数全体の大幅な増加が推定されている。もう1つ，平松氏が紹介しているデータは，天明7年（1787）5月より翌8年6月までの「三奉行掛」処刑者数で，56人の死刑執行（うち3人は死骸の磔）を知り得る。

　一方，地域ごと，とりわけ諸藩について見れば，今後の史料探索によって詳細

---

15) Linebaugh (2003)，Gatrell (1994) はロンドン周辺における17〜19世紀の死刑執行関係のデータを，また，Spierenburg (1984) は17，18世紀アムステルダムの死刑執行データを使った数量的分析の叙述を含む。

な行刑の数量データが入手できる可能性もなお大きく開かれているといってよい[17]。すでに成果の得られている代表例としては，鎌田浩『熊本藩の法と政治』(1998年) で紹介されているデータがある。それによると，領内の人口およそ60万人で推移した近世中・後期の熊本藩下において，享保10年 (1725) から20年 (1735) にかけての11年間の死刑執行総数は94人，年平均にすると8.5人，安永元年 (1772) から寛政4年 (1792) までの21年間では総数57人，年平均2.7人，寛政5年 (1793) から文化10年 (1813) までの21年間では，総数190人，年平均9人，さらに文化11年 (1814) から天保11年 (1840) までの27年間で176人，年平均6.52

---

16) 平松義郎『近世刑事訴訟法の研究』(創文社, 1960年), 1057頁以下。数値は以下のとおりである。

	文久2 (1861)	文久3 (1862)	元治元 (1864)	慶応元・5～12月 (1865)
引廻磔	3	0	1	1 (人)
磔	0	0	0	2
引廻獄門	7	2	2	5
獄門	33	24	19	31
火罪	2	3	5	0
引廻死罪	19	14	6	11
死罪	74	49	54	58
下手人	1	0	0	1
合計	139	92	87	109

＊なおこのほかに，死亡後，その死骸が磔とされた者が8人いる。

この史料についてより詳細には，平松義郎「幕末期における犯罪と刑罰の実態」(『国家学会雑誌』71巻3号, 1957年)。さらに，神保文夫「幕府法曹と法の創造」國學院大學日本文化研究所編『法文化のなかの創造性』(創文社, 2005年) 所収, 128頁以下で，新たな数値増補が試みられている。江戸入牢者の処罰では，慶応2年 (1866) の1年間に，死罪48人，引回之上死罪16人，獄門46人，引回之上獄門2人，合計112人の死刑執行数のデータを，平松氏のデータに追補し得る。このほか，平松氏・神保氏の紹介するデータのうちでは，大坂町奉行所の処刑者数として，天明2年 (1782) から同6年までの5年間に230人，年平均46人，文化2年 (1805) から同4年までの3年間に50人，年平均17人，という数値が得られる。

17) 管見に入ったものの1つに，日光領で，寛政4年 (1792) から慶応元年 (1865) までの74年間の刑死人のデータから，磔4人，火罪2人，獄門13人，死罪60人，の合計79人の死刑執行数 (年平均1人) を知り得る。竹末広美『日光の司法』(随想舎, 2001年), 50頁。

人,という数値が示されている[18]。領内の社会変化や藩の刑政の展開との関わりにおける,これらの数字の解釈については,すべて同書の分析を参照していただきたいが,治安の悪化が顕在化した幕末江戸市中の行刑史料をもとにするよりも,この熊本領内でのデータを手がかりとして近世日本全体(近世中・後期の総人口はおよそ3000万人で推移)の刑死者数を想像してみる方が有効なように思われる。

(2)「御仕置例類集」の刑死者たち —— 概観

どのような人々が,どのような行為の故に死刑となったのか。近世日本において,この問いに多少とも接近を試みるために,以下では「御仕置例類集」を素材としてみたい。

御仕置例類集は幕府評定所で編纂された刑事判例集である。現存のものは,明和8年(1771)から天保10年(1839)までの69年間に及ぶ(以下,石井良助編『御仕置例類集』全16冊,名著出版,1971～1974年,をテキストとする)。幕府直轄地の事件全般を含むものなので,地域は江戸・大坂・京都はもとより,駿府・甲府・日光・佐渡・伊勢山田・奈良・長崎などに及ぶ。この中から,死刑が言い渡されている事件・633件,死刑が言い渡されている者・734人のデータを引き出すことができる(表題に挙げられている事件のみを数え,御仕置伺の中に引用されている判決例および,同一事件の重複などは省いた)。死刑の内訳は,磔30人(鋸引1人を含む),火罪13人,獄門160人,死罪501人,下手人30人である[19]。

またこのほか,死刑とすべきところ,すでに死亡(多くはおそらく牢死)したと記されている者が103人いる(そのうち,塩詰にした死骸を磔にしたものが8人)[20]。さらに,死刑とすべきところ,牢屋類焼の際にいったん釈放し,指示どおりに立ち帰ったので減刑して死を免ずる,と記されている者が8人[21],そのまま逃亡したため執行できないと記されている者が2人,恩赦により死を免ずると記されている者が5人いる。

---

18) 鎌田浩『熊本藩の法と政治』(創文社,1998年),294頁,308頁,312頁。ここでの死刑執行数には死骸刎首・梟首など,すでに死亡(多くはおそらく牢死)した者の死体に対する執行を含む。また熊本藩でも中後期では,刑種は幕府のそれとほとんど変わりがなく,磔・火罪・斬(誅伐)・刎首などであるが,最も一般的な斬(誅伐)は斬首ではなく,胴切りであるという。

念のためいい添えると，もとよりこの史料は，幕府の法曹役人が執務のため編集した先例集であって，現実に幕府裁判機関が扱った事件総数と，ここに収録された事件数とがどのくらいの比率であるのかは不明であるし，選別された事件が特定の偏りを帯びている可能性も否定できない。したがって前節でみたような，統計的史料の代用物としてこれらの数値を用いることはもちろん適当でないが，しかし相対的な傾向を把握する手がかりとしては，差し当たってのデータ量を確保しているといってもよいであろう。以下に試みるのは，これを素材とする幕府死刑判決の〈傾向〉の観察である。

19) 試みに，ほぼ10年ごとに区切ってこれを示すと，以下のとおりである（なお，明和7年言い渡しの事件が1件ある）。

	磔	火罪	獄門	死罪	下手人	合計
明和7～安永9 (1770)(1780)	4	0	14	39	2	59（人）
安永10・天明元～寛政2 (1781)　　　(1790)	1	0	10	26	4	41
寛政3～同12 (1791)(1800)	5	1	17	89	3	115
寛政13～文化7 (1801)(1810)	5	3	36	80	1	125
文化8～文政3 (1811)(1820)	2	1	15	53	6	77
文政4～文政13・天保元 (1821)　　　(1830)	7	5	33	87	7	139
天保2～同10 (1831)(1839)	6	3	35	127	7	178
合計	30	13	160	501	30	734

20) このほか，すでに自殺していた者の死骸を塩詰にして鋸挽きとしたケースが1件ある（第10冊378頁・続類集1480号。文政3年，使用人が店の主人の妹を殺害し，自殺した事例）。

21) 牢屋類焼の際のこの扱いは，よく知られたものなので詳細は略す。公事方御定書では，寛保2年以来，この扱いについて規定（下巻85）がある。

(3) 御仕置例類集の刑死者たち ── 犯罪行為

彼らはどのような犯罪行為の故に死刑になったのだろうか。それを概観するために、まず幕府の基本的刑法典と呼び得る公事方御定書下巻の処罰規定の中から、死刑が適用される犯罪行為例を抜き出し、それを性質上幾つかのグループに分けて示しておきたい。ただしこのグループ分類は、もとより全くここでの説明のためだけの仮設的なものである（なお括弧内の数字は御定書下巻の条番号）。

(a) 生命・身体に対する侵害……殺人および傷害（71・76・77）・遺棄（45・86）・過失致死（71）等
(b) 自由の侵害……脅迫（63）・人身売買および誘拐（61・90）等
(c) 被害者の生命・身体への危害を伴う財産の侵害……強盗（56）・恐喝（56・64）等
(d) 被害者の生命・身体への危害を伴わない財産の侵害……窃盗（56・91）・横領および背任（37・38・42・43・86）・詐欺（64）・贓物売買（56）等
(e) 公共の安全の侵害……騒乱〈強訴徒党〉（28）・放火（70）等
(f) 公共の信用の侵害……文書偽造〈謀書謀判〉（40・62）・通貨偽造（67）・にせ薬販売（66）・にせ秤にせ枡等製造（68）等
(g) 性道徳秩序の侵害……売春強要（47）・姦通〈密通〉（48・51）・強姦（48）・相対死生き残り（50）等
(h) 治安維持のための公権力の行使に対する侵害……関所破り（20）・誣告（65）・犯人蔵匿（80・81）・遠島者の脱走（84）・一定条件以上の再犯者（85）[22]等

幕府法ではこれ以外にも、切支丹宗門・抜荷などが死刑とされることは周知のとおりであり、御定書下巻が幕府刑法規定を網羅しているわけではないが、差しあたり以上の分類を手がかりにして御仕置例類集の死刑適用例を見ていきたい。なお、この適用例の参照でも、各事件において厳密にどの規範が適用されているかが、必ずしも明確ではない場合も存在するので、以下の照合もあくまで試験的なものに止まる。

---

22) ただし以下の整理では、再犯加重による死刑宣告者は、その加重を受ける直接の犯罪の性質に応じて分類した。

(a) 生命・身体に対する侵害

　全体で633件抽出した死刑適用事件のうち，130件程度はこの性質の犯罪であると判断した。著名事件としては「相馬大作」事件も含まれる（第9冊325頁・続類集1012号）。この類型の犯罪に死刑が適用されるのは現代人にも理解不可能ではないだろうが，ただし御定書の規定に見える，過失致死に対する死刑適用（御定書下巻71に，享保13年極「車を引掛，人を殺候時」，寛保元年極「牛馬を牽掛人を殺候もの」は，いずれも死罪とする）は，実例を見出せなかった。

　江戸幕府刑法の，いわば基本原理の1つであって周知のものが，「主殺し・親殺し」を最悪の性質の犯罪とする観念である（主殺しに対する刑罰は，「二日晒，一日引廻し，鋸引の上磔」，親殺しに対しては「引廻しの上磔」）。実例としては，天保5年（1834）御渡，寄合戸田平左衛門の中間・源蔵は，主人妾はなとの密通の故に暇を出されたことを遺恨に思い主人を殺害，「二日晒，一日引廻し，鋸引の上磔」の刑を適用されている（第16冊445頁・天保類集1928号，なお次項（4）で見るように，妾はなも獄門）。享和元年（1801）御渡，養父・良桂を殺害した御数寄屋坊主・斎藤良安は，引廻しの上磔となるべきところ，御家人の町々引廻しは不適切として，「引廻しに及ばず，磔」となった（第3冊570頁・古類集1599号）。文政12年（1829）御渡，下総国中谷里村の百姓久蔵は，日頃から大酒癖を親の小兵衛にたしなめられていたところ，酒狂の上，妻を打擲に及んだ際，さらに誤って父・小兵衛を傷付け死に至らしめ，引廻しの上磔となった（第16冊456頁・天保類集1934号）。

　以上のことと表裏をなすのが，「目下」の者に対する殺傷が軽く処分される傾向であって，例えば「非分もこれなき実子養子」を「短慮にて，ふと」殺害した親は，死罪に及ばず「遠島」で済む（御定書下巻71，寛保2年極）。子殺しをめぐっては，いわゆる「間引き」の事実上の容認の問題をはらむことになるが，ただし養育金目当てで小児を引き取り，これを遺棄・殺害する行為は死刑によって報いられた。文政12年御渡，神田冨松町の長五郎は，新生児を養育料とともに貰い受けると，直ちに虐待して殺害することを3度まで繰り返し，引廻しの上磔となった（第12冊500頁・天保類集457号）。天保8年（1837）御渡，下谷坂本町の繁蔵も，次々と新生児を養育金を添え貰い受けて遺棄，または折檻を加えて殺害し，引廻しの上磔である（第16冊526頁・天保類集1976号）。

　次に，死刑の刑種のうち「下手人」は基本的にこの(a)に含まれる行為のうち，動機に利欲目的がなく計画性もない，単純なタイプの致死行為にのみ適用される

ものであった[23]。例えば安永8年（1779）御渡，伊勢国塩浜村の漁師六右衛門は，四日市宿の漁師らと漁場をめぐり争乱の際に相手を死なせ，「大勢ニて人を殺候時，初発に打懸り候もの」として下手人となった（第3冊1頁・古類集981号）。文政8年（1825）御渡，肥前国高来郡椛嶋村の弥三郎が下手人となったのも，漁場をめぐる争闘の中での致死のためである（第8冊420頁・続類集621号）。文化9年（1812）御渡，摂津国平野郷の藤吉が下手人となったのは，いかさま（手目）博奕での負けに腹を立て，相手方を町端に呼び出し，口論から打ち合いに至り，相手を殺害したことによる（第6冊17頁・新類集561号）。天保元年（1830）御渡，淡路国塩尾浦の普請場で働いていた惣助は，仲間の雑談に，棟梁が自分を「人柱」にしようとしているという話を真に受けて遺恨に思い，棟梁の息子を殺害し下手人となった（第14冊8頁・天保類集838号）。

なお下手人が言い渡されるもう1つのケースは，「相対死」で仕損じ，相手を死なせたのに自分は生き残った者に適用する場合である（ここでの分類では(g)に含めた）。

(b) 自由の侵害

脅迫・誘拐および人身売買を念頭に置いたカテゴリーであるが，全体で4件ほどしか抽出できない。想起すべきは，親による子の身売りは違法とはされないことで，このことを前提に御定書は「極貧之者，其子を同輩之者之養子に遣し候は，売候も同然ニ候故，養父又外え売候共，人を勾引売候とは格別之事」ともいう（下巻100）。処罰例では，安永9年（1780）御渡，駿府の家持町人・清左衛門は，かねて借用金返済に困り，伊八娘りんに奉公の口を斡旋とすると偽って実際は飯盛奉公に出させ，その支度金を着服，「人を勾引候ものの御定ニ准し」死罪となった（第2冊256頁・古類集581号）。天保7年（1836）御渡，無宿源吉は，親たちには作奉公の口を紹介すると偽って連れ出した娘2人を，不承知の当人らを威し付けて食売奉公に差し出し給金を受取り，中山道新町宿で旅籠屋を始めていたが，死罪となった（第12冊525頁・天保類集470号）。

---

[23] 刑罰としての「下手人」の性格については，牧英正「下手人という仕置の成立」（日本大学法学会『法制史学の諸問題（布施弥平治博士古稀記念）』，巌南堂，1971年）所収，および，平松義郎「下手人について —— 近世刑法史雑感」（同『江戸の罪と罰』，平凡社，1988年）所収，を参照。

(c) 被害者の生命・身体への危害を伴う財産の侵害

　強盗・恐喝など，80件程度をこの類型と見たが，これ以外に強盗殺人・強盗致傷など，生命・身体への重大な侵害の結果発生が明白な30件程度はすでに(a)のカテゴリーに含めた。したがってここでの80件は，致死傷の事実がないか，ごく軽微なケースであり，幕府刑法はその場合でも死刑にしたのである。しかし例えば，寛政4年(1792)御渡，上野・下野国各地の百姓家に徒党を組んで押し込み強盗を繰り返し，獄門となった上州無宿「こかねいやろう」こと忠次郎(第2冊310頁・古類集636号)や，文化6年(1809)御渡，江戸周辺人家への押し込み強盗を繰り返した徒党頭取として，獄門となった非人・入墨定五郎(第6冊771頁・新類集1235号)などの罪状に，致死傷の事実は確かに見られないのだが，「抜身を持ち，声立候ハヽ，可切殺旨，申威し」と定型的に語られるその行動パターンに，実際に殺傷を繰り返している他の盗賊団との質的な差異はないように思われる。

　押し込み強盗の外に，このカテゴリーで多い犯罪は「追剥・追落」であり，御定書下巻では，前者は獄門，後者は死罪と規定される。ともに路上強盗であるが，「追落」はいわゆる「引ったくり」に相当する[24]。すでに述べたことからも明らかなように，追剥・追落は被害者への傷害という結果発生の有無を問わず死刑となる。文化5年(1808)御渡，無宿市郎左衛門は，甲州街道・八王寺近辺の野原で，往来の旅人へ「無体に酒手貸し呉候様申懸，棒ニて打殺或は，脇差ニて可切殺旨申威し，衣類剥取，銀銭其外品々奪取」ことを繰り返し，獄門となった(第5冊503頁・新類集335号)。また御仕置例類集の登場人物ではないが，文化年間にこの種の犯罪の常習者として著名になったのが「鬼坊主清吉」であり，彼は後に河竹黙阿弥の手によって「鬼薊清吉」として脚色される。

　なおこのほか，「金銀ねたり取り候類」として御仕置例類集に取り上げられている処罰例には，被害者への脅迫を手段とする犯罪について，むしろ「かたり事」として，刑罰としては次の(d)に見る詐欺行為の処罰と同様に扱われているケースがかなり見られる。

---

24) 刑罰が異なるため，幕府法曹役人は「追剥」と「追落」との区別にかなりの注意を払っているが，どちらも生命刑であることに変わりないから，今ここでは両者の差異をめぐる詳論には立ち入らない。

(d) 被害者の生命・身体への危害を伴わない財産の侵害

この類型の犯罪が 315 件程度，要するに御仕置例類集における死刑適用事件の約半数を占める。かの「鼠小僧次郎吉」も登場人物である（第 13 冊 39 頁・天保類集 498 号）。この種の財産犯罪が死刑をもって遇されることこそが，現代人にとって前近代刑法の〈過酷さ〉を実感させる事実であろうが，しかし例えば同時代のイギリスの行刑を念頭に置くと，これは近世日本に〈特異〉な事実でもない。

しかしこの類型の財産犯をあえて死刑に処するのは，幕府刑法上，一定の「加重要件」が認められる場合に限定され，再犯加重（御定書下巻 85「入墨ニ成候以後，又候盗いたし候もの，死罪」等）を除くと，それは大きく犯行手段と被害額とに関わる。幕府法曹役人も，もちろん「死生之境,不軽事ニ候得は」（史料上の頻出表現）と認識して，これらの加重要件の認定には慎重を期した。

まず窃盗について，「家内え忍入，或ハ土蔵抉破り」という形態で行われた場合は被害額にかかわらず死罪であり（御定書下巻 56・享保 5 年極），「戸明有之所，又は家内ニ人無之故，手元ニ有之軽キ品を盗取候類」が「入墨之上重敲」で済むのと一線を画す[25]。寛政 3 年 (1791) 御渡，相宿の旅人の熟睡をみすまし，蚊帳の中へ手を入れ，剃刀で胴巻きを切り裂き 5 両 3 歩の金を盗んだ喜兵衛が，「不敵成仕形にて，家内へ忍入或は土蔵抉破り候類も心底は同様に御座候間」死罪となったのは，この一線上で行われた，際どい類推解釈の例である（第 2 冊 334 頁・古類集 667 号）。なお御定書にはないが，御仕置例類集の項目で「御場所柄で盗みいたし候類」と表現される事件中には，江戸城・駿府城などの金蔵を狙った大胆な盗犯らが記録されており，彼らは死罪に止まらず，磔・獄門などと刑を加重されている。寛政 4 年御渡，大阪城外側の竹矢来のうちへ入り込み，橋の金物を外して盗みとった新六も引廻之上死罪となった（第 2 冊 271 頁・古類集 598 号）。

身体障害者から所持物品を盗むのは，それだけで死罪となる（御定書下巻 56・元文 5 年極）。天明 5 年 (1785) 御渡，乗せた客が途中で病死したため，懐中の金子を盗み取った伊勢山田の駕籠かき利八・十助・藤八の 3 名は，この規定の類推適用で死罪となっている（第 2 冊 280 頁・古類集 607 号）。飛脚が金子入りの書状を道中で切り解き，着服するのは金高の多少によらず「引廻之上，死罪」である

---

[25] なお「忍入」盗みは，「旧悪」として刑を免除される場合であっても，5 度以上繰り返されていると「引廻之上，死罪」となる（寛保 2 年極）。

(御定書下巻91・延享元年極)。安永2年(1773)御渡、飛脚の長七は、状箱3つを途中で切り解いたが金子は入っておらず、状箱・書状を三島宿御殿川に流し捨てたものであったが、引廻之上死罪となっている(第2冊283頁・古類集611号)。

次に、窃盗で死刑となる加重要件で最も有名なものが、盗み取った物が「金子ハ拾両より以上,雑物は代金に積,拾両位より以上」は死罪、となる規定である(御定書下巻56・享保5年・寛保元年極)。

10両という基準は横領でも用いられる。すなわち、奉公人が「手元ニ有之品をふと取逃」した場合、10両以上ならば死罪である。ただし「使いに持ち遣わされ候品」を取り逃げした場合は、1両以上で死罪とする(御定書下巻43・寛保元年極、享保21年・延享元年極)。文化10年(1813)御渡、南新堀2町目居住の重蔵は、船持・半四郎の召使として醤油積みの船の水主をしていたが、樽の中から醤油を抜き取り、貫目不足をごまかすため潮水を入れ、抜き取った醤油代金が1両以上であるとして死罪となっている(第5冊511頁・新類集343号)。

使用人の横領事件は、犯罪への誘惑の機会がごく手近なために多発する。そこでその死刑宣告に際しては、「但、先入牢申付、取逃之品償候におゐてハ、……主人願之通助命申付、江戸ニ不罷在候様可申渡事」、すなわち弁償と主人からの助命を条件として死罪に代えて江戸からの追放とする、という宥免法理が生み出された(御定書下巻43・延享元年・2年極)。例えば寛政11年(1799)御渡、町方奉公中の清五郎が、両替に持参し受け取った6両1分・銭200文あまりの金銭を酒食に使い果たしたという事例では、本来死罪のところ、請人・与八が弁償した上で、主人・仁右衛門から御仕置赦免の願いが出され江戸追放で済んでいる(第2冊390頁・古類集732号)。また天保9年(1838)御渡、長崎本博多町の古着屋永之助手代・松次が、衣類・帯などを取り逃げした事例でも、請人からの弁償・主人からの助命願いがあり「長崎ニ不罷在候様」申渡された(第13冊222頁・天保類集621)。しかし寛政3年(1791)御渡、大坂で定飛脚を営む津国屋重右衛門の下で雇用されていた次助が、手形入りの封状1通を拾い取って開封、中にあった手形を使って金160両あまりを横領したという事件で、主人重右衛門は「兼て実体成ものにて、不便ニ存」、親類らから弁償を受けた上宥恕を願い出たが、この事例は「取逃」にあたらず、証文を用いた「かたり」であるとして、宥免を認めず死罪となり(第2冊169頁・古類集507号)、また寛政7年(1795)御渡、集金した金を、受領できなかった、途中で奪い取られたなどとその都度偽り、総計11両2分・

銭3貫764文あまりを着服した半兵衛は，請人その他身寄りの者から半分を弁償，主人万助からは残金用捨ての上助命が願われたが，「申偽」わった行為の悪性から「右金不残償候とも，赦免願は難立もの」と死罪になっている（第2冊384頁・古類集725号）。さらに文化9年（1812）御渡，京都の事例では，見目奉公先で供に出た際，代金1両以上にあたる薬箱を取り逃げした藤吉が「見目奉公中之儀ニ候とも，全之奉公人と御仕置差別無之」と死罪になった（第5冊531頁・新類集355号）。

大掛かりな不法隠匿・横領が仕組まれるのは，難船に遭った際，または遭ったと称して，船荷を取り込む不正事件で，関与した船頭・上乗，不正に協力して配分を受け取った名主は獄門，荷物を預かった者は死罪となる（御定書下巻38・寛保2年・3年極）。文政7年（1824）御渡，能代から大坂への廻船が難船し陸奥国深浦に引き入れられていた際，その船番・湊番を勤めていた津軽家家臣・葛西得次ら3名は，乗組みの久左衛門・七左衛門らの頼みを受けて積荷隠し揚げに目をつむり，謝礼を受けていたとして死罪となっている（第9冊297頁・続類集997号）。

次に詐欺の事例を見る。御定書（下巻64）では「かたり事之品，対　公儀江候事歟，又は兼而巧候事歟，或は人を誘引申合候もの」は贓物金1両以上で死罪，「当座のかたり」は窃盗に同じく10両以上で死罪（享保8年・延享2年極），また特に巧妙で繰り返されているものは獄門，ないし物を取らずとも死罪（享保20年・寛保3年極）と規定する。

享和3年（1803）御渡，因幡無宿・喜助は，所持の樟脳に火を移し不思議に思わせるなどの細工もし，安産・病気全快などの「にせ祈祷」で諸所で金品を受領，贓物1両以上のかたり事として死罪となった（第5冊338頁・新類集212号）。文政4年（1821）御渡，武州都筑郡恩田村の百姓万右衛門は，博奕に誘い込んだ相手をいかさまで打ち負かし，金銭を仲間と分配して死罪となった。別に御定書には，手目（いかさま）博奕は「遠島」とあるが（下巻55），この事例では，いやがる相手を無体に博奕に加わらせており「巧成かたり」とされた（第7冊325頁・続類集163号）。天保7年（1836）御渡，大坂の事例では，熊野三山富くじ興行に際し不正を企て，あらかじめ錐に刺しておいた札を，不正なく突いた当たり札に見せかけて賞金を取ろうとした由兵衛・金蔵・平蔵，および札取りの監視役でありながら不正に関与した相撲取り・銭亀がいずれも死罪（由兵衛は牢死）となった（第12冊529頁・天保類集472号）。

御定書は，特に「重キ御役人之家来と偽，かたりいたし候もの」は死罪，と規定する（下巻64・寛保2年極）。文化5年（1808）御渡，日光領内で武家の家臣と身分を偽り金銭を詐取していた無宿甚吉が死罪となっている（第5冊398頁・新類集248号）。文化11年（1814）御渡，上州下野田村の一郎右衛門・勇吉・惣八らは，某所で「無尽会」が行われていることを察知し，役人とその手先を装って現場に踏み込み金子を奪おうと計画，にせの御用提灯・十手なども用意して実行，まんまと目的を遂げた。これは役人と偽るかたりに止まらず，徒党押し込み同様の「手強所業」として首謀者の一郎右衛門は獄門，勇吉・惣八も死罪となった（第5冊370頁・新類集233号）。役人やその手先を装う詐欺行為は他にも実例が多く，これらの事件は〈公権力を笠に着た〉不正な利益取得が可能な近世社会の一断面を垣間見させているともいえよう。

(e) 公共の安全の侵害

このカテゴリーには放火（付火）と騒乱（徒党強訴）を中心に約30件を含めてみたが，このうち20件ほどが付火である。火罪（火刑・火焙り）はこの放火犯のみに科される特徴的な執行方法であるが，「火を附候もの，年を越，顕におゐてハ，死罪」（御定書下巻70・延享2年極）という規定もあり，すべての放火犯が火罪となるわけではない。目的は遺恨のため，また火事の混乱に乗じての盗みのため，などが主であるが，文政4年（1821）御渡，芝の火消人足・金次郎と金之助が死罪（金次郎は牢死）とされたのは，消防に出たところすでに下火であったため，張り合いがないというのでわざと継火をした，という事例である（第7冊353頁・続類集186号）。

徒党強訴の首謀者に対する死刑執行については，御仕置例類集には以下のようなものが含まれる。明和7年（1770）御渡，讃岐国塩飽島の「大工騒動」1件で死罪3人（第1冊340頁・古類集233号），安永6年（1777）御渡，近江神崎郡の一揆で獄門2人（ただしうち1人は牢死）・死罪1人（第1冊356頁・古類集236号），天明8年（1788）御渡，播磨印南郡の一揆で獄門1人（第1冊372頁・古類集245号），文政2年（1819）御渡，大和吉野郡の一揆で獄門1人・死罪3人（第7冊269頁・続類集129号），天保5年（1834）御渡，播磨加東郡村々の打ちこわしで獄門1人・死罪1人（第12冊1頁・天保類集244号）。

また，安永3年（1774）御渡，いわゆる飛騨「大原騒動」のうち安永2年の一揆

では，首謀者のうち2人が磔，9人が獄門（うち3人牢死），1人が死罪となったほか（第1冊345頁・古類集234号），神主2人が一揆勢に協力し，強訴成功のための「祈祷」を行ったことにより，ともに磔とされた（第3冊337頁・古類集1393号）。

祈祷行為の処罰とは，現代風にいえば「不能犯」であるが，次のような事例もある。文化7年（1810）御渡のこの事件は，大覚寺と二尊院との争論に際し，大覚寺門跡家来・森田外記が，京都町奉行所の掛奉行らを「調伏」するため，末寺の泉州大鳥郡福田村興源寺住職・妙厳に祈祷をさせたというもので，森田外記は獄門，妙厳は死罪となっている（第6冊267/277頁・新類集823/829号）。

(f) 公共の信用の侵害

このカテゴリーでは，文書偽造（御定書下巻62），通貨偽造（御定書下巻67）のほか，毒薬・にせ薬販売（御定書下巻66），にせ秤・にせ枡製造（御定書下巻68）が死刑となる。しかし別に「似セ薬種致商売候ものハ死罪，其外之似セもの，人命ニかゝらさる儀ハ，咎メ軽キ事」および「升秤私ニ造り候共，軽重大小，本様ニ無相違は，他ノ損失無之故，其咎メ軽キ事」ともあり（御定書下巻100），にせ秤・にせ枡製造による処罰例は御仕置例類集中にはない。その他のものについてはそれぞれ実例があり，合わせて30件程度をこのカテゴリーに含めてみた。

文書偽造の例としては，寛政5年（1793）御渡，大坂北久太郎町居住の武兵衛は，宛名のない貸銀証文に自己の名を書き入れ，相手方の印を勝手に押してこれを証拠として奉行所へ出訴し，謀書謀判として引廻しの上獄門となった（第2冊96頁・古類集451号）。また天保元年（1830）御渡，河内国丹北郡三宅村の栄蔵は，奉公先で金銀取引に使われていた印をひそかに白紙に押して置き，与次右衛門の助けを借りてこれを手形に仕立て77両あまりの大金を騙し取ったというもので，栄蔵は引廻しの上獄門，与次右衛門も死罪となった（第12冊298頁・天保類集355号）。

次に通貨偽造の例では，寛政8年（1796）御渡，百人組同心竹内七右衛門の甥でその厄介になっていた浪人・竹内政右衛門は，夜分込合いの時分を見計らい商人家にて贋南鐐銀を何度も使い，引廻しの上獄門となった（第3冊460頁・古類集1482号）。天保9年（1838）御渡，遠州無宿・八蔵は贋二朱銀取り替えに荷担，480枚受け取り，遊興酒食の代に使って引廻しの上磔となった（第12冊435頁・天保類集431号）。にせ薬による処罰例では，享和3年（1803）御渡，兵庫の菊屋

II　社会と死刑

吉右衛門と善兵衛が安値の水牛角を高価な烏犀角と薬銘を偽って販売し，ともに引廻しの上死罪（第 5 冊 372 頁・新類集 234 号），文化元年（1804）御渡，やはり下値の薬を高値の薬に偽った香具師次郎兵衛ほか 3 人がいずれも引廻しの上死罪（第 5 冊 373 頁・新類集 235 号）となった事例があるが，手の込んだものでは，文化 2 年御渡，江戸の町医師福富文喬は「朝鮮朝顔之実を給候得は，乱心体ニ成，毒消を相用候得は，早速全快いたし候由」を利用し，佐助と共謀，佐助の元主人の倅にまず朝鮮朝顔の実の丸薬を飲ませ，発作の様子に周囲の驚くところ，文喬所持の毒消薬を高値に売り付けようとしたとして，獄門となっている（第 5 冊 376 頁・新類集 237 号）。

(g) 性道徳秩序の侵害

　このカテゴリーに含めたのは，密通，強姦，相対死生き残り，などであるが，全体として 10 件ほどしか抽出できない。ただしこのカテゴリーの犯罪は現在以上に暗数（公的機関に認知されない犯罪件数）が大きかったはずである。ここでは密通未遂の処罰例を 1 つ挙げる。寛政 7 年（1795）御渡，大坂天満の河内屋武兵衛の下人・新助は，武兵衛女房かめから艶書を渡され，向後差越は無用にと返書を認めたが，主人に知られたため，かめは自殺，新助は密会の事実はなかったけれども，互いに心を懸け合い両三度話をしたことはあり「死刑は遁れ難きもの」として，死罪となった（第 4 冊 239 頁・古類集 1902 号）。主従関係の論理が貫徹されたことによる，悲劇的というべき処罰例であろう。

(h) 治安維持のための公権力の行使に対する侵害

　30 件程度をこのカテゴリーに含めた。直ちに死刑となる遠島からの脱走者（島抜け，「於其嶋，死罪」御定書下巻 84，寛保 2 年極）や，佐渡水替人足の，逃亡中の盗みや捕縛者への抵抗行為によって加重されての死刑をまずこのカテゴリーに含めたが，ただし，牢抜けや追放者の御構え場所への「立ち返り悪事」の加重の結果として死刑になっている者は，加重されるもとの犯罪の性質に基づいてすでに前のカテゴリーに含めてある。

　ほかに，誣告に対する処罰例がある。安永 9 年（1780）御渡，長崎の清水寺先住の弟子・大安は，当住・昭賢への遺恨から，昭賢の女犯破戒について不実の告発をし，死罪となった（第 3 冊 442 頁・古類集 1465 頁）。また寛政 3 年（1791）御渡，

大坂長町居住の願人仲間組頭・松本坊文光は，親分の恵光坊と対立し，その不行跡を讒訴したとして死罪となっている（第3冊564頁・古類集1594号）。文化6年（1809）御渡，佐渡水替人足の鉄之助は，護送の途上に脱走を試み，岡引の多七に捕らえられ，その際十手で強打されたことをも遺恨に含み，多七を陥れようと，多七が不当に金品を着服したとの不実の申し立てをして死罪となった（第5冊401頁・新類集252号）。天保4年（1833）御渡，伊東清十郎は，かつて久世伊勢守に奉公中，暇を出されたのは朋輩に讒言されたためと遺恨を抱き，これらの者や伊勢守自身に不正の事実があるとの偽名の告発状を差し出し，また評定所にも箱訴し，磔となった（第15冊92頁・天保類集1263号）。

(4) 御仕置例類集の刑死者たち ── 社会的背景

〈刑死者の社会史〉を完成するためには ── 特にイギリスの社会史研究の成果を参照するにつけ ── 彼らの社会的背景，その生活環境や個人史的データなどの分析に是非とも力を注いでみたいところであるが，この点で御仕置例類集はよい史料とはいえない。収録された御仕置例の記述のうちには，当の犯罪者個人についてほとんど情報を与えてくれないものも多い。したがって御仕置例類集のみを用いての，この方向への探索には限界があるのだが，それでも最小限の観察はここに付け加えておきたい。

(x) 武士

江戸期刑事法秩序に身分制度の刻印は明瞭であり，特に武士身分とそれ以外の身分の者とは，刑法適用上あるいは刑事裁判運用上の諸種の差異を持つ。しかしすでに見てきた事例にも含まれていたように，武士の刑死者も少なくない。ただし武士の刑罰としては一般的には切腹があり，しかも実際には，刑事責任を問われる武士は切腹以前に内密に自殺を強要され，表面上は病死したこととして家の断絶を避ける措置がとられていたとも指摘されている（山本博文『切腹』光文社，2003年，85頁以下）。御仕置例類集に登場するのは，切腹という〈名誉の死〉に値しない，廉恥を破る性質の罪を犯した武士たちの非行事例であり，ここではそれらを若干取り上げておきたい。

典型例は職務上の不正行為であろう。享和元年（1801）御渡，奈良奉行組同心・

小野郡左衛門は，前科者の茂七と懇意になり，博奕催しの取締りを見逃す見返りとして金15両の提供を受け，死罪となっている（第3冊470頁・古類集1492号）。

一方，盗みのようなありふれた犯罪に手を染める武士も珍しくない。寛政9年（1797）御渡，御鷹匠同心・北原斧蔵は，朋輩と酒に酔って染井村付近を歩行中，鉢植類を抜き取り盗むことを思い付き13本持ち帰り，その売り払い代金は10両以上と見積もられ，死罪となった（第3冊489頁・古類集1512号）。文政11年（1828）御渡，千人同心・東安五郎は日光に在番中，借財に苦しみ，懇意にしている後家みと宅から衣類ほか15点を盗み出して死罪となった（第15冊122頁・天保類集1277号）。

このような犯罪行為は，下級武士層の経済的困窮という背景を踏まえれば起こるべくして起こるものである。ここから投げかけられてくる問題は，統治者・被治者の〈身分〉の分断線と有産者・無産者の〈財産〉の分断線のいずれが，近世後期の犯罪行為の性質をより多く特徴付けているといえるか，あるいは両者の連接の如何ということであろうが，ひとまずここでは将来の課題としたい。確認しておきたいのは，統治者としての武士身分は〈転落〉の可能性も多く含むものであったことで，例えば，寛政4年（1792）御渡，水茶屋・旅籠屋渡世を営むうち，養女に貰い受けた娘を四谷内藤新宿で飯売女にし，都合17両を取得して「人を勾引候もの」として死罪となった近藤甚左衛門は，旗本石川半左衛門の弟で，出奔した者であった（第3冊432頁・古類集1458号）。また文政8年（1825）御渡，元小普請組つまり無役の御家人で隠居後，改名し店借となって町人として暮らしていた本目盛兵衛は，遊女奉公の請人として受け取った給金を横領・詐取し獄門となっている（第9冊331頁・続類集1015号）。

やはり明治期の黙阿弥の手による脚色で著名となったが，文政年間に実在し，ゆすりを常習とした河内山宗春（宗俊）一党（御仕置例類集では第9冊364頁・続類集1036号等に関連記事）の例でも知られるように，御家人層の生活環境のうちには，常習的な非行集団の胚胎を促す要素も存在したことは否定できない。天保元年（1830）御渡，小普請組つまり無役の御家人である河口善吉は，夜分，市谷寿松院門前で通行人より金品を奪う追剥を働き，獄門となっている（第15冊127頁・天保類集1281号）。これらの人々はもはや，次に見るようないわゆる〈アウトロー〉の存在と，ごく近接した生活環境の下にあったように思われる。

(y) 無宿と都市下層民

御仕置例類集では圧倒的な数の犯罪者が，その属性を「無宿」と記述されている。ただしこのカテゴリーはごく曖昧で，捕縛されたときには何らかの「身分」があったが，身内の者が連累を恐れて帳外れにしたため，刑の言い渡し時では「当時無宿」となっている者も多く，阿部昭の研究でも指摘されているように，その外延を一義的に確定することは困難であるし，またその社会的性格を考える上でも必ずしも有益ではない（阿部昭『江戸のアウトロー』講談社，1999年）。

一方では，とりわけ近代以後の大衆文化の中で再生産され続けたいわゆる〈無宿〉イメージに合致する存在も，もちろん数多く見出すことができる。例えば，寛政11年（1799）御渡，もと近江国蒲生郡の百姓の倅であった友蔵は，飛騨高山で盗みにより入墨の上敲，駿府でも盗みで入墨の上府中そのほか追払い，などの処分を受けた後は「無宿之身分ニて脇差を帯，在々所々歩行」，他の無宿・盗賊共と申し合い，町家・百姓家へ忍び入り，盗みを繰り返して死罪となった（第4冊376頁・古類集2045号）。文政2年（1819）御渡，元相撲取りの平内は諸所をめぐるうち，上総国本納村で百姓家の養子になったが，近在の百姓娘ゑつに執心，娘の母に断られ他に縁付いたのを心外に思い，ゑつを奪い取るべく仲間を集め，抜刀を手に押し入るという騒ぎをひき起こして以後は無宿となり，博奕の筒取貸元を渡世としたが，対立する無宿・常次郎殺害の差図をして下手人となった（第8冊389頁・続類集602号）。あるいは，文化13年（1816）御渡，遠州三方ケ原で，博奕をめぐる対立から無宿・平蔵と互いに人数を集め鉄砲をうち合い，あるいはまた平蔵と人違いで殺人事件も起こして死罪となった辰五郎（第7冊259頁・続類集126号），天保元年（1830）御渡，「無宿之身分ニて脇差を帯，鉄砲所持いたし，所所博奕場ニて金子ねたり取，……無宿兵四郎同様之所業いたし，妨に成候迎，脇差ニて切殺し，同仙蔵をも遺恨有之切殺し，……兵四郎子分之もの共尋候由承り，大勢ニ被取囲候節，打放候心得ニて短筒鉄炮え玉薬を込，懐え入所持いたし，立廻り」を演じ，駿府で引廻しの上獄門となった信州無宿の十吉（第14冊102頁・天保類集896号）など，俠客と呼ぶべき典型的な〈アウトロー〉の抽出を試みれば，枚挙に暇はない。

しかし近世後期の無宿について，これらのみを突出した社会的集団として把握するのではなく，それに隣接する社会階層と関係付けて検討する視点が必要である。例えば，近世都市社会史研究の発展によって初めて照明をあてられるように

なった「日用取り」など，流動的な都市下層民・雑業層の存在は「無宿」発生メカニズムの基層部分として見逃すことができない。とりわけ，「人宿」を介して足軽・中間・小者など武家奉公人として供給される層は，御仕置例類集の刑死者のうち特徴的な部分を占める。これらの武家奉公人の盗み・取り逃げ事件は多いが，そのまま出奔すれば，彼らの辿る行程はほぼ間違いなく無宿としてのそれである。実際のところ人宿寄子は，それ自体として犯罪社会への転入の，すでに境界線上にある存在に思われる。文政4年（1821）御渡，往来の車へわざと突きあたり，怪我したと申しかけ金をゆすり取り，死罪となった人宿勘七寄子・甚五郎は，博奕にも手を染めていた（第7冊437頁・続類集240号）。文政5年御渡，人宿直右衛門元寄子の佐助は，給金天引きに不服を持ち，直右衛門の頭を真木割で強打して欠落・逃走したもので，直右衛門は疵口破傷風のため死去しており，捕らわれた佐助は下手人となった（第8冊416頁・続類集617号）。人宿のシステムそのものが，アウトロー集団一般と通底する，暴力的搾取の構造をも含みこんでいたことはすでに指摘がある。

(z) 女性

最後に刑死者の中から女性を抽出しておこう。特定の法秩序におけるジェンダーの機能を測定することはこれ自体もちろん重大な課題であるが，差しあたって死刑との関連で確認しておくべきことは，女性に対する死刑執行は圧倒的に少ないこと，そしてこれは近世日本に限ったことではなく，ほぼ全世界的に普遍的な現象であること，である[26]。

御仕置例類集から抽出した刑死者734人のうち，女性はわずか9人（磔1・獄門2・火罪2・死罪4）のみである。以下にすべてのケースを挙げよう。

寛政2年（1790）御渡，無宿りんは，盗みの前科で大坂三郷払の身でありながら立ち戻り，再び町家で盗みを働き死罪となった（第4冊130頁・古類集1759号）。

寛政8年（1796）御渡，出羽国田川郡の無高百姓重右衛門姉のいねは，近在の

---

[26] 原理的考察としては，三成美保『ジェンダーの法史学　近代ドイツの家族とセクシュアリティ』（勁草書房，2005年），また三成美保編『ジェンダーの比較法史学』（大阪大学出版会，2006年）は，近世日本の刑事裁判記録を素材とした分析，曽根ひろみ「近世日本の刑事法制とジェンダー」を含む。女性と死刑との関連について，Camille Naish, *Death comes to the maiden: sex and execution, 1431-1933*, Routledge, 1991 を参照。

百姓家各所で，場合によっては囲いを破り忍び入り，盗みを働き死罪となった（第 4 冊 132 頁・古類集 1761 号）。

享和元年（1801）御渡，ふし野は，夫・山口利右衛門とともに武家方奉公をしていたが，夫のため主人方の衣類などを盗み取った上，吟味の目をそらすために屋敷に付火をし，町中引廻し之上火罪となった（第 4 冊 133 頁・古類集 1762 号）。

文化 3 年（1806）御渡，武蔵国橘樹郡の百姓勘五郎女房とらは，勘五郎と夫婦になった後，百姓藤左衛門・すま方の夫婦養子となったが，勘五郎の行状を見て藤左衛門が百姓株譲渡に難色を示すに及び，勘五郎と申し合わせ，藤左衛門夫婦に虐待を加えて居座り続け，死罪となった（第 6 冊 453 頁・新類集 994 号）。なお，夫の勘五郎は磔である（第 6 冊 714 頁・新類集 1197 号）。

文政 3 年（1820）御渡，武蔵国多摩郡の修験常福院女房まつは，夫の法類たる道仙と密通し，道仙の夫殺害に際し，事前に同意はしなかったが，事後に発覚を防ぐため頓死を装うなど道仙に協力し，引廻し之上獄門となった（第 10 冊 64 頁・続類集 1228 号）。

文政 6 年（1823）御渡，相模国高座郡の医師隆泉娘いわは，文五郎方へ縁付いたが，義理の娘との折り合いが悪く，実家に戻されたままとなったのを遺恨に思い，文五郎方に付火して家屋を焼き払い，町中引廻し之上火罪となった（第 10 冊 22 頁・続類集 1192 号）。

文政 11 年（1828）御渡，大坂で磔となった豊田みつきの事件は，いわゆる「京阪切支丹一件」として著名なものである[27]。この事件では大坂三郷町中引廻之上磔となったみつきのほか，伊勢屋勘蔵女房ときが死罪，また牢死したきぬ・さのの 2 人が，塩詰死骸を大坂三郷町中引廻之上磔となっている（このほか，男性は 1 人が磔，2 人が牢死し塩詰死骸を磔，第 12 冊 161 頁・天保類集 296 号）。

天保 5 年（1834）御渡，(3)(a) に既出の，中間源蔵が寄合戸田平左衛門を殺害した事件で，源蔵の密通相手であった主人妾はなは，この殺人事件そのものが「畢竟此もの源蔵と密通いたし候より事起，……不届至極ニ付」という理由で，密通処罰としては異例の獄門となっている（第 16 冊 77 頁・天保類集 1627 号）。

さて，女性の刑死者の絶対的な少なさをどのように解釈すべきか。一般的には

---

[27] 最近の文献としては，大橋幸泰「文政期京阪「切支丹」考」（『日本歴史』664 号，2003 年）。

次の2つの解答，すなわち，①法執行者の持つ一定のジェンダー意識の結果として，法適用において女性の宥免が構造化されていること，②女性の社会的活動範囲が限定され，一般的な犯罪機会から遠ざけられているために，死刑に該当する重大犯罪に関わる可能性が低いこと，が知られている。近世日本の状況も基本的には以上の組み合わせで説明できようが，抽出した処刑例はその陰画というべきもので，特に，とら・まつ・はなのケースは，男性犯罪者の従犯というべき立場でありながら，「家」秩序の維持者としての期待される女性像から逸脱していることが，宥免の発動を阻害している，と読み解くことができよう。

(5) 刑死者の偶像化

〈儀礼としての死刑〉の考察の中で見てきたように，洋の東西を問わず，死刑は民衆の想像力を強く刺激する。そのため死刑というページェントの主役である刑死者たちについては，しばしば民衆文化の中での偶像化という現象が発生する。

こうした現象と結びついたものとして，近世のヨーロッパでは死刑執行に際し，受刑者の経歴や犯罪の詳細を記した読み物が印刷され，販売される伝統が出来上がっていた。本来，善良なる観衆への教訓とするために死刑台上で語られていた受刑者の悪行の描写が，今日いうところの犯罪ロマンへの民衆の嗜好を満たすものとして成長したのである。ただし，過度の煽情性や，また受刑者への共感が公権力への反感に転化することへの警戒から，それらの内容は厳格に検閲されていることが一般であった。シュピーレンブルクは18世紀から19世紀前半にアムステルダムで発行されたこれらの刷り物を紹介しているが（Spierenburg；1984, pp. 58-59），それらのうちには韻文の形式で書かれ，メロディーを付けて歌われるものもあった。ドイツでは，こうして生まれたバラッドが「モリターテン」(Moritaten) と呼ばれる歌謡・文芸ジャンルを形成した。なお，これらの読み物では，受刑者自身が最後に語ったものとされる「死刑台上での言葉」(Gallows Speech) がしばしば重要な内容をなすが，多くの場合，その内容は形式的でステレオタイプ化している。それは，死刑囚には最後の瞬間まで恩赦の可能性があり，改悛の情を示して模範的態度をとっておくことがその可能性を保持する手段と観念されていたことにもよるが，また多くの場合は単に読み物作者が代作していたことにもよると見られる。

こうした刑死者の民衆的偶像化に関連して、まずいわゆる「義賊」をめぐる問題を瞥見しておこう。ホブズボームの一連の「社会派盗賊」論を受けて、日本では南塚信吾が広やかな議論を展開している[28]。南塚は世界システム論を援用しながら、近代移行期において、世界システムの「準周辺」や「周辺」では一定の実態を伴った義賊の英雄たちが登場するが、中央集権的な国家の凝集力が強化されていった「中核」では、現実の義賊は存在の余地がなく、そのためにかえって義賊イメージの洗練が進んだ、と考察し、このような〈イメージとしての義賊〉しか存立の余地のなかった地域として、イギリスと日本を例に挙げている。

以上は極めて興味深い洞察であるが、ただしここでは、民衆的ヒーロー・ヒロインとしての犯罪者を考える上では、義賊論は限定された部分に止まることに注意を促しておきたい。ホブズボームは近代民衆運動の起源として、民衆のモラルを体現する〈正義の盗賊〉の系譜を考えた。しかし近代移行期の社会の民衆が喝采を送ったのは、実はこのような種類の人々ばかりではない。

18世紀、スコットランドで民衆的ヒーロー、ロブ・ロイ（Rob Roy）ことロバート・ロイ・マッグレガー（Robert Roy Macgregor, 1671〜1734）が活躍していたのと同時期、ロンドン郊外では、イギリス史上、実在する最も著名なアウトロー、ディック・ターピン（Dick Turpin, 1705〜39）が活躍しているが、すでに彼の「義賊」としての実績は疑わしい。そしてさらにロンドン都市内部に向かうと、そこでは刑死者偶像化の黄金時代ともいうべき事態が現出していた。例えば、奇跡的というべきニューゲート監獄からの3度の脱獄で民衆の喝采を博したジャック・シェパード（Jack Sheppard, 1702〜1724）、その敵役でもある犯罪王ジョナサン・ワイルド（Jonathan Wild, 1683〜1725）、そしてこの2人の関係に着想を得て書かれたジョン・ゲイのベガーズ・オペラ（The Beggar's Opera）の中に、登場人物として配されるジェニー・ダイヴァー（Jenny Diver）ことメアリー・ヤング（Mary Young, 1700〜41）など、無数の読み物やバラッドが献呈された絞首台上のヒーロー・ヒロインたちの活躍する時代である。彼らに義賊の要素は微塵もなく、しかし民衆は、

---

28) Eric J. Hobsbawm, *Bandits*, Weidenfeld and Nicolson, 1969（ホブズボーム、斎藤三郎訳『匪賊の社会史』、みすず書房、1972年）、南塚信吾『アウトローの社会史』（NHKブックス、1999年）。なおドイツ社会史からの業績では、Uwe Danker, *Die Geschichte der Räuber und Gauner*, Artemis & Winkler Verlag, 2001（ダンカー、藤川芳郎訳『盗賊の社会史』、法政大学出版局、2005年）。

もはや〈moral — immoral〉の評価軸とは関わりなく，〈amoral〉な彼らの活劇とその刑死の運命のストーリーに熱中した。

　近世日本にも，浄瑠璃・歌舞伎あるいは講談などの大衆文化の中で主役を演じ，大衆的記憶の中に固定されていった刑死者たちの系譜があることは周知のとおりだが，これとは別に，まず「義民伝承」の系譜の存在に注意を払っておきたい。刑死した百姓一揆（強訴・越訴）指導者の偶像化の伝統は，一揆研究との関連でもよく知られているとおりである[29]。ただしその大衆的次元での受容は実際にはかなり遅く，嘉永4年（1851）の「東山桜荘子」上演がその画期であり，小室信夫の『東洋民権百家伝』（1883, 1884年）など明治の自由民権運動の文脈で脚光を浴びるまでは，近世支配体制への正面からの抵抗者の受難物語が，同時代の大衆文化の主題たることは基本的には許されていなかった。義民は義賊ではないが，おそらくホブズボームが注目する〈抵抗〉のモメントに最も機能的に対応するのは，日本においてはこの系譜であろう。

　一方，大衆文化の中での受容・脚色では，石川五右衛門，八百屋お七，平井権八，浜島庄兵衛（日本左衛門）といった人々が，少なくとも近世中期にはすでにポピュラリティを獲得していた。彼らに関する物語は，〈悪〉を〈悪〉と描く公式の下で公権力への従順を表示しておけば，表現形式として問題とされることは少なかった。しかも彼らの人気は，〈抵抗〉や権力に対峙する民衆の〈モラル〉の図式によって測り得るものというよりも，純粋に〈amoral〉な次元で，ある種の情熱に憑かれた人々が示す，因襲への挑戦的行動への共感にあったというべきである。

　19世紀に入っていよいよ，鼠小僧次郎吉，国定忠治といったスターたちが登場し，義賊イメージが重ね合わされて，近代の大衆文化に受け継がれることになる。しかし三田村鳶魚らの考証が早くから力点を置いて示していたように，実像としての鼠小僧はとうてい義賊の名には値しない卑小な盗犯である（ただしもっぱら打算的意図からとはいえ，大名屋敷ばかりを狙い，人身への危害行為を避けたその犯行が，結果的に民衆の共感を呼ぶ要素を備えていたというべきである）。近世日本に実態としての義賊は存在の余地がなかった，という観察はおそらく正しいのだが，ただし彼らのイメージを受容する初期近代社会の人々も，義賊としての客観

---

29) 横山十四男『義民伝承の研究』（三一書房，1985年），保坂智『百姓一揆と義民の研究』（吉川弘文館，2006年）等を参照。

的実在へ多くの期待をしていたとはいえないのではないか。近世末期そして近代初期日本の犯罪物語の1つの到達点というべきものとして，河竹黙阿弥の「白浪物」を挙げることができよう。これらの作品を貫く主題は，18世紀イギリスの都市犯罪文芸と同様，自己の欲望の追求のためには社会的逸脱をも辞さない，犯罪者たちの〈個〉の解放の物語であり，これらにあえて〈抵抗〉の物語のみを読み込もうとすることは，かえって近代化の文化史的文脈の本質を見失うというべきであろう。

　明治期には，新聞というメディアの出現・許容と相まって，民衆的ヒーロー・ヒロインとされる刑死者の伝統は更新・強化される。明治12年（1879）に斬首刑となる高橋お伝こそは，この更新された伝統の下で民衆的想像力をまさに起爆させるスターとなるべき存在であった[30]。

3 ◆ 文明化と死刑

(1) 近代刑事制度改革の波

　刑事制度の近代化は〈啓蒙〉の文脈の中で語られ，死刑制度も近代啓蒙の中で批判的視線に照射されることになる。ただし，この〈啓蒙〉の性格付けについて，ミシェル・フーコー以後の歴史記述は著しく両義的たらざるを得ない。

　フーコーの『監獄の誕生』（Michel Foucault, *Surveiller et punir — naissance de la prison*, 1975年）は，前近代と近代の刑事制度の特徴を，それぞれ残虐な処刑と合理的に設計された監獄制度とに代表させ，その対比の中に，人道主義的〈進歩〉ではなく，統治技術の型の転換を見出した。つまり前近代における見世物的な処刑は非効率な法執行の代償物として必要だったのであり，近代の統治技術の精緻化は，こうした派手な処刑パフォーマンスに代えて，個人の内面にまで入り込む訓育への関心を中心とするようになる。すなわち，18世紀に始まる刑事制度改革の波は，〈より少なく処罰する〉ためにではなく，〈よりよく（より効率的に）処罰する〉ための

---

[30] 『日本近代思想大系16　文体』（岩波書店，1989年），301-325頁，前田愛「高橋お伝と絹の道」（『前田愛著作集第四巻　幻影の明治』，筑摩書房，1989年）所収，などを参照。

社会工学的考慮に支えられていた，というのである。

　実際，チェザーレ・ベッカリーア（Cesare Bonesana Marchese di Beccaria, 1738〜1794）に始まる近代啓蒙の死刑反対論は，人道主義以上に，犯罪抑止目的における死刑の効率性を疑問視する功利主義的観点に常に力点を置いていた。しかし，フーコーの観察自体を決して誤りとは考えないが，この時代の改革潮流に，人道主義の要素を全く見出そうとしないことは，歴史記述としてはやはり公正を欠くであろう。この問題を考える上で示唆的なのは，奴隷制をめぐる議論との対比である。奴隷制も18世紀から19世紀にかけて世界的に廃止の流れに向かい，特に19世紀の死刑廃止論は奴隷制廃止論としばしば手を携えていた[31]。ここでも，人道主義の勝利としてのみ語られてきた奴隷制廃止は，エリック・ウィリアムズによるラディカルな再解釈以後，強制された労働よりも自発性に基づく労働のほうが経済効率が高いという認識，つまり〈よりよく労働させる〉ための経済合理的配慮によって推進力を与えられていたことが承認されるようになっている。まさしく人道主義と功利主義とは，近代社会形成の車の両輪であった。

　なおここで，人道主義と呼ばれるものをさらに敷衍して観察するならば，その中核的意義を，ノルベルト・エリアスが把握する，他人の身体的〈苦痛〉に対する想像力・共感力の増大として措定できる。奴隷制廃止論はここでもその問題関心を共有するが，刑事制度改革の文脈では特に，拷問の廃止と，そのための刑事裁判手続の近代化が，刑罰制度の改革と平行して進展した[32]。さらに死刑制度改革では各国で順次，執行方法の人道化＝苦痛の緩和化をもたらしていった。また，かつては教育目的から一般聴衆，場合によっては未成年者の参加までが推奨されて実施されていた公開処刑は，否定的に捉えられるようになった。絞首刑の見物に集まる群衆の姿に眉を顰めるチャールズ・ディケンズは，確かにこの時代の良識の代表者であったし[33]，ましてエリート層の目には，処刑パフォーマンスの喧

---

[31] このことが最も鮮明に表出されたのは19世紀前半のアメリカであり，死刑制度廃止＝奴隷制廃止の北部世論に対し，南部は奴隷反乱を封じるために必要であるという論理から死刑存置を固守する立場に立たされていた。Masur (1989)，Banner (2002) 等参照。

[32] 拷問の廃止については，プロイセンで1754年，オーストリア・ボヘミアで1776年，フランスで1780〜1788年，オランダで1795〜1798年に漸次実現した。

[33] Philip Collins, *Dickens and crime*, Macmillan, 1962，および，Gatrell (1994)，参照。

騒は唾棄すべき野蛮な因習としてのみ映るようになったのである。

　こうして19世紀後半にはヨーロッパで，また北米の多くの地域で，死刑執行は人目に触れない，閉ざされた空間の中に移動した。また処刑後の死体の展示も避けられるようになり，イギリスでは1838年に行われたのが最後の死体展示（Gibbet）となり，1868年に公開処刑が廃止される。活躍の舞台を失った伝統的家職としての刑吏の多くは職を離れていった。ただし死刑制度が存置されている間は欧州各国で，今や希少な名士となった死刑執行人たちが職を継承し続けた。

　なお，18, 19世紀の欧米で連鎖的に生じていった刑事制度改革の波の中で，イギリスはきわだって動きの鈍かった地域であった。そのため19世紀前半のイギリスの刑法典は，同時代の諸国の刑法典に比して突出して死刑の規定が多く，「血なまぐさい法典」"Bloody Code"の悪名を轟かせた。この事態についての基本的説明は，刑法人道化の代償物としての，警察機構の中央集権化など治安装置強化への警戒が，イギリスにおいては他国よりも強固であった結果である，ということである。こうしたイギリスの状態も1830年代を中心とする改革を契機として解消されていく[34]。

　日本の開国は，このような刑事制度改革の波と符節を合わせていた。このことは，日本の刑事制度の近代化過程に重大な意味を持つ。

(2) 近代日本における死刑

　近代日本における刑事制度改革が「文明化の政治」と呼ぶべきものとの連関の下にあることを見事に解き明かしているのは，D. V. ボツマンの研究である（Botsman, 2005, Chapter5）。

　おそらく18世紀の時点を取り出して，江戸時代の日本の刑罰と，ヨーロッパの刑罰とを比較すれば，その〈残虐さ〉の水準について，実際にはほとんど差異は存在しない。しかし19世紀後半の欧米では，競い合うようにして刑事制度改

---

34) Clive Emsley, *Crime and Society in England 1750–1900*, Longman, 1987, David Taylor, *Crime, policing and punishment in England, 1750–1914*, Macmillan, 1998, Norman Landau ed. *Law, Crime and English society 1660–1830*, Cambridge University Press, 2002, Andrew T. Harris, *Policing the City —Crime and Legal Authority in London, 1780–1840*, The Ohio University Press, 2004, 等を参照。

革の成果を誇示する,いわば「文明化の政治」が展開していた。この時代に日本に姿を現した欧米人たちは, —— 近世初期の日本におけるキリスト教徒への陰惨な弾圧の記憶を重要な根拠として —— 日本の風土のアジア的〈野蛮〉を前提とする認識枠組の持ち主であり,これに対し明治日本は,彼らの評価基準の下で自らの〈文明性〉を演出しなければならない立場にはじめから置かれていた。残虐な刑罰の存在は,欧米人が日本を文明から劣後した存在として取り扱うことに正当化事由を提供してしまうことになる[35]。しかもこの問題連関に重大な影響を及ぼしたのが領事裁判権である。領事裁判権の存在理由は,欧米人にとって何よりも,文明諸国民が,オリエント諸国家の野蛮な刑事制度の下で不当な扱いにさらされる危険をなくすことにあった。したがって刑事制度の〈文明化〉は,明治の日本が何よりも優先して取り組まなければならない国家的課題として直ちに浮上したのである[36]。ボツマンの研究は的確に,この点においてこそ,欧米で進行した刑事制度改革と,明治日本でのそれとが決定的にその位相を異にすることを指摘する[37]。

王政復古直後の明治政府は慶応4年(1868)2月の「堺事件」において,この「文明化」の政治のジレンマに直面している[38]。この事件において,フランス水兵を殺傷した土佐藩士を処分することは,明治日本が外国人に対する野蛮なテロリズ

---

[35] 日本が「文明化の政治」に直面していたことをよく表すもう1つの事態として,やはり奴隷制の問題を例とし得る。すなわち,マリア・ルス号事件における明治政府の対応は,実質的奴隷取引である苦力貿易を人道主義の名の下に断罪することによって,自らを文明の高みに置こうとする意図にこそ支えられていたといえる。

[36] なお,西欧の〈文明化〉された刑罰・死刑制度に関する知識吸収は幕末においてすでに始まっている。魏源の『海国図誌』はそれらの知識吸収源の1つで,同書中では,アメリカ人宣教師ブリッジマンの情報提供をもとに,当時のアメリカの刑事制度の先進性・人道性を賞賛する記述がなされていた。この記述にヒントを得て吉田松陰が,長州藩の野山獄中において獄制改革案を考案したエピソードもよく知られている。Botsman (2005) pp. 119–126.

[37] なお,以上のような文明化の位相について,日本と共通点を持つ,近代中国における監獄の誕生については,Frank Dikötter, Crime, *Punishment and the Prison in Modern China*, C. Hurst & Co. 2002 を参照。

[38] 文献として,田中時彦「備前・土佐藩兵発砲事件」(我妻栄他編『日本政治裁判史録 明治・前』,第一法規,1968年)のほか,尾形仭『鷗外の歴史小説』(岩波書店,2002年)所収の論考「堺事件 —— もう一つの構図」が興味深い。

ムを容認しないことを国際社会に示すために不可欠であった。しかしその方法として，彼らに名誉の死としての切腹を行わせたことは，欧米の観察者に日本の刑事制度の残虐性を確信させる結果となったのである。当然のことながら，欧米人に奇異の目で見られ，日本の特色ある風俗として喧伝流布されたハラキリは，すぐに国家の制度としては姿を消す。切腹を刑罰として行うことは，一般に，明治3年(1870)9月の徳島藩「稲田騒動」(庚午事変)における新居水竹ら10名が最後の事例として知られている[39]。

明治日本の行刑制度改革の責任者となったのが，小原重哉(1834～1902)であり，その活動については手塚豊による研究が明らかにしている(手塚豊『明治刑法史の研究』上巻，慶應義塾大学出版会，1984年)。小原は，香港とシンガポールのイギリス行刑制度を視察し，その知識をもとに，監獄改革と処刑方法の改革の中心人物となった。監獄制度についてはここでは措き，死刑執行方法についての小原の貢献に，絞首台の〈発明〉ないし〈改良〉がある。

明治3年12月頒布の「新律綱領」(なお，それに先だち「仮刑律」)は，死刑執行方法として古代律令以来の「絞」を復活させ，その執行器具として「絞柱」を考案した。しかし当初導入されたこの器具は性能が悪く無用の苦痛を刑死者に与えるため，小原が実見し写生しておいた英国式絞架台をモデルに新しい絞架台が試作され，試験の上，明治6年(1873)から実施されることになったのである(明治6年2月20日太政官布告65号「絞罪器械図式」)。改良された器具の特徴は，踏板を開いて落下させる仕組みにあり，以後，この仕組みが現代にまで及ぶ日本の死刑執行方法の基本形態になったことはいうまでもない[40]。従来，斬首刑とされていた犯罪に対する刑罰の多くも絞首刑にとって代わられ，最終的には，斬刑自体が1882年の(旧)刑法施行時には廃止される。既述のように最後の浅右衛門・山田吉亮が退職したのはこの時点である。

絞首刑は監獄の中で執行され，一般的には非公開である。山田吉亮は，明治4年(1871)9月29日に「夜嵐おきぬ」こと原田きぬを斬首したとき，小塚原で公衆

---

39) ただし，この事件で刑部省が徳島藩知事へ下した指令では10名とも「斬罪」であり，切腹が許された経緯は必ずしも明らかではない。後考を俟ちたい。一方，明治4年(1871)，反政府謀議を主導したとして公家の愛宕通旭と外山光輔が「梟首の処，特命をもって自尽」を命ぜられた事件では，同年12月3日の執行の際，彼らの自死が切腹の作法に則って行われた証跡はないようである。

の面前で行ったと回想しているが（篠田鉱造『明治百話』上，岩波書店，1996年，31頁），公開処刑の実施自体もすぐに途絶え，梟示も明治12年（1879）には廃止された。

　以上のような経過の中に，死刑執行自体の〈人道化〉を目指した明治政府の意図が存在したことは明らかであろうが，しかしここで，絞首刑の導入が斬首刑よりも人道的だったのだろうか，という問いを立ててみると，筆者個人としてはほとんど途方に暮れる結果に陥る。もちろん死刑存置論の枠の中でいえば，最も残酷でない，あるいは最も苦痛の少ない執行方法の開発は人道主義的改革の真剣なテーマだったのであり，ギロチンの発明，電気処刑や薬物処刑の導入はすべてこうした人道主義的配慮の産物であった。ガス室もそうである。ガス室は，アウシュビッツで用いられる以前に，アメリカのネヴァダ州で1924年から実施されていた，安楽な処刑を実現するための苦心の発明である。

　死刑執行の人道化に関する，これよりはるかに説得力を持つデータは死刑執行数の推移である。明治政府は明治8年（1875）以降，刑事統計として死刑数を公表している。また明治元年からについては，手塚豊の史料探索によって若干のデータが知られている（手塚豊「明治初年の死刑数」同『明治刑法史の研究』上巻，所収）。これらにより概観してみると，まず全国で年間1000件程度もの死刑が宣告されていたと見られる明治3〜6年（1870〜73）の状態から，1870年代後半になると150件前後に急速に落ち着いてくる。そして全国の死刑執行数は，旧刑法が施行される1880年代には年間80件程度，90年代には50件程度へと逓減する[41]。しかしこの間には，有罪宣告者数中，特に刑法犯（刑法典の犯罪による処罰）自体の数に注目すると，むしろ微増傾向を示しており，この数字の落差を埋めるものが，

---

40) イギリスの絞架台は，18世紀後半から落下式が一般になり，これは落下時の衝撃によって少なくとも刑死者は直ちに意識を失うので苦痛を感ずることが少なく，人道的であるとされていた。ただし不成功に終わった執行の逸話も多く，装置の本格的な改良は，1870年代にロンドンの死刑執行人となったウィリアム・マーウッド（William Marwood, 1820〜1883）の努力による「ロング・ドロップ」方式の確立を待たなければならなかった，とされる。小原重哉がモデルとした絞架台は，まだこの本格的改良以前のタイプであったはずである。

41) なお20世紀に入ると日本での死刑執行は，一時的な増減はあるものの，平均すれば前半は年間40件程度から20件程度にまで緩やかに減少し，1960年代には年間10件程度，1980年代からは10件以下となって推移している。

近代監獄制度であることはもはやいうまでもないことである。明治日本は、フーコーがいうところの新しい統治技術を自らのものとしたのである。

　明治日本における「監獄の誕生」を論じた安丸良夫は、そのプロセスは「およそ明治6年に始まり、10年代後半にはひとまず達成された社会史的大事件だった」とし、フランスと比較して「日本ではほぼ同じ転換が約四半世紀遅れて、より短期間にいっきょに達成された」という（安丸良夫『一揆・監獄・コスモロジー』朝日新聞社、1999年、172、173頁）。ここで付け加えておくならば、この急速な移行への推進力を与えているものは、欧米の経験と類比し得る近代化の内発的な動力に止まらず、非欧米社会としての日本が置かれていた特殊世界史的状況から発する力学が作用していたことを確認すべきであろう。

　こうして近代社会において死刑は、行刑制度における主役の座を監獄に譲り、それ自体としては目立たない位置に退いた。しかしシンボリックな意味で、死刑は行刑制度に対する人々の関心の主役であり続けている。現在の日本で執行される死刑の数は、とるに足りない水準であるが、しかしすでに死刑制度の廃止を自明なものとし、死刑執行を文明からの逸脱として捉える欧州からの視線は、アジア諸国の行刑制度に強い反射を与え続けているのである[42]。21世紀の死刑制度の社会史がどのように展開するかは、異文化間接触が刑罰権を持つ主権国家の枠を超えて展開する現在において、なお多大な注目に値する。

　本章は、近世・近代の日本と欧米とを比較しながら、死刑をめぐる諸相を検討してきた。断片的なトピックの集積に止まった観も否めないが、またこれらの断片の細部にこそ、死刑という事象の深層部を探る手がかりがあると筆者は考える。当初予定していながら踏み込めなかった部分も残っており、筆者としてはまた後日、再びこの主題に取り組む機会を持ちたいと思う。

---

[42] ただし実際のところ、日本の死刑制度論議に最も影響を与えているのは、1972年のファーマン対ジョージア事件最高裁判決（Furman v. Georgia）で死刑廃止に舵を切ったかのように見えながら、1976年のグレッグ対ジョージア事件（Gregg v. Georgia）でゆり戻し、以後、世論の支持を根拠に多くの州で死刑を存置させているアメリカ合衆国における状況であろう。

第8章

周 東 平
Zhou Dong Ping

現代中国の死刑に関する立法および その整備について

緒　言

　死刑は犯罪者の生命を剥奪する最も厳しい刑罰方法であり，その立法の選択方法はこれまで各国の立法者および刑法学者に重視されてきた。1764年にイタリアの刑法学者ベッカリーアが，著書『犯罪と刑罰』[1] で初めて比較・系統立てて死刑の廃止を明確に主張して以来，特に20世紀に入ってからは，死刑を廃止する世論が各地に起こり，死刑廃止運動は怒涛のごとく巻き起こり，不断に高まっていった。現在，世界中で死刑を廃止している国家・地域は，死刑を存続させている国家・地域をすでに越えており，死刑を厳格に制限するか，あるいは完全に廃止することはすでに逆行できない世界の潮流となっている。現代中国ではまだ西洋の国々や日本のような死刑存廃の論争はなく，むしろ死刑を制限するか，拡張するかといった論争に止まっている。現代中国の実際の国情とこれまでの歴史からいえば，現在まだ死刑廃止は尚早で成熟していないのである。死刑存続の前提の下に死刑を厳格に制限することは，中国死刑に関する立法の必須の選択である。死刑に関する法律にその罪名が広範過ぎることや，死刑に関する法律をどのよう

1）［伊］ベッカリーア，チェーザレ［意］切雷薩・貝卡利亜『論犯罪与刑罰』（黄風譯，中国法制出版社，2002年），52-59頁。

に国際人権規約と対応させるか，どのようなやり方で現代中国の死刑制度を完備させるべきかといった問題は，刑法学界と法曹界の深い関心の的となっている。これについてはすでに幾人かの学者による先行研究があり，それらは本研究の礎となった。

　本章はまず中華人民共和国（以下，新中国あるいは現代中国という）の死刑立法を回顧し，次いで現行刑法の中の死刑に対して考察を行い，死刑を厳格に制限せねばならないという主義を堅持すべきであることを詳述する。また死刑の罪名を削減する具体的な提案を行い，さらに中国における死刑制定を完備たらしめる理論根拠や，合理性をもって死刑罪名を設定するその現実的方法，中国の死刑立法の発展趨勢，死刑制度の整備問題などを検討したい。

1 ◆ 現代中国の死刑立法の沿革と現状

　現代中国は，その成立後直ちに刑法典の制定に着手し，幾つかの単行刑法を頒布，一定の数の死刑罪名を規定した。1951 年に頒布・施行した『中華人民共和国の反革命を処罰する条例』は，11 種の反革命罪での死刑を規定している。1951 年政務院が頒布した『国家貨幣の妨害を処罰する暫定条例』と 1952 年に公布・施行された『汚職を処罰する条例』でもやはりともに死刑を規定している。当時の立法の体例には，総則と各則の区別がなく，死刑の条件をめぐっての総則的条款に対して明確な規定を設けてはおらず，死刑においては主に毛沢東の「少殺，慎殺（殺人を少なく，殺人を慎む）」の死刑思想が主たるものであった[2]。建国後，中国は立て続けに重要な法律・法規を立案したが，多くの重要な法律（例えば刑法，民法等）は依然として空白状態であり，社会生活の多くは，主に与党たる共産党の政策に基づいて調整されたのである。「文革」期，中国法制の整備は壊滅的な破壊を受けた。1979 年に至ってようやく『中華人民共和国刑法』が登場し，現代

---

2) 毛沢東は「凡そ殺すべきか殺さないべきかの問題に関わる人は必ず殺すべきではない。もし殺したならば，それは誤りを犯している」。また，「殺人は少なければ少ないほど良い」。「少殺を堅持し，乱殺を厳禁すべきである。多殺乱殺の意見は完全に間違いであることを主張する。」という。『毛沢東選集』第 5 巻（人民出版社，1995 年），38-40 頁を参照。

中国法が本格的に運用される期に入ったといってもよい。

(1) 1979年刑法典の死刑立法

1979年刑法（以下，79刑法と簡称）は新中国が30年間の「無法無天（天理を無みし無法を行う）」後の刑法典で，比較的よく「保留死刑，少殺慎殺」の死刑政策を体現しており，死刑の適用条件・適用対象・執行許可手続・適用範囲等の方面すべてにおいて比較的厳格な制限を設けたのである。

1．適用条件の制限。79刑法第43条は「死刑は罪が重大で悪質極まる犯罪者にのみ適用する」と規定する。ここでの「罪が重大」とは，犯罪行為そのものおよび犯罪後の結果が極めて重大で，社会に与える損失が特に甚大なものを指し，「悪質極まる」とは犯罪者の主観が悪性で身体的危険性が特に大きいことを指す。

2．適用対象の制限。79刑法第44条は「犯罪時18歳に満たない者，および裁判中に懐胎している婦女には死刑を適用しない」と規定する。これは，犯罪時が満18歳に満たない者には原則上死刑が適用されないこと，裁判中懐胎している婦女に対し死刑を絶対に適用しない原則を確立した。しかし同時に，満16歳以上18歳未満の者で，もし犯した罪が特に重い場合は死刑執行猶予2年に処すことができると規定する。その為この規定は実際には未成年者への死刑適用の可能性を残すことになり，未成年者への死刑不適用の問題において中国の刑法が徹底していないことを表している[3]。ほかにもこの規定自体に論理の上で矛盾が存在する。つまり死刑執行猶予が1つの独立した刑の種類としてではなく，死刑の一執行方法であることによって，未成年者への死刑不適用を規定すると同時に，また死刑執行猶予に処すこともできると規定する，そこに自己撞着が生じている。

3．執行許可手続の制限。正確な死刑の適用を保証し，あやまって命を奪うことを防止するため，79刑法第43条第2款は，死刑は法に基づいて最高人民法院が判決を下す以外，すべて最高人民法院に報告して執行許可を得なければならない，と規定している。

4．死刑執行猶予制度の制限。即ち死刑にすべしと判決を下された犯罪者につ

3）胡雲騰『死刑通論』（中国政法大学出版社，1995年），223頁。

いて，もし即座に執行する必要がなければ，死刑判決と同時に執行の2年猶予を宣告できる，と規定する。死刑執行猶予は，中国独特の刑罰執行制度であり，それは重大な刑事犯罪者を厳重に処罰することができるのみならず，また罪が死に処せられるべきであるが必ずしも即時執行しなくてもよい犯罪者に，生存の希望を残してやることもできる。死刑執行猶予制度の設立は，実際に死刑の即時執行を大々的に減少させたといえる。

5．適用範囲の制限。79刑法は8種の罪種中，4種の罪種のみに死刑が設置されており，死刑の罪名も比較的少なく，全部で15の条文に28の死刑罪名が規定されている（表8-1を参考）。

79刑法の死刑罪名は，ただ国家・政権に重大な危害を与える，もしくは公共の安全，一般市民の生命・身体（基本的人権）や公共財産所有権に，重大な危害を及ぼす犯罪に限られている。そのうち反革命罪には15の死刑罪名があり，死刑罪の半数以上を占めている。これらは主に反革命罪が持つ性格によって決定されており，当時の歴史的条件の影響と制約を受けている。79刑法の死刑罪名中，横領罪を除いたその他の死刑罪名はすべて，その犯罪手段に破壊性あるいは暴力性を備えたものとなっている。この外，死刑はそれぞれの罪名に対する量刑段階の1つとしてあって，すべて適用する刑種の選択肢として位置し，死刑選択の余地のない絶対的な法定刑として立法化されてはいない。79刑法各則中，死刑罪名に関する規定は，死刑に慎重な立法思想が明らかに反映されており，死刑の数量と罪名の分布は比較的合理的であるということができよう。

(2) 刑法改定前の単行刑法中の死刑立法

79刑法の頒布後間もなく，中国は改革・開放の幕開けとなり，経済・政治・文化の各領域に大きな変化が起こり始めるとともに，社会治安に危害を及ぼしたり経済活動を破壊するような各種重大な犯罪が日増しに氾濫し，犯罪情況も悪化していった。「乱国を刑(ただ)すに重典を用いる」思想の影響を受け，死刑万能・重刑主義の認識が主導的な地位を占めるようになり，刑事政策に対しても大幅な修正が行われ，被害の重大な犯罪に対しては重刑を適用することが重視された。それに対応して全国人民代表大会常務委員会が制定する幾つかの単行刑法中，死刑に関連した規定が日増しに増加していった。1981年から1995年に最高立法機関が

相次いで制定頒布した13部の単行刑法には死刑の規定が設置され，新たに設けられた死刑罪は54もの多きに達したのである（表8-1を参考）。これらの特別刑法の登場により，中国刑事法において死刑に処すことのできる犯罪は，もとの79刑法が規定した28種から，77種にまで激増したのである[4]。高い死刑率は，当時の刑法の一大特色となった。

　単行刑法における死刑の立法規定は，死刑を社会に介入・関与せしめることになり，これまでの刑事法に比べて，より広範にさせた。死刑は本来，社会，特に重要な危害を及ぼす重罪を懲罰するものであったが，社会に対する比較的普通の犯罪に対しても適用されるに至り，しかも，死刑の適用される罪種が大量に増加するとともに，別の方向からある程度の死刑の適用が拡大したのである。それは主に以下の2つの方面に現れている。

　1．法定絶対死刑の規定。79刑法各則の死刑を規定する条文において，絶対死刑に処すべきとの規定は皆無であり，あくまでも死刑は刑罰の選択肢の1つであった。しかし後に頒布施行された幾つかの単行刑法中，7つの条文に9種の絶対死刑の罪名が設置された。例えば1991年，全国人民代表大会常務委員会『売春買春厳禁の決定について』第1条に規定された管理売春の罪・第2条に規定された強制売春の罪における死刑であり，ともに「情状が特に重大なものには死刑を処し，併せて財産を没収する」とある。全国人民代表大会常務委員会『婦女児童を誘拐拉致して売り飛ばす犯罪者を厳重に処罰する決定について』と『航空機をハイジャックする犯罪者を処罰する決定について』の中にも類似した規定がある。この種の法定絶対死刑の規定においては，ただ犯した罪が法定の量刑の情状と合致することのみが求められ，司法官は犯罪者に死刑を適用することしかできず，自由裁量の余地は毫もない[5]。それ故にこの種の絶対死刑法定刑の立法は，実質死刑の活用面を拡大し，学術界に非難されることとなった[6]。

　2．広範囲な死刑執行許可権の委譲。「少殺・慎殺」政策を貫徹するため，79刑法第43条には，死刑執行許可権は一律に最高人民法院によって行使されると規定していた。しかし社会の治安状況が厳しくなるのに鑑み，現行の刑事犯罪者

4）単行刑法中，当初増設した密輸罪，貴重文物の窃盗・輸出罪，薬物乱用罪，薬物密輸罪，売春斡旋罪等5種の死刑罪名は，以後の刑事立法に変化発展して吸収された。

を即時に処分するため，20世紀80年代初めに，最高立法機関は一部の死刑事件の執行許可権を省・自治区・直轄市の高級人民法院に委ね行使させた。これは死刑案件の基準を大いに下げ，手続きの上でも死刑適用範囲の拡大に突破口を開くことになった[7]。

(3) 現行刑法の死刑立法

現行刑法とは，1997年に頒布施行の刑法（以下，97刑法）およびこの後の1つ単行刑法と第6次まで改定案を指す。現行刑法は，特別刑法の改訂としての79刑法と比べて，死刑罪名の削減幅が小さく，設置もそれほど理想的とはいえないといった問題もあるが，総則条文あるいは各則の条文そのどちらを見ても，死刑を制限するといった政策の主旨がある程度具現されているといってもよい。

① 一歩進んだ明確な死刑の適用条件

97刑法第48条規定「死刑はただ犯罪行為の極めて重大な犯罪者に適用する」。これは死刑適用対象に対する実質的な制限である。一部の学者は，「犯罪行為の極めて重大」とは，行為の客観的危害に重きを置いているようで，「罪が重大で悪質極まる」という言葉が客観的危害と主観的悪性の二面性を有していること，しかも一般人にも理解しやすいことという点で劣るという[8]。しかし一般的には

---

5) 例えば，97刑法には合計6つの絶対死刑にする法定刑の罪名がある。この類の罪を犯した者が，刑法総則第49条の規定する「犯罪時18歳に満たない者，および公判中妊娠している婦女には死刑を適用しない。」に該当するとき，幾通りもの解釈を容易に引き起こし，法院が軽い方から処罰することは適用し難い。故に当該条文は，「もし法定刑が死刑であるならば，無期懲役あるいは15年以上の有期懲役に処す」の文字を加えるべきで，そうすることでこの立法の欠陥を補うことができる。

6) 学者は次のように指摘する。「この種の絶対死刑の適用形式は，アメリカ合衆国憲法第8修正案の下に禁止された強制的な死刑である。この種の死刑適用形式は，度が過ぎた自由裁量権の制限であり，被告人にあらゆる有効な抗弁機会を失わせ，裁判官が各種要因を総合的に考慮するのに不利なばかりか，被告人に自暴自棄な行動を鼓舞するようなもので，合理的な死刑適用形式ではなく，当然排除すべきである」。陳立・黄冬生「死刑的憲法依拠与限制」（陳興良・胡雲騰主編『中国刑法学年会文集』第一巻：死刑問題研究（上冊），中国人民公安大学出版社，2004年），504頁。

7) 趙秉志・肖中華「死刑的限制与拡張之争」（『法学』1998年），第10期，4頁。

「犯罪行為の極めて重大」とは，国家と市民の利益に対する危害が特に重大で，情状が極めて悪質であると同時に，行為者が他人に危害を加える危険性を帯びていったものとされている。

ただ客観的な犯罪行為が非常に重大なだけでは，死刑を適用することはできず，また主観的な悪性が極めて重いだけで，客観的犯罪行為は重大ではない場合も，死刑を適用することはできないことも確かである。

② 死刑適用対象の縮小

97刑法第49条は「犯罪時18歳に満たない者，および裁判中妊娠している婦女には死刑を適用しない。」と規定し，79刑法第44条後半段にあった満16歳以上18歳未満の者の犯罪に死刑が適用できるという規定は削除されている。さらに一歩進めて死刑適用を制限・減少させた法であり，中国政府がすでに調印した『市民的及び政治的権利に関する国際規約』の精神と合致し，未成年者の犯罪に対して寛大な人道的処理をすることという原則を十分に具現している。

③ 厳格な死刑判決許可手続きの規定

97刑法第48条第2款は「死刑は法に基づいて最高人民法院が判決を下す以外は，すべて最高人民法院に報告してその許可を得なければならない。死刑執行の猶予は，高級人民法院により決定・許可することができる。」と規定する。死刑の再審査は，一般的な一審・二審の手続きの外に，死刑案件に対して規定した特別監督手続があり，死刑適用の数量制限と死刑判決の質的保証に対して重要な意義を具えたものといえる。

④ 死刑執行猶予の減刑条件の緩和

79刑法は「確実に悔い改める」ことを，死刑執行猶予から減刑する必要条件とし，「改造を拒み，情状が悪質」であることを2年満期後の死刑執行条件とする。このような規定が綿密周到でないことは明らかであり，まず何をもって「確実に悔い改める」「改造を拒み，情状が悪質」というのか。立法上の規定が大雑把過ぎることにより，現実的な基準を定めることが難しい。第2に実践上，次のような

8）翟中東主編『刑種適用中疑難問題研究』（吉林人民出版社，2001年），11頁。

中間的な情況が存在する。即ち犯罪者が死刑執行猶予2年の検証期間に「確実に悔い改める」こともないが,「悪質な情状の改正拒否」をすることもない情況である。これに対してどのような処理をすればよいのか,司法官は往々にして判断に苦しまざるを得ない。97刑法第50条は「死刑執行猶予に処されたものが,死刑執行猶予期間に故意の犯罪がなければ,2年満了後,無期懲役に減刑する。また,もし大きな功績を挙げたならば,2年満了後,15年以上20年以下の有期懲役に減刑する。もし故意に罪を犯したならば,調査して事実であれば,最高人民法院の執行許可を経て死刑が執行される。」とある。死刑執行猶予に処せられた犯罪者への減刑条件が緩和され,法律の操作性と執行の統一性が強化されたのである。

⑤ 具体的な犯罪に適用する死刑基準の引き上げ

　97刑法が死刑適用を制限していることは刑法総則中に具体的に表れているだけでなく,刑法各則中にもより多く再現されている。現行刑法では各種の死刑に処すべき犯罪に対して,法が定める情状についての制限を加えている。例えば,国家の安全に危害を及ぼす犯罪に対しては死刑に処すが,必ず,「国家人民に対して危害を及ぼすこと特に重大で,情状も特に悪質」でなければならない。また危険な方法をもって公共の安全に危害を及ぼす犯罪に対しても死刑に処すが,必ず,「人に重傷を負わせる,命を奪う,あるいは公私財産に重大な損失を負わせる」ものでないといけない,等である。現行刑法はまた多発性のある犯罪に対して,死刑の適用基準を引き上げた。例えば,刑法第234条第2款の傷害罪で死刑に処す際の情状を,「人を死に至らしめる,あるいは特に残忍な手段によって人に重傷を負わせ,重い後遺症を負わせたもの」に限定した。刑法第264条の窃盗罪で死刑に処す際の情状は,ただ2種の情況に限っている。即ち「金融機関からの窃盗で,窃盗額が特に巨額なもの」と「貴重な文物を窃盗し,情状が重大なもの」という。窃盗罪と傷害罪は,以前は死刑量定の"常連"で,運用面で濫用する現象が極だっていた。現行死刑はこの2種類の犯罪の死刑情状に制限を作り,法運用面における死刑適用の総量を大幅に減少させたのである。

⑥ 一定の死刑罪名の削減

　97刑法は,特別刑法を改定した79刑法を更に改定し,79刑法と特別刑法が規定する77種の死刑罪を削減・合併して69種の死刑罪を作った。2001年12月29

日に採択施行された『中華人民共和国刑法修正案（三）』は，97刑法の一部の死刑罪に対して改定をさらに進め，「薬物投与罪」を「薬物性，放射性，伝染病病原体物質（即ち危険物質，以下同じ）を投与する罪」と改定し，「核物質の不法売買，輸送罪」を「薬物性，放射性，伝染病病原体物質の不法製造，売買，輸送，貯蔵罪」と改定した。その他，刑法第127条の2種の死刑罪名に対して相応の改定が進行中である。現行法の死刑罪名は合計68種[9]である（表8-1を参考）。特別刑法を改定した79刑法と比べると，ある程度死刑が量定される範囲は制限されている。しかし実際には79刑法と単行刑法中の同一の罪名でもって死刑を削除した例は1つもなく，死刑罪の削減幅は小さいばかりか，甚だしきはまだ増加の趨勢にある。特にその性質が明らかに特別重大な犯罪に属さないもの，例えば犯罪の方法を伝授した罪，管理売春罪等が，依然として死刑規定の中に残っている。これは極めて不合理で，さらに一歩進んだ改定が必要である。

最後に，79刑法，1979年～1997年の単行刑法，現行刑法中の死刑罪名を表8-1とし，中国1979年以来における死刑立法の発展変化の軌跡を明確にし，本節の結びとしたい。

2 ◆ 中国現行刑法における死刑立法の批評分析

(1) 現代中国の死刑政策

刑事政策と刑事法は互いに表裏一体の関係にあり，刑事政策は刑事法律の中心的な指針であり，刑事法律は刑事政策を具体化，法定化したものである。死刑政策は現代中国刑事政策の重要な構成要素であり，死刑政策は死刑立法，司法に対していえば，「霊魂」「統帥」のようなものであり，どのような死刑政策にも何らかの死刑立法があり，それによって用いる死刑司法が生まれる。死刑の立法と司

---

9) 2002年3月15日の最高人民法院・最高人民検察院『関于執行〈中華人民共和国刑法〉確定罪名的補充規定』に基づいて，幼女強姦罪の罪名を取り消すと，死刑罪名は68種となる。しかし，もし選択性の罪名（おおよそ死刑罪名総数の34％以上を占める）を加えるならば，死刑適用の絶対罪名数あるいは単一罪名数は依然として100以上に達する。

II 社会と死刑

表 8-1 1979 年以来の中国刑事立法中の死刑罪名およびその変化一覧表

法律名称	類罪あるいは単行刑法名称	死刑罪名	罪名数量
1979年刑法典	反革命罪	1. 祖国反逆罪；2. 政府の転覆を謀った罪；3. 国家の分裂を謀った罪；4. 裏切って敵に投降した罪；5. 反乱を働きかけた罪；6. 裏切って敵に投降した罪；7. 凶器を持ち多数が集合して反乱を起こした罪；8. 多数が集合して脱獄をはかる罪；9. 組織して脱獄させる罪；10. 外国人スパイ罪；11. 自国人スパイ罪；12. 利敵行為罪；13. 反革命の殺人罪；15. 反革命の傷害罪	15
	公共の安全を害する罪	16. 放火罪；17. 溢水罪；18. 爆破罪；19. 薬物混入罪；20. その他危険な方法で公共の安全を害する罪；21. 交通手段破壊罪；22. 交通設備破壊罪；23. 可燃、可爆設備破壊罪	8
	公民の身体的権利、民主的権利を侵す罪	24. 殺人罪；25. 強姦罪；26. 幼女強姦罪	3
	財産を侵す罪	27. 強盗罪；28. 横領罪	2 (合計 28[(10)])
1979年から1997年までの単行刑法	「軍人の職責違反罪の処罰についての暫定実施条例」	1. 軍用機密を窃取、提供する罪；2. 武器装備破壊罪；3. 軍事施設破壊罪；4. 武器装備窃盗罪；5. 軍人の職責違反罪；6. 軍事の執行妨害罪；7. 戦時にデマを飛ばして民衆を惑わす罪；8. 出陣間際の脱走罪；9. 作戦命令に抵抗する罪；10. 軍事情報を偽って報告する罪；11. 軍事命令を偽って投降する罪；12. 自分の意志で投降する罪；13. 罪のないせる略奪、殺害する罪	13
	「重大な経済破壊犯罪者の処罰についての決定」	14. 密輸罪；15. 投機取引罪；16. 窃盗罪；17. 常習の窃盗罪；18. 貴重な文物を窃盗し運搬する罪；19. 毒品販売罪；20. 収賄罪	7
	「重大な社会治安への害をもたらした犯罪者の処罰についての決定」	21. 流亡罪；22. 故意傷害罪；23. 誘拐罪；24. 不法に銃、弾薬、爆発物を制造、販売、輸送する罪；25. 鉱、弾薬、爆発物を組織、掠奪罪；26. 強姦罪；27. 反動的な民間信仰団体を組織して反革命活動を行う罪；28. 婦女誘拐、監禁売春罪；29. 婦女強制売春罪；30. 犯罪方法伝授罪	10
	「密輸罪を処罰する補充死定について」	31. 毒品密輸罪；32. 武器、弾薬密輸罪；33. 国家貨幣密輸罪；34. 文物密輸罪；35. 珍貴動物およびその制品密輸罪	7
	「国家秘密の漏洩犯罪の処罰についての補充死規定」	36. 貴金属密輸罪；37. 普通貨物、物品密輸罪	1
	「薬物禁止の決定について」	38. 国家の秘密情報を窃取、買収、不法提供する罪	1
	「古文化遺跡古墓葬の盗掘犯罪の処罰についての決定」	39. 薬物の密輸、販売、輸送、制造罪	1
	「婦女、児童誘拐、拉致する犯罪者の処罰についての決定」	40. 古文化遺跡、古墓葬盗掘罪	3
	「売春・買春厳禁についての決定」	41. 婦女、児童誘拐罪；42. 婦女、児童拉致罪；43. 拉致恐喝罪	2
1997年刑法典		44. 第三者管理売春罪；45. 第三者強制売春強姦罪	

308

第8章 現代中国の死刑に関する立法およびその整備について

「航空機ハイジャックの犯罪者の処罰についての決定」	46. 航空機ハイジャック罪	1
「偽物粗悪商品の生産、販売罪についての決定」	47. 偽薬の生産、販売罪；48. 有毒食品の生産、販売罪	2
「金融秩序破壊犯罪の処罰についての決定」	49. 貨幣偽造罪；50. 共同出資詐欺罪；51. 金融手形詐欺罪；52. 信用状を騙し取る罪	4
「売り上げ付加価値税専用の売上伝票の虚偽発行、偽造と不法販売罪についての決定」	53. 付加価値税専用の売上伝票虚偽発行罪；54. 付加価値税専用の売上伝票の偽造および不法販売罪	2 (合計 54)
国家の安全を害する罪	1. 国家背叛罪；2. 国家分裂罪；3. 武装叛乱、暴乱罪；4. 裏切って敵に投降罪；5. スパイ罪；6. 国家秘密、情報を窃取、買収、不法に提供する罪；7. 利敵行為罪	7
公共安全を害する罪	8. 放火罪；9. 溢水罪；10. 爆破罪；11. 危険な方法によって公共安全を害する罪；12. 危険物質の貸与、供給罪；13. 交通手段破壊罪；14. 交通施設破壊罪；15. 電力設備破壊罪；16. 可燃、可爆設備を不法に制造、売買、輸送、郵送、保存する罪；17. 航空機ハイジャック罪；18. 銃、弾薬、爆発物、危険物質の強奪罪；19. 危険物質を不法に制造、売買、輸送、郵送、保存する罪；20. 銃、弾薬、爆発物、危険物質の盗窃	14
社会主義市場の経済秩序を破壊する罪	22. 偽薬の生産、販売罪；23. 有毒、有害食品の生産、販売罪；24. 武器、弾薬の生産、販売罪；25. 貨幣偽造罪；26. 貨幣密輸罪；27. 文物密輸罪；28. 貴金属密輸罪；29. 珍貴動物および製品密輸罪；30. 普通の貨物、物品密輸罪；31. 貨幣偽造罪；32. 共同出資偽造罪；33. 金融証券詐欺罪；34. 金融証書を騙し取る罪；35. 信用状詐欺罪；36. 付加価値税専用売上伝票の偽造、税金手形の不法讓付、税金手形の不法讓付、税金手形の不法譲付、税金手形の不法売買罪；37. 付加価値税専用売上伝票の偽造、および不法販売罪	16
公民の身体的権利、民主的権利を侵す罪	38. 殺人罪；39. 傷害罪；40. 強姦罪；41. 拉致婦女、児童誘拐罪	5
財産を侵す罪	43. 強盗罪；44. 窃盗罪	2
社会管理秩序を妨害する罪	45. 犯罪方法伝授罪；46. 暴動脱獄罪；47. 集団武装脱獄罪；48. 文化遺跡、古墓葬の盗掘罪；49. 人類化石、脊椎動物化石の盗掘罪；50. 薬物の密輸、販売、輸送、製造罪；51. 管制売春罪；52. 強制売春罪	8
国防利益を害する罪	53. 武器装備、軍事施設；54. 審査不合格の武器装備供給	2
横領賄賂罪	55. 横領罪；56. 収賄罪	2
軍人の職責違反罪	57. 戦時に命令に反抗する罪；58. 軍事情報の執行妨害告知罪・虚偽報告する罪；59. 軍命の伝達拒否・偽伝達罪；60. 投降罪；61. 戦時、出陣臨時時の逃亡罪；62. 軍事職務の執行妨害告知罪；63. 軍人の裏切り逃亡罪；64. 他国のために軍秘密を窃取、偵察、買収、不法提供する罪；65. 戦時にデマを飛ばして民衆を惑わす罪；66. 軍用物資の盗窃、強奪罪；67. 武器装備表徴の不法売買讓渡罪；68. 戦時に軍議を害し、財物を略奪し、無き住人を殺害し、	12 (合計 68)

309

法はともに死刑政策の下に置かれているといってよい[12]。現代中国，なかんずく現段階における死刑政策を深く理解するには，死刑立法を正確に把握することが重要である。

① **1997 年改定刑法頒布前の新中国における死刑政策の回顧**

新中国成立後，中国の死刑政策は主に毛沢東の死刑思想を具現していた。1951 年 5 月，毛沢東は第 3 回全国公安会議決議を改定したとき，「およそ殺すか殺さないかの決定に介在する者は必ず殺さないようにせよ，もし殺したならばそれは，過ちを犯している」と強く指摘した[13]。彼は 1956 年『十大関係を論ず』の報告中にも，今後社会上，反革命を鎮圧するときも，逮捕を少なくし殺人を少なくすべきことを強調した。毛沢東の「殺人を少なく殺人を慎む」思想は 1950 ～ 70 年代の立法と司法実践（かつては死刑拡大化の問題が存在した）の中に基本的に貫徹され，当時の中国の死刑政策は「死刑の保留，死刑の厳格制限」にあったといえよう。この政策は 79 刑法中に具現されたことは確かである。しかし，79 刑法頒布以降，重大な経済犯罪[14]や刑事犯罪は増え続け，中国には相継いで空前絶後の第 4 次，第 5 次の犯罪ピークが相次いで現れた。「乱世を治めるには，重典を用いる」という重刑主義思想が再び台頭し，立法機関は刑事特別立法中に死罪を倍増させ，死刑罪を急激に増大させたのである。学者の中には，現出の過度の死刑拡張は，「殺人を少なく殺人を慎む」死刑政策がうまく貫徹できなかった結果で，この政策自体に改変があったということではないと考える者もいる[15]。しかしながら実際のところ，死刑万能・重刑主義思想の弊害によって，79 刑法以後の刑事特別立法が推進しているのは，「殺人を少なく殺人を慎む」ではなく，「死刑崇拝，死刑拡大」の指導思想であり，当時の死刑政策はすでに「死刑強化」に修正されていたのである[16]。前述したように，97 刑法は総則あるいは各則にか

---

10) ある人は最高法院の『罪名的規定』により，電力設備破壊罪を含めれば，合計 29 の死刑罪名であると考える。

11) 本欄の罪名は 1997 年 12 月 9 日の最高人民法院『関于執行〈中華人民共和国刑法〉確定罪名的規定』および 2002 年 3 月 15 日の最高人民法院，最高人民検察院『関于執行〈中華人民共和国刑法〉確定罪名的補充規定』に基づいて制作。

12) 釗作俊『死刑限制論』（武漢大学出版社，2001 年），61 頁。

13) 『毛沢東選集』第 5 巻（人民出版，社 1995 年），40 頁。

かわらず，すべてにある程度の死刑制限内容を含んでおり，死刑のさらなる拡張に反対の立場をとっていることは確かである。しかし97刑法は，既存の死刑罪名に対する大幅な削減はなく，国家の立法から見れば，「殺人を少なく殺人を慎む」ことを目指しているとはいえない。この点については，当時刑法改定作業を主導した王漢斌が，1997年3月6日に第8回全国人民代表大会第5次会議上で作成した『〈中華人民共和国刑法改定草案〉の説明について』を通じて窺うことができる[17]。つまり，もし97刑法が死刑制限の傾向を体現したというならば，この種の死刑制限は不完全かつ不十分であり，97刑法の表現は「不完全，不十分な死刑制限」なのである[18]。

---

14) 中国では，刑法学界が経済犯罪についての研究は1982年3月8日の全国人大常任委員会が頒布した『関于厳懲厳重破壊経済的罪犯的決定』から始まった。この決定で初めて「経済犯罪」という専門用語が使用され，それは直ちに刑法学界・法曹界に受け入れられた。しかし「経済犯罪」という法律用語の外延と内包が非常に曖昧であり，その具体的な範囲については多くの異なる認識が存在している。1997年に刑法典が改訂されて以降，中国の学者の経済犯罪に対する認識は相対的にある程度集中したが，主な観点はだいたい以下の3種に絞られる。1つは最も範囲の広い経済犯罪概念で，大経済犯罪概念とも称され，具体的には (1) 社会主義経済秩序を破壊する罪，(2) 財産侵害罪，(3) その他経済利益の獲得を目的とした犯罪，を含む。2つ目は広い範囲での経済犯罪概念で，中経済犯罪概念とも称され，具体的には (1) 社会主義経済秩序を破壊する罪，(2) 財産侵害罪を含む。この外，分則で規定されている社会主義経済関係を侵害する幾つかの犯罪，例えば偽物の薬品を製造・販売する罪や麻薬販売罪，贈収賄罪などもこれに属する。最高人民法院第二法廷が定めた広義経済犯罪も，社会主義経済秩序を破壊する罪，財産侵害罪，汚職・贈収賄罪をその範囲とする。3つ目は狭義の経済犯罪概念で，小経済犯罪概念と称し，この観点は「経済犯罪とは行為者が不法な利益を得るために，商品の生産・交換・分配・消費などの段階で許されざる方式と経済権限を濫用し，経済活動を直接に，間接に調整するあらゆる法規に違反し，正常な社会主義経済の運行秩序に危害を及ぼす行為」と認識する。
15) 翟中東主編『刑種適用中疑難問題研究』（吉林人民出版社，2001年），2頁。
16) 新刑法は，1997年3月に可決されて10月に実施する前の1年において，死刑に処し執行された犯罪者が1度に激増したのは，その一例である。
17) 王漢斌は，「いくらかの同志は現行法が規定する死刑が多いと考え，減少することを主張した。この主張は重視すべきである。しかし目下社会治安の厳しい形勢を考慮すれば，経済犯罪の情況は厳しく，死刑減少の条件もまだ備わっていない。このたびの改定は，現行法が規定する死刑については，原則上減少も増加もさせない。」と指摘する。趙秉志『新刑法教程』（中国人民大学出版社，1997年），945頁より転用。

② 中国が現段階で確立せねばならない死刑政策

　目下の中国において，実際の政治活動や社会発展の現状から見ても，死刑廃止の条件は備わっていない。現段階における死刑保留の問題については，人々は基本的に共通の認識，すなわち保留必要論に達しているが，ヨーロッパのような死刑存廃論議は，中国にはまだ大規模には起こっていない[19]。しかし中国には，かえって別の死刑問題に関する論争が惹起している。保留必要論を前提とした，いわゆる死刑の制限（削減）と拡張の論争にほかならない[20]。

　死刑の拡張論を支持する者は，法曹界と一般民衆に多く，また一部の学者もこの説を支持している。彼らは以下のように考える。我が国は目下社会の転換期にあり，犯罪がはびこっているので，犯罪の抑制と減少が必要であり，社会の治安状勢の抜本的な転換を急がなくてはならない。畢竟,立法の面で死刑を増加させ，死刑の法定刑中の比例を増大させなければならない。また，司法にあって重刑を多用すべきであり，「刑事犯罪に対して徹底した打撃を与える」という戦いを強調し，死刑を用いて「一殺百戒 ── 1 人を殺して万人を戒める」ことを考える。さらに彼らは，中国で重刑懲罰を用いれば，必ず多くの人民の賛同と支持[21]を得て，それは犯罪予防についても重要な威嚇効果をもたらすとも指摘する[22]。

　また現段階における中国の死刑は，相当に広範な範囲に存在しており，削減すべきでないとも主張する[23]甚だしきは，解釈の上での拡張にも関わる。その典型は最高人民法院の『強盗・略奪刑事案件に適用する法律に関する若干の問題意

---

18) 学術界は中国の死刑政策に対して，まだいくらかの分岐点があるという。詳しくは劉仁文『死刑政策：全球視野及中国視角』(http://www.usc.cuhk.edu.hk/wkgb.asp, 2004 年 7 月 27 日ダウンロード)。

19) 現在，この類の論争は主に一握りの学者による学術研究に集中している。中国刑法学界には，いつ死刑を廃止するかの問題について，主に「快論（速やかな廃止論）」と「慢論（時間をかけた廃止論）」の 2 種類の意見がある。「快論」は邱興隆を代表とし,「慢論」は胡雲騰を代表とする。中国政府の立場から見れば，「慢論」を支持しているようで，「長期的に死刑廃止を見る」という意見である。夏勇『中国廃除死刑応有的観念準備』（陳興良・胡雲騰主編『中国刑法学年会文集』第一巻：死刑問題研究（上冊），中国人民公安大学出版社，2004 年，257-267 頁に掲載）を参照。客観的にいえば，「快論」は中国のように依然大量に死刑を適用している国家に対し，即刻廃止を切望するのは，明らかに過分の望みである。

20) 翟中東主編『刑種適用中疑難問題研究』（吉林人民出版社，2001 年），3 頁。

見」(法発 [2005] 8 号) で，強盗罪の認定範囲を拡大し，もと略奪罪に属していた

21) 指摘しなければならないのは，この種の「多くの人民群衆の擁護と支持」によって，規定の合法性を証明するやり方は決して正当性を伴わない。もし国家がごく簡単で大雑把な死刑の作用を宣伝することなく，極力に死刑数およびその誤判情況をおおいかくさず，学者らが公開された死刑資料に基づいて死刑支持に不利な研究結論を出せば，人民群衆の死刑に対する認識は客観性を備えるようになり，死刑の支持率は下降するであろう。例えば，79 刑法には 28 の死刑罪名がある。しかし，1995 年中国社会科学院法学研究所の作った『中国公民的死刑意識調査表』によるアンケート調査では，14 の県・市で 5006 人にアンケートし，回収できた 4983 の結果を示すが，その中のわずか 3.04％の人が中国の死刑は多過ぎると考えるのみで，死刑廃止の主張はわずか 0.78％であった。胡雲騰『存与廃 ── 死刑基本理論研究』(中国検察院出版社，1999 年)，341-346 頁参照。しかも 2004 年 1 月，インターネットのウェブサイトで死刑存廃問題を取り上げたトピックの数は 1 週間連続して「熱点評論」条数トップを占拠し，トピックの総数は 4600 条を超えた。不完全な統計だが，そのうち約 75.8％が死刑保留を主張し，約 13.6％が死刑廃止を支持，約 10.6％は中間派で中国発展情況を睨んだ上で死刑存廃を定めるべきと考える。ここ 10 年来の不合理な死刑に関して国民教育の普及等の要因によって，民衆の死刑に対する態度は明らかに客観的，理性的な方向に向っている。未来に向けた，死刑制限・廃止の啓蒙とその働きかけは，理論界の重要な任務の 1 つである。

22) 向小林「論重刑主義与予防犯罪」(『予審工作通訊』1994 年第 1 期)。重刑処罰万能論は司法界に多数の擁護者がいることは疑いない事実であり，理論界では一部の死刑限制論者の中にも，支持者がいないことはない。例えばある学者は死刑の功能に高過ぎる評価をし，死刑は最強の威嚇効果を備えていると考え，「刑罰の威嚇効果は，一般的にいって，刑罰の厳重性と比例関係にある。即ち刑罰が厳重になればなるほど，威嚇力は強烈になり，刑罰が緩和されればされるほど，その威嚇力は微弱になる。これにより，死刑は最も強烈な威嚇効果を備えていることが分かる」(陳興良主編『刑種通論』，人民法院出版社，1993 年，43 頁を参照)。このような観点は，論理的には完全なる間違いと非難できないが，犯罪予防という複雑な社会問題においては，単純に厳重な刑種で解決できるというものではない。この見解と彼の死刑存廃観(「理想的な立場からいえば，私は死刑廃止論者の 1 人である。現実的な立場からいえば，私は死刑存続論者の 1 人である。確実にいえることは，死刑限制論者の 1 人である。」) は互いに関連している。陳興良主編『中国死刑検討 ── 以「槍下留人案」為視角』(中国検察出版社，2003 年)，7 頁を参照。

23) 劉遠「試論死刑不応削減的根拠」(『河北法学』1994 年，第 1 期)，5 頁。あるいはこの観点に修正を加えて，現在の治安の形勢，犯罪動向や人民群集の「心の状態」から見て，中国で短期間の内に死刑適用罪名を減少せざるを得ない。江礼華「毛沢東的死刑観」(陳興良・胡雲騰主編『中国刑法学年会文集』第一巻：死刑問題研究(上冊)，中国人民公安大学出版社，2004 年)，17 頁を参照。

「ひったくり強盗」の最高刑を死刑としたのである[24]。この外，注意すべき現象は，死刑の存廃・増減を討論するときには，死刑の廃止あるいは削減を主張するが，個別の刑法条文を解釈する段階で，主張していた理念とは反対の立場をとったり，少なくとも最後までそれを持ち続けることができず，結果としては死刑拡大の結論に達してしまうということである[25]。

死刑制限論を支持する者は，具体的には「漸次制限論」（胡雲騰・趙秉志らが代表）と「即時制限論」（邱興隆らが代表），および張明楷の「判決制限論」[26]などに分けることができる。彼らは死刑の急激な拡張は，決して期待どおりの効果を上げることはできず，厳しい刑罰や法律は決して犯罪の抑制と減少のために有効でないという。

ここ10年来の司法面での措置がそれを証明しており，その証拠に中国のある種の刑罰量と犯罪量は同一の歩調をもって増長し，「両高」局面を形成している。重大な刑事犯罪は依然として多いまま減少しておらず，社会治安の形勢は依然我々を憂慮させている。立法の作成者は，死刑の作用に対して冷静で，客観的な認識を備えなければならない。また立法は，一般民衆の本能や喜怒哀楽に基づく報復要求にむやみに迎合すべきでなく，高い理性のもとに正確に人民群集を導かなければならないのである[27]。

私は死刑漸次制限論の観点を支持する。犯罪といった社会現象は，社会の総合的弊をある意味では，反映するものであり，犯罪の処罰・予防の最も根本的なものは経済の発展で，必ずや統治，経済，法律，文化，教育等の諸方面からともに考えなければならず，「総合的統治」を実行してこそ，初めて有効的な犯罪の予防が可能であるのだ。死刑の威嚇作用を盲目的に信用し，むやみに重典を強調し，死刑を増加させてはならないのである。2002年12月28日の『中華人民共和

---

24) 『最高法院新出台的司法解釈　飛車搶奪最高可判死刑』，http://news.sina.com.cn/c/2005-07-28/16356553339s.shtml.

25) 張明楷「刑法学者如何為削減死刑作貢献」（『当代法学』2005年，第1期）。

26) 張明楷は「法律理論上からいえば，もし現行法に何らの改定も行わなければ，司法官も一律に死刑を下すことはないであろう。しかし現段階では本当の意味でこの点には到達していない。」，同氏「刑法学者如何為削減死刑作貢献」（『当代法学』2005年，第1期）参照。

27) 趙秉志・肖中華「死刑的制限与拡張之争」（『法学』1998年，第10期），4頁。

国刑法第四次修正案』によると,現在中国の刑法は全部で422の罪名があり,そのうち死刑罪名は68で,罪名総数の16.1％を占め,死刑罪と死刑適用の絶対数,および適用比率が世界で最も多い国家の1つと認識されている。ベッカリーアはつとに「これまで極刑の乱用が人を悪から善に改めたことはない」と指摘しており,犯罪の処罰と予防においては,その厳重な処罰(刑罰の過酷性)によるよりは,迅速(適時性)で確実な(必然性)処罰による方がより有効という(刑罰の確実性)[28]。

　学者も,刑罰の威嚇効果はその重さにあるのではなく,刑罰の確実性と即時性に重きを置くことにあると再三表明する[29]。実際,重刑主義は累積する犯罪弊害を根治する良薬とはなっておらず,死刑の拡張・強化に向けての政策は,重大な暴力犯罪の増長を止めることは決してできないことは証明されている。刑罰の目的ということからすれば,死刑は犯罪の威嚇力に対して限りがあり。歴史と現実から見ても,死刑を増加させて犯罪を抑制する方法は,一時的な解決はあっても根本的な解決とはならない政策といってもよい。また死刑立法の現状から見れば,中国における死刑の数量と範囲が世界でトップクラスにのぼる状況を早急に改変しなければならない。さらに国際的な趨勢から見れば,死刑の制限ないし廃止はすでに大多数の国家の共通の認識と行為であり,それは日々拡大している。死刑の減少や制限は,すでに中国のとらねばならない選択なのである。したがって79刑法以後の刑事特別立法が推進した「死刑の強化,死刑の拡大」政策は,是非とも破棄しなければならない。現行刑法の「不完全,不十分な死刑制限」政策[30]も改変を必要とし,現段階および近い将来,中国の死刑政策は「死刑を厳格制限する」といった刑事政策を推し進めなければならないのである。

---

28)［伊］ベッカリーア,チェーザレ［意］切雷薩・貝卡利亜『論犯罪与刑罰』(黄風訳,中国法制出版社,2002年),52頁,65-70頁。
29) 陳興良・梁根林「合理地組織対犯罪的反応」(『刑事法学』2002年,第3期),3-4頁。
30) 中国刑事法律制度(実体と手続を含む)は,厳格に死刑適用を制限する刑事政策を十分に体現しておらず,しかも厳格に死刑適用を制限する刑事政策とは隔たりが発生している,と学者は指摘する。曲新久「我国死刑政策的制度分析」(『法学論壇』2004年,1期),27頁。

(2) 死刑立法総則性規定の不足およびその完備

　死刑を制限する上で，政策・立法・司法は三位一体であるといえる。政策はむろん「霊魂」「統帥」であり，立法はこの霊魂，統帥の下の肉体と言ってもよい。このことが死刑制限の根本である[31]。「死刑を厳格に制限する」刑事政策は，死刑立法において死刑の厳格な制御と削減を要求することになる。97 刑法は総則「死刑」の一節中，合計 4 つの条文（第 48，49，50，51 条）で，死刑の適用条件，適用対象，執行許可の権利，死刑執行猶予制度等の総則的規定を作り，死刑制限の傾向を具体的に示している。しかしこれらの規定では依然として「死刑を厳格に制限する」政策が真の意味では，貫徹されておらず，多くの箇所で検討と改善の必要がある。

① 「犯罪行為が極めて重大」という規定は，概念分化を引き起こす

　97 刑法第 48 条は「死刑はただ犯罪行為が極めて重大な犯罪者に適用する」と規定している。この刑法総則は，死刑を適用する刑種の規定に対する総ての条件，基準であるが，「犯罪行為が極めて重大」とは，79 刑法が「罪が重大で悪質極まる」と規定していたのを改定したものである。この改定に対して，理論上に異なる見方がある。

　一は，改定は死刑を適用する犯罪の規定をより明確にしており，対応しやすくなったとの見方，すなわち，「死刑適用の要求に対して厳格さが加わった」というのである。[32]

　対して，「この手直しには実質的な意義上の変化は全くない」という[33]見方もある。

　第三の意見としてこの改定は死刑適用の要求に対して厳格さを加えたことに実質上なっていないばかりか，かえって死刑適用犯罪の条件を緩めたと考えるものもいる[34]。

　私見としては「罪が重大で悪質極まる」を改定して「犯罪行為が極めて重大」と

---

[31] 釗作俊「現代死刑問題研究述評」（『中国刑事法雑誌』，1999 年，第 1 期），27 頁。
[32] 周道鸞・単長宗等『刑法的修改与適用』（人民法院出版社，1997 年），146 頁。
[33] 曹子丹・侯国雲『中華人民共和国刑法精解』（中国政法大学出版社，1997 年），42 頁。

するのは，行為者の主観的な悪性を希薄にするきらいがあり，避けねばならない概念分化を引き起こすと考える。79刑法が規定する「罪が重大で悪質極まる」は，実質的には主観・客観両方面からの要件を含み，「罪が重大」とは犯罪の客観的な実害の一面であり，犯罪行為と犯罪効果についての物質的・客観的な社会評価である。「悪質極まる」とは，犯罪者の主観的な悪性と人身への危険性が特に大きいことで，犯罪者の主観的な心理に対する社会評価である。「罪が重大で悪質極まる」とは，客観的に「罪が重大」なだけではなく，主観的にも「悪質極まる」ことをいい，両者はともに不可欠で，主観と客観が統一した原則を比較的良く表していた。

　「犯罪行為が極めて重大」という規定は，「罪が重大で悪質極まる」より以上に曖昧な感覚を人に与えるのみならず，人を容易に誤りに導きやすい。客観行為やその実害のみを重視させ，行為者の主観的な悪性を軽視させてしまうのである。そこで学者の中には「犯罪行為が極めて重大」とは，一般的に国家と人民の利益への害が特に重く，犯罪情状が特に悪質な情況を指すのだと考えている[35]。また「犯罪行為が極めて重大」とは，まさに犯罪行為の程度を基準とすべきで，犯罪行為の程度とは，犯罪者の行った具体的な罪の性質と犯罪行為がもたらした結果の程度をも包括するという[36]。

　むろん文字の字面の意味は，刑法中の犯罪構成に関する理論であるが，「犯罪行為が極めて重大」という規定は，やはり用語が抽象的に過ぎ，確実な基準が定め難く，客観行為およびその実害を強調し，主観的な悪性の大きさを軽視してしまう方向に傾斜するという問題をはらむのである。

　犯罪行為が極めて重大であることは，行為者の主観的な悪性も同様に重大であることを表すわけでは決してない。もし行為者の加害行為が極めて重く，主観的な悪性は全く重くない場合，これに対して死刑を適用するのは「客観的に刑に帰

---

34) 張文・劉艶紅「〈公民権利与政治権利国際公約〉対中国死刑立法的影響（続）」(『中国青年政治学院学報』2000年，第2期)，67頁。その他の学者が「犯罪行為が極めて重大」をどのように理解しているかについては，釗作俊『死刑限制論』（武漢大学出版社，2001年），111-114頁を参照。

35) 鄧又天『中華人民共和国刑法釈義与司法適用』（中国人民公安大学出版社，1997年），73頁。

36) 王作富主編『中国刑法的修改与補充』（中国検察出版社，1997年），31-32頁。

す」ことにほかならず，死刑（死刑執行猶予を包む）適用のハードルが低下したことは明白で，死刑適用の実質的な要求に合致せず，立法者の意志とは裏腹に死刑を推進する立場に向う。「罪が重大で悪質極まる」を「犯罪行為が極めて重大」に改定したのは，立法上1つの欠点であるといわざるを得ないのである。

　筆者は，「罪が重大で悪質極まる」の表現は，十分な定義とはいえないが，規定は相対的に明確かつ厳格で，立法者の意図を十分に体現しており，比較的によく死刑適用を制限していると考える。我々はやはり以前のとおりに「罪が重大で悪質極まる」という規定を用いるべきであろう。もしどうしても改定しなければならないのなら，国連で1966年12月16日に採択された『市民的及び政治的権利に関する国際規約』第6条の「死刑を廃止していない国においては，最も重大な犯罪についてのみ科することができる」という規定，および国連経済社会理事会が1984年に採択した1984/50号決議『死刑囚の権利を保護する保障措置に関して』に規定されている「死刑を廃止していない国において，死刑は最も重大な犯罪にのみ科すことができる。その範囲は，人の生命を奪う，あるいはその他の極度に重大な結果を伴う故意犯罪の程度を越えてはならないものとする。」という要求に基づき，死刑適用のすべての条件を「死刑はただ犯罪行為が極めて重大で，主観的な悪性が特に大きく，故意に人命を損なう，あるいはそれに相当する結果をもたらす犯罪者にのみ適用する」と改定すべきであろう。

　指摘しておかなければならないのは，97刑法における死刑の適用条件は犯罪行為の重大性を強調したものの，実際「犯罪行為が極めて重大」ということについては依然として主観と客観の両方面から把握しなければならず，主観的な罪過と客観的な危害とがそろっているという原則を堅持しなければならない。即ち主観的な悪性，客観的な犯罪行為がともに極めて大きく，「罪の大きさ」と「悪質極まる」ことの両者が必ず同時に備わっていなければならず，どちらか1つだけでは死刑を適用することができないのである[37)]これは我々が「極めて重大な犯罪行為」を定めるとき，少なくとも『死刑囚の権利を保護する保障措置に関する』決議中の「最も重大な犯罪」の最低基準を厳格に遵守すべきであり，不必要な死刑（例えば非暴力の経済犯罪に対するもの）を制限しなければならない。

② 妊婦は死刑が適用されないとの規定は非常に曖昧である

　97刑法第49条は「犯罪時18歳に満たない者，および裁判中妊娠している婦女

には死刑を適用しない」と規定する。犯罪時18歳に満たない者に対して死刑が適用されないとの規定は，学界と法曹界で共通の認識が成り立っているが，「裁判中妊娠している婦女には死刑を適用しない」については，学者で異なった見方がある。幾通りもの意味や解釈を引き起こすのは，条文上の「裁判の時期」の規定に明確でないところがあるからだ。ある学者は「裁判時」は「法院での裁判前，勾留期間に妊娠している婦女を包む」と考える[38]。即ち「裁判時」は妊婦が勾留されて裁判を受ける期間と見る。この観点は1983年9月20日最高人民法院の司法解釈によって支持された。もし人民法院が裁判のときに被告人の妊娠に気付いたなら，勾留されて裁判を受けるときにはすでに妊婦であるので，死刑は適用されない。勾留期間であろうが，あるいは法院での裁判のときであろうが，妊娠している婦女を死刑に処すために人工流産をさせることがあってはならないからである。また，すでに人工流産（自然流産も含む）している婦女は，やはり妊娠している婦女と同じく死刑を適用しないとする。しかし別の学者の主張もあって，刑法の「裁判の時」を厳格に「裁判手続きを行い，裁判中の時」と定めるべきとし，すでに法院で裁判に入った段階の妊婦に対してのみ死刑を適用しないとする。もし妊娠している婦女が，裁判手続きに入る前にすでに出産あるいは流産し，裁判中にはすでに妊婦ではなくなった場合，死刑の適用は可能である。この見方は上述の司法解釈は「裁判の時」の範囲を拡大しており，拡大解釈であり妥当でないものである[39]。またある学者は，現在の立法と司法の解釈は，すべて審問前の勾留，あるいは審問期間に妊娠している，あるいは流産した婦女には死刑を適用しないと規定しただけで，審問前，保証人の下，裁判を待つ間，居住を監視されて，

---

37) 例えば趙秉志は，犯罪行為が極めて重大とは「行為による客観的な危害・損害と行為者の主観的な悪性・人身に与える危害性の2つの面」を含むと考える。趙秉志主編『刑罰総論問題探索』（法律出版社，2003年），153頁を参照。釗作俊は，97刑法分則の具体的な死罪の規定を分析し，刑法中の死刑条件は合計21種あると考えた。これらの死刑条件の分則性規定は，いくらかの方面はいまだ総則性条件の「犯罪行為が極めて重大」と一致した繋がりを保持せず，犯罪の性質，犯罪行為の方法，危害の結果，犯罪情状等の方面から見て，その間に逸脱，矛盾するところが多いと認識する。釗作俊『死刑限制論』（武漢大学出版社，2001年），127-133頁を参照。

38) 王作富『中国刑法研究』（中国人民大学出版社，1988年），302頁。

39) 劉徳法「論死刑適用的幾箇問題」（『新郷師範高等専科学校学報』，2000年，第1期），61頁。

まだ勾留されていない期間，刑罰執行期間の妊婦に対して死刑を適用しないとの規定がないのは，不合理であると考える。故に勾留中や，保証人を立てて裁判を待つ間，居住を監視されている間，および自由を奪う刑罰の執行期間に妊娠している婦女は，すべて死刑に処すことは許されないと主張するのである[40]。上述の観点には各々一定の合理性があるが，「判決の時」の解釈については，まだ合理的な解釈に至っていない。

　妊婦に死刑を適用しないことは，現代における各国の死刑適用対象に対する最も普遍的な制限の1つであり，胎児の生命を巻き添えにしないことと，妊婦および胎児の身体に対する権利保護を旨としている。妊婦の罪悪が明らかであり，死んでも罪が償いきれないとしても，体内の胎児は無罪であり当然生きる権利がある。今日死刑を設置する国家と地域は，一般にすべて懐胎している婦女は死刑の適用範囲外として除外されている。中国97刑法にもその第49条，裁判のときに妊娠している婦女は死刑を適用しないとある。「裁判の時」ということに対して，厳格な死刑制限という角度から合理的な理解を作らなければならない。すでに述べたごとく，裁判の時という規定は非常に曖昧であり，様々な意見が出されている。普通，「裁判の時」というのは，ひとり法院で公判を行う段階を指すだけではなく[41]，勾留されたときから裁判所の審理が結審するまでと考えられている。これは一面合理的な意見であるが，かえって立法上に若干の矛盾を引き起こしている。

1．例えば妊娠している婦女の犯罪事実は，すでに司法機関に把握されたが，当該婦女の妊娠に気づいたなら，すみやかに強制措置を取るにあたり，勾留期間に妊娠しているので死刑は適用できないことになる。犯罪者に対して死刑を適用するためには，犯罪者が出産を終えるまで，故意に強制措置を取ることを引き延ばさざるを得ない。司法機関による故意の事案処理引き延ばしは誤りであり，これに対して責任を負わねばならない。つまり罪を犯した妊娠婦女に死刑を適用す

---

40) 高銘暄・李文峰「従〈公民権利和政治権利国際公約〉論中国死刑立法的完善」(高銘暄・趙秉志主編『刑法論叢』第5巻法律出版社，2002年)，118頁。

41)「審判」の語は商務印書館出版の『現代漢語詞典』(2002年増補) 1125頁中に「(訴訟事件を) 審理する，判決する」と解釈され，刑事訴訟法における法院 (裁判所) の審判段階を指す。

ることについては，明らかに公正性を欠いている。

　2．今，妊娠した婦女が判決前に保証人の下にある，あるいは住居を監視されてはいるが，勾留されていなければ，「裁判中妊娠している婦女」と見なされて死刑は適用されないのであろうか。この問題に対して否定的な回答をすれば，死刑を適用できないことには，法に根拠はないと言え，もし肯定的な回答をすれば，死刑を適用できるが，合理を尽くしていないこととなろう。刑事訴訟法第60条第2款の規定に基づけば，まさに逮捕されるべき犯罪容疑者がもし本当に妊娠している婦女ならば，保証人の下で裁判を待つことやあるいは居住を監視する方法を採用することができる。当該の情況下で妊娠した婦女を勾留しないのは，妊婦および胎児の特殊利益を保護するためにほかならない。しかし結果としては，当該婦女を死刑適用不能から死刑適用可能の状態に変えることになる。両者を比較すれば，必然的に妊婦に死を免除する代わりに逮捕・勾留されることを要求しており，これは明らかに胎児の利益を十分に保護しているとはいい難く，また刑訴法第60条第2款の立法精神に背いている。

　3．即時死刑執行に処せられた婦女が，死刑決定および施行通知を通達した後から，正式に死刑執行するまでの間に妊娠すれば，現行刑法によれば死刑に処すことができる。しかしこれは，我が国が調印した『市民的及び政治的権利に関する国際規約』第6条第5款「妊婦に対して死刑を適用しない」の規定と矛盾する。

　4．死刑執行猶予2年に処せられた女性犯罪者は，検証期間に妊娠が判明したら（実際にこのようなことが発生した），即刻減刑にするのか，あるいは2年の期間を待って減刑にするのか。もし妊娠した女性犯罪者を即刻減刑するならば，中国刑法には死刑執行猶予犯が妊娠によって減刑されるという規定はなく，法に基づくところがない。もし2年の期間を待って減刑するならば，死刑執行猶予の検証期間を経ることであり，妊娠した婦女は死刑（即ち死刑執行猶予）の刑罰を実際上受けていることになる。これは立法および司法が解釈した「妊娠した婦女に死刑（死刑執行猶予を包括）を適用しない」という規定と離齬をきたし，立法および司法が解釈した規定に背くことになる。

　筆者は中国刑罰の人道性を体現するために，上述した立法の矛盾を徹底的に解決し，刑法第49条の規定の改定を推進すべきで，「立件すべきときから刑罰執行が完了するまでに妊娠した婦女には，死刑を適用しない」と明確に規定すべきで

II 社会と死刑

あると考えている。

③ 死刑執行許可権の法律的衝突

死刑審査制度は死刑判決の特殊性を鑑み，そのために設けられている特別な手続きにほかならない。死刑の執行許可権は死刑審査制度の重要な問題である。死刑執行の許可は中国では悠久の歴史を有し，隋唐以来の歴代王朝は死刑の執行許可権に対して厳しい制限を加え，この権力を最高統治（即ち司法）機関の行使に帰属している。

1979 年，中国第 5 回全国人民代表大会で新中国初めての『刑事訴訟法』が可決され，この法律は「文革」前の死刑審査手続きを復活させている。死刑審査手続きだけで 1 章をなし，死刑に処す権限を一括して中級人民法院に帰属させるだけでなく，慎重に死刑および死刑執行猶予 2 年の許可を，最高人民法院と高級人民法院の行使に分別賦与して行わせ，同時にまた，執行許可をするための基本手続きを規定している。同じ年に制定して可決された『刑法』と『人民法院組織法』もそれぞれ死刑事件に対する執行許可の問題について具体的で明確な規定を作り，そのうち『刑法』第 43 条は「死刑は法に基づいて最高人民法院判決が判決を下す以外は，すべて最高人民法院に報告許可を得なくてはならない」と規定し，『人民法院組織法』第 13 条は「死刑は最高人民法院判決による以外は，最高人民法院に報告して許可を得なくてはならない」と規定する。

1996 年に改定した『刑事訴訟法』および 1997 年改定の『刑法』（第 48 条第 2 款）も，すべて上述の規定を再度確認する。最高人民法院の刑事立法精神に対する正確で全面的な理解によって，死刑案件を審判するに際して，死刑の適用をいっそう厳格にし，基準も比較的一致するようになった[42]。「殺人を少なく，殺人を慎む，

---

[42] 最高人民法院はかつて毎年，死刑案件を確認していたが，誤りを正したり，判決を改めたりする比率は相当に高かった（およそ 10 数％から 20 数％）。胡雲騰『存与廃 ── 死刑基本理論研究』（中国検察院出版社，1999 年），278 頁。2003 年，最高人民法院における死刑事件の審査情況は「年間で合計 300 件の死刑審査事件と刑事審査事件を結審した。これは，16.28％の増加である。その中，もとの判決の支持 182 件，判決を改めたものは 94 件，下級法院に再審を指示するのは 24 件である」。『41 代表連名建議　最高人民法院収回死刑核準権』網易新聞報道 http://news.163.com，2004 年 3 月 13 日ダウンロードを参照。

厳格な死刑制限」を具現していた規定といってよかろう。

　遺憾なことは，1979年に可決された『人民法院組織法』『刑法』(97刑法を包む)『刑事訴訟法』(1996年『刑事訴訟法』を包む)等が，すべて死刑執行許可権が最高人民法院に属すことで一致しているとはいえ，これらの規定をその当初から実効性を持って遵守執行とはできなかったのである。ある意味では，現代中国は人命に関わる重大な執行許可は，行使という点において，古代社会の慎重さには遠く及ばないといえるかもしれない。1980年以来，大部分の死刑事件の執行許可は権限を授与するというやり方で，各高級人民法院に長期的に授与されたのである。その経緯は以下のようである。

　1980年2月12日，第5回全国人民代表大会常務委員会第13次会議は，最高院・最高検の建議を批准し，1980年内の殺人，強姦，強盗，放火等の犯罪のうち，犯罪行為が重大で死刑に処すべき事件について，最高人民法院が死刑執行許可の権限を省，自治区，直轄市の高級人民法院に移譲することに同意した。

　1981年6月10日，第5回全国人民代表大会常務委員会第19次会議で『死刑案件執行許可問題の決定について』が可決された。規定は1981年から1983年末までの，殺人，強盗，強姦，爆破，放火，溢水，交通・電力等設備破壊の犯罪行為に対して，高級人民法院の最終審によって死刑に処せられた，あるいは中級人民法院一審で死刑に処せられた後，被告人が上訴しなかった場合，高級人民法院の許可が得られたもの，および高級人民法院の一審で死刑の判決を受けた被告人が上訴しなかった場合，それらはすべて最高人民法院に執行報告し，その許可を得る必要はない。翌日(11日)，最高人民法院は『全国人民代表大会常務委員会〈死刑案件判決問題の規定について〉の数項目の通知』が発布され，上述の死刑事件の執行・許可の権限は，すべて各高級人民法院に委ねられたのである。

　1983年9月2日，第6回全国人民代表大会常務委員会第2次会議は『人民法院組織法』第13条について，必要なときは最高人民法院が一部の死刑案件の執行許可を高級人民法院の行使に委譲ができるよう改定を行った。同年9月7日，最高人民法院は『高級人民法院に一部の死刑事件の判決を委ねることに関する通知』を発布し，各省，自治区，直轄市高級人民法院，解放軍軍事法院は，最高人民法院による判決以外の殺人，強姦，強盗，爆破およびその他の公共安全と社会治安に重大な損害を与える死刑犯罪に対し，執行許可の権限を行使することになる。

この段階では「新法は旧法に勝る」という法律の適用原則に基づくことは，まだ考慮の余地を残していたが，1997年9月26日，97刑法がすでに可決され，発効されようとするまさに数日前に至って，最高人民法院は「新法は旧法に勝る」の原則を無視し，『高級人民法院と解放軍軍事法院の一部の死刑案件の執行許可委譲についての通知』（以下『通知』と簡称）を出し，一部の死刑執行許可の権限の委譲をさらに踏み込んで確認し肯定したのである。

　このほか，最高人民法院は薬物に関する死刑案件に限っては，3度にわたって個別での権限移譲を進めた。まず雲南・広東両省で薬物犯罪が横行する情況を重く見て，最高人民法院は1991年6月6日と1993年8月18日に，通知の形式をもって雲南・広東省高級人民法院それぞれに，一部の薬物犯罪における死刑の執行許可を与えた。1996年3月18日には通知の形式で，広西，四川，甘粛における薬物密輸，販売，輸送，製造罪の死刑案件の執行許可権（最高院判決と外国人に関しての薬物案件の死刑事件を除く）を，広西，四川，甘粛の高級人民法院の行使に委ねることを決定したのである。

　はっきりしていることは，法律レベルでの理論および「新法は旧法に勝る」という法律適用原則に基づけば，『人民法院組織法』『通知』は，現行刑法・刑事訴訟法における該当する規定との間に衝突が生じ，合法性の面で危機をはらみつつも，現実の司法活動では大多数の死刑案件の執行許可について，依然として『人民法院組織法』や『通知』の規定に基づいて死刑が執行される事態を引き起こしている[43]。『通知』に基づき，高級人民法院や解放軍軍事法院が死刑執行許可権を行使する罪種は46個に達し，死罪総数の70%を占める[44]。ある資料は，中国で死刑即時執行に処せられる事件は毎年1万に近いことを示し，その他の世界各国における死刑事件総数のおよそ5倍にあたるという。現在の中国では死刑の即

---

43) もともと『人民法院組織法』第13条はただ「必要な時は最高人民法院が一部の死刑事件の審査・審査決定権を高級人民法院の行使に委ねることができる。」と規定するのみである。筆者は「必要な時」は「便宜的な措置」であり，権利を授ける期間は有限であるべきであると考える。しかし実際には権利を授ける期間はすでに20余年の「必要な時」を過ぎ，かえって通常の制度となっており，立法の意向とは符合しない。

44) 劉徳法「論死刑適用的幾箇問題」（『新郷師範高等専科学校学報』，2000年，第1期），63頁。またある人は，各高級人民法院によって審査・決定権が行使された死刑罪名は43種あり，死罪総数の63.2%を占めるという。劉仁文『死刑政策：全球視野及中国視角』，http://www.usc.cuhk.edu.hk/wkgb.asp，2004年7月27日ダウンロード。

時執行の執行許可は，国家安全を害したり，一部の経済犯罪や，重大な職務犯罪等，少数の死刑事件を除いて，すべて各省の高級人民法院によって掌握されており，「上告率」は10％にも満たない[45]。立法機関としての全国人民代表大会常務委員会と司法・護法機関としての最高人民法院は，秩序意識と立憲政治意識が希薄で，地方の各級人民法院にとって悪いモデルとなり，地方の各級人民法院の手続に虚無主義の観念を助長，死刑案件の二審手続きと審査手続きを実質上混同してしまい，死刑審査手続が実際には存在しなくなってしまったのである。刑法の死刑執行許可について最高人民法院によって行使される規定，および『中華人民共和国刑事訴訟法』第199〜202条の規定は有名無実化しているといわねばならない[46]。ある学者は「統計によれば，およそ最高法院の審査を届け出たものは，最高法院が執行許可を行ったものの約半分に過ぎない。それに対して省の高院で死刑を執行許可されたものが99％で，これは審査されたその人が二審で判決を受けたその人であるに過ぎず，同じ管轄での副院長がサインをすればそれで事は済んでしまう」と指摘する[47]。何と痛ましい問題であろうか。したがって，筆者は，現行刑法と刑訴法の厳格な遵守，早急な『人民法院組織法』の改定，死刑執行許

---

45)『41代表連名建議　最高人民法院収回死刑核準権』網易新聞報道，http://news.163.com，2004年3月13日付。

46) ある学者は，司法活動において普遍的に存在する死刑審査手続きは，有名無実になっていたり，甚だしきは廃止されており，死刑の即刻執行する事件に刑法の基準である「降格」，「失衡」，「地方化」を適用したり，法律の前における人の平等の原則を踏みにじったりする問題を引き起こす。それだけでなくさらにその流れから，二審手続きも同じように有名無実にされ，ひいては一審に存在する問題をもたらす。梁根林「中国死刑控制十大論綱」(陳興良・胡雲騰主編『中国刑法学年会文集』第一巻：死刑問題研究（上冊），中国人民公安大学出版社，2004年），452頁，注2に詳しい。筆者は『刑事訴訟法』第187条第1款およびその他の関連する法律の規定に基づき，二審事件は原則上開廷して審理を行い，開廷せずに審理するのは例外であると考える。しかし2006年前の現状では二審は原則上開廷・審理せず，開廷・審理は例外となっており，これは『刑事訴訟法』およびその他の関連する法律の規定に違反している。その上，一審法院で審理される重大刑事事件がまだ判決が出される前に，上・下級法院の間で常に事件の性質と法律の適用問題について意思疎通させることは，段階審判の独立を妨げるだけでなく，二審手続きを有名無実に化することになる。実際に多くの死刑事件は一審で決定されている。

47)『専家称最高法院応収回死刑核準権』新世紀周刊（http://news.sina.com.cn/c/2004-11-05/22024830221.shtml）参照。

可を最高人民法院が行使すべき一律的な還元,死刑執行許可の権限に関する法律上の齟齬の解消,国家法制の統一,死刑の実際的執行の制限を訴えたい[48]。

このほか,死刑執行猶予の執行許可の規定に対してもさらに進んだ整備が必要である。97刑法第48条第2款が「死刑執行猶予は,高級人民法院が判決あるいは決定することができる。」と規定するのは,あまり妥当ではない。死刑執行猶予は死刑の一種の執行方法であり,1つの独立した刑種ではないからである。また,刑法はすでに死刑の執行許可が最高人民法院に属すると規定しており,死刑執行猶予の判決もその例外ではない。

④ 死刑執行猶予制度に関して法律上の疎漏

死刑執行猶予(死刑を2年延期して執行する)制度は,条件を付けて死刑適用を減刑する制度である。この制度は,清朝が死刑を「立決(即時執行)」と「監候(減刑の可能性を残して秋の執行まで候って執行する)」(「斬監候」「絞監候」)に分けた制度に淵源を持つと一般には,考えられている[49]。しかし中国古代の隋唐時期の死刑復奏制度は,判決が確定した後,執行段階で皇帝がその特赦を行うか否かという制度で,死刑執行猶予制度とは直接の関連はない。

「死刑執行を猶予する思想は16世紀のイギリスに端を発するが,1つの整った制度となるのは,20世紀中葉の中華人民共和国である」という考えもある[50]。これは明らかに中国の法律文化の伝統と当時の具体的な社会環境を無視しており,とりわけ新中国と西欧資本主義国家の両者が相互関係をもたない背景下では,死刑執行猶予というこの新中国特有の死刑執行制度の思想起源を,単純にトマス・モア(Thomas More)の『ユートピア』に帰結させることは,偏りに失するであろう。

---

48) ある学者は「表面的には死刑の執行許可権問題は,ただ死刑の執行許可権を誰が行使し,如何に統一的に行使するかという問題にすぎないが,しかしその深いところでは,死刑の執行許可権問題は,人民の生命権・正当な法律秩序権・人民の平等権など重要な憲法権利を反映している」と指摘する。周宝峰「死刑核准権回帰最高法院就够了嗎」『南方周末』,http://www.nanfangdaily.com.cn/zm/20041028/xw/fz/200410280011.asp。

49) 盧蔚乾「死刑的緩刑問題」(『政法研究』1956年,第6期)。

50) 苗向鋒『死緩制度的当代命運・中文摘要』(碩士学位論文)(鄭州大学,2003年)。

ある者は死刑執行猶予制度の創立者は毛沢東だとする[51]。しかし毛沢東およびその共産党員のこの種の発想は，基づくものなく生み出されたものでは決してなく，中国特有の法律文化の伝統を踏まえた結果ではなかろうか。

　死刑執行猶予は，死刑判決に処してからその執行を2年延期する新方式であり，1951年反革命の第1次鎮圧運動のピークに登場し，適用対象はもともと反革命犯罪者に限られていた[52]。間もなく，国家は死刑執行猶予に対して普遍的に適用する価値を見出し，1952年「三反」運動中に，その他の刑事犯罪にも適用し始めた。後に幾度かの刑法草案の改定を経て，79刑法に至って遂に死刑執行猶予についての比較的合理な規定を作った。97刑法第48条，第50条，第51条は，死刑執行猶予制度についての規定を作り，そのうち第48条は死刑執行猶予の条件を，第50条は死刑執行猶予の減刑をそれぞれ規定している。これは死刑執行猶予制度の主要となる内容であり，死刑の実施に重要な制限としての役割を持っている。第51条は死刑執行猶予の期間，および減刑して有期懲役とする際の年数計算を規定するものである。

　死刑執行猶予は，犯罪者を矯正して心を入れ替えさせる，という刑罰の目的に合致しており，同時にまた世界における死刑適用制限の趨勢にも適い，中国刑罰の特徴をよく表わしている。したがって死刑執行猶予制度を肯定的かつ正確な認識の下[53]，その制度の欠点について補いつつ，厳格に遵守するべきであろう[54]。

---

51) 何柏生「論新中国独創的法律制度」（『法学』1997年，第11期）。
52) 『中央政法公報』（第30期，1951年5月）。
53) 反対の意見の人もいる。死刑執行猶予を徐々になくしていくべきで，死刑執行猶予の人には直接無期懲役を適用し，総体的に死刑の適用を減少させるべきだと考える。呂欣「現階段減少死刑適用的策略性思考」（陳興良・胡雲騰主編『中国刑法学年会文集』第一巻：死刑問題研究（下冊），中国人民公安大学出版社，2004年），632-641頁参照。
54) 学者の観察によれば，20世紀80年代の「刑事犯罪への厳罰」運動以前に，中国死刑執行猶予を適用する比率は実際に死刑を執行された数の2〜3倍あり，現在とはほとんど逆さまになっている。陳忠林「死刑与人権」（陳興良，胡雲騰主編『中国刑法学年会文集』第一巻：死刑問題研究（上冊），中国人民公安大学出版社，2004年，102頁）参照。

1．97刑法第48条は「まさに死刑に処すべしと判決を下された犯罪者について，もし即座に執行する必要がなければ，死刑判決と同時に執行の2年延期を宣告できる」と規定する。死刑執行猶予の適用条件は，1つには「まさに死刑に処すべ」きこと，もう1つは「即座に執行する必要がなければ」というこの2点が見て取れる。

(1)「まさに死刑に処すべし」とは，通常「罪が死刑に相当する」ということで，即ち「犯罪行為が極めて重大」であることをいう。もし犯罪行為が極めて重大な程度に達しなければ，「まさに死刑に処す」ことはできないであろう。しかし別に次のような考えもある。死刑執行猶予の適用条件である「罪が死刑に相当する」とは，ただ低い段階の「罪が重大で悪質極まる」に限られ，高い段階の「罪が重大で悪質極まる」ではない。高い段階の「罪が重大で悪質極まる」であれば，一般にすべて死刑即時執行の適用条件である[55]。これはつまり，この種の死刑執行猶予犯罪の「まさに死刑に処す」が要求する犯罪の危害性は，死刑即時執行の危害性よりも低いということができる。この死刑執行猶予の「まさに死刑に処す」の程度が，死刑の「まさに死刑に処す」の社会的危害性と比べて低いものと見る認識には合理性がない。それは立法規定に合致しないばかりか，死刑執行猶予を事実上1つの独立した刑種と理解してしまっている。筆者は以下のように考える。「まさに死刑に処すべし」の「まさに」とは，「すべき」「せねばならない」を指すもので，「としてもよい」というのではなく，犯罪者の社会に与える犯罪行為の危害性が極めて重大であることを指す。刑法としては死刑即刻執行を適用する際と同じ条件であって，もし犯罪者の犯罪行為が極めて重大な程度に達していなければ，「まさに死刑に処す」と考えることはできず，犯罪者に対して死刑執行猶予に処すべきではない。

(2)「即座に執行する必要がなければ」には，死刑執行猶予の適用と，死刑即時執行の適用との分かれ目であり，死刑適用の実質条件といえる[56]即時執行の必要かどうかは，死刑執行猶予の適用に対して極めて重要である。しかしながら法律にはどのような状況下が「即座に執行する必要がない」に属するか具体的な提示

---

55) 胡雲騰『死刑通論』(中国政法大学出版社，1995年)，235頁。

はない。この曖昧な規定をどのように理解すべきか，学界は比較的徹底した研究討論会を行い，様々な見解が出された。

　主要なものに「四条境界説」「五条境界説」「七条境界説」「九条境界説」「十条境界説」がある[57]。そのうちあるものは実際の司法の実践に基づくものや，あるものは司法実践に指導的な役割を果たすものがある。しかしいくらか不足したところも存在している。学界に様々な見解を引き起こす原因は「必ずしも即刻執行しなくてもよい」という規定の不明確さにあり，これは非常に曖昧な用語であるといわねばならない。「殺人を少なく，殺人を慎む」思想を徹底するために，法律執行の随意性を減少させ，司法運用する中で死刑執行猶予を宣告せねばならないのに宣告せず，宣告しなくてもよいのに宣告するような情況は避けねばならない。筆者はこの条文で生死に関わる「即時執行しなくてもよい」との条項は，合目的性の原則に基づき，「必ず即時執行しなければならない」具体的な規定を限定解釈して，死刑執行猶予の適用条件を緩和すべきだと考える。立法上まだ具体的な規定の条件下では，実際の法運用において次の幾つかの情況に対して，一般に「即時執行しなくてもよい」と見るべきである。

①罪は死刑に相当するが，犯罪者が犯行後素直に自白し，罪を悔い改め，自首し，あるいは罪を埋め合わせるだけの功績を挙げたとき。
②罪は死刑に相当するが，被害者も一定の過失があったとき。
③罪は死刑に相当するが，共同犯罪において主要な役割を果していないとき。

---

56) 馬克昌「論死刑緩期執行」(『中国法学』，1999年，第2期)，113頁。ある学者は，我が国の刑事立法はまず「死刑はただ犯罪行為が極めて重大な犯罪者にのみ適用する」という規定に通例を作らなければならず，死刑執行猶予は「即刻執行しなくてもよい」ときの特例であるという。つまり論理上では，まず死刑に処すと考えるけれども，ただ死刑の執行には緊迫性がないときに死刑執行猶予を適用することは矛盾しておらず，死刑執行猶予は犯罪行為が極めて重大な犯罪者に適用する通例で，実際に死刑を執行するのは幾らかの法定条件が備わったときの特例であるとする。盧建平「死緩制度的刑事政策意義及其拡張」(陳興良・胡雲騰主編『中国刑法学年会文集』第一巻：死刑問題研究(下冊)，中国人民公安大学出版社，2004年)，723頁。

57) 例えば，「九条境界説」は死刑即刻執行と死刑執行猶予の裁量の境界を，9つの方面から探究している。馬克昌主編『刑罰通論』根拠1997年刑法修訂(武漢大学出版社，1999年，第2)，432-436頁。

④罪は死刑に相当するが，直接的な証拠が乏しく，留保の余地を残すべきとき。

⑤罪は死刑に相当するが，政治・外交上，国家の特別な政策に照らし合わせて考慮せねばならないとき。例えば外国人・華僑・中国に帰国定住している華僑・台港マカオの者，宗教者，少数民族および国内外に大きな影響力のある人物の犯罪に対しては，できる限り死刑執行猶予の適用を考慮すべきである。

司法活動において，大量に存在する「疑わしき罪は軽きに従う」現象[58]は，「有罪推定有罪」思想の反映であり，容易に救済し難い重大な冤罪を作り出す可能性があり，必ずや是正しなければならない。

2．死刑執行猶予の処理について。死刑執行猶予の観察期限について，法律では明確に2年と規定する[59]。とともに死刑執行猶予期間においては，死刑執行猶予犯罪者といった異なった表現により，97刑法第50条は3種類の異なる法律を規定するという結果をもたらした。1つは「もし故意の犯罪がなければ，2年満了の後に，減刑されて無期懲役となる」。2つ目は「もし確実に大きな功績があれば，2年満了の後に，減刑されて15年以上20年以下の有期懲役となす」。3つ目

---

58) 被告人が告発された犯罪事実が，調査した結果事実であることが判明すれば，直ちに法に従って死刑を適用し，即刻執行すべきである。しかし有罪の証拠が十分でなく，事件の事実認定に疑問の余地があるならば，死刑を即時執行して取り返しのつかない結果になることを回避するためにも，また同時に犯罪者が法の網から逃れられないようにするためにも，死刑執行猶予2年に処すのである。被告人に「生きる路をのこす」と同時に，裁判官自身も「退路を残す」のであり，それはその後新証拠が出てきた際，事後救済を行えるようにするためである。杜培武事件では，杜培武は一審の昆明中級法院では，殺人罪により1999年2月5日に死刑判決を言い渡され，政治権利を終身剥奪された。雲南省高級人民法院はこの事件の二審で，本事件の主要証拠は事実であるが，なお排除できない疑いがあるとして，1999年11月12日に余地を残す形で，杜培武に死刑判決を下し，執行まで2年の猶予を与えた。これはその1つの典型である。『杜培武錯案的前前後後』，http://unn.people.com.cn/GB/channel123/176/842/200011/08/6165.html。

59)「現在の犯罪者が死刑執行猶予について，薬物依存を完全に脱するには，2年の観察期間は明らかに短過ぎ，5年か10年に改めるべきで，そのようにして初めて死刑の威嚇力が本当に体現できる」。郭永「我国死刑制度立法之思考」(http://www.iolaw.org.cn/shownews.asp?id＝11948，2005年5月24日ダウンロード)を参照。

は「もし故意の犯罪で，調査して事実である事が証明されたら，最高人民法院の執行許可により，死刑が執行される」。後二者の情況は以前の刑法と比較して，どちらも死刑執行猶予の犯罪者への処罰を強めている可能性があるので，若干の分析を行うこととする[60]。

(1) 79 刑法の元来の規定では，減刑して「15 年以上 20 年以下の有期懲役」になる際の条件は「もし確かに悔い改め功績があったならば」ということであった。1997 年に刑法を改訂したとき，「確実に大きな功績があれば」と改めたが，このような改定は決して妥当とはいえない。なぜなら現行刑法に基づけば，確実に大きな功績があってようやく「15 年以上 20 年以下の有期懲役」に減刑されるが，「普通の功績がある（大きな功績ではない）」だけで「故意の犯罪がない」のと同等の待遇を享受する。つまり二者は少しも差別無く同様に減刑されて無期懲役となるのであるが，これは明らかに功績がある者に対する不公平である。故にこのところを改めて「確実に悔い改めかつ功績のある者，あるいは大きな功績のあるもの」とする方がよい。このような，功績があることと，故意の犯罪がないことを区別して扱うだけでなく，普通の功績と大きな功績のある死刑執行猶予犯罪者に減刑する際の年限にも区別を加えるべきである。もし一般的な功績があるだけならば，18 ～ 20 年内の幅で減刑を考慮し，もし大きな功績があるならば，15 ～ 18 年内の減刑を考慮する。このように区別して対応すれば，死刑執行猶予犯罪者の改悛に有用であろう。何が大きな功績にあたるかは，刑法の「減刑」項目で関連する規定を参照すべきである。

(2)「もし故意の犯罪が，調査して事実であることが判明すれば，最高人民法院の審査・許可によって死刑を執行する」。79 刑法は，もともと死刑執行の条件として「矯正を拒み，情状悪質で，間違いがないことが確かめられた場合」と規定していた。何をもって「矯正を拒み，情状悪質」というのか，刑法学界の意見

---

60) 死刑執行猶予の期間に余罪が見つかればどのように処理をするかは，法律の空白部分である。張泗漢に研究がある。張泗漢「死緩制度的適用与完善」（陳興良・胡雲騰主編『中国刑法学年会文集』第一巻：死刑問題研究（下冊），中国人民公安大学出版社，2004 年），719-720 頁を参照。

は一致せず，様々な意見が出されておりはっきりとしてはいない。そこで97刑法は改めて「故意の犯罪」とし，多くの意見が入り混じって一致しない難題を解決したのではあるが，しかしこの改変の結果，かえって死刑の適用をある程度拡大してしまったのである。

97刑法第50条の規定に基づき，ただ死刑執行猶予犯罪者は死刑執行猶予期間中に故意の犯罪行為を犯せば，故意犯罪の種類や犯罪情状の軽重を論ぜず，すべて死刑を執行することができる。さらに97刑法以前は，「矯正を拒み，情状悪質」とは，一般に殺人・組織的脱獄・脱走逃亡・武装者の銃器強奪等，すべてが重大な故意犯罪行為と理解されていた。比較していえば97刑法は情状の軽重や主観的な悪性の大小を問わない，あらゆる故意犯罪をすべてその中に包括しており，範囲が非常に広いだけでなく，その規定する死刑執行猶予犯罪者への死刑執行要求はさらに低くなっている。実際，ある故意犯罪（例えば挑発を受けて激怒した状態での故意の軽傷罪）の社会危害性は小さいが，重大過失罪はそれよりもいっそう社会への危害は少ない。この種の死刑執行猶予犯罪者に死刑を執行することは，中国の少殺堅持の死刑政策と矛盾しており，死刑執行猶予制度の目的実現に不都合である。よって当該条文を改定して「もし故意に罪を犯し，捜査して事実であることが証明されれば，5年（ある者は「3年」と考える）以上の有期懲役を宣告し，最高人民法院の執行許可によって，死刑を執行する。」[61]とすべきであろう。

死刑執行猶予期間に故意に犯罪を犯したが，大きな功績を挙げた犯罪者に対して，どのように処理すべきであろうか。死刑を執行するのか，あるいは減刑して有期懲役となすのか。これは97刑法第50条規定中に触れられていないが，理屈の上からは，存在し，かつ司法実践において回避することのできない法律適用上の問題である。この問題に対して，目下，学界においてはいまだ広範に討論されるに至っていないし，相当する司法解釈が実際の面で執行に役立っていないのである。

---

61) 最高人民法院はかつて事務庁の名義で，全国人民代表大会常務委員会法制工作委員会に書簡を出し，「死刑執行猶予における死刑執行条件について，これを厳格に制限しなければならない。刑事訴訟法ですでに決定した死刑執行猶予2年の観察期間に故意に犯罪を犯すという条件以外に，まだ「情状悪質」等の制限条件を加えねばならない。」と建議した。1996年11月12日最高人民法院事務庁『関于対〈中華人民共和国刑法（修訂草案）〉（徴求意見稿）的修改意見的函』およびその付属文書を参照。

ある人は，刑法は死刑執行猶予期間に故意の犯罪がありそれが間違いないことが証明されれば，死刑が執行されるべきで，たとえ大きな功績があっても死をまぬがれることはできないという。かかる主張はいささか問題である。なぜなら，このようなやり方では犯罪人を悪から善へ改めるのに益さず，「厳格な死刑の制限」政策とも相容れない。

　ある学者は，大きな功績がある者について，たとえ故意の犯罪による社会的な危害が特に重いといえども，死刑執行を制限する点からいえば，死刑を執行しなくてもよいという。ただ，かかる故意の犯罪は社会危害性が特に重く，その他，配慮の余地が全くない者に対しては，死刑の執行を裁定せねばならぬ。この観点も合理を尽くしていないといえよう。

　これに対して，ある学者は1つの折衷案を提出した。故意の犯罪による社会への危害性と大きな功績の実際の情況を全面的に考慮し，97刑法第68条の規定を参照して，臨機応変に対応すべきだと。もし故意の犯罪で，社会への危害が小さくて大したことがない上，大きな功績のあるもの，あるいは故意の犯罪で社会への危害性の程度は大きいが，功績が大きくて突出しているならば，すべて2年満了以後に減刑して15年以上20年以下の有期懲役となす。また大きな功績はあるが故意の犯罪による社会への危害程度が特に重い場合は，調査して事実だと判明すれば，死刑の執行を考慮すべきであるという。当然これらの問題は最終的に解決する必要があり，さらに関係する司法解釈の制定を待たねばならないのはいうまでもない。立法上の欠点については，根本的には今後の立法において完備しなければならない問題であろう。

　3．死刑執行猶予を変更して死刑即時執行となった場合，2年満了を待って執行せねばならないのか。これに対して，刑法学界に2つの異なった認識がある。

　1つの観点は，死刑執行猶予犯罪者の2年の観察期間に故意の犯罪が調査して事実であることが判明すれば，2年満了を待つ必要はなく即刻死刑を執行することができる，というもので[62]，もう1つの観点は，必ず2年満了を待って初めて死刑を執行することができるという見解である[63]。筆者はこの2つの説は，どち

---

62) 高銘暄・李文峰「従〈公民権利和政治権利国際公約〉論中国死刑立法的完善」（高銘暄・趙秉志主編『刑法論叢』，第5巻，法律出版社，2002年），124頁。

らも論を尽してはいないと考える。なぜなら死刑執行猶予の主旨は，犯罪者に更正の道を開くためにあるはずだからである。これは死刑執行猶予犯罪者に執行を2年猶予するという表現を総合的に考察すれば，2年満了を待たずに死刑を執行するのは死刑執行猶予の主旨と矛盾し，厳格に死刑を制限するとも反する。様々な情況のもと，死刑執行猶予を死刑即時執行に変更するには，必ず2年満了以後にせねばならない。即ち死刑執行猶予判決の確定の日より2年以内に，死刑執行猶予犯罪者に対して死刑を執行することができないのである。しかし死刑執行猶予犯罪者の2年の観察期間における故意の犯罪については，その新しい罪がまた「犯罪行為が極めて重大」な死罪（例えば故意の殺人）に属し，そのことが捜査の結果，事実であると判明すれば，必ずしも2年満了とならずとも即時に死刑を執行しても差しつかえなかろう。

(3) 死刑罪名設置の欠陥と建議

1つの国家の死刑立法を分析すれば，一般にまずは死刑罪の設置情況を理解しなければならない。世界の死刑を設置する国家・地域と比べれば，中国現行刑法の死刑罪は広範で量も多く，死刑罪を設定するに不合理な問題が多い。以下，筆者は中国現行刑法の死刑罪について分析を試みるとともに，死刑罪の合理的設定についての考えを述べてみよう。

① **死刑罪名設置の欠陥およびその合理的な設置の基準**

79刑法の死刑についての規定は，15条28種に止まっていた。基本的には，これは軽度な刑法であったといってよい。その後，全国人民代表大会常務委員会が相前後して13の『決定』と『補充規定』を可決して死刑を規定し，新たに死刑罪名49を増やして死刑数量は急激に増えることとなった。死刑の範囲は，79刑法中の国家安全を害する罪，公共安全を害する罪，公民の身体的権利・民主的権利を侵す罪，横領罪から大して，婚姻を妨げる家庭犯罪を除いた刑法各則の各章に渡り，死刑犯罪に関する部分は明らかに多過ぎ，広範に過ぎ，度を越している

63）張明楷「刑法学者如何為削減死刑作貢献」（陳興良・胡雲騰主編『中国刑法学年会文集』第一巻：死刑問題研究（上冊），中国人民公安大学出版社，2004年），412-413頁。

と思える。死刑法の拡張，死刑罪名の絶え間ない増加は，中国学術界でも高い注目を集めるようになり，多くの学者は死刑の適用範囲を縮小し，死刑罪を減少することを主張した。死刑の制限と減少の呼声が大きいため，刑法改定にあたっては，死刑法を拡張する主張は立法者に受け入れられてはいない[64]。1997年に可決・施行された刑法には，死刑の制限と減少の趨勢が表れてはいるが，死刑を削減する足取りは非常に慎重だといわねばならない。

97刑法を詳しく見れば，その死刑の適用範囲は依然として非常に広範で，死刑罪名の設置は不合理である。その主要なところは以下のものである。

1．死刑を適用する罪の種類が甚だ多い。79刑法が死刑を適用する罪の類別は，類別した犯罪総数の50％であった。97刑法がでる直前には，この比例は単行刑法の改定を経て67％に達していた。さらに97刑法では90％に達し，死刑は刑法各則の各章中に浸透したといってよく，普遍に適用される刑種の一種になってしまった[65]。

2．死刑罪の数が多い。97刑法には413種類の罪名があり，死刑を適用できるものは68種，全罪名の16％強を占める。死刑罪数の多さでは，世界各国の刑法のうちでもトップクラスである。ここから，我々の現代刑法は死刑法典とも称することができよう[66]。

3．死刑罪名の設定に誤りがある。主に経済犯罪と財産犯罪に死刑適用の罪名が甚だ多く，社会の価値観念と今日世界における刑罰軽減の趨勢とは矛盾している。

4．死刑に処す罪名の選定に関する規定が細分化されていない。97刑法は，かつての強姦罪（幼女強姦罪を含む）・強盗罪・横領罪の適用条件を具体化したが，その他大多数の罪名，例えば窃盗罪の死刑適用条件にも改めて取り扱いを定めて，好意的に受け入れられた[67]。しかし「10年以上の有期懲役か，無期懲役か，あるいは死刑」に処すことのできる罪名が合計35個もあり，全死刑罪名の50％

---

64) 趙秉志・肖中華「論死刑的立法控制」（『中国法学』，1998年，第1期），30頁。
65) 張文・劉艶紅「〈公民権利与政治権利国際公約〉対中国死刑立法的影響（続）」（『中国青年政治学院学報』，2000年，第2期），67頁。
66) 陳興良・梁根林「合理地組織対犯罪的反応」『刑事法学』（2002年，第3期），10頁。もと『金陵法律評論』2001年秋季巻。

以上を占めている。関連する司法解釈も完備しておらず，死刑判決を選択するべき方法はなお細分化されるべきである[68]。

　死刑罪設定上のこれらの欠陥は，必ず改変しなければならない。いかに死刑罪を制限すべきかについては，学者たちは多くの意見を出し議論を行っている。ある者は，死刑罪は国家の安全や公共の安全を害し，人身権利を侵す犯罪に限定すべきであると考える。ある者は死刑罪をこういった数種類の犯罪に対して行うことはよくなく，重大な暴力犯罪の範囲の中で限定を加えるべきであると考え，ある者は上述の制限範囲には同意するものの，戦時の軍事犯罪を死刑範囲外に置く事は不可能だと考える。また経済犯罪と財産犯罪による死刑の減少や廃止を主張する者もいる[69]。またある学者は，死刑を制限廃止する措置とその「百年の夢」を探究する[70]。これらの観点と建議には一定の合理性があるが，その理論的な根拠は精緻さに欠け，説得力に乏しいようである。筆者から見れば，「死刑の厳格な制限」政策は貫徹しなくてはならず，理にかなった死刑罪名を設置するには，

---

67) この方面は，さらに細分化されなくてはならない。例えば刑法第263条の強盗罪を死刑に処す情状については，すでに細分化されて8項目の具体的規定となっているが，数量が欠乏している。例えば「侵入強盗；公共交通機関での強盗；軍人・警官と偽る強盗；銃を持つ強盗」等の項目の規定について，なおさらに厳格な具体的規定を加えるべきである。

68) この方面に注目に価する対応策の一例を挙げる。学者は「10年以上の有期懲役か無期懲役かあるいは死刑に処す」の法定刑を，2つの量刑等級の法定刑に分けるべきだと建議する。即ち有期懲役を1つとし，無期懲役あるいは死刑を1つとする。これは，量刑度合の広過ぎる法定刑は，実際には有効に使用しにくく，容易に各地で量刑上の均衡を失い，客観的にも死刑の適用範囲を容易に拡大する。しかし2つの等級に法定刑を分ければ，刑事訴訟法に関連する判決管轄規定と結び付き，司法活動において執行するのに便を供する。周道鸞「論立法上和司法上厳格限制死刑的適用」(陳興良・胡雲騰主編『中国刑法学年会文集』第一巻：死刑問題研究（上冊），中国人民公安大学出版社，2004年)，519頁。

69) 馬克昌主編『刑罰通論』根拠1997年刑法修訂（武漢大学出版社，1999年，第2版)，120頁。

70) 胡雲騰『死刑通論』（中国政法大学出版社，1995年)，302-30頁。夏勇はこの基礎の上に尚20年短縮できるという。即ち2075年前後に至って死刑を廃止できると考えている。夏勇「中国廃除死刑応有的観念準備」(陳興良・胡雲騰主編『中国刑法学年会文集』第一巻：死刑問題研究（上冊)，中国人民公安大学出版社，2004年)，250頁。

刑罰の目的の中からその答えを探さなければならないと考える。

　刑罰の目的とは刑法理論中極めて重要な問題の1つであり，それは刑罰の制定や適用のすべてに直接的な指導的意義がある[71]。何が刑罰の目的というのかについては，国内外の法学界に絶え間ない論争がある。それは，主に応報と予防の2面，ある者は刑罰の目的は応報だと考え，ある者は予防と考えるわけだが，刑罰の目的は応報と予防の弁証法的統一とするのが，どちらかといえば権威のある見方といってよかろう。

　応報が刑罰の目的だというのは，犯罪者に刑罰を適用する理由は彼が罪を犯したからであり，犯罪の処罰を通じて社会の正義観念を表し，社会の心理秩序を回復するということを指す[72]。「正義」とは，英語では「公正」や「平等」などと同じ範疇に属するが，刑罰について表現するときには，罪に対して当然受けるべきものを根底においた刑罰である必要がある。正義（公正，平等）観念は罪と刑が適応していて，等価性を有していること，つまり罪刑の等質・罪刑の等価を要求する。重い刑は害悪性が大きい犯罪にのみ適用し，軽い刑は害悪性の小さい犯罪のみに適用するのである。死刑は犯罪者の生命を奪う刑罰であるが，殺人も生命を奪う内容であり，生命と生命は等価値であり，死刑と殺人罪の間は価値が等しく，殺人罪に死刑を処すことは社会正義（公正，平等）観念に合致するということになる。社会の価値体系において，国家の安全と社会の公共安全の価値は人の生命価値よりも高い。死刑以上に厳しい刑罰は存在しないので，死刑と国家の安全および公共の安全の間には，価値が等しいという公正性があり，これにより死刑は侵した対象の価値が生命価値と同等以上の犯罪に適用されて，初めて応報の目的と合致するのである。

　同時に，死刑は最も重大な刑罰になるが，ただ最も重大な犯罪に適用されてこそ，初めて公正性があるということができる。死刑は侵した対象の価値が人の生命の価値より低くない犯罪の中でも，最も重いものに適用するかどうかで，死刑適用が公正合理的であるかどうかのメルクマールとなろう。

　予防が刑罰の目的だとするのは，犯罪者に刑罰を適用する理由を犯罪予防の為だとし，犯罪の懲罰を通じて，社会の功利観念を実現して社会の法律秩序を維持

---

71) 陳興良『刑法哲学』修訂本（中国政法大学出版社，1997年改訂版），346頁。
72) 陳興良『刑法哲学』修訂本（中国政法大学出版社，1997年改訂版），360頁。

する，ということを指す[73]。英語では「功利」と「価値」「効果的利益」は同じ範疇に属する。功利（価値，効果的利益）観念は刑が犯罪を防止することを要求し，国家の設置した刑罰は犯罪発生を抑制する作用を持つものとする。ただ現実には，国内での死刑の増加と運用は，高い犯罪率を抑制するに効果があがっていないのである。特に経済犯罪，財産犯罪と汚職の増加が著しいが，その動機はすべて利を得るためであり，人の生命を奪うことではない。これに対して死刑を適用するのは，あたかも「鶏を殺すのに牛刀を用いる」ようであり，重刑で軽罪を治めるのは効果的利益ではないといえよう[74]。理論の上からいえば，ただ1種類の刑罰が剥奪するものが犯罪者の最も希望するものということで，初めて最大の威嚇性と功利性を備えたものだとなろう。故意に他人の生命を剥奪したのではない犯罪を処罰するのに生命刑を適用することは，功利の効果を生み得ず，刑罰による予防の役割を果たせない。

　筆者は死刑を量定するにあたって，厳格な死刑制限を基本方針としつつ，侵した対象の価値が人の生命価値と同等以上の犯罪のうち，最も重大な犯罪に死刑を適用することを基準とし，各則の死刑条項が総則の死刑立法精神・条件を確実に貫徹することを原則とすべきであり，各則中の死刑罪名を大巾に削減して，立法上の死刑罪名を死刑設置の合理性のある要求と正しく合致させなければならないと考えている。

② 死刑罪名の存廃についての具体的な建議

　上述の死刑量定基準に基づいて，中国現行刑法の死刑罪名は以下のごとく取捨されなければならない。

1．社会主義市場経済秩序破壊罪，財産侵害罪，社会管理秩序妨害罪，国防利益を害する罪と瀆職と賄賂に含まれる死刑罪の廃止。

　現行刑法は，各則10章中の9章，合計47の条文に68種の死刑罪を設定している。そのうち刑法分則第3章の社会主義市場経済秩序破壊罪に「偽薬の生産・

[73) 陳興良『刑法哲学』修訂本（中国政法大学出版社，1997年改訂版），361頁。

74) これは即ちJeremy Benthamがかつて指摘した4種類の不適当な刑罰の1つである「無益な箇所（unprofitable）」である。つまり代価の高過ぎる刑罰であり，また刑罰の悪害が犯罪の悪害を超える。呉宗憲『西方犯罪学』（法律出版社，1999年），62頁を参照。

販売罪」等16種類の死刑罪を規定し，第5章の財産侵害罪に「強盗罪」と「窃盗罪」2種類の死刑罪名を，第6章の社会管理秩序妨害罪に「犯罪方法伝授罪」等の8種類の死刑罪名を，第7章の国防利益を害する罪に「武器装備，軍事施設，軍事通信破壊罪」と「基準を満たさない武器装備・軍事施設の故意による提供罪」の2種類の死刑罪を，第8章の瀆職賄賂横領罪に「瀆職罪」と「収賄罪」の2種類の死刑罪名を規定する。これら5種類の罪は，主観的に見ても国家の安全を害する故意を備えていないばかりか，人民の生命を直接剥奪する故意も見られず，その侵犯する対象の価値は人の生命の価値よりも低く，死刑の適用基準に合しない。以上5種類の罪にある30個の死刑罪名は，すべて廃止すべきである。中国は経済犯罪に対して実に多くの死刑を規定し[75]，まこと，世界各国の刑事立法の中でも特異な存在となっている。死刑を設置する外国は，一般にはただ謀殺罪，国事犯罪，軍職罪等幾つかの極めて重大な犯罪に死刑を適用するのみで，これら5種類の犯罪に対して死刑を適用するのは異例である。

---

75) 現在，経済犯罪について死刑を直ちに廃止しようという構想は，なお民衆および政府の支持を得られていない。例えば2004年に上海社会科学院法学所の蕭中華らが提出した「暴力犯罪でない経済犯罪・財産犯罪・社会管理秩序妨害罪に規定される死刑については，すぐにこれを廃止すべきだ」(「専家建議：免除経済犯罪死刑」http://www.people.com.cn/GB/paper83/13020/1170049.html) との見方は直ちにネットユーザーに糾弾された。2006年3月の全国「両会」(全国人民代表大会と政治協商会議) 開催期間に，全国人大代表・省高院院長の江必新は第十回全国人大四次会議に刑法改定議案を提出，「薬物犯罪を除き，密貿易・窃盗・汚職・収賄・文化遺跡古代墓の盗掘など利益を貪る犯罪については，死刑を順次廃止すべきだ」(唐薇頻「湖南省高院院長江必新建議逐歩廃除貪汚受賄罪死刑」http://www.crcfn.com.cn/details.asp?id=1018，2006年9月22日ダウンロード) と提議したが，たちまちネットユーザーから抗議の声が巻き起こった。翌日，最高人民法院院長の肖揚は「湖南省高級法院院長江必新は今回の人代会で刑法改定の議案を提出して，汚職罪・収賄罪などの経済型犯罪について死刑の取消をいいましたが，あなたはどうお考えですか」との記者の質問に，「現在はまだ国情に合っておらず，死刑を廃止することはできない。我が国の現行法には死刑廃止を求めるのに関連した条款規定はない。我が国の刑法は死刑の保留を明確に規定しているが，我々は死刑を慎重に適用し，人権を確保していかねばならない」(廖衛華「肖揚称中国還不能廃除死刑 応慎用確保人権」，http://www.ishang315.com/Html/LianHui/20060312160259.html) と表明せざるを得なかった。

2．国家の安全を害する罪における一部の死刑罪の維持

刑法各則第1章の国家の安全を害する罪には，7種の死刑罪名が規定される。国家の安全を害する罪が侵犯するものは国家の安全である。国家の利益は何よりも高く，国家の安全の価値は個人の生命の価値より大きい。この章の死刑量定については，罪刑の等価・罪刑の均衡の観念に合致している。しかし，あらゆる国家の安全を害する罪に対してその軽重をはからずに，すべて死刑を適用することはできない。なぜなら，幾つかの犯罪は性質の上では国家の安全を害することに属するが，全体的に見れば直接には国家存立の根幹を害するわけではなく，故意に人を死に至らしめる要素もないからにほかならぬ。例えば「投降，裏切りの罪」「スパイ罪」「他国のために国家の秘密情報を窃取，偵察，買収，不法提供する罪」「利敵罪」等に対して死刑を適用するのは，死刑は侵した対象の価値が人の生命価値と同等以上の犯罪のうち，最も重大な犯罪に死刑を適用するという基準と合致してはおらず，以上4種の犯罪の死刑は廃止すべきである。国家の安全を害する罪に保留すべきは「国家への裏切りの罪」「国家の分裂を謀った罪」「武装叛乱・騒乱罪」の3種の死刑罪名のみであると考える。

3．公共の安全を害する罪での一部の死刑罪名を削減，合併する

刑法分則第2章の公共の安全を害する罪には，14種の死刑罪名が規定されている。その中の「不法に銃・弾薬・爆発物を製造・販売・輸送・郵送・保有する罪」「不法に危険物質を製造・販売・輸送・貯蔵する罪」「銃・弾薬・爆発物・危険物質の窃盗・強奪罪」「銃・弾薬・爆発物・危険物質の強盗罪」の4種は，銃や危険物質に関係する犯罪ではあるが，直接に人民の身の安全に危害が及ぶものではないので，以上4つの罪の死刑は廃止すべきである。なぜなら単純に銃や危険物質に関係する犯罪は，本質上，国家による特定の対象，即ち銃・弾薬・爆発物・危険物質の統制を害してはいるが，それがもたらす直接の結果は，銃・弾薬・爆発物・危険物質の国家統制の喪失と社会治安の秩序の混乱である。その製造が人の体・財産の安全を侵すことになるのは，その後に続く間接的行為によるものに過ぎない。もしこれら銃・弾薬・爆破物・危険物質が他人の手に渡り殺人などの犯罪に用いられれば，犯罪の実行者は刑事責任を負わねばならないが，しかし銃・弾薬・爆破物・危険物資を製造・販売・輸送・郵送・貯蔵，ないし窃盗・強奪・強盗した人が殺人の責任を負う必要はない。したがって，かかる死亡と因果

関係になく，社会への危害性が極めて大きい段階までにはなっていない銃や危険物質に関する犯罪に死刑を処すのは適当でないのだ。

「放火罪」「溢水罪」「爆破罪」「危険物資供給罪」「危険な方法で公共の安全を害する罪」「航空機ハイジャック罪」「交通機関破壊罪」「交通施設破壊罪」「電力設備破壊罪」「可燃可爆設備破壊罪」は，不特定多数の人身・財産の安全を侵害し，そこから生じる危害は，往々にしてある人の一人命やある1つの特定物質の損失に止まらず，多くの人員を死傷させ，公私の財産を大量に破損し，その危害が極めて大きい。そのため，この10種の犯罪に死刑を適用するのは，死刑適用の基準に合致しており，死刑は維持しておかなければならない。その中の「交通機関破壊罪」と「交通施設破壊罪」は直接の被害対象は公共交通の安全であり，刑法はこの2種の死罪を合わせて「交通安全を害する罪」として死刑を適用すべきである。それに応じて電力設備も可燃可爆設備に属するので,「電力設備破壊罪」を「可燃可爆設備破壊罪」中に入れて差しつかえない。かくして公共の安全を害する罪には，わずか8種の死刑罪名が残るのである。

4．公民の身体的権利・民主的権利を侵す罪で，故意による殺人罪による死刑のみを残す

97刑法は5種の公民の身体的権利侵害に関して死罪を適用した。即ち「故意殺人罪」「傷害罪」「強姦罪」「拉致罪」「婦女・児童誘拐罪」である。これら数種の死罪中，故意殺人罪は故意かつ不法に他人の生命を奪う行為であり，その侵犯対象は他人の生命権である。憲法と法律で保護する公民の諸々の身体的権利の中で，生命権は最も重要な権利であり，人間生存の価値体系の中でも，生命の価値は最も重要である。故意殺人罪は最も重大な刑事犯罪の一種であり，それに対して最も重い刑罰を設置せねばならない。世界中の死刑を設置するほとんどの国家は，すべて計画的殺人を死刑の第1の罪名としている。故意殺人罪に死刑を存留させるのは当然のことである。この外，4種の罪は，重大な刑事犯罪に属すが，その社会に対する危害性は殺人罪より相対的に1級低い犯罪であるため，死刑の適用基準に合致せず，死刑を適用すべきではない[76]。

5．軍人の職責違反罪において一部の死刑罪名を保留する。

世界中の多数の国家は，軍職罪に対して死刑を適用している。中国の97刑法

は，軍人の職責違反罪の犯罪条項に，11個の条文を用いて12種の死刑罪を規定している。この死刑罪名は合計31個の罪名中38.71％も占めており，これは国家の安全を害する罪が占める58.33％に次ぐ割合の高さである。しかも実際の情況から見れば，軍事犯罪に対するこれほど多く死刑を規定するのは，万一のための備えである。この12種の死刑犯罪中「敵に投降する罪」「軍人の裏切り逃亡罪」「軍事職務の執行阻害罪」「戦時にデマで衆人を惑わす罪」「武器装備・軍用物資の窃盗・強奪罪」「武器装備の不法売買・譲渡罪」「他国のために国家の秘密情報を窃取，偵察，買収，不法提供する罪」「住民を殺害し，財物を略奪する罪」の8種の犯罪は，その社会危害性が小さいことから，死刑の適用基準に合致せず，その死刑の配当は廃止すべきである。「戦時に命令に抵抗する罪」「軍事情報を隠蔽・虚偽報告する罪」「軍令の伝達拒否・偽伝達罪」「戦時・出征時の逃出罪」の4罪の侵犯対象は，自身の作戦上必要なものであり，これは，国家利益の重要な部分で，国家の主権・領土保全・公民の安否に関連している。戦時においては，この4種の犯罪は戦闘や戦役に重大な損失を引き起こすことから直接国家の安全および人員の死亡原因となりかねず，死刑を残しておかなければならない。

上述したことをまとめると，中国刑事法における死刑罪の適用は，国家の安全侵害，公共の安全侵害，公民の身体的権利侵害，軍人の職責違反の4種類の罪に制限しなければならない。具体的には以下の如き対応となろう。

国家の安全侵害罪では，わずかに国家反逆罪，国家分裂罪，武装叛乱・暴乱罪の3種に死罪を存留する。

公共の安全侵害罪では放火罪，溢水罪，爆破罪，危険物資供給罪，危険な方法で公共の安全を害する罪，航空機ハイジャック罪，交通の安全を害する罪，可燃可爆設備破壊罪の8種に死罪を設置する。

また公民の身体的権利侵害罪では，殺人罪の1種に死罪を残す。

軍人の職責違反罪中では，戦時に命令に抵抗する罪，軍事情報を隠蔽・虚偽報告する罪，軍令の伝達拒否・偽伝達罪，戦時・出征時の逃出罪の4種に死罪を残す。

---

76) 第2,3,4点について，趙秉志はかつて刑法中の死刑罪名を国家の安全，公共の安全への侵害や公民の身体的権利侵害など数種の被害甚大な犯罪に制限し，絶対多数の経済犯罪，財産犯罪やその他一部の刑事犯罪に対しては死刑を廃止すべきであると主張した。趙秉志『刑法改革問題研究』（中国法制出版社，1996年），119-120頁参照。

かくして，中国刑法に適用された死刑罪は，上述した16種に限り，その他の各罪はすべて死刑を設置すべきではない（表8-2を参考）[77]。こういったの措置は厳格な死刑制限の政策を具現し，世界における刑罰人道化の趨勢と符合しており，確実に行うべきであると私は考えている。

③ 死刑適用論争の活発な犯罪についての分析

死刑罪適用の上で，中国の多くの学者は深い探究を行い，様々な存廃意見が出されており，筆者も大いに啓発を受けている。紙幅の都合上，現行刑法の死刑罪名68種の存廃理由を逐一述べることはできないが，死刑存廃論議がある幾つかの比較的大きい犯罪に焦点を当て，分析を加えることとする。

1．経済犯罪は死刑を適用できるか。

すでに述べたように，経済犯罪の定義およびその具体的な範囲は，中国刑法学界に今なお統一的な認識はない。ここでの経済犯罪は，もっぱら刑法各則第3章に規定された社会主義市場経済秩序破壊罪を指す。この罪は79年刑法中の社会主義経済秩序破壊罪と，その後補充された刑事立法中に関連する経済犯罪に淵源を持つ。経済犯罪に死刑を適用できるかどうかは，刑事法において検討すべき中心的問題の1つであり，学者たちにも様々な意見がある。

1つ目の意見は，経済秩序を破壊する犯罪が侵害した財産利益や経済利益は，生命の価値とは等しくはなく，その危害の質と大きさは，ともに国家の安全や公共の安全，人の生命財産を暴力で侵す犯罪より小さいことは明らかであり，経済秩序を破壊する犯罪に死刑を適用すべきではない，というものである。

2つ目の意見は，今日中国における経済犯罪は多数にのぼるので，死刑を廃止してしまうことはできず，むしろ死刑は独特の予防効力を持ち，死刑は考慮すべき独自の予防効果を有する厳格な威嚇手段であることは間違いない[78]。

3つ目の意見は，中国の経済犯罪での死刑適用についての研究は，中国の現実

---

77) 当然，中国刑法上に増設され一度も適用されたことのない「種族滅絶罪」の死刑罪名を考慮すべきである。

78) 陳澤憲「刑事法制発展与公民権利保護」（夏勇主編『走向権利的時代』，中国政法大学出版社，1995年），452-453頁。

II 社会と死刑

表8-2 中国現行刑法の死刑罪名存廃建議一覧表

類罪名称	廃　止	存　置
国家の安全を害する罪	1, 投降、裏切りの罪；2, スパイ罪；3, 他国のために国家の秘密情報を窃取、偵察、買収、不法提供する罪；4, 利敵罪	1, 国家反逆罪 2, 国家分裂罪 3, 武装叛乱・騒乱罪
公共の安全を害する罪	5, 不法に銃・弾薬・爆発物を製造・販売・輸送・郵送・貯蔵する罪；6, 不法に危険物質を製造・販売・輸送・貯蔵する罪；7, 銃・弾薬・爆発物・危険物質の窃盗・強奪罪；8, 銃・弾薬・爆発物・危険物質の強盗罪	4, 放火罪；5, 溢水罪；6, 爆破罪；7, 薬物放射性物質・伝染病原体の供給罪；8, 危険な方法で公共の安全を害する罪；9, 交通破壊罪放火罪；10, 可燃可爆設備破壊罪放火罪；11, 航空機ハイジャック罪
社会主義市場の経済秩序を破壊する罪	9, 偽薬の生産、販売罪；10, 有毒、有害食品の生産、販売罪；11, 武器、弾薬密輸罪；12, 核物質密輸罪；13, 偽札密輸罪；14, 文物密輸罪；15, 貴金属密輸罪；16, 希少動物およびその製品密輸罪；17, 普通の貨物、物品密輸罪；18, 貨幣偽造罪；19, 共同出資偽造罪；20, 証券偽造罪；21, 有価証書偽造罪；22, 信用状偽造罪；23, 付加価値税専用輸出伝票の偽造、輸出税の不法受託付、税金手形の横領罪；24, 付加価値税専用売上伝票の偽造、および不法販売罪	
公民人身権利や民主権利を侵す罪	25, 故意傷害罪；26, 強姦罪；27, 拉致罪；28, 婦女・児童誘拐罪	12, 殺人罪
財産を侵す罪	29, 強盗罪；30, 窃盗罪	
社会管理秩序妨害罪	31, 犯罪方法伝授罪；32, 暴動脱獄罪；33, 集団武装脱獄罪；34, 文化遺跡古墓葬の盗掘罪；35, 人類化石、脊椎動物化石の盗掘罪；36, 薬物の密輸、販売、製造罪；37, 管理売春罪；38, 売春強要罪	
国防利益を妨害する罪	39, 武器装備、軍事施設、軍事通信破壊罪；40, 審査不合格の武器装備・軍事施設の提供罪	
賄賂横領罪	41, 横領罪；42, 収賄罪	
軍人職責違反罪	43, 敵に投降する罪；44, 軍事職務の執行阻害罪；45, 軍人の裏切り逃亡罪；46, 他国にデマで誘人を窃取、偵察、買収、不法物資の窃盗；47, 戦時に国家の秘密情報を窃取、偵察、不法に提供する罪；48, 武器装備、軍用物資の窃盗、強奪罪；49, 武器装備の不法売買、譲渡罪；50, 戦時に罪なき住民を殺害し、財物を略奪する罪	13, 戦時に命令に抵抗する罪；14, 軍事情報を隠蔽、虚偽報告する罪；15, 軍令の伝達拒否・偽伝達罪；16, 戦時・出征時の逃亡罪

◆ 344

の国情に立脚点を置くだけでなく，外国の発達した先進的な経験をも考慮すべきであるとする。経済犯罪の死刑適用については，完全に廃止することができないかも知れないが，反対に数量が多過ぎても適用範囲が広過ぎてもいけない。密輸罪，貨幣偽造罪，不法な共同出資罪，有価証書偽造罪，信用状偽造罪，付加価値税専用売上伝票の偽造および不法販売罪，偽薬の生産・販売罪，有毒・有害食品の生産・販売罪等を除くその他の経済秩序破壊犯罪の死刑は，すべて削除してもよいと主張する[80]。

　筆者は1つ目の意見に賛成する。なぜなら社会主義市場経済秩序の破壊が侵害する対象は，ただ国家の市場経済の管理秩序に対してであり，行為の上からいえば，経済管理法規に違反し，市場経済管理活動を破壊してはいるが，経済管理秩序の価値は明らかに人の生命価値よりも低いので，これらの犯罪のうち，どれに死刑を適用しても，みな死刑の量定基準に符合しないのである。

　世界規模で見ると，アムネスティ・インターナショナルの統計によれば，2003年末までにすでに74の国家・地域が死刑を廃止し，15の国家・地域が普通犯罪に対する死刑を廃止した[81]。この89の国家・地域は，すでに法律の上から経済犯罪と刑事犯罪に死刑を適用する規定を廃止している。死刑が存続する83の国家・地域でも，経済犯罪に死刑を適用することはほとんどなく，多くの国家・地域は経済犯罪に対する処罰を罰金・財産没収・短期監禁とし，終身監禁・長期監禁でさえも適用されることは非常に少ない。アメリカは，世界の中で経済が最も発達している国家であり，経済犯罪も突出しているが，各州が規定する死刑は例外なくすべて計画殺人罪であり，経済犯罪はない。また日本の刑法においては，18の死刑罪名は，すべて暴力と殺人に関するもので，経済犯罪への死刑適用は1つもない。またインドは人口が非常に多く，国情は中国と似ているが，その死

---

79) この欄の9，10の両罪はすべて二罪を併せて成立した新しい罪である。

80) 韓秀美・李徳貴「論我国死刑制度的立法完善」（高銘暄主編『刑法修改建議文集』，中国人民大学出版社，1997年），325頁。

81) この外，実質的に死刑を廃止している国家・地域は23あり，死刑を廃止する国家・地域の総数は112に達し，死刑を存留する国家・地域の総数は83となる。——Amnesty International Website Against the Death Penalty Abolitionist and Retentions Countries。http://www.web.amnesty.org/rmp/dplibrary（陳興良・胡雲騰主編『中国刑法学年会文集』第一巻：死刑問題研究（上冊），中国人民公安大学出版社，2004年），435頁，注1より再引用。

刑もただ国事罪・軍職罪・殺人罪等7種の犯罪に適用するのみで，経済犯罪に死刑は適用せず，社会も一様に安定している。理解し難いことは，中国の97刑法各則第3章の社会主義市場経済秩序破壊罪に設置された16の死刑罪名は，刑法で規定する死刑罪名総数の23.35％を占め，この1章の死刑罪名だけで日本刑法中の死刑罪名総数と拮抗していることである。アメリカおよびその他死刑を設置する大国に比べれば，刑法中の死刑罪名の総数はさらに多いといえよう。生命の尊さは金銭では量れず，人の生命を犠牲にして経済秩序や財産の保護するやり方は，実際には生命権を尊重しておらず，不合理でかつ非文明的，非人道的だといえよう。経済犯罪は市場経済において避けることのできない副産物だが，その発生原因は多種多様であるため，死刑の増設と多用によって日々悪化する経済犯罪を阻止しようとするのは，希望的空想であることはすでに証明されている。経済犯罪を予防し，統制するための要点は，法制を完備し，厳しく管理を行い，行政と経済罰を運用することであり，死刑に頼るものではない。かくして筆者は本章の16の死刑罪名をすべて廃止することを強く主張したい。

2．強姦罪に死刑を適用できるか。

強姦罪は公民の身体的権利を侵す重大な犯罪である。人類が階級社会になってから，様々の異なる型の国家があったが，強姦罪を重大犯罪と位置付けないものはなかった。中国79刑法第139条は，婦女を強姦したり，幼女を姦淫し，情状が特に重く，あるいは重傷を負わせ，もしくは死亡させたものは，10年以上の有期懲役か無期懲役，または死刑に処すると規定し，強姦犯罪に対して極刑をもって懲罰を施した。97刑法第236条は，旧刑法の強姦罪に対する量刑規定を引き継ぎ，強姦罪の法定刑は最高で死刑に処すことができ，死刑適用の五つの情況を明確に具体化している。

(1) 婦女を強姦したり幼女への姦淫し，情状の悪質なもの，
(2) 多人数の婦女・幼女への強姦・姦淫，
(3) 公共の場所・公衆の面前での強姦，
(4) 2人以上での輪姦，
(5) 被害者に重傷を負わせる，死亡させる，あるいはその他重大な結果をもたらすもの，

であり，実際の司法活動において適用する際の便宜を与えている。

　強姦罪に死刑を適用すべきかについて，中国の多くの学者は，強姦罪は他人の生命の安全ではなく，婦女の性の安全と，侵すことのできない性の権利の侵害でしかないが，婦女の性の権利を非常に重視する我らが社会においては，婦女の性の安全に危害を与えることは，その生命を奪うことと異ならないと考える。これにより強姦罪への死刑適用は廃止せずに残しておかなければならないと見る。

　しかしここ数年来，別の学者は，強姦罪を死刑で処罰すべきではないと考えている。なぜなら，ある種の犯罪には強姦罪への刑の量定が包括されており，その犯罪の害悪性に認められた量刑の最大限度を超えることはできないと考えるからである。強姦罪の害悪性は婦女の性の権利への重大な侵害であり，性の権利は確かに重要だが生命の権利と比べてより重要かといえばそうではない。したがって強姦罪の害悪性に認められる量刑の範囲には，死刑の量定は絶対に含まれない，というのである[82]。

　筆者の考えによれば，伝統的な刑法においては，強姦罪は婦女の犯すことのできない性の権利(貞操権とも称する)の侵害だけでなく，その犯行が直接に被害者の心身の健康に危害をもたらす重大な犯罪であるため，厳しい刑罰で処罰されるべきである。しかし婦女の貞操権と健康権は，人の生命ほど重要ではなく，死刑の適用基準には当てはまらない。まして今日の世界では一般強姦罪に対する立法の趨勢は，婦女の人身健康を侵害する犯罪の一種とは見なさずに，性の自己決定・性の自由を侵した犯罪と見なされる。たとえ死刑を残す国家においても，原則的には，一般強姦罪の規定と死刑適用とが，罪刑均衡の原則に合致しているとは考えられない。強姦犯罪についていえば，死刑は過度に過ぎる刑罰で，取り消すべきであろう。

　死刑が存続する外国のうち強姦罪に死刑を適用しているのは，一般に強姦致死を唯一の法定条件とする[83]。日本の刑法は，強姦致死罪に死刑を処すことができると規定する。アメリカの多数の州は，重大な強姦罪の法定の最高刑を終身監禁に規定している[84]。東欧諸国は，強姦罪に対して一般に死刑に処することはない。

---

82) 邱興隆『刑罰理性導論』(中国政法大学出版社，1998年)，353頁。
83) しかし幼女強姦(法定では強姦)は幼女の性の自立性を侵しているのではなく，幼女の心身健康を侵す重大な犯罪と考えられ，国家と社会は幼女に対する特別な保護を体現するために，特に重大な幼女強姦犯罪に対して合法的に死刑を規定し適用する。

中国現行刑法は強姦罪に死刑を適用する5種の条件を規定するが，明らかにその条件が低過ぎるといわねばならない。もし強姦致死罪を死刑の適用条件とするならば，死亡させたのが故意であるか過失であるか，区別されなければならない。もし故意であるならば，故意殺人罪に照らし合わせて処罰する。また故意でなければ，最も重大な他人の生命を奪う行為には属さず，死刑に処すことはできないのではないだろうか。

　時代はすでに21世紀に突入したが，ここ数年間における強姦犯罪は下降の傾向にある[85]。しかも社会の発展と人々の生活方式の解放に従い，死刑で強姦犯罪を処罰するのは婦女貞操権を過度に保護するやり方であり，時宜にも合わずその意義は低くなっている。

　　3．薬物の密輸，販売，輸送，製造罪に死刑を適用すべきか。
　新中国は成立後数年の内に薬物危害を基本的に根絶し，無毒国の名声を得た。そのため，79刑法は，薬物製造・販売・輸送罪を規定し，最高刑は5年以上の有期懲役に財産没収を併科したのである。しかし1970年代末に国内外の様々な要因によって，薬物犯罪も再燃し激しさを増していった。薬物犯罪行為を効果的に打破するために，1982年全国人民代表大会常務委員会で可決された『重大な経済破壊犯罪者を厳重に処罰することに関する決定』は，薬物の密輸，販売，輸送，製造罪の法定刑を引き上げ，犯罪情状の特に重大なものには10年以上の有期懲役か，無期懲役あるいは死刑に処すと規定したのである。1990年全国人民代表大会常務委員会で可決された『薬物禁止の決定について』は，薬物犯罪に関する刑法の規定に重要な改定補充を行い，薬物犯罪の14種の具体的な罪名を定め，薬物の密輸・販売・輸送・製造罪に死刑を適用するための5種類の内容を規定し

---

84) アメリカ連邦最高法院は1977年の「Coker v. Georgia」に対する判決の中で，成年婦女強姦に対して死刑を用いるのは憲法に違反していると指摘した。なぜなら量刑と犯罪行為が比例していないからである。アメリカ全国各地の20の死刑囚は，これによって死から逃れた。― Coker v. Georgia, 433 U. S. 584 (1977)。梁根林「中国死刑控制十大論綱」（陳興良・胡雲騰主編『中国刑法学年会文集』第一巻：死刑問題研究（上冊），中国人民公安大学出版社，2004年），447頁，注1より再引用。

85) 例えば関連する統計資料によれば，650万以上の人口を擁する福建省泉州市では，1999年に全市で発生した強姦事件は333件あり，2000年は減少して287件，2001年に全市で発生した強姦事件は214件で，その年の全刑事事件35334件の0.6%である。

た。現行刑法が規定する薬物の密輸・販売・輸送・製造罪は，このとき決定した主な内容を取り入れている。97 刑法第 347 条にはこうある。

: 薬物の密輸・販売・輸送・製造罪は，以下の内容に対して 15 年有期懲役，無期懲役，あるいは死刑に処し，併せて財産没収を科す。
(1) アヘン 1000 グラム以上，ヘロイン，メチルベンゼン，プロピルアミン 50 グラム以上，あるいはその他薬物の特大の数量を密輸・販売・輸送・製造する。
(2) 薬物の密輸・販売・輸送・製造集団の主犯者。
(3) 武装しての薬物密輸・販売・輸送・製造。
(4) 暴力で薬物検査，拘留，逮捕に抵抗し，その情状が重大である。
(5) 国際的薬物販売活動への組織的参与。

薬物の密輸・販売・輸送・製造罪は最も典型的で主要な薬物犯罪であり，法的処罰においても重視され，その死刑適用率の高さは注目されるが，主として現行刑法の規定する薬物の数量と関連付けられている。薬物の密輸・販売・輸送・製造罪に対して死刑を適用するかどうかについて，意見は一致せず，学術界では肯定説と否定説の 2 種の意見に分かれる。肯定説を支持する学者は，薬物犯罪は社会管理秩序の破壊，国民の心身健康を害するだけでなく，国家の経済基盤を混乱させる。故に国家に災いをもたらして国民を損なう危害が重大な薬物犯罪に対しては，死刑を用いて処罰し，防止しなくてはならないという。

否定説を支持する学者は，薬物犯罪は不法な経済利益の獲得を目的とする犯罪の一種であり，その直接の危害は身体的安全ということにはならず，直接に国家の政権に衝撃を与えないという。故に，これに対して重刑で処罰すべきではない。論争の趨勢はといえば，中国のほとんどの学者が薬物犯罪に死刑を適用することを主張しているといってもよかろう。

筆者は，薬物犯罪は社会管理秩序妨害罪の類罪で，「極めて重大な犯罪」とはできないと考える。なぜなら薬物犯罪は，一般に営利を目的とするので，その侵害する対象は国家の薬物管制秩序に対してであり，他人の生命に直接の侵害を与えない。薬物の密輸・販売・輸送・製造行為は，大量の薬物を社会に流通させ，一部の人を中毒にさせることから，他人の生命健康を損害させているともいえる

が，損害は，間接的である。故に薬物の密輸・販売・輸送・製造罪は，直接の危害が国家政権の存立や人の生命安全には及ばず，その侵害する対象は人の生命価値よりも低いものであるため，死刑の適用基準に合致しないのである。

「白い粉末」薬物は公民の心身健康を脅かし，さらに多くの社会問題を引き起こし，人類全体の公害である。世界各国は，薬物犯罪を打破すべき重大な犯罪とするが，それに対して死刑を適用することはほとんどない。全世界の190カ国のうち，薬物販売罪に対する規定で死刑を適用する国家はわずかに15カ国である[86]。国連経済社会理事会事務総長は，死刑に関する第6次5カ年報告で，薬物犯罪を最も重大な犯罪とはせず，死刑は適用できないとした[87]。日本・インド・ロシア等大国の法律中にも，薬物犯罪に対して死刑を適用する規定はない。アメリカ合衆国の立法は，航空機をハイジャックして死者が発生した犯罪には死刑を適用する規定がわずかにあり，コネチカット州の法律規定は不法にコカイン・ヘロインを販売し，死に至らしめた場合，死刑を適用しているが，死者が出たときに死刑を適用するのが構成要件である。こういったことをふまえて言えば，中国刑法で薬物の密輸・販売・輸送・製造罪に死刑を科す規定は条件が低過ぎるといえよう。実際の情況から見れば，死刑は決して日々増え続ける薬物犯罪を制御・予防できていないのである。中国は1980年代以来，死刑を用いて薬物の密輸・販売・輸送・製造罪を処罰し，薬物犯罪の撲滅を強化してきた。しかし現実には，薬物犯罪はかえって上昇し続けている。泉州市警察の統計によれば，2000年に市内で発生した薬物の製造・販売事件は198件で，1999年の166件に比べて19.23％上昇しており，2001年には437件発生し，2000年の198件に比べて120.7％上昇している。死刑を適用する犯罪を処罰し予防するという方法は，決して期待どおりの目標に達しないのである。薬物の密輸・販売・輸送・製造罪の死刑は廃止すべきである。

4．管理売春罪・売春強要罪に死刑を適用できるか。

79刑法には管理的売春罪の規定はなく，ただ売春強要罪と誘引・留置売春罪

---

86) 釗作俊『死刑限制論』（武漢大学出版社，2001年），168頁。

87) 邱興隆「国際人権与死刑 —— 以国際人権法為線索的分析兼及中国的応対」（『現代法学』2001年，第2期），71頁。

を規定する。前者の法定最高刑は10年の有期懲役で，後者の法定最高刑は15年の有期懲役であった。1983年全国人民代表大会常務委員会で可決した『重大な社会治安への害をもたらす犯罪者の処罰についての決定』中で，売春強要罪の法定最高刑が死刑にまで高められ，1991年全国人民代表大会常務委員会で可決された『売春買春の厳禁についての決定』で初めて組織的売春罪（管理売春罪）という罪名が確立された。この決定の第1条は「組織的に他人に売春させた場合，10年以上の有期懲役，または無期懲役に処す。併せて一万元以下の罰金，または財産没収を科す。情状が特に重ければ死刑に処し，併せて財産没収を科す。」と規定する。

97刑法は管理売春と売春強要罪を同一法条（即ち第358条）の中に規定し，両罪は完全に同一の処罰基準が適用され，その法定の最低刑はいずれも5年の有期懲役となり，最高刑はすべて死刑となった。この条の規定によれば，両罪に死刑を適用する要件は以下の情況のうち1つを備え，かつ情状が特に重大なことである。

(1) 組織的に他人を売春させ，情状が重大。
(2) 14歳未満の幼女に強制して売春させる。
(3) 多数の者に売春を強要する，または他人に何度も売春を強制する。
(4) 強姦後に強制して売春させる。
(5) 売春を強要された者が重傷，死亡，或はその他重大な結果をもたらす。

刑法が規定する上述の情況を見れば，主に売春強要罪に焦点をあてており，実際の管理売春罪の死刑適用基準は明確ではなく，最高人民法院，最高人民検察院が1992年に全人大常委会『売春買春の厳禁についての決定』に対して行った解釈によれば，管理売春罪の「情状が特に重大」は以下の状態を指す。

組織的に他人を売春させた首謀者の情状が特に重大。組織的に他人を売春させた手段が特に悪質。組織的に売春をさせられた者に特に重大な結果をもたらした。組織的に多数の者に何度も売春をさせ，極めて大きな社会への危害性をもたらした等である。

中国において，ほとんどの学者は管理売春罪と売春強要罪の死刑廃止を呼びかけるが，立法機関および法曹界では却って反対の意見が聞かれる。さらに別の意

見としては，中国法には「売春婦を憐れむ」という風潮があり，売春をさせ，買春する輩にすみやかに厳しく懲戒を与えるべきであるという[88]。

中国現行の刑法規定から見れば，管理売春罪・売春強要罪の法定刑は極めて重く，その厳しさの程度は放火・爆破・殺人・強姦・強盗等の重大な刑事犯罪すら超えている。実際の司法活動においては，死刑適用条件が低過ぎることにより，管理売春・売春強要にあって，多人数に複数回行ってはいるが，犯罪行為が極めて重い程度には達していない犯罪者にも死刑を適用している事例がたびたび見られる。1996年6月4日に『法制日報』が公表した『王国強・雷志勇の管理的売春事件』によると犯人の王国強・雷志勇は，仲間とともに5名の青年女性を募集し，浙江省余姚市のフィットネスセンター等で売春行為を30数回行わせて不法に7万元余りを獲得し，寧波市中級人民法院と浙江省高級人民法院によって管理売春罪で死刑に処せられた。近年の報道によれば，広州市の「鶏頭」(売春組織のリーダーを指す) 呉光栄は，1年前後で1200回以上も売春婦を管理，斡旋し，仲介料として3万元余りを獲得した。現地の法院は公開判決において死刑に処し，即刻執行した[89]。この2罪に対して死刑を適用すべきだったかどうかは，さらに検討する必要がある。

売春婦は昔からある「職業」の一種で，自国，他国の歴史上でも女性の売春はかつて生計を立てる正当な手段であり，国家の承認と法律の保護を受けていたのである。売春婦制度の形成と発展は，同時に社会に重い弊病をもたらし，統治者は放任と容認の後に，また制限措置も経て，最後には刑罰の制裁を加えるに至った。新中国成立後には，妓楼を取り締まり，娼婦業を廃止し，一時期，売春行為は行われなかった。しかし，商品経済の発展や改革開放により，売春活動も復活，日に日に増加していったのである。重刑による厳重な取り締まりが提唱された時期には，立法機関は多くの死刑罪名を設置し，売春行為に対しても厳罰が加えられることとなった。

筆者は，管理売春罪・売春強要罪は犯罪行為が極めて重く，極刑をもって懲罰を加えねばならないという仕儀にはなり難いと考える。まずこの2罪の侵害した

---

[88] 肖毅「談売淫嫖娼的社会原因及治理」(『当代法学』，1999年，第5期)，71頁。

[89] 唐貴江・鄔耀広・粟暁晶「組織売淫千余次 ── 女「鶏頭」呉光栄伏法」(『泉州晩報』，2002年4月14日，第2版)。

対象は，社会治安管理秩序と社会道徳の良俗である（さらに売春強要罪は，被害者の身体的自由の権利と性の犯すことのできない権利を侵害する）。明らかにこれらの権利はもとより国家の安全・公共の安全・公民の生命に関わる権利と同等に論じることはできない。さらにその侵害行為から見ても，管理売春・売春強要行為は，その性質，社会への危害の程度という点からしても，爆破・放火・殺人等の犯罪行為と同一視することはできず，そのもたらされた被害も上述した犯罪に比べれば非常に小さい。実際の司法活動の立場から見れば，管理売春・売春強要の犯罪者は，主観的には多く暴利をその間でむさぼるためであり，これらの犯罪の処罰に最も有効的な方法は財産刑の強化であって，死刑は合理的ではない。

市場経済の下，人々の性観念の変化に伴い，性犯罪の社会危害性は低くなり，これらの犯罪を重大と見なすことは現状とは乖離している。今日，人々は一般的に組織的な売春犯罪に対して寛容的である。例えば1998年に北京の馬玉蘭は，一審では管理売春罪で死刑を言い渡され，1999年杭州の汪紅英も同様の罪名で一審に死刑を言い渡された。この2つの事件の一審判決が公表された後，人々はこの2人の犯罪者への量刑は重過ぎると感じ，多くの人が刑法の規定する管理売春罪への死刑に理解を示さなかったのである。管理売春罪に死刑を適用するのは，世論の支持を得ることが難しいといわねばならない。

他国では売買春犯罪に適用する刑罰は比較的軽く，最高刑は10年以下の自由刑で，通常は3年から5年の懲役刑が適用され，無期懲役に処すことさえない。ある国家は，売春婦の行為に対して放任の態度を取り，売春買春罪の設置がない。例えばイギリス，インドはそうである。さらにある国家は「紅灯区」（風俗営業区）を設置し，売春活動の存在を承認している。中国新刑法の管理売春罪・売春強要罪のように死刑を適用できるような規定は，世界各国の刑法中には，おそらくないだろう[90]。よって管理売春罪・売春強要罪への死刑は廃止すべきである。

5．横領・収賄罪に死刑を適用すべきか。

瀆職と収賄罪は国家公務員の身分犯罪の一種であり，79刑法中に区別して規定される。そのうち瀆職罪の規定は，各則第5章の財産侵害罪の中にあり，収賄罪の規定は第8章瀆職罪の中にあるが，ただ横領罪に対してのみ死刑を適用し

---

90) 李雲龍・沈德咏『死刑専論』（中国政法大学出版社，1997年），215頁。

ていた。その後，1983年の全国人民代表大会常務委員会が頒布した『重大な経済破壊犯罪者処罰についての決定』で，収賄罪の法定最高刑を死刑に引き上げた。1988年全国人民代表大会常務委員会『瀆職罪・賄賂罪の処罰についての補充規定』では，この2種の犯罪の死刑適用条件に対して新しい規定を設け，さらに情状の特に重い瀆職罪の死刑規定の方式を新たに設置し，絶対死刑とした。97刑法は瀆職と賄賂罪に単独で1章を設け，刑法第383条に「瀆職罪を犯した者で，1人の汚職総額が10万元以上で，情状が特に重い者は死刑に処し，併せて財産没収を科す」と規定する。刑法第386条は「瀆職罪を犯した者は，収賄額および情状に基づき，刑法の横領罪に対する規定に照らし合わせて処罰する」と定めた。瀆職・収賄の総額10万元以上と，情状が特に重いことの2つが死刑を適用する構成要件だと見て取れる。何をもって「情状が特に重大」とするかは，法律には明確な規定はなく，実際の司法活動で瀆職罪の「情状が特に重大」なものとは，一般に以下の如く理解されている。

(1) 汚職総額が特に巨大で，一般に50万元から100万元以上。
(2) 瀆職の動機が悪質，手段が狡猾であり，重大な結果をもたらしたり不正金を浪費したもの。

腐敗が全世界を席巻する「黒色(ダーティー)」の風潮があることは皆が等しく認めるところである。現在，瀆職・収賄犯罪は中国で最も猛威を振るう犯罪の1つになり，中国政府の名声や社会風紀ないしは政局安定に対して，極めて大きな腐食性と破壊力を持つ[91]。よって多くの学者は，瀆職賄賂犯罪者を震撼させ，重大な瀆職犯罪を抑制し，国家機関およびその職員が違法する体制を維持するため，また多くの人民の強い要求である腐敗の厳重処罰の声に応えるためにも，瀆職・収賄罪には死刑をもって処さねばならないという。

しかし，筆者はこの意見に反対で，この2種の犯罪の死刑量定を廃止すべきであると考える。汚職犯罪は日に日に増加して，ゆゆしき状況だが，実際すでに証明されているように，これらの犯罪を死刑に処しても，震撼させるような予防効果は引き起こせていない。瀆職・賄賂罪には，暴力性はない暴利をむさぼる犯罪

---

[91] 翟中東主編『刑種適用中疑難問題研究』(吉林人民出版社，2001年)，95頁。

で，その本質は権力を金に換えることである。目的は職務上の便宜を利用して不法な利益を得ることで，その侵害する対象は，国家公務員の職務の清廉性・不可買収性と公私財産との関連であり，社会への危害は比較的小さく，その侵害する対象の価値は明らかに人の生命価値よりも低い。この種のいかなる犯罪も，すべて死刑の適用基準に合致しないのである。世界における大多数の国家の刑法は，瀆職・収賄罪に対する処罰は比較的に軽く，一般に12年以下の自由刑と罰金刑に処すのみである。瀆職罪では，ブラジル刑法は最高刑を12年に規定し，イタリアは10年とする。収賄罪では，ロシア，イタリア等の刑法は最高刑を12年，フランス，ドイツは10年，日本は5年，インド3年に規定する。こういったことからして，瀆職・収賄罪の死刑は廃止すべきである。

ここ数年来，中国における各級の司法機関は瀆職賄賂罪等の経済犯罪の懲罰を強化し，法に従って重大な経済犯罪者を死刑に処すものの，経済犯罪，特に重大な瀆職犯罪の発生率は依然として高いままである。特に近年来，収賄犯罪は概ね増加の傾向にあり，犯罪数はしだいに多くなっている（犯罪数は，瀆職・収賄罪に死刑を適用する根拠の1つである）。統計によれば，1999年全国で5万元以上の瀆職・収賄罪で立件されたのは7255件に達し，前年に比べて40％の増加である[92]。単純な「法を厳しくして吏を治む」というのは，すでに現代社会では横領・汚職問題を治める万能薬とはなっていないといわねばならない。

2000年3月，もと江西省副省長の胡長青は544万元の収賄で死刑を執行され，同年9月，もと全国人民代表大会常委副委員長の成克傑は4107万元の収賄で死刑に処せられた。成克傑，胡長青は巨額の賄賂によって死刑に処せられ，人民の嘲笑の的となっている。社会的名誉の高い元・瀋陽市常務副市長である馬向東は，公金横領罪で2001年12月19日に死刑を執行された。元・首鋼総公司北鋼党委書記の管志誠は大金の横領・収賄罪により死刑に処せられ，かつて首都を騒がせた。管志誠が死刑を執行されてほどなく，彼の3名の後継者もまた「前の腐敗を後も引き継ぐ」ように，相次いで国家財産を横領し，巨額の賄賂を搾取するダニとなったのである。

狂った貪欲と僥倖への希求が支配する中で，死刑への恐れは飛び舞う紙幣のもたらす快感に覆い隠されてしまう。瀆職・収賄犯は，末路を顧みずに，前の腐敗

---

92) 孟慶華・高秀東『貪汚罪的定罪与量刑』（人民法院出版社，2001年），62頁。

を引継ぎ，命がけで法をくぐっていく。つまり，死刑は瀆職罪の威嚇力として限界があることが分かる。さらに，このように死刑で貪利を処罰し，あくまで重刑によるかかるやり方は，容易に「殺人犯には死を，傷害犯には死を，瀆職・収賄犯には死を」という事態を生み出し，結果として「すべての罪に死を」という荒唐無稽な観念を生むことになろう。今日50年代の方法を運用することが図られるが，何人かの「劉青山」のような官員を殺して利をむさぼる犯罪を抑制するのは，現実的でもないし効果的でもない。有効に瀆職犯罪を抑制するためには，攻守取り上まぜ，直接的措置と補助的方法を堅持し，予防意識の強化，法規の健全な管理，組織構造の監督・制約などの方面に務めるべきであり，むやみに死刑の機能を強調すべきではないのである。

3 ◆ 中国における死刑立法の展望

(1) 世界各国の死刑存廃情況から見た中国の格差

　死刑は人類の歴史において最も古い刑罰の一種である。長い歴史の中で死刑は濫用から慎重へ，過酷から緩和へという変化の過程を経てきた[93]。1764年，刑罰威嚇主義時代のイタリアの刑法学者ベッカリーアが著名な『犯罪と刑罰』を発表し，系統的に死刑の弊害と死刑廃止の理由を述べた。これは初めて明確に死刑廃止の観点を提出したものであり，これ以降2世紀続く死刑存廃の争いが引き起こされた。双方の論争は政治，法律，哲学，倫理，道徳等の各方面から，それぞれ死刑存在・廃止の理由と根拠が論証され，刑罰の学説は充実し，世界的な死刑立法と司法活動に極めて大きな影響を与えた。人類文明の発展と西洋人権思想，人権運動の勃興に伴い，死刑は一歩一歩制限と廃止の方向に進んで行く。特に1970年代以来，死刑廃止の運動は急速に発展していったのである。1948年『世界人権宣言』採択されたとき，死刑を廃止する国家はわずかに8カ国であったが，1978年に至って19カ国となり，2003年末には全世界195カ国の国家・地域のう

---

93) 馬克昌主編『刑罰通論』根拠1997年刑法修訂（武漢大学出版社，1999年第2版），86頁。

ち，すでに74カ国が全犯罪について死刑を廃止し，15カ国が一般犯罪での死刑を廃止，23カ国が10年連続して死刑を執行しておらず事実上死刑を廃止した国家・地域となった。ただ83カ国の国家・地域には依然として死刑が残る[94]。死刑廃止の国家・地域は約57.5％を占め，死刑廃止は過去の20～30年の間に未曾有の速さで成し遂げられ，世界の潮流となっている。しかるに同時期の中国は1979年から1997年に至るまで，死刑立法は減少せず，かえって増加しており，死刑の適用は暴力性のない経済犯罪と財産犯罪の多くに拡大されるまでになり，世界で死刑罪名が最も多い国家の1つになっている。

死刑を残す国家から見れば，アメリカ・日本等の少数の先進国を除き，大多数は発展途上国であり，主にアジア，アフリカや中央アメリカの地に集中する。中国は死刑を残す大国であるが，まだ死刑廃止の条件が備わらず，死刑問題の認識の上で死刑を廃止する国家との差異は大きい。たとえ死刑を残すといっても，大部分の国家は，生命の安全に重大な危害を及ぼす犯罪行為にのみ死刑を適用する。多くの国家で死刑を適用する罪名は1種あるいは数種のみであり，多くても10種余りで20種を超えるのは極めて少ない。さらにその死刑適用の基準は極めて高いため，死刑に処して執行するのはかなり困難である。

例えばロシアの現行刑法は5種類の死罪があるが，死刑の適用は他人の生命を侵害する特に重大な犯罪のみに制限されている[95]。韓国には17種の死刑罪があり，インドにはわずかに戦争罪，謀殺罪と強盗罪の3つの罪名に死刑が適用されるのみである[96]。日本の死刑適用の基準は非常に厳格で，日本刑法典の規定には

---

94) 梁根林「中国死刑控制十大論綱」(陳興良・胡雲騰主編『中国刑法学年会文集』第1巻：死刑問題研究（上冊），中国人民公安大学出版社，2004年），435頁，注1。しかし人口が2億を越える国家に死刑の廃止はない。

95) 釗作俊『死刑限制論』(武漢大学出版社，2001年)，104頁。ロシア俄羅斯連邦総検察院編『ロシア俄羅斯連邦刑法典釈義』(黄道秀訳，中国政法大学出版社，2000年）によると，その5種の死刑罪名は：1，殺人罪；2，国家活動家や社会活動家の生命を侵す罪；3，裁判官や裁判前調査員の生命を侵す罪；4，法律を執行する機関の職員の生命を侵す罪；5，種族絶滅罪。しかし今日のロシアは事実上死刑を廃止した国家となっている。

96)「我国判処死刑人数居世界首位 ── 対中国死刑的検討」(『華龍網─重慶晩報』2002年9月5日13:25)。しかしインドも6つの死刑罪名を存留している。劉健「限制和廃除死刑的国際趨勢与中国的対策」(趙秉志主編『刑法評論』第3巻，法律出版社，2004年)，31頁。

内乱罪，外患誘致罪等の12種に死罪[97]があり，死刑罪が多いものの，実際の司法活動においては，ただ殺人罪に適用するのみで，しかも殺人罪に対して判決宣告と確定も非常に慎重に行われている。死刑存置国家で毎年実際に執行された死刑の犯罪者数は極めて少ない。日本・インド等多くの国家で1年に執行された死刑の犯罪者は常に1，2人を超えない。

歴史の上から見ても，中国で最も早い単行刑法典『大清新刑律』の規定する死罪は20種余りに過ぎず，1911年辛亥革命後の『中華民国暫行新刑律』が規定する死罪はわずか19条で，1935年『中華民国刑法典』の死刑に関する条項も10余りでしかない。死刑を適用できる罪名はわずか10種余りである。現代中国の情況とは逆で，その差異は大きいといわざるを得ないのである。

現行刑法の規定する68種の死罪は，国家の安全侵害，公共の安全侵害，公民の身体的権利侵害，軍人職責違反などの罪に及ぶだけでなく，経済犯罪，利益をむさぼる犯罪や社会風習を破壊する犯罪にも適用され，関連する範囲が極めて広範で，死刑の適用基準も低い。時を隔てること1世紀の後に，中国現行刑法で規定された死罪は，清末民初以来（いわゆる旧中国）の3倍も多くなっているのである。ある意味では中国法治の後退といってもよい。

死刑の執行情況に至っては，アムネスティ・インターナショナル発表の報告によれば，1999年間に世界中で少なくとも31の国家で1813人の犯罪者に死刑が処せられたが，そのうち中国では，少なくとも1077人が死刑に処せられており，イランが165人，コンゴ民主共和国は少なくとも100名の犯罪者が軍事法廷で死刑を執行され，サウジアラビアでは103の死刑執行が報道され，アメリカでは合計98人の死刑犯に死刑が執行された[98]。中国，イラン，サウジアラビア，コンゴ民主共和国およびアメリカの5つの国家で執行された死刑の数は，全世界の執行数の85％を占め，そのうち中国で執行された死刑の数量は，その年全世界で

---

[97] 『日本刑法典（第2版）』（張明楷訳，法律出版社，2006年）によると，その12種（すでに削除された「尊属殺人」を含まない）の死刑罪名は：1，内乱首魁罪；2，外患誘致罪；3，外患援助罪；4，現住建造物等放火罪；5，激発物破裂罪；6，現住建造物等浸害罪；7，船車覆没致死罪；8，往来危険による船車覆没致死罪；9，水道毒物混入致死罪；10，殺人罪；11，強盗致死罪；12，強盗強姦致死罪。このほか，特別刑法で爆破物使用罪，決闘殺人罪，航空機ハイジャック等致死罪，航空機墜落致死罪，人質殺害罪等の5種類の死罪を規定する。

執行された数量の半分余りを占める。

　ある学者はさらに次のように公言する。中国で毎年死刑に処せられ即刻執行される事件は1万件近く起こっており，おそらく世界その他の国家における死刑事件総数の5倍である（前掲）。ここよりアムネスティ・インターナショナルは「もし中国・コンゴ民主共和国・イラン・アメリカ・イラク[99]の5カ国で死刑適用を停止できたならば，死刑は世界中で基本的に失くすことができる」と考える[100]。国際的な潮流に合わせるのなら，死刑問題における世界各国との差異を縮小させ，早急に中国の死刑罪および実際に適用する死刑数量が世界トップである現状を改める必要がある。

(2) 国際人権規約から見た中国の死刑立法の動向，およびその対応措置

① 国際人権規約から見た中国の死刑立法の動向

　生命権は国際社会公認の基本的人権である。生命の尊重，保護，死刑の制限と廃止は国連の人権規約であって，国際社会と協力して追求しなければならない目標である。死刑問題と人権の関係は，半世紀以来の国際人権運動発展の重要なポイントである[101]。この半世紀来，国際人権運動の死刑問題に対する態度は，放任から制限へ，さらに廃止へという変化を経た。1948年12月国連総会で可決され宣言された『世界人権宣言』は，国連の人権憲章として賞賛されている。しかしその『世界人権宣言』は死刑問題には言及していないし，直接的にも間接的にも死刑に関連する如何なる条項もなく，死刑については黙認，あるいは賛同の態度

---

98) 楊春洗・張慶方「論世界範囲内的死刑存廃現状和中国的死刑問題」（高銘暄・趙秉志主編『刑法論叢』第5巻）419頁。しかし国外の学者はアムネスティ・インターナショナルによる統計の中国死刑数は，実際に執行された死刑総数の3分の1にも達しないと考える。「英国外交大臣死刑小組訪問本中心并与中心研究人員挙行座談」中国刑事法律網（学術前沿），http://www.criminallaw.com.cn/foreland.htm，2003年3月10日ダウンロード。

99) イラクのフセイン政権下では，毎年執行される死刑の数は数百人余りという。しかし関連する報道はなく，アムネスティ・インターナショナルも具体的な数字を出さない。

100) 胡雲騰『存与廃──死刑基本理論研究』（中国検察出版社，2000年），308頁。

101) 邱興隆「国際人権与死刑」（『現代法学』2001年，第2期），63頁。

をとった。つまり，1960年代前半には，死刑に対してほとんど大きな不満の声は聞こえなかったのである。

　1966年12月，『市民的及び政治的権利に関する国際規約』（以下『規約』と称する）が成立し，国際人権運動の死刑に対する対応が放任から制限へと転換することになった。『規約』の第6条は，死刑およびその適用に厳格な制限を規定した。

1．『規約』第6条第1項。「すべての人間は，生命に対する固有の権利を有する。この権利は，法律によって保護される。何人も，恣意的にその生命を奪われない。」と規定し，生命権の特殊な保護を強調する。

2．『規約』第6条第2項。「死刑を廃止していない国においては，死刑は，最も重大な犯罪についてのみ科することができる。」と規定する。何を「最も重大な犯罪」というのかについては，国連経済社会理事会で1984年5月に可決された『死刑に直面する者の権利保護の確保のための保障規定』の解釈に基づき，意識的に人命を害する結果をまねいた，あるいはその他極めて重大な犯罪行為を指す。ここでの「意識的に」とは悪意あるいは故意に他人の生命を剥奪することを指し，「その他の極めて重大な犯罪行為」とは，悪意のある殺人あるいは計画的殺害に相当する犯罪行為を指す[102]。

3．『規約』第6条第2項。死刑の「犯罪時効力を有する……法律に従って処断する」と規定する。これは実質上，死刑は過去に遡って適用し得ない原則を確立したものである。

4．『規約』第6条第4項。「死刑を言い渡されたいかなる者も，特赦又は減刑を求める権利を有する。死刑に対する大赦，特赦又は減刑は，すべての場合に与えることができる。」と規定する。死刑判決を受けた受刑者に赦免あるいは減刑の請求権を与える。

5．『規約』第6条第5項。「死刑は，18歳未満の者が行った犯罪について科してはならず，また，妊娠中の女子に対して執行してはならない。」と規定する。未成年者あるいは妊婦への死刑実施を厳禁する。

　『規約』の死刑問題に関する指導的な意見は，国際社会に重要な影響を生み出し，今日の刑法の人権理論と実践の主流となっている[103]。

102）胡雲騰『存与廃 —— 死刑基本理論研究』（中国検察出版社，2000年），286頁。

1980年代に入って，死刑廃止は全世界で逆流することのできない潮流となり，1989年12月15日，国連総会で採択された『市民的及び政治的権利に関する国際規約の第二選択議定書』(以下『議定書』と簡称する)は，国際人権運動の死刑に対する対応が制限から廃止に転換したことを表わしている。『議定書』はその各締結国が管轄範囲内において，いかなる者も死刑に処すことができないようにし，どの締結国も，その管轄範囲内で死刑廃止に必要ないっさいの処置を取らねばならないことを要求した[104]。『議定書』より現在に至るまで，死刑廃止運動は比類なき進展を遂げた。1997，1998年に連続して国連人権委員会は，死刑廃止の決議を採択し，各国に無条件での即時死刑廃止を促した。同時に幾つかの地域における人権公約，例えば『ヨーロッパ人権条約』『アメリカ人権条約』も，死刑廃止と死刑執行停止の主張を重ねて表明し，死刑は残忍で非人道的な刑罰であると定めたのである。ヨーロッパではすでに，死刑の廃止，執行停止，が，その国の人権保障の程度を量る重要なメルクマールの1つになっている[105]。

　1998年10月5日，中国政府は『市民的及び政治的権利に関する国際規約』に調印した。『規約』が，中国で効力を持つためには全国人民代表大会常務委員会の批准を待たねばならない。しかし調印したということは，加入するということを意味すること，論理的必然である。いったん批准を得れば，批准書を国連事務総長に提出した3カ月後には『規約』は中国で適用されることになる。目下，『規約』と中国法律の両者をどのように結び付けるかの問題が存在しており，そのため我々は死刑制限義務をしかるべく受け入れる準備をせねばならず，早急に中国の死刑立法を改定しなければならないのである。ある学者は「我が国は現在広範に死刑罪名を設置しており，とりわけ経済犯罪など非暴力的犯罪へも死刑を設置しており，明らかにこれは国際人権規約の要求と離齬をきたしている」とはっきり認識している[106]。2001年末には中国は世界貿易機構(WTO)への加入に成功し，

---

103) 高一飛「従〈公民権利和政治権利国際公約〉立場看中国的死刑問題」(『河南省政法管理幹部学院学報』，1999年，第2期)，66頁。

104) 邱興隆主編『比較刑法』第一巻・死刑専号(中国検察出版社，2001年)，226頁から転載。

105) 胡雲騰『存与廃——死刑基本理論研究』(中国検察出版社，2000年)，288頁。

106) 「四位刑法学家視野中的死刑改革」，http://www.china.org.cn/chinese/law/1074456.htm，2006年9月18日ダウンロード。

国際的な貿易活動が必然的に増加し，中国と世界各国間の人・財・物の流動はさらに頻繁となり，国を超えた犯罪や外国人の中国での犯罪が必然的に増加するであろうから，中国における死刑立法は必ず国際関係において多くの問題が生じることが予想される。時代の潮流に順応するためにも，『規約』との差異を小さくし，死刑を厳格に制限すべきではなかろうか。

② **中国死刑制度の完備に必要な対応措置**

目下，中国死刑制度の完備に必要な措置は，主に以下の幾つかの方面である。

1．死刑罪名の大幅な削減。

中国刑法総則中の死刑に関する適用条件と『規約』における死刑の制限は基本的に一致しているが，死刑適用の具体的な基準と「最も重大な犯罪」に対する理解の上では，両者の間に懸隔が存在する。国連経済社会理事会事務総長が死刑に関して行った第6次5カ年報告によると，薬物犯罪，強姦罪，拉致罪，経済犯罪，職務上の犯罪，宗教犯罪等は「最も重大な犯罪」に属さないという[107]。中国死刑立法の基準は，死刑に処すべき犯罪の侵した対象の価値が，人命の価値と同等以上で最も重大な犯罪範囲に制御すべきである。現行刑法中の死刑罪名を削減し，故意に死に至らしめる暴力犯罪や，国家の分裂・転覆といった国家の安全を危険に直接導く罪，および作戦の失敗をもたらす重大な軍事犯罪の範囲内に限り，我が国の刑法中の死刑罪名を約20個前後に抑えるべきである。これ以外の経済犯罪，財産犯罪，職務犯罪，社会管理秩序妨害罪中の死刑はすべて廃止すべきで，これにより死刑制限の目的はより実現性が高くなろう。

2．死刑免除対象の拡大。

国連経済社会理事会は，1984年5月25日第1984/50号決議と1989年5月24日第1989/164号決議中に，新生児の母親と精神障害者に対しては死刑を執行せず，またすでに一定の年齢に達した老人にも死刑を適用しないという明確な規定を定めた。

資料によれば，少なくとも50の国家・地域が，妊娠した婦女への死刑適用を

---

107) 邱興隆「国際人権与死刑」(『現代法学』，2001年，第2期)，71頁。

法律上で明確に禁止しており[108]，ある国は，さらに授乳期の母親に対しても死刑を適用しないことを規定している。ルーマニアでは死刑を廃止する以前から，3歳未満の児童の母親には死刑は適用できなかった。これらの規定は保護する対象の範囲が新生児の母親まで拡大し，出産間近の婦女に死刑を執行する可能性を排除し，国際社会の死刑制限ならびに漸次廃止要求と合致しているのである。中国の現行刑法には，授乳期の婦女に対して死刑を適用しないという規定がない。母体中の胎児が無罪ならば保護をしなければならないのと同じ理屈でもって，母体から離脱した赤ん坊や幼児も無罪であり，保護する必要がある。母親の罪過によって彼等の母乳・母愛を享受する権利を奪ってはならないのである。

　国連経済社会理事会の『死刑に直面する者の権利保護の確保のための保障規定』等の要求によると，死刑は知的障害者には適用できない。1つは，犯罪時に精神病あるいは知的障害を患うものは，判断能力を有さないこと。またもう1つには，犯罪時は精神的に正常で刑事責任能力を有したが，その犯罪に対する審判を受け，刑罰を執行されるときに精神障害が発生し，判断能力を喪失すれば，刑事責任能力は問われない。この2種の情況下では，犯罪者は判決を受け刑罰を執行されることについて判断能力がなく，受刑能力も欠乏しているので，そのような犯罪者に対して判決を下し，死刑を執行しても意義はなく，また刑罰の目的とも乖離することになるのである。

　現行刑法は精神障害者の死刑適用問題に対して何の規定もしていない。97刑法第18条の規定によれば，精神障害者は刑事責任能力がなく，刑事責任を負わない。また刑事責任能力が制限される「精神障害者の犯罪者は，刑事責任を負うべきものであっても，処罰は軽く，あるいは軽減することができる」。言い換えれば，後者については死刑に処してもよいということである。しかしその刑事責任能力が限定されている以上，死刑を適用する必要はない。したがって現行刑法に，死刑犯の執行前に精神鑑定を行う制度を増やし，鑑定により重大な人格障害があって，正常な判断・制御能力に直接影響がある（心神耗弱）と明確になった犯罪者には，死刑執行を禁止して，その人格障害の回復を待ち，精神状態が正常に回復した6カ月後に改めて死刑を執行すべきであろう。その治癒をまって死刑を執行するという，アメリカのやり方も参考にしてもよい[109]。

108）釗作俊『死刑限制論』（武漢大学出版社，2001年），139頁。

ある国は、死刑の適用について年齢制限の規定を設けている。例えばグアテマラとスーダンでは年齢満70歳の老人には死刑の適用を禁止している。モンゴルとロシアは、満60歳の老人に死刑を適用しないと規定する。精神障害者に死刑を適用しないのも、国際社会における死刑制限の特徴の1つである。

中国では古代から近代の法律に類似の規定があり、例えば唐律は、西周以来の老幼犯罪に対する寛恕制度を継承し、老幼の身体障害者に対する減刑原則をよりいっそう具体的に、明確に、系統的に規定した。『唐律疏議』には、犯罪者の年齢が「90以上、7歳以下ならば、死罪を犯しても刑を加えない」という規定があった[110]。老齢の人は死罪があっても刑を加えないことは、そのまま中国の伝統的な法律の定制として、1935年の『中華民国刑法典』にも踏襲され、この種の規定が存在する。台湾で現行の『中華民国刑法』第63条第1項は「18歳未満あるいは満八十歳の犯罪者は、死刑に処さない」と規定する。これは、例えば本来の刑が死刑となる者は、その刑を減刑できることをいう。中国の現行刑法は、犯罪時18歳未満の者および判決時に妊娠している婦女に対してのみ死刑を適用しないことを規定するが。しかし老人に死刑を適用しないという一般民衆の感情を反映した法伝統を継承してはおらず、死刑適用対象の年齢の上限規定がないのは、立法の欠陥といわざるを得ない。だからこそ、「1人の年齢が90歳に近い（1915年3月誕生）老人が殺人によって湖南省衡陽市中級人民法院で死刑を宣告され、政治権利を終身剥奪された」[111]ことの必要性を、社会は問いかけたのである。

上述した3点により、現行刑法には不備があり、補充すべきであることが分かる。

このほか、多くの国の青少年保護法は青少年を1つの総体と見なし、完全な刑事責任の年齢を満21歳（例えばブラジル、ドイツ）あるいは満20歳（例えば日本、タイ）まで引き上げた。中国古代にはまた「二十にして冠す」の語があり、20歳を成年の境界線としている。よってある学者は21歳以下の犯罪者に対する刑罰

---

109) 精神障害者以外にも、癌やエイズなど不治の病で死に瀕し、受刑能力がない死刑確定犯には、人道的な配慮からその死刑の執行を免除するよう考慮すべきである。

110)［唐］長孫無忌等撰、劉俊文点校『唐律疏議・名例律』総第30条（中華書局、1983年）、83頁。

111)「九旬老人被判死刑　媒体称死刑適用応有年齢上限」、http://www.sina.com.cn, 2003-04-07, 10:31。

を軽減すべきで，21歳以下の犯罪者には情状が特に重いものは除外するが，一般的に死刑を適用しないことを建議する[112]。この種の意見は，2004年に北京で開催された国際刑法学協会（IKV）第17回大会で，25歳以下の青少年に対して司法の優待を与えるべきであると提唱する精神と符合する。

上述の原因に基づいて今後刑法を改定するときには，授乳期にある（新生児が1歳未満）母親と満70歳以上の老人は，死刑に処したり執行したりしない[113]，精神障害者に死刑を適用できない規定を増やすよう建議したい。18～20歳未満の犯罪者には，まずはできる限り死刑を適用しないようにする。もし適用しても，少なくとも死刑の即刻執行は適用せず，死刑執行猶予を優先して適用し，その矯正を進め，以後の効果を見極めることとする。

3．明確に死刑の執行方法を規定する。

『規約』第7条に「何人も，拷問又は残虐な，非人道的な若しくは品位を傷付ける取り扱い若しくは刑罰を受けない。」と規定する。国際人権規約の『死刑に直面する者の権利保護の確保のための保障規定』の第9条にも「死刑判決を受けた後，できるだけ苦痛を軽減する方法で執行しなければならない。」と規定する。現在世界各国が法定する死刑執行の方法には薬物注射，銃殺，絞首，石打，斬首，電気椅子，ガス室等7種がある。中国79刑法第45条には，「死刑は銃殺の方法で執行する。」と規定する。しかし現行刑法は死刑執行方法の規定を取り消し，ただ1996年改定後の刑事訴訟法第212条第2項に「死刑は銃殺刑あるいは薬物注射等の方法を採用して執行する」と規定していた。学者は，刑訴法の規定する死刑執行方法の条文は，厳粛さに甚だしく欠け，科学的ではないと考える[114]。

まず刑法の条文は，表現の上で「銃殺刑，薬物注射」の後に「等」字を加えることができない。なぜなら「等」字は辞書的には多種の解釈があり，ただ「列挙

---

112) 李雲龍・沈德咏『死刑専論』(中国政法大学出版社，1997年)，156-157頁。
113) 2006年3月11日，全国人大代表・湖南省高級人民法院院長の江必新は，第10回全国人大4次会議に刑法改定議案を提出したが，死刑適用に対象者の年齢上限を設けるべきだとし，「犯行時，満70歳に達する者には死刑を適用しない」とした。これには正当性と可能性が存在する。http://www.tfol.com/10026/10032/10033/2006/3/11/10128574.shtml 参照。
114) 侯国雲・侯艷「論死刑執行方法的改革」(『雲南法学』1999年，第2期)，26頁。

しきれない」の意を表すばかりではなく、「列挙の締めくくり」にも用いられる。1998年6月29日最高人民法院『〈中華人民共和国刑事訴訟法〉を執行することに関する若干の問題解釈』の第345条第3項は「銃殺刑、薬物注射以外のその他方法で死刑を執行するときには、最高人民法院の批准を得て決定しなければならない。」と指摘する。この司法の解釈からは、「等」字は「列挙しきれない」ことを表すものだと見て取れる。このことは、中国の死刑執行方法は銃殺や薬物注射以外に、まだ斬首・石打あるいはさらに残酷な死刑執行方法があることを意味しており、非常に危険であることは明らかである。一歩譲って、仮に「等」字の規定が、薬物注射に比べてより文明的な、苦痛を軽減させる執行方法を込めたものだったとしても、薬物注射による死刑執行方法が1997年から実施されてから、すでに10年ほどたつが、依然として銃殺刑に代わり普及しているわけではない。よって「等」字の規定は明らかに不必要で、削除すべきである。

次に、条文中「薬物注射」を「銃殺」の後に列挙させるべきではない。世界的に見れば、死刑の執行方法の趨勢は次第に文明的に、かつ執行される人の苦痛を和らげる方向に向かって発展している。中国の死刑執行方法は基本的に「銃殺」であったが、「薬物注射」による方法を加え、目指すところは銃殺による方法を淘汰し、薬物注射による方法を確立することにある。致死性薬物注射による方法は、銃殺に対して明らかに安全、確実、経済的であり、受刑者の苦痛も比較的小さいといえる。さらに執行現場を厳粛、静粛に保ち、銃殺現場の恐怖を和らげることができる。これは、国際人権規約の要求する刑罰の人道化・経済化[115]の原則と符合するものとして、しだいに重視されてきたのである[116]。1997年3月28日、中国雲南省昆明市の中級人民法院において、初めて薬物注射を用いる方法が、2人の死刑囚への執行に採用された。同年11月4日、再び同方式による死刑執行が採用され、併せておおやけに公開発布された。最近のメディアの報道によれば、中国では全国の法院で、薬物注射による死刑執行が全面的に採用されているといい、死刑執行方式が銃殺から薬物注射に変わり、死刑に人道的な配慮が加わったことは、中国の死刑執行制度が正に文明化と人道化の方向に向かって発展してき

---

115) しかし現在の運用構造は、薬物注射による死刑の経済性をまだ体現していない。
116) しかし幾人かの学者には反対の意見もある。謝東慧「対死刑犯豈能実行安楽死？──談我国死刑執行方式」(『当代法学』、2002年、第9期)に掲載、139-141頁。

ていることを示していると世論も称賛している。

　さらに，刑法は死刑の執行方法に明確な規定をしなければならない。現行刑法は刑罰に対して，主刑と付加刑すべてに執行方法を規定しているが，ただ死刑の執行方法に関して言えば，対応する規定がない。これは明らかな不備である。薬物注射は人道的に配慮された死刑執行方法であり，そこから相対的にいえば銃殺は人道的でない死刑執行方法であるといえよう。同一主権の国家領域内で，ある法院は薬物注射による死刑執行を採用し，ある法院では銃殺による死刑執行方法を採用している。たとえ同一法院であっても，ある受刑者には薬物注射で死刑を執行し，別の受刑者には銃殺で死刑を執行することもある。例えば，率先して薬物注射による方法での死刑執行を推進した昆明中級人民法院は，馬加爵には銃殺で死刑を執行した。これは明らかに人は平等であるという刑法における原則を無視している。故に，現行刑法は死刑執行方法の条文を追加し，死刑は薬物注射か，それとも銃殺によるのか，その執行方法は死刑囚自らが決定するということを明確に規定すべきであると建議する[117]。これは事実上，銃殺による執行方法の廃止であり，最終的に死刑執行方法を一元化するためのよい準備段階である。

　4．慎重に司法解釈をし，刑法中の死刑条項を正確に理解して執行する。
　最高人民法院と最高人民検察院には，刑法条文のなす司法解釈に対して法律の効力を持たせ，司法機関が正確に刑法規定を理解し執行するように指導する役割がある。そのため関連する司法の解釈が，刑事法の規定する死刑の精神に従っているかどうかは，中国死刑制度の完備にとって非常に重要である。しかし法律の規定が不明確な情況では，司法機関は死刑適用問題に対して厳格に解釈，厳格に把握するという原則に基づかねばならず，「重刑」や「高に従い，低に従わない」

---

117) 現行法律は死刑の執行に銃殺刑あるいは薬物注射を採用し，両者に差異は無く，清代以前の中国法が明確に絞・斬を２つの等級としていた規定と同じではない。世論は，銃殺刑・薬物注射は古代の絞・斬のように異なった死刑の等級だと考える。犯罪者の立場から見て有理になるよう，現行刑法は次のことをもっと明確にすべきである。どのような種類の死刑執行方法を採用するかは，死刑犯の選択によって決定されるべきであり，法院の決定によるべきではなく，また，どの法院でも，薬物注射刑の執行条件が備わっていないからといって，死刑犯の選択権を奪うことはできない。肖余恨『行刑方式与「身分敏感症」』新華網，http://www.xinhuanet.com/，2004-02-24 11:38:34 参照。

思想を超克し，真摯に「法律を基準として」，刑事政策に頼り過ぎず，死刑の適用範囲を厳しく制限しなければならない。司法解釈を通じては，立法よりも厳格な立場をとるべきではなく，不適切に拡大解釈を行うことは，法律に明文規定のない内容解釈を刑法の中に取り入れ，法定刑の選択できる可能性をなくして，死刑を唯一の選択としてしまうのである。例えば1987年最高人民法院『〈薬物販売死刑事件の量刑基準〉についての回答』という司法の解釈において，雲南省高級人民法院が提出した，一定数量以上の薬物販売事件における絶対死刑の量刑基準を認めたこと[118]。また例えば1984年11月2日の最高人民法院，最高人民検察院の『窃盗事件の処理において，具体的に法律を応用する若干の問題についての解答』で規定された「個人で公私財物の窃盗総額が3万元以上のものは，法によって死刑に処すべきである。」との解釈は，刑事立法の精神に逆行するといわねばならない。なぜなら窃盗の総額は，ただ窃盗罪の程度を量る基準の1つに過ぎないからである。しかしこの解釈が出された後，どれほどの窃盗犯が鬼籍に入ったかは定かではない。故に，司法機関はこのような不合理な解釈をできる限り避けなければならないのである[119]。

5．死刑減刑と赦免制度の設立。

死刑の国際的な基準に照らし合わせて，いかなる死刑犯であろうともすべてに減刑あるいは赦免を請求する権利がなければならず，国家もこのことに対して相応の法律手続きを設立すべきである。学者の意見によれば，現代の赦免制度は「法定制度の融通の利かない状態の一種の手当」であって，「刑事制度の運用における不可欠の安全弁」である[120]。中国刑法は減刑制度を規定しているけれども，死刑の立場からいえば，この制度はただ死刑執行2年の猶予に処せられた犯罪行為に適用するのみで，一般的な死刑犯には適用できないので，現代中国にはまだ本当の意味での死刑赦免制度は形成されていないといえよう[121]。かかる最低限の

---

118) 陳沢憲『論死刑的限制適用』，http://www.usc.cuhk.edu.hk/wkgb.asp，2004年7月31日ダウンロード。

119) 賈宇『論中国刑法中的死刑制度及完善』，http://www.fageonline.com/ReadNews.asp?NewsID＝110，2004-3-15　22:35:09。

120) ［フランス］G. ステファニ［法］　卡斯東・斯特法尼等『フランス法国刑法総論精義』（羅結珍訳，中国政法大学出版社，1998年），657頁。

人権基準も中国の死刑犯には，保障されていないことが分かる。もし別の方面から新中国の歴史を振り返れば，1954年憲法は大赦と特赦を規定し，そのうち特赦は1959年から1975年の間に7回[122]実行されているが，その後30年間に再び実行されることはなく，規定がないも同然である。大赦は実際に行われたことがない。しかし罪が重大で悪質極まる戦犯であっても，新中国で矯正されて心を入れ替え，赦免されたことは，一般の刑事犯罪でも矯正されて心を入れ替えれば，赦免されることだろう，人は当然の如く信じている。よって中国死刑立法に，死刑減刑制度や赦免制度を増設すべきである[123]。そこには現行憲法に大赦制度を増加させることも含まれ，また死刑犯の減刑や赦免請求権の実現を保障するために，対応する手続きを保障し，死刑犯すべてに，法定の国家機関あるいは個人へ赦免と減刑を請求する機会を与えるべきである。

6．現行刑法の刑罰の種類と幅を改定する。

現行刑法の規定する刑罰は，主刑と付加刑に分けられる。そのうち5種類の主刑における有期懲役・無期懲役と死刑の間には，刑罰の軽重につり合いがとれていない部分が存在する。有期懲役は最高15年，併合刑でも20年で，受刑者がもとの刑期の半数以上を服役すれば，減刑釈放あるいは仮釈放の可能性が出てくる。無期懲役は，名目上は終身の監禁であるが，受刑者は10年服役すれば減刑釈放あるいは仮釈放の可能性が出てくる。死刑には2年間の執行猶予があり，もし死刑執行猶予の判決を受ければ，一般にはみな無期懲役に減刑され，あるもの

---

121) 中国隋唐時代には死刑に三復奏，五復奏の制度があったが，実はこれは死刑の執行段階に特赦を与えるかどうかの問題であった。惜しむらくは未だ現行刑法の継承するところではない。

122) 現行『憲法』第67条17款の規定では，全国人民代表大会常務委員会に特赦を決定する権利があるが，今まで専門的な特赦法は頒布されず，刑法・刑訴法およびその他の関連する刑事法律にも関係する規定はない。79年刑法と刑訴法が頒布されて以来，実際の司法活動においては，およそ死刑が判決され審査の上に許可されて即刻執行される者は，執行責任のある人民法院の院長が死刑執行命令にサインをすることで，残さず執行されている。

123) 中国で『市民的及び政治的権利に関する国際規約』が調印されたときには，まだ「赦免」は存留されていなかった。故に『規約』の該当部分は中国に対して同等の法律効力を備える。

は，有期懲役にまで減刑される場合もある[124]。これからすれば，即時執行の死刑はかけ離れてハードルが高く，その他すべての刑罰はどれも足元にも及ばない情況となっている。死刑から死刑執行猶予に，さらに無期懲役までの間には大きな隔たりがあり，正確な量刑を下すのが難しく，時に死刑を適用せざるを得ないといったことにもなっている。我が国の刑罰体系のこの種の構造的欠陥は，「死刑は重過ぎ，死刑以外は軽過ぎる。生と死とで軽重に懸隔があり過ぎる」と形容され，これは刑罰効果が正常に発揮されることに極めて大きな障害となっている。

では，死刑以外の生刑を重くすることで死刑の適用を減少する条件を整えるのはどうだろうか[125]。具体的にいえば，有期懲役の上限を 15 年から 20 年（あるいは 25 年）に改め，若干の罪には最高限度を 25 年（あるいは 30 年）にする[126]。無期懲役は必ず 25 年あるいは 30 年服役してから仮釈放を許可する。死刑執行猶予については減刑しても終身刑にしかできない。つまり終身拘禁し保釈できないような新刑罰の種類を増設する[127]。即刻執行の死刑は変えずに存留する。こうすれば特殊予防と一般予防の効果を含めることができる上，民衆の死刑罪削減への懸念をゆっくりと解消し，犯罪被害者およびその近親者の報復観念によって生まれる冷静さを欠く精神状態を緩和することにも有利であり，これによって社会を安

---

124) 司法部は最近我が国の刑罰執行効果について統計を取り，無期懲役に処せられた重大暴力犯罪者の多くが，ほとんど 15，6 年の懲役だけで釈放されていることに気付いた。ほかに関係調査を行っている学者は，実際には死刑執行猶予にしろ，無期懲役にしろ，これら犯罪者の服役期間は一般的にたった 8 年くらいである，という。またある学者は研究の結果このことについて，「判決懲役÷2」の「公式」を使えば，長期懲役に処された犯罪者のおおよその服役期間は計算できるという。中国新聞周刊「意見不一　死刑改革論争令人関注」，http://www.sxssat.gov.cn/wzg1102004/printpage.asp?ArticleID = 2399 参照。陳興良は「我が国刑法において，死刑執行猶予は 14 年以上 22 年以下の有期懲役に相当するが，実際には一般に 18 年ほどの拘禁である。無期懲役は 12 年以上 22 年以下の有期懲役に相当するが，実際には一般に 15 年ほどの拘禁である。」と認識する。「四位刑法学家視野中的死刑改革」，http://www.china.org.cn/chinese/law/1074456.htm，2006 年 9 月 18 日ダウンロード参照。

125) しかしコストと効率の関係を考慮する必要がある。早くも 1997 年に刑法が改定されたとき，すでに多くの学者が有期懲役の上限を 15 年から 25 年に引き上げることを提案した。しかし刑務所の収容能力の問題から，関係機関代表者の反対に遭った。中国新聞周刊「意見不一　死刑改革論争令人関注」，http://www.sxssat.gov.cn/wzg1102004/printpage.asp?ArticleID = 2399 参照。

定化させることができるのではなかろうか[128]。

7．死刑審査手続の完備。

　死刑を抑制する方法には，主に2種類がある。実体法による抑制と手続法による抑制であり，死刑審査手続きは死刑適用に対する手続法での抑制である。現在，死刑審査制度に存在する主要な問題は，以下のようである。

---

126) この点ではとりわけ，日本が凶悪犯罪・重大犯罪の懲罰に適用するために改定した刑事法（2005年1月1日施行の法律第156号）について慎重に論証を行う必要がある。現在，司法部部長の張軍が提出した「もっと多くの20年，30年以上の長期刑を設立し，これによって死刑適用を漸次減少させよう」という意見はもちろんのこと，学者である陳興良の「有期懲役の上限を25年に引き上げ，若干の罪は30年以下としよう」という提案も，どちらも細かい論証に欠けている。例えば張軍の出してきた理由は「55歳頃に釈放されて出てきたときには，犯罪を行おうとする激しい感情は持ち合わせなくなる」であった。それぞれ「意見不一　死刑改革論争令人関注」http://www.sxssat.gov.cn/wzg1102004/printpage.asp?ArticleID＝2399,「四位刑法学家視野中的死刑改革」http://www.china.org.cn/chinese/law/1074456.htm, 2006年9月18日ダウンロードを参照。この種の論証には明らかに科学的厳密性が無く，人々の信用を得ることも難しい。

127) これは日本の学者が提案した「仮釈放できない終身刑」に類似する。しかし刑罰の目的と合わないので，犯罪者の更正と刑務所の管理には適さない。そのため，ある日本の学者はこの説を修正して，「仮釈放に対して特殊な制限である無期自由刑をつくる」という意見を出す。（[日]加藤久雄「「死刑存廃論」の人道的刑事政策論的再検討」（宮沢浩一先生古稀祝賀論文集編集委員会編『宮沢浩一先生古稀祝賀論文集』第2巻『刑法理論の現代的展開』，成文堂　2000年），56-59頁）。アメリカ・イギリスなどの国も終身禁固犯に仮釈放を許さない規定がある。アメリカの「三振法案」は，殺人・強盗・身代金目的の誘拐など重大犯罪に3度抵触した者は仮釈放できない，と規定する。イギリスの終身禁固刑は，テロリズムによる殺人犯や計画的殺人，性犯罪，虐待殺人に適用される。当然死刑執行猶予制度の完備に関しては，まだその異なる見解がある。例えば江必新は「死刑執行猶予を独立した刑罰の一種とし，即時執行の死刑とは分けるべきである。完備した死刑執行猶予の適用条件は，即時執行の死刑と分けられる上，また操作できる性格を持つべきである。死刑執行猶予の観察期間を5年に延長し（ある者は10年に延長すべきだという者もいる），5年の内に故意による犯罪が無ければ，無期懲役に減刑することができる」という。「湖南省高院院長江必新提出応当廃除貪官死刑」http://www.xxlife.net/news/view_170.html。

128) 馬長生・邱興隆『刑法熱点問題研究』（湖南人民出版社　2003年），14頁。

（1）死刑執行許可の委譲によって，これら死刑事件の二審手続と審査手続は，実質上1つになっており，死刑審査手続が本質上存在しないようになっている。

（2）各高級人民法院の判決し，執行許可された死刑事件の誤審は，発見し改めることができない。（前述）

（3）死刑適用の基準が統一されていない。各地の政治，経済，社会の発展水準は異なり，社会の治安状況は千差万別である。また司法の理念と認識は一致せず，特に各地方による影響と圧力によって，死刑適用基準の掌握が不統一となるのは避け難い。同じような犯罪でも，審理する法院が異なり（地域によって），審理する時期が異なれば（時間によって），生死が分れることもある[129]。こういった角度から見れば，死刑を掌握し適用する規格と尺度においては，なお基準が1つでないこと，検査が厳しくないこと，あるものは軽くあるものは重い，といった情況が存在し，統一性が欠けているのである。重大な点をいえば，実際に32の（31の省・市・自治区高級人民法院と解放軍軍事法院）死刑判決基準が存在し，刑法の前では人々は平等である，という基本原則から乖離しており，国家による死刑事件の質量的抑制，死刑適用に対するマクロな抑制を確保し難くなっているのである。

（4）死刑事件の審理は，容易に地方行政と地方保護主義等の要因による干渉を受ける。特に法院機関の人事権・財政権は，すべて地方政府の下にあり，地方法院の司法独立（死刑判決も含む）の困難は相当に大きい。学術界ないし法院機関はできるだけ早急に各高級人民法院が行使している死刑審査権を最高人民法院に帰し，死刑審査制度の有名無実の状況を改変すべきである。ただ今までこれが実現できていない要因は，おそらく地方（党委員会，政府のごとき）において，重大事

---

[129] 例えば，ヘロインを販売する犯罪は，死刑に処すべき数量の基準を，刑法第347条に50グラム以上と規定するが，それぞれの高級人民法院の具体的な基準は一様ではなく，甘粛では100グラム以上で死刑に処し，上海では400グラム未満なら死刑に処さず，雲南では500グラム，あるいは300グラム以上500グラム未満で情状が特に重大なときに死刑に処す（『雲南省関于販売毒品死刑案件的量刑標準』を参考）。また例えば刑法第383条に，横領10万元以上で「情状が特に重大であれば，死刑に処す」と規定する。ある地方では横領10万元で死刑に処し，またある地方では横領100万元で初めて死刑に処す。また2001年に発生したアメリカ外交官の400人民元強盗犯罪者は，強盗対象が特殊であったため死刑に処せられた。しかし，同額の強盗であれば5年以下の有期懲役に処せられるのが一般的である。異なった判決は差異が大きく公正さを失っている。

件に介入する機会を手放したがらないからだと思われる[130]。これは学術界で解決し難い問題の１つである。

（５）死刑審査の手続は，司法権が次第に行政権と化してしまう恐れがある。現在，死刑審査の手続は全て法院の主導によって一方的に掌握され，非公開で進められてきた。かかる手続の設定は，司法権の権限と機能が行政権の権現・機能になる兆しを表わしてきた。行政権は管理を主導する権利で，その職責は行政の公権力の実施にある。決して過度に権利を行使してはならないが，ある場合には，権利を侵して公権を実現するときさえある[131]。司法権の本質としては裁断権があり，公開性・受動性という特徴を備えている。しかしいったん司法権がその本分を喪失し，主導・効率性を追求，社会生活に主体的に介入し，ある事件に対して訴訟当事者の請求を顧みずに独断すれば，司法権も行政権と化し，これは必ずや権利を救済することの重視を弱体化してしまうであろう。別に，司法権の中立こそは司法権の本義で，司法権は双方の訴訟に対して，もし中立の立場に立たずに一方に偏るようなことがあれば，訴訟の本来の意味も失われるといわねばならぬ。この変化の最も危惧すべき結末は，公衆が司法訴訟の公正性に懐疑を抱き，司法の公正が正しく執行できなくなることであり，「法によって国を治める」ことも実現するすべがなくなることである。上述のことは大げさで非現実的と考える人も中にはいるかもしれないが，もし立法者と司法者に危機意識と自己反省意識が欠如し，敢然と制度構造上の欠陥と危険傾向を認めて，すみやかに，不合理な制度・手続きの検討と再構成を行わなければ，社会の法律に対する信用は形成

---

130) ある学者は，法律を執行する立場から，死刑執行許可権准に何の問題もないが，主要な傷害は各省の高院にあると考える。10何年もの間「自己中心」的な習慣をいきなり改変し，10何年もの間，掌握してきた大きな権力を一時のうちに回収するのは，それほど容易なことではない。『41代表連名建議　最高人民法院収回死刑核准権』（網易新聞報道 http://news.163.com，2004年3月13日ダウンロード。「しかし今年（2004年）に開催された第10回人大2次会議では，多くの地方法院の院長が「死刑執行許可権は，最高人民法院にもでされねばならない。」との建議を提出している。」『専家称最高法院応収回死刑核准権』（新世紀周刊，http://news.sina.com.cn/c/2004-11-05/22024830221.shtml 参照。

131) 学者は，長い間行政権は「便利，効率等の利益を考慮して出されており，私権を犯す現象を避けることができない」と指摘する。陳瑞華『看得見的公正』（中国法制出版社，2000年），184頁。

し難く，法治の歩みも踏みだすことが困難になると，筆者は考える。

　死刑審査制度に存在する重大な欠点について，学者たちは各種の提案を提出している：

　(1) 死刑審査権は最高人民法院に仮置し統一行使されるべきである。具体的な操作の上では，まず1つの考えは，最高人民法院に専門的な死刑審査機構を設立し，優秀な裁判官を選抜して派遣して，死刑審査に従事させることである[132]。しかし現在の最高人民法院では，負担が大きく量的にも相当数にのぼる死刑事件の審査業務に従事することは無理であると自ら感じており，同時にこのやり方では，必然的にこの審査機構は，重責と人員の急激な増加に耐えられず，最高院のその他の法廷業務とバランスをとることができなくなるであろう。

　もう1つの観点は，現実の需要に鑑み，最高人民法院が全国各大行政区画を鑑みて，幾つかの巡回審査法廷（あるいは最高人民法院分院）を設立し，責任を持って定期的に，あるいは不定期に巡回して死刑事件の審査を行う，というものである[133]筆者はこの意見に賛同している（詳しくは後に述べる）。

　(2) 現行の死刑審査手続きを取り消し，死刑事件に対して特殊手続きを設ける。また，審査手続を三審手続きに改め，死刑事件の被告人の上訴権を増やし，死刑の最終決定権は最高法院にあることを保証する[134]。現行の死刑審査手続きは一級上の法院により行使されているため，それは1つの独立した手続に相当しており，それよりは，死刑審査手続きを独立の訴訟手続きに変更する方がよい。同時に現在の死刑審査手続きの設定は，人民法院の職権を強調し過ぎている。これは，ある種の権力による手続きであって権利による手続きではない。原告・被

---

132) 李雲龍・沈德咏『死刑制度比較研究』（中国人民公安大学出版社，1992年），248頁。

133) 陳光中・厳端主編『中華人民共和国刑事訴訟法修改建議稿与論証』（中国方正出版社，1995年），336-335頁。また例えば趙秉志は全国の幾つかの大きな区域の範囲内に分院の設立を考えるべきであるとする。『刑法学専家：最高法院収回死刑核准権很有必要』網易新聞報道，http://news.163.com，2004-03-12　04:51:16。2004年に開催された第10回人大2次会議で，河南省高級人民法院院長も『関于設立最高人民法院分院』という議案を提出した。『専家称最高法院応収回死刑核准権』新世紀周刊，http://news.sina.com.cn/c/2004-11-05/22024830221.shtml 参照。

134) 李雲龍・沈德咏『死刑制度比較研究』（中国人民公安大学出版社，1992年），248頁；胡雲騰『存与廃 —— 死刑基本理論研究』（中国検察出版社，2000年），291-292頁。

告双方の，特に弁護側の主体性を強化し，権利の保護・救済の機会を増加する立場から考えると，制度構造上の基本的な路線は，死刑審査制度を廃止して，三審制を実行し，被告人のために権利を1つ増加させて救済の機会を獲得させることである。死刑事件について三審制への改定を進めることは，権利保護の長所を備えていて特に重視すべきであるが，二審終審という中国の基本的な訴訟制度の改定を進めるという問題にも，これはおよんでいる。しかも最高人民法院の第三審は，基本的に二審の後に，再び事実関係について新たな認定を行うことはなく，事実上ただの法律審に過ぎない。これは辺鄙な地区に発生した事件に対して，訴訟を激増させ，手続きの経済性にも影響し，事件を扱う期間が長くなり，手続きを速やかにするという原則にも乖離している。

(3) 立法中の権限譲渡に関する規定を権限委託に改める。理由は，もし法院組織法における権限譲渡に関する規定を改めて権限委託とすれば，委託ということが，委託された組織が委託をした組織の名義を保有したまま職権を行使する事であることから，これによって，高級人民法院が所持する一部の死刑事件についての執行許可は，最高人民法院の委託に基づくことになる。そうであれば，死刑執行許可が最高人民法院に属するということを正しく具現することができるとするのである[135]。

筆者は，立法中の権限譲渡を権限委託に改めることは，実質上表現を変えただけの言葉遊びに過ぎないと考える。依然として多数の死刑事件は事実上，高級人民法院で判決され審判の中で有名無実となっている客観的事実を否定することもできず，さらに，最高人民法院はいまだ本当の意味で死刑執行許可を統一的に行使していないという客観的事実も回避することはできないからである。

(4) 死刑事件の一審権を下級法院に委譲する。即ち現行立法の改定を通じて，死刑事件の執行許可が分別・維持されている現状を明確に規定する。つまり最高人民法院と高級人民法院の行使に分別し，高級人民法院によって判決される死刑事件の一審権を末端の法院の行使に分別する。そして死刑に処せられるであろう事件のほとんどを下級法院によって一審が進行されるようにし，中級法院が二審を，高級法院は審査を進行するようにする。これにより，死刑審査手続の有名無

---

[135] 羅書平「「槍下留人」与死刑核准権的回帰」(『人民司法』2002年，第10期)，44-48頁。

実問題は避けられ，あらゆる死刑事件がすべて最高法院に戻ってきても，その任に堪えられないという問題を克服することができるとするのである[136]。

しかし筆者はこのことに軽々しく同調できない。法律が，死刑判決の下った事件を別ランクの機関に案件を上げなければならないとする目的は，1ランク高い法院と法官が事件の内容を確認することに重要な意義があるだけではなく，死刑適用に対するマクロ的規制の意味も表しているのである。新中国では，大多数の時期，死刑事件の一審権は下級法院にあったとはいえ，それは主に1979年刑法・刑訴法実施前の特殊な時期のことである。1980年の「両法」実施以後の20数年間は，1983年の「厳重懲罰」期間の数カ月に，死刑事件の一審権を下級法院に移管された (その死刑判決の内容もはなはだ非難を受けた) 以外は，すべて法律規定に厳格に基づき，中級人民法院によって一審を行ってきた。もし死刑事件の一審権を下級法院に委譲するならば，歴史の後退であって改革ということは望めないからである。

(5) 高級人民法院に死刑審査法廷を増設する。具体的には，中級人民法院の一審で死刑に処せられた事件は二審に進み，高級人民法院の二審裁判で死刑が支持された場合，再び高級人民法院の「死刑審査法廷」に提出され，死刑審査を行わなければならない。二審と審査の2つの手続きを経た後にようやく，高級人民法院で執行許可した死刑判決 (裁定) が初めて法的効力を持つという考えである[137]。しかし筆者は，『人民法院組織法』の規定に基づき，死刑判決案の事件については一審，二審あるいは審査を問わず，すべて審判委員会の討論にかけなければならないと考える。想定できるのは，同一の審判委員会において，同一死刑事件の二審と審査が時を隔てずに2度討論を進めることに，結局のところどれほどの意義があり，十分な監督制約の効果をもたらすことができるであろうか。陝西省で発生した「銃下に人を留めおく」事件の結果は，1つのよい例である。

私は思う。死刑は最も厳格な刑罰の一種であり，中国刑事司法政策の重要なる事柄である。故に立法者は，2つの審判による終審制が案件の質量を確実に保証する情況を規定した上で，さらに死刑事件については，死刑審査という特別手続

---

136) 羅書平「「槍下留人」与死刑核准権的回帰」(『人民司法』2002年，第10期)，44-48頁。

137) 羅書平「「槍下留人」与死刑核准権的回帰」(『人民司法』2002年，第10期)，44-48頁。

を別に規定しなければならない。その目的は，死刑事件の絶対的厳密さと万に一つの失敗もない確実さを確保することである。立法の目指すべき道は，以下のような法律と哲学思考に基づいている。犯罪は複雑な社会現象の一種であり，司法官は刑事事件の裁判活動を通じて，現象を見きわめ本質的な活動を公にするのである。複雑な事柄の認識に直面したとき，人々は常に客観的条件に立脚せねばならないという制限のもとで，すぐに解決することなど無理であろう。何度も多角的に分析し，論証・総合・帰納することが必要である。まさに認識とういうことの複雑性・曲折性によって，立法者が系統的な原則・制度を規定し，裁判官が事件に判決を下すための詳細な手続き規程を定めねばならない。死刑事件に対して，適用に必要な原則・制度を定める以外に，さらに特別な原則・制度，即ち死刑審査制度を規定するわけだが，その目的は，死刑事件に対してより深い認識を行い，死刑判決事件の内容を確たるものにするためである。死刑執行許可の委譲は，一部の死刑事件の二審手続きと審査手続きを併せて1つにし，実質上，事件のより深い認識を行う手続きをなくしているのである。これは，死刑事件の複雑性そのものが，深層的認識を行うことによって客観的真実を確認せねばならないことを決定するという論理上の要求と相反していると言わねばならない。

　刑罰は手段と目的の統合であり，刑罰の根本的な目的は，ひとり犯罪者への処罰では決してなく，犯罪行為への処罰を通じて，人々に社会発展に適合すべく合理的な選択を促すことにほかならない。刑罰の正確な執行率を高め，法律の誤りを避け，合理的な社会秩序を規範として示すことで，初めて社会に益となる効果を最大限度発揮することができるのである。よっていかなる理由であろうとも関連する手続きを減らしたり，死刑審査権を委譲したりすることを口実としてはならず，厳格に法律規定に照らして，死刑執行許可権は最高人民法院による統一的な行使に帰さなければならない。最近マスメディアによれば，最高人民法院は死刑執行許可の回復を考えているという[138]。そうであるならば，筆者は，まず『人民法院組織法』第13条を改定し，「最高人民法院は必要なときに，一部の死刑事件の執行許可を高級人民法院の行使へ委譲することができる」という規定を削除すべきであると考える。そして根本から刑法・刑訴法との間の矛盾を解決し，死刑執行許可を回収すべきである[139]。次に，各省高級法院が執行許可した死刑事件は全審査事件の90%を占めていることから，死刑執行許可を回収したあとは，過去の死刑事件で計算すると，最高院の仕事量は9倍に増加することになり，最

高院の人員，経費に関するプレッシャーは推して知るべしである。

　上述の学者が提出した数種の解決案のうち，最高院により巡回審査法廷を設立する案は，中国の国情に合うとともに，訴訟の効率と手続の公正さを考慮しており，採用する価値がある。具体的なプランは以下の如くである。

　(1) 最高院は死刑審査法廷を組織し，その法廷を数回の巡回審査法廷に分けて，全国の行政区画に，派遣し駐屯させて巡回審査を行う。同時に人情やコネが生ずることを阻止するために，それぞれの巡回法廷や審査員は1つの地に常駐せず，一定期間において大行政区画の間で調整する。

　(2) それぞれの巡回法廷は，最高人民法院の出先機関とし，その人事権や財政権等は地方の制約を受けず，最高院が監督・管理し，責任を持つことを保証すべきである。

　(3) それぞれの巡回法廷の裁判官は，毎年，最高院に戻って，法務の経験を意見交換・報告し，死刑審査制度の全国統一のやり方を段階的に形成していて，死刑事件審査の一致を目指す[140]。

　この箇所の論述は，2006年3月に課題に擱筆した段階での考察である。2007年1月1日になり，従来から問題にされてきた死刑審査の状況を受けて，重大な変化が生じた。ただ，地域に従って法廷を幾つかに分けること，担当官を派遣して文書を検閲すること，被告人への訊問といた方法は，始めに想定していたもの

---

138) 2004年3月9日，最高人民法院院長の肖揚が，山西省高級人民法院の院長の李玉臻の質問に答えたときに明確に「最高人民法院は死刑執行許可権の回収を考えている」ことを表わした。『41代表連名建議　最高人民法院収回死刑核准権』(網易新聞報道 http://news.163.com, 2004年3月13日ダウンロード。今年最高院で公布され来年に募集して採用する計画中に，20名の専門的な「死刑審査および関連する仕事をなす」人員を採用する計画がある。

139) 邱興隆は一つの予想を持っており，死刑審査権が回収されれば，全国の死刑者数は少なくとも3分の1に減るという。『刑法学専家：最高法院収回死刑核准権很有必要』新世紀周刊, http://news.sina.com.cn/c/2004-11-05/22024830221.shtml 参照。

140) 事実上，現在の最高法院は特に3つの刑事法廷をすでに設けており，死刑の審査査を扱っている。全部で何百人かの裁判官が配備されているが，その具体的な運用の仕方ははっきりしない。

と，より多く一致を見ている。

追記
中国における最近の死刑審査の進展

　2007年より，中国での死刑審査の情況に，より大きな変化が起こった。2006年9月，最高人民法院と最高人民検察院は，共同で「死刑事件に関する審査の開廷手続をめぐっての若干の問題にかんする規定（試行）」を頒布し，死刑の二審案件の開廷審理手続を定め，10月31日，全国人民大常委員会で，「『中国人民共和国人民法院組織法』修改に関する決議」を通過させた。2007年1月1日より，最高人民法院が統一して死刑案件の執行許可を行使することを決定し，2007年からは，最高人民法院に，地方の高級人民法院に委譲していた死刑審査の部分的権限を戻したのである。以後，すべての死刑判決は，最高人民法院で統一行使することとなり，1月22日，「最高人民法院の死刑審査案件にかんする若干の問題をめぐっての規定」が，3月9日には，最高人民法院，公安部，司法部が共同して，「より厳格に法によって死刑案件の質量を確実に処理するに関する意見書」を公布し，最高人民法院の死刑審査運用規定と公安・検察・法院・司法部の4機関の死刑案件を処理するにあたっての具体的要求を明らかにしたのである。同時に，2006年3月以来，最高法院は，死刑適応案件の審査権限を戻すにあたって，必要に応じて現実的に対応するために，両名の刑事審判を分割担当する副院長を配置し，3つの刑事事件審判法廷を増設した。加えて，地方各法院，法律系大学，弁護士会より3組に分けて優秀な人員（司法官，刑法学者，弁護士）を継続して選び，各大学より，あらたに博士課程研究生，修士課程研究生，および大学卒業生をとり，審判の能力を高め，審査の業務の向上に適応せんとしたのである。

　今日，死刑審査の手続は十全なる訴訟を目指すという意味での訴訟手続きではなく，救済手続きでしかない。しかし，審査の内容は，これまで事実と法律を全面的に審査するものであり，事実審と法律審議を併せて期待したい。

　最高院は，都合5つの刑事法廷を有しており，死刑審査の具体的役割は，以下の如きである。

　刑事第2法廷は，経済犯罪等の死刑案件の審査法務を行い，刑事第1，第3，第4，第5法廷は，地域を分けてその他の死刑案件の審査法務の責を負う。

　立案の法廷は，法案を集め文書手続にあたり，送られてきた各高級人民法院の

死刑審査案件に対して，形式的な審査を要するだけで，法案を受け取ったかどうか，並びに法案に責任を負う役割分担を行うことを決定するに止まる。

　各刑事法廷は，死刑審査案件を受領した後，3名の裁判官からなる合議法廷を組織し，書面審査と被告人尋問の方式を採用，合議法廷の構成員は審査案件の書類にすべて目を通し，一審，二審裁判の事実認定，法律の適用，訴訟手続につきすべて審査を行った上，各自，書面にて意見を提出して，それを保存して後日の調査に備える（このことはこれまでなかった規定である）。

　死刑の執行許可に関しては，原則的には，被告を直接に取り調べ，その意見を聴取する。証拠に疑問がある場合には，その証拠を実際に調査し直し，必要とあらば，出廷させ現場を再現して調査を進める。

　合議法廷の構成員は，事件を評定するにあたり，どのように処断するのかはっきりとした意見を表明し，併せてその理由も明らかにせねばならない。

　死刑案件審査の期間は，被告人が依託した弁護人が意見聴取の請求を提出した場合には，それを受けて司法官はしかるべく処理し，併せてその記録を関係文書に添付せねばならない。弁護人が書面で意見書を提出する場合にも，同様の措置を行う。

　死刑審査の結果もこれまでの執行許可・判決の変更・再審差し戻しから，現在の原則に立って，死刑執行許可もしくは不許可の裁定を出すことだけに改める。ただ，限られた情況にあっては，法に照らして判決を変更してもよい。2007年1月から3月の期間は，最高人民法院は，審査を申請している死刑案件については，半分程度は執行許可を与えていない。

　このほか，中国死刑制度はまだ注意しなければならないことがある。

　(1) 必ず現行の閉鎖的な死刑審査手続を改革して，開放的な審査手続きを創建し，検察機関・訴訟当事者・弁護人を十分に手続きに参与させ，被告人に十分な弁解の機会を与え，被告人の人権を最大限，保障しなければならない。刑事案件の法定弁護士が出廷してうわべを繕うだけのような弊害に的確に対応し，現行の法律援助センターを基礎として，数人の刑事事件共同弁護士を創成し，死刑犯に弁護士の有効な弁護活動を保証する。

　(2) 死刑判決と死刑執行の法定期間を延長し，犯罪者がこの期間内に上訴，赦

免請求などの方法を通じて，継続して救済手段を求められるようにする。これはまた，司法機関が誤審を発見し，誤りを正すための十分な時間を残すためでもある。現行法律の規定は，死刑判決は発効後1週間以内に執行することになっており，あまりにも期間が短過ぎる[141]。誤審が発生しても見つけにくく，さらに犯罪者が上訴する時間が残されていない。したがって死刑執行には，適当な時間を残しておく必要があり，一般的にこの期間は3から6カ月が妥当であろう[142]。

(3) 死刑執行中にある，死刑犯の人格への侮辱，死刑犯の尊厳を踏みにじる現象，例えば公衆の面前で判決を宣告したり，街中を引き回して見せしめにしたり，別の形で公開処刑したりすることを改革する。

(4) 死刑適用手続を改善し，死刑適用に対する刑事政策の影響を減少させ[143]，公民の生命権を保護する[144]。

(5) 運用に供する『死刑事件量刑指南』を制定し，個々の死刑適用基準を規範化，統一する。1987年アメリカ量刑委員会は，制定法の効力と量刑運用規程を兼ね備えた初めての『量刑指針』を作成し，国会の審議を経た後に正式に発効し，その後発生したあらゆる犯罪に適用している。これは中国刑事法制に対して大いに参考となるべき意義を備えている。中国のすべての犯罪事件に対しての量刑指南を制定する条件は，まだ備わっていない。しかし，死刑事件で，十分には対応できなかった法律と，実際の司法活動で死刑事件を裁量した際の豊富な実践経験に鑑み，数量が相対的に限られている死刑罪名について，量刑指南を制定するこ

---

141) 実際の司法活動における一般的な方法は，死刑即刻執行の判決が一たび発効されたら，最高人民法院の院長はすぐに死刑執行の命令にサインすることができる。死刑執行の命令は，一般に死刑執行許可の裁定と同時に原審の人民法院に戻される。原審の人民法院は7日以内に執行に当らなければならない。

142) 胡雲騰『存与廃 —— 死刑基本理論研究』(中国検察出版社，2000年)，292頁参照。

143) 例えば2003年全国各級司法機関は一定期間を超えた拘束を整理し，いくらかの地方では一定の限度を超えた拘束は減少させるため，1つの事件について迅速で集中した判決ならびに執行を行った。

144) 学者はさらに，中国の現在ある刑法制度の範囲内に，現行法律の厳格な執行と合理的な解釈を行うことで，実際の死刑適用人数を5～10年の間に今の状態から90%減少させることは，完全に可能であるという。陳忠林「死刑与人権」(陳興良・胡雲騰主編『中国刑法学年会文集』一巻：死刑問題研究(上冊)，中国人民公安大学出版社，2004年) 106頁参照。

とは，必要なだけではなく，行うべきことである。これは地方の法院で死刑適用を裁量する基準を規範化し，統一するのに都合良いだけでなく，最高法院は死刑審査手続を通じて，各地の法院が報告して採決を仰いできた死刑事件を審査する際にも有益である。また司法の路を通じて基本的な死刑政策を具体的に貫徹し，死刑適用の厳格な抑制を実現するための重要な道筋でもある[145]。

(6) 世界各国の通例に従い，毎年の死刑事件の統計数をありのままに公布すべきであり，守秘すべき司法秘密にしてはいけない。中国は全面的に『市民的及び政治的権利に関する国際規約』が規定する国際義務を忠実に実行すべきである。この問題は実際には中国の死刑存廃，および如何にして廃止するかを研究する上で，基本的に必要な前提である。事柄は，犯罪暗数（公的機関が把握していない犯罪）問題が犯罪学研究の出発点とさえいえるというものと，理を同じくするものといってよい。

結　語

死刑は，古くからある残酷な刑罰であり，幾千年の人類の社会史を越え，勃興から氾濫，氾濫から衰退へと向かい，衰退してから滅亡へという変遷を経てきた。四海を見渡せば，死刑廃止はすでに世界の潮流であり，死刑はしだいに歴史の舞台から退けられ，生命権はかつてないほどの尊重を受けている。中国政府はすでに『市民的及び政治的権利に関する国際規約』に調印し，2004年3月14日，第10回全国人民代表大会第2次会議で可決した『中華人民共和国憲法修正案』が，初めて「国家は人権を尊重し，保証する」を憲法（第33条第3款）に採択したことは，中国の人権への取り組みが1つの新しい発展段階に入ったことを表している。国際規約を忠実に守り，人権を尊重，保証し，厳格に死刑を制限し，死刑罪名を削減し，たゆまず死刑立法の改善を進め，最終的には死刑廃止を目指すことこそ，中国がまさに取り組み，到達しなければならないことである。物質文明と精神文明の高度な発達に伴って，中国が最終的には，法律に死刑がなく，現実において

---

145) 梁根林「中国死刑控制十大論綱」（陳興良・胡雲騰主編『中国刑法学年会文集』第一巻：死刑問題研究（上冊），中国人民公安大学出版社，2004年），449-450頁。

死刑の適用がないという目標に到達し，死刑廃止国家の仲間入りを果たせるものと，筆者は信じてやまない。

● article 2

東アジアと死刑の風景
―― 死刑のイメージの比較社会学 ――

藤田弘夫(Fujita Hiroo)

1 ◆ 世界の死刑

(1) 社会の中の死刑のイメージ

　最近の医学の発展はすさまじい。中でも移植医療の発展は著しい。最近，中国で移植医療が急速に発展している。移植医療の発展は深刻な臓器不足をもたらしている。世界各国の医療関係機関は，中国での臓器提供に注目している。中国では臓器移植ビジネスが急速に拡大している。現在，中国はアメリカに次ぐ，臓器移植数を記録している。その背景となっているのが，中国での豊かなドナー(臓器提供者)の存在である。臓器提供数が少ない日本や韓国からの移植希望者も多い。中国の病院には世界中から問い合わせが殺到している。しかし中国での臓器提供の多くが，死刑囚からのものだといわれている。ここに中国における刑死者の数の多さを窺うことができる。その一方，刑死者からの臓器移植は国際的な非難を呼び起こした。このため外国人への臓器の移殖が，一時ストップしたほどである。

　人々は様々な形で，死刑をイメージしている。人の命を絶つという死刑は最も

古くから知られた処罰である。死刑は日常的にイメージされている。ところが，実際の刑死者の数はごくわずかな数でしかない。特に先進国では，死刑はほとんど実施されなくなっている。死刑は一般にイメージされているよりもはるかに少ないのである。テレビなどメディアは毎日繰り返し殺人や戦争の場面を放送する。こうした中で，刑死は殺人や戦争のイメージとないまぜになっている。

死刑はその残虐性から廃止が世界的潮流となっている。1990年以来，40を超える国が死刑を廃止した。現在，廃止国は85を数えている。また，11カ国が戦争犯罪などを除いて死刑を廃止している。さらに，24カ国では死刑制度はあるものの10年以上執行していない。死刑廃止国は実質的に，120カ国を数えている。1989年，国連総会は「死刑廃止協定」を採決する。日本は先進国の中で，一部の州で死刑を復活させたアメリカを除くと，唯一の死刑執行国となっている。

アムネスティ・インターナショナルをはじめ国際人権団体が把握しているところでは，統計のない北朝鮮などを除いて，2004年に25カ国で7395人の死刑が執行された。中でも，中国，イラン，米国，ベトナムの4カ国で全体の97％を占めている。しかしこれは最低数であって，この数倍の闇数があると推測されている。中でも，死刑数がきわだって多いのが，中国である。中国は刑死者数を発表していない。アムネスティ・インターナショナルは中国の刑死者の数を最低でも3400人と推定しているが，実数は1万人を超えているといわれている。中国社会科学院社会学所の単光鼎研究員は，正確な数は誰にも分からないのではないかとしながらも，様々な報告から考えて，最近までは，年間3万人程度いたのではないかと推測している。

アムネスティは，シンガポールが，人口あたりで死刑執行の数が世界で最も多いことを指摘している。シンガポールでは，1991〜2003年の間に400人以上が死刑を執行され，この数は第2位のサウジアラビアの約3倍，第3位のベラルーシ，第4位のシエラネオの約2倍である。しかもシンガポールの場合，刑死者の大半は麻薬取引きによるものである。

中国の死刑の多さは，中国が民主主義国ではないことの証として非難されている。香港は1993年の中国返還に先だって，本土の死刑制度が及ぶのを恐れて，急遽死刑を廃止している。しかし中国ばかりではなく台湾，韓国，北朝鮮，シンガポール，ベトナム，日本など，中国の文化の影響を受けた国では，死刑が存続

している。これらの諸国は，内外の人権団体の目を避けるかのように死刑を続行している。中国では数々の批判をかわすかのように，死刑数を急速に減らしているといわれる。

(2) 死刑廃止の流れと罰則の強化の声

　死刑の廃止は世界的な流れとなっている。処刑の仕方は現在，絞首刑，射殺，電気処刑，注射処刑，石打ち刑など国により様々である。死刑執行を象徴するのは，ギロチンである。ギロチンはフランス大革命のさ中，効率的な死刑執行装置として考案された。ギロチンは，ミッテラン政権下の1981年に廃止されるまで使われ続けた。しかしその後，フランスは2001年にストラスブールで死刑制度の全廃を求める第1回の世界会議を開催するなど，一転して積極的に死刑廃止に取り組んでいる。

　アメリカは1972年に一度，死刑を憲法違反だとして廃止したが，1976年には復活させた。現在36州で死刑制度を維持している。しかし死刑制度をめぐっては揺れ動いている。アメリカの全土に，3500人の死刑囚がいるといわれる。2003年1月，イリノイ州のライアン知事は死刑制度の不備や誤判の可能性などを理由に，死刑囚167人を一括して終身刑などに減刑した。ライアン知事は長年の苦悩から死刑制度は何よりも道徳に反するというのである[1]。

　ところで，死刑廃止の世界的潮流に，逆行するような動きが見られるのが，日本である。日本でも一時は，死刑廃止論が高まった。しかし近年の凶悪犯罪の続発から，犯罪への厳しい対応が要請されている。特に続出した凶悪少年犯罪には，少年法の適用年限の改正や処罰の強化など新しい対応が叫ばれている。凶悪犯には，死刑が当然という雰囲気が広がっている。特に被害者家族の感情が取り上げられるようになっている。被害者は死んでいる以上，人間ではなく死体でしかない。人間は死んでしまうと，死体損壊罪，死体遺棄罪などでしか守られない。これに対して，加害者は殺人の犯行後も「人権」という名の大きな権利によって守

---

1) Turow, Scott, *Ultimate Punishment*, Farrar, Straus and Giroux, N. Y., 2003（指宿信・岩川直子訳『極刑』，岩波書店，2005年）

図 A1　ワシントン　ホワイトハウス前

られる。このことが被害者家族の感情を逆なですることになる。

　日本では多くの人が「無期刑」を「終身刑」と誤解していた。このため犯罪被害者を中心に，凶悪な殺人犯が出獄の可能性を持つことへの批判が高まっている。この点からも，死刑廃止の意見は後退を余儀なくされている。1999年度の総理府世論調査では，調査者の79.3％の人が，場合によっては死刑もやむを得ない，と答えている。これに対して，どんな場合にも死刑を廃止すべきとの意見は，8.8％に過ぎない。近年の凶悪犯罪の頻発から，死刑支持の声は増加する傾向にある。日本では，裁判が長く国民から遠いものと意識されてきたこともあって，被害者の親族は加害者への強い処罰を望みがちである。国連や欧州評議会は先進国で死刑を続けるアメリカや日本に廃止を要請している。しかしこうした動きとは逆に，日本やアメリカの一部では，処罰の強化への流れが目立っている。特に日本では，犯罪被害者家族の感情から死刑の適応範囲の拡大の声が強くなっている。

　中国の刑死者の多さは，政府の犯罪に対する厳しい態度に表れている。中国政

府は法輪功を，社会を不安に陥れる邪教として禁止している。法輪功の支持者に対する取り調べは厳しい。ワシントン，ロンドン，ケンブリッジ，サンフランシスコ，シドニー，東京など世界各地の多くの大都会で，法輪功の支持者が中国政府の残虐性を拷問の写真やパフォーマンスを通じて積極的にアピールしている。とはいえ，中国の刑死者の数は最近，急激に減少しているといわれている。

　世界の死刑廃止の流れは一方向ではない。フィリピンは1987年，アキノ政権下で死刑を廃止した。しかし6年後の1993年には，死刑制度を復活させている。そして死刑は，2006年に再び廃止されている。また，フランスは2006年死刑廃止から25年を迎えた。世論調査では国民の42％が死刑復活を望んでいるという。しかし死刑廃止当時は国民の62％だったことを考えると，廃止の支持は広がっている。死刑廃止は若いほど，また高学歴になるほど支持者が多いという。死刑の廃止は紆余曲折を経ているにせよ，人々の中に定着している。

2 ◆ 社会秩序と安全

（1）社会の安全と死刑

　人間は生きていてこそ，人間なのである。他者の生命を奪うことを正当化することは難しい。他者の生を断ち切ることは，正当防衛として自己の生を守る場合に認められている程度である。人為的な死を簡単に正当化できるものではない。自分の生命を断ち切る「自殺」すら，禁止されている。では，いかに重大な犯罪者であろうと，危害を加える可能性のない拘束下にある人間を，なぜ，わざわざ殺すのだろうか。

　それを解く1つの「鍵」は処罰のあり方に潜んでいる。処罰は犯罪に応じて，身体刑，労役，貨幣の支払い，追放などが課される。拷問は自白の手段としてばかりではなく，罰としても用いられた。身体刑には耳や唇の切断，目潰し，性器の切断，舌を抜くなど肉体の大きな毀損を伴う処罰があった。特に死刑はどの社会でも用いられてきた。しかし普通の死刑は歴史的に，多くの社会で極刑ではなかった。絞首や斬首では生ぬるいとされたのである。重大な犯罪には，死刑因の

断末魔を長引かせ苦しませることが求められた。撲殺，磔，火炙り，串刺，投石，溺殺，釜茹で，生き埋め，動物の餌，四つ裂きなどの刑が実施された[2]。残虐な加重刑が死刑を恐ろしいものとしていた。では，なぜ，人は単純な死を超えた残酷な刑を必要としてきたのだろうか。それは，社会の根幹を支える「聖なるもの」や「正しさ」をおいて外にはない。聖なるものや正しさこそが，礼，法，道徳を通じて社会秩序を生み出してきたのである。死刑といった物理的暴力の行使は秩序を守るための「聖なる」「正しい」行為だったのである。

したがって，死刑は見せしめとして公開された。死刑は社会秩序の正しさの証明なのである。このため正当性を保障されない死刑は密かに執行された。このことに関連して，レーダー（Bruno Leder）は死刑を求める声が，正義を目指す欲求から生じたものではなく，人々の心理の深層に潜んでいる衝動が抑圧から解放され発散する可能性を求めているところにあると主張する[3]。では，人間はどのような死刑をもって抑圧を解放していったのであろうか。

(2) 社会秩序と劇場としての都市

社会秩序への危険が死刑を生み出している以上，処刑は危機が回避されたことを意味する。したがって，処刑は他に周知される必要がある。それには，様々な手段がとられた。古来，観衆を集める公開処刑は広く行われた。受刑者の苦しみは，犯罪をあがなうものと見なされた。しかしその一方で，観衆は苦しむ刑死者への憐憫の情から，処刑人や処刑自体に反感を持つ可能性もあった。観衆が処刑に不満がある場合，秩序への反感を募らせる。公開処刑はあり方次第で，いつ権力への反抗を生むかもしれない「諸刃の剣」なのである。特に人間の密集する都市における民衆の騒擾は，国家権力にとって危険極まりないものとなっている。

---

2) Durkheim, Émile, 1899, Péface de L'Année sociologique 2, Wolff, K. H. ed., *Essays on Sociology & Philosophy by Émile Durkheim et al.*, Harper Torchbooks, 1964（内藤莞爾編訳『デュルケム法社会学論集』，恒星社厚生閣，1990 年，51 頁）．

3) Leder, Bruno Karl, 1980, *Todestrafe: Ursprung, Geschichte*, Opfer, Meyster Verlag GmbH, Wien-München（西村克彦・保倉和彦訳『死刑物語：起源と歴史と犠牲者』，原書房，1989 年，338 頁）．

都市は政治, 経済, 宗教などの権力の拠点である。人々が密集して住む都市では, 民衆の小さな騒擾が伝染し大きな暴動に発展しかねなかった。しかしこれには西洋と東洋での都市の構造の違いが大きく作用していた。かつてマックス・ウェーバー (Max Weber) は, アジアの都市が西欧の都市と異なり, 常に大政治団体の諸官庁の所在地であったことを指摘した[4]。中国では, 都市は王朝の宮殿と地方拠点としての県城であった。したがって, 王朝に自治を主張し得るような「市民」が登場するはずもなかった。中国の都市は大政治団体に直接, 間接に関係を有する人々の居住地であった。西欧でも都市は大政治団体の所在地であった。しかしそれは都市の一画に宮殿があったに止まっていた[5]。

人々は祭りであれ何であれ, 日常の抑圧を解放するような騒ぎを必要とする。人々の密集する都市では騒ぎが思わぬ方向に発展することもあった。時には, 民衆の騒擾が統制不可能になることも珍しくなかった。中国の都市は内部が整然と区画され, 分断統治されていた。住民は厳しい監督下に置かれていた。したがって, 中国では1582年の杭州民変まで, 本格的な民衆暴動はなかった。これに対して西洋の都市は内部が分化していたものの, 分断統治というより自治的な様相を呈していた。特にローマでは, 民衆の騒擾は日常化していた。532年コンスタンティノープルで, 皇帝臨席の下で戦車競技が開催されていた。些細な騒ぎから始まったニカの乱で, 皇帝ユスティニアヌスは間一髪のところで逃げ延びた。

都市の民衆も農村の民衆も騒ぐことに変わりはない。特にお祭りは騒ぎの契機となる。また, 民衆は都市と農村を問わず, しばしば騒擾を引き起こす。騒擾はしばしば大規模な暴動へと発展する。しかし国家権力にとって, 都市の反乱と農村の反乱とでは, 全く違った意味を持っている。

政治秩序は中央の都合で決められたものであればあるほど, 地方の反乱を誘発する。地方や辺地での抗争は, それがどこまで知られるかを別にして, 日常的なことである。しかし農村の反乱が政治権力を転覆することはめったにあることではない。

---

[4] Weber, Max, *Wirtschaft und Gesellschaft*, 5Aufl. J. C. B. Mohr (Paul Siebeck), Tübingen, 1972. (世良晃志郎訳『都市の類型学』, 創文社, 1962年, 143頁)
[5] 藤田弘夫『都市と権力 —— 飢餓と飽食の歴史社会学 —— 』(創文社, 1991年), 168頁。

中国の歴代王朝の中でも，清の康熙帝や乾隆帝の時代は最も社会が安定していたといわれている。しかしそのときにおいてさえ，大規模な反乱が頻発していた。日本でも，江戸時代は最も平和を貪ったといわれる。それでも江戸時代を通じて，1600件以上の百姓一揆が記録されている。だが，地方での反乱が国家権力を崩壊させることは，よほどのことがない限りなかった。歴代の王朝が農民の反乱の中に消えていった中国でさえ，農民の反乱だけで王朝が倒れたことはなかった。中国の広大な地域を動乱に巻き込んだ黄巣の乱や太平天国の乱においても，唐朝や清朝は生き延びた。また誕生後間もない明治政府を根底から揺さぶった不平士族の乱や自由民権運動も，基本的には地方の運動に止まった。

近代になっても西欧の農村は反乱を繰り返していた。フランスでは絶対王政下ですら地方において断続的な騒擾や反乱が発生していた。しかしその後の世界の歴史を変えたのは，パリで始まった大革命であった。さらに1848年のパリ，ウィーン，ベルリンなどの民衆蜂起は新しい時代の到来を予告させた。都市は社会主義運動の舞台となった。

都市が官製の権力を演出する劇場であることは同時に，そこが民衆の権力を演出する劇場となることをも意味する。都市は民衆の異議申し立てが表明される場でもあった。しかも都市住民の反乱は，国家転覆の危険をはらむものであった。もちろん国家はこうした主張に対して，統制色の強い「首都制度」で臨んだ。だが，そうした制度をもってしても，都市民衆の反乱を完全に押さえ付けることはできなかった。為政者はとかく民衆の不満があらわになるような集まりを警戒する。

西ヨーロッパでは都市住民が領主権力に攻撃を企てることも珍しくなかった。しかし領主の軍隊は，不規則で狭い迷路のような街路から不意に加えられる攻撃に対応できなかった。領主の軍隊は狭く曲がりくねった街路では迅速に移動できなかったし，曲がり角では発砲することもままならなかった。その上，住民には，隠れ家となるところがどこにでもあった。都市の「通りの狭いのは国家にとって危険」（フェランテ1世）であった[6]。

フランスの国家権力はブルボン朝以来，何かと反乱を繰り返すパリ民衆の動き

---

6) Braudel, Fernand, *Civilisation matérielle, économie et capitalisme*, Siècle, tome1, 1979（村上光彦ほか訳『文明・経済・資本主義』，みすず書房，1985年，212頁）

に悩まされてきた。ナポレオン3世はそうした事態を打開するためにも思い切ったパリの物理的な大改造を計画する。

　ジョルジュ＝ウジューヌ・オースマン（Georges＝Eugème Haussmann）によって推進された大改造は，道路を拡幅し直線的なものとするとともに，袋小路を貫徹するという「外科手術」的なものであった。ナポレオンに敵意を持つ者は，当然この計画に反対した。しかしそうした反対をものともせず，大改造を強力に進めていった。これによって，パリの狭く曲がりくねった中世以来の街路が徹底的に破壊され，パリの歴史的景観は完全に失われてしまった。パリの伝統的な景観は一変してしたのである。主要な街路は大規模な部隊の迅速な移動が可能となるとともに，民衆によって街路が掘り起こされないようにアスファルトによって固められてしまった。パリ名物の〈バリケード〉は街路の拡幅とアスファルト舗装で，その効果を発揮できなくなってしまった。オースマンのパリ改造計画は「革命のできなくなるパリ」を大きな目標としていた[7]。

　都市の民衆の反乱による国家権力の転覆は1979年のイラン・イスラム革命や1986年のフィリピン革命を見るまでもなく，突然行われる。長期政権を誇ったフィリピンのマルコス政権も大統領府の広場を埋め尽くした大群衆を前に亡命を余儀なくされた。大都市は抗議運動の舞台であった。中でも普段は首都を飾る記念碑的建造物は，その演出を盛り上げる最高の大道具となる。王朝政治を象徴した天安門広場は民衆の意見の表明の場ともなった。天安門広場は1919年の「五・四運動」以来，民衆運動の舞台となってきた。文化大革命時，毛沢東は全国から集まってきた紅衛兵に，この壇上から指示を与えた。その一方，民衆が文化大革命への疑問を呈した周恩来花輪事件が起ったのも，この広場であった。1989年の民主化運動においては，天安門を占拠した学生たちの手で，ここに「民主の女神」が建てられるに至った。1989年6月の中国天安門前の学生は政権をあと一歩のところまで追いつめた[8]。

　しかし，1989年秋から冬の一連の東欧革命では，都市の反乱が次々と共産党

7）富永茂樹「オスマンとパリ改造事業」（河野健二編『フランスブルジョワ社会の成立』，岩波書店，1977年），213頁。
8）藤田弘夫『都市と権力 ── 飢餓と飽食の歴史社会学 ──』（創文社，1991年），222-223頁。

政権を崩壊させた。東ドイツは東ベルリンやライプチヒのデモで，チェコスロバキアはプラハのデモで，ブルガリアはソフィアでの大集会で，ルーマニアはブカレストの大集会で相次いで瓦解した。強固なソヴィエトも，1991年8月のモスクワでのクーデター騒ぎで解体した。

　もちろん，地方の反乱が，国家を崩壊させることがないわけではない。しかし，地方での反乱が国家権力を崩壊させるには，長い年月を必要とする。しかもそうした権力は，中国共産党やカンボジアのポル・ポト政権に象徴されるように，もともと都市と深く関わった勢力なのである。1990年代には，エチオピア，ソマリア，リベリアなどアフリカ諸国で，地方から攻め上った勢力に首都の国家権力が相次いで陥落させられた。都市の騒擾は ── 特に首都の騒擾は ── ごく小規模なものであっても，状況次第で国家権力を瓦解させる暴動へと発展する可能性を持っているのである。2005年にフランス政府を震撼させたのも，長年政府の農業政策に反対して実力行使をする農民ではなく，パリ郊外の移民の暴動である。都市の暴動は農村の暴動とは異なる危険を潜ませている。ともあれ，都市の騒擾は社会に大きな影響を与えるばかりでなく，思わぬ方向に発展する可能性を持っているのである。

3 ◆ 現代社会と死刑の系譜

(1) 西欧における死刑観の変遷

① 死刑の系譜 ── 供犠から王権へ

　現在，西欧諸国では死刑が廃止されている。ここに至るまで，長い道のりがあった。むしろ西欧は残酷な血みどろの処刑の歴史を持っている。死刑の廃止が現実のものとなったのは，最近のことなのである。また，死刑が復活する可能性が完全になくなったわけでもない。

　人の生命を奪う死刑は重大な行為である。したがって，それは正当性を持つものであり，聖なる行為でなければならない。このため，刑死は宗教と密接に関係してきた。古代や中世の処刑は供犠であり，祭祀としての性格を持っていた。中

図 A2　聖職者立ち会いの処刑

世前期の処刑は神聖な儀式として，聖職者や信仰の深い者の手で執行された。刑死は呪術的な雰囲気の中で実施されたのである。やがて王権が拡大するにつれて，重大な犯罪は「王の平和」を乱すものと見なし，王が介入するようになる。

　西欧は 12, 13 世紀に経済的に大きく発展する。各地で都市が勃興した。都市社会の出現は刑罰のあり方を決定的に変えることになる。阿部は 12, 13 世紀を境として処刑が供犠あるいは呪術から「刑罰」へと大きく転換したという。特に身体刑が威嚇による治安維持と贖罪金支払いの困難な浮浪者などの貧困者への罰として多用されるようになる。犯罪者は拷問によって自白させられ，賤民である刑吏の手によって処刑されるようになる。都市では刑吏が職業化し，それは厳しい蔑視の対象となっていく。処刑は賤民の仕事とされたのである[9]。

　教会は贖罪と屈辱があれば残酷刑を好まなかった。しかし教会は異端と異教には，極刑をもって臨んだ[10]。トマス・アクィナス (Thomas Aquinas) も「公共の善」

---

9) 阿部謹也『刑吏の社会史』(中公新書，1987 年)。

を守るために死刑を認めている。1232年以降，宗教裁判所が設けられ，キリスト教世界の全域に根を下ろしていった。宗教裁判所は罪を消し去るために異端者を火あぶりにした[11]。14世紀以降，王権の伸張とともに，刑罰が再度強化されるようになる。大逆罪が現れるようになり，宗教的犯罪も，大逆罪と見なされるようになった。大罪には車責が登場し，八つ裂き，皮剥，釜茹でなどがあった。舌に穴をあける，また舌を切る，唇を切る，耳を切り取る，鉄の首輪をはめるなどの身体刑があった。

教皇ヨハネス22世は1391年，魔女裁判を指示した。これに伴って，ヨーロッパ各地で開始された。魔女裁判は長期に渡って大規模な犠牲者を出すこととなる。中でもスペインでは，1471年に設立された異端審問所が，1781年までの310年間に，年平均100人を焼き殺し，900人を投獄したといわれている。異端審問所は3世紀の間に3万2000人を焚殺し，1万7000人を絞首台に送った。さらに29万1000人を投獄したといわれている。ヨーロッパでの魔女裁判は，18世紀まで続くこととなる。

死刑吏は囚人に恨まれることを恐れる。したがって，刑吏は囚人とともに「宴席」を持ち豪華な食事をふるまった。古代の供犠では，「食卓の共同」は和解の儀式となっていた。中世から近世にも処刑には楽隊や仮装行列が登場し酒や豪華な食事がふるまわれ，大宴会が繰り広げられた。処刑に集まった観衆は歌い踊る興奮状態となった[12]。中世は神の聖性を維持するために死刑を行った。絶対王政下では，王の身体への挑戦として死刑を行った。絶対王政の頂点は，また抑止の頂点を記録している。17世紀には，大航海時代を反映して，ガレー船を漕ぐ刑が加わっている。この刑は過酷さから，手を切り落とすものが続出するありさまだった。

古典主義は死刑が数多く宣告された時代である。身体刑は権力の挽回を求めた

---

10) Durkheim, Émile, 1899, Péface de L'Année sociologique 2, Wolff, K. H. ed., *Essays on Sociology & Philosophy by Emile Durkheim et al.*, Harper Torchbooks, 1964（内藤莞爾編訳『デュルケム法社会学論集』，恒星社厚生閣，1990年，55頁）

11) Monesitier, Martim, *Peimes de Mort*, Le Cherche Mid Editeur, 1994（吉田晴美・大塚宏己訳『死刑全書』，原書房，1996年，136頁）

12) 阿部謹也，前掲書，171–175頁。

ものだった。17世紀から18世紀の初期，身体刑は恐怖の舞台という特性を保っている。ミシェル・フーコー（Michael Foucoult）は身体刑の激しい執拗さ，その華々しさ，身体への凶暴さ，力の並外れた働き，計算された儀式，要するに身体刑の装置全体は，政治本位の刑罰制度の運用の中に刻み付けられていたと主張する。しかしフーコーは忘れてならないこととして，裁判所があれこれ手段を尽くして正規の刑罰制度の過酷さを回避していることを指摘している。時として王権自体が，王令を厳密に適用してはならないと指示していた。しかも有罪宣言の大多数は追放もしくは罰金刑だった。さらに身体刑を課せられる身体は，犯罪の真実を真昼の光の中で生み出すべき法律的な儀式の中に組み込まれた[13]。

② 都市騒擾と啓蒙主義

都市の民衆は祭りの日には大騒ぎをする。群衆は酒とともに踊りに興じる。騒擾が蜂起にまで発展する。都市の民衆にはエネルギーが充満している。残酷な刑の執行は，犯罪の抑止力になるとともに，あまりのむごたらしさから，それに反対する機運が高まっていた。見世物としての処刑は，オルギー状態に陥った民衆によって方向を逆にされる危険があった。苦痛に満ちた囚人の叫びは，民衆に激しい恐怖とともに怒りを燃え上がらせる契機となる。死刑吏や治安取締官は侮辱され，しばしば投石された。さらに権力者や金持ちが罵倒される。居酒屋は仕事を中断してまで集まってきた民衆で満員となる。民衆は過酷な刑罰に，しばしば暴動を起こすようなる[14]。そこでは，死刑囚が民衆によって英雄にすらされかねなかった。都市の膨張は危険をはらむ下層民を増大させていた。騒動は下層民に止まらず，都市の秩序に対する挑戦となりかねなかった。都市の反乱は権力にとって危険きわまりないものとなっていたのである。

残虐刑は啓蒙主義の高まりの中で非難の対象となる。モンテスキュー（Montesquieu）は経験から，公民の精神は刑罰の軽い国では穏やかで，刑罰の重い国では荒廃していると主張する。過酷な刑を持つ専制国家では，人心は腐敗して

---

13) Foucoult, Michel, *Surveiller et Punir: Nassance de la Prison*, Éditions Gallimard, 1975（田村俶訳『監獄の誕生 —— 監視と処罰』，新潮社，1977年，53頁）

14) Foucoult, Michel, 前掲訳書，64-65頁

いるというのである[15]。啓蒙主義の犯罪と刑罰についての理論は中世の非合理主義的な残虐性を批判し，罪刑法定主義のもとに残虐刑を否定していった。

その画期となったのが，1764年のベッカリーア（Cesare Beccaria）の『犯罪と刑罰に関する総論』であった。彼は重刑の乱用は，犯罪の予防とならないとして，死刑の威嚇効果は限られたものだと主張する。彼は人間の生命は社会契約によっても奪えないものだとして，死刑の廃止を唱えた。ベッカリアの主張はヨーロッパ各地で賛同者を得るとともに，刑罰の人道化運動の先駆的役割を果たすこととなった。彼らの議論は，ヨーロッパの各国で死刑執行に影響を与えるとともに，死刑廃止への弾みを付けることとなる。死刑という暗いオルギーはその後長く残るけれども，人々の視界から次第に隠されていった。

③ 戦争・革命・死刑

都市の民衆は暴動を繰り返す。パリの民衆はついにバリケードで王宮を包囲する有様だった。このためルイ14世が郊外のベルサイユに新宮殿を建設したのは，パリの騒擾を避けるためであった。1789年に始まったパリを舞台にした騒擾は未曾有の混乱を生み出していた。フランス革命が始まった。革命は大量の死刑囚の効率的な執行を必要とした。そこで案出されたのが，ギロチンである。ギロチンは死刑のあり方に大きな影響をもたらした。フーコーによると，1791年の刑法典でのすべての死刑囚は斬首されるとの規定には，三重の意義が込められているとする。第1に，すべての犯罪人は位階身分にかかわらず，同種の罪に対しては同種の罰によって処罰されるとする死刑の平等性。第2に，絞首台での長時間に及ぶ残酷な身体刑を採用しない。処刑は一挙に執行される。1人の死刑囚につき死刑の執行は1回限りとする。第3に，懲罰は死刑囚に対してだけ行われ家族には及ばない。断頭台はこの諸原則に合致した装置である。死刑はそこにおいては，可視的で瞬間的な出来事に帰せられている[16]。伝統的な死の身分制的な区分が終焉したのである。

---

15) Montesquieu, DE L'ESPRIT DES LOIS, 1748（野田良之ほか訳『法の精神』，岩波書店，1989年，179頁）.

16) Foucoult, Michel, 前掲訳書，17頁。

フランスの 1810 年の『刑法典』は各方面から賞賛された。フランスは 1832 年，ついに切断刑を廃止する。死刑の罪も限定されていった[17]。これに対して，死刑が強く残ったのが，イギリスである。19 世紀初頭になっても，イギリスには森林の伐採，密猟，すり，万引き，ジプシーとの関係など死刑に該当する罪が 200 以上あった。イギリスでは年少者にも死刑が執行された。しかも死刑囚の大部分が下層階級だったのである。

　身体刑が緩和され刑罰が身体の拘禁以上のものでなくなると，それ以上の刑罰は，「精神」に加えられるしかない。しかし精神は教育によって改善できる可能性が出てくる。そうすると，死刑は正当性を喪失することになる。この面からも，死刑廃止が出てくることとなる。その間，産業化の進展に伴って，都市人口が急増していた。都市民衆による暴動は労働者による社会主義運動へと発展していくことになる。特に 1848 年のパリ，ウィーン，ベルリン，ブダペストと広がった民衆運動は大きな転機になった[18]。

　ヨーロッパの中で，イギリスでは死刑が頻繁に執行された。ブルーノレーダーによると，イギリスでは 13 歳の少年や 9 歳の女児が絞首刑されたという記録があるなど，死刑は広範に適用されていた。そのほとんどが最下層の出身者で，処刑された者の 4 割は 25 歳未満だったという。

　南アメリカの片隅で，大胆な改革が試みられた。1863 年，ベネズエラは世界で最初に死刑を廃止する。19 世紀中には，1877 年のコスタリカなど幾つかの国がこれに続いたが，その数はわずかであった。しかし死刑廃止の気運は着実に高まっていた。とはいえ，私刑は広範に行われていた。私刑は家族，部族，地域社会，職場などで実施されていた。アメリカでは，1900 年から 1944 年までに 4709 件の私刑があった。この数はほぼ合法的な死刑数に匹敵する[19]。様々なレベルで密かに執行された私刑は数知れない。

---

17) Durkheim, Émile, 前掲訳書, 56 頁。
18) Herzig, Arno, 1988, Unterschichtenprotest in Deutcheland 1790-1890, Göttingen（矢野久・矢野裕美訳『パンなき民と「血の法廷」』，同文館出版社，1993 年，180 頁）
19) Leder, Bruno Karl, 1980, *Todestrafe: Ursprung, Geschichte*, Opfer, Meyster Verlag GmbH, Wien-München（西村克彦・保倉和彦訳『死刑物語：起源と歴史と犠牲者』，原書房，1989 年，312 頁）

図A3 ルイ16世の死刑

　ヨーロッパは第1次世界大戦，第2次世界大戦と大規模な戦争を経験する。戦死者は数千万人に及んだ。また，革命戦争も多くの犠牲者を出した。ソヴィエトは干渉戦争と新しい社会の建設の過程で，大規模な犠牲者を出した。その中に多くの刑死者が含まれていた。スターリン体制は多くの人を「人民の敵」として処刑した。戦争は大規模な殺戮を日常化する。これに伴って，死刑への抵抗がマヒしがちとなる。しかしヨーロッパでは，第2次世界大戦後，死刑廃止が本格化する。1947年にイタリア，1949年に当時の西ドイツ，1969年のイギリスとヨーロッパの大国で相次いで死刑が廃止される。この動きは，1970年代以降，さらに加速した。極めて対応が遅かったのが，フランスである。しかしその後，フランスは死刑の廃止をリードするようになる。

(2) 東アジアにおける死刑観の変遷

① 神・王・礼・法

　中国の刑死者はきわめて多い。中国の刑死者数は世界の半分以上に達しているともいわれている。台湾，朝鮮，ベトナム，シンガポール，日本などに死刑制度が残存しているのも，中国の文化の影響が直接，間接に影を落としている。しかし歴史的には中国は西欧とは逆に，刑死者の少ない世界だったのである。

図 A4 ムッソリーニと愛人のロレッタ広場での逆さづり

　中華世界は極めて現実的であり，人為的であることを特徴とする。中国は古代から神観念の希薄な社会である。周王朝以後，神を敬遠してしまった。秦帝国の出現は神権政治をさらに払拭した。秦のイデオロギーとなった法家思想は法を形式的で度量衡のようなものとした。中国は刑罰の神への供犠，穢れの浄化といった性格を歴史の早い段階で払拭していた。中国はすぐれて「礼」の世界である。礼こそが「聖なる」ものや「正しさ」を担っている。したがって，法は高い地位を与えられなかった。古来，中国では法や法制は刑法の意味を強く持っていた。
　中国には残酷な逸話が多い。これが人間のすることかと思わせるような話にこと欠かない。漢の高祖の皇后が側室の両手両足を切り落とし，かつ両眼をえぐりだし，口も利けなくして，便所の側に置き「人豚」と名付けたとの話は，あまりにも有名である。中国はカニバリズムが20世紀まで残った世界である。一時は，人肉食堂まであったといわれている。しかし冨谷は，秦漢時代は死刑をはじめ取り立てて語るほどの残酷な刑はなかったという。中国人の残虐性は直接的には刑罰に反映していない。死刑をはじめ残虐刑に代わって，労役刑が刑罰の中心に置

かれた[20]。

　中国の社会は王朝の交代ばかりでなくダイナミックな変貌を遂げる。特に戦争や内乱では大規模な戦病死者とともに処刑者を出している。中国には様々な文化を持った異民族が進入する。しかし長い中国の歴史を通じて，法や法制に関してはある程度一貫した特徴が見られた。中国では，法は「礼」のように高い地位を与えられなかった。法は民衆に畏怖され，民衆は法を自分たちの味方であるとは考えなかった。それどころか，法や裁判官は軽蔑の対象とすらなったのである。文人の中には法律を読まないことを誇りとしている者すらいる。法律どおり事件を処理する役人は無慈悲な人間とされていた[21]。M. ウェーバーは中国における裁判の非合理性を，王朝の家産制的性格から来るのであって，神政政治に由来するものではないとする[22]。中国の秩序観は律令制度を通じて，東アジアに止まらず周辺地域に広がっていった。

② 　西洋・戦争・革命

　中国の近代化は中国が西洋の影響を受ける過程でもある。西洋列強は伝統的な中華世界の秩序の根幹を揺るがす。2000年の伝統を持つ中国の皇帝政治は崩壊し，アジアで最初の共和国が誕生した。しかし辛亥革命後も軍閥内戦・国共内戦と混乱が続いた。さらに中国は日本軍の侵略によって大規模な戦争を経験するのである。日本の敗戦後，国共内戦は共産党の勝利となった。日本軍，国民党軍，共産党軍の戦争は戦闘による死者ばかりではなく，大量の刑死者を伴った。中国の近代は血なまぐさい中で，進行した。

　共産党による革命が達成された後も，犠牲者は絶えなかった。王朝の時代の権威的な支配とソヴィエトでの敵対分子を徹底的に殲滅する方法が融合する。様々な罪状が反革命として死刑に処せられた。政治的敵対者や無数の地主や富農が大規模に処刑された。反右派闘争でも大規模な粛清者を出した。子どもが親を密告することも奨励された。そうした子どもは英雄として喝采を浴びた。毛沢東の

---

20) 冨谷至『古代中国の刑罰 —— 髑髏の語るもの』（中公新書，1995年），190頁。
21) 仁井田陞『中国法制史』増補版（岩波書店，1963年），52-53頁。
22) Weber, Max, *Wirtschaft und Gesellschaft,* 5Aufl. J. C. B. Mohr (Paul Siebeck), Tübingen, 1972（世良晃志郎訳『法社会学』，創文社，1974年，396頁）

「死刑を慎重に実施しなければならない」や劉少奇の「死刑を逐次廃止する」はあくまで，建前であり期待を述べたに過ぎなかった。現実は，些細な盗みや失敗が未だに封建的精神，資本主義的精神を払拭できていない証だとして，政治犯として処理される世界だった。彼らには階級の中に忍び込んだスパイとしての厳しい処罰が待っていた。さらに共産中国は大躍進政策の失敗で，2000万人とも3000万人ともいわれる餓死者を出すのである。

　大飢饉が一段落すると間もなく，文化大革命が始まる。文化大革命は中国を大混乱に陥れた。毛沢東をあがめる紅衛兵は自分たちに反対する人々を，走資派として次々と摘発する。文化大革命は走資派の大規模な処刑を始めた。反革命分子は見せしめのため市中を引き摺り回された後，公開で処刑された。都市民の増大は国家にとって大きな負担となっていた。こうした中で，都市民の農村への「大下放」が開始される。多くの若者が毛沢東思想を浸透させるためにも，農村に学ぶためにも下放する。革命を掴み生産を促すことが期待された。

　毛沢東は神格化され，新しく毛主席の側近になった者以外は，革命後もまだ残る旧秩序に与する実権派として，紅衛兵の激しい糾弾を受けるとともに断罪された。少しでも毛沢東の敵となる可能性のある者は，すべてが徹底的に排除された。反革命分子は完全に殲滅されなければならなかったのである。人民裁判はいとも簡単に死刑の判断を下した。処刑は公開され集まった人民は，毛主席の敵の殲滅に歓声を上げた。実権派とされる可能性のある者は，処刑に積極的に参加することで疑念を払拭しようとした。反革命分子とのレッテルを貼られる危険性は誰にでもあった。公開処刑は各地で頻繁に開かれた。人民は革命の確認と反革命の教育のために公開処刑に動員された。夫の死を泣いた妻が，階級の敵であった夫に同情したということで，殺害されたりした。突如呼び出され消息を絶った家族の死を，処刑に要した銃弾の請求書が自宅に送られてきたことによって知ったというようなことも各地で頻発していた。家族は被害を拡大させないためにも耐えるしかなかった。大混乱の中で，刑死者の人肉宴会すら開かれていた[23]。大飢饉に次いで，文化大革命期にも一部で伝統的なカニバリズムが復活していた。文化大革命期の中国社会は混乱を極めた。

---

23) 鄭義（黄文雄訳）『食人宴席』（光文社，1993年），26頁。

さしもの文化大革命も，動乱の10年を経て収束に向かった。しかし大規模な死刑は続けられた。

③　改革開放と経済発展

鄧小平は中国の社会を大きく転換させる。鄧小平は改革開放策のもと，大胆に資本主義国の制度を取り入れる。法制度の整備も急速に進んだ。とはいえ，社会の急激な変化にもかかわらず，死刑の実態はあまり変わらなかった。公開された四人組の裁判でも，政治の司法に対する優位は明らかであった。犯罪者の公開処刑こそ激減したが，処刑前に死刑囚をトラックの荷台に乗せ市中を引き回すことは，依然として続けられていた[24]。しかし改革開放策は中国の社会を大きく変えていった。経済の発展は政治体制の変化をももたらしていた。しかし鄧小平は1989年，民主化を求め北京の天安門広場に集まった学生運動に，一転して武力弾圧を命じた。鄧小平は暴乱を鎮圧するのに，たとえ犠牲者が100万人出ようとも，10億人を超える人口を持つ中国にとって決して大きな数ではない，といい放った。

中国は天安門事件で，世界中から厳しい批判を受ける。天安門事件は数千人とも数万人ともいわれる刑死者を出したといわれている。しかもその多くは，北京在住の学生ではなく，騒ぎを聞き付けてやってきた農民だったという。天安門事件後も改革開放策が緩められることはなかった。それどころか，経済の開放はいっそう加速された。市場社会主義は経済を急激に発展させた。これに伴って，汚職や腐敗も急増する。中国の社会は共産党支配こそ維持されているものの，経済成長に伴う都市化で劇的に変化するに至っている。厳しい情報統制にもかかわらず，西側の情報が流入するとともに西側に情報が流失している。アムネスティ・インターナショナルなど人権団体は中国の刑死者の数が異常に多いことを非難する。もちろん中国でも，こうした意見を受けて，死刑廃止が議論されるようになった。また，外国からの非難ばかりでなく，中国の国内からも刑罰のあり方を再考しようとする動きも活発化している。こうした動きは効を奏しているようである。2003年1月には，湖南省で死刑問題のシンポジウムが開催された。シン

---

24) Monestier, Martin, 前掲訳書, 432頁。

ポジウムでの議論において，死刑制度の保留者は死刑の持つ利点を，1．威嚇力，2．犯罪の繰り返しを防ぐ，3．犯罪者が報いるべき倫理的正義，4．長期の拘禁より安上がりな点などを主張する。一方，死刑廃止論者は死刑の持つ欠点を，1．終身刑以上の威嚇力がない，2．犯罪者の更正のチャンスを逃す，3．古代の血なまぐさい復讐でしかない，4．生命保護の社会的責任を忘れているなどの点を主張する[25]。

　現在の中国における司法制度に対する国民の信頼の欠如は，共産党にとっても大きな脅威となっている。そこで政府が始めたのが，「少殺慎殺」という改革運動である。しかし共産党がかつての信頼を取り戻すことは困難である。中国では死刑の数が「国家機密」として発表されていないばかりか，後に減刑されていたり，差し戻されていたりする判決も少なくない。冤罪の防止と人権の保障が大きな問題となっている。2003年以降，最高人民法院が再審査した死刑判決のうち22％は執行が猶予されたか無期懲役に減刑され，7％は証拠不十分で差し戻された。最高人民法院の蕭院長は中国は社会の秩序を守るため死刑制度を存続させているとしている。中国政府は，死刑判決に対する上訴を，地方の裁判所ではなく最高人民法院で審理するように制度改革を行い，死刑の適応を国家レベルでコントロールしようとしている。蕭院長は1983年から省レベルの裁判所に与えていた死刑の承認権を，最高人民法院に一元化することを表明した。

　産業化や都市化は中国社会を急激に変えてきている。当局の厳しい統制下にあるとはいえ，テレビやインターネットは民衆の意識も大きく変えてきた。アメリカをはじめ西洋諸国は中国における「人権抑圧」を非難する。こうした中で，テレビは冤罪事件を大々的に報道する。民衆はインターネットやテレビを通じて，警察の拷問や共産党の司法に対する強い影響力，外国に比べて多い死刑執行数，誤判，死刑の基準がまちまちで，被告が社会の下層にいる場合に適応される傾向にあることなどについて，意見を交換している。当局は民衆の動向に細心の注意を払っているとはいえ，社会の急激な変化のすべてに対応することはできていない。

---

[25] 李国慶・戴秋娟訳「中国は死刑を廃止すべきか：湖南省で開催されたシンポジウム」（『南方週末』，2003年1月9日）。

中国最高人民法院は，今後一審で死刑判決を受けた被告人の二審をすべて公開審理にすると定めた。中国の死刑制度には不透明な点があるとして，内外からしばしば非難を受けている。最高人民法院は，審議の公開が裁判の質の向上と冤罪の防止に繋がるとしている。しかし中国で，死刑が幅広く適応されることをめぐって議論が沸騰している。脱税などの経済犯罪に対する死刑適応を禁止したり，弁護士と被告の接見を容易にしたり，自白重視主義を見直すということを求める声が出ている。特に冤罪事件の多さは，死刑を考える上で避けて通れない問題となっている。アメリカ政府も中国における人権問題をことあるごとに指摘している。ここ数年，死刑の数は急に減ってきているようである。専門家やメディアが声を上げていることが，効果的だったといわれている。中国政府は死刑の判決や執行数を公表していないが，人権擁護団体によれば，それでも，処刑者数は多く，毎年世界で処刑される人の数の半分を超えているのではないかと推測されている。

4 ◆ 東アジアと死刑の未来

(1) 世界の死刑観の多様性

　近年，死刑廃止への動きは大きな流れになっているが，東アジア，イスラム諸国，アメリカで死刑が存続している。アメリカは1972年，死刑が連邦裁判所で憲法違反とされ，執行が中止された。しかし1976年には死刑が一転して合憲となり，現在36州で復活している。死刑復活後の1977年から2000年までに，683人が死刑を執行されている。国連の死刑廃止決議に対して，日本，アメリカ，さらにイスラム諸国などの死刑の存続国は反対した。

　中国やその影響を受けた東アジア諸国では，秩序への挑戦には厳罰をもって対する。シンガポールは2004年2月に，過去5年間に執行された死刑は138件と発表し，人口比では世界最高水準であることが明らかになった。台湾も民主化以前は大陸と同様の刑罰観を持っていた。ベトナム，韓国，北朝鮮でも死刑を存続させている。死刑廃止の世界的な流れに対して，日本は世論調査をすれば約8割

図 A5　ナチスの戦犯　死刑

の人が死刑に賛成するなど，むしろ世界の趨勢に逆行する動きが見られる。1995年に中国社会科学院が実施したアンケートでは，死刑廃止支持はわずか 0.78％に過ぎなかった[26]。世界の死刑大国といわれる中国において，死刑廃止には国民の大多数が支持しないといわれている。最近のインターネット上の意見でも，死刑廃止支持は 10％を超える程度でしかない。

　イスラム世界は国による違いは大きいものの厳しい刑罰観を持っている。死刑になる犯罪も多く，パキスタンなどでは，神に対する冒瀆が死罪に挙げられている。死刑の執行方法も銃殺刑，斬首，投石，裂刑，鞭打ち刑と多様である。さらに宗教指導者によって一方的に死刑を宣告されることすらある。イランの宗教指導者ホメイニは小説『悪魔の唄』が預言者を冒瀆するものだとして，イギリス人作家ラシュディの死刑を宣告した。著者はイギリス政府の監督下に置かれる一方で，各国の翻訳者が相次いで刺客の犠牲となった。日本の翻訳者の惨殺も，その

---

[26]　周東平「現代中国の死刑の立法化とその完備」2006 年（冨谷至『東アジアにおける法と慣習 ── 死刑をめぐる諸問題 ── 』科学研究費基盤研究 A 成果報告書，2006 年），82 頁。

可能性が強く疑われている。トルコはEU加盟を求めている。しかしEUに慎重な態度をとらせた1つの理由が，死刑の存在だった。北朝鮮は数が把握されないが，大規模に死刑を執行しているといわれている。

(2) 中国の産業化・都市化と死刑観の変化

中国は「礼」的秩序が優先する世界である。人民は皇帝の秩序に「全人格」を挙げて隷属した。その中で，中国は法律を発展させたのである。このため法といえば，もっぱら刑法を意味した。中国では西洋のように，法 (law, right, Recht, dorit) に，「正義」や「権利」といった意味が込められることは希薄であった。宋代に進みかけた行政と司法の分離も立ち消えになった[27]。M. ウェーバーによれば中国の裁判は，裁判と行政の限界が家父長制的に消去されたものの典型である。そこでは，皇帝の布告が教訓的，命令的な内容をもって裁判に介入するのである[28]。皇帝の布告は法を超えていた。むしろ皇帝の布告が意識したのは，前例であり，人々の評判であった。東アジアに西洋の法体系が導入されても，その伝統は法の適応や運用の側面に強く影響を残している。

共産革命後も，その伝統は変わらなかった。共産党は法律よりも党の命令を優先させた。皇帝を支えるための法は，共産党の権威を支えるためのものとなった。法は文化大革命では毛沢東の命令の手段となったし，改革開放後は鄧小平の命令の手段となった。その後，様々な法整備が進んだものの再び共産党支配を支えるためのものとなっている。

中国の死刑制度は犯罪への懲罰に止まらず，敵を倒すための手段となってきた。現在，中国政府は法輪功をはじめ様々な民衆運動を厳しく監視している。都市の暴動は潜在化されている様々な矛盾を誘発しかねない。都市の反乱は農村の反乱と異なり，国家権力の転覆の可能性を内包している。このため政府は都市民衆の動向を厳しく監督している。

---

27) 宮崎市定「宋元時代の法制と裁判機構」(『全集』第11巻，岩波書店，1992年)，243頁。
28) Weber, Max, *Wirtschaft und Gesellschaft*, 5Aufl. J. C. B. Mohr (Paul Siebeck), Tübingen, (世良晃志郎『法社会学』，創文社，1974年，445頁)

農村には改革開放とともに，暴動が急増している。農村暴動は1990年代から急増しているが，最近では年間，数百件以上に達しているといわれる。公安当局は2004年に起きた抗議デモや暴動数を，74000件と発表している。2005年，その数はさらに増加し87000件とされた。これは当局による発表数なので，これ以外にかなりの暗数があると推測されている。都市の繁栄と裏腹に，失地農民は4000～5000万人に達しているといわれている。中国は官も強ければ民も強い。民が官を訴える「民告官」と呼ばれる現象が急増している。2004年の河南省の農村では，100人以上が死亡する暴動が発生した。鎮圧は武装警察では対応できず，正規軍一個師団が投入されたという。華やかな大都市の繁栄の影で，農村には不穏な気配が漂っている。特に2005年には，過激な暴動が頻発した。そうした中で，北京，上海，重慶などで，激しい反日運動が沸き起こった。しかし政府は騒動が官製デモの範囲を越えるとなると，運動が他に波及する恐れがあるとして，一転して押さえ込みにかかる有様だった。都市という官製の政治劇場は，いつ民衆の政治劇場に転化するかもしれない。とくに天安門広場は直訴者がビラをまいたり，焼身自殺を企てるのを防ぐため私服警官が絶えず目を光らせているといわれている。

　中国の経済発展は都市への出稼ぎである農民工なくしてはあり得ない。中国全土で，都市に滞在する農民工の数は約2億人に達するといわれている。北京でも人口は1500万人のうち約500万人が，農民工などの流動人口だといわれている。しかし都市への農民工の流入は，暴動への危険をはらむことにもなる。中国の都市を暴動から守っているのは，世界に例を見ない都市と農村とを完全に分離する二元的「戸籍制度」である。それに国務院の「都市浮浪者の収容と送還に関する規則」が加わって，都市の秩序を何とか維持させている。中国政府は経済的格差への不満や腐敗・汚職への怒りが政治運動に結び付く危険を極力警戒している。しかし現在では，急激な経済発展で，この戸籍制度が足かせとなって，都市部で労働力不足が起こっているという。

(3) 東アジアの法と死刑

　西欧諸国は死刑を残虐刑として廃止している。これに対して，東アジアでは死

刑を，社会を維持する上で不可欠のものと考えている。特に中国の死刑数は多い。しかし歴史的には西欧と中国は逆であった。近代以前の西欧の残虐刑はすさまじい。これに対して，中国にはこれといった残虐刑がなかった。冨谷は中国と西欧の刑罰の違いを神に対する贖罪と皇帝に対する贖刑の違いにあり，それが残虐刑の有無に繋がる可能性を指摘する[29]。しかし近代は残虐刑の東西を逆転させた。西欧は２度の世界大戦を経て，暫時死刑を廃止していった。これに対して中国は，世界から死刑数の多さを非難されながらも，大規模な処刑を続けている。また，イスラム諸国は宗教優位の中で，むしろ伝統的な死刑の復活の動きすら見せている。

日本でも死刑は最初の法律となった「大宝律令」に明確に規定されている。しかし死刑は嵯峨天皇の治世の818年から保元の乱まで，350年間停止されていた。その後，武家の台頭とともに死刑が広がっていく。江戸時代は斬首，釜茹で，火あぶり，磔つけなど様々な刑が執行されていた。明治維新後，西欧の死刑廃止論は早くから紹介されている。しかし行政の実務家であった小河滋二郎など一部の論者を除いて，死刑が問題になることはなかった[30]。死刑は社会秩序に不可欠なものとして認識されていた。

第２次世界大戦後，死刑はさらに限られたものとなった。しかも死刑囚は判決確定後も，なかなか処刑されなくなった。中でも帝銀事件の容疑者平沢貞道は死刑確定後34年間執行されず，95歳で獄死した。死刑は1986年から３年間停止されていた。その後，死刑制度を維持するためであるかのように，年間に数人が処刑されている。小泉内閣で法務大臣に就任した杉浦正健法相は，就任会見で「死刑を執行せぬ」ことを表明した。批判を受けてすぐ撤回したとはいえ，行政の死刑に対する態度が窺える。

東アジアでは，西洋に比して行政の司法に対して優位が著しい。司法の判断は行政の裁量に委ねられる。日本は法といえば，法度，触書などまず行政，警察的秩序に関する事柄であった。裁判所に民間の問題を求めることは「お上を煩わ

---

[29] 冨谷至『古代中国の刑罰 —— 髑髏の語るもの』(中公新書，1995年)，211頁。
[30] 佐伯千仭・小林好信「刑法学史」(鵜飼信成・福島正夫・川島武宜・辻清明編『日本近代法発達史』11巻，勁草書房，1967年)，247頁。

す」こととされたのである。西欧では，法が神聖なものとして尊重されている。これに対して，東アジアにおいて法律はもっぱら行政の手段として意識されている。足尾銅山鉱毒問題で，田中正造は操業停止を求め議会で活動した。しかし政府は「公利」を盾に操業を認め続けた。しかし田中は裁判に訴えようとしなかった。田中正造は思いあまって，ついに天皇への直訴に及んだのである。司法には行政をチェックする機能を期待できなかったのである[31]。現在なお東アジアでは西洋に比較して，行政が司法に対して強い影響力を持っている。東アジアでは，行政の司法に対する優位ともいえる事態がある。

　中国には「屈死しても訴を起こすなかれ」との諺があった。民衆は裁判をいかに期待できないものであるのかということを表現している。清代の裁判制度は，初審から五，六審に至る。その反復鄭重はまことに至れり尽くせりである。しかし民衆にとっては搾り取られる機会が多かっただけである[32]。日本では行政は高い地位を持っている。江戸時代でも法といえば，まず行政，警察的秩序に関する制定法令が，法度，触書であった。したがって，西欧の絶対王政の下でのように司法に関する事柄を規制していた慣習法が制定法令（王権の勅令）に対峙するようなことはなかった。私人間の金銭債権をはじめとする紛争を裁判所に求めることは，「お上を煩わす」ことであって，権利ではなかった[33]。現在でも，日本における訴訟の数は極端に少ない。訴訟で利益を得ることなどまず考えられない。まして相手が行政機関である場合，勝訴の見込みはほとんどないといっても過言ではない。たとえ，長い期間を経て勝訴してもその対価はわずかでしかない。法は権力者が裁量の幅を確保するためであるかのように，あいまいなままに放置されている。

　東アジアの法はあくまで権力者のものであり，民衆を守るものではなかった。したがって，民衆は法から遠ざかろうとする。日本も東アジアの法の伝統の外にはない。日本は依然として死刑を廃止しようとしない。司法の民主化であるはずの「裁判員」制度の導入に，当の市民が否定的な態度を示す1つの要因も，こう

---

31) 大野正男『社会のなかの裁判』（有斐閣，1988年），154頁。
32) 仁井田陞，前掲書，111頁。
33) 木下毅『比較法文化論』（有斐閣，1999年），281頁。

図 A6　女性の処刑

した性格を持つ法に関わりたくないとする警戒感があるのかもしれない。東アジアは被疑者に過酷な状況を強いる。アムネスティは日本の拘置所に対して，代用監獄となっているとして，ことあるごとに非難をしている。2003年の名古屋刑務所の皮手錠死傷事件は，刑務所内の身体刑の激しさを明るみに出すこととなった。ここでも，民衆は大した関心を示さなかった。

　レーダーは国家が人に生命を授けるわけではないのだから，死刑を廃止すべきだとする。そもそも国家の制定した法律が人命の神聖さを説き，これを尊重するよう要求している。死刑が存在する限り，独裁者や独裁政権はこれを涵養すると主張する。彼は，死刑がいかに高い理念に満ちていようとも，実は集団的な罪責感と，社会全体の不安の爆発にほかならないとする。こうした点からレーダーは，死刑が，死刑囚を通して発散されようとする集団的な罪責感と不安感のための安全弁にほかならないとし，死刑を求める声の内側には他人の罪責ではなくて自分

自身の罪責感だというのである。こうした観点から，彼は国家の論理で，人を殺してはならないと主張する[34]。

　死刑は人類史上最も古い刑罰である。死刑のない社会は，死刑のある社会とどのように異なるのだろうか。人は死刑に様々な関心を寄せる。長い間，死刑は最高の刑罰であり，有効な統治手段と考えられてきた。死刑の存在は望ましいものではない。現在，世界で最も多くの刑死者を出している中国でも，死刑はいずれ廃止されると考えられている。誰しも死刑のある世界よりも死刑のない世界を望んでいる。刑罰は人々を様々なイメージに駆り立てる。今日もロンドン塔，メルボルン監獄，網走刑務所などには，多くの観光客が世界の各地から押し寄せている。

参考文献

阿部謹也『刑吏の社会史』（中公新書，1987 年）

Bell, Daniel A., *East Meets West: Human Rights and in East Asia*, Prinston University Press, 2000（施光恒・蓮見二郎訳『「アジア的価値」とリベラル・デモクラシー ── 東洋と西洋の対話 ── 』，風行社，2000 年）

Braudel, Fernand, *Civilisation matérielle, économie et capitalisme*, Siècle, tome1, 1979（村上光彦ほか訳『文明・経済・資本主義』，みすず書房，1985 年）

Durkheim, Émile, 1899, Péface de L'Année sociologique 2, Wolff, K. H. ed., *Essays on Sociology & Philosophy by Émile Durkheim et al.*, Harper Torchbooks, 1964.（内藤莞爾編訳『デュルケム法社会学論集』，恒星社厚生閣，1990 年）

陳桂・春桃，（納村公子・椙田雅美訳『中国農民調査』，文藝春秋社，2005 年）

藤田弘夫『都市と権力 ── 飢餓と飽食の歴史社会学 ── 』（創文社，1991 年）

藤田弘夫『都市の論理』（中公新書，1993 年）

Foucoult, Michel, *Surveiller et Punir: Nassance de la Prison,* Éditions Gallimard, 1975（田村俶訳『監獄の誕生 ── 監視と処罰』，新潮社，1977 年）

Habermas, Jürgen, 1990, *Strukturwandel der Offentlichkeit: Untersuchungen zu einer Kategorie*, 1990, Suhrkammp Verlag, Frankfurt am Main（細谷貞雄・山田正行訳『公共性の構造転換』，未来社，2000 年）

Herzig, Arno, 1988, Unterschichtenprotest in Deutcheland 1790-1890, Göttingen（矢野久・矢野裕美訳『パンなき民と「血の法廷」』，同文館出版社，1993 年）

---

34) Leder, Bruno Karl, 前掲訳書，333-336 頁。

Jones, Steve, *Capital Punishments: Crime and Prison Conditions in Victorian times*, Wickend Publications, Nottingham. 1992.

Jones, Steve, *The Illustrated Police News: Victorian Court Cases and Sensational Stories*, Wickend Publications, Nottingham. 2002.

木下毅『比較法文化論』(有斐閣，1999年)

菊田幸一『いま，なぜ，死刑廃止か』(丸善，1994年)

何清漣（中川友訳『中国の嘘——恐るべきメディア・コントロール——』，扶桑社，2005年)

Leder, Bruno Karl, 1980, *Todestrafe: Ursprung, Geschichte*, Opfer, Meyster Verlag GmbH, Wien-München（西村克彦・保倉和彦訳『死刑物語：起源と歴史と犠牲者』，原書房，1989年)

李国慶・戴秋娟訳「中国は死刑を廃止すべきか：湖南省で開催された死刑問題のシンポジウム」(『南方週末』，2003年1月9日)

Montesquieu, DE L'ESPRIT DES LOIS, 1748（野田良之ほか訳『法の精神』，岩波書店，1989年)

宮崎市定「宋元時代の法制と裁判機構」(『全集』第11巻，岩波書店，1992年)

宮崎市定「文化大革命の歴史的意義」(『全集』第17巻，岩波書店，1993年)

Monestier, Martin, *Peines de Mort*, Le Cherche Midi Editeur, 1994（吉田晴美・大塚宏子訳『死刑全書』，原書房，1996年)

仁井田陞『中国法制史』増訂版（岩波書店，1963年)

大野正男『社会のなかの裁判』(有斐閣，1988年)

Rudé, George, *The Crowd in History: 1730-1784*, Lurence & Wishart Ltd., London, 1981（吉賀秀男ほか訳『歴史における群衆』，法律文化社，1982年)

佐伯千仭・小林好信「刑法学史」(鵜飼信成・福島正夫・川島武宣・辻清明編『日本近代法発達史』11巻，勁草書房，1967年)

清水美和『中国農民の反乱』(講談社，2002年)

周東平「現代中国の死刑の立法化とその完備」2006年（冨谷至『東アジアにおける法と慣習——死刑をめぐる諸問題——』科学研究費基盤研究A成果報告書，2006年)

田中重好「中国社会構造の変動と社会的調整メカニズムの喪失」(『中国社会構造の変容』『アジア遊学』第83号，勉誠出版，2005年)

谷川道雄・森正夫編『中国民衆叛乱史』4　明末〜清2（平凡社，1983年)

鄭義，1993（黄文雄訳『食人宴席』，光文社）

丁抒，1991（森幹夫訳『人禍：1958〜1962』，学陽書房）

冨谷至『古代中国の刑罰——髑髏の語るもの』(中公新書，1995年)

Turow, Scott, *Ultimate Punishment*, Farrar, Straus and Giroux, N. Y., 2003（指宿信・岩川直子訳『極刑』，岩波書店，2005年)

Weber, Max, *Gesammelte Aufsätze zur Religionssoziologie*, Bd. 2., 2Aufl. J. C. B. Mohr (Paul Siebeck), Tübingen, 1922（木全徳雄訳『儒教と道教』，創文社，1971年)

Weber, Max, *Wirtschaft und Gesellschaft*, 5Aufl. J. C. B. Mohr (Paul Siebeck), Tübingen, 1972（世

良晃志郎訳『支配の諸類型』，創文社，1960年。世良晃志郎訳『支配の社会学』1．創文社，1960年。世良晃志郎訳『支配の社会学』2．，創文社，1962年。世良晃志郎『法社会学』，創文社，1974年。世良晃志郎訳『都市の類型学』，創文社，1962年。石尾芳久『国家社会学』改訂版，法律文化社，1992年）

山本秀也『本当の中国を知っていますか？ ── 農村・エイズ・環境・司法 ── 』（草思社，2004年）

Yves-Marie Bercé, FÊTE ET RÉVLTE, Librairie Hachette, 1978（井上幸治監訳『祭りと叛乱』，新評論，1980年）

III ── 非中国的視座に立って

第9章

赤松明彦
Akamatsu Akihiko

古代インドにおける死刑
── サンスクリット文献に見える刑罰の分析を通じて ──

はじめに

　ここでは，古代インドの人々が死刑についてどのように考えていたかを，サンスクリット文献の検討を通じて明らかにしたい。資料として使うサンスクリット文献は，主として古代インドの法典類である。古代インドの法典としては，『マヌ法典』[1]がよく知られているだろう。原典のもとの題名は，マーナヴァ・ダルマシャーストラあるいはマヌ・スムリティで，「人間の始祖マヌによって説かれたダルマ（法）の教典」といった意味である。ダルマシャーストラというのは，

---

1)『マヌ法典』の邦訳としては，次のものがある。田辺繁子訳『マヌの法典』（岩波文庫，1953年）。渡瀬信之訳『マヌ法典―サンスクリット原典全訳』（中公文庫，1991年）。本論では渡瀬信之訳を用いた。渡瀬訳をそのまま引用する場合，引用文は，「　　」でくくり，章と詩節の番号を，略号のM.とともに，その後に（　）に入れて示した。英訳として参照したのは次の2つである。古典的名著であるG. Bühler, The Laws of Manu, translated with extracts from seven commentaries, Oxford, 1886および，近年の信頼できる翻訳であるPatrick Olivelle, The Law Code of Manu (Oxford World's Classics), New York, 2004である。サンスクリット原典は，注釈のついた諸本を参照したが，根本詩節の校訂版としては，Patrick Olivelleが，その翻訳とともに新たに出版した，Manu's Code of Law, A Critical Edition and Translation of the Mānava-Dharmaśāstra, New York, 2005を使用した。

419

広い意味では，ダルマ（法）について教える文献群つまり法典類の総称であって，この種の法典類は，インドでは紀元前6世紀頃に最初期のものが成立し，以後19世紀の半ばまで連綿と書き継がれてきた。この法典類の初期のものは，ダルマスートラ[2]と呼ばれ，紀元前6世紀頃に作成されたと考えられている。『バウダーヤナ・ダルマスートラ』，『アーパスタンバ・ダルマスートラ』など，編纂者（作者）を異にする幾つかのものが残っているが，いずれもヴェーダに精通した知識人が，バラモン（社会階層の中で最上位を占める宗教的権威）の生き方をモデルとして，人間の生き方の規範を短句で説いたものである。次に紀元前2世紀頃から，論述スタイルが全く異なる韻文形式の法典類が現れてくる。これがスムリティと呼ばれ，また狭い意味でダルマシャーストラと呼ばれるものである。その中でもマヌ法典は最古のものと見なされている。正確な成立年代は不明であるが，紀元前2世紀から紀元後2世紀の間の成立というのが一般的に認められているところである（この紀元前2世紀から紀元後2世紀という期間には重要な意味がある。これが古代インドにおける大変革期にあたり，アショカ王やカニュシカ王に見られる王権の拡大，仏教の全インド化，都市と商業の発展，バラモン教の諸学問体系の成立などといったことによって特徴付けられる時期であることに注意しておかなければならない）。マヌ法典のほかには，ヤージュニャヴァルキヤ法典[3]やブリハスパティ法典，またナーラダ法典といったものがある。本章では，マヌ法典を中心に，時にこれらの別の法典の規定も参考にしながら，古代インドの刑罰について検討し，そこから古代インドにおける死刑について明らかにしたいと思う。

　ところで本章は，「東アジアにおける法と習慣 —— 死刑をめぐる諸問題 —— 」をテーマとする国際共同研究の成果のひとつである。インドは，いうまでもなく「南アジア」であって東アジアではない。しかし，「東アジアにおける法と習慣」のような研究テーマの場合，東アジアに対する比較参照枠として他の文化圏を設定することは有効な視点を与えるものとなろうということで選ばれたのが，南ア

2）ダルマスートラ類の英訳としては，Patrick Olivell, Dharmasūtras, The Law Codes of Ancient India (Oxford World's Classics), New York, 1999 がある。

3）ヤージュニャヴァルキヤ法典の邦訳としては，井狩弥介・渡瀬信之訳『ヤージュニャヴァルキヤ法典』（平凡社東洋文庫，2002年）がある。ここから引用した場合，引用文は，「　」でくくり，章と詩節の番号を，略号の Y. とともに，その後に（　）に入れて示した。

ジアであった。さらにそれと同時に,「東アジアにおける法と習慣」というテーマを論じるにあたっては,インド・中央アジア・チベット・中国・朝鮮半島・日本という仏教文化圏の広がりを視野に入れておくことが必要であろうという認識もあった。その結果として,本章は書かれることになったのである。

さて,共同研究を開始するにあたって提示された問いは次のようなものであった。

問1:古代インドでは,刑罰をどのようなものとして考えていたか。
問2:サンスクリット文献には,どういった死刑が確認できるか。
問3:同害刑罰という観念はあったか,あったとすればどのようなものであったか。

この問いには説明が必要かもしれない。同害刑罰 (lex talionis) とは,「反坐法」とか「タリオの法」ともいわれるが,「目には目を,歯には歯を」といういい方でよく知られているものであり,罪(被害)と罰(報復)の等価交換という通念をよりどころにした刑罰のあり方である。そこには算術的な合理性があるかのように見えるから,古代より今日に至るまでいつの時代でも,またおそらくはどこの文化圏でも,量刑(復讐)の正当性を支える観念としてあり続けている。この問題を提示したのは,研究会の代表である冨谷至教授であるが,彼の念頭には幾つかの問題が連鎖的にあったはずである。まず,インド的な観念の代表として「因果応報」(業)の観念がある。これは,自分の行為の結果は自分自身が(来世において)受け取るというものであるが,そうであるならば応報的な刑罰観とそれは連関している可能性があるのではないか,という問いである。そして同時にそれは,応報的発想が希薄な中国刑法と,その点で対比し得るものとなるということである。その一方で,この問いは,復讐(復仇)の習慣をどう理解するかという問題にも繋がるものである。中国の場合,公的な刑法の問題としては,同害刑罰の考え方は希薄であるとしても,一方で私的な懲罰,つまりは復讐を正当化する考え方の中には,同害刑罰の原理が働いているのではないか。そうであるとするならば,中国の刑罰の公におけるある種の特徴がここにおいて際立ってくるのではないかという問いである。さらにこの問題は,死刑を正当化する原理とされることの多い,「死に対しては死以外にあがないようがない」ということとも関連すること

III　非中国的視座に立って

になる。他の刑罰が，罪に対する労働（労役刑）や金銭（罰金刑）による代償によって人々の承認を得ることができるのに対して，「死」については「死」以外にはその代償はあり得ないという素朴な観念が，いまだに死刑の存続を可能にしているのではないか，という重い問いにこれは関わることになるだろう。

　問4：罪は穢れであり，刑罰は穢れを除去するという意味があったか。
　問5：身体を毀損する刑罰はあったか。
　問6：階層によって刑罰はどのような違いを持っていたか。
　問7：不殺生・非暴力（アヒンサー）の考え方は，死刑を正当化できるのか。

　本章は，以上の問いにできる限り明確な回答を与えることを目指すものである。本章6節までの前半では，主として法典類のテキストに基づいて，古代インドにおける刑罰の現象面を紹介し検討していく。これに対して7節以下では，社会的観点と宗教的観点の両方から，刑罰に関わる古代インドの観念を考察することに，より重点を置く。

1 ◆ 古代インドでは刑罰をどのように見ていたか

　ここでは，現象としての刑罰をまず示したいと思う。インドにおける様々な文化的な事柄について考察を加えようとすると，そこには必ずイデオロギー性や宗教性が付きまとっていて，それらを無視しては実際には何ひとつ考えることはできないと，私は常に思っているのだが，ここではまずイデオロギー的な側面や宗教的要素についての考察は括弧にくくって，テキストに語られるままの刑罰を，現象として，そのままに記述することから始めたいと思う。

　古代インドの叙事詩として有名な『マハー・バーラタ』の第12巻には，刑罰についてのまとまった論述が見られる。叙事詩は，聴衆をに向けて語られたものである。したがって，そこで語られている事柄は，歴史的事実ではあり得ないにしても，当時の人々が受け入れていた一般的な考え方を表現したものではあり得るだろう。少々長くなるが，まずはここに訳出して，古代インドにおける刑罰観を見てみたい。初めに，「刑罰とは誰か」と問われるが，刑罰が主体的，主語的な

ものとして擬人化されてここでは語られることに注意しておきたい。原文は，連句の形式をとった韻文であるが，適宜文脈に応じて節ごとにまとめて示す[4]。

(1) 刑罰についての問い

　父祖により語られたこの王法は永遠であり，偉大なる刑罰（ダンダ）はいっさいを支配する神であり，刑罰においていっさいは確固として存在している。神々の，聖仙たちの，そして偉大なる父祖たちの，夜叉や羅刹や鬼神たちの，とりわけ死ぬべき定めの人間たちの，すべての生き物たちの世界において，下等な動物たちの世界に生きるものたちの間にも，刑罰は，いっさいに行き渡るものであり，偉大なる光輝もてるものであり，最高のものであるといわれている。このようにあなた様によっていわれている，いっさいの世界 —— 動物界，植物界，神々の世界，悪魔たちの世界，人間たちの世界 —— は，常に変わらず刑罰によって罰せられるべきものと，知られている。私は，それが実際にどのようなものであるかを知りたい。
　　　　　　　　　　　　　　　　　　　　　　　　　　　　(Mbh. 12.121.1-5ab)

　刑罰（ダンダ）とは誰か。どのようなものか。どんな形をしているのか。何に専心しているのか。どんな本性か。どのようにして生じたのか。幾つの形体を持っているのか。どんな能力があるのか。かの刑罰は，生き物たちに注意深く配慮して，いかにして目覚めたままでいるのか。この世を保護しつついつもいつも目覚めている者はいったい誰か。まず最初に知られるこの者はいったい誰か。「刑罰」という名前で呼ばれる最高の者はいったい誰か。刑罰はいったい何を居所としているのか。そしてこの者の先行きは何であると認められるのか。　(Mbh. 12.121.5cd-7)

(2) 刑罰（ダンダ）は法である

　聞け，クルの子孫よ。刑罰（ダンダ）とは，それにふさわしく行動すべきものである。いっさいがそれをよりどころとするもの，それはこの世ではただ刑罰だけである。王よ，刑罰（ダンダ）は，法（ダルマ）の呼び名であり，訴訟手続き（ヴィアヴァハーラ）であると認められる。生き物たちに注意深く配慮している者（刑罰）がなくなるということは，いかにしてもないだろう。訴訟が訴訟であることとは，このような意味であると認められる。　　　　　　　　　　　(Mbh. 12.121.8-9)

4）翻訳に使った原典テキストは，プーナ版批判校訂本である。本文中に示した翻訳は筆者によるものである。出典箇所は，翻訳文の末尾に（　）でくくって示した。出典は，Mbh. と略号で示し，続けて巻・節・詩節番号を記した。

そしてまた，王よ，かつて世の始まりにおいてマヌによって次のようにいわれた。好悪隔てなく平等であることを本性とする正しく用いられた刑罰をもって，人々を正しく護るもの，そのものこそ法（ダルマ）にほかならない。　　（Mbh. 12.121.10）

正しく用いられた刑罰から，人生の三目的（ダルマ―法・アルタ―利・カーマ―愛）が，常に生起してくる。　　　　　　　　　　　　　（Mbh. 12.121.13ab）

(3) 刑罰（ダンダ）の姿形

刑罰（ダンダ）は，神格としては最高神である。色は火神（アグニ）のごとくに光り輝き，青蓮の葉のごとくに黒い。4本の歯と4本の腕を持っている。8本の足と多くの目を持ち，耳は尖り，体毛は逆立っている。2枚の舌はねじれ，顔（口）は赤銅色で，獅子の鎧を身に着けている。そのような忿怒の形をとって，刑罰は，常に征服し難いものとして存在している。　　　　　（Mbh. 12.121.13cd-15）

(4) 刑罰（ダンダ）の現れ

刀剣，棍棒，弓，槍，三叉戟，金槌，矢，杵，斧，円盤，投鎗，棒杖，剣槍，矛。なんであれこの世においておよそ武器であるものすべての性質を具えたもの，それが刑罰（ダンダ）にほかならず，あらゆる武器の形をとってこの世界で活動している。裂き，切り，粉砕し，破断し，引き裂き，投げ飛ばし，殺し，急き立てる。刑罰こそが，そのような活動をなす。　　　　　　　　　　　（Mbh. 12.121.16-18）

刀，剣，法（ダルマ），鋭い切っ先，無敵の剣，徳蔵，調伏，懲罰者，訴訟，見張人，法典，バラモンの呪文，指導者，以前の言葉，完了したもの，法の番人，不滅，神，真実に向かう者，永遠不変に向かう者，補足者，無執着，ルドラ神の眷属，人類の祖，吉祥をもたらす者。これらが刑罰（ダンダ）の名前であるといわれている。ユディシュティラよ。実に，刑罰は，世尊であり，ヴィシュヌであり，供犠であり，ナーラーヤナであり，主であり，久遠の形を持つ者であり，偉大なる運搬者であり，偉大なる人間である，といわれている。　　　　　　　　（Mbh. 12.121.19-22）

利・不利，幸・不幸，法・非法，力・非力，運・不運，福・非福，徳・不徳，欲・無欲，季節と月と夜と昼と瞬間，浄・不浄，喜・怒，寂静，抑止，天命と人事，解脱・不解脱，危険と安全，殺生と不殺生，苦行と供犠と禁戒，毒・無毒，終わりと始めと中程，活動の展開，放逸と驕慢，偽善，堅固，正行・悪行，能・無能，驕り・高ぶり，滅・不滅，よい行い，創造，時・不時，不実と真実，知・無知，信・不信，不能と決断，得・失，勝利と敗北，鋭いことと優しいこと，死，来・不来，失敗と

成功，義務と不義務，力・無力，不平をいう・いわない，法・非法，羞・無羞，慚愧，繁栄・窮乏，行為における威厳，学識，雄弁，真理を知っていること。この世において，刑罰は，以上のような多種多様な姿をとって現れている。
(Mbh. 12.121.24-32)

(5) 刑罰と王権

　もしこの世に刑罰（ダンダ）がなければ，人々は互いに殺し合うことになるだろう。刑罰を恐れるから，人は互いに殺し合うことがないのである。人民たちは，刑罰によって日々護られているから，王を繁栄させるのである。それ故，刑罰こそが帰依所である。　　　　　　　　　　　　　　(Mbh. 12.121.33-34)

　そしてこのような果たすべき目的を持つ刑罰は，クシャトリア性を身に帯びて（クシャトリア（王族）となって），人民たちを保護しつつ，完全に成し遂げられて壊れることのない者として，常に目覚めている。　　　(Mbh. 12.121.39)

　ほかならぬ刑罰が，この者（王）に，確固たる支配権を与えたのである。
(Mbh. 12.121.41ab)

　刑罰こそ王国の肢体であり，刑罰こそ力にほかならない。王と本性を同じくする刑罰は，努力して王を保持するために与えられたものである。実に，刑罰は，この世に常に変わらず存在する。法（ダルマ）による教示と同様に，王が崇拝すべき最高のものであり，他にそのようなものはない。刑罰は，ブラフマンによって，世界の保護のために，そしてそれぞれの存在が従うべき各自の法（スヴァ・ダルマ）の確立のために，与えられたものである。　　　(Mbh. 12.121.46cd-48)

叙事詩に見られる以上のような刑罰の有様は，いささか神話的，象徴的ではあるが，それだけに古代のインド人が刑罰に対して抱いていた観念を具体的に示すものとなっているともいえるであろう。刑罰はいっさいの支配者であり，王がこの刑罰によって世界を支配する，というのがここに見られるモチーフである。そして，刑罰は，人々に恐怖を与える姿で表象され，威嚇する武器として描かれている。刑罰についてのこのような観念，このような表象は，洋の東西を問わずおそらくかなり普遍的なものであろうと思われる。そもそも「刑罰」のサンスクリットの原語である「ダンダ」の本来の意味は，棒杖・棍棒を意味するが，これが王権や裁判権の一般的な象徴としての王杖や笏杖に繋がるものであることはまず間違いがないであろう。

マヌ法典では，こうした観念はより簡潔に表現されている。古代インド人の一般的な刑罰観として確認しておきたい（先にことわったように，以下の翻訳は，すべて渡瀬信之訳によっている）。

「彼（王）のために，主は，初めに，すべての生き物の守護者であり，正義（ダルマ）であり，[主自身の] 息子である，ブラフマンの威力からなる刑罰を創造した。」
(M. 7.14)

「刑罰はすべての人民を支配する。刑罰のみが [すべての人民を] 守護する。刑罰は [すべてが] 寝ているときに目覚めている。賢者は刑罰が正義（ダルマ）であることを知っている。」
(M. 7.18)

「全世界は刑罰によって統制される。なぜならば，潔白な人間は得難いからである。刑罰を恐れることによって全世界は楽しむことができる。」
(M. 7.22)

「黒色，赤目の刑罰が歩き回って罪人を滅ぼすところでは，[刑罰を] 適用する者がよく監視すれば人民は迷いに陥ることはない。」
(M. 7.25)

「[王は] 自領において，正しく振る舞い，敵に対して断固とした刑罰を用い，愛する友には正直で，ブラーフマナには寛容であるべし。」
(M. 7.32)

2 ◆ 刑罰の種類と犯罪の分類

法典類によれば，古代インドでは罪人に対する刑罰として，①説諭，②叱責，③罰金，④体刑の4種類があった（マヌ法典8.129，ヤージュニャヴァルキヤ法典1.361，ブリハスパティ法典9.12―13）。法典類の注釈などを参考にして，この4種類のそれぞれについて若干の説明を加えておこう。

①説諭
「汝は不正な行為を行った」などと言葉に出して人を懲戒したり，戒告したりすること。

②叱責
「恥を知れ，不正行為の犯罪者め」などという言葉でいわれるもの。

③罰金

罪の程度に応じてその割合が固定的に定められているものとそうでないものとがある。固定的な割合の方は，犯罪回数などを考慮した罪の重さの程度に応じて3段階が設定されている。例えば，マヌ法典 (8.120) では，最低罰金は 250 パナ，中位罰金は 500 パナ，最高罰金は 1000 パナが科せられる。また，ヤージュニャヴァルキヤ法典 (1.360＝366) では，最低罰金は 252 パナ，中位罰金は 504 パナ，最高罰金は 1008 パナである。

④体刑

身体の部位に対応して 10 種類の体刑がある。また，その罪に応じて，(1) 苦痛を与える体刑，(2) 身体部位の切断による体刑，(3) 死刑の 3 段階が見られる。まず 10 種類の体刑については，マヌ法典は次のようにいっている。

「スヴァヤンブーの子のマヌは三身分に対して刑罰を加える十の場所を述べた。[しかし] ブラーフマナは傷付けられずに [国から] 立ち去るべし。」　　　(M. 8.124)

「陰部，腹，舌，両手，第五番目に両足，目，鼻，両耳，財産，そして [全] 身体である。」　　　(M. 8.125)

また，3 段階の体刑については，マヌ法典の記述や注釈書の記述から，おおよそ次のような種類があったということができるだろう。

(1) 苦痛を与える体刑：杖またはムチで打つもの，投獄によって勾留するもの，足かせをはめるものなど。
(2) 身体部位の切断による体刑：四肢などの身体部位・器官を切断するもの。
(3) 死刑：王による棍棒や刀剣の一撃による死もあれば，八つ裂き，串刺しといった記述もある。バラモンには体刑は加えられないが，追放が死刑に相当するとされている。

こうした刑罰の種類が，犯罪を区別する観念に応じて設定されてきたものであることは明らかであろう。問題は量刑において働く罪と罰の対応関係を，どのような原理・原則に基づいて立てるかということであるが，量刑の問題については後に見ることにして，ここではまず法典類に挙げられる犯罪の区別を明らかにし

ておきたい。法典類では，おおよそ次のような5種類の犯罪が区別されている。

①殺人罪（サーハサ：凶悪犯罪）
②窃盗罪（ステーヤ：窃盗）
③姦淫罪（サングラハナ：姦淫）
④侮辱・脅迫罪（ヴァーグダンダ：言葉による暴力）
⑤暴行傷害罪（パールシュヤ：暴行）

ただしここに列挙したのは，いわゆる刑法犯罪である。目下の議論が体刑に重点をおいた刑罰を主題としたものであるのだからそれは当然であるともいえるのであるが，古代インドの法典類では，これらの犯罪は，王の裁判権に関わる訴訟主題のうちに，負債の不払いや契約不履行など民事的なものとともに分類されている。つまり，「刑罰」（ダンダ）とは，本来，王の支配によって安定を得ている社会の秩序に対する違反・犯罪行為全般を対象とするものなのである。ただし，上に列挙した犯罪が，他のものとは性格を異にするものであると見なされていたことも確かである。例えばマヌ法典は次のようにいっている。

「すべての凶悪犯罪，窃盗，姦淫，言葉による暴力，暴行においては，証人を審査する必要はない。」　　　　　　　　　　　　　　　　　　　　　　　　（M. 8.72）

ここに列挙される5種類の犯罪は，いずれも被害者と被害の大きさを特定し得る犯罪である。「証人を審査する必要はない」とはそういう意味であろう。そして負債の不払いや契約不履行などが，もっぱら訴訟過程を通じて認定された被害の程度に相応した罰金の支払いをもってあがなわれるのに対し，これら5種類の犯罪は，それに対応した科刑のあり方が比較的明確に規定されており，しかも体刑によって処罰し得る可能性を持つ点に特徴があるということができるだろう。ただし，これらの犯罪に対する刑が，その犯罪の軽重に応じて，体刑と罰金刑にまたがっており，さらには体刑と罰金刑が等価的に交換可能なものとして法典に規定される場合もあることには，注意しなければならない。次節はこの問題を考えてみたい。

3 ◆ 体刑と罰金刑

まず侮辱や脅迫のような「言葉による暴力」の場合を見てみよう。この場合は罰金刑が科せられている。例えば，ヤージュニャヴァルキヤ法典では，次のようにいわれている。

「腕，首，眼，腿に損傷を加えると言葉で［脅迫した］場合は百［パナの罰金］，足，鼻，耳，手等に関しては，その2分の1［の罰金が科せられる］。ただし，実行能力のない者が上記のそのような言葉で［脅迫を］した場合は10パナの罰金が科せられるべし。実行能力のある者は，彼（被害者）の保全のために保証人を提出させられるべし。身分から堕ちる罪（パタニーヤ）の科で侮辱した場合，中位罰金が科せられるべし。準大罪（ウパパータカ）に関わる［侮辱］に対しては，最低罰金が科せられるべし。3ヴェーダに精通するブラーフマナ，王，神に対する侮辱は最高罰金［を科せられるべし］。生まれ（ジャーティ），諸団体（プーガ）に関するものは中位罰金，村，地方に関するものは最低罰金［を科せられるべし］。」　（Y. 2.212-215 = 2.208-211）

ここでいわれている，最低罰金は252パナ，中位罰金は504パナ，最高罰金は1008パナである。ただし，後に見るように両当事者のカースト間の関係に応じて，罰金の額が決定される規定を持つ法典もあり，さらにマヌ法典のように，シュードラに対してのみ体刑を科す明らかに差別的な規定を持っているものもある。

「シュードラがブラーフマナを野卑な言葉で侮辱するときは，舌を切断されるべし。なぜならば彼は最下位の生まれの者であるから。」　(M. 8.270)

次に暴行傷害罪の場合を見てみよう。ヤージュニャヴァルキヤ法典には，例えば次のような規定がある。

「ブラーフマナでない者がブラーフマナに暴行を加えた場合は，暴行を行った手足は切断されるべし。威嚇した場合は最低罰金が，［体に］触れた場合はその半額［の罰金が科せられる］。他方，すべての［身分につき］相互間に（すなわち，同一身分の者の間で）手足を上げて威嚇した場合には，［手の場合］10パナ，［足の場合］20パナの罰金［が科せられる］。また剣を［上げて威嚇した］場合には，中位罰金［が科せられる］。」　(Y. 2.220-221 = 215-216)

「足，髪，衣服，手を引っ張った場合には，10パナの罰金［が科せられる］。［身体を］圧迫する，引っ張る，曲げる，［布で］巻き付ける，足を乗せる場合には，百パナ

の罰金［が科せられる］。木切れなどによって苦痛を与えた者は，流血のない場合は32パナの罰金が科せられる。流血が見られた場合は2倍［の罰金が科せられる］。手，足，歯を折った場合，耳，鼻を切断した場合は，中位罰金。傷を生ぜしめた場合，瀕死の打撃を与えた場合も同様である。動作，食事，言葉の障害［を生じた］場合，眼などを刺した場合，もしくは首，腕，腿が折れた場合は，最高罰金。」

(Y. 2.222-225 = 217-220)

ここでもカースト間の関係を反映して体刑が科せられる場合があることが分かる。実際，先に見たのと同様に暴行傷害罪についても，マヌ法典は，より露骨にシュードラ階層を差別して次のようにいっている。

「最下層の人間（シュードラ）が四肢のどれかで優れた人間（ブラーフマナ）に危害を加えるとき，彼のその箇所は切断されるべし。これがマヌの教訓である。手あるいは棒を振りかざすときは手の切断に値する。怒って足で蹴るときは足の切断に値する。劣等の生れの者（シュードラ）が優れた生れの人間（ブラーフマナ）と同席を望むときは尻に焼印を押され，追放されるべし。あるいは彼の尻を切り取るべし。［シュードラが］高慢から唾を吐きかけるときは，王は彼の唇を切り取るべし。小便をかけるときはペニスを，放屁するときは肛門を［切り取るべし］。頭髪を掴むときは躊躇なく両手を切断すべし。足，髭，首，こう丸［を掴むときも同様である］。」

(M. 8.279-283)

シュードラに対するこのような差別的扱いがいったい何に由来するのかは，後に検討することとして，まずここでは先に，暴行傷害罪の場合に科される刑罰の特徴について見ておきたい。

まず明らかなのは，身体に対して実際的な傷害がなされない場合は，原則的に「罰金」が科されるということである。しかしでは，身体に対して実際に損傷が加えられた場合は，体刑となるのかといえば，そうはなっていないことがここでは注目される（ただし，シュードラの場合を除く）。つまり，ここで暴行傷害と見なされているのは，個人的な人間関係の中で生じた争いの類いであって，王にとってそれらは深刻な犯罪ではないということである。もちろん当事者が死んだ場合は別であるが，社会秩序に対する重大な侵犯でない限り，体刑ではなく罰金を科すのが原則であったといえるだろう。このことは次に見るように，逆に窃盗（泥棒による意図的犯罪）に対しては，よほどの微罪でない限り必ず死刑を含む体刑が科せられることからも理解できるだろう。泥棒が，いかに反社会的行為と見なされていたかは，次のマヌ法典の規定からもはっきりと知ることができる。

「王は泥棒の制圧に最高の努力を傾けるべし。泥棒を制圧することによって彼の名声と領国は栄える。」(M. 8.302)

窃盗の犯罪に対しては，マヌ法典は，「［王は］努力して，不正な者を3種の仕方すなわち投獄，足枷および種々の体刑によって制圧すべし」(M. 8.310) といい，またヤージュニャヴァルキヤ法典は，「奪ったものを返却させ，［王は］種々の体刑によって泥棒を殺させるべし。［泥棒が］ブラーフマナの場合は，烙印を押して自国から追放すべし」(Y. 2.274 = 270) といって，体刑，それも死刑を多くの場合命じているのである。

このように王にとって反社会的と見なされる犯罪行為に対して体刑が科されるとするならば，先に見たように，本来罰金刑であるはずのものがシュードラに限って何故に体刑として科されることになるのかということを，この「反社会性」をキー・ワードとして考えることが可能となるであろう。この問題は，カースト制と刑罰の問題として次節で詳しく検討を加えるものであるが，今見たように，シュードラの場合，他の階層であれば罰金刑であるものが体刑として適用されるということは，シュードラの行為に限って「反社会的」とそれが見なされているということにほかならないだろう。そしてそれは，古代インドの社会が，王を権威の中心とする世俗的秩序の世界と，バラモンを権威の中心とする宗教的秩序の世界という二重の構造からなっていることを示すものにほかならないのである。

世俗的な秩序の中では，シュードラの行為は必ずしも反社会的なものではなかったかもしれない。しかし，バラモンを相手にしたシュードラの行為は，宗教的社会性の点から見れば著しい逸脱の行為として見られるのであり，それ故罰金刑ではなく体刑が科されるのだということができるだろう。これを裏返せば，バラモン（ブラーフマナ）に対しては，その者が犯した罪がどれほど重罪であっても，世俗の側からの宗教性への侵犯を恐れて，体刑を加えることはせず，ある場合には追放刑，またある場合には罰金刑によってさえ，その罪が代償されるということになるのである（ただし，バラモンに関しては，宗教的観点から見た場合の罪は重く，それ故宗教的な浄化として科せられる自己懲罰の行為は，死刑にも等しい過酷なものであることになる。この点については後に見る）。

> III 非中国的視座に立って

4 ◆ カースト制と刑罰 —— バラモンの特権性

　刑罰に対してカースト制の観念がどのように反映するかについては，ブリハスパティ法典の次のような規定を見ると参考になるだろう。例えば，言葉による暴力（侮辱・脅迫）の場合，カーストごとに次のように罰金が定められている。ちなみに，ブリハスパティ法典は，マヌ法典やヤージュニャヴァルキヤ法典よりは少し新しい時期に成立してきた法典である[5]。

> 同じカーストに属する2人の人物がお互いに罵り合った場合，両者に13.5パナの罰金が科される。クシャトリアを罵ったバラモンには，50パナの罰金が科される。ヴァイシャを罵ったバラモンには，25パナの罰金が科される。シュードラを罵ったバラモンには，12.5パナの罰金が科される。クシャトリアを罵ったヴァイシャには，100パナの罰金が科される。ヴァイシュヤを罵ったクシャトリアには，50パナの罰金が科される。シュードラが，ヴァイシュヤを罵った場合は20パナ，クシャトリアを罵った場合は50パナ，バラモンを罵った場合は100パナが科される。
> 　　　　　　　　　　　　　　　　　　　　　　　　　　　　（B. 20.5-15）

　ところでこのブリハスパティ法典には，体刑と罰金の交換を可能とする記述がある。

> 死刑相当の刑罰は，100スヴァルナ（金貨）の罰金に相当する。四肢の切断の刑については，その半分の50スヴァルナの罰金に相当する。追放刑の場合は，25スヴァルナの罰金に相当する。手，足，男根，眼，舌，耳，鼻，膝から下，親指と人差し指，額，唇，肛門，腰の切断の場合も，25スヴァルナの罰金に相当する。（B. 29.3-4）

　このような規定は，バラモンを対象としたものであると考えられる。すでに述べたように，バラモンに対しては体刑の執行は禁止されていた。したがってこの規定は，バラモンに体刑を逃れさせるための規定というよりも，重罪を犯したバラモンに対して，体刑との相関関係が明示された罰金を科すことで，王の側の権力を誇示する狙いがあったものと思われる。また，これが実際に適用されたとす

5）翻訳には次の原典テキストを使用した。Bṛhaspati-smṛti (Reconstructed). Ed. K. V. Rangaswami Aiyangar. Gaekwad's Oriental Series, 85. Baroda: Oriental Institute, 1941. また，次の英訳を参照した。J. Jolly, The Minor Law-Books: Nārada, Bṛhaspati. Oxford, 1889. 出典は，略号のB.とともに詩節番号を（　）に入れて示した。

るならば，これだけの罰金を支払うだけの財産を有していたのは，バラモン階層に属する者以外にはあり得なかった。

カースト制の反映は，殺人罪に対する刑罰の規定にも見て取れる。諸法典や注釈類から伺い知ることのできるカーストごとの殺人と刑罰の関係を表にすれば，おおよそ次のようになる。

表9-1　殺人罪の刑罰のカーストによる区別

犯罪者のカースト	犯罪	刑罰
バラモン	クシャトリア殺し	1000頭の牛
バラモン	ヴァイシャ／シュードラ殺し	110頭の牛
クシャトリア	バラモン殺し	死刑・財産没収
クシャトリア	下位カースト殺し	体刑・罰金
シュードラ	女性殺し・牛殺し	体刑・罰金
シュードラ	生理中の女性殺し	死刑・財産没収

さてこのように見てくると，バラモン（ブラーフマナ）には特権的な位置が与えられているように思える。しかし，それは彼らがその権力の強さを行使して，一方的に自分たちに都合のよいようにしているという性格のものではない。この問題については，宗教的な観点からも検討することが必要であるが，それについては後に譲って，ここでは彼らにはその地位にふさわしい道徳性が要求されており，それを侵犯した場合は，他のカーストの者よりも重い罰を受けるという規定がある事実を指摘しておきたい。

マヌ法典は，それについて次のようにいっている。

「窃盗に対するシュードラの罪は8倍であるべし。ヴァイシャの場合は16倍，クシャトリアの場合は32倍であるべし。ブラーフマナの場合は64倍もしくはまるまる100あるいは64の2倍であるべし。［以上は］それ（盗み）の善悪を知る者［の場合である］。」
(M. 8.337-338)

ここに見る限りにおいては，ひとまずこの規定はいわゆる「ノブレス・オブリージュ」の意識を反映したものであると理解してよかろう。高い身分にある者は，それにふさわしい倫理上の義務を負うと考えられているわけである。この種の倫理性は，また王に対してもよりはっきりと次のように要求されている。

「［王］以外の一般人が 1 カールシャーパナの罰金を科せられるべきとき，王は 1000［カールシャーパナ］の罰金を科せられるべきである。これは確立された決まりである。」
(M. 8.336)

この規定からも分かるように，この種の倫理性は，バラモンのイデオロギーから生まれた宗教的なものというよりは，王による社会正義の実現を重視する考え方を背景にしたものであるということができるであろう。この社会正義の実現という考え方は，王による刑罰の適用（量刑）について述べる以下のような規定にはっきりと見て取ることができる。

「罪状，場所，時，加えて体力，年齢，職業，財産を知って，刑罰を適用するべきである。」
(Y. 1.362 = 368)

「場所，時，能力，学問を正確に考察し，規定に反して生きる人間に対して適切にそれ（刑罰）を科すべし。」
(M. 7.16)

「動機，場所，時間を事実に即して確認し，さらに［受刑］能力，過失［内容］を考慮して，罰せられるべき人間に刑杖を打ち下ろすべし。」
(M. 8.126)

次に見るように，古代インドの刑罰の考え方には，一方で「同害刑罰」の観念が色濃く残っているのであるが，その一方で量刑にあたって酌量されるべき情状について，このように，公平性の観点ともいうべきものを持っていたことも事実なのである。

5 ◆ 量刑の基準 ── 同害刑罰の思想と抑止の思想

量刑の基準として，社会正義を実現させる公平性の観点ともいうべきものが王権の側にあったことは，先に見たとおりである。しかしながらその一方で，刑罰の起源あるいは根拠として誰もが容易に認める同害刑罰の思想，「目には目を，歯には歯を」の通念もまたインドの刑罰思想の中に色濃く存在していることは，シュードラに対して科せられる体刑についての記述の内などに，すでに見たとおりである。その意味で，刑罰は復讐の一形態ということもできるだろう。ここではまず，叙事詩『マハー・バーラタ』のうちに見られる復讐の観念を確認してみたい。

> 「今日こそ積年の恨みを晴らしてやろう。そして彼の多量の血を供えてバカ（兄弟）
> を満足させてやろう。今日，俺は兄弟や友人に対する負債を返し，羅刹の刺（敵）
> を殺して，この上ない平安を得よう[6]。」

あるいは『アーパスタンバ・ダルマスートラ』には次のようにいわれている。

> 攻撃してくる敵を殺しても罪にはならない。その場合は，怨（復讐）が怨に出会っ
> ているのであるから，とプラーナにはいわれている[7]。

あるいはまた，マヌ法典でも次のようにいわれている。

> 「公然とであれ密かにであれ，殺意を持って襲いかかる者を殺しても，殺した者に
> いかなる落ち度もない。怒りが怒りに応じたのであるから。」　　　　　（M. 8.351）

血には血をもって報い，怨には怨をもって報いる。このような応報の思想が，社会正義の実現という理念とは別に，社会正義とは違ってはるかに根強い形で，現在でもなお刑罰を支える観念として存在していることは，死刑をめぐる日本の今日的状況を見ても明らかである。そして，マヌ法典でも，このような応報刑の思想，同害復讐の観念が根強くあったことはすでに見たとおりであるが，再度ここに引用しておこう。

> 「最下層の人間（シュードラ）が四肢のどれかで優れた人間（ブラーフマナ）に危害
> を加えるとき，彼のその箇所は切断されるべし。これがマヌの教訓である。」
> （M. 8.279）

ところで冨谷『韓非子』が指摘するところによれば，古代中国の刑罰思想のうちには，この応報刑的な観念は全く現れて来ず，刑罰の目的は，もっぱら威嚇・予防であるという。

> 「問題はまた応報刑思想の有無とも関わろう。犯した罪に対して相応する罰が用意
> される応報，同害復讐にあっては，罪と罰はいわば秤の左右に置かれ，1対1に対
> 応するものである。罪と罰の均衡，罪と罰の法定，さらには違約としての制裁といっ
> た概念もその対応関係から導き出される。犯罪と刑罰がかく対応する以上，両者が
> 交わることはない。［改行］しかしながら，韓非の刑罰論にあっては，応報刑思想
> は全くといっていいほど認められなかったのである。……刑罰の目的は，威嚇・予
> 防であり，罪と罰，さらには法律をも含めてそれらは畏怖し回避するべきものとい

6）『マハーバーラタ』3.12.34–35，上村勝彦訳，ちくま学芸文庫版，第3巻，54頁。
7）『アーパスタンバ・ダルマスートラ』1.29.7．注2を参照。

III 非中国的視座に立って

う共通した理解が綿々と続いていくのである[8]。」

刑罰を抑止と見るこのような観念が，古代インドにもなかったわけではないことは，次に示すマヌ法典の言葉を見ても分かる。

「すべての生き物は，植物も動物も，それ（刑罰）を恐れるがゆえに楽しむことができ，そして各自に定められた生き方（スヴァダルマ）から逸脱しない。」 （M. 7.15）

さらにまた，後の注釈文献になると初犯に対する情状酌量の余地についても論じるようになるから，再犯防止の抑止効果を持つものと刑罰が見られていたことも確かであろう。しかしながら，古代インドの刑罰についてこれまで見たところから知られるその際立った特徴は，社会秩序の安定を王権の側から刑罰によって保証しようとする考え方である。その際，シュードラに対してのみ過酷な体刑を科すのは，反抗を抑止する効果を期待してのものであるように思えるが，その実そこに働いている量刑の原理は，明らかに同害刑罰の思想である。いっぽう，バラモンに対しては，体刑を科すことを忌避し，極刑は追放刑であるにしても，多くの場合その代替措置としての罰金刑が設定されている。これは明らかにバラモンを最上位とする宗教的秩序のイデオロギーの反映ではあろうが，しかしそこに働く量刑の原理は，本来なら体刑に値する罪を，罰金という金銭的代償へと等価的に変換するものであり，これもやはり同害刑罰の一形態であるということが可能であろう。刑罰の発想において，「目には目を，歯には歯を」というプリミティヴな観念から逃れることは，そう簡単ではないといわなければならないだろう。

そこで次節では，古代インドの法典において死刑となる犯罪として挙げられるものを見ておきたい。死刑という極限的な犯罪に対する刑罰が，同害復讐の思想と抑止の思想の両方から，現代でもなおその正当性が主張されることは周知のとおりである。はたして，インドにおける死刑のあり方の観念は，いったいいずれの考え方により重点を置いたものであるか。そのような関心を持ちながら以下の例を見ておきたい。

---

8) 冨谷至『韓非子 —— 不信と打算の現実主義』，中公新書，2003 年，187 頁。

6 ◆ 死刑となる犯罪

死刑に処せられるべき犯罪を，ここではマヌ法典に従って挙げておきたい。
①黄金泥棒。誘拐。

「良家の男とりわけ女，あるいは高価な宝石を盗むときは死刑に値する。」
(M. 8.323)

②殺人。
マヌ法典 8. 344-351 は凶悪犯罪について触れながら，特に人を殺しても殺人罪に問われない場合を論じている。ここで「凶悪犯罪」といわれているのは，4大罪である，バラモン殺し，スラー酒を飲むこと，黄金泥棒，グルの寝台を犯すことである。それらが「死刑」となるのは当然という前提があるからこそ，「殺人罪」に問われない場合を，ここでは問題にしているのであると文脈の上から理解できる。

③姦淫。
姦淫の場合，ブラーフマナ以外の者は死刑に値する。

以上は，必ずしも王権と関わらない重大犯罪であるが，以下は，王による社会の秩序維持，治安に直接関連する反社会的犯罪であると考えられて，死刑が科せられることになると思われる。マヌ法典では，いずれも第9章に出ている。

④反社会的行為，利敵行為。

「王の布告の偽造者，大臣を堕落させる者，女，子どもおよびブラーフマナを殺す者，敵に利をなす者を死刑にすべし。」
(M. 9.232)

⑤盗賊。

「正義（ダルマ）に忠実な王は盗品なくして盗賊を殺させてはならない。盗品があり，［盗みに使用した］道具があるときは躊躇なく殺させるべし。村において，盗賊に食べ物を与え，用具や［隠れ］場所を提供する輩のすべてを殺させるべし。」
(M. 9.270-271)

⑥破壊工作，反抗，暴動，裏切りなど。

「王の庫を略奪する者，［王に］常に敵対する者，敵を煽動する者を種々の刑罰によって殺させるべし。王は，夜陰に堀を破って泥棒を働く盗賊たちの両手を切断し，鋭

いくいに突き刺すべし。結び目を切る者（スリ）について，最初の逮捕のときは指（複数）を切り落とすべし。2回目のときは手足を［切断すべし］。そして3回目のときは死刑に値する。王は，［盗賊に］火を渡す者，食べ物を与える者，武器や場所を提供する者あるいは盗品を預かる者を盗賊と同じように殺すべし。貯水池の破壊者を水の中であるいは純粋な死刑で殺すべし。あるいは元に修復し，最高罰金を支払わすべし。貯蔵庫，武器庫および神殿の破壊者，象，馬および戦車の略奪者は躊躇なく殺すべし。」　　　　　　　　　　　　　　　　　　　　　　(M. 9.275-280)

⑦偽金作り。

「すべての刺の中で最も罪深い，不正を働く金細工師を王は剃刀でばらばらに切断させるべし。」　　　　　　　　　　　　　　　　　　　　　　　　　　(M. 9.292)

以上のほかに，注釈文献には，神像を破壊する者や黒魔術の実行者も，死刑を宣告されるという規定が見られる。

さて以上は死刑に関わるマヌ法典の規定を見たのであるが，はたしてここに見られるのは同害復讐の思想か，はたまた抑止の考えか，いずれであろうか。先に指摘したことであるが，上に列挙した犯罪のうち，①黄金泥棒，②殺人（凶悪犯罪），③姦淫は，いってみれば時代を超えて存在する人間社会（共同体）につきものの反道徳的犯罪である。このことは④以下の犯罪がある意味で政治的な反社会的，つまりは反王権的犯罪であるのとは対照的であるといってよいだろう。そして後者の場合の「死刑」はいってみれば統治目的，治安維持を名目とした王による「抹殺」であって，これを規定する文の中に「殺すべし」という直截的な表現が繰り返されるのが，何よりもそのことをよく示しているといえるかもしれない。したがって，これを法的な刑罰としての「死刑」と見なすことができるかどうかは疑問であり，仮にそこに抑止の効果を期待したり，あるいは同害復讐の観念の反映が見えたりすることがあっても，本質的なものではないように思う。また，前者については，そこに抑止の効果を期待するものがありそうに思えるが，その実，抑止の効果が全く見られないことも人の世の常として明らかであり，古代インド社会といえどもその点では同じであったに違いないと思われる。おそらく，同害復讐の通念にせよ抑止の効果にせよ，死刑という刑罰を正当化するだけの原理とはなり得ていないということをここでも確認できるのではないだろうか。

7 ◆ 法と王権 —— 社会的観点から見た刑罰

　叙事詩『マハー・バーラタ』やマヌ法典において，刑罰（ダンダ）は王と同一視され，また訴訟（ヴィアヴァハーラ）と結び付けて語られている（『マハーバーラタ』12.121.47-57,『マヌ法典』7.17）。「ヴィアヴァハーラ」は，サンスクリットで習慣や言語表現活動を意味する語であるが，何らかのコードの日常的・実際的な運用を一般に意味するといってよいだろう。したがって，訴訟というのは，王によって，「法」が実際的に運用されることだといえるだろう。そして実際的・日常的な法の運用としての訴訟に，刑罰が結び付けられてもっぱらいわれるということは，刑罰の役割が，社会的公共的な場面に限定されるということにほかならない。すなわち，王の権力の発現としての刑罰とは，世俗の支配者として王が「法」を実現することであり，より直接的には法廷において裁判官としての王が「法」を実行することにほかならないということになるだろう。

　しかしながら，王が「法」の運用者であり，法廷における裁判官であるというのは，それが比喩でない限り，奇妙な逆説であるとも思えるのではないだろうか。少なくとも，中国的な「王」の観念においては（そしてまた西洋的な観念においても），王は立法者であり，「王」こそが「法」を作る者であったはずである。つまり王（の命令）は法源として存在するのであり，王の存在が法の権威を保証すると考えられていたはずである。しかしながら，インドにおいては，「王」は司法者であるとまず述べられているのである。おそらくここに，王と法の関係についてのインド的な考え方の特徴が最もよく現れていると思われる。そのことを示すテキストを取り上げてみよう。

　先にも触れたように，刑罰を実行するのは王である。このことはマヌ法典において，「王は，それ（刑罰）の適用者，真実を語る者，綿密に調べて行動する者，賢明なる者，正しい生き方（ダルマ）と愛・欲（カーマ）と実利（アルタ）［の三つ組］に精通する者であるといわれる」（7.26）と明確に述べられている。そして王によって体現された刑罰は，「すべての人民を支配する。刑罰のみが［すべての人民を］守護する。刑罰は［すべてが］寝ているときに目覚めている。賢者は刑罰が正義（ダルマ）であることを知っている」といわれる。では，このような王は，法を作る者であるのか。この問いに答え得るものとして，これまでもしばしば論じられ

てきたテキストにマヌ法典の 8.41 がある。各種の翻訳があるのでそれらを比べてみたい。

"He who knows the Law (*dharma*) should examine the Laws of castes, regions, guilds, and families, and only then settle (*pratipādayet*) the Law specific to each"[9]

"(A king) who knows the sacred law (*dharma*), must inquire into the laws of castes, of districts, of guilds, and of families, and (thus) settle (*pratipādayet*) the peculiar law of each"[10]

"Taking into consideration the laws of the castes, districts, guilds, and families, a king who knows justice (*dharma*) should establish (*pratipādayet*) the particular law of each"[11]

「法を知れる（王は，）出生の法，地方の法，組合の法，及び家族の法を研究したる後，且つ各々独特の法を（かく）制定す[12]。」

「［自らの］正しい生き方（ダルマ）を知る［王］は，［それぞれの］身分において確立されている生き方（ジャーティ・ダルマ），地方［において確立されている］生き方（ジャナパダ・ダルマ），組合［で定められている］生き方（シュレーニー・ダルマ）あるいは［それぞれの］家で確立されている生き方（クラ・ダルマ）を吟味して，各自の生き方（スヴァダルマ）を確定すべし。」　　　　　（M. 8. 41, 渡瀬信之訳）

渡瀬の翻訳では，「ダルマ」は終始一貫して「（正しい）生き方」と訳されている。従来は漢訳に基づいて「法」と訳されてきた語である。英語訳でも，上に見るとおり，law と訳されるのが普通である。しかし目下の問題は，「ダルマ」をどう訳すかということではない。重要なのは，渡瀬訳では「確定すべし」とされ，田辺訳では「制定す」，英訳では 'should settle/establish' と訳されている pratipādayet の語である。はたしてこの語は，「作る」ことを意味し得るのであろうか。この語の形は，「（ある状態に）達する」を意味する 'prati-pad-' という語の使役形（「（ある状態に）達しさせる」）に願望法の語尾（「べし」）がついたものである。したがって，'should settle' あるいは 'should establish' と訳しても間違いではないだろう。しかしそれは，直接的に「作る」を意味することはない。この点について，渡瀬

---

9) 注 1 に挙げた Olivelle の英訳，126 頁。
10) 注 1 に挙げた Bühler の英訳，260 頁。
11) Wendy Doniger, The Laws of Manu. Penguin Books, 1991, p. 155.
12) 田辺繁子訳『マヌの法典』（岩波文庫，1953 年）。

(450頁)は，この規定についての注において，「少なくとも，マヌおよびそれに先行するダルマスートラにおいては，ダルマは人間によって「制定」されるものではない。本詩節の主旨は，王は列挙される種々の生き方（ダルマ）を吟味して，ヴェーダおよびダルマシャーストラに違背しないものを各自の生き方として確定し，実行させることである」といっている。

仮にまた pratipādayet が「作る」ことを意味しえたとしても，それでは「法（ダルマ）を知る王」が，「法を作る」とはどういうことかが問題となるだろう。前の「法」と後の「法」は，同じものか違うものか。同じものであるならば，「作る」前にどうして「知る」ことができるのかということになるだろう。したがってこの場合はある種の矛盾を含んでいることになる。あるいはまた，前の「法」と後の「法」とは，そのあり方，そのレベルが違うとすればどうか。実際，上の訳でも，Bühler は，前者を 'sacred law' と形容詞を付けて訳し，また Doniger は 'justice' と訳し分けている。これは，王が「制定する」個別的・実際的な「法」の源泉に，不可視の何かしらの規範があったことを想定したかのようである。

いずれにせよ，マヌ法典では，王は「法を作る者」としてではなく，「法によって裁く者」として描かれている（さらに付け加えておくならば，王はまた法によって裁かれる者でもある。この点は，これまでに見てきた規定からも明らかである。この点で，王は明らかに「立法者」ではない）。

「訴訟事件を審理しようとする王は，ブラーフマナおよび助言に通じる顧問官（マントリン）を伴い，慎ましやかに法廷（サバー）に入るべし。節度ある衣服および装身具を付け［た王は］，そこにおいて，座るなり立つなりして，右手を挙げ，［訴訟］当事者たちの事件を審理すべし。毎日，地方およびダルマシャーストラにおいて確立されているやり方に基づいて［訴訟の］18主題に関係する［事件］を1つ1つ［審理すべし］。」 (M. 8.1-3)

ここに見られるのは，最高の司法としての王の姿である。王は地上の支配権を手にして，法（ダルマ）を執行する機関として存在しているのである。この点において，王はバラモンに比較し得る位置にあることになる。宗教的な権威を持ったバラモンは，供犠という法の実行者としての機能を持つ者であるからである。この点について，マヌ法典は次のようにいっている。

「［王は］努力して，不正な者を3種の仕方すなわち投獄，足枷および種々の体刑によって制圧すべし。罪人を制圧し，善人を守護することによって，王は供犠によっ

て［清められる］ブラーフマナと同じように絶えず清められる。」　　(M. 8.310-311)

　世俗的権威としての王と宗教的権威としてのバラモンの関係が持つ意味については，もう少し後で考察することにする。ここでは，王にとっての刑罰とバラモンにとっての供犠が，ともに法の実体化したもの，法の可視的現れであり，その法が王にとってのみならずバラモンにとっても，何かしら超越的なものとしてあるということをいっておきたい。

8 ◆ けがれの観念と罪の観念 —— 宗教的観点から見た刑罰

　前節の最後に引用したマヌ法典では，「王は（刑罰の実行によって）清められる」ということがいわれていた。ここでは罪をけがれと見る観念について考えておきたい。例えば次のような規定がマヌ法典には見られる。

> 「罪を行ない，王によって罰せられた者たちはけがれから解放され，善行をなした善き人々と同じように，天界に到る。」　　(M. 8.318)

　ここに見られるのは，犯罪をけがれとする観念である。簡単にいうならば，犯罪は，他者に対する違犯行為によって，その罪を犯した者に対して，けがれをもたらす行為であると考えられていたということができるだろう。すでに見たバラモンに対するシュードラによる犯罪についての規定などを参考にすれば，被害者の浄性のレベルが高ければ高いほど，いっそう大きなけがれが，犯罪者によって引き受けられることになる。一方，犯罪者の浄性のレベルが高ければ高いほど，その者がその行為によって引き受けるけがれは小さいということもできるだろう。このことはすでに「カースト制と刑罰」の節において見たとおりである。そして罪をけがれと見なす観念にとっては，刑罰とは，けがされた主体をもとの状態に修復するための制度化されたシステムであるといえよう。したがって，同じ浄性の間では，犯罪の不浄性のレベルが高ければ高いほど，刑罰も重いことになる。これは同害刑罰の考え方と同様のもので，ある種の算術的な等価交換の考えに支えられているといえるが，「けがれ」という存在論的実体が持ち出されるだけに，人々にとってはより深刻なものとして受け取られたのではないかと思われる。

上のようなけがれの考え方に立つ限り，カーストにおける階層が高いほど，犯罪者は特権的に扱われ，被害者はよりよく保護されるということになりそうである。しかし，上位のものが常に特権的に扱われるものではなく，「ノブレス・オブリージュ」ともいうべき規定があったことは，先に見たとおりである。今このある種の逆進的懲罰規定を，けがれについての観念との関連で再度検討しておきたい。マヌ法典の本文をもう一度引用しておこう。

> 「［王］以外の一般人が1カールシャーパナの罰金を科せられるべきとき，王は千［カールシャーパナ］の罰金を科せられるべきである。これは確立された決まりである。窃盗に対するシュードラの罪は8倍であるべし。ヴァイシャの場合は16倍，クシャトリヤの場合は32倍であるべし。ブラーフマナの場合は64倍もしくはまるまる100あるいは64の2倍であるべし。［以上は］それ（盗み）の善悪を知る者［の場合である］。」 　　　　　　　　　　　　　　　　　　　　　　　　　　　　（M. 8.336-338）

マヌ法典の翻訳者の1人オリヴェルは，この規定に関連して次のような注を付けている。

> この規定は特に重要な意味を持ったものである。この規定を額面どおり受け取るならば，王でさえも法から逃れられないということをこれは意味している。注釈者たちは，さらに次の点を指摘している。王の場合は，罰金は水に投じられるべきであると。（マヌ法典，9.244-245：「その罰金を水に投じ，ヴァルナ神に捧げるべし。あるいはヴェーダの学識と振る舞いに優れたブラーフマナに与えるべし。ヴァルナ神は刑罰の主である。なぜならば彼は王の懲罰者であるからである。ヴェーダを究めたブラーフマナはいっさいの世界の主である。」）罰は，盗まれた物品の価値を基にして計算される。一般的には，上位の階層の者にはより軽い罰が科されるのが原則である。しかし，この場合は違った原則が述べられている。同じ犯罪でも階層が上の者に対して罰が重くなるのである[13]。

オリヴェルがいうように，通常，階層が上位のバラモンは，同じ犯罪を犯しても軽い罰を科されるのが原則であった。これをけがれの理論で説明するならば，バラモンは，他のカーストに属する者たちよりも，浄性のレベルが高く，それ故に同じ犯罪を犯してもそのけがれによる損失はより少なくてすみ，したがってより小さい対処（罰）によって，その損失を補填することができるということである。インド社会の階層制（ヒエラルキー）は，カーストの地位が低くなれば，け

---

13) 注1に挙げた Olivelle の英訳，275頁，8.336 と 8.337-338 に対する注記。

がれの量が増えるということを反映するといわれている。功徳と罪過の理論は，カーストの上位の者に対して，より大きな功徳を付与する。その結果，バラモンは，より多くの功徳を持っており，たとえ罪を犯したとしても，そこで付加されるけがれ（世俗的・宗教的罪）の大きさは，低いカーストの者たちに比べて，より小さいことになるのである。そして罰は，そのけがれを取り除き，浄性のレベルをもとの状態に（少なくともその罪を犯す前のレベルにまで）戻すと考えられるのである。人間の運命は，功徳と罪過のバランスシートによって決定されると古代インド人は考えていたが，刑罰は罪過を焼き尽くし，その分のけがれを取り除くことによって，その者を少なくともとの状態に戻すのである。それ故，バラモンに科せられる刑罰はより少なくてすむと考えられるのである。ところが，上の規定はそのようにはなっておらず，階層が上になればなるほど罰が重くなっているのである。なぜであろうか。

ここで先ほどの規定の最後の文に注目してみたい。「［以上は］それ（盗み）の善悪を知る者［の場合である］」といわれている。これは犯罪が「故意による」場合の規定であると考えられる。マヌ法典では，「知っていながら」あるいは「故意によって」なされた犯罪はより多くの罪過をもたらすことが強調されている。実際に犯行がなされず，あるいはなされても被害をもたらさなかった場合でも，それが意図されただけで罪を犯したことになり，けがれを身に帯びることになるとされている。逆にいえば，社会的に弱い者，心神耗弱の者，酩酊者，病者などによってなされた犯罪がもたらす罪過は小さいとされている。

故意性は，確かに罪の重さを左右すると思われる。とするならば上のマヌ法典の規定は，同じ罪を犯したならば，それが罪であることを知りながら故意にそれを実行した者は，知らずにした者に比べてはるかに重い罰を受けるということを規定したものだということになるだろう。つまり，罪であることを知りながらそれを犯したシュードラは，知らずに犯したシュードラに比べて8倍の罰を受けなければならず，また知って犯行したヴァイシャは，知らずに行ったヴァイシャに比べて16倍，さらにクシャトリアの場合は32倍，そしてバラモンの場合は64倍あるいはそれ以上ということなのである。

しかしながら，この説明では結局のところなぜ上位の階層にあるバラモンが，最下層のシュードラに比べて負うべき倍率が高いのかを説明することにはなっていない。またけがれという観点からも，これをうまく説明することはできない。

ここではやはり「ノブレス・オブリージュ」の意識を挙げる以外には説明のしようがないのではないかと思う。そしてこの点において，マヌ法典はある意味で刑罰から宗教性を遠ざけえたように思える。なぜなら仏教の初期教典などによく見られるように，宗教教典では多くの場合，知らずに犯した罪の重さを強調し，それを取り除くための善行を強調するからである。「罰（ばち）があたった」とは，その者が知らずに犯した罪に対する非難にほかならない。

9 ◆ 「死刑」をめぐって —— 聖的権威と俗的権威のせめぎ合い

それぞれの文化圏における社会の価値観を極端に凝縮した形で反映する「死刑」のごとき観念について論じようとする場合，我々は，そこに含み込まれている諸々の観念の根本にある基本的なイデオロギーの構造を，その文化について個別に見ておく必要があるだろう。古代インドにおいて，諸観念がよって立つ基盤としてあったものがいったい何であったのかを，ここでは考えてみたい。諸観念がよって立つ基盤とは，言い換えれば「権威」のことである。権威とは，世界についての人々の見方，考え方，さらに生き方を規定する価値の根源と考えてよいだろう。そのような権威として，古代インドの場合は，宗教的権威（聖）と世俗的権威（俗）の2つがあると従来認められてきた。

周知のように，古代インドはカースト社会である。バラモン（ブラーフマナ，祭官），クシャトリア（王，王族），ヴァイシュヤ，シュードラの四姓（ヴァルナ）が階層を形成し，さらにその外部にカースト外の「五番目」（不可触民）に属する人々が存在する。これらの階層によって構成される社会において，バラモンが宗教的権威を表し，クシャトリアが世俗的権威を代表する，その二元の構造の中で古代インドの人々は生きていた，というのが通常の理解であろう。この二元の対立の中で，例えば一般的には反社会的な暴力と認められる「殺害」も，「供犠における殺害は殺害ではない」と宗教的な権威からの「殺害」の正当化がなされる。他方，「戦争において敵を殺害することは正義であり」「罪を犯した者を死刑に処することは，王の義務である」と，世俗的な権威からの「殺害」の正当化も行われることになるのである。おそらく，我々は，聖と俗という二元論で考える限り，「殺害」をめぐるこの2つの考え方は，そのような二元論の表れとして単純に理解するに

違いない。

　しかしながら,これまたすでに周知のように,古代インドにおいては,そして現代インドにおいてもまた,「不殺生」(アヒンサー)こそが最高の価値として厳然と存在しているのである。つまり,古代のインド社会は,「殺害」をめぐる2つの権威と,さらにその「殺害」と対立し,その価値をいかなる意味においても否定しようとさえする「不殺生」というもう1つのイデオロギーという,3つの中心の力関係の中に存在していたということができるのである。これが,筆者が従来主張してきたところの「古代インド社会における権威の3極構造」にほかならない[14]。これを図示すれば,次のようになる。

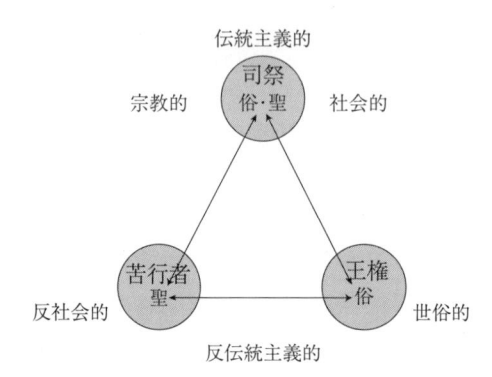

図9-1　古代インドにおける権威の三極構造

　ここで,3つの権威として示されているのは,「司祭」(バラモン),「王権」(クシャトリア),そして「苦行者」(シュラマナ)である。それぞれは,ヴェーダ主義,王権,苦行主義というイデオロギーを代表するものである。

　この3極構造の図式は,紀元前6世紀頃の古代インド社会,すなわち仏教やジャイナ教が興起した時期の社会を念頭において作られたものである。紀元前6世紀は,古代インド社会の大変革期で,都市国家の成立による王権の伸張と,商業経済の発展,そして新興宗教の勃興によって特徴付けることができる。後のインド社会を規定することになる諸観念の大部分は,この時期に,この3極の相互の緊張関係,ダイナミックなせめぎ合いの中から生まれてきたものであるといってよ

---

[14] 赤松明彦「ヒンドゥー世界の言説の枠組み —— 幸福の観念を視座として ——」(『哲学年報』(九州大学文学部),第52輯,1993年)。

かろう。今，少し具体的に，3極のそれぞれについて説明しておきたい。

　①司祭によって保持されるヴェーダ主義：インドの伝統的な権威である「ヴェーダ」を保持するものである。「ヴェーダ主義」は，司祭（バラモン）によって執行される祭式によって，世界・宇宙の秩序を維持することを原理とする。伝統主義的であることにおいて，新興の権威である王権および苦行者と対立するが，世俗的な王権に対しては超越的であり，その意味で「宗教的」でもある。しかし，社会性においては正統的・秩序的であり，出家者集団であり反社会的ともいい得る苦行者とは，対立する。

　②苦行者によって保持される苦行主義：反ヴェーダ主義を掲げて台頭してきた新たな宗教者集団によって保持されるものである。世俗を放棄すること（棄世）を原理とし，この点において，司祭とも王権とも対立する。しかし，反伝統主義的な点で，王族との結び付きを持つこともあり，事実仏教やジャイナ教は，王族の庇護のもと発展した。また，世俗の不浄性を浄性に転化する装置でもありえたので，富裕な商人や豪族によって帰依されることにもなった。

　③王権：世俗の権威の中心に位置する。現実の社会の中で，王（王族）には，秩序の維持者としての絶対的な権力が付与されているが，その権力は，ヴェーダによって権威付けられている（王権神授）とされるので，王（クシャトリア）と司祭（バラモン）の間には，一種のライバル関係が生じている。また，苦行者に対しては，そもそも社会の外側の存在であるので，王の権力が及ばない。

　これら3つの極が，それぞれに固有のイデオロギーを産出しながら絶えざる緊張関係を作り出していたのが古代のインド社会であった。司祭であれ王族であれ，社会の構成員である点では，一般の民衆と同様である。苦行者は，世俗社会外の存在ではあるが，社会の外側に存在するまさにそのことによって，社会との関係を持っている。そもそも古代インド社会の中に，純然たる「世俗社会」は存在しないのであって，日常そのものが「宗教的」であったといったほうがよいかもしれない。したがって苦行者もまた，人々にとっては「権威」なのである。こうして古代インドの「民衆」は，複数の価値の中心を持つのであり，いわば「生き方の権威」が多価値的に存在しているのである。「民衆」は，常にアンビヴァレンスの状態に置かれていたということができるだろう。

III 非中国的視座に立って

　司祭であれ，王であれ，あるいはまた苦行者であれ，1人の「民衆」として，この社会の中に置かれたとき，その者のアイデンティティは，せめぎ合うイデオロギーの間である種引き裂かれた状態にならざるを得ない。ここでは，そのことを，刑罰としての死刑をめぐっての司祭（バラモン）と王（クシャトリア）の関係においてまず考察しよう。

　なお，司祭＝バラモンと苦行者＝シュラマナ（沙門）の間でも，常にある種の緊張関係があり，その緊張関係を社会システムのうちに調和的に解消したものが，古代インド社会における四住期（アーシュラマ）の制度，つまり成人の通過儀礼を経た後，「学生としてヴェーダを学ぶ時期」「家長として社会的責任を果たす時期」「隠遁して夫婦暮らす時期」「死への準備として遊行する時期」という人生の4段階の社会制度にほかならないが，今ここで問題となっているのは，「死刑」という，世俗の権力である「王権」と端的に宗教的な「死」とが接合する，いわば常ならざる状態であるから，本節では，司祭と王という聖的権威と俗的権威の関係に焦点をしぼって，問題を論じることにしたい。

　これまで述べてきたことと若干重複することになるが，まず，『マヌ法典』における刑罰（ダンダ）についての記述を見ることから始めよう。

> 「すべての生き物は，植物も動物も，それ（刑罰，ダンダ）を恐れるがゆえに楽しむことができ，そして各自に定められた生き方（スヴァダルマ）から逸脱しない。」
> 　　　　　　　　　　　　　　　　　　　　　　　　　　　　　　　（M. 7.15）

> 「刑罰はすべての人民を支配する。刑罰のみが［すべての人民を］守護する。刑罰は［すべてが］寝ているときに目覚めている。賢者は刑罰が正義（ダルマ）であることを知っている。」
> 　　　　　　　　　　　　　　　　　　　　　　　　　　　　　　　（M. 7.18）

> 「王は罰せられるべき人間に対して刑罰を倦まず用いないときは，強者は，弱者を焼き串に刺された魚のように焼くであろう。」
> 　　　　　　　　　　　　　　　　　　　　　　　　　　　　　　　（M. 7.20）

> 「全世界は刑罰によって統制される。なぜならば，潔白な人間は得難いからである。刑罰を恐れることによって全世界は楽しむことができる。」
> 　　　　　　　　　　　　　　　　　　　　　　　　　　　　　　　（M. 7.22）

> 「王は，それ（刑罰）の適用者，真実を語る者，綿密に調べて行動する者，賢明なる者，正しい生き方（ダルマ）と愛・欲（カーマ）と実利（アルタ）［の3つ組］に精通する者であるといわれる。」
> 　　　　　　　　　　　　　　　　　　　　　　　　　　　　　　　（M. 7.26）

ここには，刑罰が威嚇による秩序維持・安寧の手段であり，王がそのような刑罰の執行者であることが明言されている。王は，「裁く者」として，世の平安のために刑罰を執行する。では今，「裁かれる者」，つまりは罪を犯したものが司祭（バラモン）であったならば，この「刑罰」はいかにして執行され得るであろうか。

　考慮すべき点は，2点ある。世俗の権威である王が，はたして宗教的な権威である司祭を裁き得るか，裁き得るならいかなる根拠付けによってか。これが1点である。もう1点は，司祭が「罪」を犯すとは，いったい何に対する侵犯行為かという，より根源的な問題である。つまり，王が裁き手として持っているコード（法の体系）と，司祭がその行動を規制されているコードが同じであれば，両者の間に「裁く者」と「裁かれる者」の関係が成り立ちもするであろうが，もしコードが違っているならば，そのような関係は成り立ちようがないのである。そして，先に見たように，それぞれがイデオロギーの極であるということは，そもそものコードが違っているということにほかならないのではないか。

　このコードの違いは，占領軍の軍人の犯罪をその土地の法律で裁く場合のようなものとして考え得るように思えるかもしれないが，実は全く次元の違うものである。つまり，簡単にいうならば，王が裁き手として保持しているのが「世俗法」であるとすれば，司祭の行動を規定しているのは「宗教法」なのである。したがって，厳密には，宗教法からの逸脱は宗教法によってしか裁き得ないのであり，したがって司祭を裁けるのは司祭だけであって，王は決して司祭を裁けないということになるのである。しかし世俗の権力者である王の側からいえば，たとえ宗教者といえども社会の一員なのであり，法からの逸脱は世俗の法によってこそ裁かれなければならないのである。裁くことをめぐる，このような両者のイデオロギー上の権力争いについては，すでに別稿にも論じた[15]。

　王と司祭との間のこの種の相克を反映した社会システムの例として，次の『アーパスタンバ・ダルマスートラ』（2.10.12-11.1）のテキストを挙げることができる。『アーパスタンバ・ダルマスートラ』は，『マヌ法典』に時代的に先行する法典である。古代インド法典の専門家である渡瀬信之氏のこれについての論説があるので，引用する。

---

15) Akihiko Akamatsu, "Crime and Punishment in Ancient India", *Law and Customs in East Asia: A study of capital punishments*, edited by Itaru Tomiya, 2003, pp. 56-61.

「規範にしたがって生きる者たちが感官の弱さから道を外してしまったとき、懲罰者（師、パリシャッドもしくは適当なバラモン）は犯した行為に相応しい贖罪を規定にしたがって命じる。だがその命令に服さないときは、懲罰者はその者を王のところに送る。王は罪人がバラモンのときはダルマとアルタに通じる王付きのバラモン、プローヒタの手に委ねる。プローヒタは贖罪を指示し、その実行を体刑および奴隷的奉仕を除く手段を用いて強制する。罪人がバラモンでないときは、王自身が証人尋問あるいは神判（ダイヴァ・プラシュナ）によって審理し、死刑を含む刑罰を課する[16]。」

ここでは「贖罪」は、宗教的・道徳的な罪に対する清めという意味で使われている。司祭（バラモン）が犯した罪は、なんであれ宗教的な汚れを生み出すものであり、それ故にその汚れを取り除くことによって罪のあがないがなされるという考え方である。その「汚れを取り除く行為」が「贖罪」にほかならない。さて、今上に見た裁きのプロセスを図示すれば次のようになるであろう。

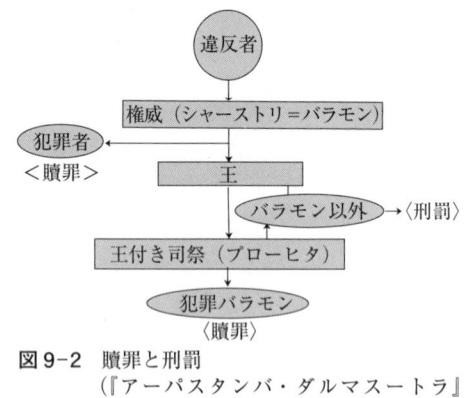

図 9-2　贖罪と刑罰
（『アーパスタンバ・ダルマスートラ』
2.10.12-11.1 による）

ここに見られるのは、贖罪は司祭が命じ、刑罰は王が命じるという原則を維持し、両者の権威を保持しつつ、社会的な整合性を示そうとする意図である。しかしながら、他の法典には、この種の整合性を求めた解釈はいっさい示されておらず、ここでの記述は極めて例外的なものといわなければならない。おそらくここに示されているのは理念であり、実際に存在したのは両者の権力争いであり、いわばそれを折衷案的に思考の上で解決したものがこの説明であるというのが実情

---

16) 渡瀬信之『マヌ法典』（中公新書、1990 年）。

であろう。事実，ここに示されている裁きのプロセスを分解してみると，それが司祭（バラモン）と王という2つを中心としたものであることがよく分かる。

ヴェーダが一元的な権威であり得た時代には，おそらく図9-3に示されるような形で，いっさいの違反行為は，宗教的・道徳的規定に対する侵犯行為として裁かれ，罪人に命じられる罰はすべて贖罪として命じられたはずである。時代が下り，王が地上の権威としての力を持つようになると，世俗の秩序違反を裁く者としての役割を王が担うようになる。このような王の権威が圧倒的なものとして，仮に存在するならば，上の図式の「権威」の位置に，王がつき，「贖罪」が「刑罰」となって，いわば「裁きの世俗化」が達成されるだけで，図式そのものの構造は変化しないはずである。しかしながら，カースト制が固定されたままの社会では，階層的には，王はなお司祭（バラモン）の下位に止まるものであった。しかも，これが単なる身分制と異なるのは，司祭は王にはなれず，王は司祭ではないという点にある。その結果，先に見たような「王付きの司祭」（プローヒタ）という両義的な（役割的には司祭でもあり王でもある）存在が，「裁く者」の位置に登場してくるのである。これを図示すれば図9-4のようになるであろう。

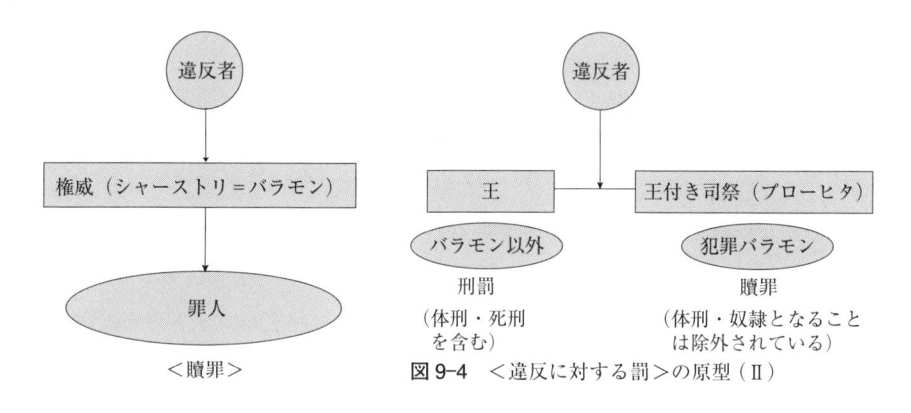

図9-3　＜違反に対する罰＞の原型（Ⅰ）
　　　　共同体内部の秩序違反に対しては，すべて宗教的秩序からの逸脱としてバラモンによって罰せられ，贖罪が命じられた。

図9-4　＜違反に対する罰＞の原型（Ⅱ）

このように見たとき，最初に示した裁きのプロセスが，司祭と王との間の裁きをめぐる相克の結果としての折衷的な図式であることがはっきりと理解できるだ

ろう。したがって，古代インドの場合，仮に何らかの重罪に対する罰として，「死刑」，つまり犯罪者に死という極限の罰を命じる場合でも，そこには，贖罪として司祭によって命じられる「死」と，刑罰として王によって命じられる「死」があるのである。しかもそれは，種類の相違ではなく，その根拠にあるイデオロギーの相違として，両者の区別が存在しているということを知っておかなければならないのである。

10 ◆ 不殺生（非暴力）の思想と死刑 —— 仏教的原理と社会規範

　次に，ここでは先に触れた「殺害」と「不殺生」に関わるイデオロギーの問題を，前述の３極構造の図式のうちに位置付けて，テキストに基づいた分析をしておきたい。インド文化史家のバシャムは，次のようにいう。

> 「不殺生の原理，それは中世のインドにおいて非常に影響力の大きなものとなったのだが，そしてそれは上位の階層に属する大部分の人々を菜食主義者にしたものであるが，当時それは，戦争と死刑とを禁止するものであるとは決して考えられてはいなかった[17]。」

　ここでバシャムのいうように，現実のインド社会の中では，非常時の戦争や，社会秩序の維持のための刑罰としての死刑までをも，「不殺生の原理」によって否定することは実際にはなかったであろう。しかしながら，生き物を殺すことは，明らかに「不殺生の原理」と矛盾するものであり，観念として同じレベルでは両立し得ないものであることも確かである。実際，この両者をめぐるアンビヴァレントな言説は，上の３極のいずれの文献においても見出すことができる。例えば，ヴェーダ主義，つまりブラーフマナのイデオロギーに基づいて作られた法典である『マヌ法典』では，「供犠に関していえば，殺害は殺害ではない」(M. 5.39) といいながら，その言明の直後に，「生き物の殺害は，天界への障害となる」(M. 5.48) という。ヴェーダの祭式が，動物犠牲祭を中心とするものであってみれば，その動物供犠が，「不殺生の原理」に反するものであることをそのまま認めるわけにはいかないことは当然である。しかしその一方で，それがまたヴェーダ主義の最

---

17) A. L. Bhasham, The Wonder That Was India, 1954, p. 123.

高善ともいうべき「天界の獲得」に対する障害となり得るものであることも，殺害にまとわり付く不浄の観念によって明らかに感じとられるものであった。

また，王権としての王族のイデオロギーを色濃く反映している古代インドの叙事詩『マハー・バーラタ』は，戦場における敵の殺害を宣揚しつつも，「不殺生は最高のダルマ（法）である」（Mbh. 13.117.37-38）というのである。あるいはもう1つの極である苦行主義の1つとして仏教を取り上げるならば，よく知られているように，「不殺生」は五戒の第1であり，出家の僧侶も在家の仏教徒もともに守るべき道徳であるが，この「不殺生戒」が，戦争や政治的なレベルでの死刑にまで適用されるということは，ブッダによってさえも実はなかったと考えられているのである。

そこでここでは，王と仏教の関係を取り上げて，その関係の中で死刑がはらむ問題を見ることにする。ここで例とするのはアショカ王の事例である。アショカ王は，よく知られているように，紀元前3世紀にインドのほぼ全域を支配下においた王であり，仏教に帰依した王としても有名である。つまり仏教の教えに従って全土を統治した王，王でありかつ仏教徒であるというわけである。それでは，アショカ王は仏教の「不殺生」の教えに違反しなかったか。この問うのもナンセンスなぐらいにナイーブな問いは，しかししばしば問われた問いでもあるのである。

まず，有名なアショカ王の法勅（アショカ王碑文）の幾つかを見ておきたい。磨崖法勅のIでは，「この国では，いかなる生き物も殺害されてはならず，また犠牲に供されてもならない」といわれている。また同じく磨崖法勅Ⅲでは，「生き物を殺すことの禁止は，ほめられるべき事柄である」といわれ，王柱法勅Ⅶでは，「人々に正しい行いを踏み行わせることが進展したので，生き物を狩りすることも，生き物を殺すことも禁じられるにいたった」といわれている。こうして見ると，確かにアショカ王は，「不殺生」を，王として実践したと思われる。それでは，彼は，「死刑」を廃止したか。現代インドの著名な歴史家ロミラ・ターパルは次のように述べている。

「仏教への堅固な帰依にもかかわらず，アショカ王が死刑を廃止しなかったことは奇妙である。アショカ王が，死刑を法と秩序の維持にとって根本的なものであると考えていたことは間違いない。個人的には全くその逆のことを確信していたにしても，国家の正義は，信賞必罰の上に築かれるべきものであると，アショカ王は感じ

ていた[18]。」

なぜアショカ王が死刑を廃止しなかったことが分かるのか。それは，次のような王柱法勅があるからである。ターパルの上の論述もまた，この法勅を根拠にしているものと思われるので，まずは，ターパルの英訳に基づいてそれを訳出しておきたい。

「以下は今よりの私の命令である：投獄され，死刑を命じられた者たちは，三日の死刑執行猶予が与えられるべきである。」 （王柱法勅 Ⅳ（L））[19]

この法勅に，patavadha- という原語が現れている。この語が，「死刑を命じられた者」を意味するならば，間違いなくアショカ王自らがその命令の中で「死刑」を認めていることになるのである。念のため，この箇所の別の翻訳を2種類挙げておきたい。

(1) ビューラー（G. Bühler）の翻訳："And even so far goes my order, 'I have granted a respite of three days to prisoners on whom judgment has been passed and who have been condemned to death'".

(2) ブロック（J. Bloch）の翻訳："Jusqu'ici aussi ç'a été ma pratique: pour les prisonniers dont la peine est fixée et qui sont condamnés à mort j'ai laissé trois jours à leur disposition".

これらの翻訳による限り，アショカ王が死刑を認めていたことは確かである。ところが，ここに別の解釈の可能性を提示する学者がいる。初期仏教の専門家で，パーリ語の権威でもあるノーマンである。彼の解釈をまず見てみよう。

"And even up to now (this has been) my practice. To those persons who have been imprisoned, have completed their punishments, have received their beatings, an allowance has been given by me for three days". （そして以下が今日に至るまでの私の実際の行いである。投獄され，自らの刑を終え，棒刑を得終わった者たちには，3日分の手当がこの私によって支給されてきた。）[20]

vadha- という語は，「殺すこと」を意味する一方で，確かに「棒で打つ」ことを

---

[18] Romila Thapar, Asoka and the Decline of the Mauryas, New Delhi, 1973, pp. 176–177.

[19] Romila Thapar, 同上, p. 263 の翻訳を参照。

[20] K. R. Norman, Asoka and Capital Punishment, *Journal of the Royal Asiatic Society of Great Britain & Ireland*, 1975.

意味することもある。したがって，このノーマンの解釈が，間違っているということはできない。今，ここに挙げた4人の学者は，いずれもインド学においては大家である。彼らの解釈の正否をここで論じても結論は出ないであろう。むしろ筆者にとって関心があるのは，なぜターパルは，「アショカ王が死刑を廃止しなかったのは，奇妙である」といったのか，また，なぜノーマンは，新たな解釈を施してまで，アショカ王が死刑を認めていた可能性を否定しようとするのか，この点である。ノーマンは，次のようにいっている。

> 「もしこの解釈が受け入れられるならば，我々がアショカ王に対して抱いているイメージは大きく変わるだろう。アショカ王は，一方で「不殺生」を推奨し，他方でそれにもかかわらず人に死刑を命じるような，首尾一貫しない人物ではもはやなくなるのである[21]。」

はたしてアショカ王を「首尾一貫しない人物」(inconsistent) と呼ぶことが正しいかどうかは疑問である。アショカ王が「王」である限り，刑罰の1つとしての死刑を犯罪者に科すことは，義務（ダルマ）であったであろう。しかも，先にも触れたように，ブッダ自身によってさえ，はたして「死刑」という社会的な制度が「不殺生」という仏教の原理に触れるものとして，それが否定されたかどうかは，学者によっても意見が分かれるところなのである。しかし，ここに見た議論からいえることが1つある。それは，時代が下がれば，仏教徒にとっては，死刑のような世俗の社会の出来事でさえも，その立場から忌避，あるいは禁止されるべきものとして見られるようになっていったということである。ノーマンの解釈は，決して現代の学者の解釈としてあるのではなく，まさに仏教徒の意図の現れとしてあるのである。さらに，これは仏教徒のみに固有の気持ちではないともいえよう。「不殺生」は今や，全インド的に価値を持った観念である。それは世俗の観念ですらある。「不殺生」が，世俗の観念となり，「殺害」として死刑と同じレベルで論じられ得るものとなったとき，そこで初めて「首尾一貫しない」という非難を，アショカ王にむけることも可能となるであろう。

おそらく，ここに「死刑廃止」を実際に実現するためのヒントがある。死刑の制度を批判するのに，別のレベル，例えば宗教的なレベルや神学的なレベルの議論を持ち込んでもおそらく議論がかみ合うことはない。そこで要求されるのは，

---

21) K. R. Norman, 同上。

III 非中国的視座に立って

世俗的にまで一般化された「生き物」から「生」を一方的に奪うことの犯罪性の自覚(不殺生の精神)であるに違いないのである。

最後に,時代が下がってからの仏教徒の意識を,インド国以外の仏教徒が抱いた「インド」のイメージのうちに見ておきたい。いずれもそこには,「不殺生」の国,死刑のない国としてのインドが描かれている。

まずは,4世紀の中国僧である法顕が見たインドの王の姿である。

「王治不用刑網,有罪者但罰其錢,随事輕重,雖復謀爲惡逆,不過截右手而已。……擧國人民悉不殺生,不飲酒,……。」
(王は,統治するのに,刑罰を用いることをしない。罪を犯した者は,罰金によって罰せられ,犯した罪の程度に応じて罰金の重い軽いがあるだけである。再犯や重犯罪の場合でも,右手を切り落とすだけである。……國中の人民は皆生き物を殺さず,酒を飲まず……。)　　　　　　　　　　　　　　　(『法顕伝』中天竺,摩頭羅國)

もうひとつは,8世紀の新羅の僧であった慧超が見たインドである。

「五天國法,無有枷棒牢獄。有罪之者,拠輕重罰錢。亦無形戮。上至國王下及黎庶,不見遊獵放鷹走犬等事。道路維即足賊,取物即放,亦不傷殺。」
(インドの五地方の法には,首かせも棒うちも牢獄もない。罪を犯した者には,その輕重に應じて罰金が課せられる。また,体刑や死刑もない。上は國王から下は庶民まで,狩獵を行う者はなく,道の追いはぎも,ものをとればすぐに解放し,決して傷付けたり殺したりすることはない。)　　　　　　　(『慧超往五天竺國伝』中天竺)

おわりに

本章は,古代インドにおける刑罰についてその現象面を主として古代の法典類に基づいて紹介し,特に「死刑」について,社会的な観点と宗教的な観点の両方から考察を加えたものである。歴史資料に乏しい古代インドを取り上げる場合の通例として,いささか観念的,思弁的になったかと思うが,中国や朝鮮を主たるフィールドとする東アジア研究者にとって,古代インドの法と刑罰について,そして死刑をめぐる観念について比較文化論的に考察する基本的な材料と考察のための論点は提出することができたと思う。

今仮に小論の側からの結論のようなものとして,東アジア世界との対比のうち

に特にその相違を強調して，古代インド世界の法と刑罰，とりわけ死刑に関わる観念の特徴をまとめるならば次のようになるだろう。ひとことでそれをいえば，「インド世界における権力の絶対的な中心の欠如」ということである。本書に収められている諸論考においても見られるように，東アジア世界，とりわけ中国における法と刑罰が論じられる場合には，「専制」的君主の存在は，ほとんど暗黙の了解，当然の前提のごとくに語られる。それを天子と呼ぶにせよ皇帝と呼ぶにせよ，国家の体制の中心には絶対的な権力を持つ君主が，他のいっさいの権力から超越して君臨しており，それは「法」をも超越する存在である。あるいは，「法」ではなく，より根源的な人倫の規範としての「礼」を取り上げてみても，それは「先王の制」であり，聖人あるいは「先王」によって制定されたものだと考えられている。いってみれば，そこには常に権力（あるいは価値）の絶対的な1つの中心が存在しているのである。もちろん「法」と「礼」は別の体系であり，時に対立することもあったということができるであろうし，君主の裁定は，「法」の体系とは別に働くのであるから，君主が「法」を支配しているわけではないということも可能であろう。しかし，それらが別の体系であるにしても，そこで理想とされたのは，それら諸価値がいわば同心円として存在し，その同心円の中心にただ1人の君主が存在しているような，そのような価値の体系であるように思える。いささか逆説的にいえば，東アジア世界では，独裁的君主の下で，「法の下の平等」が実現していたのである。ひるがえって古代インド世界ではどうであったか。

　古代インド世界には，そのような権力の絶対的な中心は存在しなかった。これが本章における1つの論点である。古代インド世界は幾つもの次元の異なる価値の網の目がはりめぐらされた世界であり，それぞれの価値にそれぞれの中心がある多元的な世界であった。そのような世界の中で，王は，秩序の維持者ではあり得ても，価値の創出者ではあり得なかったのである。「法」はすでに万古不易に与えられたものとして存在してある。王すらも，「法」の埒内にしかないのである。「法」の外部にあって君臨する「王」と，「法」の内部にあってそれの遵守を義務付けられている「王」というこの違いを如実に示す例を示してみよう。

　それは，『韓非子』の「二柄」説に見られる考え方である。君主が臣下を支配するにあたって用いる道具は，刑（死刑）と徳（賞与）であるとそれはいう。本書に収められた東アジア世界の刑罰を論じる幾つかの論考も，刑罰（刑）と同時に慶賞（徳）を論じている。信賞必罰は皇帝に与えられた権利であり義務でもあった

ともいわれる。つまり、それは「法」の外に立って、「法」が定める秩序の体系とは別の秩序を、自らの手で、自らの責任によって作り出すことができるということであって、君主の絶対的な権力の直接的な行使の発現であるといえるであろう。古代インドには、このような（世俗的・社会的な意味での）「信賞必罰」の観念はない。王は、「法」に従って刑罰を与えても、賞与を与えることはない。本章でも指摘したように、古代インド世界において、王は裁判官なのであった。つまり、「法」を運用して、違反者に「罰」を与える力はあっても、「賞」を与えて新たな秩序（位階）の内に臣民を位置付ける力を持つことはないのである。先に、絶対的な権力は、「法の下での平等」を実現するといささか逆説的にいったが、臣民を本来的には「平等」であると見る君主の絶対的な視線があればこそ、賞与つまりは爵位を与えての社会的な位置付けの変更が可能となるといえるだろう。古代インド世界において、このように絶対的な位置に来ることができるものは、「神」（ブラフマン）以外にはあり得ないのであるから、世俗の社会においては、「信賞必罰」の観念など実現のされようもなかったのである。

　今述べたことを、インドの現実社会における「不平等」の体系と見なされることが多いカースト制（ヴァルナ制）の観点からも、少し見ておくことが必要かもしれない。カースト制は、生まれ付きその者が帰属する集団の差異に基づいて、その者の位置を差別することから「不平等」の体系と見なされることが多い。しかし、これを「不平等」と見るのは、その体系の外部に視点を持つ者にして始めて可能なことである。その差異の体系の中にある者の視点からすれば、帰属する集団の異なりは本来的で固定的なものであるから、「差別」として見られることはないのである。そして、この体系は、義務の体系であり、職能の体系である。王もまたこのカースト制の内部の存在である。とするならば、王はその果たすべき義務として、この義務の体系から逸脱した者を裁き、罰することはできても、「賞与」としてその位置を異動させることなどできはしないのである。ここにおいて、古代インドでは、刑罰は、秩序としての社会システムからの「追放」ではなく、逸脱したものを本来の場所へと「復帰」させるという観念に支えられていたことを、我々は理解するであろう。その意味で、「死刑」が、もし人間的社会からの「追放」を含意するものであると、東アジア世界で考えられていたとするならば、おそらく古代インド世界においては、そうではなかったといい得るのである。本論でも言及した『マヌ法典』の一節を再度ここに引用しておこう。

「罪を行ない，王によって罰せられた者たちはけがれから解放され，善行をなした善き人々と同じように，天界に到る。」 (M. 8.318)

結論と称して，またしても抽象的で観念的なことを述べてしまったようである。「中国の法は，君主の命令（詔）を法源とし，立法権は皇帝が有する」（冨谷）と端的にいえばそれで済むことかもしれない。ともあれ，「法」という一見極めて具体的な現象と思われているものを扱っているにもかかわらず，実際にそれが実効性を持って適用された法であるのか，また，例えば判例のようなものがあるのかという問題になると，古代インドに限っていえば，はなはだ否定的な答えしかだすことができない。しかしその一方で，「法」という実は不定形で不可視の，対象としては極めて捉えることの困難なシステムについて，その最も重要なありようが，インド的な王権の観念からそれを見れば，逆によく見えてくるのではないかという気もしている。従来ともすればその捉え難さばかりが強調されてきた法＝ダルマであるが，その捉え難さそのものが案外法そのものの本質であるのではないかとも思う。本章では，このような法の問題とともに，死刑についても考察した。死刑ははたして刑罰の一形態として扱うことが可能なのかという疑問が，最後まで残ってしまったのであるが，そのような疑問が生じてくる由縁については今確かに捉えることができたのではないかと思う。今後の課題として，このような可視／不可視の法の両局面を，その具体的現れ，実体化としての刑罰と祭式（礼）の両面からさらに詳しく検討したいと思っている。

参考文献（注記したもの以外で，本論において参考にしたもののみを挙げる。）

Terrence Day, *The Conception of Punishment in Early Indian Literature* (Waterloo, Canada: Wilfrid Laurier University Press, 1982).

J. Duncan M. Derrett, *Essays in Classical and Modern Hindu Law*, Volume 1 (Leiden: Brill, 1976).

Ariel Glucklich, The Royal Scepter (Danda) as Legal Punishment and Sacred symbol, *History of Religions*, Vol. 28, No. 2, 1988, pp. 97−122.

Ariel Glucklich, *Religious Jurisprudence in the Dharmasastra* (Macmillan Pub Co, 1989).

Rober Lingat, *Les sources du droit dans le système traditionnel de l'Inde* (Paris: Mouton & Co, 1967).

第10章

ホーカン・ヴォルケスト
Håkam Wahlquist

ムルキ・アイン (Muluki Ain)
—— ネパールの法典と死刑 ——

序　文

　書籍，論文，参照文献のために供されたインターネットの検索エンジンは，起動されれば確かに「死刑」の問題に結び付けられた材料に事欠くことがない。しかし同時に，それは，西洋，主としてアメリカのように死刑がいまだに実行されている国や州において，それを維持するか廃止するかに関わる法的そして道徳的な問題についての論争が大部分を占めている。死刑をめぐっては，宗教上あるいは刑罰学・犯罪学の立場から様々にその維持を訴える者がいる。死刑の擁護論は，疑問の余地もなく論理的な文言の中に見出されるし，この制度は第三者が同じ犯罪を犯さないための「有効な抑止力」として役に立つはずだという仮説とそれと並列した意見，つまり，受刑者が同じ行為を繰り返すことを有効に食い止めるであろうという明白な意見に支えられている。死刑反対論者は，執行された死刑は取り返しのつかないものであり，誤判を考慮すると受認し難いものであるという主張と相俟って，最近の道徳哲学や応用倫理学において展開されたような主張，および抑止力としての死刑の効果についての反対意見を展開する[1]。

　ウエブサイトは文句なしに英語の検索エンジンが占めているが，他の言語による検索も上記の観察を大変よく裏付けているはずである。論争のための論拠を提供するために行われているという意味において「応用的な」ものでなく，より基

本的な研究についていえば，それは3種類の基本要素から成るように思われる。

第1に，ある地域に，もしくはある時期に，死刑が適用されたことに関する歴史研究がある。おそらく筆者はいずれにしろ，歴史研究者であろう。

第2に，法律研究の素養を持った人々によって書かれた，この「究極の刑罰」の今日的な実用性を調べた研究がある。

第3に，哲学の視点からその主題に取り組む人々によって書かれた著作がある。これらの著作は，死刑をめぐっての認識の歴史を取り扱うか，もしくは，啓蒙時代やそれ以前の偉大な哲学者にまで遡って，道徳哲学の今日的な論述として取り扱うかのどちらかなのである。

全く欠落しているのは，今日的であれ，歴史的であれ，アメリカ合衆国や西欧以外の地域に見られるような死刑制度についての真剣な研究[2]ではないだろうか。そして，さらにいっそう驚くべき欠如を示しているのは，よりはっきりした社会性，文化的角度から主題に迫ろうとする研究者が持つべき死刑制度を全体の脈絡に据えてこれに注意を払うという視座である。

1 ◆ 死刑制度と人類学の仮説

これら2つの「欠落」について人類学の観点から取り組む研究は，数多くの貢献すべき価値を持っていることは確かである。人類学は他のどのような分野より，人間の作った制度や人の行動を地理的，政治的あるいは他のあらゆる境界への先入観を持たずに論じることができる。人類学は，初期の（意識的な）歴史学からの無視に打ち勝ってきたのであり，またそれは，問題を文化的な分析と同様，社

1）この主題は数多くの当意即妙に，あるいは刺激的に考案された標題を作り出すのにふさわしいものであり，その著者によってとられた議論好きな姿勢をしばしばあらわにする。例えば次のようないい回しが含まれる：「合法的な復讐」「究極の刑罰」「恣意と錯誤の不可避性」「国家が殺人をする時」「殺人対殺人」「合法的リンチ」「死ぬほど悪い」「縄，電気椅子，注射針」「返報の儀式」「死をもって命を救う」「償いの彼方」「無情でも異常でもない」「人殺しの国家」「国家が殺す時」など。

2）筆者はこの問題について，アムネスティ・インタナショナルのような人権団体によって続けられる世界中に及ぶ油断ない監視について論ずるつもりはない。

会的な分析を追究する際にも有効なのである（例えば社会関係や意味のある象徴的な行為の分野と関連付けるのである）。

こうした遺産を持ちながら，人類学が死刑の問題を扱う際に他の学問分野と同様，なげやりにやってきたように見えるのは不可解なことである[3]。近代人類学は，ことによると制度だけを分離して論じること[4]を軽蔑してきた，そういった理由によって問題を避けてきたのだろうか。しかし，他にもその問題に取り組む方法はあるのだから，話のすべてが終わったことにはならない。

「死刑の人類学」[5]を目指すにあたって，この制度をよりよく理解するのに寄与するために，最近のそして最新の人類学によって提示されている，有望と思われる幾つかの接近手段が存在する。それは現実の人類学の実習において，確かにある程度共通する研究方法なのである。その幾つかを概観してみよう。

第1に，死刑と社会構造の間の関係に焦点を絞ることが挙げられる。死刑の適用は，その形式の選択と同様，問題となっている社会の社会構造がその立法者，指導者，市民によってどのように考えられ再生されているかについて，多くを我々に語りかけるであろう。

研究の第2の方向は，普遍的な興味を持つに相違ない，「法の人類学」の分野を別の視点で見直すことである。この分野は古くから確立され，人類学的調査研究の周辺分野に敷衍したものである。取り扱うのは法と秩序，犯罪の定義，様々な社会的，政治的条件下での刑罰の執行であり，中でも「慣習法」から「成文法」への移行，非集権から中央集権への条件変化の下での法律の執行支配に，より関わりを持つ。我々が関心を持つ事例に当てはめると，この分野は「血の復讐から死刑への」移行を論じるといってもよいであろう。後者は，国家あるいは少なくとも擬似国家的状態を前提とする。最初に指摘したとおり，人類学は（もしあったとしても）さほど死刑を論じてこなかったが，血の復讐，首狩り，血族集団や，社会あるいは社会秩序に対する敵対者を合法的に殺すといった類の制度についての著述に関してはかなり豊富な蓄積を持っているのである。

初期の人類学者らは，特に整然とした法律的，軍事的制度に支えられた集中権

---

[3] 例えば文化人類学の専門雑誌でも，このような問題は未だかつてまともに論じられたことがないというのは意外なことである。
[4] 初期の人類学で人間の作った制度の研究はしばしば好んで行われた。
[5] この企画へのいささか気取った標題の言い換えは「悪の人類学」である。

力のない「無国家状態」と見なされる状態の下で，社会がいかに結合し，時を超えてそれが持続したかを解明せんとすることに深く関心を抱いていた。「部族の」あるいは「原始的な法律」が演繹的に推論され，それなくしては社会が瓦解してしまうような紛争の解決のための制度や地位が確認されたのである。そこから紛争を解決する仕組みがよりいっそう，興味を惹き，制度を維持する秩序の研究から訴訟手続きを維持または再生する秩序の研究へと焦点が移っていった。それは（雄弁術その他の）司法手続きに見られた文化的形態への増大する興味の前兆ともなるものであった。

　人類学は以前からずっと，フィールドで直接学んだ社会を，文献あるいは考古学的な証拠物を通じて間接的に学んだ歴史学的社会へ，その経験を単純に移行することを拒んできたことは確かである。ただ時間と空間に対して，人類学的比較や，性急な同列化を採用するのではなくて，慎重なやり方で，法制度と法典の発達をめぐる国家形成が与えた影響についての人類学的理論は，研究者が直接には行けない社会と歴史的時代の研究に適応でき得るであろう。

　研究の第3の方向は，我々が特別に豊富な記載を保持している死刑の実例を，儀礼に関する我々の理解を高めるため人類学者らによって用いられた枠組みによって分析してみることであろう。死刑の執行は確かに象徴的行為の積み重ねとしばしば結びついており，その理解は賦与された特徴的な形態の解明に光明を与えることになる。執行と関係した幾つかの核となる主題は，考究が可能となろう。死刑は一種の「国家儀礼」であり，おそらくは（覆された秩序を回復するための）「国家の犠牲祭」とも見ることができるといった説も有効かもしれない。いずれの場合にも，人類学はかかる儀礼が持つ構造と意味の解明に大いに役立つのである[6]。さらにまた，死刑の執行は世界中で，旧来「魔術」あるいは「迷信」というレッテル，換言すれば，処刑の場で集められた血の医学的またはそれ以外の効用の下に伝統的に組み込まれたものと結びついた思考と実践に取り囲まれているように思われる。人類学は，より広範な思考と行為の場を与えられることで，そのような「不合理な」種類の振る舞いと考えを，論理的に理解できる手段を提供するであ

---

6) 世界中で頭抜けて多く死刑が執行される今日の中国において，処刑は今なお高度な祭儀的内容を持っている。それらはそうした調査の役に立つ（そうした接近方法がとられれば与えられる）。

ろう。

2 ◆ ネパールにおける法の伝統

　本章において，主として上述した第1の「接近手段」を講じるつもりである。その社会の社会構造がどのように考えられ，維持されてきたかについて，死刑の適用がどのように語っているのかということである。我々はネパールからその材料を引き出してみよう。

　ネパールは調査すべき興味深い事例を提供する。それはネパールがヒンドゥー世界における法典の形成と執行に関連した多くの問題を例示しており，この法典の中で死刑を懲罰のための思い切った選択肢と位置付けているからである。法の前での平等はかなり近代的な概念であり，もともと東洋の法体系の要素ではなかった。南アジアで発達した法典の中で，ある場合には，ネパールのように20世紀においても効力を有したものでも，法の前での不平等は，まさにその根幹だったのである。それ故，そのことは法と社会構造の関係を調査するのに極めて有益といってよい。よく知られた人類学の表現で言い換えをするなら[7]，法は社会秩序がどのようなものだと理解されているかを表現し成文化している「モデル（模範）」であると同時に，もしこの秩序が侵犯された場合，いかに支持され再構築されるべきかを指し示し規定する「モデル（規範）」でもある。

　以下に続く説明で，筆者はネパールの法的伝統に関して人類学者，歴史家，インド学者らによって行われた調査研究をせいぜい利用したい。詳しいネパールの社会と歴史について，必ずしもそれに通暁されているとは思えない読者に説明するために，まず私はこのヒマラヤの王国に関係して必要な事実の脈絡を示そう[8]。

---

7) Geertz, Clifford: *Religion as a Cultural System in Banton, Michael: Anthropological Approaches to the Study of Religion A. S. A. Monograph 3*: 1–46 Tavistock Publications Edinburgh, 1966, p. 7.
8) 東アジアにおける死刑について書いている刊行物に南アジアの観点を与える。

III　非中国的視座に立って

3 ◆ ネパール ── その歴史的背景

　ネパールが統一された国家として出現したのは 18 世紀末頃に過ぎない。それ以前，ネパール王国を今日構成する地域は，数多くの小王国や公国からなり，そして幾つかの地域は時によって今日でいう北インド，シッキム，あるいはむしろチベットなどの中心地の，何らかの形での支配下にあった。ヒマラヤ山脈南斜面の近寄り難い地形は，高低の激しい山々や深く刻まれた河川系も手伝って容易な交流を妨げ，政治的支配を難しくさせ，分裂を引き起こしたのである。ルードウィヒ・シュティラー (Ludwig Stiller) はネパールの統一を主題とする著書で，統一への動きが始まる前にはカシミールからシッキムに至るヒマラヤ前縁に沿って 80 以上の独立した国家が存在したと主張している[9]。後にネパールとなる地域に限って見れば，我々はカトマンズ盆地が他の地域に対する例外的な地域として際立っていたことに注目してもよいであろう。非常に早い時期から，そこでは高度に洗練され儀式を重んじる，しかしながら小さな諸王国が，主にカトマンズ，パタン，バドゥガオンで発展していた。それらの王国では集約的な農業，高度な手工業製品，インドとチベットとの間に行われた貿易を統制することで得られる収入，そういったものが育んだ芸術と宗教が，ヒンドゥー教や仏教とともに，繁栄していたのである。東部の 2 王国，ビジャヤプール (Bijayapur) とチャウダンディー (Chaudandi) は，平地のタライ (Terai) 地方に依拠していたが，山岳部にある主に部族的な地域に微弱な支配力を行使していた。渓谷の南部は，ベンガルに一種の臣従関係を結んでいたマクワンプール (Makwanpur) があった。分裂が最も著しかった西部には，伝統的にはっきり分かれた 2 つの公国群が見出された。ガンダギ (Gandaki) 盆地のカトマンズ渓谷のすぐ西には Chaubisi rajas (「24 諸国」) が見られ，西に離れたカルナリ (Karnali) 盆地は Baisi rajas (「22 諸国」) として分割されていた[10]。

　これらの諸国は安定と程遠かったのである。西部辺境地は，チベット南西部

---

9) Stiller, Ludvig F.: The Rise of the House of Gorkha A Study in the Unification of Nepal 1768–1816, *Bibliotheca Himalayica* Series 1 Volume 15 Manjusri Publishing House, New Delhi, 1973, p. 33.

とともに 12 世紀から 15 世紀初頭までの何百年かの間，ジュムラ (Jumla) のマッラ (Malla) 朝諸王，いわゆるカス (Khasa)・マッラ (Malla) 王国のもとに統一されていた。しかし，その崩壊の後，地域の主な趨勢は分裂に向かう。シュティラー (Stiller) によると，その結果として生じた諸侯国は，ネパール西部全体についていえば，「常に流動状態にあり」……「同盟は結ばれては断絶し，通婚による同盟が締結され，(そこでは) 拡張のための小競り合いや浸犯 (があった)」[11]。

統一への道が進められたのは，ゴルカ (Gorkha) においてであった。ゴルカはラージプート王族を祖先に持つと自称し，もしくは実際にそうである人々[12]によって設立された小さな丘陵地帯の公国または封土の 1 つであった。彼らはイスラム教徒の北インド制圧によって故地を追われ，高地に移ってヒマラヤ丘陵地帯に入ったのである。ゴルカ自体は 1559 年，ラージプート王族の子孫であり高位のクシャトリア身分のカースト，タクリ (Thakuri) に属すると主張するドラビヤ・シャハ (Drabya Shah)[13] によって創設されていた。

---

10) 「22」や「24」は慣習的な数字で，必ずしも特定の時点の厳密な小国家の数を示したものではない (Whelpton, John: *A History of Nepal* Cambridge University Press, 1979, p. 23)。しかしマッラ (Malla, Mohan Bahadur: The Baise and Chaubaise Principalities in *Regmi Research Series* Vol./Year 11: No 6: 88-92; No 7: 97-103; No 8: 113-121; No 9: 140-144, 1979 [originally published *as Baise Chaubise Parichaya* in Nepali (quarterly Magh-Chaitra 2032 (January-March 1976): 3-38 Madan Puruskar Guthi Lalitpur)] はそれらの厳密な数字の一覧表を何とか示すことができる。一方，パンディ (Pandey, Ram Niwas: *Making of Modern Nepal A Study of History, Art and Culture in the Principalities of Western Nepal*, Nirala Publications New Delhi, 1979, p318) は，統一前の時期に少なくとも 39 の「国家」が Baisi (カルナリ) 地域に存在することに種々の資料が言及していると述べる。

11) 9 と同じ。Stiller, Ludvig F.: The Rise of the House of Gorkha A Study in the Unification of Nepal 1768-1816, *Bibliotheca Himalayica* Series 1 Volume 15, Manjusri Publishing House, New Delhi, 1973, p. 33.

12) 西部ネパールでの社会とカースト構造の形成は，統一ネパールがいかに理解されるべきかを知るために重要なのだが，詳細は明らかになっていない。しかし，概略図ははっきりしているように思われる。統治するカースト (jat) になるべきもの ── タクリ (Thakuri) ── は，明らかに異質な起源を持っているというに止めておこう。それはおそらくラジャスタン (Rajasthan) から来たラージプート (Rajputs) を含む (彼ら自身，異質な起源である) だけでない。マガル (Magars) やほかの地方，チベット―ビルマ語族の諸集団と同様，北西から来たカサ (Khasa)，王朝の創始者を供給した。それから様々な戦略を通じて身分をタクリの階級に上げることができた。

III　非中国的視座に立って

　ゴルカは,先述の同盟の1つである24諸国と協力し合ったけれど,局外に立っていた。しかし,東方約50kmしか離れていないカトマンズ王国とは,不安定な関係にあった。プリティヴィ・ナラヤン・シャハ (Prithvi Narayan Shah) は1742年,創設者から9代目の継承者としてゴルカの王位に上った[14]。彼は間もなく軍事行動を通じて領土を拡大せんとして,征戦に乗り出し,連戦連勝のうちに,戦いは彼が死ぬまで,続くことになる。1745年から46年にかけて,彼はヌワコートを攻め落とし,カトマンズ盆地により近いそこに首都を移したのである。カトマンズ盆地そのものの従属は1769年まで果たされなかったが,その時点で冬季の首都をそこに移すことが可能になり,夏季の首都は変わらずヌワコートの渓谷の丘陵地帯に置かれていた。占領領地の併合とさらなる拡大は1775年,プリティヴィ・ナラヤン・シャハが死んでからずっと後まで続いた。そして拡張は1814年,ヒマラヤ王国が支配を西のカングラ (ストゥレジ川) から東のシッキム (ティスタ川) まで及ぼしたことで終止符が打たれることになる。このことは,しかしながら王国をはるかに優勢な戦力を持つ東インド会社と衝突させ,衝突はネパールにとって悲惨な戦争を引き起こしたのである。翌年スガウリでネパールに強いられた講和条約によって,ネパールの領土はだいたい現在のものと同じぐらいに限られることになったのである[15]。

　プリティヴィ・ナラヤン・シャハの死後,戦場での初めの成功がそれを暗示していたのだが,ネパールは実際に彼の子孫や家来間の長期化する内部抗争とそれに伴う政治的不安定の時代に入った。権力は王族の手から滑り落ち,代りに王にしたがってカトマンズにいたバラダ (bharadars) と呼ばれる他の貴族の一家や,一族の間で争われた。それは主としてタパ (Thapas) 一族とパンデ (Pandes) 一族であった[16]。その後の何世紀かは宮廷の陰謀と権力闘争の中で腐敗していた時期であり,それは,摂政を必要とする脆弱な王がもたらす状況に適応できない政治体

---

13) 1つの家系のつながりで,威信ある南ラジャスタンのメワール王朝 (Chittor/Udaipur) と結び付く。

14) Sever, Adrian: *Nepal under the Ranas* Oxford & IBH Publishing CO. PVT. LTD New Delhi Bombay Calcutta, 1993, p. 4&424.

15) けれどもすでに1816年,中部および東タライ (Terai) はネパールに返還され,1857年におけるインドの「セポイ (sepoy)」の反乱の間にネパールが東インド会社に与えた支援を受けて,残存の西部タライの領土は返還された。

制と，王がしばしば多くの妻を持ち，ひいては，王位継承に潜在的な血統を供することにもなるカースト外の側室を持ったという事実によっていっそう拍車がかけられたのである。いわゆる1846年の軍事会議場事件 —— そのとき25人の貴族と他の大勢が殺害された —— の結果として，ようやくある程度の政治的安定が確立された[17]。その事件によって，ゴルカから王家に仕えていた別の家門出身の男，ジャンガ・バハドゥル・クンワル（Jang Bahadur Kunwar）の昇進に道が開かれたのである。彼は時を置かずに，氏族名をラナに変え[18]，それによって，タクリ・カーストのような王族と同等のカースト身分を主張することを表示したのである。

クンワル一族は同じクシャトリア階級でも，1つランクの低いチェトリ・カーストであった。ネパールは1951年まで続くことになる「ラナ時代」に入っていたのである。王は飾り物として据え置かれ，一方で実際の権力は首相に帰属し[19]，その首相の地位はラナ一族の様々な分家の間で激しく争われ，陰謀がめぐらされたのである。英領インドとの関係は，インド大反乱が鎮圧されて後に幾らか改善されており，そしてネパールの軍隊は，大いに歓呼をもって迎えられただけでなく，最も神話化されたゴルカ連隊[20]が，大英帝国の戦場で戦いを続けていた。しかしネパールは同時に英領インドへの依存と接触を最小限にしようと試みていた[21]。ネパールと支配力を持つ南側の近隣国と，そしてこれを超えての関係につ

---

16) シャハ一家に従ってカトマンズへの移動に相伴ったのは，伝承では中枢のエリートの6家族を含めた36家族といわれる。それはひとまとめにしてタルガル（tharghar）と呼ばれる（Whelpton, John: *Kings, Soldiers and Priests: Nepalese Politics and the Rise of Jang Bahadur Rana, 1830–1857*, Manhohar, New Delhi, 1991, p, 19）。

17) 一時的なものではあったが。新たに権力を振るう人々が，継続して起こる同程度のあるいはもっと込み入った問題の犠牲となったからである。

18) チットリガール（メワール）のラナ一族にまで彼の系統を遡る。

19) カスキとラムジュンのマハラジャ（Maharaja「大王」）としての付随した地位が事態を込み入ったものにした。その地位をジャンガ・バハドゥルは1856年，自らのために確保した。おそらく自らの生命の継続を確保するため，そしてたぶん最終的には彼の家族に王位を奪取させるという戦略を胸に秘めてのことだった。王はよりいっそう高貴で，それ故に羨望された称号，マハラジャディラジュ（Maharajadhiraj「諸王の大王」）を帯びた（Whelpton 1991:《同上》, p. 19）。

20) Caplan, Lionel: *Warrior Gentlemen. "Gurkhas" in the Western Imagination*. Berghan Books, Providence Oxford.

いての理解は，英国の2つの党派の間で揺れ動き，英国議会は1923年になってネパールの主権を初めて承認したが，ネパールはすでにずっとそれは保有していたと考えていたのである。

4 ◆ ネパール王国の伝統的特質

本節ではネパール王国初期の創設と発展への背景を手短に述べよう。しかし，とはいえ，どんな種類の国家だったのであろうか。どうしたら概念化して説明できるのか。先に指摘したように，公式に形成され公布された法典はそれが機能するべき社会に対して興味深い二重の関連を持って存在している。その法典は社会の模範でもあり，社会に向けての規範でもあるといえるであろう。すなわち一方では，法典を編纂する人々が社会の特質をどのように解釈しているのかを反映するものであり，他方では，その社会の形態を維持または再生させるための手段，あるいは彼らが考えている理想的な社会に変えていく手段でもある。法律は社会・政治的秩序を維持する手段であると同時に，それを変化させるための手段でもある。

プリティヴィ・ナラヤン・シャハが創設した国家は今日我々が見慣れている民族国家というようなものではなかった[22]。民族国家とは，境界線で区画された領域を前提とし，独立した司法権が行使され，この国家へのひたむきな忠誠義務を持ち，たぶん同じ言語を話して同じ文化を持った人々が居住する国家といってもよい。しかし，そのようなネパール国家が完成するには200年近い年月を必要とせなばならなかった。プリトヴィナラヤンのネパール（あるいはむしろゴルカ，というのはネパールは長い間，実際にはカトマンズ盆地を指すに過ぎなかったから[23]）において，彼が強い影響力を振るった地域は3つの異なった，しかし部分的には重なる関連を持っていたのである。リチャード・バーグハート（Richard Burghart）の

---

21) けれどもラナとシャハの宮廷は，ともにヴィクトリア朝の英国から受けた顕著な影響を示した。

22) 以下の議論では主にBurghart《Burghart, Richard 1984 The Formation of the Concept of Nation-State in Nepal Journal of Asian Studies 44: 101–25 1984 (reprinted in Burghart 1996: 226–260)》の助けを借りるであろう。

高名な論文を引用しょう。

> ゴルカの統治者は，ガンジス盆地の多くの類似の支配者たちと同様，領地（muluk）に対する独占権，王国（desha）内での祭祀権の行使によって自らの支配権を主張した。彼らの領地と王国の内部には，様々な地域（これも desha または desh であった）が含まれ，その地域では王の借地人または家来がそこの土着民で，彼らの土地や生活について，先祖伝来の権威に基づいて一定の権利を主張していたのである。これら3つの概念 ── 領地，王国および地域 ── の各々が，支配者，土地，人民で個別の関係を特定しており，また，各々が異なった種類の支配権 ── 財産権，祭祀権そして先祖伝来の権利 ── に関して，正当と認められていた[24]。

第1の観点からすると，王はすべての地域に対する根本的な土地所有者であると自認していた。王はそこに彼自身の意思で，種々の形で保有権を与えることができたし，さらには，撤回することもできた。大事なことは，諸々の権利が及んだのは土地に対してであり，人民にではなかったことである。保有権に関する王の自律性は，近隣の王たちと対向した政治的主権への基盤であった[25]。領地の境界は，特に周縁部では，租税を徴収したり徴収仲介人を監督するに王がどれほどの力を持っているのかで差が生じていたのである[26]。

一方で王国は全く異なったやり方で概念化された。それは，

> ……宇宙のめでたい像が，王の守護神のいる寺院の中央に置かれ[27]，境界は寺院によってはっきり分かたれ ── 数の上ではしばしば4つか8つに ── ，観念上は主要な4方位か羅針儀の8点に基づいて位置を占めた[28]。

---

23)「19世紀初頭，ゴルカの支配者は領土所有をペルシャからの借用語，領地（muluk），あるいはいっそう正確に『ゴルカ王の完全な領地（gorka rajbhar muluk）』という用語で呼んだ」（同上，Burghart, Richard: The Formation of the Concept of Nation-State in Nepal, *Journal of Asian Studies* 44: 101–25 1984 (reprinted in Burghart 1996: 226–260), p. 229）。

24) 同上，p. 229。

25) 同上，p. 231。

26) 英国人は，この脈絡において境界は流動的でなく固定的であるという異なった概念を持っていたので，これを浸食の実例あるいは併合の企図とみた。

27) もともとはゴルカの中のバーヴァニ（Bhavani）寺院とゴラクナト（Gorakhnath）洞穴。カトマンズではプリティヴィ・ナラヤン・シャハが，退位させられたマッラ王たちの守護神をまつるタレージュ（Taleju）寺院を参詣した。征服された他の王朝の守護神にも，同様に敬意が払われた（Burghart, Richard, 前掲, p. 233, 244）。

その内部ではカースト制度が理念的な秩序を供与していたこの神聖な領域は，地理的にいえば領地と同じというわけではなかった。寺院は神聖な地点に立ち，必ずしも王国の境界に沿ってはいなかったのである。そこは儀礼の場として清浄に保たれなければならず，その中では個人による破戒はその違犯者だけでなく領土全体にも影響を及ぼした。王の統治権を毎年，更新する儀式のとき，秋のダサイン祭の間，王国はとりわけ清浄に保たれなければならなかった。かくして，一例を挙げると，すべての刑事事件は儀式の時期がめぐってくる前に解決されなければならなかったのである[29]。イスラム教徒と牛を食べるイギリス人の支配者がインド亜大陸の神聖を汚して以来，そして「豚を食べるチベット高原のボーティア Bhotiya が北京にいる野蛮な中国の皇帝に統治されて」このかた，この王国は唯一残っている唯一のヒンドゥー王国 (asal Hindustan) と見なされた[30]。

　第 3 の領土の概念 ── バーグハートはそれを「地域」と訳す ── は，「共通の道徳と生まれながらの同一性」を持った人々が定住した地域であるという考えに関わる。その人々は物理的に「単一の環境」(havapani) のもと，「彼らの地域の本来の暮しぶり」(des dharma) として具体化された慣行 (desacar) を守っていた。これらの境界は変化すると信じられていなかった[31]。しかし彼らの中には，土地に関連して先祖伝来の権利を主張する人々があり，その権利は王も認めていたのである[32]。その好例は，主として東部ネパールのリンブ (Limbu) 族や，ライ (Rai) 族の人々によって行使されたいわゆるキパット (kipat) 制と呼ばれた土地保有の権利の承認であった。王国内部における人々の文化的，社会的な異類混淆は，法的重要性を持つことになる。

5 ◆ 民族国家に向けて

　東インド会社との戦争後，19 世紀から 20 世紀の間にネパール国家は上に列挙

---

28) 同上，Burghart, Richard: 1984：p. 231.

29) Adam, Leonhard: Criminal Law and Procedure in Nepal a Century Ago. Notes left by Brian H. Hodgson, *Far Eastern Quarterly 9*:, 1920, 146-68.

30) 同上，Burghart, Richard: 1984: p. 250.

31) 同上，Burghart, Richard: 1984: p. 234ff.

◆ 472

した独立国家の地位の実現に向かって，多様な関係地域が徐々に統合し，西欧の意味での民族国家に向けて移行していった。バーグハートは，この過程において6つの歴史上の出来事が確認できると主張する[33]。

① 東インド会社との戦争に敗北した後，ネパールに強いられた国境地方の明確な境界画定 (1816)。
② 領地と王国は同じ境界の地域を示すということの容認 (1860 頃)。
③ 地域 (des) の再調査。もはや置かれた情況や民族的な見地からでなく，「種」(ジャート，カースト[34]) の観点からの再定義 (1854)。国の法典の形成と施行と関わるので，この点は後述する。
④ 公用語としてのネパール語の指定 (1930 頃)。
⑤ 王権の国家からの絶対的な分化 (1960 頃)。中でも王室経済の国家経済からの分離。
⑥ マヘンドラ (Mahendra) がネパール文化に根差すと考えた政治制度 —— 党派性のないいわゆるパンチャヤート (panchayat) 制度 —— の公布を通じたネパールの文化的独自性の強調[35] (1960 頃)。

---

32) 不承不承の度は増したが。
33) 同上 Burghart, Richard: p. 246ff.
34)「caste」「castes」「caste-system」「varnas」など，ヒンドゥー社会を作っている一つ一つの要素の本質と，それらが文化的に，表現それ再生産される方法に関しては，多様な素材が存在している。土着語であるジャート (jat) は，もともとポルトガル／スペイン語起源の語である「Casta」でもって，ヨーロッパ語へと翻訳されてきた (Dumont, Louis *Homo Hierarchicus The Caste System and Its Implications*, Complete Revised English Edition, The university of Chicago Press Chicago and London 1980: 21)。この複数の意味を持った用語を１つの語で正確に訳すことは可能でない。ターナー (Turner, Ralph Lilley: *A Comparative and Etymological Dictionary of the Nepali Language*, Routledge and Keagan Paul Limited, London, 1931, p. 213) は以下の３つの意味を与える。「Sort (種), kind (種類)；tribe (部族), nation (国家)；caste (種姓)」，「Sort, kind」はすなわち species (種) であり，その核心の意味に最も近接している。
35) それを敗北感とともに回顧する観察者もいれば，一方でそれが結局のところ現在の国家の政治的難局を招いた諸要素の１つであると見なす人もいる。

III 非中国的視座に立って

6 ◆ ヒンドゥーの王権，王国と法

　ネパール国家の勃興と初期の発展について必要とした以上の点描の後に，この国家を建設する事業の重要な一要因である国家の法典，1854年のムルキ・アイン（Muluki Ain）の編纂を次に考えよう。この内容に反映されているように，また研究者の間でよく理解されているように，王権はヒンドゥー教にとって極めて重要な制度であり，伝統的なインド社会にとってもしかりである。
　「王の存在しない社会は発展できないし，無秩序である」。
　王は彼の臣民の「安全，繁栄，幸福」を保証すべきであり，それは結局のところ「最も広い意味で王国における秩序を維持することに帰結する」。
　彼はそれ故に「王国の内部で階層的なカースト体系を」維持しなければならないし，「ブラーマンの特権や他のすべての異なったカーストの権利〔および義務〕を保護し，その相対的な階級を確固たるものとし，地方行政組織（パンチャヤート）の権威を支えなければならなかった」。
　その上，王国内部の秩序は「結局，宇宙の秩序に繋がっている。王国は宇宙の中の小宇宙として，相対して概念化され，その国境は理論的にそれと符合する」。……「王国の秩序はそれ自体，社会宇宙的な秩序すなわちダルマ（dharma）の一部分であり，王その人というよりは王と神とによって最終的には保たれる」[36)]。
　王はこうして世俗の秩序と同じく聖なる秩序も保持する。前者は彼が公布し強制する法を通じて，もう一方は王権の制度に繋がる儀礼を通じて，そしてそうすることによって，王権は神聖世界に通じるのである。ネパールの王はヴィシュヌ神の化身（avatar）と見なされ，現実には，法は，これから検証するように，全体的な社会宇宙的秩序のかかる両面を包含している。それは，諸法が，臣民と支配者の間，そして，臣民同士の間に成り立っている諸関係 —— 経済的，政治的，婚姻的，そして純粋に儀礼的な諸関係を，森羅万象が損なわれ，混乱することのないようなやり方で規則付けるために成文化されたものだからにほかならない。もし何か秩序が損なわれるようなことが起れば，「秩序」を回復するためにどの

---

36) Fuller, Christoph J.: *The Camphor Flame Popular Hinduism and Society in India,* Princeton University Press Princeton Oxford, 1992, p. 106ff.

ような行為をとるべきかを，諸法は規定しているのである．ヒンドゥーの論理には人間と神々とを区別する絶対的な区分が存在しないのと同じように，世俗の秩序と聖なる[37]秩序の区別も存在しないのである．

7 ◆ 法とネパール国家の形成 —— ラナ以前の時代

　法律と司法の実際に関する信頼できる文書，そういったものは，発見された（主に土地，寄付，負債について記述している）碑文[38]や文書から得られるが，15世紀以前のものは，ほとんど残っていない[39]。法典（stithi）を体系的に作り上げようとした最初の試みは，14世紀最後期のカトマンズ盆地の支配者（1380～1395）であったジャヤスティティ・マッラ（Jyayasthiti Malla）だったといわれてきた．彼は渓谷のネワール人（Newars）[40]を64のカーストに分割し，またカースト間，カースト内での行動の規律を書き留めたと信じられている．彼はまたそれ以前の治世より罰則が軽いそのような刑法を制定したようである[41]。

　プリティヴィ・ナラヤン・シャハ（Prithvi Narayan Shah）の父祖でゴルカの統治者だった17世紀初期のラーム・シャハ（Ram Shah）（1606～1636）は，ジャヤスティ

---

37)「聖なる（Sacred）」は，サンスクリット語やネパール語に単独でそれに対応する語を持たない語である．

38) 歴史家の中には社会，経済，政治的な問題に関する情報を，紀元後の早い世紀の日付のリッチャヴィ時代に遡る碑文に見られる法律的含意と同一視する者もいる（Vaidya, Tulasi Ram and Tri Ratna Manandar: *Crime and Punishment in Nepal A Historical, Perspective* Kathmandu, 1985, p. 20ff.）．

39) Adhikari, Krishna Kant: Nepal under Jang Bahudur 1846 – 1877 (Vol. 1.) 'Buku' Kathmandu, 1984, p. 273.

40) カトマンズ（「ネパール」）盆地の民族でその集落と，密集した村落を建設しており，豊かな農業景観を創造した．また高度に儀式化した宗教文化を発展させた．彼らはチベット人との親近性を持ちチベット—ビルマ語族の言語を話した（そして話す）．

41) Petech, Luciano: *Mediaeval History of Nepal (c. 750–1482) Second, thoroughly revised edition*, Serie Orientale Roma LIV Instituto Italiano per Il Medio ed Estremo Oriente, Roma/Rome, 1984, p. 144. もっとも「ジャヤスティティ・マッラの立法行動は［1つの文書の示唆を除いて］現代の資料からは忘れ去られている．そして彼がそれに如何ほどの責任を負っていたのかを，我々は等閑視しているのである」のではあるが（同上，p. 145）．

ティ・マッラとは違って，法律の成文規則を確かに残した[42]。それは，以下のように多様な主題を網羅している。

「王家のグルの任命」（布告第 1 号）
「魔女の扱い boksi」（27 号）
「様々な種類の負債」（第 4 号および第 5 号）
「殺人を犯したブラーマンおよび同族の追放，des nikala, garnu」（第 15 号）
「殺人を犯した他集団の構成員の処刑について，jiye marnu」（第 16 号）[43]。

　王の裁断に基づく布告を通じて，我々にはゴルカ国家において固守されたある特有な法的原理が浮かび上がってくる。それらはまた，ゴルカにおける司法権は，慣習法を反映した規則が補完するヒンドゥーの聖典（dharma-shastras）に基づく法的伝統に従っていたことを明示している。中でもそれらは公国の住民の多様な階層の間に，明白な区別がなされていたこと，そしてこれは法の執行において決定的に重要だったことを明示している。

　一例を挙げるならば，「タガダリ」（「聖なる紐（ジュナイ）を身に着ける者」）と呼ばれる最高位のカーストを構成しているグループ（ブラーマン，「サンニャシー」や「ヴァイラギー」などの苦行者，吟遊詩人，「バーツ」（ブラーマン階層の一部），そして王家の部族やそれの縁戚の部族，クシャトリア（軍人）など）は，殺人を犯しても死刑にされることはない[44]，他方同じ罪を犯せば，伝統的に「マトワリ」（「飲酒カースト」）と呼ばれているカーストに属している者たち（Khas, Magar, Newar といった，現在はゴルカ地方に住んでいる先住民族グループなど）は死刑に処されるべきものとされる。

---

42) それはまとめてもそれ自体で法典を構成することはない。むしろラムシャハによって布告された 26 か 27 の勅令か声明書の生き残った収集物である ── 不幸にもそれらは原文では残っていない（Riccardi, Theodore Jr.: The Royal Edicts of King Rama Shah of Gorkha in Kailash, *A Journal of Himalayan Studies* Vol. V Number 1: 29–65 1977》）。

43) Richardi 1977（同上）からとった声明書の標題とその内容の翻訳あるいはローマ字転写を編集したものの幾分かである。

44)「宗教上の罪を犯す者は自らの生命で償うべし」とある。実際には「神への罪，彼の首」jasko pap, usko gardhan ── のように表現されている（同上，p. 54）（ローマ字転写は Riccardi からとった）。

しかし，判決がゴルカ国家のために書かれた成文法のようなものに基づき下されたのかといえば必ずしもそうではない。ブラーマンの裁判官や貴族を補佐する法律専門家はヒンドゥーの聖なる法典の知識を持ち，自らが知るヒンドゥーの法理を運用するとともに地方に即してそれを適合させることのできた人々であり，もしもサンスクリット語で教育を受けていれば，それを読むこともできたに相違ない。多かれ少なかれ構造化され，網羅的な類似の法律支配体系は，残るすべてではないにしろ，当時のネパール西部の小公国の多くで見出されたに違いない。

ネパール国家の統一が進むにつれ，国家建設事業がそれまでと全く異なった規模でシャハ王朝と支持者の前に，さらに加えていうなら拮抗する随伴の一族の前にも間もなく，出来する。その直前に征服された地域でのゴルカ支配は，突き詰めれば中央に忠実な軍事政権を確立することを意味しており，特に東部ネパールにカーストの民を入植させることであった。そこはネワール人がカトマンズ盆地の外にバザールを設置して展開することを促進する，主として「部族の」支配地域であることから，そこでは，民事，財政，司法行政を確立するといったこととはほど遠いものであった。中央レベルでの司法と訴訟の体制は制定され，裁判所が類似の案件を処理するやり方に一貫性を持たせるような段階へと進んで行きつつあったことは確かだが，しかしながら，法を公式に体系化し統一され，成文化されたネパール語による法典 (khas kura) を編集する手順は，いまだに踏まれていなかった。それが動き出すようになるには，それから80年以上を要することになる。それでも我々はその期間中，法がどのように機能していたか，あるいは機能していると考えられていたかについて，相当多くのことがわかっている。

第1に，その期間の法律事項に関連したかなり多くの記録や文書が残されている。高名なネパールの歴史家であるマヘーシュ・チャンドラ・レグミ (Mahesh Chandra Regmi) は，統一から20世紀までのネパール社会，経済史に関する一連の著書[45]の中で，自らが収集して系統立てた法制度だけには限らない貴重な資料[46]

---

45) Regmi Mahesh Chandra の著作を年代ごとに以下に示す。

　1960　　Some Aspects of Land Reform in Nepal
　　　　　Mahesh Chandra Regmi Regmi Research Project
　　　　　Kathmandu

　1963-1967　Land Tenure and Taxation in Nepal 4 Vols.
　　　　　Institute of International Studies Research Series Nos. 3, 4, 8, 12

を，十分に活用している。

第2に，好奇心が大変旺盛で精力的なブライアン・ホーソン・ホッジソン（Brian

    University of California Press
    Berkley
 1971 A Study of Nepali Economic History: 1768-1846
    Bibliotheca Himalayica Series 1 Volume 14
    Manjusri Publishing House
    New Delhi
 1976 *Landownership in Nepal*
    University of California Press
    Berkley
 1978a *Thatched Huts and Stucco Palaces Peasants and Landlords in 19th Century Nepal*
    Vikas Publishing House
    New Delhi
 1978b Land Tenure and Taxation in Nepal [2nd edition]
    Bibliotheca Himalayica Series 1 Volume 26
    Ratna Pustak Bhandar
    Kathmandu
 1979 Readings in Nepali Economic History
    Kishor Vidya Niketan
    Varanasi
 1984 *The State and Economic Surplus Production, Trade and Resource-Mobilization in early 19th Century Nepal*
    Nath Publishing House
    Varanasi
 1988 *An Economic History of Nepal, 1846-1901*
    Nath Publishing House
    Varanasi
 1995 *Kings and Political Leaders of the Gorkhali Empire 1768-1814*
    Orient Longman
    Hyderabad
 1999 *Imperial Gorkha An Account of Gorkhali Rule in Kumaun（1791-1815)*
    Adroit Publishers
    Delhi
 2002 *Nepal An Historical Miscellany*
    Adroit Publishers
    Delhi

Houghton Hodgson）（1801～1894）[47]は，長年のカトマンズ在住（1821～1844）の間に，そして結局は英国の居留民として，ラナ以前のネパールでいかにして法と秩序が維持されたかを解明するに多大の努力をはらい，その結果として3編の論文が1834年と1836年に公表されたのである。これらの論文の材料は，長期間に渡ってよく考え抜かれた数多くの質問調査を1829年から翌1830年の間に3人の回答者に配付し，得られた回答が中心になっている。書面による答えを提供した3人の回答者のうち，2人は身元が確認されており，クリシュナ・ラム・パンディットは当時ダルマディカール（Dharmadhikar）[48]であった。もう1人の回答者はBhang Singhで，彼はディッタ（dhitta）[49]の地位を占めていた。3人目は確認できていないが，その人物もまたホッジソンの込み入った質問に回答するのに十分適任であったことは明らかである。

ホッジソンはその回答に基づいて資料を作成し，分析し，論評を与え，自らの裁量で付加的な情報を加えた。それから彼の報告書を東インド会社総督に提出したのである[50]。ホッジソンは裁判所と上訴裁判所の数，場所，人員配置といった事柄を扱っており，それには傍聴した裁判の状況，公判と一続きで行われた訴訟手続き，さらには神明裁判も含まれている。多くのことが回答から明らかとなったり，1世紀前のラム・バハドゥル・シャハの布告から生じた法環境との連続性をはっきりと立証しているのである。法は主としてシャーストラ（shastras：聖典）の言葉に従って執行されたのだが。しかし，ブラーマン，タクリ，カース（チェトリ）以外の階層共同体に属する慣習法もあって，それもまた受容されていた[51]。法

---

46)　詳細で長大な「Regmi Research Collections」の中で，1969年から1989年の間に精選され，翻訳され，論評された形のものが，申込者は利用できる。「Regmi Research Series」はサイクロスタイルの謄写版印刷で21巻ある。

47)　ホッジソンに関しては（Waterhouse, David M.: *The Origins of Himalayan Studies Brian Houghton Hodgson in Nepal and Darjeeling 1820-1858* Routledge Curzon London and New York 2005）を見よ。

48)「王に任命されカースト，共同体，性的な関係に関する儀式や義務を履行するためのブラーマン」（Regmi, Mahesh Chandra 2002 *Nepal An Historical Miscellany* Adroit Publishers Delhi, p. 61）。そのようなものとして，彼はdharma-shastrasおよびその適用の，主としてカーストの喪失に関する第一の権威者たるべきであった。

49)　カトマンズに駐在した裁判所の長官。

50)　Stiller, Ludvig F. (ed.): Hodgson on Justice Regmi Research Series Vol./Year. 16: 139-160; 161-183; Vol./Year 17: 1-21; 198433-36.

の前の平等は存在せず，罪の重さとそれに伴う刑罰は，犯罪者と被害者のそれぞれのカーストによって決められた。生命，四肢に障害を与えるような重大な犯罪行為は，パンチ・カート（panch khat）と呼ばれ，カトマンズにある中央のインタ・チャプリ（Inta Chapli）と呼ばれる高級裁判所に照会された。それらの犯罪者は，死，手足の切断，奴隷に落とす，財産没収といった重い判決を受けなければならなかった。死刑判決ということになるかもしれない多くの犯罪は重大過ぎて1枚のリストではきちんとホッジソンに示すことができなかった。質問[52]に答えようと試みた1つの回答は，次のようなものである。

 犯意の有無にかかわらず，そしてどのような方法であろうと，人命を損傷することは，命を失うことによって償われねばならない。牛を殺すことは死刑に値する第2の犯罪である。近親相姦は第3番目。より低位のカーストの男が神聖な一族の婦女を凌辱した場合，男は死刑とし，その全財産を没収する。強盗は死刑に値する犯罪である。窃盗は犯人の両手を切断することによって罰せられる[53]。

別のインフォーマントは「反逆罪および軽反逆罪」は，通常の死刑執行の2つの方法である斬首または絞首に処されねばならない犯罪のリストに加える。彼はそれから，女性とブラーマンは決して「死刑に処せられることはない」が，「可能なあらゆる方法でおとしめられた上で国土（から）追放される」と付け加える[54]。

---

51) 「法律のうちのどれほどが慣習に依拠し，どれほどがシャーストラ（Shastra）に依拠するか？」というホッジソンの問いに，回答者の1人は次のような興味深い回答を与えた――「法典も，成文化された公的な法規もない。質問がブラーマンやラージプートの階層に向けられたものなら，Raj Guru（Raj Dharmadhikar）に照会がなされる。彼はシャーストラを調べ，カーストの回復に必要な儀式（prayaschitta）あるいはカーストを失った人物に対する懲罰を命じる。質問がパルバティア（Parbattiah），ネワール（Newar），ボーティア（Bhotiah）の法廷に振り向けられたものなら，ジャヤスティティ・マッラ王の時代に確立した各々別々の種族のための慣習を参照する」（同上，Stiller, Ludvig F. (ed.), p. 173）。ジャヤスティティ・マッラの参照というのは，我々が学んだように，必ずしも正しくない。別の回答では，シャーストラはカーストに属する事柄において参照される。一方，他の事柄はほとんど完全に慣習法 desh achar が適用される（同上，Stiller, p. 174）。

52) カーストが同等かそうでないかの説明となるものではない。おそらくホッジソンの質問がとりわけてその条件を識別するものでなかったからであろう。

53) 同上，Stiller, Ludvig F. (ed.), p. 179.

54) 同上，p. 179.

ただ死刑に科せられるとした他の犯罪は,「堕胎」と「放火」である。興味深いことに,国家は当時まだ人間を合法的に殺す専決権を有していなかった。司法制度は慣習によって人を裁き,勝手に制裁を加えることをまだ容認していたのである。

> パルバテ (Parbattiah) が密通を確認し,密通相手の男を特定したとき,彼は裁判所やサラカール (Sarkar：政府) に情報を何も与えない前に男を殺してもよい。その後で,彼は密通を証明しなければならない。もし証明できなかった場合,彼は絞首される[55]。

処刑そのものは,Araz-begi (ホッジソンによれば州長官が執行した) によって行われた。死刑はカトマンズ盆地のビシュヌマティ (Bishnumati) 川で,不可触のネワールカーストであるポリャ (Porya) の男たちの手で実行された。秋になって大ダサイン祭が近づいたときは,来たるべきめでたいときまでにその領域を清めねばならないが故に,死刑と身体毀損刑は延期とされるべく注意が払われたのである。

8 ◆ スリ・スレンドラ・ビクラム・シャハのムルキ・アイン1854年

ホッジソンの調査によって,ネパールでは前ラナ期の最終の時期において,地方の聖典 (shastras) と習慣に基づいた裁判および訴訟手続きを有した,運用自在の法制度を保持していたことが明らかになった。そこに欠如していたのは国内のどこででも同等の犯罪に対して同等の扱いを保証する成文法典であった。市民というものは認識されていなかったので,すべての市民に対して同等の扱いを,というのではないにしても。

ジャンガ・バハドゥル・ラナ (Jang Bahadur Rana) は,1846年の政権奪取とともに首相職の世襲を制度化し,王権を与奪する力を有するとともに,共通の国法といったものを制定することがネパールにとって必要であることを十分理解し尽くしていた。パーグハートが述べるように,そのことはネパールが民族国家に変容するにあたって,まことに重要な階梯であることは理解できる。けれどもジャンガ・バハドゥルは,19世紀中葉において,それはより大きな慣習の問題であると見ていた。国法の公布によって,成し遂げようとすることは,ネパールを理想

---

55) 同上,p. 180。

III 非中国的視座に立って

的なヒンドゥー王国に作り替えることだった。ネパールは地理的に見て非常に雑多な住民を持った諸地域からなっていた。西部は社会秩序への萌芽を供するかもしれないが，東部のチベットービルマ語族は，幾つかの部族やインド平原の人々によって再植民させられた北部および南部のチベット民族と同様，この枠組みに適応しなければならなかったのである。理想的なヒンドゥー王国は，王と附属のブラーマンによって保証された，相関関係を有する諸カーストの下での厳格なカースト制度を維持せねばならなかった。いうまでもなく，そのような理想的な状況はおそらくそれまで，ヒンドゥー世界には存在したことがなかったであろう。カースト制度には，それ自体の中にこれを妨げようとする傾向が存在するのだ。ともかく，ジャンガ・バハドゥルはネパールを，カースト，つまりジャート，「種」の国に変容させようという構想を抱いていた。この構想にはすべてのカーストをゴルカの規律の下にリストアップするだけでなく，それらを最も不浄なものから最も汚れの少ないものまで配列せねばならず，それは職業，食事習慣，結婚の慣例，すでに確立されているカースト相互のしきたりといった他のあらゆる相対的な等級の指標とも調和する序列付けであった。新たな社会秩序は新たな国法ムルキ・アイン (Muluki Ain) において表出されるべきものであったのだ。

　219人の高位者で構成する「宮廷諮問会議」(bharadari kausal) が法典を起草するために設立された。構成員は主として高位のカーストから選ばれた ── ブラーマン (Brahmins)，タクリ (Thakuris)，チェトリ (Chetris) から，またそればかりでなく他の幾つかの汚れのないカーストからも選ばれた。その基礎には明らかに，すでに言及した古典的なインドの諸法典（ダルマシャーストラ Dharma-shastras 類）やカウティリヤの『アルタ・シャーストラ』(Arthaśāstra：実利論) に及ぶ。しかし，ムガール帝国のアーイーニアクバリー (Ain-I-Akbari)[56] の，特に土地保有権に関連した部分の影響力もまた顕著であった。ジャンガ・バハドゥルが，英国からちょうど帰ってきた[57]時であり，それが法文に何らかの痕跡を残したかという推測も

---

56) Fezas, Jean: *Le Code Népalais (Ain) de 1853,* Tome I Introduction et Texte (Chapitres 1–86) Tome II Texte (Chapitres 87–167) Corpus Juris Sanscriticum Vol II Torino, pxix ff 2000.
　Höfer, Andras: The Caste Hierarchy and the State in Nepal. A Study of the Muluki Ain of 1854, *Khumbu Himal Band* 13/2, Universitätsverlag Wagner Innsbruck, 1979, p. 39ff.

57) Whelpton, John: *Jang Bahadur in Europe The First Nepalese Mission to the West,* Sahayogi Press Kathmand, 1983 を見よ。[tyo Letters from Kathmandu]

ある[58]が，要するに，諮問会議はゼロから出発したのではなかった。何百年もの間，ネパールにおいて法はヒンドゥーの環境下で執行され，そして80年前から総力を挙げた事業が進んでいたのである。

　法文は，最終的にそう理解されたように，刑法および民法を総合的に体系化しようという野心的な企てといってよい。ラナ一族の仮の役割を保とうとする行政上の，また明確な含意はあるにせよ，それは憲法ではない。法文は163章から成り，異なった主題を調整するべく，相対的バランスがとられているのは，その基本的な目標を明示している。それは総合的な社会秩序，すなわちネパールのためのカースト制度／階層制を体系化することにほかならず，すべての規則は構成要素間にあって，互いに容認できるよう構成される，というよりむしろ，許容できないものを排除することを目したものである。

　法典は最初の20章で土地保有権を扱い，相続と養子縁組に関する数章が続く[59]。その後の約30の章では殺人，暴行，雌牛殺し，放火から，街路清掃，猟場に罠をかけることに至るまで，様々な主題を取り上げる。続く6つの章で奴隷と農奴を扱う。第87章から，法典はカースト間の関係と淨／不淨の規則を定める。食物，水，パイプの共有，妻の殉死（サティー；sati）の習わし，聖紐（ジュナイ；junai）を着用する権利，出産や死亡などはいかに扱われるべきか，等々。残る98章から163章までは性の関係を規定する。それらの規定は，カーストに基礎を置いた社会の，まさに核に位置するものである。

　すでに指摘したように，この法文の顕著な特徴は矛盾のない包括的なカースト階層制を体系化しようとすることにある。いうまでもなく，この企ては進めていく中で超えることのできない困難に直面する。ネパールの全住民を単一次元の組織にまで還元すること，それはヒンドゥー世界の中で他のどこと比べても小さいにしても，やはり不可能である。カースト階層制は決して議論の余地のないものではないし，安定したものでもなく，また，ネパールの体制の構成要素も，この点では同様なのである。種姓（varna）制度を理想として着手したけれども，ネパー

---

58) Adhikari, Krishna Kant: Nepal under Jang Bahudur 1846–1877 (Vol. 1.) 'Buku' Kathmandu, 1984, p. 276.

59) 法文は，Höfer, Andras: The Caste Hierarchy and the State in Nepal. A Study of the Muluki Ain of 1854, *Khumbu Himal Band* 13/2, Universitätsverlag Wagner, Innsbruck, 1979, pp. 41–42 から採った。

ルにはヴァイシャ階級を占める集団は存在せず,存在する数多くの集団は,その間で相互の身分を決定しようにも,制度そのものに組み込まれた相互関係を持つ幾つかの問題について話がしたくても,ほとんどもしくは全くできない集団なのであった。その上,自分たち自身の複雑なカースト制度を持つネワール人がいるのである。

それでも,困難を伴ってであるが,法文は社会秩序が立法者によっていかに理解されていたか(あるいはそれがどうなってほしいか)を推察することのできる豊富な材料を提供する。ムルキ・アインはカースト制度に特有な体系的不平等に基づいて構築された法典である。個々の法令は,その所属するカースト(jat)いかんで許容できるものであったりなかったりする。ある行為が他の誰かと関係する場合,適法性は当事者の相対的な地位や性別によって決まり,それはその子どもたちにも効力を持ったかもしれない。しかも犯罪や破戒の重大性の,同じ諸要素に依存するのである。

様々な刑罰[60]が以前から有効性を持ち存在しており,それらがどのように適用されるのかが犯罪の軽重をどう考えたかを物語っていた。罰金(完全な等級付けを規定することが可能である),権利剥奪(その人の生まれながらのカーストから。または,そのカーストの構成員がそのように同意するなら,赦免),奴隷に落とすこと,ある種の親交からの排除,相続財産の減額,財産の没収,烙印,収監,手足の切断,去勢,死刑。

死刑は当時もそれ以前と同様,通常斬首か絞首を意味したが,前述のようにムルキ・アイン以前の時代に死刑は少なくとも叛逆,殺人,過失致死,近親相姦,ある集団内のカースト間の性的関係,雌牛殺し,窃盗の重犯に対して躊躇なく適用されていた。1854年の法律[61]の導入で,この究極の刑罰は適用が自身の母親との近親相姦,不可触民の男と非奴隷・飲酒カーストかそれ以上の身分の女の間の性交に限定された[62]。

ムルキ・アインはその後,頻繁に修正と改訂を加えられた。最初の印刷版が実際に出版されたのは1871年であった。レグミは12のエディションのリストを

---

60) 階層的に存在したのではない。

61) あるいは (Fezas, Jean: Le Code Népalais (Ain) de 1853, Tome I Introduction et Texte (Chapitres 1–86), Tome II Texte (Chapitres 87–167), *Corpus Juris Sanscriticum* Vol II Torino, 2000) が指摘するごとく1853年。

ムルキ・アイン(Muluki Ain) 第10章

提供する[63]が，それには法律が根本的に変化し，カーストの基礎が放棄された1963年のエディションも含まれている。1963年のムルキ・アインはそれに先だって1951年に崩壊した「ラナ独裁」が法を超越して屹立しているように見えるそのような政治的風景の中で確かに奇妙に映るが，この法律の近代化の長い過程の頂点であることを示している。しかしながら，ラナ時代の間に，奴隷制度は1924年，チャンドラ・シャムシェル・ラナ（Chandra Shumsher Rana）によって巨費を費やして廃止されたのである[64]。それは遅きに失したことと見なされるかもしれないが，体制の性質を考慮すれば，やはり画期的なことであったとせねばならない。その後何年かして，死刑もまた廃止されることになる。そのことも，ネパールの置かれた地理的位置からすれば時代に先駆けた動きと見なされてよいかもしれない。

　ムルキ・アインはカースト秩序，換言すれば不平等が根底にある制度を反映し，維持する法典の ── その法典では，不平等は刑罰の量定にも反映されている ── の実例だと考えられてきた。死刑は究極の，しかし極めて相対的に用いられた不平等の指標だったのである。

---

62) 当事者の女は烙印を押され，不可触民の地位に落とされることになった。カースト制度の論理からすれば，女が男より高いカースト出身であることは，その反対よりずっと悪いことである。

63) Regmi, Mahesh Chandra: *Landownership in Nepal*, University of California Press Berkley, 1976, p. 91.

64) Sever, Adrian: *Nepal under the Ranas*, Oxford & IBH Publishing CO. PVT. LTD New Delhi Bombay Calcutta, 1993, p. 274ff.

第11章

スタファン・ローゼン
Staffan Rosén

死刑と朝鮮の法的伝統

序◆死刑

　死に対する人間の態度は，彼らの多様で独特な対応の仕方において文化的に規定されていると同時に，死を否定的な存在物として論じる点で万人共通である。実際のところ，文化的な類縁関係と無関係に，人命を奪うことは常に歓迎できない行為であると考えられてきたし，今日もそう考えられている。というのは，人命を奪う行為は大半の文化において同様の重みを持った報復，換言すれば有罪となった当事者は殺されるという報いを受けるべきであるという逆説的な結論に導くように思われるからである。時が経つにつれて，また社会が複雑さを増し階層構造が増大した結果として，死刑が直面する基盤は相当に広がったように思われる。死刑は結局のところ，他の刑罰の間の1つ —— ほとんどの場合において究極の刑罰であったが —— と見られるようになった。有罪と決まった犯罪人を殺す道徳的，司法上の権利には，もはや殺人を前提としなかった。数多くの他種の犯罪 —— 不敬罪，反逆罪，スパイ行為，また単純な窃盗でさえも —— が，人を死刑台に導く資格を与えた。その結果，死刑を求める法の大義の，いわゆる「インフレーション」は時を経るに従って顕著になったといってもあながち誇張ではない。

　処刑による死に直面している人にとって，その死の文化的あるいは宗教的な文

III 非中国的視座に立って

脈は，この先何カ月かのうちに彼または彼女の命が消されようとしているという陰鬱な事実に比べれば，的はずれと感じられたかもしれない。事実は，あらゆる証拠と経験がその反対であることを語っている。本来備わっている死刑の「刑罰の価値」は，囚人を殺すという単純な事実の中にあるばかりでなく，死刑囚自身の死ぬという自覚や，死刑が実行される方法と衝突する宗教的，文化的な諸要素を含んだものでもある。この段階で，宗教的，文化的要素は処刑の演出とその周辺の儀式において，明らかに重大な役割を演じることになる。処刑のときに社会的あるいは宗教的におとしめる方法や儀式を用いることによって増大した「刑罰の価値」に，死そのものという基本的な刑罰が加えられるのである。

これらの不面目な方法の型と性格は，歳月や場所，文化圏とともに変化し，概して人間の発明の才をその最もおぞましい側面から描写する。ここで重要なのは「他の側」によってなされた「野蛮な」方法を指摘する際に，伝統的な東洋風とか西洋風といった捉え方に引き込まれないようにすることである。嫌悪感を覚える中国の処刑方法，── 事実であれ創作であれ ── それらは，スウェーデン国立民族学博物館所蔵の何点かの絵画に示されているのだが，例えばスウェーデンでより以前に行われた，同様に「野蛮な」方法と，同じようなものだったとはいえない。私は，1792年オペラ座で国王グスタフ3世を殺害した男に何が起こったかに言及すればそれで十分であろう。徹底的なむち打ち，それに続く両手，両腕，両脚，陰部，頭部の切断が行われた。その後で男の腹部は切り開かれ，内臓は袋に詰め込まれて絞首台の下に埋められたのである。最後に男の肉体の様々な部分は車輪に釘付けされて公衆向けに展示された。もっとも，彼らはすでに処刑の恐怖を目撃する機会をたっぷり与えられていた。似たような実例は，西洋世界のあらゆる地域から数限りなく見出すことができるのである。

宗教的な要素は殺される人にとっても処刑する側にとっても重要性を持ち得る。当然のこととして，死後の生命に対する考え方は，死刑囚の感情にとって重大な役割を演じるし，彼の内在する死とも関係してくるのである。来世の存在を信じれば三途の川は気持ちの上でより渡りやすくなり，結果として，死刑の「刑罰の価値」は多少とも減じることになる。これに反して，死刑囚に対して宗教儀式をしないということは，彼岸への安全な移動にとって重大な問題だと見なされ，その当時も，なお死刑執行人によって処刑の「刑罰の価値」を増大するための新たな手段として使われたかもしれない。

後期キリスト教事情からすれば、死刑執行人・法の権威・国家それぞれの役割と責任は、細心の配慮を通じて熱心に表出された。すなわち処刑の直前、死刑囚に適切な宗教儀式をあてがうことである。そのようにしないことは、当局の側からすれば受け入れ難い宗教的怠慢に等しいことであったろう[1]。

 天国と地獄の存在を信じるキリスト教とイスラム教の伝統は、この点で基本的に死後の世界に対し寛容な態度をとる大半の極東の宗教体系と鋭い対照を示している。しかしながら、これらの事実を死に対する「極東風」と「西洋風」の考え方として単純化させることは正しくないであろう。スウェーデンアカデミー（文学・歴史学・考古）会員のベルティル・アルブレクソン教授がウプサラでの学会に先駆けて公表した論文で指摘したように、「西洋の」実態は決して同質ではない。ユダヤの伝統は、後に続くキリスト教の伝統にとってあれほどに重要な基礎をなすのであるが、死後の生に関する見方はひどく分裂している。サドゥケスに代表される古学派は、生命は肉体の死とともに終焉するとの見解を掲げた ── その見解は、例えば旧約聖書の詩に詳細に説明されている。詩篇103には次のように書いてある。

> 人間についていうならば、その人生は草のようなものだ。
> 野の花のように、彼は栄える。
> 風が吹き過ぎるとともに、それは去り行く。
> その場所に、それを思い起こさせるものは何も残らない。

 そしてヨブ記14：7-12では、人間の運命は1本の樹木と比べられている。

> 樹木に希望がある限り。
> もし切られても、再び芽吹くことだろう、
> 柔らかな枝は生えることをやめぬだろう。
> その根が地中で老いたとしても、
> 根茎が土中で枯れたとしても、
> なお水のにおいに貫かれそれは芽吹くであろう、
> 草木のように大枝が伸びるであろう。
> しかし人間は死んで地中に埋められる。
> そうだ、人間が精神を棄てたとき、どこにいることになるのだろう？
> 海から水が涸れ、

---

1) Svante Jakobsson, *Dödsfångars beredelse - en brydsam plikt förfängelseprästerigången tid,* Uppsala, 1987.

III　非中国的視座に立って

川が細って涸れ上がるように，
人間は横になり起き上がらない。
天国がもうない以上，彼らは目覚めないだろう，
まして眠りから起き上がることはないだろう。

　それと反対の，そしてさしあたりいっそう急進的といってよい見解，それは死後の生の存在を確信していたファリシーズが主張したものだが，それはキリスト教信仰の教義に反映されている。このように歴史を大局的に見て，死に対する知的，宗教的見解をめぐって ―― そしてその結果，死刑に対しても ―― 東洋と西洋の間の相違は，今日一般に考えられているほど大きく離れていなかった。

　東アジア社会で支配的な儒教の中・上層部において，死後の生という概念に対する寛容なあるいは否定的な態度は，古代イスラエルでサドゥケスが表した考えからさほどかけ離れたものではない。死についての考えを季路に尋ねられた孔子は自らこう答えたと伝えられる。

　　　　汝いまだ生を知らざるに，いずくんぞ死を知らんや　　　　　　『論語』先進

　かかる見地にあっては，必然的に死刑は宗教との関連を極めて限定的しか持たないか，あるいは全く持たないことになるし，どんな付加的な「刑罰の価値」も社会的要因にその基礎を置かなければないであろう。これに関連して，次のようなことも留意しておかねばならない。15世紀の朝鮮のように甚だしい儒教の影響下にあってさえも，詩の中でギリシアの「Hades（冥府）」やイスラエルの「Shell（冥土）」のような「死の王国」という詩的イメージにしばしば遭遇することを。

　「黄泉」あるいは「九泉」という語を取り上げたい。どちらも元来は仏教または道教信者の表現の実例であり，儒教に基礎をおいた詩歌の詩的イメージの中に借用されてきた表現であるが。「黄色い泉（黄泉）」の概念が，朝鮮の儒教においては，死刑の文脈と直接的関連性を持つものであり，そのことは，朝鮮の学者政治家である成三問（1418～1456）が処刑される直前，死刑台で書いた詩に巧みに描かれている。

　成三問は世宗大王（1397～1450：在位1418～）の密接な協力者であり，父の治世への揺るぎない忠誠を理由に世宗の息子の世祖王（1417～1468：在位1455～）から死刑を宣告されていたのである。忠誠あふれるその行動を通じて，彼は朝鮮史において崇敬すべき6人の儒教殉教者「六死臣」の1人に数えられている。詩

は次のようにいう。

　　撃鼓催人命　　鼓を撃ちて　人命を催す
　　回看日欲斜　　ふりむけば　日は斜ならんと欲す。
　　黄泉無一店　　黄泉　一店もなく
　　今夜宿誰家　　今夜　誰が家にか宿らん[2]

　東アジアにおける主たる思想体系である仏教は，おそらく死後の確信ということについては規定することがいっそう難しいであろう。基本的には定義された至高の「唯一神」のない信仰ではあるけれども，仏教は時とともに数多くの信仰上の変化を遂げ形作られてきた。そのうちのあるものは西洋の天国と地獄の概念に極めて近接したのである。そこには信者が理論的にどれに信仰上の関わりを求めるべきか困惑するほど数多くの神々がいたのではあったが。しかしながら，死刑を含むあらゆる種類の殺害に対する仏教信者の態度は極めて明快である ――「なんじ殺すなかれ！」。そこからして仏教信者における処刑の遂行は，犠牲者と執行者の両方に対して，即座に宗教上の影響を引き起こすことになる。この観点から見ると，まことに仏教と儒教の伝統は非常に異なった思想の岸辺を代表しているのである。

　最後に，東アジアで生と死に対する態度に大きな影響を与える第3の宗教的世界観，シャーマニズムについて一言触れたい。朝鮮に関する限り，シャーマニズムは宗教観念の体系であり，歴史において儒教や仏教よりさらに遥か以前に遡る。これらの観念の多くは北部および中央アジアにおける類似の観念と密接なつながりを持つようにみえ，そして遥か大昔には，半島の人口のある程度の部分が北から南へ移動するにつれ，それらも順次，普及していたのかもしれない。自然界に霊魂がいてシャーマン（ムーダンまたはパクス）―― その仕事は生者と霊魂の間に接触をつけることである ―― が存在することは，中央・北部アジア型と朝鮮半島型のシャーマニズムに共通な構成である。死んだ人間の霊魂を「別の」世界へ安全に通行させる方法は，シャーマンが熱心に説いたことである。このことから，早期朝鮮におけるシャーマニズムの下で，死刑は宗教上もしくは霊魂にとって重要性を持ち，同時に別の考えを持った世界が当然存在することは，本質的に死刑

　2）『論語』先進「(季路) 敢問死．曰未知生，焉知死」。
　3）成三問「臨刑詩」（『死六臣六集』所引『稗官雑記』）

の「刑罰の価値」を減少させたに違いないと考えてもよかろう。

我々が早期朝鮮(下を見よ)と呼ぶもののうちではこれら3つの宗教体系すべてが有効であり,それぞれが独自にあるいは他の1つないし両方と結合して存在した。

最後に我々は極東と西洋社会に共通するもう1つの思想の岸辺を指摘しなければならない —— 人間の身体の聖性という概念。この考えは,人間の身体は神の似姿として創造されたと見なすユダヤ—キリスト教の伝統[4]と,身体は両親からの贈物と見なす儒教の伝統とに跡付けができよう[5]。体に傷をつけてはいけないということがそこから導き出されることは,それが両者において —— 処刑との関連においてであっても —— 同様の帰結であった。東西の処刑の実行を一瞥しただけでも,犠牲者の身体の損傷 —— 傷つけたのが生存している犠牲者であれ,死んだ身体であれ —— は,しばしば死刑の「刑罰の価値」を増大させる手段として用いられてきたという事実に,豊富な証拠を与えてくれるのである。

1 ◆ 早期朝鮮の概念

「早期朝鮮」の特性と進展を論ずる場合は,常にその術語が真に何を意味するかの徹底的な議論をまずしなければならない。現実世界に描かれた朝鮮半島上の最初の国家形成の痕跡について今日どう説明されているのか。それは,非常に複雑な事柄であり今日の朝鮮史専門家の間で白熱した論戦となっている問題である。要するに議論は,中国および朝鮮の資料に古朝鮮として言及された朝鮮半島における初期の国家形成の史実性に関わることである。この「国家」と伝説的な創設者の壇君(または檀君)に関する乏しい文字資料の解釈から,最も異なった学

---

[4] 創世記1:27:「そこで神は人を自らの形と同じに創った,神の形に彼を創った;男と女に,彼は彼らを創った」。

[5] 『孝経』開宗明義章「身体髪膚,受之父母,不敢毀傷,孝之始也, —— 我々の身体は一髪の毛1本や皮膚の小片まで—両親から我々によって受け継がれ,だからそれを傷付けてはならない。これが子としての孝心の始まりである」。

『孝経』聖治章「父母生之,続莫大焉。 —— 息子は彼の生命を両親から得ている,そしてこれより大きな贈物は伝えられることができない」。

説が出されている。その範囲は古朝鮮が北東アジアにおける支配的な国家であって実際に東アジア文明の発祥地であったという見解から，古朝鮮の独立国家としての存在を事実上否定する考えにまで渡る[6]。

この論議の非常に重要な要素の1つは，半島の国家形成過程における中国の関与の程度である。半ば伝説上の人物である箕子と衛満の役割および「民族的」背景 ── いずれも伝承では「中国人の」移住者もしくは侵略者であり，古朝鮮の領土に自身の支配体制を敷いたと説明されるのだが ── は，古朝鮮問題，および紀元前2000年期～1000年期という早い時期に意識的な「朝鮮人としての自覚」が朝鮮半島に存在したかという問題と密接に関わりを持っている。南北朝鮮の民族主義的な歴史研究者の学派は「朝鮮化」に，すなわち箕子や衛満と中国の交わりを否定し，真偽の疑わしい早初期の古朝鮮から近代朝鮮まで，損じられていない「民族の」また文化的な独自性を確立しようと，全力を挙げているのである。

この民族的な理論の主な弱点は古朝鮮国家の存在を裏付ける満足な考古学的証拠の欠如である。少なくとも現状において，古朝鮮に直接関係する利用可能な考古データでもって，韓国を中心とした民族主義的な歴史学派の著作の中に時折見られる如き，遠大な結論を描き出すことは認容されているわけではないように思われる。

かかる理由をもって我々は朝鮮半島で歴史的に立証可能な最早期の国家として，ここで三王国時代（紀元1～7世紀）を論じることにしよう。このようにする一方で，三王国の政治的，文化的発展に対する決定的ともいえる大きさを確認せねばならない。そしてその三王国は中国・漢の4つの軍事植民地，すなわち楽浪，真番，臨屯，玄兎からの影響を受けて来たのであった。ともかく，これらの3つの王国（実際には，562年ついに近隣諸国に併呑され短命に終わった加耶国も数に入れるとすれば，4つの王国となる）は，我々がある程度詳細にわたって文字に書かれた歴史記録を入手できる半島上での唯一の国家であり，それらの記録によって我々は3つの早期の国家における最初の1000年紀の前半期の法的伝統もしくは体系について，乏しいとはいえ，多少の情報を得ることができるのである。

---

6) Hyung Il Pai, *Constructing «Korean» Origins - A Critical review of Archaeology, Historiography, and Racial Myth in Korean State-Formation Theories*, Cambridge, mass. & London, 2000, pp. 1-126.

2 ◆ 早期朝鮮の法的遺産

　三王国期の法体系が中国の強い影響下で発展したことは，ほとんど疑いがないと思われる。これに関連して楽浪の役割が強調されねばならない[7]。ここで次のことに留意することも極めて重要である。すなわち朝鮮半島に関係する法体系のうち幾つかのタイプは，中国にその典型があり —— それは，大きく 2 つ，つまり中国固有の伝統（例えば漢の法[8]）と北部および西部中国での辺境「異民族」国家のそれ（あるいはそれら？）にほかならない[9]。

　最後に，早初期朝鮮における法律的思考の「萌芽」のすべてが，もっぱら中国 ——「朝鮮」問題の結果であったとも推定できないことにもしかるべく留意することは，同様に重要である。早期朝鮮諸国に対する非中国的「北部の」物質的，文化的，知的な影響力は，あまりに明白であり，証拠が揃い過ぎており無視できないものである。かかる非中国の「北部の」特色は，朝鮮半島で 5 世紀の間にもなお大いに優勢であった。このことは，とりわけ慶州で発掘された幾つかの王墓から，高度に貴族化しているとはいえシャーマンの特質を持ち，明らかにシベリア圏のものに相似した，王にふさわしい装身具が出土したことが雄弁に物語っている。これらの状況から，新羅王朝は本来遊牧民である北方の伝統 —— 宗教，政治だけでなく法的な慣行をも含んだ —— を保持していたと結論付けても差しつかえなかろう。つまり，かなりの期間 —— おそらく高麗王朝の終末までの相当な期間，—— 中国と非中国の法的伝統は朝鮮半島で共存し，その後に中国が引き起こした法改正や法典整備のうねりによって，それが朝鮮王朝期にほぼ周期的間隔を持って変化していったと考えてよかろう[10]。

---

7) Pai, 前掲書, pp. 127-123.

8) Derk Bodde & Clarence Morris, *Law in Imperial China*, Cambridge 1967, pp. 3-51.

9) 冨谷至『秦漢刑罰制度の研究』（京都大学学術出版会，1998 年）参照。

10) アンデシ・カールソン本書論文，参照。

3 ◆ 早期朝鮮の法的資料

　中国と異なり，そしてある程度は日本とも異なって，早期朝鮮の歴史を研究する学者は詳細な文字資料のほぼ完全な欠如に研究を妨げられる。中国は大部の正史を含んだ豊富な文字資料を供給できるし，日本は一連の歴史文書を提供できる。日本の文書は中国のそれに比べて時代が新しく分量も少ないけれど一連の官撰の書を持ち，それらの中には 8 世紀にまで遡るものもある。朝鮮の状況は，残念ながらそうではない。利用可能な最早期の二大歴史資料，『三国史記』と『三国遺事』は 12 〜 13 世紀に遡ることができるに過ぎない。しかしながら，このことは 12 世紀以前の朝鮮で歴史年代記が編纂されなかったことを意味するものではない。反対に，三王国期の 3 つの国家，高句麗，百済，新羅のすべてが自らの修史の伝統を持っていたことを我々はよく承知している。かくして我々は『三国史記』において，『三韓古記』『海東古記』『新羅古記』『新羅古事』などの書誌学的参照文献を見出すことができる。しかしながら，そのすべては今では失われている。言及された 2 つの現存テキストの編纂者が，より古い資料への何らかの接近方法を持っていたのは明らかであるが，それらは後に失われてしまったのである。このようにして，『三国史記』と『三国遺事』は比較的遅い年代に編纂されたが，ずっと早い時代の事実や行動を参照することができることを記憶に留めておかねばならない。実際，これらの資料を使用する際の主要な諸問題の 1 つがここには存在する。書物の編集に数百年前の，真偽の定かでない日付のついた事がらや行為の照合にいったいどれだけの信が置けるのだろうか。そこでは資料がどのように解釈されるのか。これらは非常に複雑な問題であり，ここで関わった問題の多くに，我々はいまだに明確な解答を待っているのである。

　『三国史記』は歴史資料として問題がないとはいえない。というのは著者の高麗首相，金富軾（1075 〜 1151）が作品の編纂の際に一種の「鋏と糊の」手法を用いたらしいことを我々は知っているからである。新羅，百済，そしておそらく高句麗についても，後に失われることになるこれら 3 国の資料の活用にあたって —— その当時，明らかに高麗の首都ではまだ有用であった —— 彼は記録に載らない歴史の切れ目を埋めるために「鋏と糊の」手法を用いたのである。そしてその手法は，修史の上で，また間違いなく実際の歴史の面でも，中国に比べて劣っ

た朝鮮の状況をあまりにも雄弁に物語っている[11]。金富軾の民族主義的な熱情の結果として，本来かなり遅い時期に属した正史への記載は，この著作の中ではいつの間にか紀元1世紀か2世紀を指しているように見られるのである。これら朝鮮の資料を我々の目的に用いる際には，この事象に対してしかるべき考慮を払わなければならない。

　類似の問題は日本の資料にも当てはまる，それらもまた注意深く使用されねばならないのである。『日本書紀』の史料批判においては，朝鮮の事柄に言及する際に，法律に関する問題や死刑についての情報がほとんど含まれていないという印象をもつ。その間，我々はテキストによって与えられた情報を，現在持ち合わせた知識が容認する限りの注意力と批判的精神を持って使用しなければならない。より多くが今日目にする年代記に織り込まれなかったことを嘆じると同時に，我々が現実に手にしているものはまさしくこれらのテキストの著者らが忘却から救ったものであったことに感謝しなければならない。

　『三国史記』も『三国遺事』も，元来，法律に関する事柄を論じたものではないが，いささかなりとも法律思想をある程度反映しており，死刑の実行についてさえ省察している。

4 ◆ 朝鮮と遊牧民の法の遺風

　より早期の真偽の定かでない国家の形成はいうまでもなく，3国（むしろ4国）の成立の詳細な歴史は，その最初の紀元後何世紀かの間は，かく，我々に対して閉ざされており，我々は部分的に信頼のおけない『三国史記』や『三国遺事』，それに主に漢語で，またある程度は日本語で書かれた文字資料による簡潔な情報以外にないであろう。いうまでもなく，このような基礎の上に立てば，朝鮮史のかかる早期の法体系に関するあらゆる詳細な知識は，どのような程度であれ確かなものとして得ることは事実上不可能である。その結果，この分野で如何なる成果を生み出そうとも，それは不確実でたいていは推測の範囲に止まらざるを得ないのである。

---

11) Sin Yôngsik 申瀅植 (*Samguk sagi yôn'gu* 三国史記研究, Seoul, 1981年)。

これら諸問題をかかえる現代の研究者にとって，1つの特別な難問がにわかに出来する。それは朝鮮半島に対する中国の法的思考と伝統の圧倒的な影響力である。実のところ，影響があまりに強いので，かつて昔にそこに存在した非中国的で土着の法的伝統はすべて覆い隠されてしまったと思われる。総合的な観点からして，中国の法的思考は概して唯一言及するに足るもののように見受けられる。そして 1500 年もの間，それが朝鮮の法的思考と制度を中国のモデルのみごとに忠実な模倣として形成したのである。

　非中国的な法的伝統の存在に関する最も基本的な文献証拠が朝鮮半島に存在しない以上，我々は単に中国以外の法律的思考の要素がかつて高句麗，百済，新羅という早期国家に存在したと仮定するに止まらざるを得ない。しかしこれらの初期国家が中華帝国の北東，北部，北西の文化に古くからある非中国的伝統の伝達者であったことは，今日では既成の事実である。

　文献証拠だけでなく言語学的，考古学的証拠すべてが，朝鮮半島の文化は歴史，文化，知的な面での恩恵を北部および中央アジアの文化に負うていることを物語っている[12]。日本の学者，江上波夫が提出した，論争を呼んだいわゆる「騎馬民族」説[13]は，日本の 5 世紀における高貴な人々の陵墓に副葬品がどうして言われるような急激な変化を示しているのか。彼の理論が，もし受け入れられるなら，「北方」からの朝鮮半島を経由した侵略を暗示するものであろう。新羅の慶州にある王族の陵墓の幾つかから見つかった華々しい副葬品は，言われるところの騎馬民族の侵略とだいたい時期を同じくするものだが，北方アジアを出自とする一種の「貴族化された」シャーマン文化を明白に指し示す。この文脈で我々が忘れてならないのは，朝鮮半島がしばしば絹の道もしくは，絹の経路というべき複合的な交易システムの一部分であった点である[14]。この経路に沿って単に商品に限らず，学術関係の品々や芸術に影響を及ぼすものが輸送されたのである。それらは非常に変化に富み起源も異なるものであった。何世紀もの間を通じ数次にわたって，多様な種類の影響が朝鮮半島に届いたと想定することは，より理に適ったことである。将来の「朝鮮」となる半島へ，北アジアからの初期の移住者は，

---

12) 權寧弼『실크로드 미술. 중앙아시아에서 한국까지』(The Art of Silk Road. From Central Asia to Korea, Seoul 1997)。

13) 江上波夫『騎馬民族国家　日本古代史へのアプローチ』(中央公論社，1967 年)。

14) 權寧弼，前掲書参照。

引きも切らず続き，時には新旧「故国」の人々の相互交易と個人的交流をも意味したかもしれない陸続とした入植であった。

こうして，以下のとおり想定することは今一度理に適ったことであるといいたい。すなわち，我々が初期「朝鮮」において個人と国家の間の，また個人同士の間の「法律的な」関係と今日呼ぶような規定は，最初にある程度まで遊牧民の伝統と以前の「故国」の「法律」に特徴付けられ，その後，より程度は小さいものの，中央アジア文化の影響を蒙ったということである[15]。すでに指摘したように，「遊牧民の法律」の諸要素を厳密に調べようと試みることは，今となっては極めて困難であるが，その法律は三国時代にも，さらにモンゴルの到達まで朝鮮半島で優勢だった可能性があり，その当時にモンゴルの［yasa（ジャサク：法令）］としてしばしば言及された特別なタイプの遊牧民の法律は，1392年に朝鮮王朝が創設されるまで朝鮮の法的慣行にも影響力を持ったことは間違いない[16]。

ここでの主な困難は，朝鮮の法律的思考が，すでにおそらく4世紀頃に始まる強い中国化の過程を経験してきた事実にあることは，いうまでもない。その時期に続く最初の何世紀かの間，遊牧民と中国の法律的思考はほどよく共存し，その後に混合し，さらにその後にはますます法慣習が中国化するという結果に終わり，それは20世紀初頭まで普遍化していたのである[17]。

なお，元の法典である『至正条格』(1345) は，高麗王朝期の朝鮮で認知されていたことは周知のところである[18]。2002年，この法典の元もしくは明初の版本が慶州の個人の書庫から発見された。その書は，さらに後世宗時代1423年に10部が再版されたものであるということを付記しておこう[19]。

---

15) Valentin Riasanovsky, *Customary Law of the Nomadic Tribes of Siberia,* Indiana, Bloomington, 1965.
16) Valentin Riasanovsky, *Fundamental Principles of Mongol Law,* Indiana Bloomington, 1965.
17) この過程は法制史に関する朝鮮の文献で十分に論議されていない。
　　Hahm Pyong-Choon の有名な労作，*The Korean Political Tradition and Law,* Seoul 1967, pp. 7-14. に簡潔に触れられている。
18) 『高麗史』巻84志38「刑法」1；巻117列傳30「鄭夢周」参照・1377年から1378年の条。

5 ◆ 朝鮮と律令の伝統

　中国の法律的伝統の歴史はそれ自体が複雑な問題であり，しかも初期朝鮮の資料がないせいで，与えられた特定の時期に朝鮮半島を席抱した，中国の伝統の明確な実態を正確に知り得ることはほぼ不可能であろう。しかしながら，中国のいわゆる律令の伝統[20]は，中国では唐以前の時代に十分に存在していたであろうし，そうして朝鮮半島，中でも高句麗と百済で相当の役割を果たしたであろう。それが新羅でもそうであったかどうかは，残念ながらよりいっそう不確実なままである。

　朝鮮半島に中国の法制度が及んだことへの公式な反応の最初の言及は，『三国史記』の高句麗本記に，小獣林王の3年（第3年＝紀元373年）記載の下に見られ，「始頒律令」すなわち「初めて律令が公布された」という簡潔な記載をそこに見出す[21]。高句麗はこの当時，半島で最も文化が発達していた国家だったから，『三国史記』におけるこの記載は確かに中国から輸入された法制度を意識的かつ公式に適用することを認めた第1段階を反映していると見て差しつかえないであろう。この当時，中国北部の国家で文化的・政治的に有力だった，あるいは有力な諸国家は漢，魏，晋であり[22]，そこで，例えば晋の律令は明らかに漢と魏の先行律に依拠する一方で，高句麗より少なくとも1世紀あるいはそれ以上前に存在していたという関係にあったのである。高句麗への中国からの初期の法律的な影響

---

19) 『朝鮮王朝實録』世宗5年（1423）「十月三一庚戌　承文院啓。"請印至正條十件"。Yi Kaesôk 李介奭, Kim Hodong 金浩東, Kim Mungyông 金文京, "Chijông chogyôk 至正條格" 2vols（韓国學中央研究院，Seoul 2007）参照。著者は，この出版物を教示していただいた金浩東教授に感謝する。

20) 早期中国の法的伝統について語るには，魏晋律令を指すのが通例である。しかし朝鮮半島の諸国家の場合，基本的には今焦点となっている唐律令のことである。
　　高麗王朝の間，宋律令と元律令が重要な役割を果たし，その後の李王朝（1392〜1910）の間は後に続く明律令が受け入れられた。Bark Byoung-ho "Traditional Korean Society and Law", *Seoul Law Journal*, Nr 1, 1974, pp. 107-134.

21) 『三国史記』高句麗本記6。

22) 内田智雄『譯注中国歴代刑法志（補）』（補：冨谷至）（創文社，2005年）参照。同書は前漢，晋，後魏各王朝の刑法典の訳注である。

III 非中国的視座に立って

は,まさしくこれらの諸国家に淵源を発すると考えることは理に適ったことであると確認しておこう。

半島の南西部にある百済王国について,資料 —— やはり主として『三国史記』 —— が我々に語るものは非常に少ない。しかしながら,古爾王 27 年 (紀元 260) の記述に,国王の命令によって導入された新たな官僚体系の一覧を見出すことができる。それらの内,内頭左平 (大蔵大臣),内法左平 (儀典長官),朝庭左平 (司法長官) ―すべてが中国の官僚政治および法律の伝統からの明白な影響を示している[23]。

別に驚くべきことではないが,新羅王国は中国をモデルにして法律体制を導入した 3 つの発展途上国のうちの最後にあたる。高句麗に律令を導入してからおよそ 1 世紀半の後,新羅は奈勿王 (? ～ 402 年) の統治の下,前秦の法律体系に関する情報を高句麗から受け取ったと見られる。そして法興王 (? ～ 540 年) の治世の間,西隣の百済は梁の法律体系についての知識を新羅と共有した。このように,近隣諸国と友好関係を結べた時期があったおかげで,新羅は北方や西方にあるこれら文化的により進歩した諸国に追い付くことができたのであった[24]。

残念ながら我々は律令法典の「新羅版」の真の姿について,詳細な知識を全く所有していない。しかしながら,新羅の法律的,官僚体制の「中国化」の過程は 5 世紀から 6 世紀にかけ,新羅社会のさらにいっそう革命的な「仏教化」と同時に進行していたことを,我々は記憶に留めておかねばならない。仏教信仰は主に高句麗を経由して新羅に到達したことからして,新羅の官僚政治によってこの間に構築された法制度もまた,主として高句麗から知識と着想を得ていたと見てよかろう。その結果として,これら 2 つの国家の法制度は無視できない類似性を示していたことが予想できる。新羅における官僚制の改革が数多く『三国史記』に記録されており,それらの改革は,新羅の官僚制が,法律問題 —— それらは周辺の諸国家から伝えられた —— に関する中国の思想によりいっそう適応すべく,幾つかのしかるべき機会を設定していったに相違ない。

---

23) 鄭景喜『韓国古代社會文化研究』(Seoul 1996 年,) pp. 172-176.
24) 新羅の律令受容に関する付加的な銘文資料について議論するために,李基白『韓国古代政治社會史研究』(Seoul, 1996 年), 206-229 頁,および 236-238 頁参照。

6 ◆ 新羅の法的伝統における刑罰

　拙論は新羅の多様な法体系のすべての部門を，完全に再現しようとするものではない。その代わりにここでは，件の法的伝統のうち，刑を取り扱う部門と『三国遺事』あるいは『三国史記』に何らかの形で言及されている伝統を俯瞰すれば事足りよう[25]。律にあっては，「刑」と「罪」の2つの下位区分を包含するものとして再構築される。閔丙河博士は律令制に関する論考で，刑という主要項目の下に，次のような項目を設けた[26]。

　①族刑　　一族すべてを殺すこと
　②車裂　　馬車を走らせ肉体を裂くこと
　③四支解　四肢を切り落とすこと
　④棄市　　公開処刑
　⑤戮屍　　死後斬首
　⑥斬　　　斬首
　⑦絞　　　絞殺
　⑧流刑　　追放
　⑨徒刑　　懲役
　⑩杖　　　棒で打つこと
　⑪笞　　　むち打ち

　この簡潔な概観によって，すでに5世紀から6世紀の間には，新羅では，近隣諸国との結合が密接で強固だったので，そして高句麗と百済では幾分早くから，中国の範疇に従った死刑と他の型の刑罰が完全実施されていたことがはっきりする[27]。このことの当然の帰結として，これらの世紀の間にまだ同時に存在していたかもしれない遊牧民の法律の遺制は，中国式の法律思想が朝鮮半島で重要性を

---

25) 田鳳德「新羅의 律令攷」(서울大論文集 11, 1956年) および，程樹德『九朝律考』参照。
26) *Han'guk minjok munhwa taebaekhwa sajôn,* Seoul 1991, Vol XI, pp. 352-353.

増し続けたために，急速に背後に押しやられてしまった，こう仮定することは十分妥当性があるように思われる。

朝鮮における刑罰行政に関する先駆的著作[28]の中で，尹白南は朝鮮王朝創設の頃に次のような形態の死刑が行われようとしていたことを立証している。

① 斬刑　　斬首
② 五殺　　五死
③ 車裂　　車輪にかけること
④ 磔刑　　槍による刺殺
⑤ 賜薬　　自殺のために毒を与えること
⑥ 絞刑　　絞殺
⑦ 磔屍刑　死体を斬首すること；六支形とも呼ばれた

五殺「五死」は1392年の朝鮮王朝設立以来，行われていたと思われる。それは罪人の首が切断された後で，2本の腕と2本の脚もまた切断されるという意味であった。明らかに五殺は例えば斬刑や磔屍刑より重大な刑罰と見なされていた。どちらの事例も，身体の損傷は，五殺の場合よりも少なかったからである。付加的刑罰として，切断された身体の様々な部分が，公衆に対する警告の意味で，塩漬けにされた後で国中に行き渡らせて警告威嚇として見せしめとされることもあった。この行為は法制用語では追施刑といった。この陰惨な方法は光海君(1575〜1641)の治世下に創案されたのだが，政治活動家金玉均(1851〜1894)の処刑に関してもなお用いられた。金は1894年，上海で殺害され，死体はソウルに送られて六支刑にされた上，最後に追施刑となった。この形体の刑罰が廃止となったのは，1896年になってからである[29]。人間の身体に敬意を払うという儒教の概念は忘却または看過されたのであり，換言すれば，死刑の「刑罰の価値」を増すために意識的に無視されたのである。

---

27) 次のことに留意が必要である ── 身体を切り取る「凌遅」という処刑方法は新羅では行われていなかったようである。朝鮮時代の間には，すでに広く整備された処刑方法になっていた。
28) 尹白南『朝鮮刑政史』(Seoul，1948 (1999))。
29) 尹白南，前掲書，103-104頁。

このように，新羅から朝鮮の諸国家に渡る長い期間を通じて，我々は朝鮮半島における法律の発展を見ることができる。それは，明らかに文化的な絆の根源を北方に持つ強固にシャーマニズムに依拠した状態から始まって，仏教や中国の変化に富む儒教，時にはおそらくそれほど儒教的でない法家的イデオロギーの強い影響下にある社会を経て，1896年になって追施刑型の刑罰を廃止することが必要だと知るまで延々と続くのであった。

　15世紀からこの方，昔からの中国の寄せ集めの法律を超克し，法律構造の観点から朝鮮を徹底した中国スタイルの儒教国家に変えたのは，高麗時代のモンゴル法がある程度，そして最終的には後続の朝鮮王朝における明の法律であったということなのである[30]。

---

30) アンデシ・カールソン本書第3章，参照。

死刑存廃論議の門口に佇んで：総括にかえて

冨谷　至

I

「Ⅰ　罪と刑罰」，「Ⅱ　社会と死刑」，「Ⅲ　非中国的視座に立って」の3部，13編の論文からなる本書『東アジアの死刑』の最後に，3部の構成を概説するとともに，ここに展開された諸論文をふまえて，私なりの総括をしておきたい。

まず第Ⅰ部は，中国古代（秦漢時代）から近世（明清時代）に至る帝政中国，朝鮮王朝（17・18世紀）の法制度，刑罰制度に重心をおく。紀元前1～2世紀にその骨格が形成された中国の法定正刑は以後，2000年にわたって，律令法制のなかで受け継がれていく。驚くべきことにその基本的な様態と法と刑の構造は，想像される程の変化はないこと，それは明律に依拠した朝鮮王朝の法制度にあっても同じい。

第Ⅰ部には，朝鮮古代・中世，さらには日本の刑罰制度に関する論考がなぜ無いのかと指摘されるかも知れない。それは，伊藤論文［第7章］，ローゼン論文［第11章］が語っているように，古代朝鮮（三国時代），江戸時代以前の日本，さらには明治日本にあっては，むしろ帝政中国とはいささか異なる法制度，法環境が見て取れることから，それぞれ第Ⅱ部，第Ⅲ部に配当したからである。

また，現代中国の死刑制度を論じた周東平論文［第8章］は本書では重要な位置をしめる力作圧巻である。それを第Ⅱ部に入れたのは，法制史的考察，現代の東アジアの死刑制度の歴史的背景の考察を担うⅠ部に比して，現代中国の死刑立法は，まさに現代社会の問題であり，社会と死刑をとりあつかう第Ⅱ部の主たる論題と考えたからにほかならない。

そのことから言えば，本書は，現代日本の死刑に関する論文が欠落している。実は当初，「現代日本における死刑」なるものを予定していたのであるが，諸般の事情から掲載できなかった。しかし，結果的にはそれでよかったのではないかとも考えている。「はじめに」で述べたように，本書は死刑を正面から取り上げるのだが，刑事政策としての死刑の存廃にかんして，一定の方向を目指してもの

された書ではない。実証的学術論文集として，死刑廃止，存続，そのどちらの立場もあえて主張せず，死刑存廃の議論に供する一学術資料と価値づける。現代日本の死刑に関しての論文が実証的学術論文を充足しないとは，毫も思わないが，あえて，この論題にたいして沈黙することで，本書の意図を示すことにしたい。

　第Ⅱ部「社会と死刑」は，5編の多彩な論考を掲載している。皇帝権力と死刑，官僚の処刑と賜死，処刑の図像化，そして現代中国，および近世・近代の日本の死刑制度，これらの諸編に通底する1つの特徴は，法律の，または法律に規定された刑罰の外縁部をとりあつかうこと，今ひとつの特徴は，上述したごとく，死刑制度を整備し，また国外からの影響に対応する政治と社会を考察することにある。それらは，東アジアの死刑の個別特殊性を考えるうえで有効な視座を与えてくれるといってもよい。

　伝統中国で創生された律令制，その下での刑罰死刑制度，また帝政中国の皇帝支配，さらに古代中国から連綿と続く礼的社会と法的社会のそれは，程度の差こそあれ，朝鮮半島，そして日本へと伝えられ，彼の地で独自の法環境を形成する。

　しかしながらここに，同じアジアにあって，しかも中国とは早い段階から文化交渉をもったにもかかわらず，全く異なった異質の社会，異なった価値観，思想，罪と罰の観念を有する世界が存在する。すなわちインド社会であり，その系統に位置するネパールである。後述するように，インド社会にあって，とくにバラモン教，仏教が盛行した古代インド（紀元前2世紀から紀元後2世紀），マヌ法典に規定された刑罰・死刑は，罪と罰の考え方そのものから，全く中国とは異なるものであった。またそこには中国にはみられない強固な身分的秩序カーストがあり，刑罰はカーストと密接不離の関係を有しており，この法環境は時空をこえてインド社会に存在する。

　また，インド社会とは別に，遊牧民族の法と刑罰が東アジアにも古くから存在し，それが中国の刑罰にも影響をあたえる。ローゼン論文はかかる非中国的刑罰の消えてしまった遺制を可能な限り透視せんとする。

　かかる非中国的な罪，刑，そして法をここに取り上げるのは，そのことの考察を通じて東アジアの法環境を照射せんとするからにほかならない。

　また，本書にはArticleとしてB.ペテルソン，藤田弘夫の2つの論考をもつ。これは，東アジアの刑罰を考える中で，視座を少しかえたもの，具体的にはカニバリズム（人肉食）なる反人間的行為がもつ「道徳性」，そういった逆説的問題

を取り上げて，読者の視点に変化を期待するために（ペテルソン論文），また死刑と社会の問題を社会学的観点から俯瞰することで（藤田論文），読者に一度立ち止まって思考を整理してもらうことを意図した。

II

　死刑を極刑におく中国の刑罰史は大きく2つに分期できる。つまり秦漢から晋まで，その後の北魏から明清である。2000年の流れの中で，わずか一度の分岐かと訝しく思われるかも知れないが，少なくとも死刑に限っては，腰斬と斬首から，斬首・絞首に変わり，それが清末まで続いたにすぎない。

　それはいわば，「究極の肉刑」から「生命の剥奪」刑への変化であったが，変化を将来したのは，異民族北魏の刑罰が与ること大であった。つまりこの段階で漢族と胡族の刑罰が融合したのであり，胡漢融合の死刑体系がそれ以後引き継がれる。

　長期にわたるかかる継続を可能としたその理由はなにか，それは，中国の死刑が有する二重性，すなわち死刑は「生体の処刑」と「屍体の処刑」という重層構造を有しており，後者の動的かつ付加刑的要素が，法定正刑としての前者を静的なものにしたのである。そして，実は，前近代の刑罰において，より大きな比重がかけられていたのは，正刑の外側にあり正刑を補填する役割をはたした，この「屍体の処刑」であり，そのもっとも普遍的なものは，斬首した後，その首をさらす梟首であり，また「陵（凌）遅処死」だった。

　近世の中国刑罰としてその残虐性で名をしられた「陵遅処死」，それは，明律にあっても五刑には属さず，またその執行様態も，宋・金以降，かならずしも一定せず多様性を含むのは，件の処刑が「生命の処刑」の外側にあり，それを補填する役割の「屍体の処刑」の範疇に入るからである。陵遅処死刑は，執行の第一段階では，死刑囚はまだ生きており，致命的な処刑でなかったであろう。また時間をかけて死に至らしめるという処刑であったことも否定はしない。しかし，それは致死に至るまでの時間に刑罰の目的が内在していたのか，短時間に絶命させないという意図が込められていたのであろうか。私は，そうは思わない。西洋の長時間にわたる刑罰，たとえば車刑（車輪にくくりつけて自然死を待つ刑），時間をかけての火刑等が，神への贖罪的意味を含めて，神の許しを得るために必要な時

間とされたこととは，性格を異にするものと考えている。陵遅処死の執行様態には，致死に至って後にも加えられる処罰があることは，梟首，車裂などと同じ原理をもった処刑であることを物語っているといえよう。

かかる「屍体の処刑」はそれでもって，犯罪を予防することにある。中国刑罰には，応報刑的な要素は極めて乏しく，一に威嚇，一般予防だった。「梟首」を初めとした大衆への威嚇・予防的措置は，明清時代でも変わらないこと，岩井論文〔第2章〕も論じ，また，明律の影響下，18世紀の朝鮮王朝にあっても同様だった。それは梟首をとりあつかうカールソン論文〔第3章〕が明らかにしている。

18世紀，国家の権威や独占に対して反抗する民衆にたいして，王朝は梟首刑で統制，制圧しようとし，エスカレートしていく，それを実証的に考究するカールソン論文で指摘される「梟示」との言葉は，とりもなおさず冨谷論文〔第1章〕でいう「梟首以徇（師古曰，徇行示）」にほかならず，それでもって民衆を威嚇し，犯罪を予防することであった。

そしてこの予防刑に重心をおく中国の刑罰は，現代の中国法にもそのまま継承されるといってよかろう。

現代中国の刑法と死刑の実態と問題点を詳述する周東平論文において，死刑が適用される犯罪には，殺人行為ではない経済犯罪，瀆職罪，強姦罪，管理賣春，薬物犯罪，宗教犯罪といった殺人罪ではない犯罪がふくまれ，しかもそれが全死刑罪名のなかで大きな比率をしめていることを述べ，少なくともかかる非殺人罪への死刑量定を廃止すべきだと強調する。

非殺人罪に対する死刑適用，それはいうまでもなく社会の安定秩序，良俗の保護であるが，罪と罰の均衡といった罪刑法定主義の派生原理に悖り，「鶏を割くに牛刀を用いる」という結果となる（周論文），しかも経済犯罪をはじめとするこういった死刑罪の設定は，今日死刑を存続させている諸国の中でも中国だけだということは，一般予防・威嚇を死刑の目的に据える伝統的中国刑罰原理の牢固とした継続であり，ここに中国刑罰の特殊性を認めねばならない。そして敢えて勇み足がゆるされるならば，今日の日本での死刑存廃をめぐって，存続の理由に死刑による抑止効果が第一に主唱されてきたのは，我が国の刑罰にも残る中国刑罰，東アジアの刑罰の特徴だと言ってよいかも知れない —— もっとも，ここ最近の死刑存続論で目立ってきたのは，被害者への慰謝，応報意識の完遂であるともいえるが。

III

　一般予防に極端に傾斜するこの中国刑罰の原理のうえで，本書の各論文からおのずと共通する問題が浮かび上がってくる，それが第Ⅱ部で展開される各編といってもよい。

　第1は，皇帝と立法権の問題である。

　帝政中国において，立法権は皇帝が有して，皇帝の制詔が主たる法源であった。立法化された法律は，したがって皇帝の命令，聖旨にほかならず，それは絶対的，犯すべからざるものであった。そこには，西方世界のそれのような法律を神と人もしくは君主と人民の契約と見るごとき考えはない。

　岩井論文が言うように「聖旨」の「聖」とは，皇帝であるのだが，その場合，聖なる皇帝は自身が制定した法に従い，法によって皇帝の行動が制約・規定されるのか。たとえば，古代インドでは，王は法(ダルマ)を制定するという立法権はもってはおらず，ダルマを適用し，判定するという役割を担っていた。古代中国の場合も，為政者は法をあたかもモノサシを当てるが如くに，犯罪行為に適用すればよく，それを粛々とすすめるのが賢明なる君主だという考え方(拙著『韓非子』(中公新書，2003年))が無かったわけではない。つまり，法に従い法を適用する君主といったインド的法至上主義の考えは，確かに認められるのだが，しかしながら，法が持つ権威・不可侵性は，法の成立の神秘性にあるのではない。あくまで法は皇帝によって立法化されるのであり，立法権者自身は，やはり法律を超越するもの，皇帝による超法規的措置は当然のものとして理解されていたといってよかろう。

　死刑の適用は，「朝審」を経ねばならないといった死刑執行にかんする慎重な態度，また法は厳格に運用せねばならないという原則が一方にあり，それとは裏腹に，容易に法律を超越する皇帝の裁断が存在する。一見整合性のないように映るが，法の不安定さは，実は，皇帝専制主義と表裏一体をなすもので，超法規的処断を認めることは，皇帝の神聖さを保証するものであった。それは，皇帝による誅を論ずる古勝論文［第4章］が，別の視座をもって言及している。

　「誅」とは，超法規的皇帝の措置であり，常に賞と対になる。法律を超越するが故に，立法権者である皇帝だけに認められた特権である。しかし，皇帝という地位だけでは，必要かつ十分な条件とはならない。「皇帝」は必要条件であり，

十分条件としては，「君子の誅」，つまり皇帝が道徳の体得者でなければならないのだ。神聖を保証するものは，徳である。徳の具現化，表象が礼だとすると，誅とは，礼にほかならない。

徳・礼＝誅という一種逆説的位置づけとも思われるかも知れないが，誅と賞は表裏一体で，礼＝（賞：誅）であること，また，皇帝が下す非理非道の殺害は誅ではなく「害」であり，礼の実践ではない。つまり非礼＝害であることからも非〈非礼〉＝非害＝誅＝礼という関係を想定することが可能であろう。

古勝氏はそこまでは言っていないが，誅とは確かに超法規的措置であり，刑罰（法的正刑）の上位に位置する。誅は人倫道徳の礼的秩序に対する否定の非難であり，刑罰は皇帝の命令である法的秩序の否定に対する非難と考えてよかろう。ただ，その非難は礼もしくは法の実践であり，実践が殺害という共通する行為となって具現化する。とすれば，殺害も礼の実践であり，徳の行為だということに繋がっていくのではないだろうか。

ここに，第2の「礼と法」「儀礼と刑罰」という事柄が現出してくる。この「礼」という問題は，あたかも打ち上げられた花火が，夜空でその仕掛けが開くが如くに，本書では随所で輝き，問題を提起している。

Ⅳ

廷杖とは，皇帝が官僚に下す見せしめのための私刑，しかしながら別の見方をすれば，皇帝が施す教化の一環であり，また礼的実践であった。すなわち，訓育という名分のもとに，恣意的に処刑をおこなうことであり，第三者には威嚇をあたえ，総合的には皇帝の神聖，絶対化に与る，これは岩井論文の説くところである。

矢木論文［第5章］で言及する官人に対する「賜死」，それは儒教道徳が大きな影響力を有した18世紀の近世朝鮮期にあたるが，皇帝の官人処分としての自殺の強制＝賜死，これと同じ方向をもつ。「賜死」は，官人の名誉を保護する為の皇帝が与える恩恵であり，またそれも礼的実践であった。このことは，伊藤論文でふれている武士の切腹・斬首が武士の名誉を保つといった行為と類を同じくする。

ところで，賜死は，官人にとっても，律の規程に服すのではなく，形式的にも皇帝の恩恵を得たことで，かつ輿論の賞賛を獲得することで，礼的なものとなる。

皇帝と臣下の礼のそれぞれの実践，実はその意図するところは必ずしも同じではないのだが，両者は，礼的行為という点で交叉するのである。

「刑は大夫に上らず，礼は庶人に下らず」(『礼記』曲礼)は，本書にもしばしば引用されている。実は，この句の意味するところは，時代に従って変化していくのであって，漢代においては，「刑」とは，身体毀損刑（肉刑）を意味し，ある一定の身分をもった人間に対する肉刑の免除という具体的執行措置が「刑は大夫以上には適用しない」ということだったが，肉刑が廃止され，「究極の肉刑」から「生命刑」へと変わっていくにしたがって，「刑」の意味も「刑罰」(punishment)へと広がっていく。となれば，「刑不上大夫」が，一定の身分をもつ官人は刑罰の適用範囲外ということになり，実際にそのようなことが起こったのかといえば，そうではない。公罪，私罪，とりわけ私罪にあっては官人も処刑の対象となる。そこから，件の条文は，現実の刑罰の適用ではなく，経書の観念的・理想的文言へと考えられることになるが，「廷杖」「賜死」といった上記の礼解釈に従えば，「大夫」が受ける処罰は，実際には処刑であったとしても，観念的には礼の実践であり，その意味で「刑は大夫に上らず」ということになろう。「礼」が刑の昇華されたものであるならば，「庶人に対する刑は，大夫に対する礼」であり，ここに礼＝刑という関係が成立する。

そして，さらに私は次のことも言っておきたい。

中国の刑罰には，応報刑思想が無かった。では，古代中国からこのかた被害者は報復という意識を持たなかったのであろうか。そんなことはあり得ない。中国社会においては，復讐の意識は誠に強い。「父之讎，弗與共戴天，兄弟之讎，不反兵，交遊之讎，不同国，――父の讎は，與に共に天を戴かず，兄弟の讎は，兵を反さず。交遊の讎は，国を同じくせず」(『礼記』曲礼上)という復讐の妥協なき貫徹が『礼記』に述べられ，また歴代史料には，復讐の記事が枚挙に暇無い。

君主，肉親等を殺害されたものが加害者に対する報復心をもつのは，当然である。逆に，復讐を遂行しないのは，心情として被害を容認したことにほかならず，それは不孝，不臣の極みである。礼というものが，内心の善なる意識の具現化である以上，その善なる意志の実践，つまり復讐は，忠・孝・友の実践であり，礼的行為以外の何者でもない。法典で決められた刑罰を超越した行為であり，礼典で認められた儀礼的行為だった。

他の世界におけるように，国家が復讐を代行し，また法典により規定された刑

511

罰が復讐を被害者に変わって代行するといった役割，それは，刑が礼を吸収することを意味し，かかる逆行は，前近代中国では，あり得ない。あくまで威嚇の手段である刑罰には，その次元において復讐というすぐれて高次元的有徳を規定する資格は与えられておらず，また刑罰の目的のなかには，それ故，応報はなかったのだと。

　なお，復讐と孝，有徳と殺人，背反する両者が，じつは連関し補完し合う。道徳倫理としての孝が社会で強く意識されればそれだけ，復讐の怨念は深く，それは猟奇ともいえる残忍，非人間的行為を導く。ペテルソン論文 [Article 1] は，カニバリズム（食人肉）という猟奇をもってそれを語っている。

　また，本書には，なぜ暴力，処刑が書物の挿絵となるのか，その役割は何かを考察するムーアの興味ある論文 [第6章] を載せる。挿絵は，処刑と暴力，それと対になる秩序と統治，その両者を交互に登場させて，叙述のリズムを提供し，アクセントとしての役割を担い，また暴力は民衆娯楽の一形態であった。とするのならば，書物の中で目にする処刑の挿図と，日常生活の中での光景である市場での死刑は次元を同じくするものであり，人が何故暴力処刑の挿図を好むのかは，公開の処刑が人を引きつける理由にもなるのではないのだろうか。ただ，私には，わからないことがある。藤田論文 [Article 2] でも指摘されているように，公開の処刑は，しばしばそれを見る民衆を興奮させ，やがてそれが集団的狂乱へと拡大して，暴動をおこすことが，ヨーロッパの都市では起こった。しかし，中国ではそういった例をあまり見ないのは，どうしてなのか。それが私にはわからない。

V

　「礼」とは別に，本書には今ひとつ通底することがらがある。それは，死後の世界を人は，どう考えたのかということである。死刑は言うまでもなく，人を死に至らしめ，人が想定する死後の世界に強制的に行かせることである。また死刑は処刑される人間，それを見る第三者の身心にダメージを与えなければ意味がない。かりに人が死を望み，また現世よりもあの世での生活に憧れるならば，死はダメージたり得ず，死の強制は効果が減殺すると言わざるをえない。ローゼン論文はこれを「死刑の価値」といい，「死刑囚自身の死ぬという自覚や，死刑が実行

される方法と衝突する宗教的，文化的な要素をふくんだもの」と解説している。

死後の世界をどう考えたのかは，時代，地域で異なり，それが畢竟，死刑の執行様態と密接に関係する。本書の各章では，正面から死後の世界を論じてはいないが，しかしながら，我々執筆者は常に死とはなにか，対象としている時代で，人は死後の世界をどのように考えていたのかということを，自問してきたことは，確かである。

死，死後の世界の問題は，宗教，神への供儀，穢れとその浄化といった事柄と密接につながり，これらの視座なくしては死刑の考察はあり得ない。ただ，そこで注目しておかねばならないこと，それは，中国において刑罰は，宗教，神，罪穢，供儀といった語とは極めて縁遠く，極論すれば，中国の法，刑罰は無神論のうえに立脚しているということである。そこから，刑罰と宗教とが深い関係にある世界とは異なった死刑執行様態と刑罰思想が生み出される。換言すれば，「棄絶（追放）としての死刑」と「浄化（補塡）としての死刑」の根本的差異と言えるかも知れない。読者は，中国を扱う本書の論考には，あまり使われなかった供儀，浄化，穢れといった語が，「被中国的視座に立って」と題した本書第Ⅲ部に頻出すること，気づかれるであろうか。

第Ⅲ部は，中国的世界と異なる法環境にある社会の死刑に関する考察である。それらの世界でも「死刑は一種の「国家儀礼」である」（ヴォルケスト）。しかしそれは，同じ儀礼であっても「覆された秩序を回復するための「国家の犠牲祭」」と位置づけられる。中国的儀礼と非中国的儀礼は同じ ritual なのか，またかかる死刑執行を行う空間をどちらも有しているが，執行の場のもつ意味も自ずと違いが生ずるとせねばならない。この問題は，新たに考えねばならない事柄であり，我々は現在，本共同研究を継承発展させる国際共同研究「東アジアの儀礼と刑罰」（基盤研究（S）2006〜2010年）を進めている。

非中国的世界の刑罰が内包する供儀的性格は，冨谷論文でも北方異民族鮮卑族の刑罰に認められること，そしてそれが北魏に至って胡漢融合の死刑へと展開していったことを述べたが，このことは，朝鮮古代の場合にも当てはまるのではないだろうか。

ローゼン論文は，三国以前の早期朝鮮は，遊牧騎馬民族的法と刑罰をもっていたが，それがやがて新羅などの三国が唐の律令を受けて中国的刑罰制度をとり，供儀的，神秘的要素は中国法制に凌駕され埋没していくという。まさに朝鮮半島

における胡鮮融合の形であるが，実はその唐律がすでに胡漢融合という洗礼を受けて成立したものであるから，朝鮮半島におけるそれが，一層スムースに移行したと言えないだろうか。

唐の律令を採用したのは，周知の如く日本もそうであった。しかし，日本の刑罰体系，刑罰思想は，朝鮮半島の如き完全な融合とはならなかった。それは中国（唐）を同心円とした東アジア世界のなかで，しばしば指摘される冊封国と朝貢国の位置関係が将来したのか。また9世紀以降，江戸時代に至るまで，鎖国をもふくめて独自の政治，制度，法環境を展開したからか，中国的刑罰をその制度，思想において保有しつつ，穢れの浄化，供儀祭祀，仏教の影響，また呪術的要素という非中国的要素もそこには見られる。これは伊藤論文が言及するところである。そして19世紀，東アジア世界でいち早く西洋の監獄制度の統治技術を取り入れ，近代的刑法，刑罰を取り入れることができたのは，伊藤氏がいう「日本の近代化の内発というよりも，非欧米社会として置かれていた特殊世界史的状況」とともに，中国法制との距離も与えたと考えられる。

VI

中国の刑罰，法環境が，周辺の諸国を席巻したことは，確かである。しかし，ここに，罪と罰の観念とそれが導く死刑において，中国とは全く異なる世界がアジアに存在する。インドとその周辺，ネパールなど，いわゆるインド文化圏である。

赤松論文［第9章］が指摘するように，古代インドの刑罰を考えるうえで，2つの要素がある。1つは，世俗（俗）と宗教（聖），今ひとつは階級（カースト）である。

古代インドにおいて，まず立法者は王ではない。いわゆる「ダルマ」をどのように訳すのか，法，正義，「正しい生き方」，摂理，格率，理法，義務……，専門家ではない私がこれに容喙する資格はない。しかし，言えるのは，そのダルマが何らかの守るべき規範，従うべき規則といった性格をもつものであるとすれば，それを作成制定するもの，つまり立法者は王ではない。王はそのダルマを適用する，いいかえれば，ある犯罪行為（ダルマに反した行為）に対する量刑をおこなう（赤松は「ダルマをあてはめ判定すること」「定めること＝確定する」という）。法は，

王にとっても，またバラモンにとっても，超越的な存在であったのだ。それはくり返しになるが，皇帝の命令が法となる中国法とは，根本において異なる。
　また「世俗の権威」と「宗教的権威」，そして反社会的（苦行者）の「権威」，この「権威の三極構造」がインドの法環境を形成している。死刑は，贖罪としての死刑（司祭）と，刑罰としての死刑（王）といった二重性を有する。カーストにおいて最高位にあるバラモンにあっては，世俗の犯罪（crime）は死刑にならない。しかし，「ノブレッセ・オブリッジ」を有する彼らは，保証された聖なる立場を穢したことが，宗教上の犯罪（sin）を犯したことになり，それは自分自身で浄化しなければならない。究極の浄化，それは死刑（自死）にほかならない。今一度，先の表現を使うなら「棄絶（追放）としての死刑」と「浄化（補填）としての死刑」，インドと中国の死刑は，ここに対峙を示す。
　なお，赤松論文に接したことから，啓発されたことがある。死刑廃止に関する論調に，「仏教の不殺生」と説くものがいるが，いま赤松論文を前にして，単純に「仏教では不殺生を理念とするが故に，……」ということは，あまりに短絡にすぎよう。仏教の不殺生を考えるには「世俗の刑罰」と「宗教的刑罰」の両者を視野に入れねばならず，死刑を浄化ととれば，それは殺害とはならず，またアショカ王の場合のように，宗教的には殺人は容認されないが，世俗的には認められるという二重性をも考えねばらないこれは問題ではないだろうか。
　インドの法環境は，ネパールにあっても基本的に同じである。ヴォルケスト論文［第10章］にいうように，ネパールにあっても，カースト制度，カースト下での社会秩序が大前提となる。ムルキアインは，カースト制度に特有な体系的不平等に基づき構築された法典であった。ただその場合に「世俗の秩序」と「聖なる秩序」があるが，ネパールでは，この区別は存在しない。ネパールの場合は，王＝神となり，この「王」は聖と俗の両秩序の外部にあってそれを維持する力をもつことからくる古代インドとの相違といえるのか。
　いずれにしろ，カースト社会にあっては，法典は不平等が根底にある制度を反映し，死刑は究極の，しかし極めて相対的な不平等の指標だった。
　ネパールは，しかしながら現在では，死刑を廃止しているとされている。

Ⅶ

「非欧社会として置かれた特殊状況という日本の立場」は，言い換えれば欧米社会の一員になろうとし，なれない劣等感とそれによる盲目的追従だった。しかしながらこれは，見方をかえれば，今日の我が国の死刑廃止にもつながる。伊藤は，最後の注で述べている。「今日の日本の死刑存廃の論議，とくに政府側の主張に少なからず影響をあたえるのは，アメリカの死刑存廃論だということもできる」と。かりに，アメリカの全州が死刑廃止に舵をきれば，日本の死刑存廃論争は，はたしてどうなるのだろう。

個人的な意見を言わせてもらえるなら，アメリカが死刑を廃止したから日本が雪崩を打って廃止へということは，それこそ，明治文明開化において，非欧米国日本の劣等感がもたらす仕儀にひとしく，「21世紀の文明開化」でしかない。死刑を廃止するにしろ，存続させるにしろ，これは自己の見識の上に立って，理論構成をし，そのうえで決断するべきなのだ。

東アジアの死刑存廃に関する議論に本書がいささかでも寄与することができたらと願ってやまない。

索　引

人名索引

＊人名の姓名順は，本書中に登場する人物の歴史性に鑑み，原則として西洋人は名―姓の順，東洋人は姓―名の順とした．

●ア行
アショカ王　420, 453, 455
阿部昭　285
阿部謹也　265
アルタン　89
アンナ・ザイデル　238
アンリ・クレマン・サンソン　268
石川五右衛門　290
石川半左衛門　284
石黒忠悳　265
尹白南　502
于謙　103
ヴィクター・メイアー　239
英祖　116, 118
英宗　103
睿宗　158
衛の成公　→成公
衛満　493
江上波夫　497
エセン　103
海老名俊樹　73
エリック・ウィリアムズ　292
燕山君　112, 191
オーイ・キーベング　145
王維　244
王学益　93
王吉　177
王元亮　58
汪鋐　98
王肯堂　66
王国強　352
王樵　99
王世貞　97
汪宗伊　91
王廷相　99
王敦　163
王明徳　66, 84
応明徳　95

王莽　142
王遵　91
岡田朝太郎　53
小河滋二郎　410
小野郡左衛門　284
小原重哉　295
オリヴェル　443
温嶠　164

●カ行
カール・フォン・アミラ　259
艾希淳　96
解結　176
解系　176
海瑞　104
何休　15, 157
郭暁航　58
何広　65
何鰲　93
葛西得次　279
嘉靖帝　92
何曾　168
カニュシカ王　420
鎌田浩　270
鎌田重雄　182
河口善吉　284
河竹黙阿弥　276, 291
河内山宗春（宗俊）　284
韓安　206
関羽　243
毌丘倹　167
毌丘芝　168
管志誠　355
韓信　253
管仲　159
桓帝　166
韓廷弼　124
漢の高祖　→高祖

索 引

韓非子　155, 161
吉再　190
祁彪佳　107
鬼坊主清吉　276
丘秉文　94
帰有光　83
邱興隆　314
許允　170
恭愍王　206
許奇　171
玉只　122
許積　197
許遷　71
金玉均　115, 502
金玄叔　125
金孝元　192
金錫冑　198
金宗直　190
金仁白　123
金鎮圭　124
金天鶴　123
金徳遠　204
金得達　125
金莫男　122
金富軾　495
金明仁　123
グスタフ3世　488
国定忠治　259
雲井龍雄　265
クリシュナ・ラム・パンディット　479
クリフォード・ギアツ　233, 238
グレゴリオ　245
景王　91
景泰帝　103
慶復興　206
桀　152
厳貴賢　122
厳嵩　90
厳世蕃　93, 96
顕宗　123
権大運　204
献帝　223
建文帝　69
乾隆帝　392
胡亥　157
光海君　114
康熙帝　121, 392
孔子　69, 146
高祖　401
孝宗　197
洪武帝　50, 66, 85

孝文帝　30, 47
胡雲騰　314
谷永　162
胡長青　355
伍子胥　165, 177
伍廷芳　53
近藤甚左衛門　284

●サ行

崔悦　163
齊王の問　174
崔浩　28, 31
蔡震亀　124
斎藤良安　274
蔡邕　172
嵯峨天皇　410
サドゥケス　490
山陽公　223
ジェニー・ダイヴァー　289
ジェリコー　230
滋賀秀三　18, 65
摯虞　174
聶賢　99
子産　159
史朝賓　94
司馬遷　228
司馬文王　26
ジャック・ケッチ　266
ジャック・シェパード　289
ジャヤスティティ・マッラ　475
ジャンガ・バハドゥル　482
ジャンガ・バハドゥル・クンワル　469
ジャンガ・バハドゥル・ラナ　481
周冕　91
周顗　23
周公　159
習鑿歯　169
周襄王　157
粛宗　123, 198, 202
朱元璋　52, 99, 101
シュピーレンブルク　288
ジュリア・マレー　230
順帝トゴンテムル　61
商鞅　17, 85
商喜　230, 243
小獣林王　499
徐階　97
徐紳　96
ジョナサン・ローズ　222
ジョナサン・ワイルド　289
徐有矩　196, 201

518

索　引

ジョルジュ＝ウジェーヌ・オースマン　393
ジョン・ゲイ　289
申韓　85
真宗　69
シンダーハンネス　266
杉浦正健　410
杉田玄白　265
成公　157
成克傑　355
成三問　490
聖ステパノ　230
成宗　190
世宗大王　490
世祖王　490
世祖クビライ　61
世祖太武帝　30, 47
靖妃盧氏　92
銭易　69
宣祖　214
宋皇后　166
宋時烈　197, 211
曾銑　99
曹操　154
蘇軾　223
蘇秦　17
孫皓　158

●タ行

太公　159
太祖（道武帝）　30
太祖　113
田中正造　411
田辺繁子　440
段玉裁　159
単光鼐　386
段灼　173
段匹磾　163
チェザーレ・ベッカリーア　200, 292, 299, 315, 356, 398
チャード・ブリリアント　232
チャールズ・ディケンズ　292
チャンドラ・シャムシェル・ラナ　485
紂　152
中宗　113, 191
趙王の倫　174
張華　163, 174
趙秉志　314
趙岐　159
張経　96
趙忻　96
張建国　6, 8

趙光祖　208, 210
張裴　23
張孚敬　98
張文華　96
張良　228
沈家本　5, 21, 24, 52
沈義謙　192
沈仲緯　61, 65
ディック・ターピン　289
程咸　168
鄭玄　161
程樹徳　21
鄭夢周　190
手塚豊　295
湯　159
鄧艾　173
竇儼晋　72
鄧小平　404, 408
湯甬　104
董卓　172
陶望卿　165
徳宗　51
戸田平左衛門　274
ドナルド・ホルツマン　145
トマス・アクィナス　395
トマス・モア　326
杜預　24

●ナ行

中川淳庵　265
奈勿王　500
ナポレオン3世　393
南九万　123
任士洪　190
鼠小僧次郎吉　259, 277
ノーマン　454
ノルベルト・エリアス　292

●ハ行

賈誼　157, 182
裴松之　170
賈謐　163
バシャム　452
ハナ・アーレント　237, 251
浜島庄兵衛（日本左衛門）　290
原田きぬ　295
バン・シン（Bhang Singh）　479
ハンス・フォン・ヘンティヒ　260
パンディット，クリシュナ・ラム　479
ビューラー, G.　454
平井権八　290

519

索 引

平沢貞道　410
平松義郎　269
ファリシーズ　490
馮恩　98
フェランテ1世　392
福富文喬　282
ブライアン・ホーソン・ホッジソン　478
プリティヴィ・ナラヤン・シャハ　468, 470, 475
ブルーノ・レーダー　390, 399, 412
ブロック，J.　454
文王　159
薛允升　52, 64
ベルティル・アルブレクソン　489
ベルンハルト・レーフェルト　260
方献夫　98
法興王　500
方汝浩　245
厖徳　243
朴謹　214
朴之亨　123
朴世楃　197
朴泰輔　202
勃海王悝　166
ボツマン，D. V.　261, 293
ホブスボーム　289
ホメイニ　407

●マ行

マーク・ルイス　237, 251, 253
マイケル・ナイラン　147
マイケル・バクサンドール　241
前野良沢　265
馬加爵　367
馬向東　355
馬従謙　105
マダム・タッソー　263
マックス・ウェーバー　391, 402, 408
馬文升　101
マヘーシュ・チャンドラ・レグミ　477
マンテーニャ　230
箕子　493
ミシェル・フーコー　291, 397
水間大輔　6
三田村鳶魚　290
宮澤知之　65
メアリー・ヤング　289
命福　122
孟子　159
毛沢東　300, 310, 327, 402, 408
森田外記　281

モンテスキュー　397

●ヤ行

八百屋お七　290
ヤーコブ・グリム，　259
安丸良夫　297
山田浅右衛門　268
山田吉亮　268
山脇東洋　265
裕王　91
ユスティニアヌス　391
楊一凡　64, 65
楊応尾　97
姜金丁　123
楊継盛　88
姜宸英　89, 101, 103
陽成昭信　165
姚大力　58

●ラ行

ラーム・シャハ　475
ライアン　387
雷志勇　352
ラシュディ　407
李義豊　119
陸凱　158
陸游　72, 84
李固　171
李滉（李退渓）　191
李広利　33
李施愛　113, 120
李秀彦　123
李黙　105
李茂芳　206
劉概　104
劉去　165
隆慶帝　96
劉向　154
劉琨　163
柳子光　191
劉少奇　403
劉信　71
柳澤　158
リチャード・バーグハート　470
リチャード・バーンハルト　242
靈帝　166
ローレンス・ドゥガン　230, 245
ロバート・ゴールドウォーター　233
ルードウィヒ・シュティラー　466
ロバート・ヘーゲル　242
ロバート・ロイ・マッグレガー　289

索引

ロブ・ロイ　289
呂后　253
ロミラ・ターバル　453
盧積　206

盧諶　163

●ワ行
渡瀬信之　426, 440, 449

事項索引

●アルファベット
Baisi rajas（「22諸国」）　466
Chaubisi rajas（「24諸国」）　466
EU加盟　408
Hades（冥府）　490
Shell（冥土）　490
yasa（ジャサク：法令）　498

●ア行
アーイーニアクバリー　482
アーシュラマ　448
『アーパスタンバ・ダルマスートラ』　420, 435, 449
愛君　210
アウトカースト　265
アウトロー　284
悪逆　51
『悪魔の唄』　407
足尾銅山鉱毒問題　411
足枷　431, 441
アショカ王
　──碑文　453
　──の法勅　453
アスファルト　393
圧沙　203
圧膝　118, 202
網走刑務所　413
アヒンサー　422, 446
アムネスティ・インターナショナル　345, 358-359, 386, 404, 412, 462
『アメリカ人権条約』　361
主殺し・親殺し　274
アルタ　439
『アルタ・シャーストラ』　482
粟田口　262
按察使　101
安置　187, 189, 194, 199
家屋敷・家財の没収　263
威嚇　43, 314, 435
遺棄　273
生き埋め　390

移郷　61
イギリス　400
為奴　187
　──婢秩　196
夷三族　167
石打　365, 387
以徇　17, 44
イスラム教　489
　──徒　467
イスラム世界　407
イタリア　400
異端審問所　396
一日引廻し　274
乙巳士禍　214
溢水罪　341, 342
一般予防　43, 259, 370
稲田騒動　295
イラン・イスラム革命　393
依律　200
因果応報（業）　421
因姦　79
印刷本　232, 240
印綬　7
飲酒カースト　476
インタ・チャプリ（Inta Chapli）　480
インド現行刑法　357
インド社会の階層制　443
インドネシアの口承物語　239
ヴァイシャ　432, 444, 484
ヴァイラギー　476
ヴァルナ　443, 445
　──制　458
ヴィアヴァハーラ　423, 439
ヴィシュヌ神　424, 474
ヴェーダ　420, 429, 441, 448
　──主義　446-447, 452
裏切り　437
雲南省高級人民法院　368　→高級人民法院
英国式絞架台　295
衛廠　107
『睿宗実録』　110

521

索引

『英祖実録』 115
営鎮属 187
『永楽大典』 75
絵入り史話 222, 228, 233, 240, 242
絵入り本 222
駅站 187
回向院分院 265
エチオピア 394
越訴 290
絵解き 229, 238
江戸時代 392
江戸幕府刑法 274
江戸幕府法 263
燕行使節 117, 128, 137
冤魂 165, 166, 174, 178
縁坐 206
冤罪事件 405
『燕山君日記』 110, 112
遠竄 198
遠島 274, 279
　——者の脱走 273
延祐新定例 86
追剝 276
王家のグルの任命 476
王権 446
　——神授 447
　——の勅令 411
『王国強・雷志勇の管理的売春事件』 352
黄金泥棒 437
雌牛殺し 484
欧州評議会 388
王政復古 294
王誅 162
王付きの司祭 451
欧刀 9
応報 43, 47, 337, 435 →因果応報
　——的暴力 141
近江神崎郡の一揆 280
王命法規 186
横領 279
　——罪 335
　——および背任 273
鴨緑江 121
御仕置例類集 271
押し込み強盗 276
『汚職を処罰する条例』 300
御様御用 268
鬼薊清吉 276
恩赦 180
恩寵 207

● カ行

啇 71, 74
剭 71, 74
醢 3, 85, 144
カース 479
カースト 429-431, 443, 467, 473, 475
　——間の性的関係 484
　——制 451, 458, 472
　——と刑罰 432
カーニバル 260
カーマ 439
害 162, 163
改革開放策 404
外患致罪 358
開元礼 185
外庫 95
会査 179
刽子手 181
『海東古記』 495
解剖 264
　——用検体 264
解放軍軍事法院 372
海狼島 127
カエサルの勝利 230
科挙制度 190
可矜 95
格 54, 58
誡 18
『楽毅図斉』 240
楽隊 396
核物質の不法売買，輸送罪 307
鑊烹 85
革命 398
　——のできなくなるパリ 393
火刑 204, 261, 280
磔刑 407
磔刑台 262
火罪 263, 271, 286
過失致死 273, 484
カシミール 466
科書 259
カス（Khasa） 467
ガス室 296, 365
仮装行列 396
かたり 278
　——事 276
語り物 240
価値の転倒による解放 261
割 74
学校制度 190
カトマンズ盆地 466

索引

カトリック教会　115
カニバリズム　401, 403
可燃可爆設備破壊罪　341, 342
貨幣偽造罪　345
釜茹で　390, 396, 410
加耶　493
仮釈放　370
カルナリ（Karnali）盆地　466
過礼　147
ガレー船　396
皮剥　3, 396
漢　499
轘　16, 28, 32, 36, 52, 42, 181
　　──裂　112
姦淫　437
　　──罪（サングラハナ）　428
「関羽擒将図」　231
『完営日録』　196, 201
官監　93
毌丘儉丸都山紀功碑　168
緩決　95
監候　87, 88, 326
監獄　297
『監獄の誕生』　291, 397
韓国現行刑法　357
監司　179
慣習法　411, 463
『漢書』
　　──刑法志序文　8
漢城　113
『漢晋春秋』　169
巻子本　221, 243, 246
漢族の刑制　47
漢代官僚の自殺　182
ガンダギ（Gandaki）　466
姦通　273
姦党律　193, 199
奸人　199
　　──の罰　198
官人（特に文官）の犯罪　187
漢の法　494
『韓非子』　24, 44, 155, 161, 435
　　──の「二柄」　155, 457
カンボジア　394
漢民族の法制　31
漢律　13, 39
　　──・賊律　22
管理売春罪　303, 307, 350, 351-353
義　145, 164, 169, 209
劓　20, 45, 182
魏　499

義合　209
危険な方法で公共の安全を害する罪　341, 342
危険物資供給罪　341, 342
棄市　4, 6, 12, 19, 22, 39, 40, 42, 501
儀式　153, 258, 395, 466, 479-480, 488
基準を満たさない武器装備・軍事施設の故意による提供罪　339
『魏書』
　　──刑罰志　30, 34
　　──高祖紀　29
鬼神　167
議政府　180
義絶　98
偽造，詐欺　133
義賊　289, 290
吉人の獄　104
祈祷行為の処罰　281
キパット（kipat）制　472
騎馬民族　497
己卯士禍　191, 208
偽薬の生産・販売罪　338, 345
逆律　205
宮　20, 34, 45
『旧五代史』　72-73
　　──刑法志　72
及唱　119
九条境界説　329
九泉　490
『九朝律考』　5
宮廷諮問会議（bharadari kausal）　482
旧約聖書　45
梟　36, 38, 42, 52, 85
　　──斬　26
　　──示　53, 69, 71, 88, 109, 118, 296
　　──首　5, 12, 14, 17, 19, 26, 34, 36, 39, 42, 51, 54, 67, 109, 114, 116, 125, 131
　　──以徇　44
　　──・死罪に関する王命規規　131
　　──場　262
恐喝　273
夾棍　90
共産党による革命　402
矯詔　162
兄弟愛の観念　251
脅迫　273
郷約　191
極辺　119
居作　187
去勢　34, 484
『御製大誥』　68
巨済島　199

523

索引

切支丹宗門　273
キリスト教　489
儀礼としての死刑　260, 288
ギロチン　266, 296, 387, 398
錦衣衛　107
禁軍兵　187
「金五刑図説」　58
近親相姦　484
近代日本における死刑　293
吟遊詩人　476
供犠　395, 401, 452
　——祭祀　259
苦行者　446, 448
公事方御定書　263, 273
串刺　390
クシャトリア　444, 467, 476
百済　495
屈死しても訴を起こすなかれ　411
功徳　444
首狩り　463
熊本藩　270
勲旧派　190
君子　160, 183
軍事会議場事件　469
軍事情報を隠蔽・虚偽報告する罪　342
軍事職務の執行阻害罪　342
軍事的懲罰　253
君子の誅　159
軍職罪　346
軍人の裏切り逃亡罪　342
軍閥内戦　402
軍令の伝達拒否・偽伝達罪　342
クンワル一族　469
刑　20, 152, 155, 457
經　6
　——死　7
磬　36, 42
劓　20, 45, 182
　——剌　85
『慶元条法事類』　73
刑獄鎖匠　119
『経国大典』　116, 193
　——（乙巳大典）　182
『経国大典・刑典』（辛巳刑典）　182
刑鎖　119
経済的侵害行為　133
経済犯罪　343, 346, 362, 406
警察的秩序　410
刑事事件共同弁護士　380
刑死者の人肉宴会　403
刑事政策　307

刑事制度の〈文明化〉　294
刑事責任能力　363
『刑事訴訟法』　322
刑事第1法廷　379
刑事第2法廷　379
刑事第3法廷　379
刑事第4法廷　379
刑事第5法廷　379
慶州　494
経術　190
刑盡　20, 45
『經世大典』　62, 75, 85
刑曹　180
刑典　116
『經典釋文』　5
鶏頭　352
『刑統』　57
『刑統賦疏』　61, 65
刑徳　155
刑は刑なきに期す　67
刑は大夫に上さず　50
刑罰
　——の価値　488, 492, 502
　——の目的　43
刑罰（ダンダ）　423, 439, 449, 451　→ダンダ
刑板　200
京國切支丹一件　287
『刑法』　322
『刑法典』　→『中華民国刑法典』
刑法の「減刑」項目　331
『刑法分考』　3, 5, 23, 52, 71
刑務所内の身体刑　412
啓蒙主義　397
刑吏　265, 396
穢れ　45, 267, 422
　——の浄化　401
下手人　263, 271, 275
刖　45
血族集団　463
決不待時　51
『ゲルマンの死刑』　260
検案　179
建安虞氏新刊全相平話　223
建安の虞氏　238
減刑制度　368
憲綱　60
健康権　347
検屍　179
　——調書　179
減死　180
　——秩　196

索引

『元史』
　──刑法志　62, 64, 75, 86
『顕宗実録』　123
元代の死刑　85
憲典　75
元典章　60, 85
玄兎　493
元明清の凌遅処死　75
建陽版　234, 236, 240, 248
　──絵入り本　247
建陽本　221, 233
権利　408
　──剥奪　484
枯　14
辜　14
故意殺人罪　341
故意犯罪　332
己亥礼訟　197
絞　3, 6, 24, 36, 40, 42, 47, 49, 50, 60, 68, 88, 181, 185, 295, 501, 502
敲　85
　──了　86
　──者　86
公安部　379
甲寅礼訟　197
甲寅録　197
幸運のお守り　266
紅衛兵　393, 403
『光海君日記』　114
公開死刑　5
公開処刑　3, 10, 259, 293, 381, 403
強姦　273, 282
　──罪　335, 341, 346, 362
　──致死　347
公緘推問　194
高級人民法院　304, 322, 372, 375-376
『高級人民法院と解放軍事法院の一部の死刑案件の執行許可委譲についての通知』　324
　省・市・自治区──　372
　　雲南省──　368
　　浙江省──　352
『孝經』　146
公共の善　395
航空機ハイジャック罪　341, 342
『航空機をハイジャックする犯罪者を処罰する決定について』　303
高句麗　495
洪景来の乱　110, 115
勾決　95
「交結近侍官員」律　99
孝行　146

庚午事変　295
公罪　187
絞罪器械図式　295
絞殺　3, 6, 10, 19, 22, 41, 44, 501
甲士　187
己卯士禍　191, 208
甲子士禍　191
高車の風習　32
絞首　4, 47, 365, 387, 389, 484
　──台　262, 295, 396
杭州民変　391
口承物語　239
庚子礼議　212
拷訊　201
甲申事変　115
庚申礼議　212
公正　337
巧成かたり　279
黄泉　490
強訴　290
黄巣の乱　392
拘置所　412
絞柱　295
交通安全を害する罪　341, 342
交通機関破壊罪　341
交通施設破壊罪　341
皇帝権力　161
皇帝による賞罰　152, 156
強盗　201, 273
　──罪　335, 339
『強盗・略奪刑事案件に適用する法律に関する若干の問題意見』　312
紅灯区　353
孝廟世室　212
洪武22年律　64
洪武礼制　185
公民の精神　397
拷問　200, 389
　──の廃止　292
高麗王朝　494, 498
『高麗史』巻131　洪倫伝　206
孝廉科　146
胡漢刑の融合　34
『後漢書』　142
　──虞詡　9
胡漢融合　47
後魏律二十巻　30
国王による最終判決　180
獄官令　3
「獄具之図」　57
『國語』

525

索 引

――魯語 8
国際人権運動 361
国事罪 346
国防利益を害する罪と涜職と賄賂に含まれる死刑罪の廃止 338
獄門 15, 259, 262, 263, 271, 279-281, 284, 286
国連 388
　――経済社会理事会 318, 350, 360, 363
　――の死刑廃止決議 406
　――人権委員会 361
　――の人権憲章 359
　――総会 386
五刑 20, 49, 54, 59, 64, 116, 184, 194
　――之図 50, 55, 70
　――の正 63, 70
　――の外なる者 63
湖広 63
故殺 79
五殺 502
五条境界説 329
コスタリカ 399
胡族の刑制 47
古代イスラエル 490
古代インド社会における権威の3極構造 446
五代・宋以降の「五刑」 57
古朝鮮 493
後敕 58
後門 199
国家
　――の安全を害する罪 340
　――への裏切りの罪 340
　――機密 405
　――儀礼 464
　――公務員の職務の清廉性・不可買収性 355
　――反逆罪 342
　――分裂罪 342
　――の分裂を謀った罪 340
『国家貨幣の妨害を処罰する暫定条例』 300
小塚原 262, 265
国共内戦 402
剔剔の刑 112
戸典 117
小伝馬町 262
言葉による暴力 432
湖南省で死刑問題のシンポジウム 404
午門 92, 106
五・四運動 393
殺羊 32
娯楽 254
ゴラクナト（Gorakhnath）洞穴 471
胡乱 121

古礼 191
髠鉗 9
　――刑2歳刑 39
　――刑5歳刑 39
『金剛経』 246
コンスタンティノープル 391
昆明中級人民法院 367

●サ行
査案 179
罪過 444
罪刑法定主義 54, 184, 201, 398
裁決 179, 201
最高人民検察院 307, 351, 367, 379
最高人民法院 301, 303, 319, 326, 351, 367, 372, 374, 379, 405
財産侵害罪 338, 353
財産犯罪 362
財産没収 345, 348, 480, 484
済州島 199
宰相 99
裁断権 373
再調査 179
再犯 273
「裁判員」制度 411
裁判時 319
裁判中妊娠している婦女 321
再覆 180
堺事件 294
詐欺 279
削去仕版 194, 195
削奪官爵 195
削黜 194, 195, 211
鑿顛 85
柵門 129
　――開市 129
沙刑 203
左使殺人 214
殺害 445, 452
殺獄 135
拶指 89
殺傷 78, 274
殺人 79, 118, 141, 201, 273, 310, 323, 340, 352, 371, 387, 433, 437, 476, 484
　――罪（サーハサ） 346, 428
　――を犯した他集団の構成員の処刑について 476
　――を犯したブラーマンおよび同族の追放 476
雑犯 87
　――絞 88

526

索 引

──斬　88
──死罪　87, 88
箚付　60
冊封　185
「詐伝親王令旨」律　99
佐渡水替人足　282
讃岐国塩飽島の「大工騒動」　280
裁かれる者　449
裁きの世俗化　451
裁く者　449
沙門　448
晒し首　15, 51, 263
斬　3, 10, 22, 28, 31, 34, 36, 40, 49, 50, 60, 68, 88, 181, 193, 199, 264, 501, 502
──趾　20, 45
──首　3, 4, 18, 22, 42, 47, 97, 109, 243, 261, 263, 295, 365, 389, 398, 407, 410, 484
三王国時代　493
『三韓古記』　495
残虐　3, 49, 293, 365, 390
──刑　397, 409
──性　4, 45, 263, 295, 398
三綱五常　185
残酷　394
──刑　395
『三国遺事』　495, 501
『三国志』　235, 240, 247
──魏書三少帝紀　167
『三国史記』　495, 501
──高句麗本記　499
三審制　375
三審手続き　374
サンソン家（Sanson）　265
山東省諸城縣漢墓出土の画像石　9
サンニャシー　476
「三反」運動　327
三覆　180
三奉行掛　269
死　4, 20, 28, 31, 34, 36, 42, 45, 51, 60, 184
──の王国　490
刵　18
死穢　267
自縊　7
侍衛牌　187
塩漬け　3
塩詰　271
士禍　191, 192
支解　71
視覚的叙述作品　229
式　58
指揮使　101, 106

式典　153
自宮宦官　34
死刑
──儀礼　261
──事件の一審権　375
──事件の審理　372
──執行　267
──許可　326, 372
──権　303, 322, 377
──人　489
──猶予　306, 326, 330, 333, 334, 365, 369
──の減刑条件の緩和　305
──制度　301
──囚　489
──の巡回パレード　259
──の承認権　405
──審査権　372, 374, 377
──審査手続　371, 379
──審査制度に存在する重大な欠点　374
──審査法廷　376, 378
──の人類学　463
──制限論　314
──即時執行　302, 328, 333, 365
──存置論　296
──台上での言葉　288
──中の閏律　63
──適用基準の掌握　372
──適用対象の縮小　305
──適用手続　381
──廃止　382, 399, 400
──協定　386
──の流れ　389
──論　387
──判決許可手続きの規定　305
──反対論者　461
──復活　389
──問題と人権の関係　359
──唯一説　53
──吏　397
『死刑案件執行許可問題の決定について』　323
『死刑事件量刑指南』　381
『死刑に直面する者の権利保護の確保のための保障規定』　360, 363, 365
『死刑囚の権利を保護する保障措置に関して』　318
私刑　399
自經　6
司祭　446, 448, 451
賜祭　97
死罪　263, 271, 279-282, 286
私罪　187, 195

527

索　引

自裁　89
自殺　182, 389
賜死　182, 194, 207, 210
刺字　69, 118
四支解　501
詞章　190
四条境界説　329
自尽　89
四姓　445
『至正条格』　75, 498
死体遺棄罪　387
死体解剖　264
死体損壊罪　387
死体展示　293
屍体の処刑　43-45
死体の冒涜　120, 135
士大夫　249
七国春秋　235
七条境界説　329
屍帳　179
『自著年譜』　88
シッキム　466
叱責　426
弭盗無方　185
自白　206
　　――重視主義　406
「子罵父」律　105
司法部　379
島抜け　282
『市民的及び政治的権利に関する国際規約』
　　318, 321, 360, 382
『市民的及び政治的権利に関する国際規約の第
　　二選択議定書』　361
シャーストラ（shastras）　479
ジャート　473, 482
シャーマニズム　491, 503
シャーマン　33, 491, 494
　　――文化　497
賜薬　502
社会管理秩序妨害罪　338, 349, 362
社会主義運動　392
社会主義市場経済秩序破壊罪　338, 343,
　　345-346
社会正義（公正，平等）観念　337
社会秩序の安定　436
車轢　73
『釋名』
　　――釋喪制　8, 16
車刑（車裂き刑）　264
射殺　387
捨札　259

赦免　368
車裂　12, 16, 19, 37, 44, 85, 112, 181, 501, 502
　　――以徇　17, 44
綬　7
十悪　51, 201
周恩来花輪事件　393
収監　484
宗教儀式　489
宗教裁判所　396
宗教的権威　445
宗教的世界観　491
宗教的秩序　431
宗教的犯罪　362, 396
宗教法　449
囚禁　193, 194
充軍　63, 97, 187
　　――秩　196
重刑主義　302
　　――思想　310
州県軍　187
収告身　189, 194, 195
15年有期懲役　349
銃殺　365, 366, 407
十字架刑　264
重杖　51
　　――一頓　51
　　――処死　49, 74
十条境界説　329
『重詳定刑統（宋刑統）』30巻　51, 57
『十大関係を論ず』　310
『重大な経済破壊犯罪者処罰についての決定』
　　354
『重大な経済破壊犯罪者を厳重に処罰すること
　　に関する決定』　348
『重大な社会治安への害をもたらす犯罪者の処
　　罰についての決定』　351
銃・弾薬・爆発物・危険物質の強盗罪　340
銃・弾薬・爆発物・危険物質の窃盗・強奪罪
　　340
収贖　187, 196
秋審　89, 94
終身監禁　347
終身刑　370, 388, 405
集団的な罪責感と不安感　412
就地正法　88
周紐　204
修訂法律館　53
シュードラ　430, 436, 444
自由民権運動　392
住民を殺害し，財物を略奪する罪　342
収賄罪　339, 353, 355

儒家道徳　153
儒教　145, 184, 208, 491, 502
　　——式習俗　190
　　——道徳　151, 160
受教　184
『受教輯録』　116
手強所業　280
『粛宗実録』　111
主刑　367
儒賢　210
ジュシェン族　58
朱子学　189
呪術　395
　　——的治療効果　266
取招　179
「主将不固守」律　97
種姓（varna）制度　483
受誅之家　171
受誅之門　171
出軍　62
恤刑　179, 181
取逃　278
首都制度　392
儒罰　198
ジュムラ（Jumla）　467
『周禮』
　　——司刑　20
　　——秋官　20
　　——掌戮　7
シュラマナ　448
守令　179
徇　17, 44
巡回審査法廷　374, 378
『荀子』　7, 159
　　——正論　17
殉死　483
『春秋』　157
『春秋左氏傳』
　　——昭公元年　24
　　——成公2年　14
杖　4, 36, 51, 60, 184, 195, 501
　　——刑　188
　　——殺　4, 52
情　82, 193, 210, 215, 288, 390
傷害　273, 373, 430
　　——罪　341
条格　60, 75
拿鞠　212
証言調書の作成　179
詔獄　106
少殺慎殺　300, 303, 405

省・市・自治区高級人民法院　372　→高級人
　民法院
『尚書』　18, 145, 160
　　——呂刑　20
情状悪質　332
情状酌量　82
小人　183
情真　95
上図下文　247
『承政院日記』　115
詔勅　158
炒鉄　187
承天門　95
省判　99
娼婦業　352
詳覆　180
賞与　457
照律　187, 193, 194, 196
『書経』
　　——大禹謨　67
贖罪　395, 450, 451
職事官　195
食人肉　141-142, 144, 148
食卓の共同　396
贖銅　58
職務上の犯罪　362
職務の回避・怠慢　134
処刑　396
　　——の光景　237
　　——・晒しの場　262
　　——者のデスマスク　263
　　——柱　264
　　——の場面　242
初査　179
　　——官　179
処死　74
叙事　229
叙述的図像　229
叙述的挿絵　229
女真族　120
初覆　180
序立梟首　112
新羅　494, 495, 500
『新羅古記』　495
『新羅古事』　495
「白浪物」　291
死六臣　205
事林広記　60, 61
　　——『新編纂図増類羣書類要事林広記』　60
士林派　190
白無垢　259

529

索 引

信　145
晋
　　──律　22
　　──の律令　499
秦　154
仁　84, 145
辛亥革命　402
神麗律　34
親鞫　202
慎刑　68
人権　387
神権政治　401
『清国行政法』　4
新儒教　189, 207
人宿　286
『晋書』
　　──刑法志　23, 26
　　──閻纘傳　163
訊杖　200
信賞必罰　458
清人との不法な接触　136
清代の裁判制度　411
清朝　121
薪島　126
人豚　401
真番　493
『新全相三国志平話』　224, 228
『新全相三国志平話―至治新刊』　234
身体毀損刑　46
身体刑　389, 397
「進大明律表」　65
人丹　268
『新定敕条』3巻　58
人肉食　144
真犯　87
　　──死罪　88
新法　102
『新補受教』　116
『新編纂図増類羣書類要事林広記』　60　→事林広記
『申明記』　45
『人民法院組織法』　322-324, 376
信用状偽造罪　345
新律綱領　295
審録　100
推鞫　193, 194, 200
推考　194
睡虎地秦簡「封診式」　7
『隋書』
　　──経籍志　30
　　──刑法志　35, 36

鈴が森　262
スターリン体制　400
ストラスブール　387
スパイ　403
　　──罪　340
スムリティ　420
勢　85
聖　103, 390, 394, 401, 445, 474
青海省大通上孫家寨115号漢墓から出土した木簡　18
正義　337, 408
正銀　127
正刑　50, 53
聖旨　100
政治劇場　409
政治犯　403
西廠　107
聖職者　395
西人　192, 197
精神障害者の死刑適用問題　363
斉新令40巻　35
「西曹記」　99
『世祖実録』　113
生体の処刑　43
聖紐（ジュナイ）　483
制定法令　411
性犯罪　353
成文法　463, 477
性別化　253
生命刑　49
斉律12編　35
清廉　146
『世界人権宣言』　356, 359
世界貿易機構（WTO）　361
関所破り　273
『世説新語』　170
世俗的権威　445
世俗的秩序　431
世俗法　449
説教　259
浙江省高級人民法院　352　→高級人民法院
絶塞　198
窃盗　29, 273, 278, 430
　　──罪（ステーヤ）　185, 339, 428
　　──の重犯　484
『窃盗事件の処理において，具体的に法律を応用する若干の問題についての解答』　368
絶島　119, 198
切腹　264, 283, 295
『説文解字』　6, 159
　　──14篇上　16

◆ 530

索 引

——4篇下 14
説諭 426
煎塩 187
全家徙辺 114, 187
千金の子は市に死せず 111
船軍 187
全国公安会議決議
　　第3回—— 310
全国人民代表大会 322
　　——常務委員会 302
　　　1983年—— 351, 354
　　　1988年—— 354
　　　1991年—— 351
　　　第5回—— 323
　　　第8回—— 311
『全国人民代表大会〈死刑案件判決問題の規定について〉の数項目の通知』 323
遷徙 62
戦時・出征時の逃出罪 342
漸次制限論 314
戦時にデマで衆人を惑わす罪 342
戦時に命令に抵抗する罪 342
戦争 398
　　——罪 357
『全相続前漢書後集平話—呂后斬韓信』 226, 234
『全相武王伐紂平話—呂王興周』 234
『全相平話楽毅図斉—七国春秋後集』 224, 226, 234
『全相平話五種』 224, 234
『全相平話秦併六国平話—秦始皇伝』 234
『宣祖実録』 114
剪刀周牢 118
鮮卑族の刑罰 33
鮮卑族の法制 31
遜北 63
賎民身分 267
前例主義 60
笽 3
ソヴィエト 394
早期朝鮮 492
宋刑統 51, 72, 89
走資派 403
奏事不実律 99
相続財産の減額 484
相対死 275
　　——生き残り 273, 282
贓盗 132
錚盤 127
『増補文献備考』→『文献備考』
贓物売買 273

「相馬大作」事件 274
「造妖書妖言」律 99
騒乱 273
宋律 39
俗 445
族外制裁 18
族刑 501
属残駅吏 187
即時死刑執行 321
即時制限論 314
続前漢書『呂后斬韓信』 250
『続大典』 110, 116, 128, 184
族誅 85
賊盗 132
族内制裁 18
『続燃藜室記述』巻6 206
賊律 16
組織的売春罪 351
即決処刑 88
即行正法 88
ソフィア 394
祖法 102
ソマリア 394

●タ行

耐 36
題 179
第一義の記録 233
第1次世界大戦 400
大下放 403
大義 209
大逆 202
　　——不道 158, 161
　　——無道罪 26, 40
体刑 426, 431
『大元聖政国朝典章』 60
『大元通制』 60, 61, 75
大航海時代 396
『大周刑統』21巻 57
『大清新刑律』 358
大臣徳政律 98
『大清律例』 53, 54, 66, 70
太祖徽号 212
『太祖実録』 113
『太宗実録』 202
第2次世界大戦 400
タイバーン（Tyburn） 261
太平天国の乱 392
大辟 20
大宝律令 410
大明律 50, 53, 54, 64, 70, 78, 101, 109, 184

531

索引

大明令　184
代用監獄　412
大律25編　36
『泰和律義』30巻　58
『泰和律令敕条格式』　58
タガダリ　476
磔　5, 12, 19, 42, 259, 261, 263, 271, 281, 286, 390, 410, 502
　──屍刑　502
　──裂　71
拓跋鮮卑　31
タクリ（Thakuri）　467, 479, 482
他国のために国家の秘密情を窃取，偵察，買収，不法提供する罪　340, 342
ダサイン祭　472, 481
堕胎　481
立ち返り悪事　282
奪門の変　103, 105
タパ（Thapas）　468
タライ（Terai）　466
タリオの法　421
ダルマ（dharma：法）　420, 439, 440, 474
ダルマシャーストラ　441, 482
ダルマディカール（Dharmadhikar）　479
短期監禁　345
単行刑法　302
『端宗実録』　110, 112
男女不禮交　31
ダンダ　425　→刑罰
断頭台　398
丹木　127
断例　60, 75
笞　4, 36, 51, 60, 184, 501
　──杖罪　187
治安取締官　397
チェコスロバキア　394
チェトリ　479, 482
　──・カースト　469
竹樹書院　214
治定の化　155
「血なまぐさい法典」"Bloody Code"　293
血の復讐　463
遅晩　205, 206
　──式　207
地方行政組織（パンチャヤート）　474
チャウダンディー（Chaudandi）　466
誅　153, 158, 163, 178
　──三族　167
　──とは何か　158
『中華人民共和国刑事訴訟法』　325
『〈中華人民共和国刑事訴訟法〉を執行すること

　に関する若干の問題解釈』　366
『中華人民共和国刑法』　300
　1979年──　301
中華人民共和国刑法改定草案　311
『中華人民共和国刑法修正案（三）』　307
『中華人民共和国刑法第四次修正案』　314
『中華人民共和国憲法修正案』　382
『中華人民共和国の反革命を処罰する条例』　300
『中華民国刑法典』　358, 364
『中華民国暫行新刑律』　358
忠義　98
中国雲南省昆明市の中級人民法院　366
中国刑事司法政策　376
中国人の残虐性　401
「『中国人民共和国人民法院組織法』修改に関する決議」　379
中国における最近の死刑審査の進展　379
中国の刑死者の数　386, 389, 404
注射処刑　387
抽肋　85
中書省　60, 99
忠臣　169, 190
『中宗実録』　110, 113
張家山漢墓出土　13
　──漢律　39
弔祭　164, 176
徴収仲介人　471
朝審　89, 94
朝鮮王朝　498
　──の刑罰制度　109
『朝鮮王朝実録』　113, 181
朝鮮中華思想　185
朝鮮党争史　183
朝庭左平　500
「朝廷の処罰」（朝家之罰）　198
懲罰　408
帖文　94
敕　58
敕令　57
著実打　93
敕格　49
楛質　29
鎮卒　119
珍島　199
鎮撫司獄　107
追施刑　502-503
追放　389, 458
　──刑　46, 431, 436
追落　276
通引　119

通貨偽造　273, 281
通制　61
『通制条格』　60
通俗史話　247
『通典』刑法典　36
手足の切断　480, 484
停挙　198
帝銀事件　410
廷杖　92, 97, 106, 107
貞操権　347
ディッタ（dhitta）　479
丁寧さ　153
定配　119, 181, 188, 194, 196, 198
庭燎干　188
溺殺　390
敵に投降する罪　342
天安門事件　404
天安門広場　393, 404, 409
天界の獲得　453
天下無窮の情　82
電気椅子　365
電気処刑　296, 387
天合　98, 209
典獄署　181
伝馬町　269
転落　284
天理　210
電力設備破壊罪　341
典礼　153
徒　4, 36, 51, 60, 184, 501
　──三年　187
ドイツ法史学　259
討　159
東欧革命　393
同害刑罰（lex talionis）　421, 434
東学の乱　115
東京府囚獄掛　268
刀剣鑑定　268
投降, 裏切りの罪　340
投獄　431
東西分党　192
東廠　107
宕昌羌の風習　32
刀刃　8
東人　192
投石　390, 407
唐銭　127
盗賊　78, 437
　──通例　86
道徳　152, 161

『道徳經』　145
動物犠牲祭　452
動物の餌　390
豆満江　121
『唐明律合編』　52, 64
『東洋民権百家伝』　290
唐律　3, 46, 49, 51, 58, 70, 84, 101, 364, 499
　──の五刑　36, 54
　──の12篇　64
『唐律疏議』　58, 60, 155, 364
唐令　3
屠牛坦　181
徳　146, 155, 212, 457
徳川幕府　261
瀆職　353
　──罪　339, 355
『瀆職罪・賄賂罪の処罰についての補充規定』
　354
毒薬　206
　──・にせ薬販売　281
『読律佩觿』　84
屠殺業者　181
都市　392
　──住民の反乱　392
　──騒擾　397
徒党強訴　280
都堂の釣旨　99
ドナー（臓器提供者）　385
徒年秩　196
土木の変　103
トラヤヌスの円柱　230
徒流刑　196
トルコ　408
奴隷　480, 484
　──制度　485
　──制廃止　292
　──貿易　122
屯卒　119

●ナ行
ナーラダ法典　420
内禁衛　187
内頭左平　500
内法左平　500
内乱罪　358
南海島　199
軟禁処分　189
南人　197
南齊律　39
南朝の死刑制度　38
肉刑　3, 18, 46, 49, 57, 74, 182

――復活 46
――をめぐる議論 23
二元的「戸籍制度」 409
二死 66
西ドイツ 400
二審終審 375
偽金作り 438
にせ薬販売 273
にせ秤・にせ枡製造 273, 281
日守 187
『日省録』 127
日本刑法典 357
『日本書紀』 496
日本通信使 139
ニューゲート監獄 289
入墨 285
人参 121
――採取 123
妊娠している婦女 320
寧波市中級人民法院 352
ヌワコート 468
『熱河日記』 129
ネパール 466, 470
ネワールカースト 481
ネワール人（Newars） 475, 484
農村暴動 409
鋸挽 263, 264
鋸引 271
――の上磔 274
ノブレス・オブリージュ 433, 443

●ハ行
バーヴァニ（Bhavani） 471
バーツ 476
配案 196
佩玉 7
背君 202
売春強要 273
――罪 350-353
売春買春罪 353
『売春買春厳禁の決定について』 303
『売春買春の厳禁についての決定』 351
配役 187
『パウダーヤナ・ダルマスートラ』 420
破壊工作 437
搏 14
膊 14
パクス 491
白昼強盗 118
白頭山 121
――定界碑 124

爆破罪 341, 342
白礬 127
幕府評定所 271
莫蘭希光 181
馬市 90
――開設要求 89
――反対論 90
パタン 466
八王の乱 26, 162
八議 62, 189
馬丁 129
抜荷 273
罰金 345, 422, 426, 430, 431, 436, 484
祓除 33
撥乱の政 155
バドゥガオン 466
母親との近親相姦 484
ハラキリ 295
バラダ（bharadars） 468
バラモン 420, 431, 436, 444, 448, 451
パリ 392
――改造計画 393
バリケード 393
磔つけ →磔
播磨印南郡の一揆 280
播磨加東郡村々の打ちこわし 280
犯越 136
反王権の犯罪 438
反革命罪 300, 302
反革命分子 403
叛逆 484
――行為 131
判決制限論 314
反抗 437
『犯罪と刑罰』 299, 356
『犯罪と刑罰に関する総論』 398
犯罪方法伝授罪 339
反坐法 421
反社会性 431
反社会的行為 437
パンチ・カート 480
パンチャヤート（panchayat）制度 473
パンデ（Pandes） 468
反道徳的犯罪 438
反日運動 409
犯人蔵匿 273
判付 180, 187
剕 20
火あぶり 280, 390, 410
東アジアにおける死刑観の変遷 400
東インド会社 468, 473

索 引

東ドイツ　394
東ベルリン　394
「東山桜荘子」　290
引廻　259, 264
　　──しの上獄門　281
　　──之上死罪　277
　　──しの上磔　281
ビジャヤプール（Bijayapur）　466
髷職　189, 194, 195
非人　267, 268
飛騨「大原騒動」　280
羊　32
引ったくり　276
比附　58, 98
『備辺司謄録』　121, 122, 124
非暴力　422
ヒマラヤ王国　468
『百憲摠要』　207
平等　337
ヒンドゥー
　　──王国　472, 482
　　──教　466, 474
　　──の聖典　476
　　──世界　465
　　──の法理　477
ファラオの墓にある装飾帯　229
フィリピン　389
　　──革命　393
封禁　121
風刺漫画　230
鉄鉞　8
付火　280, 287
付加価値税専用売上伝票の偽造および不法販売罪　345
付加刑　367
不可触民　445
ブカレスト　394
武器装備，軍事施設，軍事通信破壊罪　339
武器装備・軍用物資の窃盗・強奪罪　342
武器装備の不法売買・譲渡罪　342
伏歐刀　9
覆査　179
　　──官　179
復讐　38, 144, 250, 253, 421, 434, 462
　　──法　142
不敬　193, 202
　　──罪　15
腐刑　28, 32, 33
不限年秩　196
負殺羊抱犬沉諸淵　28, 32
不孝罪　15

巫蠱の罪　33
誣告　273, 282
負債
　様々な種類の──　476
武士　267, 283
不待時　87
付処　189, 194, 195
誣上　202
侮辱・脅迫罪（ヴァーグダンダ）　428
婦女・児童誘拐罪　341
『婦女児童を誘拐拉致して売り飛ばす犯罪者を厳重に処罰する決定について』　303
布政使　101
不殺生　422, 446, 452, 455
　　──戒　453
　　──の原理　452
武装叛乱・騒乱罪　340
武装叛乱・暴乱罪　342
二日晒　274
仏教　466, 491
福建版　234
不平士族の乱　392
不法移住　135
不法移動　135
不法隠匿　279
不法な共同出資罪　345
不法に危険物質を製造・販売・輸送・貯蔵する罪　340
不法に銃・弾薬・爆発物を製造・販売・輸送・郵送・保有する罪　340
ブラーフマナ　431, 437
ブラーマン　476, 479, 482
プラハ　394
フランス　389
　　──革命　398
　　──大革命　387
ブリハスパティ法典　420, 432
プローヒタ　451
腑分け　265
文化大革命　393, 403
焚其家　28, 32
『文献備考』
　『増補文献備考』　109
文書偽造　273, 281
閇　85
兵典　117
平話　223, 234, 239
別侍衛　187
別類　60
ベネズエラ　399
ヘブライ法　45

535

索　引

ベルサイユ　398
辺遠充軍　187
貶君　212
編敕　58
変文　239
変法　102
法　102, 152, 408, 439, 441, 457
　　——の人類学　463
烹　3
鳳凰城　121
放火　273, 481
　　——，国有財の破壊・不正使用　134
　　——罪　341, 342
　　——犯（火付）　264, 280
法家思想　154
剖棺斬屍　112
保元の乱　410
暴行傷害罪（パールシュヤ）　428
謀殺罪　357
法象徴　259
『法制日』　352
烽卒　188
棒叩き　89
法定正刑　3, 27, 43
法定絶対死刑　303
礮擲　73
法典（khas kura）　477
法典（stithi）　475
朋党　190, 193, 202
暴動　437
剖腹　3
炮烙の刑　3
　　——援助センター　380
法輪功　389, 408
暴力　237, 251
　　——と処刑の描写　250
　　——の図像　233
　　——的制裁　253
　　——の描写　242
墨　20, 45
北魏の刑罰　28
『墨子』　156
撲殺　390
『北史』巻3　29
北周の律　36
北斉の刑罰　36
戊午士禍　191
ポリャ（Porya）　481
ポル・ポト政権　394
本処処断　74

●マ行

マーナヴァ・ダルマシャーストラ　419
マクワンプール（Makwanpur）　466
魔術　464
魔女裁判　396
魔女の扱い boksi　476
町中引廻し之上火罪　287
抹殺　438
マッラ（Malla）王国　467
マッラ（Malla）朝　467
マトワリ　476
マヌ・スムリティ　419
『マヌ法典』　419, 426, 430, 435, 439, 458
『マハー・バーラタ』　422, 434, 439, 453
間引き　274
マヘンドラ（Mahendra）　473
魔よけ　266
マルコス政権　393
満州王朝　121
万世通行の法　186
マンドラゴラ　266
見せしめ　259
密通　273, 282
3つの刑事事件審判法廷　379
ミッテラン政権　387
密貿易　125, 136
　　——事件　127
密輸罪　345
南アメリカ　399
明火賊　118
民監　93
民告官　409
明谷（崔錫鼎）行状　206
『明史』
　　——刑法志　63, 101
　　——巻209，楊継盛伝　92
民衆の騒擾　390
民衆暴動　391
民主の女神　393
『明初重典考』　64
『明世宗実録』　96
『明太祖実録』　87
明律　127, 184
ムーダン　491
ムガール帝国　482
無期刑　388
無期懲役　330, 349, 369, 405
無窮　82
無宿　285
無尽会　280
鞭　36

536

―打ち　9, 407
謀反　202
　　―大逆不道律　115
ムルキ・アイン（Muluki Ain）　474, 482, 484
明治維新　410
迷信　464
名誉回復　173
名例律　4, 60
メソポタミア　45
メデューズ号の筏　230
目には目を，歯には歯を　421, 434
メルボルン監獄　413
毛沢東思想　403
黙読　248
木版印刷された観世音菩薩像　248
木版画　244
「モリターテン」（Moritaten）　288
門外黜送　195
問擬　100
問刑条例　78
門卒　119

●ヤ行
ヤージュニャヴァルキヤ法典　420, 431
『薬物禁止の決定について』　348
薬物処刑　296
薬物性，放射性，伝染病病原体物質（即ち危険物質，以下同じ）を投与する罪　307
薬物性，放射性，伝染病病原体物質の不法製造，売買，輸送，貯蔵罪　307
薬物注射　365, 366
薬物投与罪　307
薬物の密輸，販売，輸送，製造罪　348
薬物犯罪　324, 348, 362
『〈薬物販売死刑事件の量刑基準〉についての回答』　368
八つ裂き　112, 396
大和吉野郡の一揆　280
誘引・留置売春罪　350
誘拐　273, 437
有価証書偽造罪　345
有期懲役　369
有罪　200
有司の上啓文　184
有徳な殺人　147
有毒・有害食品の生産・販売罪　345
『ユートピア』　326
腰斬　4, 12, 18, 19, 22, 25, 26, 42
妖言　104
様斬（ためしぎり）　263
用心打　93

『ヨーロッパ人権条約』　361
抑止効果　261
四つ裂き　264, 390
四人組の裁判　404
ヨブ記　489
予防　337, 435
世論調査　406
　　1999年度の総理府―　388

●ラ行
『礼記』
　　―王制　5, 67
　　―曲礼　50
ライ（Rai）族　472
ライプチヒ　394
烙印　484
落郷　191
烙刑　118, 202, 203
楽浪　493, 494
拉致罪　341, 362
ラナ　469
　　―時代　469
　　―独裁　485
轢　71, 74
　　―割　71, 74
轢尸　71
轢屍　71, 88, 501
『六典』巻6　刑部郎中　36
『六部格式』30巻　58
利敵行為　437
利敵罪　340
李施愛の乱　113
立枷　69
『律解辯疑』　65
立決　87, 326
立絞　88
立斬　88
『律令』20巻　58
律令の伝統　499
リベリア　394
流　4, 36, 51, 60, 181, 184, 196, 501
　　―三千里　187
流動人口　409
流配秩　196
『遼史』
　　―刑法志　73
領事裁判権　294
凌（陵）遅　71, 74
　　―処死　49, 53, 62, 66, 71, 88, 181
　　―処斬　109
両班貴族　111

索 引

遼陽　63
梁律の大逆罪　40
臨屯　493
リンブ（Limbu）族　472
ルーマニア　394
礼　102, 152, 184, 401, 457
礼儀作法　153
礼儀正しさ　153
礼儀之邦　185
霊巌郡　199
霊山　121
礼節　153
「礼」的秩序　408
令類　60
『歴代刑法考』　3, 5, 12
裂　36, 42
連座　170
廉恥節礼　182
労役　187, 389, 401, 422, 389

老監　94
籠柩　94
牢死　271
六支刑　502
六死臣　490
六条河原　262
ロシアの現行刑法　357
六角獄舎　265
『論語』　490
　　──為政篇　153
ロンドン塔　413

●ワ行
賄賂罪　29
倭館　117, 138
倭寇　96
倭人　114
ワヤンベベル　239

Capital Punishment in East Asia

Preface　　　　　　　　　　　　　　　　　　　　　　　Tomiya Itaru

Part I Crime and Punishment

Chapter 1
From the Ultimate Corporal Punishment to the Death Penalty
　　— A Study of Capital Punishment from Han to Tang

　　　　　　　　　　　　　　　　　　　　　　　　　　Tomiya Itaru

Chapter 2
The Chinese Death Penalty and Legal Culture in the Early Modern Era

　　　　　　　　　　　　　　　　　　　　　　　　　　Iwai Shigeki

Chapter 3
"Scions of Wealthy Families do not Die at the Market Place"
　　Death Penalty and *Hyosu* Punishment in Seventeenth and
　　Eighteenth Century Chosôn Korea　　　　　　　　Anders Karlsson

Article 1
Virtuous Murders? — Filial Piety and Violence in Han China

　　　　　　　　　　　　　　　　　　　　　　　　　　Bengt Pettersson

Part II Society and Capital Punishment

Chapter 4
Imperial Power and Capital Punishment in the Wei-Qin Period
　　— Imperial Execution in the Late Xi-Qin Period　　Kogachi Ryuichi

Chapter 5
A Death by Royal Grace
　　— An Analysis of Disciplinary Actions in the Literati Purges and
　　Conflicts during the Joseon Dynasty　　　　　　　Yagi Takeshi

Chapter 6
Capital Punishment in East Asia
　　— Images of Capital Punishment and Violence in
　　Early Illustrated Histories of China　　　　　　　　　　　Oliver Moore

Chapter 7
The Social History of Capital Punishment in Japan　　　　　Ito Takao

Chapter 8
Legislation and Reform of Capital Punishment in the People's Republic of China
　　　　　　　　　　　　　　　　　　　　　　　　　　　　Zhou Dong Ping

Article2
East Asia and a View of Capital Punishment
　　— Comparative Sociology on the Image of Capital Punishment　　Fujita Hiroo

Part III　From the Viewpoint of Non-Chinese Culture

Chapter 9
Capital Punishment in Ancient India
　　— A Consideration Based on Sanskrit Iiterature　　　Akamatsu Akihiko

Chapter 10
Muluki Ain — The Nepalese legal Code and Capital Punishment
　　　　　　　　　　　　　　　　　　　　　　　　　　　　Håkan Wahlquist

Chapter 11
Capital Punishment and Early Korean Legal Traditions
　　　　　　　　　　　　　　　　　　　　　　　　　　　　Staffan Rosén

At the Entrance to the Debate about the Abolishment
　　or Continuation of Capital Punishment　　　　　　　　Tomiya Itaru

執筆者一覧（執筆順）

冨谷　至	京都大学人文科学研究所　教授	
	中国法制史	
岩井　茂樹	京都大学人文科学研究所　教授	
	中国近世史	
Anders Karlsson	イギリス　ロンドン大学アジアアフリカ研究所（SOAS）　講師	
	朝鮮近世史	
Bengt Pettersson	スウェーデン国立東アジア考古研究所　研究員	
	中国古代史	
古勝　隆一	京都大学人文科学研究所　准教授	
	中国思想史	
矢木　毅	京都大学人文科学研究所　准教授	
	朝鮮中世近世史	
Oliver Moore	オランダ　ライデン大学漢学研究所　講師	
	中国芸術史	
伊藤　孝夫	京都大学　法学研究科　教授	
	日本法制史	
周　東平	中国　厦門大学　法学部　教授	
	中国法制史，現代法	
藤田　弘夫	慶應義塾大学　文学部　教授	
	社会学	
赤松　明彦	京都大学　文学研究科　教授	
	インド哲学	
Håkan Wahlquist	スウェーデン国立民族学博物館　東アジア部門　主任研究員	
	東アジア民族学	
Staffan Rosén	スウェーデン　ストックホルム大学東アジア言語研究所　教授	
	朝鮮史　朝鮮語学	

東アジアの死刑　　　　　　　　　　　© Itaru Tomiya, et al 2008

2008年2月25日　初版第一刷発行

編者　冨谷　至
発行人　加藤重樹

発行所　京都大学学術出版会
京都市左京区吉田河原町15-9
京大会館内（〒606-8305）
電話（075）761-6182
FAX（075）761-6190
URL http://www.kyoto-up.or.jp
振替 01000-8-64677

ISBN 978-4-87698-743-6
Printed in Japan

印刷・製本　㈱クイックス東京
定価はカバーに表示してあります